제2판

마케팅

관리적 접근

안 광 호

학현사 HAKHYUNSA

PREFACE

머리말

초판을 출간한 후 몇 년의 시간이 흘렀다. 그동안 코로나19 사태와 IT기술의 빠른 발전은 소비자 행동과 기업의 마케팅전략을 크게 변화시켰다. 디지털 기술로 무장한 새로운 제품과 서비스의 등장은 소비자들의 경험을 바꾸어 놓았으며, 비대면 시장이 급격하게 성장하였다. 반면 오프라인 기반 전통적 기업들의 어려움은 가중되고 있으며 디지털 변신과 비대면 시장의 공략이 새로운 전략적 과제로 부상하였다. 따라서 이번 개정작업의 목표도 자연스럽게 이러한 변화들을 반영하는 방향으로 설정되었다.

마케팅환경이 변하면, 이에 맞추어 기업도 변해야 한다. 그러나 마케팅환경의 변화에도 불구하고 기업이 반드시 지켜야 할 마케팅 원칙이 존재한다고 저자는 믿는다. 마케팅환경의 변화에 상관없이 기업의 마케팅전략과 실행프로그램은 뛰어난 고객가치를 창출하고 깊은 고객관계를 형성하는 데 초점을 맞추어야 한다.

마케팅의 궁극적 목표는 우리 회사 제품을 이용하는 고객들이 일상생활에서 소비행복을 경험하는 데 도움을 주는 것이어야 한다. 소비행복 경험은 브랜드가 탁월한 고객가치를 제공하고 고객들이 브랜드와 깊고 강한 정서적 유대감을 형성할 때 얻어진다. 고객들은 특정 제품브랜드로부터 뛰어난 기능적 가치 그 이상을 기대한다. 고객의 사랑을 받는 브랜드는 기능적 가치뿐 아니라 정서적 가치와 상징적 가치를 함께 제공한다. 전 세계 애플 충성고객들이 이 회사의 제품에 열광하는 것은 그들에게 기능적 가치, 정서적 가치와 상징적 가치를 잘 결합한 제품과 서비스를 제공했기 때문이다. 애플 마니아층은 아이팟, 아이폰, 아이패드의 우수한 제품성능뿐 아니라 그들의 취향에 맞춘 멋있는 디자인, 다양한 앱과 액세서리를 사용하면서 느끼는 즐거움, 그리고 애플 브랜드커뮤니티를 통해 다른 애플제품 소유자들과 형성하는 정서적 공감대를 경험하기 때문에 애플브랜드를 사랑하고 그 제품을 사용하는 과정에서 행복을 느끼는 것이다.

고객의 사랑을 받기 위해서는 고객가치 창출만으로는 부족하다. 기업은 탁월한 고객가치 창출뿐 아니라 강력한 브랜드-고객 관계를 형성/유지/강화해야 한다. 기업은 고객들이 우리 브랜드를 자신의 일부분으로 생각하거나 친구나 가족처럼 느끼도록 만들어야 한다. 친구나 가족 같은 관계형성을 통해 브랜드에 대해 애정과 애착을 느끼는 충성고객들은 자발적으로 브랜드홍보대사를 자처하고 제2의 영업사원이 되기를 마다하지 않는다. 최근 디지털 기술의 폭발적 성장은 기업과 소비자들이 커뮤니케이션하고 관계를 형성하는 방식을 크게 변화시켰다. 기업들은 이메일, 웹사이트, 블로그, 스마트폰에서부터 페이스북, 유튜브, 트위터 같은 소셜네트워크 서비스에 이르기까지 디지털 기술에 기반한 다양한 관계형성도구를 활용하고 있다. 소비자들은 더 많은 마케팅정보에 쉽게 접근할 수 있고, 기업과 제품브랜드에 대한 자신의 의견을 다른 사람들에게 알리고 이를 공유할 수 있게 되었다. 이에 따라 기업들은 소비자가 주도하는 마케팅을 적극적으로 받아들이고 있다. 고객들은 이제 제품개발과 패키징, 가격책정, 유통관리, 광고를 포함한 촉진에 이르기까지 모든 마케팅영역에서 자신의 목소리를 더욱더 많이 내고 있다. 디지털 시대가 초래한 소비자주도 마케팅은 브랜드–고객 관계구축에 있어 핵심성공요인이 되고 있다.

이에 따라 본서는 고객가치 창출과 고객관계 구축을 목표로 고객지향적 마케팅전략과 실행프로그램을 개발하는 과정을 다루는 데 초점을 맞추고 있다. 이번 개정판은 기존의 틀 안에서 다음과 같은 주요특징을 갖는다.

첫째, 이 책은 고객가치 창출과 전달이라는 기본적 틀을 토대로 서술되었다. 이에 따라 책의 구성을 "제1부: 마케팅의 본질–고객가치 창출과 고객관계 구축"–"제2부: 시장과 소비자에 대한 이해"–"제3부: 마케팅전략의 수립"–"제4부: 마케팅 실행프로그램의 개발(마케팅믹스관리)"로 편성함으로써 마케팅전략과 실행프로그램을 체계적으로 이해할 수 있도록 했다. 독자들은 교재를 읽으면서 고객가치를 창출하고 고객관계를 형성하기 위해 어떻게 마케팅전략과 실행프로그램을 개발해야 하는지를 학습하게 될 것이다.

둘째, 책 전반에 걸쳐 디지털 시대의 도래가 기업의 마케팅의사결정에 어떤 영향을 미치고 있는지를 소개했다. 기업들이 자사브랜드를 소비자들의 대화에서, 그리고 일상적인 삶에서 의미있는 부분이 되도록 하기 위해 새로운 고객관계 구축 및 마케팅커뮤니케이션 도구인 웹사이트, 블로그, 온라인 커뮤니티, 소셜네트워크 서비스 같은 광범위한 디지털 도구들을 어떻게 활용하고 있는지에 대해 자세히 설명했다.

셋째, 차별적 포지션을 토대로 한 강력한 브랜드파워 구축은 수익성 있는 고객관계를 형성하는 데 기본이 된다. 이 책의 7장과 8장은 강력한 제품브랜드를 구축하는 방안에 초점을 맞춰 이에 대해 깊이 있게 다루고 있다.

넷째, 독자들이 마케팅 주요개념을 더 잘 이해하는 데 도움을 주기 위해 다양한 학습도구들을 활용했다. 각 장 도입부에서 소개하는 학습목표, 그 장에서 다루게 될 주요개념들의 사전학습, 그리고 최근 도입사례는 해당 장에서 다루게 될 주요내용과 이들이 마케팅현장에 어떻게 적용되는지를 미리 이해하는 데 큰 도움을 줄 것이다. 그리고 각 장의 본문에 소개된 〈마케팅 Highlight〉는 특정 마케팅 주제, 그리고 특정 기업과 제품브랜드의 최근 사례들을 깊이 있게 다루고 있다. 각 장 도입부의 마케팅 사례, 본문의 〈마케팅 Highlight〉, 그리고 본문에서 소개되는 다양한 마케팅 사례들은 독자들이 최근 일어나고 있는 마케팅환경과 현장의 변화를 학습하고 각 장에서 소개하고 있는 주요 마케팅 원리와 개념들과 연결시켜 생각해 볼 기회를 제공할 것이다.

다섯째, 각 장의 본문내용에서 부족하다고 느꼈던 부분들을 수정·보완하는 데 주력하였다. 이 과정에서 불필요하다고 생각되는 내용들은 과감하게 삭제하거나 재구성했다. 그리고 본문에서 소개되는 마케팅 사례들과 사진들을 최근의 것으로 교체하였고 독자들이 본문의 내용을 더 잘 이해할 수 있도록 문장과 문체를 다듬는 데 전력을 기울였다.

개정작업을 진행하는 과정에서 많은 분들의 도움을 받았다. 먼저 개정과정에서 자료수집과 원고정리, 그리고 교정작업에 도움을 준 인하대 조은비 석사의 노고에 대해 감사의 마음을 전한다. 이번 개정판은 학현사에서 새로 출판하게 되었다. 개정판 출판과정에서 전폭적인 지원을 해주신 학현사 박세원 대표님께 진심으로 감사의 말씀을 드린다. 완성도 높고 멋있는 교재를 만들기 위해 함께 수고해 주신 영업부 윤상용 부장님, 편집부 김미영 부장님, 그리고 해당부서 직원들께도 고마움을 전하고 싶다.

마케팅의 본질이 고객에게 소비행복을 경험할 기회를 제공해 그들로부터 사랑을 받는 것이듯 저자도 본서가 독자들로부터 사랑을 받는 교재가 되기를 기원한다. 앞으로도 최고의 고객지향적 마케팅 교재를 만들어 나갈 것을 독자들에게 약속드린다.

2021년 7월

안 광 호

CONTENTS

차 례

PART 1 마케팅의 본질

PART 2 시장과 소비자에 대한 이해

PART 4 마케팅믹스관리

MARKETING

PART

1

마케팅의 본질

CHAPTER **1** _ 마케팅의 의미: 고객가치 창출과 고객관계 구축

CHAPTER

1

마케팅의 의미: 고객가치 창출과 고객관계 구축

학습목표

1. 마케팅에 대한 정의와 마케팅과정의 단계를 이해한다.
2. 고객과 마케팅의 본질을 이해하는 데 필요한 핵심개념들을 살펴본다.
3. 마케팅관리과정을 이해하고 마케팅전략의 지침이 되는 마케팅관리철학의 변천을 살펴본다.
4. 마케팅의 주요영역인 수익성 있는 고객관계관리에 대해 학습한다.

1장 마케팅의 의미: 고객가치 창출과 고객관계 구축

이제부터 여러분은 마케팅을 학습하기 위한 긴 여정을 시작하게 될 것이다. 이 장에서는 여러분이 충분한 준비를 하고 여행을 시작할 수 있도록 마케팅의 기본개념들에 대해 살펴보기로 한다.

제1장은 파타고니아 사례로부터 시작한다. 친환경 아웃도어 브랜드 파타고니아(Patagonia)는 고객에게 품질이 우수한 아웃도어 용품을 개발/판매하는 그 이상의 노력을 기울인다. 파타고니아는 소비자의 건강을 향상시키고 사회적 가치를 실현하는 데 도움이 되는 제품과 마케팅활동을 개발/제공하는 것을 목표로 삼는다. 파타고니아의 제품과 마케팅활동은 야외활동과 관련해 소비자들이 당면한 문제들을 해결해 주고 환경보호 같은 사회적 가치 실현에 공헌함으로써 소비자를 포함한 전체 사회구성원을 위한 공유가치를 창출하고자 한다. 여러분은 1장과 나머지 장들을 공부하면서 고객이 바라는 가치의 창출과 진정성 있는 고객관계 구축을 통해 고객들이 행복한 소비경험을 하도록 하는 것이 마케팅이 추구해야 할 궁극적 목표라는 것을 알게 될 것이다.

도입
사례

사회적 마케팅개념과 지속가능경영을 추구하는 미국 아웃도어용품 회사 파타고니아(Patagonia)

미국 아웃도어 브랜드 파타고니아는 재활용 원단과 유기농 면을 사용해 제품을 만든다.

미국 등반가 이본 쉬나드가 설립한 파타고니아는 환경에 최소한의 영향을 주는 방식으로 모든 생산과정을 운영하고 매년 매출의 1%를 환경보호단체에 기부하는 기업으로 유명하다. 1973년 설립된 비상장 기업 파타고니아는 경영실적을 공개하지 않고 있지만, 매년 발표하는 보고서를 통해 기부금액을 공시한다.

2020년 5월 파타고니아는 '사회정의에 대한 파타고니아의 선언문'이라는 장문의 글을 공식 홈페이지와 트위터에 게시했다. 이 글에서 파타고니아 창업자 이본 쉬나드는 "우리는 아프리카계 미국인, 유색 인종과 연대합니다. 인종차별 문제를 제대로 다루기 위해 정부, 시민사회와 협력하길 바랍니다. 우리는 반드시 해야 할 일이 있다는 것을 알고 있습니다"라고 적었다. 이런 행동을 업계에선 CEO 행동주의(CEO activism)라는 용어로 정리한다. 인종차별, 기후변화, 소득 불평등, 동성 결혼, 이민자 처우를 비롯해 논란이 되는 사회적 쟁점에 대해 CEO나 창업자가 적극적으로 의견을 밝히는 행태를 가리킨다.

창업주 이본 쉬나드는 14세에 암벽등반을 시작했다. 암벽등반에 필요한 '피톤(암벽을 오를 때 바위에 박아 넣어 중간 확보물로 쓰는 금속 못)'을 사용하던 그는 피톤을 직접 만들어 보기로 했다. 쉬나드는 쇠를 달궈 첫 피톤을 만들었고, 쉬나드가 만든 피톤은 입소문을 타고 유명해졌다. 피톤 수요가 늘어나면서 쉬나드는 본격적인 사업에 뛰어들었고 '쉬나드장비회사'를 설립했다. 쉬나드장비회사는 피톤을 포함한 다른 등반장비도 생산하며 빠르게 성장했다. 그런데 회사가 성장하면서 문제가 생겼다. 피톤을 이용해 등반하는 사람이 늘어나면서 바위 곳곳에 구멍이 뚫렸고 암벽은 흉측하게 변해버렸다. 이에 쉬나드는 피톤 생산을 중단했다. 당시 피톤은 쉬나드장비회사 이익의 70%를 차지하는 핵심사업이었지만, 쉬나드는 등반과정에서 자연을 훼손해서는 안 된다고 판단해 과감히 결단을 내렸다. 쉬나드는 곧 피톤을 대체하는 장비를 만들었다. 바위에 구멍을 뚫지 않고 크랙에 걸어 고정하는 헥센트릭, 스토퍼 같은 알루미늄 초크를 개발한 것이다. 이후 쉬나드는 사업영역을 아웃도어 의류로 확대했다. 면바지와 흰 셔츠보다 땀이 잘 흡수돼 등산할 때 입기 좋은 럭비 셔츠를 찾은 이후 아웃도어 의류로도 돈을 벌 수 있다는 사실을 깨달았기 때문이다.

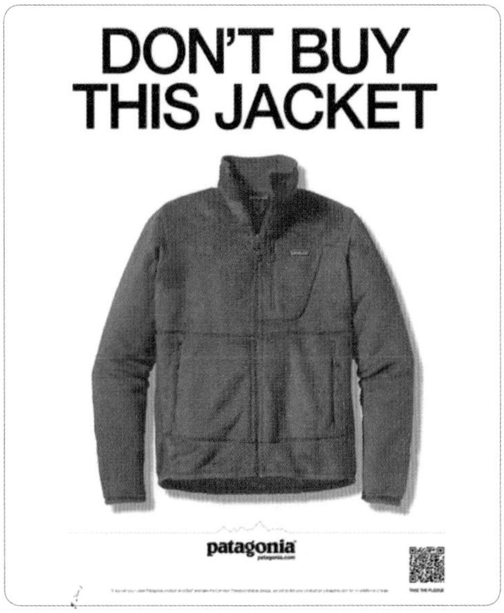

'이 재킷을 사지 마세요'라는 문구가 담긴 파타고니아 광고. 뉴욕타임스에 실렸다.

이하에서는 노스페이스, 콜롬비아스포츠와 함께 미국의 3대 아웃도어 브랜드로 꼽히는 파타고니아의 핵심성공요인에 대해 살펴보기로 한다.

첫 번째는 끊임없는 연구 · 개발 투자로 원단 기능성을 개선한 것이 파타고니아의 핵심성공요인 중 하나이다. 1960년대까지만 해도 많은 산악인은 면 셔츠에 울 니트, 다운을 겹쳐 입고 등반에 나섰다. 파타고니아는 아웃도어 의류에 적용할 기능성 원단을 찾던 중 북대서양 어부들이 입던 합성소재 파일 스웨터(fiber pile sweater)에 주목했다. 가벼운 데다 땀이 잘 마르고 따뜻한 소재였기 때문이다. 파타고니아는 땀을 잘 흡수하면서도 잘 마르는 셸 재킷도 내놓았다. 항해용 로프나 구명조끼 등 물에 잘 뜨는 가벼운 소재인 폴리프로필렌을 활용한 보온 내복도 생산했다.

하지만 이것만으로는 완벽한 등반환경을 제공할 수 없었다. 폴리프로필렌은 녹는 점이 낮아 세탁과정에 문제가 생겼다. 파타고니아는 소재 전문업체 말덴과 함께 재활용 음료수병에서 양모와 같은 원단을 뽑아냈다. '신칠라'라고 이름 붙인 이 원단은 가볍고 따뜻해 지금은 아웃도어 의류에서 흔히 쓰이는 원단이 됐다. 당시 파타고니아는 큰 비용을 투자해 혁신을 이뤄냈지만 직접 연구 · 개발에 참여하지 않으면 최고의 원단을 개발하지 못할 것이라는 교훈을 얻었다. 이후 파타고니아는 연구 · 개발과 디자인에 많은 금액을 투자했고 원단 실험실, 원단 개발부를 사내 핵심조직으로 육성했다.

파타고니아는 더 좋은 기능성 제품을 내놓기 위한 노력을 멈추지 않았다. 1984년에는 시카고에서 열린 스포츠용품 박람회에서 폴리프로필렌을 대체할 폴리에스터를 발견했다. 플라스틱을 녹여 추출한 실을 섬유처럼 가늘게 엮은 뒤 염색한 폴리에스터는 폴리프로필렌보다 녹는 점이 높아 세탁이 쉬웠고 보온성도 좋았다. 이듬해 파타고니아는 폴리프로필렌을 사용한 제품을 모두 폴리에스터로 바꿨고, 이후 제품판매가 크게 늘었다.

두 번째 핵심성공요인은 환경보호를 위해 친환경 소재를 사용한 것이다. 아웃도어 의류를 판매하는 파타고니아에게 있어 자연은 사업성장을 위한 기반이다. 등반가들이 찾는 아름다운 산과 깨끗한 강이 사라지면 아웃도어 활동에 나서는 사람 수가 줄어들고 관련제품 소비도 감소하기 때문이다. 파타고니아가 세계적으로 환경보호와 사회적 책임을 다하는 기업으로 명성을 얻게 된 것은 사실 이런 이유 때문이다.

파타고니아는 오랜 경험을 통해 환경보호활동이 훼손된 자연을 회복시킬 수 있다는 것을 배웠다. 파타고니아는 회원이 많고 기업과 관련 있는 비영리환경단체 대신 자연을 지키기 위해 일하는 작은 풀뿌리 환경단체에 정기적으로 후원하고 있다. 1986년 본격적인 환경보호 기부를 시작할 당시에는 매년 이익의 10%를 기부하기로 선언했지만, 이후 매출의 1%를 후원하는 것으로 원칙을 바꿨다. 적자가 나더라도 기부하겠다는 것이다. 파타고니아의 기부 약속은 지금까지 꾸준히 지켜지고 있다.

파타고니아는 풀뿌리 환경단체를 경제적으로 지원하는 것을 넘어 기업활동으로 발생하는 환경적 영향을 최소화하기 위해 노력하고 있다. 1980년대부터 카탈로그에 재활용 종이를 사용했고, 1996년 네바다주 르노에 문을 연 물류센터는 태양열을 활용한 설계로 에너지 사용의 60%를 절감했다. 염색공정을 점검해 독성 있는 물질의 사용을 중단했고, 에너지를 많이 사용하거나 환경오염을 유발하는 원단은 생산하지 않기로 했다.

파타고니아의 이런 노력을 보여주는 대표적인 사례가 바로 '면'이다. 파타고니아는 농사에 사용되는 농약의 25%가 목화를 재배할 때 쓰인다는 것을 알게 됐다. 1994년 파타고니아는 모든 면 제품을 만들 때 농약을 사용하지 않고 재배된 유기농 목화에서 얻은 면을 사용하기로 결정했고 1996년부터 모든 면 제품을 유기농 면으로 만들고 있다.

환경피해를 최소화하기 위해 다양한 노력을 기울이고 있지만 파타고니아는 생산과 소비 활동 자체가 환경에 영향을 준다는 사실을 알고 있다. 파타고니아는 더 급진적인 활동을 전개했다. 이베이에 파타고니아 중고숍을 오픈해, 온라인에서 파타고니아를 검색하는 소비자가 이베이에서 중고제품을 검색할 수 있도록 한 것이다. 급기야 파타고니아는 뉴욕타임스에 '이(파타고니아) 재킷을 사지 마세요(Don't Buy This Jacket)'라는 광고를 냈다. 이는 덜 만들고 덜 쓰는 노력을 통해 환경비용을 줄여야 한다는 파타고니아의 인식에 따른 것이다.

흥미로운 점은 파타고니아의 이런 활동이 단순히 '환경보호에 힘쓰는 기업, 사회적 책임을 다하는 기업'이라는 긍정적 브랜드이미지를 구축하는 데 그치지 않는다는 점이다. 하버드 비즈니스 리뷰는 이베이를 통해 파타고니아 중고의류를 판매한 소비자는 중고제품을 판 돈으로 파타고니아 새 제품을 살 가능성이 높고, 환경친화적인 제품이기 때문에 소비자들은 비교적 높은 파타고니아 제품가격을 수용한다고 분석했다. 소비자들은 파타고니아 제품은 품질이 좋기 때문에 더 비싼 가격을 지불할 가치가 있다고 생각한다는 것이다. 환경보호 활동과 캠페인은 파타고니아의 광고비를 줄이는 요인이기도 하다. 파타고니아 제품을 구매하는 많은 소비자는 파타고니아가 직접 참여하거나 후원하는 환경보호 캠페인을 통해 기업의 경영철학과 환경보호 가치를 공유한다.

세 번째 핵심성공요인은 직원, 협력업체와 성과를 공유하는 파트너관계 마케팅을 추구한 것이다. 파타고니아는 직원과 성과를 공유하고 협력업체와 긴밀한 관계를 유지하면서 기업을 성장시켰다. 이는 단순히 좋은 기업이라는 명성을 얻는 것에 그치지 않고 이익증가라는 경영성과로도 이어졌다. 1984년부터 파타고니아는 사무실 내 칸막이를 없애 열린 공간으로 바꿨다. 직원들에게 영양 식단으로 만든 점심을 제공했고, 사내 어린이집을 설치해 부모인 직원들의 복지를 강화했다. 직원들의 업무성과는 눈에 띄게 올라갔다.

파타고니아가 협력업체와 상생관계를 강화한 것도 이윤확대로 이어졌다. 공장에 주문하기 전 파타고니아는 해당 공장의 생산환경을 파악하기 위해 사회 · 환경책임팀을 파견한다. 계약을 취소할 수 있는 권한을 가진 이 팀은 공장이 적정한 근로환경을 조성하고 있는지, 환경에 피해를 줄 수 있는 생산공정을 운영하고 있지는 않은지 등을 점검한다. 파타고니아가 협력업체의 환경까지 고려하게 된 것은 2000년대 초반 생산을 확장하는 과정에서 얻은 교훈 때문이다. 당시 파타고니아는 주문이 늘어나자 협력업체 수를 100개 이상으로 늘렸고, 이는 공장관리 부실로 이어졌다. 파타고니아 본사가 직접 공장의 근무여건을 확인하기 어려워진 것이다. 그러자 제품품질은 급격하게 떨어졌다. 납기는 늦어졌으며 비싼 비용을 들여 다시 작업해야 하는 상황이 빈번하게 발생했다. 제품검사시간도 길어졌다. 소비자 불만은 커졌고 이에 따른 반품은 이익을 갉아먹는 요인이 됐다. 결국 파타고니아는 공장 수를 3분의 1로 줄이고, 지속적으로 사업관계를 유지할 수 있는 공장과 계약하기 시작했다. 공장 근무여건이 좋아지면서 자연스럽게 물건의 품질도 높아졌고 파타고니아 이익도 늘어났다.

파타고니아 사례는 환경을 보호하고 건강한 근로조건을 조성하고 사회적 이슈에 대해 정당한 목소리를 내는 등 기업의 책임 있는 행동이 결국 이익증가로 이어진다는 사실을 증명하고 있다.

자료원: DBR, 2021 February; 조선비즈, 2020.06.02.; 이코노미조선 231호, 2017.12.27.

마케팅의 본질은 고객의 관점에서 생각하고 행동하는 활동과 과정이다. 이러한 맥락에서 경영학 분야의 석학이었던 고(故) 피터 드러커(Peter Drucker) 교수는 마케팅의 목적을 "소비자를 잘 이해하고 이를 토대로 개발된 제품이나 서비스가 그들의 욕구를 잘 충족시킴으로써 자발적인 구매가 이루어지도록 하는 것(to know and understand the customer so well that the product or service fits him and sells itself)"으로 제안하였다.

기업이 소비자 혹은 고객의 관점에서 생각하고 행동할 수 있기 위해서는 모든 구성원들이 고객지향적 마케팅을 단순히 특정 부서에서 수행해야 할 기능이 아니라 기업을 경영하는 철학으로 인식해야 한다. 마케팅은 고객가치를 창출하고 고객과의 관계를 형성하고 키워나가는 과정을 다루고 있다는 점에서 다른 어떤 경영기능보다 중요하다.

궁극적으로 기업의 마케팅노력은 고객들이 일상생활에서 행복을 경험하는 데 도움을 주는 것에 초점을 맞추어야 한다. 고객 행복감은 어떻게 창출될까? 고객의 행복경험은 우리 브랜드제품이 고객들에게 의미를 제공하고 긍정적 감정을 갖게 할 때 창출된다. 고객은 삶의 의미를 찾고 일상생활에서 긍정적인 감정을 느끼는 데 있어 특정 회사의 제품과 서비스가 도움을 줄 때 그 브랜드에 대해 사랑과 애착을 갖게 되며, 그 제품브랜드의 소유와 소비로부터 행복을 경험한다.

기업과 그 기업이 판매하는 제품브랜드에 대한 사랑과 애착은 고객이 추구하는 주요가치를 우리 브랜드가 경쟁자들보다 매우 잘 충족시킬 때 창출되는데, 고객이 제품브랜드로부터 추구하는 주요가치는 **실용적 가치**, **상징적 가치**, **쾌락적 가치**를 포함한다. 가령, 애플 아이폰은 고객들에게 어떤 브랜드 의미와 가치를 줄까? 고객들은 아이폰 브랜드에 대해 사용하기 편리하고 휴대하기 용이하기 때문에 뛰어난 실용적 가치를 제공하는 제품으로 간주할 수 있다. 혹은 어떤 고객들은 디지털 영역에서 최신유행을 선도하고 세련된 사람으로 자신을 표현하는 데 있어 아이폰을 유용한 수단으로 간주하기 때문에 상징적 가치를 제공하는 제품으로 볼 수 있다. 또 다른 고객들은 시각적으로 멋있고 세련된 디자인, 손에서 느껴지는 부드러운 촉감, 뛰어난 음질과 화질의 다양한 음악과 비디오 제공 등을 통해 긍정적 감정경험을 유발하기 때문에 쾌락적 가치를 제공하는 디지털 휴대기기로 간주할 수도 있다.

이하에서는 마케팅의 정의와 마케팅과정에 대해 먼저 설명한다.

01 마케팅이란

1.1 마케팅에 대한 정의와 마케팅과정

많은 사람들이 마케팅 하면 판매와 광고를 주로 떠올린다. 일상적으로 TV광고, 직접우편광고, 판매

삼성전자는 코로나19 사태에 따른 가정에서의 소확행과 문화생활 욕구를 충족시키기 위해 홈시네마에 최적화된 삼성 프리미엄 빔 프로젝터 The Premiere와 나만의 홈갤러리를 완성시켜 주는 삼성 The Frame TV를 출시함으로써 정체된 가전제품 시장에서 새로운 고객가치를 창출했다.

원 방문, 인터넷광고의 홍수 속에 사는 우리들이 마케팅에 대해 그렇게 생각하는 것은 당연해 보일 수 있다. 그러나 판매와 광고는 마케팅이라는 빙산의 일각일 뿐이다. 판매와 광고는 고객욕구를 충족시키고 고객관계를 구축시키기 위해 기업이 사용하는 마케팅 도구들 가운데 일부분이다. **마케팅**(marketing)은 기업이 고객을 위해 가치를 창출하고 강력한 고객관계를 구축함으로써 그 대가로 고객들로부터 적절한 보상을 얻는 과정으로 정의될 수 있다.

마케팅에 대한 정의가 시사하는 바는 기업을 포함한 조직체가 고객을 위해 탁월한 가치를 창출하고 강력한 고객관계를 구축함으로써 그 대가로 수익을 얻는 과정을 마케팅으로 본다는 것이다. 이에 따라 기업들은 경쟁사보다 나은 시장제공물의 개발을 통해 높은 고객가치와 고객만족을 일관성 있게 전달함으로써 고객들과 강력한 유대관계를 유지/강화시키는 것을 마케팅목표로 삼아야 한다. 여기서 **시장제공물**(market offering)이란 고객의 욕구를 충족시키기 위해 조직이 시장에 제공하는 제품, 서비스, 정보, 그리고 경험의 조합을 말한다.

이러한 정의를 토대로 그림 1-1 은 세 단계로 구성된 마케팅과정 모형을 보여준다. 기업은 고객을 이해하고, 고객가치 창출과 강력한 고객관계 구축을 위해 고객지향적 마케팅전략을 수립하고 이를 고객에게 실제로 전달하기 위한 통합적 마케팅 프로그램을 개발/실행해야 한다. 기업은 이러한 노력의 대가로 적절한 보상(높은 매출과 수익, 브랜드 충성도 등)을 받게 된다.

그림 1-1 마케팅과정 모형

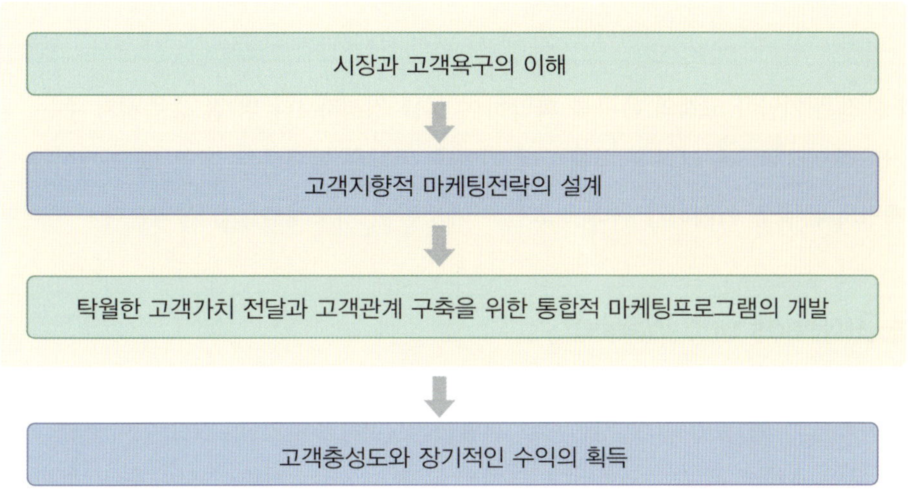

1.2 마케팅의 범위

과거 마케팅은 주로 영리기업이 유형제품 구매자를 상대로 수행되는 활동으로 적용범위를 좁게 보았지만, 최근들어 유형제품뿐 아니라 무형의 서비스, 아이디어 등을 마케팅활동의 대상으로 포함하는 것으로 그 범위가 확대되고 있다.

오랫동안 마케팅은 영리를 추구하는 기업의 목적달성을 위한 주요기능으로 간주되었다. 그러나 조직 혹은 개인 간의 교환을 창출하기 위한 일련의 활동도 마케팅으로 봐야 한다는 주장이 제기됨에 따라 학교, 정부, 교회 등의 비영리기관도 마케팅행위를 수행하는 것으로 마케팅의 범위가 확장되었다.

마케팅은 그 행위의 주체가 누구냐에 따라 영리기업이 수행하는 **영리마케팅**(profit marketing)과 비영리조직이 수행하는 **비영리 마케팅**(non-profit marketing)으로, 그리고 마케팅의 대상이 누구냐에 따라 소비자를 대상으로 수행되는 **소비재 마케팅**(consumer goods marketing)과 기업과 조직을 대상으로 수행되는 **산업재 마케팅**(industrial goods marketing) 혹은 **BtoB 마케팅** 등으로 구분될 수 있다.

마케팅행위의 주체와 그 대상이 누구이든 마케팅의 본질이 고객의 관점에서 사고하고 행동하는 것이라는 점에서는 별 차이가 없다. 특히 제품을 대상으로 하는 마케팅과 서비스를 대상으로 하는 마케팅은 더 이상 구분이 필요 없을 정도로 중복되어 가는 추세이다. 따라서 '맥도날드'를 유형제품인 햄버거를 생산/판매하는 제조업체로 보느냐 혹은 빠르고 친절한 서비스를 생산/판매하는 서비스기업으로 간주하느냐의 문제는 더 이상 의미 없는 분류일 것이다. 이는 치열한 경쟁상황에서 제조업체는 서비스에 의한 차별화를, 서비스업체는 유형제품에 의한 차별화를 시도함으로써 나타나는 현상이다.

02 마케팅관련 주요개념

마케팅의 본질은 기업이 고객의 욕구를 파악하여 이를 경쟁자보다 더 잘 충족시켜 주는 시장제공물을 고객에게 전달함으로써, 즉 교환을 창출하여 기업의 목적을 달성하는 행위 및 과정이다. 본 절에서는 이러한 마케팅의 본질을 이해하기 위해 필요한 마케팅관련 기초개념들을 살펴본다.

2.1 욕구(Needs and Wants)

마케팅을 이해하는 데 있어 가장 기본적인 개념은 인간의 욕구이다. 인간의 욕구는 그 구체성에 따라 본원적 욕구와 구체적 욕구로 구별된다. **본원적 욕구**(needs)는 사람이 살아가는 데 필요한 본원적인 것들의 결핍을 느끼고 이를 채우려는 바람을 말한다. 배고플 때의 음식에 대한 욕구와 같은 의, 식, 주에 대한 욕구가 이에 해당된다. 반면에 **구체적 욕구**(wants)는 본원적 욕구를 해결하기 위한 구체적인 수단에 대한 욕구를 말한다. 이러한 욕구는 개인이 속한 사회나 문화 혹은 개인의 취향에 따라 다르게 나타난다. 문화적 배경이 다른 한국인과 미국인은 점심을 위한 메뉴의 선택에서 완연히 다른 욕구(설렁탕과 햄버거)를 가질 것이며, 우리나라 사람들 중에서도 한식을 선호하는 사람과 중국음식을 선호하는 사람 등 개인의 취향에 따라 구체적 욕구에서 차이를 보일 수 있다.

이렇게 소비자욕구의 파악과 충족은 마케팅의 기본이며 그 출발점이 된다. 일반적으로 소비자욕구

아모레퍼시픽의 아이오페 광고는 여성용 화장품 모델에 고소영을, 그리고 남성용 화장품 모델에 장동건을 사용함으로써 주름으로 고민하는 연령층의 소비자들이 이 화장품을 사용하면 젊어 보일 수 있다고 강조한다.

는 자발적인 의지에 의해 발생되지만 마케터의 자극에 의해서도 창출될 수 있다. 아모레퍼시픽의 주름 개선용 화장품 아이오페는 중년에 들어선 배우 고소영과 장동건을 광고모델로 출연시켜 이 화장품을 사용하면 나이가 들어도 젊어 보일 수 있음을 보여줌으로써 고객의 기본적 욕구와 구체적 욕구를 자극한다. 화장품브랜드들은 아름다워지고 싶은 여성의 기본욕구를 충족시키기 위해 개발된다. 모든 여성은 아름다워지고 싶은 욕구를 갖고 있고 나이가 듦에 따라 생기는 눈가의 주름에 대한 우려의 마음도 가지고 있다. '아이오페'와 같은 기능성 화장품은 나이 들어가는 소비자들의 이러한 고민에 대한 해결방안이 됨으로써 새로운 시장을 창출했다. 아모레퍼시픽 아이오페는 나이 들어가는 여성의 피부를 위해 개발된 제품이라는 차별적 메시지를 통해 모든 여성이 갖는 아름다워지고 싶은 기본적 욕구(needs)와 주름을 없애고 싶은 중년층 여성의 구체적 욕구(wants)를 동시에 자극하고 있다.

2.2 수요(Demands)

사람의 욕구는 그 대상에 따라 무한하지만 욕구충족을 위한 현실적 수단(재무적 상태)은 사람에 따라 다를 수 있다. 많은 소비자들이 최고급 승용차 소유에 대한 욕구는 가지고 있으나 실질적인 구매력을 가진 소비자는 한정되어 있다. 또한 소비자가 어떤 제품에 대한 욕구가 있고 구매력을 지니고 있다고 해서 반드시 구매로 이어지는 것은 아니다. 바로 구매의지(willingness to buy)가 뒷받침되어야 비로소 그 제품에 대한 구매가 이루어진다.

이렇게 어떤 제품에 대한 소비자의 욕구가 구매력과 구매의지에 의하여 뒷받침된 것을 **수요**(demands)라고 한다. 따라서 기업은 자사제품에 대한 실질적인 수요를 창출하기 위해서 구매욕구, 구매력, 구매의지를 모두 자극하는 마케팅활동을 실행하여야 한다.

마케팅역량이 탁월한 기업은 고객의 본원적 욕구, 구체적 욕구, 그리고 수요를 이해하기 위해 전력을 다한다. 그들은 고객조사를 실시하고 수집된 고객자료를 분석한다. 그리고 조직의 전 구성원들이 고객을 이해하기(고객과 가까이 있기) 위해 노력한다. 가령, 초우량 항공사인 미국의 사우스웨스트항공(Southwest Airlines)의 임원진들은 분기에 한 번씩 수화물을 처리하고 발권업무에 참여하며 승무원의 역할을 직접 수행한다. 모터사이클 시장의 글로벌 기업 Harley-Davidson의 회장은 정기적으로 Harley 고객들과 함께 Harley 모터사이클을 타고, 그들로부터 피드백과 아이디어를 얻는다.

2.3 시장(Markets)

시장은 자사제품에 대한 욕구와 구매력, 그리고 구매의지를 가지고 있는 사람들, 즉 자사제품에 대한 수요가 있는 사람들의 집합을 말한다. 이러한 사람들은 현재 이미 자사제품을 구입하고 있는 사람들과 향후 구입가능성이 높은 사람들(potential buyers)을 포함한다.

마케팅노력의 성패는 시장에서 경쟁우위를 구축하느냐에 의해 결정된다. 기업은 마케팅시스템 관점에서 시장을 바라볼 수 있는데, 이렇게 보면 시장경쟁은 각 기업이 구축한 마케팅시스템 간의 경쟁으로 간주할 수 있다.

그림 1-2는 마케팅시스템의 주요 구성요소들을 보여준다. 우리기업과 경쟁사들은 각각 자신이 개발한 시장제공물과 마케팅 메시지를 고객들에게 전달하는데, 이러한 노력은 유통업체 같은 마케팅 중개상(marketing intermediaries)을 통해 이루어지거나 직접 이루어진다. 마케팅시스템의 모든 구성원들은 주요 환경요인(인구통계적, 경제적, 기술적, 정치적, 법적, 그리고 사회적, 문화적 요인)에 의해 영향을 받는다. 마케팅시스템의 각 구성원은 가치체인의 다음 단계에 위치한 구성원을 위해 부가가치를 창출한다.

따라서 한 기업의 성공 여부는 자신의 마케팅활동뿐 아니라 소비자의 욕구를 충족시키기 위해 구축된 마케팅시스템의 다른 구성원들이 파트너가 되어 얼마나 긴밀하게 상호협력을 하는지에 의해 결정된다. 이마트는 협력업체들이 저비용으로 상품을 공급해 주지 못하면 저가격을 실현하겠다는 고객과의 약속을 지킬 수 없으며, 현대자동차는 대리점들이 탁월한 판매활동과 서비스를 제공하지 못하면 승용차 구매자들에게 고품질의 승용차 소유경험을 실제로 전달할 수 없다.

그림 1-2 마케팅시스템의 구성요소

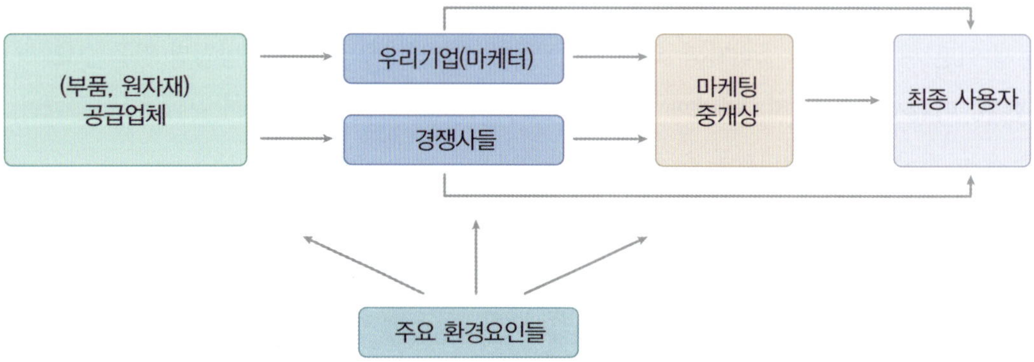

2.4 시장제공물 – 제품, 서비스, 그리고 경험

소비자는 욕구를 충족시키기 위하여 시장제공물을 구매하는데, 시장제공물(market offering)은 고객의 욕구를 충족시키기 위해 시장에 제공하는 제품, 서비스, 정보, 혹은 경험의 조합을 말한다. 시장제공물은 유형적 제품에 국한되는 것은 아니며, 판매과정에서 제공되는 무형적 활동 혹은 편익인 서비스도 포함한다. 따라서 넓은 의미의 제품에는 유형의 제품(tangible product)과 무형의 서비스(intangible service)가 포함된다. 그러나 기업이 제공하는 것이 유형의 제품이건 무형의 서비스이건 상관없이, 궁극적으로 소비자가 구매하는 것은 제품으로부터 얻게 되는 편익과 삶의 체험(experience)이다. 즉, 여성은 화장품 자체를 원하는 것이 아니라 아름다움이란 편익을 원하는 것이며 나아가서는 자신 있는 삶 자체를 추구하는 것이다. 마찬가지로 소비자는 치약의 구취제거 성분을 사는 것이 아니고 입안의 개운함을 원하는 것이며 자신 있고 편안한 대화나 혹은 입맞춤 같은 긍정적 사용경험을 얻기 위해 치약을 구매하는 것이다.

따라서 현명한 마케터들은 제품과 서비스의 속성 그 이상에 주의를 기울여야 한다. 즉, 제품과 서비스를 잘 조합하여 **브랜드경험**(brand experience)을 창출하려고 노력해야 하는 것이다. 가령 월트 디즈니 월드(Walt Disney World)는 고객들에게 경험과 꿈의 실현을 판매하려고 한다. 가족과 함께 Disney World를 방문한 소비자들은 꿈이 실현되는 마법의 세계에 빠져드는 경험을 하게 된다.

마케팅 Highlight

브랜드경험의 시대- 운동량을 SNS로 공유하는 나이키 퓨얼밴드

최근 늘어 더 나은 브랜드경험 제공을 통해 고객들과 강한 정서적 유대감을 형성하려는 기업들이 늘어나고 있다. 언제부터였을까. 페이스북에서 지인들의 운동기록을 심심치 않게 보게 된다. "3.5㎞를 달렸습니다. 1100퓨얼을 획득했습니다." 사람들은 조깅을 마치자마자 실시간으로 그날의 운동경로와 운동량을 SNS를 통해 공유한다. 나이키의 퓨얼밴드(FuelBand)라는 제품 덕분이다.

퓨얼밴드는 팔에 착용하면 걷기, 계단 오르기 등 일상의 모든 운동량을 빠짐없이 수치화해 주는 팔찌 형태의 디지털 기기다. 매일의 운동량은 퓨얼이라는 단위로 환산돼 쌓이며, 온라인을 통해 사람들이 얼마나 많은 퓨얼을 모았는지 비교할 수 있다. 자연스럽게 사용자들 간에 경쟁심리가 발동하고, 더 열심히 운동하게 만드는 동기부여의 효과도 나타나게 된다.

퓨얼밴드를 사용하며 삶을 건강하게 관리하는 사람들은 아마도 세계에서 가장 거대한 스포츠 관련 커뮤니티가 아닐까 싶다. 퓨얼밴드는 소비자가 나이키와 상호작용할 이유를 제공하고 브랜드 경험을 심화시킨다. 퓨얼밴드는 이를 착용하고, 움직이고, 공유하는 모든 과정을 통해 소비자가 나이키라는 브랜드와 함께 하도록 만들었다. 광고회사 입장에서 보면 혁신적인 기기 하나가 그 어떤 광고물보다도 효과적으로 브랜드를 소비자들의 삶 속에 위치시킨 셈이다.

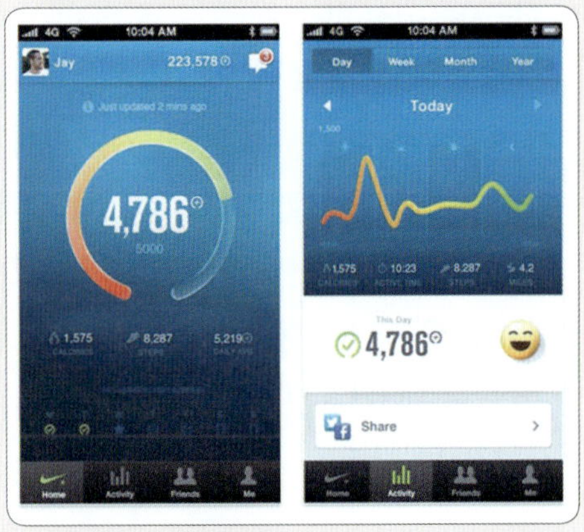

이러한 관점에서 마케터는 제품을 단순히 **속성들의 집합체**(a bundle of attributes)로만 보아서는 안 되며 **편익들의 집합체**(a bundle of benefits), 나아가 **가치들의 집합체**(a bundle of values)로 해석해야 한다. 예를 들어, 승용차 구매는 그 승용차로부터 얻게 되는 수송서비스를 통해 편안한 일상생활을 구매하는 것이며, 식기세척기 구매는 단순히 설거지 기계를 구매하는 것이 아니라 싫은 일로부터의 해방과 삶의 여유를 구매하는 것이다. "우리는 제품을 파는 것이 아니라 해결방안을 판다(We sell solutions and answers rather than just products)"는 GE의 전 회장이었던 잭 웰치의 말은 이러한 점을 강조한 표현이다.

많은 기업들이 마케팅 근시안으로 인해 지속적으로 마케팅 성과를 높이는 데 어려움을 겪는다. **마케팅 근시안**(marketing myopia)은 고객들이 진정으로 원하는 것은 제품이 아니라 그 제품에 의해 고객이 얻게 될 편익과 경험임을 인식하지 못하는 실수를 말한다. 상당수 기업들은 제품 자체와 고객의 구체적 욕구에 지나치게 집중함으로써 고객이 제품구매로부터 충족시키고 싶은 본원적 욕구가 무엇인지를 소홀히 한다. 즉 특정 제품은 소비자가 당면한 문제를 해결하는 한 수단에 불과할 뿐임을 잊고 있는 것이다. 드릴 공구 제조업체는 고객이 원하는 것이 드릴 제품인 것으로 생각할 수 있지만, 고객이 진정으로 원하는 것은 드릴 사용으로 얻게 될 구멍이다. 이 마케팅 근시안에 사로잡힌 대다수 기업들은 고객의 본원적 욕구를 더 잘 혹은 더 저렴하게 충족시키는 혁신제품이 나타나면 시장생존에 어려움을 겪게 된다. 기업들은 고객들이 본원적 욕구를 충족시키는 데 있어 더 나은 신제품을 원한다는 것(가령, 소비자들은 더 나은 승용차가 아니라 더 나은 운송수단을 원함)을 명심해야 한다.

마케팅 Highlight

마케팅 근시안(marketing myopia)에서 벗어나라 - 고객은 드릴이 아니라 구멍 뚫는 도구를 원한다

사우스웨스트항공이나 라이언에어 같은 저비용항공사(LCC · Low Cost Carriers)가 등장하기 이전 대부분 항공사는 국적 항공사(FCC · Full-Service Carriers)였다. 사업방식은 천편일률적이었다. 주로 대도시 지역에 취항하며, 허브 앤드 스포크(hub-and-spoke) 시스템으로 취항경로를 설계한다. 승객 좌석은 일등석, 비즈니스, 일반석 3종류. 일등석 · 비즈니스석 고객을 위한 라운지가 있으며, 기내식은 티켓가격에 포함되어 있다. 어찌 보면 '그게 뭐가 이상한가?'라고 되묻는 사람이 있을지 모르지만, 그것이 원래 그랬고, 그럴 수밖에 없다는 생각을 가지고 있으면 혁신은 일어나지 않는다. 저비용항공사는 이런 관행을 뒤집었다. 중소규모 도시에 취항하고, 이동지점 간 직접경로(point-to-point)로 날아간다. 항공기는 단일 기종, 좌석 등급도 단일하다. 비즈니스 라운지를 없애고 기내식이나 기내 오락물을 이용하려면 추가비용을 내도록 했다. 당연하게 여기던 사업방식을 새롭게 재편한 것이다.

이제 새로운 시대 기업의 마케팅 전략은 비정형 사고를 요구한다. 틀에 박힌 사고로는 혁신에 대응할 수 없다. 비정형 시대에 대응하는 마케팅 전략에는 어떤 통찰력이 필요할까.

① 와해성 혁신전략을 시도하라

이케아가 속해 있는 산업은 명목상 가구 유통업이다. 이 업계에서는 어느 브랜드를 이용하든 가구는 완제품으로 배달 · 설치해 주고, 매장에서는 친절한 직원의 컨설팅 서비스를 받을 수 있다. 소비자들이 원하든 원치 않든 편익을 누릴 수 있는 점은 좋지만, 경쟁관점에서 보면 브랜드 간 구별은 별로 없다. 많은 브랜드들이 새로운 편익을 제공하는 데 혈안이 되어 있지만, 이케아는 카테고리의 편익 더하기 방향과는 반대로 움직이는 '역(逆)방향 포지셔닝(reverse positioning)'을 택했다. 저비용항공사 제트블루는 다른 저비용항공사와는 다른 특징을 가지고 있다. 기내식 서비스, 퍼스트 클래스, 왕복티켓 요금할인 등을 없앴지만 전 좌석에 최고급 가죽 시트를 도입하고, 위성 TV 시스템을 사용하여 개인용 엔터테인먼트 서비스를 제공한다. 기내 후방영역에 있는 일부 좌석은 일반 좌석보다 훨씬 더 넓다. 사우스웨스트나 라이언에어가 서비스 제거를 통해 새로운 하위 카테고리를 만들었다면, 제트블루 항공은 이케아와 같이 편익 빼기 및 새로운 가치제안 조합을 통해 기존 저비용항공사와 다시 한 번 차별화하는 비스니스 모델을 디자인한 것이다.

② 업(카테고리)의 개념을 재정의하라

하버드 경영대학원 테오도르 레빗(T. Levitt) 교수는 마케팅 근시안을 설파했다. 상품중심 사고를 뛰어넘어 근본적으로 고객이 원하는 잠재적 니즈를 중심으로 카테고리의 본질을 파악하라는 주장이다. 사람들은 좀 더 나은 쥐덫을 원하는 게 아니라 쥐 잡는 솔루션을 원한다. 더 좋은 상품의 덫에 빠지는 오류를 '우월한 쥐덫 오류(better mousetrap fallacy)'라 부른다. 고객이 원하는 건 드릴이 아니라 뚫린 구멍이다. 명목적인 상품 카테고리에 초점을 두면서 무엇을 팔지(what to sell)에만 매몰되지 말고, 고객들이 근본적으로 왜 사는지(why to buy)를 고민해 보자. 레블론 창업자 찰스 레브손(Revson)은 "공장에서 우리는 화장품을 만들지만, 매장에서는 아름다워질 수 있다는 희망을 판다"고 말했다.

③ 핵심고객을 재규정하라

노보 노르디스크가 개발한 인슐린 상품 노보펜은 타깃고객을 재정의하면서 가치혁신을 이뤘다. 제약회사 1차 고객은 병원이다. 그런데 실제 의약품을 사용하는 최종 소비자는 환자다. 의사와 환자들이 중요하게 생각하는 제품속성은 다를 수 있다. 의사들은 치료 자체에 주로 관심을 두기 때문에 인슐린 순도에 주목한다. 그러나 인슐린 정제 기술은 급격히 발전하여 더 이상 순도 위주 경쟁은 의미가 없어졌다. 환자가

| 비정형 마케팅 혁신을 이룬 사례들 |

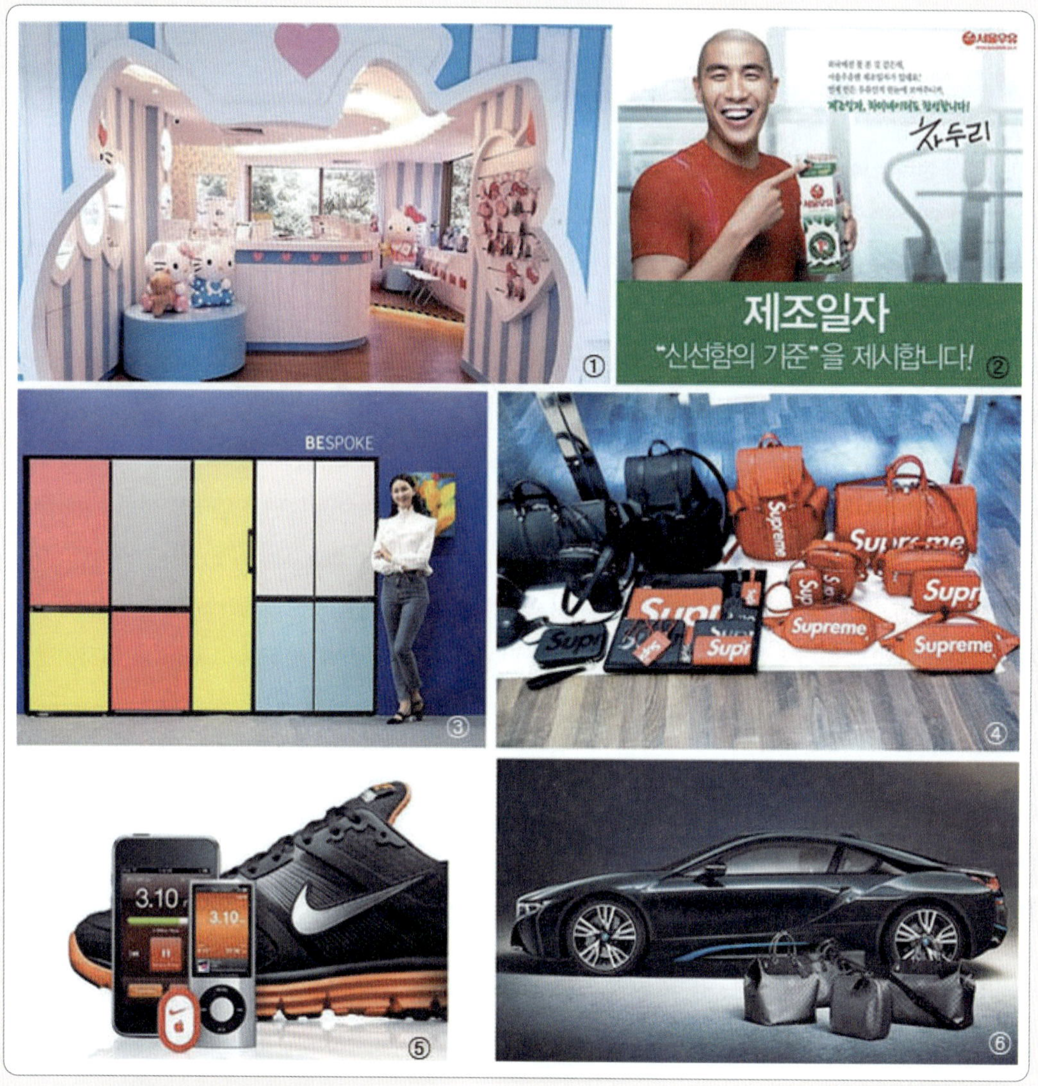

① 헬로 키티(Hello Kitty) 건강검진센터 ② 제조일자 중심 시스템을 만든 서울우유 ③ 삼성전자 비스포크(bespoke) 맞춤형 냉장고 ④ 루이비통과 슈프림(SUPREME)의 컬래버레이션 제품 ⑤ 나이키와 애플의 공동 브랜드 나이키 플러스 ⑥ BMW와 루이비통의 공동 브랜딩 캠페인 '여행의 기술(The Art of Travel)'.

인슐린을 바라보는 프레임은 다르다. 매번 정확한 양의 인슐린을 투약하는 건 여간 복잡하고 힘든 일이 아니다. 행여 주변에서 주사기로 다리에 인슐린을 맞는 장면을 보기라도 한다면 여간 창피스러운 경험이 아닐 수 없다. 노보 노르디스크는 쉽게 휴대할 수 있고, 정확한 투약량이 내장되어 있으며, 누가 보더라도 주사기가 아닌 만년필처럼 생긴 노보펜을 개발해 대성공을 거뒀다.

④ 특이한 파트너와 협업을 고려하라

공동 브랜딩(co-branding)은 일반적으로 둘 이상 브랜드가 모여 독립된 새로운 브랜드(복합 브랜드)를 만드는 전략이다. 여기에는 반드시 새로운 상품을 만드는 전략만 존재하는 것은 아니다. 공동판촉(맥도날드 상품 구매 시 제공되는 디즈니 캐릭터)이나 간접제품광고(PPL · Product Placement)도 일종의 공동 브랜드 전략이다. 도리토스 로코스 타코스는 도리토스와 타코벨이 합작한 공동 브랜드 상품이다. 도리토스는 멕시코풍 토르티야 칩 브랜드이다. 타코에 들어가는 토르티야를 도리토스 칩으로 대체하면서 자연스럽게 타코와 상호보완성을 확보했다. 토르티야 대신 사용한 도리토스 셸은 가능한 한 오리지널 맛을 유지하고, 그 안에 일반 타코처럼 다양한 재료를 넣어 만들었다. 이 제품은 출시 첫 해 10억 개가 팔렸다. 나이키와 애플은 아이팟(iPod) 1세대가 출시된 2000년대 초기부터 협력해 왔다. 초기협력 결과물은 나이키 상품(신발 및 의류)을 사용하는 운동자들에게 아이팟과 아이튠스(iTunes)를 통해 음악서비스를 제공하는 Nike+iPod이었다. 이후 두 회사의 파트너십은 더욱 진화하여 나이키 플러스를 개발하기에 이른다.

⑤ 가치전달수단을 재설정하라

로레알은 2012년 와일드 옴브레라는 가정용 염색 키트를 출시했다. 그동안 염색은 머리 전체를 한 색상으로 염색하거나 뿌리부터 머리카락 끝부분까지 염색하되 일부분만 염색하는 하이라이트(마치 줄을 그은 듯한 모양으로 염색)가 전부였다. 그런데 구글과 협업을 시작한 로레알은 당시 구글 트렌드를 통해 새로운 유행이 태동하는 걸 발견한다. 소셜 미디어에 귀를 기울여 보니 옴브레, 딥 다이 등의 키워드 검색률이 급증하고 있었다. 이후 유튜브에서 해당 염색 관련 영상물이 속출하기 시작했다. 로레알은 간파한 트렌드를 활용하기 위해서 커뮤니티에서 소비자들이 이미 사용하고 있던 용어인 옴브레로 브랜드 이름을 정했다. 일반적으로 복잡하고 힘든 염색과정에 주목하여 옴브레 스타일을 쉽게 구현할 수 있는 솔루션을 개발했다. 사용이 편리하면서 옴브레 스타일을 제대로 구현할 수 있는 브러시를 고안하고, 옴브레 키트를 사용하는 염색과정을 심플렉시티(Simplexity)라 명명했다. 이후 소셜 미디어에는 브러시에 대한 호의적인 반응이 증가했다. 핵심상품도 중요하지만 경우에 따라서는 보완재를 통해 가치를 창출하는 것도 중요하다는 점을 입증한 사례다.

자료원: 박기완, '고객은 드릴이 아니라 구멍 뚫는 도구를 원한다', 조선위클리비즈, 2020.06.12.

2.5 고객가치와 고객만족

소비자는 자신의 욕구를 충족시킬 수 있는 수많은 제품 및 서비스 대안들에 직면한다. 그들은 수많은 제품 혹은 서비스 가운데 특정 대안을 어떻게 선택할까? 고객은 각 제품이 제공할 가치와 만족수준에 대한 기대를 형성하고 가장 높은 가치와 만족수준을 제공할 것으로 기대하는 제품을 구매한다. 사용경험을 통해 만족한 고객은 반복구매를 하고 다른 소비자들에게 자신의 긍정적 경험을 이야기할 것이다. 불만족한 고객은 경쟁제품으로 전환하고 자신의 부정적 경험을 다른 사람들에게 전달한다.

따라서 마케터는 자사제품이 고객에게 제공할 가치에 대해 올바른 기대수준을 설정하도록 주의를 기울여야 한다. 기대수준을 너무 낮게 설정하면 자사제품의 구매자를 쉽게 만족시킬 수 있지만 충분한 수의 고객을 끌어들이지 못할 것이다. 이에 반해 고객의 기대수준을 너무 높이면, 구매자들은 실망할 가능성이 높다. 고객가치와 고객만족은 고객관계를 구축/관리하는 데 토대가 된다. 이 두 가지 핵심개념은 본 장의 후반부에서 다시 자세히 언급될 것이다.

2.6 교환과 관계

교환(exchange)이란 거래상대방으로부터 자신이 원하는 대상물을 얻는 대가로 이에 상응하는 대상물을 제공하는 행위로 정의된다. 따라서 마케팅은 교환을 창출하기 위한 노력으로 볼 수 있다. 기업과 소비자는 교환을 통해 자신의 목표를 실현하려고 한다. 즉, 기업은 제품을 제공하고 소비자는 이에 상응하는 비용을 지불함으로써 수익창출과 욕구충족이라는 각각의 목표를 성취하려고 하는 것이다. 따라서 마케터는 교환이 이루어지도록 하기 위해 시장제공물에 대한 바람직한 고객반응을 이끌어 내려 노력한다. 고객반응은 자사제품과 서비스에 대한 높은 인지도, 긍정적 태도, 구매행동, 긍정적 구전 등의 다양한 차원을 포함한다.

한편 기업은 목표소비자와 교환을 창출하는 것뿐 아니라 고객관계를 구축/유지하는 데도 노력을 기울여야 한다. 기업의 마케팅활동은 새로운 고객을 유인해 교환을 창출하는 것뿐 아니라 고객과의 관계를 유지하고 그들과의 관계를 키워나가는 장기적인 노력도 포함한다. 마케터는 탁월한 고객가치를 일관성 있게 제공함으로써 강력한 고객관계를 구축해야 하는 것이다. 본 장의 후반부에서는 고객관계관리라는 주요주제에 대해 보다 자세히 살펴볼 것이다.

03 마케팅관리

3.1 마케팅관리의 정의

마케터의 주요역할은 효율적이고 효과적인 마케팅관리를 수행하는 것이다. **마케팅관리**는 고객의 욕구충족과 기업의 목적달성을 위해 관련자료를 수집·분석하여 마케팅전략을 수립/실행하며 그 성과를 평가하고 통제하는 과정으로 정의될 수 있다.

마케팅관리과정은 마케팅상황의 분석에서부터 출발한다. 마케팅의 본질이 고객의 관점에서 생각하고 행동하는 것이라면, 마케팅관리는 소비자 및 시장과 관련된 각종 자료를 수집/분석하는 것으로부터 시작되어야 한다. 즉, 기업의 목적(가령, 목표이익이나 목표매출의 달성)을 달성시켜 주면서 파악된 소비자 욕구를 경쟁사보다 우월하게 충족시키기 위해서는 마케팅환경분석, 소비자분석(consumer analysis), 자사분석(company analysis), 경쟁사(대체재 포함)분석(competitor analysis) 및 협력업체분석(collaborator analysis) 등을 포함하는 **상황분석**(situation analysis)에 기초하여 마케팅전략이 수립되어야 하는 것이다.

다음으로 마케팅전략은 시장세분화, 표적시장 선정, 그리고 제품포지셔닝의 3단계로 구성된다. 마케팅전략은 소비자 행동에 대한 이해에 근거하여 하나의 제품시장을 동질적인 욕구를 가진 소비자집단들로 세분화하고, 각 세분시장에 대한 평가를 토대로 가장 매력적인 표적 세분시장을 선정하며, 선정된 표적시장 내에서 경쟁제품과 차별화되고 경쟁우위를 제공하는 위치에 자사제품을 자리매김하는 과정으로 구성된다.

수립된 마케팅전략은 **마케팅믹스**(marketing mix), 즉 제품(product), 가격(price), 촉진(promotion), 유통(place) 등 마케팅 4P로 불리는 마케팅수단들의 집합에 의해 구체화되고 실행된다. 시장세분화, 표적세분시장 선정, 제품포지셔닝으로 구성되는 마케팅전략이 수립되면, 다음 단계로 기업은 수립된 마케팅전략을 실행에 옮기기 위해 마케팅믹스 프로그램을 개발한다. 마케팅믹스 프로그램 개발은 고객의 욕구를 경쟁사보다 잘 충족시켜 주는 제품을 개발하고(제품결정), 기업의 장·단기적 이윤과 고객의 구매력을 감안한 적정의 가격을 설정하며(가격결정), 이를 현재고객 및 잠재고객에게 잘 의사소통하고(촉진결정), 시장에서 쉽게 구매할 수 있도록 하는(유통결정) 노력을 말한다.

끝으로 마케팅관리자는 실행한 마케팅전략의 성과를 평가/통제해야 한다. 기업의 영속성을 전제로 한다면 마케팅관리는 한 번 수립/실행되고 끝나는 것이 아니라 계획-실행-통제라는 순환성을 갖고 끊임없이 반복된다. 마케팅관리자는 상황분석을 통해 현재의 자사제품 위치(시장성과, 자사제품에 대한 소비자인지도)와 그 원인을 규명하고, 이를 토대로 차기 마케팅목표를 설정하며, 설정된 목표를 달성하기 위한 마케팅전략과 마케팅믹스 프로그램을 수립하고 이를 실행한다. 다음 단계에서 이루어지는 당기의 마케팅성과에 대한 평가 및 통제는 다음 기의 마케팅목표와 마케팅전략을 수립하는 데 기초자료로 활용된다.

3.2 마케팅관리철학의 변천

최근 들어 많은 기업들이 고객지향적 마케팅노력을 당연한 것으로 받아들이고 있다. 그러나 마케팅관리철학이 고객지향적인 것으로 자리잡게 되기까지는 오랜 기간이 걸렸다. 마케팅관리철학은 생산개념, 제품개념, 판매개념 등 기업관점의 마케팅관리철학을 거쳐 고객지향적인 마케팅관리철학인 마케팅개념과 사회지향적 마케팅개념으로 발전해 왔다. 이하에서는 마케팅관리철학의 주요유형에 대해 살펴보기로 한다.

① 생산개념

가장 오래된 마케팅관리철학 유형인 **생산개념**(production concept)은 소비자들이 저렴한 제품을 선호한다는 가정에서 대량생산과 대량유통을 통해 낮은 제품원가를 실현해야 한다는 관리철학을 말한다. 생산개념은 소비자들이 제품구매에서 가격을 중요하게 고려할 때 유용한 관리철학인데, 이러한 상황은 크게 두 가지로 나누어 볼 수 있다. 첫 번째는 수요가 공급을 초과하는 상황이다. 이러한 경우 기업은 생산만 하면 쉽게 판매할 수 있으므로 기업의 관심은 대량생산과 생산량 증대에 주어진다. 두 번째는, 공급이 수요를 초과하고 경쟁제품들 간에 차별화가 이루어지지 않아 가격경쟁에 의존하는 경우이다. 이때 기업은 생산 및 유통 효율성 제고를 통해 원가우위(cost-leadership)를 가지려고 한다.

현재와 같이 소비자의 욕구가 다양화, 고도화된 상황에서 생산개념은 성공을 보장받기 어렵다. 그러나 경제불황으로 인해 많은 소비자들이 기본기능에 충실한 저렴한 제품을 원하거나 반도체, 철강 등과 같이 제품특성상 비용우위가 핵심성공요인일 경우 여전히 유용한 마케팅관리철학일 수 있다.

② 제품개념

제품개념(product concept)은 소비자가 우수한 품질과 뛰어난 성능의 제품을 원하기 때문에 지속적인 제품개선을 통해 보다 우수한 제품을 개발하는 데 관심을 기울여야 한다는 사고를 말한다. 엔지니어 출신의 창업주와 CEO, 그리고 연구개발부서의 구성원들은 종종 제품개념 중심의 마케팅관리철학을 추구하는 경향을 보인다. 그러나 연구개발부서에서 성공을 자신한 신제품들이 시장에서 실패하는 경우를 우리는 종종 목격한다. 이는 제품의 개선이 소비자 관점이 아니라 R&D 관점에서 이루어지기 때문이다.

이러한 맥락에서 마케팅 컨설턴트인 알 리스(Al Ries)와 잭 트라우트(Jack Trout)의 '마케팅은 제품이 아니라 인식의 싸움이다(Marketing is not a battle of products, it is a battle of perceptions).[1]'는 주장은 시사하는 바가 크다. 이는 연구개발의 관점에서는 놀라운 제품개선이나 혁신제품 개발이 소비자의 관점에서는 큰 효용을 주지 못하거나, 연구개발의 관점에서는 지극히 사소한 변화가 소비자에게는 큰 혜택이 될 수도 있음을 말한다.

1) Al Ries and Jack Trout, The 22 Immutable Laws of Marketing, Harper Collins Publishers, New York, 1993.

제품개념을 추구하는 기업이 빠지기 쉬운 또 다른 함정은 제품시장을 협의로 보는 마케팅 근시안적 시각이다. 미국 철도산업의 쇠퇴가 한 예이다. 소비자들은 더 나은 기차가 아니라 더 나은 이동수단을 원한다. 그러나 기차산업 종사자들은 대체재이면서 경쟁관계에 있는 자동차나 비행기의 출현을 무시하고 더 나은 기차를 만들려는 노력에 집착함으로써 더 나은 이동수단을 만들 기회와 시간을 놓친 것이다.

③ 판매개념

판매개념(selling concept)은 적극적인 판매/촉진 노력이 이루어지지 않으면 소비자들은 충분한 양의 제품을 구매하지 않을 것이라는 사고를 말한다. 판매개념은 시장경쟁이 치열해지면서 판매자시장(seller's market)이 구매자시장(buyer's market)으로 바뀌면서 생겨난 관리철학이다. 구매자시장은 공급이 수요를 초과하는 시장을 말하는데, 이러한 시장상황에서 기업은 판매증대를 위해 광고와 판매촉진을 강화하고 영업력 확대를 모색한다.

이 개념은 비탐색재(unsought goods: 보험 등과 같이 평상시에 구매할 생각을 별로 갖지 않는 제품들)를 취급하는 업체들에 의해 종종 채택된다. 이러한 산업들은 가망고객을 찾아내어 그들에게 제품편익에 대해 적극적으로 설득해야 하는 특성을 갖기 때문이다.

그러나 공격적인 판매방식은 상당한 위험을 수반한다. 판매개념은 장기적이고 수익성 있는 고객관계를 구축하기보다는 단순히 일회성 거래를 성사시키는 데 초점을 맞추기 때문이다. 이 개념을 수용하는 기업은 시장이 원하는 것을 만들기보다는 기업이 만든 것을 적극적인 영업활동을 통해 판매하는 것을 목표로 삼는다. 판매개념은 설득된 고객이 제품을 구매하면 그 제품을 좋아할 것으로 가정하거나 구입한 제품을 별로 좋아하지 않더라도 제품에 대한 실망감을 망각하여 그 제품을 다시 구매할 수도 있다고 가정한다. 이러한 생각은 대체로 기업에 부정적인 결과를 초래할 수 있는 가정이다. 그림 1-3에 제시된 바와 같이 판매원의 노력이 고객만족에 있지 않고 판매증대에 맞추어져 있기 때문이다.

마케팅 Highlight

판매개념을 경영철학으로 채택함으로써 기업위기를 초래한 중국판 스타벅스 '루이싱'

'창업 2년 만에 나스닥 상장', '시장 파괴자', '초록인어(스타벅스)를 잡을 파란 사슴'.

이렇게 화려한 수식어로 포장됐던 중국 루이싱(러킨)커피가 회계부정을 인정하면서 한순간에 몰락위기에 처했다. 전문가들은 수익성을 도외시하고 매출을 부풀리면서 대규모 투자를 유치하는 중국 스타트업들의 사업전략이 한계에 도달했다는 것을 보여주는 상징적 사건이라고 평가한다. 루이싱커피 주가는 2020년 4월 2일 뉴욕증시에서 75.6% 폭락한 6.4달러로 마감함으로써 65억 달러(약 8조 원)였던 시가총액은 16억 달러로 쪼그라들었다. 장 개장 직전 사외이사들로 구성된 감사위원회가 2019년 2~4분기 매출이 22억 위안(약 3800억 원) 부풀려졌다는 사실을 공개하면서다.

2017년 5월 창업한 루이싱커피는 손실을 감수하면서 매장을 늘리고, '두 잔 사면 한 잔, 다섯 잔 사면 다섯 잔 공짜' 식의 공격적인 판촉 마케팅으로 외형을 키웠다. 2019년 5월에는 나스닥에 상장했고 연말에는 중국 내 매장 4910개로 스타벅스(4300개)를 앞질렀다. 루이싱의 파란 사슴 로고는 중국 젊은 직장인들의 상징으로 부상했다.

그러나 수익성은 계속 악화됐다. 2018년 순손실은 16억1900만 위안(약 2800억 원)에 달했다. 커피 한 잔을 팔 때마다 평균 18위안(약 3100원)씩 손실을 봤다. 2019년에도 외형 확대에 주력했기 때문에 손실규모는 더욱 커졌다.

루이싱 커피 사례는 판매개념을 경영철학으로 채택했을 경우 기업이 당면할 수 있을 문제점을 잘 보여준 한 예이다.

자료원: 한경, 2020.04.04.

④ 마케팅개념

마케팅개념(marketing concept)은 고객의 욕구를 파악하고 경쟁사보다 그들의 욕구를 더 잘 충족시켜야만 조직의 목표가 실현된다는 믿음이다. 마케팅개념을 추구하는 기업들은 모든 마케팅행위의 중심에 고객을 위치시킨다. 마케팅개념을 추구하는 기업은 고객의 욕구를 파악하여 이를 경쟁사보다 더 잘 충족시키기 위해 노력하는데, 이러한 기업을 고객지향적(customer-oriented)이라고 한다. 고객지향적이라 함은 고객의 욕구파악에서부터 충족에 이르는 전 과정을 기업의 관점이 아닌 고객의 관점에서 접근하는 것이다.

그림 1-3 은 판매개념과 마케팅개념을 비교하여 보여준다. 판매개념은 내부적 시각(inside-out perspective)을 취하는데, 이는 공장에서 생산된 기존제품을 가지고 상당한 규모의 판매활동과 촉진을 통해 수익성 있는 매출을 실현할 수 있다는 믿음이다. 판매개념은 고객정복, 즉 누가 왜 구매하는지에 대한 관심 없이 단기적 매출을 올리는 것에만 신경을 쓴다. 이에 반해 마케팅개념은 외부적 시각(outside-in perspective)을 취한다. 마케팅개념은 잘 정의된 시장과 고객욕구로부터 출발하여 고객욕구를 충족시키기 위해 모든 유형의 마케팅활동을 통합한다. 이러한 노력을 통해 실현된 고객가치 창출과 고객만족을 토대로 고객들과의 지속적 관계를 형성함으로써 이익을 얻는다.

그림 1-3 판매개념과 마케팅개념의 비교

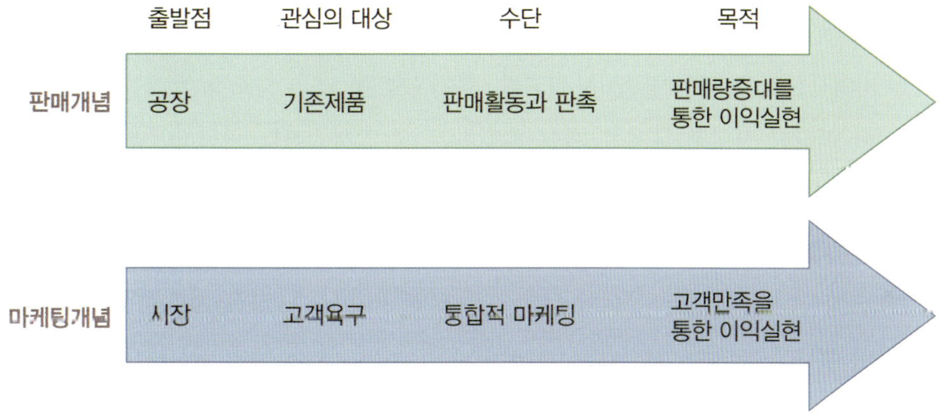

마케팅개념의 실행은 고객이 표현한 욕구에 단순히 대응하는 것 이상의 노력이 요구된다. 고객지향적(customer-driven) 기업은 고객욕구를 깊이 이해하기 위해 시장조사를 실시하고, 신제품/새로운 서비스 아이디어를 수집하고, 그들을 대상으로 제품개선 시안을 테스트한다. 아마존의 최고경영자 제프 베조스는 회의를 할 때 고객이 앉아야 할 의자 하나를 반드시 준비한다고 한다. 이 빈 의자를 보면서 고객의 입장에서 생각해 본다는 취지다.

고객 지향적 마케팅은 통상적으로 명확한 고객욕구가 존재하고 고객들이 자신의 욕구를 알고 있을 때 효과를 거둔다. 그러나 많은 경우 고객은 자신이 원하는 것을 모르거나 제대로 표현하지 못할 수 있다. 예를 들어, 20년 전만 하더라도, 지금은 일상의 한 부분이 된 스마트폰, 노트북, 아이팟(iPod), 디지털 카메라, 24시간 온라인 구매, 차에 장착된 내비게이션 시스템 등을 이용하게 될 것으로 생각한 소비자들이 몇이나 되었겠는가? 따라서 고객지향적 기업들은 고객 자신보다 고객욕구를 더 잘 이해하고 그들의 현존욕구와 잠재욕구를 파악하려는 노력이 필요하다.

많은 국내기업들이 고객지향적 관리철학을 슬로건(slogan)으로 표방하고 있지만, 이를 제대로 실행하는 기업은 상대적으로 적다. 마케팅개념은 그림 1-3 에 제시된 바와 같이 고객을 단순히 단기적인 성과달성을 위한 거래대상이 아니라 장기적인 관계구축의 대상으로 볼 때에만 실현가능하다.

⑤ 사회적 마케팅개념

사회적 마케팅개념(societal marketing concept)은 기업이 이윤을 추구함에 있어 고객욕구의 충족뿐 아니라 사회 전체의 복리도 고려해야 한다는 믿음이다(그림 1-4 참조). 사회적 마케팅개념은 마케팅개념이 소비자욕구의 충족에만 집중해 장기적인 사회적 복리에 부정적 영향을 미칠 가능성에 대해 문제를 제기한다. 소비자의 즉각적인 욕구를 충족시키는, 즉 마케팅개념을 실천하는 데 충실한 기업이 장기적인 관점에서 소비자들에게 최선을 다하는 것인가? 사회적 마케팅개념을 수용하는 기업은 마케팅전략이 소비자욕구의 충족과 사회적 복리를 모두 향상시키는 방식으로 고객가치를 창출해야 한다고 주장한다.

현대사회는 지역사회의 불균형 발전, 자원고갈, 환경오염 등 많은 사회적 문제를 안고 있으며 사회구성원들은 기업이 이러한 사회적 문제를 개선/해결하는 데 앞서주기를 원한다. 생수산업에 대해 한 번 생각해 보자. 여러분들은 생수 판매기업을 편리하고, 맛있고, 건강에 좋은 제품을 제공하는 것으로 볼 수 있다. 그러나 엄청난 양의 플라스틱병을 생산하고, 생수를 주입하고, 생수병을 선적하는 과정은 대량의 이산화탄소를 배출하고, 이는 지구온난화에 영향을 미친다. 나아가 플라스틱병은 재활용과 폐기물 처리과정에서 상당한 문제를 야기한다. 이처럼 소비자욕구를 충족시키는 과정에서 생수산업은 사회적 복리에 부정적 영향을 미칠 수 있다.

소비자단체, 환경단체의 발언권이 강화되면서 이들은 기업의 사회적 책임을 더욱 강조하고 있다. 이

그림 1-4 사회적 마케팅개념의 근간이 되는 세 가지 고려요인

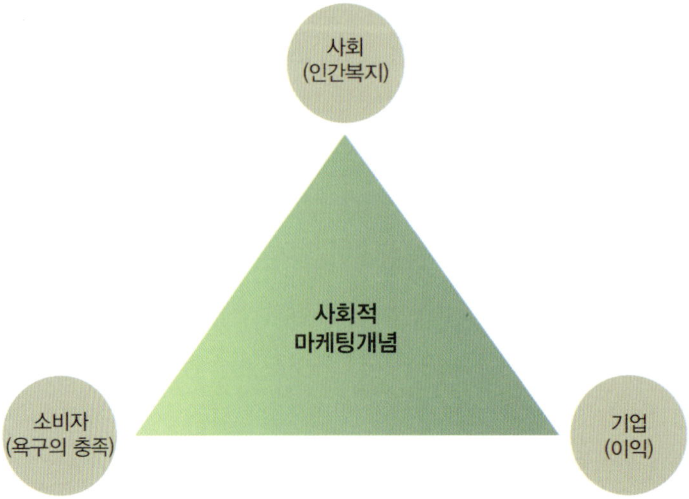

러한 요구에 대응해 기업은 고객욕구의 충족과 사회 전체의 복리를 고려한 장기적 이윤창출을 실현하는 경영 및 마케팅활동에 더욱 관심을 갖게 되었다. 친환경마케팅(eco-friendly marketing), 그린마케팅, 지속가능경영(sustainability management), 기업의 사회적 책임(CSR: Corporate Social Responsibility) 실현 등은 기업들이 표방하는 사회적 마케팅개념의 대표적 유형이다.

마케팅 Highlight

우수고객을 겨냥한 행사에서 벗어나 잠재고객을 창출하고 고급스러운 기업이미지를 형성하기 위해 수행되는 문화예술 마케팅

최근 기업들은 뮤지컬, 클래식 등 다양한 공연문화행사 프로그램에 초점을 맞춘 문화예술 마케팅에 관심을 보이고 있다. 경제성장과 함께 삶의 수준이 높아지면서 오페라 · 뮤지컬, 미술 전시회 등 문화예술행사에 대한 소비자의 욕구와 관심이 증가했는데, 다양한 문화예술 프로그램의 개발과 실행은 기존고객과 사회구성원으로부터 긍정적 반응을 얻을 수 있다. 오페라하우스나 콘서트홀을 지어 기업이미지를 높이려는 노력은 문화예술 마케팅의 한 유형이다. 서울 한남동 블루스퀘어의 삼성카드홀과 삼성생명홀, 예술의 전당의 CJ토월극장과 IBK챔버홀처럼 기업이 공연장을 짓거나 리모델링하는 비용을 지원하는 대신 건물 이름에 기업명을 붙이는 것은 긍정적인 기업이미지를 형성하는 데 도움을 줄 수 있다. 미국 로스앤젤레스의 월트디즈니콘서트홀, 일본 도쿄의 산토리홀은 지역을 대표하는 오페라하우스나 콘서트홀 건립을 통해 기업이미지를 높이고 지역경제를 활성화하는 데 공헌한 대표적인 성공사례이다.

잠재고객을 창출하고 고급스러운 기업이미지를 형성하기 위해 사회적 마케팅개념을 실현하기 위한 노력의 일환으로 문화예술 마케팅을 도입하는 기업이 늘고 있다.

최근 들어 사회적 마케팅개념을 더욱 확대시켜 **공유가치창출**(CSV: Creating Shared Value)이라는 개념이 관심을 끌고 있는데, 이 개념은 경제적 가치와 사회적 가치를 함께 실현해야 한다는 기업철학을 말한다. 공유가치창출은 사회적 가치를 창출하는 데 기여하는 방식을 통해 경제적 가치를 창출하는 것에 역점을 둔다. SK그룹은 공유가치창출을 기업의 경영철학으로 삼고 있는 대표적인 기업 중 하나이다. 최태원 SK그룹 회장은 사회적 가치를 강조하는 기업인이다. 기업은 경제적 가치뿐 아니라 사회적 가치도 창출해야 지속가능할 수 있다는 경영철학을 갖고 있다. 사회문제 해결에 기여하지 못하는 기업은 더 이상 지속가능한 성장을 이룰 수 없다고 여긴다. 경제적 가치와 사회적 가치를 함께 추구하는 더블 보텀라인(double bottom line) 경영을 추구한다. 최태원 SK그룹 회장은 2020년 1월 다보스포럼(매년 초 스위스의 다보스에서 개최되는 세계경제포럼)에서 '사회적 가치(social value)'란 화두를 던졌다. '아시아 시대 이해관계자 자본주의'란 이름의 세션에서 최 회장은 "재무제표를 통해 기업의 재무적 성과를 측정하듯, 앞으로는 사회적 가치를 측정하고 이를 통해 사회적 성과를 키워가야 한다. 객관적이고 신뢰성 있는 측정기법을 확보해야 사회적 가치를 제대로 된 방향으로 성장시킬 수 있다"고 강조했다.

3.3 고객관계의 구축: 고객관계관리와 파트너관계관리

앞에서 마케팅이 추구하는 두 가지 목표는 고객가치 창출과 이를 기반으로 한 장기적 고객관계 구축이라고 설명했다. 마케터는 탁월한 고객가치를 제공하여 신규고객을 확보하고 그들에게 지속적으로 높은 고객만족을 제공하여 강력한 고객관계를 구축하고 강화해 나가야 한다.

그러나 마케터 혼자의 힘으로 탁월한 고객가치를 만들어 낼 수 없다. 마케터가 이의 창출과정에 주도적 역할을 하지만, 마케팅은 고객을 유치, 유지, 육성하는 데 있어 한 파트너에 불과할 수 있다. 따라서 마케터들은 고객관계관리(customer relationship management)뿐 아니라 파트너관계관리(partner relationship management)도 잘 실행해야 한다. 그들은 고객을 위해 효과적인 가치체인을 형성하기 위해 기업 내 다른 부서의 파트너들과 긴밀하게 공조해야 한다. 나아가 경쟁사보다 탁월한 가치전달 네트워크(value delivery network)를 형성하기 위해 마케팅시스템 내의 다른 기업들과도 효과적인 파트너관계를 구축해야 한다. 이하에서는 고객관계관리와 파트너관계관리에 대해 자세히 살펴보기로 한다

(1) 고객관계관리

기업은 시장과 고객욕구의 이해, 고객지향적 마케팅전략의 개발, 통합적 마케팅 프로그램의 개발을 통해 수익성 있는 고객관계를 구축해야 한다. 이에 따라 고객관계관리(CRM: Customer Relationship Management)는 현대마케팅에서 가장 중요한 개념 중 하나이다. 과거 CRM은 고객자료를 효율적이고 효과적으로 관리하는 활동으로 좁게 정의되어 왔다. 그러나 최근 들어 고객관계관리는 보다 넓은 의미로 받아들여지고 있다. 이러한 관점에서 보면 **고객관계관리**는 탁월한 고객가치와 고객만족을 제공함으로써 수익성 있는 고객관계를 구축/유지하는 전반적 과정으로 정의되며, 고객의 획득, 유지, 육성 모두를 포함한다.

장기적인 고객관계를 구축하는 데 핵심이 되는 것은 탁월한 고객가치와 높은 고객만족을 창출하는 것이다. 만족한 고객은 충성고객이 되어 자사제품을 반복적으로, 그리고 많이 구매할 가능성이 높아진다.

고객을 획득/유지함에 있어 핵심적인 마케팅과업은 고객에게 탁월한 제품가치를 제공하는 것이다. 고객은 여러 제품/서비스 대안들 중 하나를 선택하게 되는데, 대체로 지각된 고객가치가 가장 높은 제품을 구매한다. **지각된 고객가치**(customer perceived value)는 한 기업의 시장제공물로부터 얻게 될 모든 편익과 이를 위해 지불해야 할 총비용 간의 차이를 경쟁사의 제공물과 비교평가한 것으로 정의된다. 고객들은 종종 제품의 가치와 비용을 정확하게 혹은 객관적으로 판단하지 못할 수 있다. 즉, 그들은 지각된 가치(perceived value)에 근거하여 행동한다. 어떤 소비자들에게 있어 가치는 지불가능한 가격대에서 실용성이 매우 높은(즉, 가성비가 높은) 제품을 의미한다. 그러나 다른 소비자들은 더 많은 비용을 지불하고서라도 더 많은 것(가령, 매우 높은 품질과 긍정적인 사회적 이미지)을 얻는 것을 가치가 있다고 생각할 수 있다. 가령, 샤넬 핸드백은 판매가격이 500만 원 이상인데, 이는 경쟁제품에 비해 훨씬 비싸다. 샤넬 핸드백은 최고 품질의 소재, 멋있고 세련된 디자인을 갖춘 명품 브랜드이다. 샤넬은 광고를 통해 자사제품이 가격은 비싸지만 충분한 가치를 갖고 있다고 제안한다. 많은 소비자들은 이에 동의하지 않겠지만, 부유하고 열성적인 소수의 샤넬제품 애용고객들은 그렇다고 대답할 것이다.

고객이 자사제품을 반복구매하고 지속적인 관계를 유지할 것인지의 여부는 결국 고객들이 제공된 가치에 어느 정도 만족하느냐에 달려 있다. **고객만족**(customer satisfaction)은 제품의 지각된 성과(성능)가 구매자의 기대와 일치하는 정도를 말한다. 구매한 제품의 성과가 기대에 미치지 못하면 불만족할 것이

고, 지각된 성과가 기대와 일치하면 소비자는 만족해할 것이다. 만약 지각된 성과가 기대보다 높으면 고객은 매우 만족하거나 감동할 것이다.

탁월한 마케팅기업들은 주요고객들을 지속적으로 만족시키는 데 전력을 다한다. 왜냐하면 더 높은 수준의 고객만족은 더 높은 고객충성도, 나아가 더 나은 마케팅성과를 발생시키기 때문이다. 현명한 기업들은 그들이 제공할 수 있는 것만을 약속하고, 나아가 약속한 것보다 더 많은 것을 실제로 제공함으로써 고객들을 감동시킨다. 소비경험을 통해 기쁨을 경험한(감동한) 고객은 반복구매를 할 뿐 아니라 **고객전도사**(customer evangelists)가 되어 주위의 사람들에게 구전을 통해 긍정적인 사용경험을 전파한다. 가령, 매년 Ritz-Carlton호텔은 숙박산업을 대상으로 하는 고객만족 평가에서 최고의 순위를 차지하고 있다. 고객을 만족시키기 위한 이 호텔의 열정은 기업신조에 잘 나타나 있다. 이 기업의 신조는 진정으로 기억에 남는 경험, 즉 오감을 즐겁게 하고, 고객의 복리를 추구하고, 숙박객이 표현하지 않은 바람과 욕구까지도 충족시켜 주는 경험을 전달해 주겠다고 약속하는 것이다. 전 세계에 있는 각 호텔은 이전에 Ritz-Carlton호텔에 머문 적이 있는 투숙객의 파일을 검토하고, 각 투숙객을 감동시킬 추가적 서비스를 준비한다. 고객의 특별한 요구가 확인되면, Ritz-Carlton 종업원들은 이를 충족시키기 위해 최선의 노력을 기울인다. 예컨대, 음식 알레르기가 있는 한 고객의 욕구를 충족시키기 위해 인도네시아 발리의 Ritz-Carlton호텔 주방장은 다른 지역의 작은 식료품점에서 그 고객에 맞는 계란과 우유를 찾아내 배달하도록 했다. 고객서비스에 감동을 받은 고객들 중 90퍼센트 이상이 이 호텔을 다시 방문한다.

그러나 기업은 경쟁사에 비해 더 높은 고객만족을 제공하는 것과 수익성 목표를 실현하는 것 간에 균형을 맞추어야 한다. 기업은 가격을 낮추거나 고객서비스를 증대시킴으로써 고객만족을 높일 수 있지만, 이러한 조치가 이익의 하락을 초래할 수 있다. 그러므로 마케터는 이익을 실현하는 수준에서 높은 고객가치를 창출하려고 노력해야 한다. 즉, 마케터는 손해를 보지 않는 수준에서 높은 고객가치와 고객만족을 창출하는 창의적인 마케팅 프로그램을 개발해야 하는 것이다.

마케터는 고객들과의 유대관계를 구축/강화하기 위해 다양한 **고객충성도 구축 프로그램**(customer loyalty program)을 활용할 수 있다. 예를 들어, 많은 기업들이 자주 구매하거나 대량구매를 하는 고객들에게 보상을 제공하는 정책인 상용고객우대 마케팅 프로그램(frequency marketing program)을 운영한다. 항공사는 누적점수 기반의 보상프로그램(frequency-flyer program)을 제공하며, 호텔은 상용고객들에게 업그레이드된 방을 제공하고, 슈퍼마켓은 단골고객들에게 할인을 제공한다. 예를 들어, 대한항공은 SKYPASS 회원들에게 누적점수를 제공하는데, 그들은 이 점수를 이용해 모든 대한항공 운항노선에 대해 무료탑승권이나 좌석 업그레이드를 요청할 수 있다.

현대카드도 고객충성도 구축 프로그램을 고객관계 구축에 활용하고 있다. 현대카드의 'X 에디션2' 4종은 모든 가맹점에서 당월 이용실적에 따라 청구할인을 해주는데, 고객은 이용금액 50만 원 이상시 0.5%, 100만 원 이상 시 1% 할인을 받을 수 있다. X 에디션2 시리즈는 현대카드만의 특별한 고객서비스를 기본으로 제공한다. 슈퍼콘서트, 컬처프로젝트 등 현대카드가 진행하는 컬처 이벤트에 대한 할인과 현대카드 라이브러리 무료입장 등이다. 현대카드는 각 카드별로 차별적 혜택도 제공한다. 가령, 플래티넘 카드(X2 에디션2, X3 에디션2)는 커피·영화·아울렛 할인뿐 아니라 주말 무료 주차서비스 등을 제공하며, 레드 에디션2는 쇼핑, 여행 바우처와 함께 전 세계 공항라운지 이용이 가능한 PP(Priority Pass)카드 등 프리미엄 서비스를 제공한다.

이용실적에 따라 청구할인 혜택을 제공하는 현대카드 X 에디션2

기업들은 누적점수 기반의 보상프로그램뿐만 아니라 고객충성 프로그램의 일환으로 **클럽 마케팅 프로그램**(club marketing program)도 운영하는데, 이 프로그램은 클럽에 가입한 회원들에게 특별혜택을 제공하거나 이들로 하여금 회원커뮤니티를 만들도록 유도하는 데 그 목적을 둔다. 예를 들어, Harley-Davidson은 Harley 모터사이클 소유자들의 모임인 HOG(Harley Owners Group)을 후원함으로써 그들이 다른 고객들과 Harley 브랜드에 대한 열정을 공유하고 자긍심을 느끼도록 만든다. HOG 회원들은 다양한 혜택을 제공받는데, Hog Tales와 Enthusiast라는 두 종류의 잡지, HOG 여행용 핸드북, Harley 고객에 맞추어 설계된 보험프로그램, 도난보상서비스, 여행센터, 휴가 중 Harleys 모터사이클을 빌릴 수 있는 Fly & Ride 프로그램 등을 포함한다. 전 세계에 퍼져 있는 이 클럽은 1,500개 이상의 지역 HOG와 백만 명 이상의 회원을 보유하고 있다.

그러나 최근 들어 기업들이 고객과의 관계를 형성하는 방식에서 상당한 변화가 일어나고 있다. 과거에는 모든 고객을 대상으로 대량마케팅을 실시했으나, 최근 들어 신중하게 선택된 고객을 대상으로 보다 직접적이고 지속적인 관계를 구축하고 있다. 기업들은 모든 고객과 관계를 형성하기보다는 수익성이 높은 소수의 고객을 대상으로 관계를 구축하려고 한다. 상당수 기업들이 고객수익성 분석을 통해 손실을 발생시키는 고객을 제거하거나 사전에 걸러내고 이익에 공헌하는 고객들만을 타깃으로 삼는다.

타깃고객들을 보다 신중하게 선별하는 노력에서 한 걸음 더 나아가 기업들은 선택된 고객들과 더 깊고 의미 있는 방식으로 관계를 형성하기 위해 **상호작용적 마케팅커뮤니케이션 방식**을 도입하고 있다. 새로운 디지털 기술의 출현과 확산은 타깃고객들과 양방향적인 관계를 구축하는 데 도움을 주고 있다. 이에 따라 기업은 이메일, 웹사이트, 블로그, 스마트폰, 동영상 공유에서부터 페이스북, 유튜브, 트위터 같은 소셜네트워크 서비스에 이르기까지 다양한 디지털커뮤니케이션 도구들을 고객들 간, 그리고

마케팅 Highlight

BMW 엑설런스 클럽을 기반으로 고객관계를 강화해 나가는 BMW

BMW 코리아는 고객을 위한 멤버십 혜택을 계속 늘리고 있다. 한 예로 그랜드 하얏트 서울 아이스링크에서 창립 25주년을 기념해 인기 보컬리스트가 공연을 펼치고 고객들은 객실에서 특별히 설치된 스피커를 통해 공연을 즐기는 언택트 콘서트를 열었다.

BMW 코리아가 차별화된 프리미엄 멤버십 서비스를 선보이며 고객관계관리를 강화하고 있다. 특별한 신차 출고식부터 요리 · 인문학 강연까지, BMW를 구매하면 누릴 수 있는 혜택을 점점 늘리고 있다. BMW 코리아 관계자는 "브랜드 핵심가치인 즐거움(JOY)을 전달하기 위한 노력"이라고 말했다.

가장 대표적인 것이 BMW 엑설런스 클럽이다. BMW 코리아는 7시리즈, 8시리즈, X7 등 BMW의 플래그십 승용차 모델들을 'BMW 럭셔리 클래스'로 정의하고, 이 차량들을 소유한 고객들을 BMW 엑설런스 클럽의 회원으로 관리하고 있다. 이 고객들에겐 24시간 운영되는 멤버십 데스크, 픽업 앤 딜리버리 서비스, 1:1 드라이빙 아카데미, 전담 서비스 어드바이저 등 다양한 혜택이 주어진다.

엑설런스 클럽 회원들은 BMW 드라이빙 센터에서 진행하는 특별한 차량 출고식인 '오토모빌 딜리버리 서비스'도 누릴 수 있다. 이 서비스는 커튼 뒤에 가려진 새 차를 등장시키는 제막식, 영상을 통한 차량 설명 등이 포함돼 있어 새로 산 차를 처음 만나는 즐거움을 극대화해준다. 또 해외출국 시 인천공항 셔틀 차량을 제공하고 출국기간 동안 차량 점검과 정비를 무상으로 해주는 에어포트 서비스, 제주여행을 위한 BMW X7 렌터카 서비스를 제공한다. BMW 코리아는 럭셔리 클래스 고객과 잠재고객을 위한 특별한 공간인 'BMW 콜렉터스 하우스'를 운영하기도 했다. 이곳에선 음악 · 인문학 · 스포츠 · 쿠킹 등 각 영역 전문가들의 강의가 다채롭게 진행됐다.

BMW 코리아가 이처럼 일회성 문화 · 예술 이벤트를 넘어선 프리미엄 고객서비스를 제공하는 이유는 고객의 취향과 라이프스타일이 점점 더 세분화되고 있기 때문이다. 특히 국내에서 7시리즈 등 럭셔리 클래스를 구매하는 고객의 주요 연령층이 평균 40~50대로 낮아지고 있다. 확고한 라이프스타일을 가진 세대가 이 시장을 주도하고 있는 것이다.

BMW 코리아는 이 밖에도 맞춤형 라이프스타일 플랫폼인 'BMW 밴티지'를 개발함으로써 프리미엄 서비스의 새로운 지평을 열고 있다. BMW 밴티지는 자동차 업계 최초의 라이프스타일 플랫폼이다. 블록체인을 기반으로 한 'BMW 코인' 생태계를 통해 온 · 오프라인에서 모빌리티와 여행, 문화, 교육 등 라이프스타일 전반에 걸친 통합 서비스를 제공한다. BMW 신차를 구매하면 차량모델에 따라 최소 30만에서 최대 50만 코인이 지급된다. 적립된 코인으로 앱에서 제공하는 모든 유료 서비스를 이용할 수 있다. 코인은 앱 내에서 이벤트나 게임에 참가해 적립할 수도 있다. 앱을 통해 BMW 드라이빙 센터 프로그램, 정비 서비스, 에어포트 서비스 등을 편하게 이용할 수 있고, 다양한 제휴처의 할인혜택도 누릴 수 있다.

멤버십 등급제도 운영 중인데, 지난 10년간의 신차 구매이력에 따라 총 4개의 등급(블루, 실버, 골드, 블랙)이 부여되며, 등급에 따라 최대 20만 원의 AS 바우처, 최대 30%에 달하는 BMW 드라이빙 센터 할인혜택, 행사 초대권 등이 주어진다.

자료원: 조선일보, 2020.12.18.

기업-고객 간 관계구축에 활용하고 있다. 음성기반 인공지능 서비스도 고객관계 형성에 활용되는 도구 중 하나이다. 젊은 소비자들 사이에서는 스마트폰을 사용할 때 손으로 터치하기보다 시리나 빅스비와 대화하거나 일상적인 잡담을 즐기는 경우가 흔해졌다. 아마존 알렉사(Alexa), 애플 시리, 구글 어시스턴트(Assistant), 카카오 미니 등 인공지능 플랫폼이 스피커에 탑재되면서 이들이 소비자와 직접 만나고 대화하는 기업의 대변인 자리를 차지하기 시작한 것이다. 알렉사, 시리에 질문하거나 지시하는 것은 아마존, 애플과 대화하는 격이다. 고객이 알렉사를 통해 피자를 주문하고 항공권을 예약하게 되면 피자업체와 항공사들은 알렉사를 거치지 않고는 고객을 만나기 어려워진다. 이에 따라 인공지능은 브랜드-고

많은 로봇과 기기에 적용되고 있는 인공지능은 브랜드-고객관계 구축의 주요도구로 활용되고 있다.

객관계 구축의 주요도구로 부상하고 있고, 고객들은 인공지능에 대해 서비스종업원이나 영업사원의 역할 그 이상을 기대한다.

이러한 마케팅커뮤니케이션 환경변화는 기업과 제품브랜드가 고객들과 관계를 형성하는 방식에 상당한 영향을 미쳤다. 디지털에 기반한 새로운 커뮤니케이션 방식의 출현에 맞추어 마케터들은 자사브랜드를 소비자들의 대화와 삶에서 의미 있는 부분으로 만들어 그들이 자발적으로 자사브랜드에 대한 의견을 제시하고 이를 공유하도록 하는 **고객관여 마케팅**(customer engagement marketing)을 도입하고 있다. 기업은 자사브랜드를 소비자들 사이에서 이루어지는 대화의 일부분이 되도록 만드는 것이 TV광고나 인쇄매체 광고 같은 대중매체를 이용한 전통적인 광고에 비해 훨씬 강력한 마케팅효과를 거둔다는 것을 인식하고 있다.

마케팅 Highlight

유료 멤버십 쿠팡와우의 가입자에게 OTT 서비스(쿠팡 플레이)를 제공해 브랜드-고객관계를 강화한 쿠팡

아마존의 프라임 비디오는 2019년부터 영국 프리미어리그 축구 주요경기를 멤버십 가입자에게 무료로 제공하고 있다.

커머스 공룡 쿠팡은 2021년 3월 5일부터 손흥민 선수가 소속된 영국 프리미어리그(EPL) 토트넘 홋스퍼의 경기를 온라인동영상(OTT) 서비스 '쿠팡 플레이'를 통해 생중계했다. 쿠팡은 2020년 12월부터 유료 멤버십 쿠팡와우의 가입자에게 OTT 서비스(쿠팡 플레이)를 덤으로 제공하고 있다. 월 2900원에 무료 · 새벽배송 혜택을 제공하는 동시에, 동영상 콘텐트까지 얹어 고객을 쿠팡에 묶어두려는 락인(lock-in) 전략이다. OTT 업계에선 쿠팡 플레이의 성공가능성을 반신반의했다. 오리지널 콘텐트 제작 역량이 약하고 양질의 외부 콘텐트를 독점 확보하는 것이 쉽지 않기 때문이다. 이러한 문제점을 해결하기 위해 쿠팡은 영국 프로축구리그(EPL) 국내 중계권을 보유한 에이클라(스포티비 모회사)와의 전략적 제휴를 통해 쿠팡

플레이에서 EPL 토트넘 홋스퍼 경기를 생중계하기로 한 것이다. 스포티비는 2019년까지 네이버와 계약을 맺고 EPL 경기를 네이버TV에서 중계했었다. 네이버가 손흥민 경기 중계를 중단해 축구 팬의 아쉬움이 컸는데 쿠팡이 이를 잘 노린 것이다. 쿠팡은 향후 미국 메이저리그(MLB), 미 프로농구(NBA) 등 스포츠 분야의 중계도 더 강화할 것으로 보인다.

쿠팡의 스포츠 중계는 롤모델인 아마존에서 검증된 전략이다. 아마존은 전 세계 1억 5000만 명의 유료 멤버십(아마존 프라임) 가입자에게 OTT '프라임 비디오'를 제공하면서 스포츠를 킬러 콘텐트로 사용했다. 2017년 미국 미식축구리그(NFL)와 남자프로테니스(ATP) 중계를 시작으로 2019년엔 영국 프리미어리그(EPL) 경기 생중계 방송을 프라임 가입자에게 제공했다. 스포츠 중계는 제작형 콘텐트보다 소비자 관심을 끌어오기가 상대적으로 더 쉽고, 소비자를 더 오래 묶어둘 수 있기 때문에 이를 핵심 콘텐츠로 활용한 것이다.

자료원: 중앙일보, 2021.03.02.

그러나 디지털 기술의 확산은 기업들에게 도전적 과제를 낳기도 한다. 디지털 기술의 확산에 따라 이제 소비자들은 기업에 비해 거래관계와 제품정보교환에서 더 많은 파워와 통제력을 갖게 되었다. 소비자들은 과거에 비해 더 많은 브랜드정보를 갖게 되었고, 다른 소비자들에게 브랜드에 대한 자신의 의견을 알리고 이를 공유할 수 있는 다양한 디지털 플랫폼을 이용할 수 있게 되었다. 그들은 디지털 플랫폼을 통해 자신의 브랜드 사용경험을 다른 소비자들과 공유할 뿐 아니라 기업의 마케팅 의사결정에 직접 참여하기를 원한다. 따라서 기업은 고객들이 주도하는 기업-고객 관계형성(customer-managed relationships) 방식을 받아들이고 있다. 즉 소비자들에게 일방적으로 마케팅정보를 전달하는 것이 아니라 시장제공물과 마케팅메시지를 창출하는 과정에서 그들을 관여시키고 그들의 관심을 이끌어내려고 한다. 마케터들은 전통적인 대중매체 기반의 브랜드마케팅 캠페인을 보완하기 위해 동영상 공유사이트에 최신 광고물과 웹용 동영상을 정규적으로 올리고 소셜네트워크에도 참여한다. 기업은 Facebook, YouTube 같은 소셜미디어에 회사페이지를 개설해 소비자들이 자사브랜드에 깊이 관여되고 브랜드에 대해 서로 이야기를 나눌 수 있게 유도한다.

(2) 파트너관계관리

기업은 고객가치의 창출과 강력한 고객관계의 구축이 혼자만의 노력으로 실현될 수 없음을 잘 안다. 이를 실현하기 위해 기업은 다양한 마케팅파트너들과 긴밀한 협력관계를 구축해야 한다. 마케터들은 고객관계관리뿐 아니라 파트너관계관리도 잘 해야 한다. 파트너관계관리(partner relationship management)란 더 나은 고객가치를 창출하기 위해 기업 내·외부의 파트너들과 긴밀하게 협력을 하는 것이다.

전통적으로 마케터는 기업 내에서 고객들의 욕구를 대변하는 역할을 맡아왔다. 그러나 연결성의 시대에 살고 있는 오늘날에는 기업 내 모든 부서들이 고객가치를 창출하고 고객관계를 구축하기 위해 긴밀하게 협력해야 한다. 즉, 회사에서 맡고 있는 직무가 무엇이든 고객에 초점을 맞추어야 한다는 것이다. 기업은 각 부서가 자신의 고유업무를 독립적으로 수행하도록 내버려 둘 것이 아니라 고객가치를 창출하기 위해 마케팅을 포함한 모든 부서들을 상호연결시켜야 한다. 이에 따라 기업은 영업 및 마케팅 담당자에게 고객관계를 전담시키기보다는 여러 부서가 참여하는 복합적(cross-functional) 고객관계팀을 도입하는 것을 고려할 수 있다. 예를 들어 P&G는 주요 거래소매업체와의 파트너십을 강화하기 위해 고객개발팀을 도입했다. 영업/마케팅 담당자, 생산팀, 시장 및 재무 분석가 등으로 구성된 고객개발팀은 거래소매업체들이 더 높은 성과를 올릴 수 있도록 하기 위해 P&G 내 여러 부서들이 수행하는 지원 노력들을 조정/통제한다.

마케터는 내부 구성원들뿐 아니라 원자재 공급업체, 유통채널, 그리고 기타 기업 외부 협력업체들과도 파트너 관계를 형성해야 한다. 이에 따라 오늘날의 기업들은 공급체인관리를 통해 공급체인을 구성하는 파트너들과의 협력관계를 강화하고 있다. 고객가치 창출을 통해 높은 매출과 이익을 실현하는 것이 기업 자체의 노력으로만 이루어질 수 없음을 잘 알고 있기 때문이다. 고객가치를 고객들에게 잘 전달하기 위해서는 자사를 포함한 전체 공급체인이 경쟁자의 공급체인에 비해 마케팅활동을 더 잘 수행해야 한다. 오늘날의 기업 간 시장경쟁은 각 기업이 부품공급업체, 유통업체, 그리고 고객들과 함께 구축한 **가치전달 네트워크**(value delivery network) 간의 경쟁양상을 띤다. 따라서 Toyota와 비교된 현대자동차의 마케팅성과는 Toyota와 비교된 현대자동차 가치전달 네트워크의 경쟁력에 의해 결정된다. 현대자동차가 최고의 승용차를 만든다고 하더라도, 만약 Toyota의 딜러들이 현대차 딜러보다 더 높은 고객만족을 낳는 서비스를 제공한다면, 현대자동차는 시장에서 높은 마케팅성과를 거두지 못할 것이다.

마케팅 Highlight

파트너십(기업-협력업체 관계) 마케팅을 통해 협력업체(거래 소매점)와의 동반성장을 추구하는 프리토-레이(Frito-Lay)

디지털 시대는 기업과 소비자와의 관계만을 변화시키지 않는다. 기업 간 거래(B2B)의 혁신도 요구된다. 대다수 제조업체들은 일반 소비자들과의 관계뿐 아니라 원자재 공급업체, 거래 도소매업체 등 기업고객들과도 좋은 관계를 구축/유지해야 한다.

결국 제조업체의 경쟁력은 B2B와 B2C의 긴밀한 결합을 통해 실현된다. 특히 소매업체 고객을 둔 제조업체일수록 이러한 노력이 절실하다. 제조기업들은 소매업체를 통해 최종 소비자의 취향과 선호를 파악

하고 이를 바탕으로 효과적인 제품개발과 생산을 진행할 수 있기 때문이다. 그렇다면 제조업체들은 소매업을 하는 거래고객과의 관계를 구축/강화하기 위해 어떠한 서비스를 제공해야 할까. 답은 현장에 있다. 기업의 매장방문계획을 최적화하고, 매장에 필요한 제품 수량과 구성을 신속하게 파악해 제공하고, 실시간으로 제품주문 현황을 파악해야 한다.

치토스, 레이즈, 도리토스 같은 제품브랜드를 소유한 미국 내 최대 제과업체, 프리토-레이(Frito-Lay)는 온라인 앱 주문 서비스를 통해 고객에게 유연하고 신속한 서비스를 제공하고 있다. 이 기업은 펩시코 계열사로, 수백 가지 스낵 브랜드를 보유하고 있으며 2018년 북미 지역 매출만 163억 달러(펩시코 전체 매출의 약 25%)에 달하는 미국의 '국민 과자기업'이다.

프리토-레이의 1차 고객은 일반 소비자가 아닌 소매업체다. 이들이 프리토-레이 제품을 구매해 매장에 전시하면 최종 소비자가 구매한다. 따라서 프리토-레이는 소매업체 고객과 긴밀한 관계를 유지하기 위해 많은 노력을 기울이고 있다. 회사가 보유한 미국 최대 운송 인프라(프리토-레이 모회사인 펩시코는 미국 내 가장 많은 화물차를 보유함)를 이용해 직접 제품을 매장까지 운송하는 것은 기본이고 매장 내 진열공간 정리도 자사직원이 도맡는다. 처음부터 끝까지 자사제품을 관리하고 책임지겠다는 의미다.

최근 프리토-레이 내부적으로 고민이 생겼다. 일반 소비자들의 식성, 음식 트렌드가 바뀌면서 요구하는 스낵류도 달라졌기 때문이다. 과거에는 치토스, 도리토스, 레이즈와 같은 대표과자 브랜드의 매출이 약 90%를 차지했는데, 현재는 그 비중이 점차 줄어들고 있다. 소비자들이 건강을 챙기고 칼로리에 민감해지면서 원하는 스낵이 다양해졌기 때문이다. 유기농 과자부터 김맛 치토스, 바나나칩까지 제품 구성이 수백 가지가 넘는다. 그만큼 소매업체들이 지역 소비자들의 특성을 잘 파악하고 적절한 수량을 구매하는 것이 중요해진 것이다.

프리토-레이 대표 과자 브랜드 도리토스와 프리토의 관리를 맡은 직원의 매장관리 모습

프리토-레이는 소매업체 고객이 보다 효율적으로 제품을 주문할 수 있는 동시에 시장 트렌드 같은 소비자 데이터를 확보할 수 있는 방안을 고민했고, 그 결과 프리토-레이와 거래하는 소매업체들을 위한 온라인 주문사이트인 '스낵스투유(Snacks to you)'를 개발해 제공했다.

스낵스투유는 어떻게 운영될까. 미국 샌프란시스코 대학가에서 작은 상점을 운영하는 로리의 사례를 들어보자. 스낵스투유 사이트는 기존에 보유하고 있는 넷플릭스 아이디(ID)만으로도 간단하게 가입할 수 있으며 이 사이트에서 수십 가지 프리토-레이 제품목록을 확인할 수 있다. 제품 소개 및 영양 정보까지 구체적으로 입력이 돼 있다. 마음에 드는 상품을 정하고 수량을 선택한 후 장바구니에 담는다. 그러면 스낵스투유는 그동안 다른 소매업체 고객이 주문하면서 쌓은 데이터를 바탕으로 이 제품을 선택한 소매업체 고객들이 선호한 다른 제품을 추천한다. 로리는 추천 제품군 중에서 한 가지 과자를 더 선택한 후 최종결제를 마친다. 최종결제를 마치면 스낵스코어(Snack Score)가 뜨는데, 이는 로리가 운영하는 가게의 주변 상점들이 주문한 과자 구성과 얼마나 일치하는지를 보여준다.

주문이 들어오면 프리토-레이 직원들은 스마트하게 움직인다. 각 지역 영업관리자는 프리토-레이 직원용 앱을 통해 배달 및 매장 담당직원에게 배달해야 하는 상점목록을 지정한다. 배달직원은 앱이 제공한 교통, 거리 등을 고려해 최적화된 동선으로 움직인다. 상점에 들어가서도 효율적으로 일할 수 있다. 스마트폰으로 매장 진열대 사진을 찍으면 더 채워 놓아야 할 제품, 잘못 배치된 제품 등을 관련 앱이 파악해 알려준다. 영업 관리자는 직원이 소매업체를 방문할 때 물어봐야 하는 체크리스트도 스마트폰 앱을 통해 전달해 둔다. 매장에 도착한 직원은 배달과 매장 정리를 마치고 고객 인터뷰를 진행한 후 주요 내용을 스마트폰에 즉각 기록해 전송한다.

프리토-레이는 새로운 파트너 관계구축을 통해 과거 알 수 없었던 소비자 트렌드를 파악하고, 제품개발과정에 이를 반영할 수 있게 됐다. 그리고 소매업체들을 데이터를 통해 관리하면서 재고도 효율적으로 관리할 수 있다. 소매업체 입장에서도 매장에 최적화된 제품 구성과 수량을 알 수 있다는 점에서 고무적이었다. 여기서 눈여겨봐야 할 점은 프리토-레이가 직원용 앱 도입을 통해 현장직원을 효율적으로 관리함으로써 업무생산성을 높이고 고객관계를 강화했다는 것이다. 이들에게 단순히 '제품을 배달하라'라는 미션을 줬을 때는 효율적인 동선을 짤 수도 없고, 점포 정리도 제대로 하기 어려웠을 것이다. 그러나 앱을 통해 더 빠르고 편리하게 이동할 루트를 알려주고, 매장에서 해야 할 일과 업무방법을 실시간으로 제공해 줌으로써 직원들이 능동적이고 효과적으로 일할 수 있도록 도와준다. 최전방에서 고객을 응대하는 현장직원의 업무 질이 높아질수록 기업고객들과 제조기업 간의 관계는 돈독해질 수밖에 없다.

자료원: DBR, February 2020, Issue 2.

참고 문헌

1. Philip Kotler and Gary Armstrong, Principles of Marketing, 16th ed., Pearson, 2016.
2. Philip Kotler, 안광호, Gary Armstrong, 마케팅 입문, Pearson, 2013.
3. Thedore Levitt, Marketing Myopia, Harvard Business Review, July–August 1960, pp. 45~56.
4. Regis Mckenna, Relationship Marketing, Addison–Wesley, 1991.
5. Al Ries and Jack Trout, The 22 Immutable Law of Marketing, Harper Collins Publishers, New York, 1993.

생각해 볼 문제

1. 고객지향적 마케팅의 의미와 접근방식에 대해 토의해 보자. 고객지향적 마케팅을 잘 수행하는 기업과 그렇지 않은 기업을 선택하고, 그 이유와 차이점에 대해 생각해 보시오.
2. 영리마케팅과 비영리마케팅은 차이가 있다고 생각하는가?
3. 마케팅믹스의 구성요소에 대해 설명하고 마케팅믹스가 의미하는 바에 대해 토의해 보자.
4. 마케팅 근시안이란 무엇인가? 이에 대한 마케팅 사례를 제시하고 전략적 시사점에 대해 생각해 보자.
5. 마케팅관리철학의 유형을 제시하고 소비용품 기업과 내구재 제조기업을 각각 선택해 마케팅관리철학의 변천과정에 대하여 토의해 보자.

MARKETING

PART

2

시장과 소비자에 대한 이해

CHAPTER

2

마케팅환경분석

학습목표

1. 기업의 마케팅역량에 영향을 미치는 주요 환경적 요인들을 살펴본다.
2. 회사 내 다른 부서, 공급자, 중간상, 고객, 경쟁자, 다양한 공중 같은 미시 환경적 요인이 마케팅의사결정에 미치는 영향에 대해 설명한다.
3. 거시 환경적 요인인 인구통계적, 경제적 환경이 마케팅 의사결정에 미치는 영향을 설명한다.
4. 거시 환경적 요인인 자연적, 기술적 환경의 주요추세를 파악하고 이의 마케팅 시사점을 살펴본다.
5. 거시 환경적 요인인 정치적, 문화적 환경이 마케팅의사결정에 미치는 영향에 대해 살펴본다.
6. 기업이 마케팅환경 변화에 어떻게 대응해야 하는지를 살펴본다.

2장 마케팅환경분석

1장에서 여러분은 마케팅의 기본개념과 표적고객과의 수익성 있는 관계를 구축하기 위한 마케팅과정에 대해 배웠다. 이제 우리는 이 장에서 마케팅과정의 첫 번째 단계인 시장과 소비자 욕구를 이해하는 작업에 대해 살펴볼 것이다. 이 장을 학습하고 나면 기업의 마케팅활동이 복잡하고 변화하는 환경 속에서 이루어지고 있다는 것을 알게 될 것이다. 공급업체, 중간상, 고객, 경쟁자, 공공기관 등과 같은 이해관계자 집단은 회사와 함께 활동하거나 회사의 이익에 반하는 활동을 하기도 한다. 인구통계적 요인, 경제적 요인, 자연환경적 요인, 기술적 요인, 정치적 요인, 문화적 요인 등으로 구성되는 주요 환경요인들은 기업에게 마케팅 기회를 제공하기도 하고 위협이 되기도 한다. 효과적인 마케팅전략을 수립하기 위해 여러분은 무엇보다 먼저 마케팅활동이 이루어지고 있는 환경을 잘 이해해야 한다.

2장 도입사례는 디지털 세상과 코로나19 사태로 대변되는 마케팅 환경변화에 대응해 명품 패션브랜드 구찌가 어떻게 브랜드 마케팅전략과 프로그램을 변화시켜 성공을 거두었는지에 대해 살펴본다. 디지털 기술의 확산은 소비자들의 패션제품에 대한 구매 및 소비행동을 혁신적으로 변화시킬 것이며, 이는 글로벌 명품 패션기업들에게 시장기회와 위협을 동시에 제공할 것이다.

도입 사례

마케팅환경의 위협을 기회로 만들어 밀레니얼 세대의 명품으로 부상한 구찌

2020년 코로나19 사태로 인한 글로벌 경제불황에도 불구하고 대표적인 명품 패션브랜드 중 하나인 구찌(GUCCI)의 지속적인 성장이 놀랍다. 한때 한물간 브랜드로 불렸던 구찌의 매출성장이 이어지고 있다. 2015년 39억 유로(약 5조 1082억 원)였던 매출이 2018년에는 82억 유로, 그리고 2019년 상반기에만 46억 유로를 달성해 4년이 채 되지 않은 시간 동안 매출이 무려 두 배 이상 증가했다. 이하에서는 마케팅환경의 위협을 기회로 바꾸어 브랜드 부활에 성공한 구찌의 브랜드마케팅전략과 핵심성공요인에 대해 살펴본다.

◆ 핵심성공요인 1: MZ세대를 겨냥해 패션 고정관념의 파괴 – 크리에이티브 디렉터의 독창적 감각

구찌 부활의 핵심요인 중 하나는 '사람'이다. 구찌는 1998년 최대 전성기를 맞이한 이후 하락세를 걸었다. 이후 2014년 무명 디자이너였던 알렉산드로 미켈레를 크리에이티브 디렉터(CD)로 발탁했다. 이때만 해도 명품업계에서는 '구찌가 진짜 망해 가고 있다'는 우려의 목소리를 냈다. 그도 그럴 것이 CD라는 자리가 브랜드의 정체성과 콘셉트를 총괄하는 역할인데 무명 디자이너가 제대로 해낼 것이라고는 생각하지 못했던 것이다.

더욱이 미켈레 CD가 2015년 발표한 구찌의 디자인은 업계를 경악하게 만들었다. 고급스러우면서도 절제된 구찌 이미지에 어울리지 않는 형형색색의 꽃과 나비 · 새 · 잠자리 · 도마뱀 등을 요란하게 수놓아 경쟁사들의 비웃음을 샀다. 하지만 미켈레 CD의 감각은 탁월했고 젊은 소비자들의 마음을 건드렸다. 촌스럽고 요란한 듯 보인 이 디자인은 자연미를 살린 빈티지 미학으로 칭송받으며 사람들의 마음을 훔쳤다. 세월이 지나도 큰 변화가 없던 구찌에 질렸던 사람들은 고정관념을 깬 미켈레 CD의 화려한 디자인에 열광했다.

특히 과하다 싶은 패턴에 다채로운 색채가 더해진 구찌 컬렉션은 개인의 개성과 만족감을 추구하는 중국의 바링허우(1980년대 출생자)와 주링허우(1990년대 출생자)의 소비욕구를 자극하며 중국 내에서 가장 사랑받는 명품 브랜드로 거듭났다. 상황이 이렇게 되자 미국과 영국에서 '잇츠 구찌(It's gucci)'라는 속어가 10대와 20대들 사이에서 유행하기도 했다. 무언가가 '힙(hip)하고 쿨하게 느껴지는 것'을 표현할 때 쓰는 말이기도 하지만 구찌의 디자인을 보고 비웃은 경쟁사들을 놀리는 말이기도 했다. 구찌의 인기는 국내 밀레니얼 세대와 Z세대에게도 강하게 나타나고 있다.

구찌는 소장가치를 높이는 한정판의 희소성을 중시하는 MZ세대를 겨냥해 컬래

버레이션 마케팅을 실시했다. 구찌는 나이키, 반스, 노스페이스 등 젊은 층에게 친숙한 패션 브랜드는 물론 미키마우스, 도라에몽 등의 캐릭터와도 협업을 진행했는데, 이러한 컬래버레이션은 MZ세대가 열광하는 스트리트 캐주얼 감성을 더해 구찌의 브랜드이미지를 변신시키는 데 크게 기여했다. 국내 한 마케팅연구소가 전국 15~34세 남녀 중 최근 6개월 내 패션제품 구매경험자 500명을 대상으로 한 패션 명품 브랜드 인식과 소비실태 조사보고서에 따르면 밀레니얼 · Z세대가 가장 선호하는 명품 브랜드로 구찌가 꼽혔다. 구찌는 밀레니얼 세대를 공략하기 위해 파격적인 시도를 선보이고 있다.

◆ 핵심성공요인 2: 온라인 – 명품업계 최초로 온라인 전용상품의 출시

구찌의 성공요인들 중 또 하나는 온라인 채널의 강화와 오프라인 유통채널의 정리였다. 구찌는 한창 어려움을 겪던 기간인 2010년부터 2015년까지 위기를 타개하기 위해 220개나 되는 매장을 열었다. 심지어 중저가 백화점에서도 제품을 팔았다. 오프라인 유통채널 관리의 문제를 인식한 구찌는 2016년부터 과감하게 오프라인 매장을 정리했다.

그대신 온라인 채널을 강화했다. 대부분의 명품 브랜드가 구색 맞추기 식으로 웹사이트를 운영해 왔던 것과 달리 구찌는 온라인 채널에 초점을 맞춘 마케팅을 전개했다. 구찌는 '구찌닷컴'을 통해 온라인 전용상품을 출시했고 오프라인 매장에서는 구매가 불가능하도록 취급제품에 차별화를 추구했다. 이와 함께 구찌는 소셜미디어가 젊은 층들이 브랜드에 관해 이야기하는 메인 커뮤니케이션 채널임을 인지하고 스냅챗, 인스타그램 같은 소셜미디어를 적극적으로 활용하기 시작했다. 제품가격을 내리지는 않되 젊은 층에게 어필할 수 있는 액세서리 아이템을 위주로 해당 채널의 콘텐츠를 기획한 것이다. 구찌는 젊은 작가나 연예인 등 인플루언서들을 섭외해 구찌제품을 활용한 다양한 콘텐츠를 만들어 각종 온라인 채널을 통해 홍보에 나섰다. 구찌는 지속적으로 젊은 아티스트들과 함께 온라인 콘텐츠를 만들어 소셜미디어를 통해 제품을 노출시키고 있다.

◆ 핵심성공요인 3: DIY – 고객맞춤 서비스 라인 확대

세 번째 핵심성공요인은 'DIY(Do It Yourself) 서비스'를 도입한 것이다. 구찌는 명품업계 최초로 고객의 개성을 반영한 맞춤형 디자인 가방을 2017년부터 선보였다. 제품에 고객이 원하는 다양한 동식물 자수를 넣거나 다양한 색상의 악어가죽 · 뱀가죽 · 스웨이드(새끼 양이나 새끼 쇠가죽 뒷면을 보드랍게 가공한 가죽) 소재를 장식으로 선택할 수 있는 고객맞춤형 시스템을 구축했다. 밀라노의 몬테 나폴레오네 거리에 위치한 플래그십 매장에서 처음 시작한 이 DIY 서비스는 한국을 비롯한 세계 주요도시 매장에서도 진행하기로 했다. 구찌는 현재 가방을 비롯해 에이스 스니커즈와 프린스타운 신발, 일부 남녀 의류 등에 DIY 서비스를 적용하고 있다.

구찌는 입생로랑 · 보테가베네타 · 발렌시아가 등을 보유한 명품 패션기업 케어링그룹 내의 한 브랜드지만 그 영향력은 절대적이다. 케어링그룹의 전체 매출을 견인하는 명실상부한 간판 브랜드로 거듭난 것이다. 케어링그룹의 2019년 상반기 보고서에 따르면 케어링그룹의 전체매출 76억 유로(약 10조 3600억 원) 중 구찌의 매출은 46억 유로(약 6조 원)로 그룹의 전체 매출 중 62%를 차지한다. 그러나 구찌는 이러한 혁명적 변신에도 불구하고 2020년 코로나19 사태로 인해 유럽지역 매출이 급감했고 아시아지역에서도 고전을 면치 못했다.

자료원: 머니투데이, 2021.03.04.; 한경비즈니스, 1262호, 2020.02.03.

기업의 마케팅환경은 표적고객과의 관계를 성공적으로 구축하고 유지하는 마케터의 능력에 영향을 미치는 여러 요인들로 구성된다. 도입사례에서 소개한 명품 패션브랜드 구찌를 포함한 모든 기업들은 변화하는 마케팅환경을 지속적으로 추적하고 이에 적응하려고 노력한다. 기업 내 그 어떤 구성원보다도 마케터는 마케팅환경에서의 추세를 면밀히 추적하고 시장기회를 추구할 수 있어야 한다. 이를 위해 마케터는 두 가지 특별한 자질을 갖추어야 한다. 마케팅환경에 관한 정보를 수집하기 위한 마케팅조사 및 마케팅 인텔리전스에 정통해야 하고, 고객과 경쟁자를 파악하는 데 보다 많은 시간을 투자해야 하는 것이 바로 그것이다. 마케터는 마케팅환경을 신중하게 탐색하고 분석함으로써 새로운 시장기회와 위협을 포착하고 이에 잘 대처해야 한다.

01 마케팅환경분석의 전략적 중요성

마케팅환경(marketing environment)은 기업의 마케팅목표 달성과 마케팅전략 수립에 영향을 미치는 기업 내·외부 요인들의 집합을 말한다. 마케팅환경 변화로부터 시장 및 고객요구 변화에 대한 통찰력을 이끌어내지 못하거나 변화에 적절히 대응하지 못하면 기업은 마케팅성과 나아가 존립에 결정적인 부정적 영향을 받을 수 있다. 예를 들어, 2020년 코로나19 사태와 같은 환경적 요인의 변화는 소비자의 구매행동을 변화시켜 기업의 매출목표 달성에 타격을 입히고 마케팅전략을 변경하는 데 영향을 미친 요인이 되었다. 코로나19 사태로 인한 비대면 접촉의 급속한 증가에 따라 기업들은 온라인 판매 및 커뮤니케이션 플랫폼의 강화와 배송서비스에서의 차별적 우위 구축 등으로 마케팅전략의 방향을 수정하였다.

여성의 사회진출 확대, 페이스북, 유튜브, 트위터 등 소셜네트워크 서비스를 기반으로 한 소셜네트워크 문화 출현 같은 마케팅환경요인의 변화는 기업에게 새로운 시장기회를 제공하기도 한다. 그리고 IT 기술의 발전은 자율주행 자동차, 내비게이션 같은 새로운 제품 및 서비스 개발과 시장형성의 직접적인 영향요인으로 작용한다.

기업이 마케팅환경의 변화를 분석하고 이에 대응하는 마케팅전략을 수립해야 하는 이유는 환경적 변화가 기업에게 시장위협과 시장기회 요인으로 작용하여 마케팅성과에 큰 영향을 미치기 때문이다. 예를 들어, 국내 자동차생산업체들은 시장개방과 소득수준 향상에 따라 외국의 유명 자동차회사들과 본격적인 경쟁시대에 진입하게 되었다. 상품권 발행에 대한 법률적 규제가 풀려 백화점 등에서 상품권을 자유롭게 발행할 수 있게 됨에 따라 독점적으로 상품권을 발행해 왔던 제화업계는 매출에 큰 타격을 받았고 제화업계 선도 브랜드였던 에스콰이어와 엘칸토가 도산하는 결과를 초래했다. 한편 마케팅환경 변화는 기업에게 시장기회를 제공하기도 한다. 1인가구의 빠른 증가는 소형 가전제품 시장과 반려동물 관련 제품시장을 창출할 기회를 제공했다. 자통법(자본시장통합법)의 시행으로 금융기관의 사업영역에 대한 규제가 풀리면서 은행은 다양한 투자상품을 출시할 수 있게 되었다. 따라서 기업은 중장기적인 마케팅목표를 달성하기 위해 지속적으로 환경변화에 관심을 기울이고 이에 능동적으로 대처해야 한다.

마케팅활동에 영향을 미치는 환경요인들은 그림 2-1에 제시된 대로 미시적 환경과 거시적 환경으로 분류될 수 있다. **미시적 환경**(micro environment)이란 기업이 속한 산업의 주요 구성요소들을 말하는데, 마케팅성과에 직접적인 영향을 미치는 기업 내 구성원, 원재료 공급업체, 유통업체를 포함한 마케팅 중간상, 소비자, 경쟁자 등을 포함한다. **거시적 환경**(macro environment)은 인구통계적·경제적·자연적·기술적·정치적·문화적 요인 등과 같이 미시적 환경에 영향을 미치는 보다 큰 사회적 요인들로 구성된다.

그림 2-1 마케팅전략에 영향을 미치는 주요 환경요인들

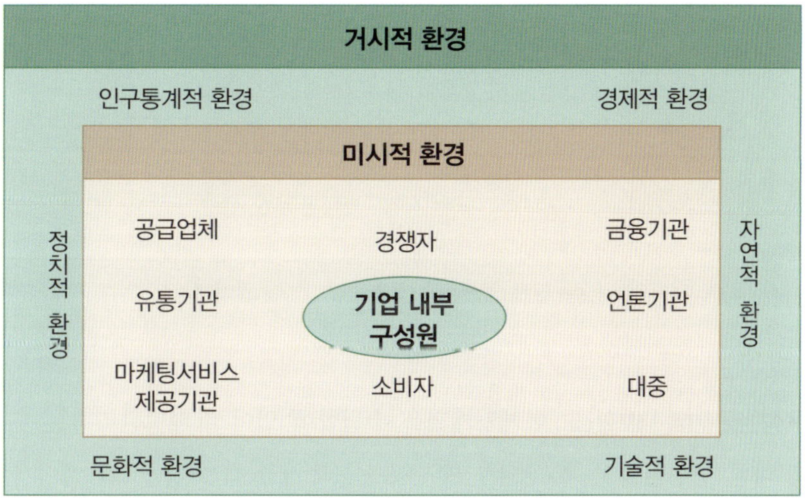

마케터는 다양한 환경요인 중 고객가치 창출과 마케팅성과에 영향을 미칠 수 있는 주요 요인들을 찾아내고, 이들의 변화에 대한 지속적인 추적과 대응방안을 모색해야 할 것이다. 이하에서는 각 환경요인들이 마케팅활동에 미치는 영향, 그리고 대응방안에 대해 자세히 살펴보기로 한다.

02 미시적 환경

2.1 미시적 환경요인

마케터의 주요과업은 고객가치와 고객만족을 창출하고 고객과의 관계를 구축하는 것이다. 그러나

마케터는 혼자서 이 일을 수행할 수 없으며, 미시적 환경의 주요 구성요소들과의 협력을 필요로 한다. 미시적 환경은 기업 가까이에 위치해 있으면서 고객가치를 창출하고 고객과의 관계를 형성하는 기업의 능력에 긍정적 혹은 부정적으로 영향을 미치는 모든 참여자들(이해관계자집단)을 포함한다. 그림 2-2 는 기업을 둘러싼 미시적 환경의 주요 구성요소들을 보여준다. 마케팅이 성공을 거두기 위해서 마케터는 가치전달 네트워크의 구성원인 기업 내 다른 부서, 공급업체, 유통업체를 포함한 마케팅 중간상, 경쟁자, 다양한 공중, 그리고 고객과의 관계를 잘 구축해야 한다.

그림 2-2 미시적 환경의 주요 구성요소

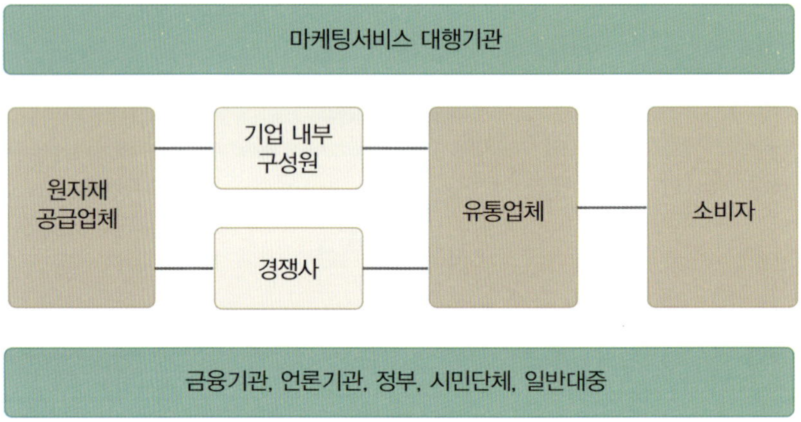

- **기업 내 구성원들(기업 내부환경):** 마케팅계획을 수립함에 있어 마케팅관리자는 내부환경을 형성하는 회사 내 다른 구성원들(예: 최고경영자, 재무, R&D, 구매, 생산, 회계 등)을 고려해야 한다. 마케터는 고객욕구를 이해하고 고객가치를 창출하는 데 주도적인 역할을 수행하기 위해 기업 내부의 다른 부서들의 협조를 필요로 한다. 제품개발을 위해 R&D부서의 도움을 받아야 하며, 제품납기를 맞추기 위해 생산부서의 협조가 필요하다. 새로운 영업사원은 인사부서를 통해 채용되며, 마케팅과 관련한 예산은 재무팀을 통해서 집행된다. 또 회계팀은 마케팅부서의 이익과 매출에 대한 자료를 제공한다. 최고경영층의 의사결정은 마케팅전략과 활동의 방향을 결정한다.
- **공급업체:** 공급업체(suppliers)는 회사의 고객가치 창출과 전달에서 중요한 역할을 한다. 그들은 기업이 제품과 서비스를 생산하는 데 필요한 원자재와 부품을 제공한다. 공급업체들에서 문제가 발생되면, 기업의 마케팅에 심각한 영향을 줄 수 있다. 따라서 마케팅관리자는 공급업체의 납품가능성과 공급비용을 주시해야 한다. 공급업체의 원자재 공급 부족, 공급 지연, 파업, 자연재해, 그리고 기타 사건 등은 단기적으로 매출에 부정적 영향을 미치고, 장기적으로 고객만족과 고객관계 유지에 타격을 줄 수 있다. 그리고 마케팅관리자는 주요 부품과 원자재의 가격추세를 추적해야 한다. 공급단가의 인상은 제품가격인상을 초래할 수 있고, 이는 회사의 매출에 타격을 줄 수 있다.

마케터는 공급업체들을 고객가치를 창출/전달하는 데 있어 동반자로 생각하고 그들과 긴밀하게 협력해야 한다. 예를 들어, Maybelline, Kiehl's, Lancome 등을 보유하고 있는 글로벌 화장품 회사인 L'Oreal은 폴리머, 유지 같은 재료에서부터 스프레이 캔, 포장용기, 생산설비, 사무실 소모품 등을 공급하는 광범위한 공급업체 네트워크와 긴밀한 관계를 구축하는 것이 글로벌 화장품 시장에서 핵심성공요인임을 알고 있다. 이에 따라 L'Oreal은 공급업체들을 진정한 파트너로 대한다. L'Oreal은 디자인 혁신, 품질, 지속가능경영 등에서 설정한 엄격한 표준을 공급업체들이 맞추는데 도움을 주기 위해 그들과 긴밀하게 협력한다.

- **마케팅 중간상**: **마케팅 중간상**(marketing intermediaries)은 회사가 자사제품을 최종고객에게 촉진하고, 판매하고, 유통시키는 데 도움을 준다. 이들은 유통업체, 물적 유통회사, 마케팅서비스 대행사, 그리고 금융회사 등을 포함한다. 유통업체는 기업이 고객을 찾거나 그들에게 판매가 이루어지도록 도와주는 조직체로서, 상품을 구매해서 재판매하는 도매상과 소매상 등을 포함한다. 제조업체는 과거처럼 소규모의 독립 유통업체들 중에서 선택하고 이들과 파트너십을 형성하는 일은 더 이상 쉽지 않게 되었다. 제조업체들은 이제 이마트, 홈플러스, 롯데마트, Costco, 하이마트 등과 같이 갈수록 매출규모가 커져가는 대규모 유통조직과 거래하고 있다. 이러한 유통조직은 거래조건을 주도하거나 중소규모의 제조업체를 좌지우지할 정도로 강한 경로파워를 갖고 있다. 물적 유통회사는 기업이 원산지에서 목적지에 이르기까지 제품을 저장하고 이동시키는 것을 도와준다. 창고업자, 수송회사와 함께 일하면서, 기업은 물류비용, 배달속도, 안전 등을 고려해 제품을 저장/선적하는 데 있어 최적의 방안을 결정해야 한다. 마케팅서비스 조직은 기업이 적절한 고객집단을 표적시장으로 정하고 그들에게 자사제품을 촉진할 수 있도록 도와주는 마케팅조사회사, 광고대행사, 매체사, 그리고 마케팅컨설팅 회사 등을 말한다. 금융회사는 은행, 신용보증회사, 보험회사, 기타 관련기업들을 포함하는데, 이들은 기업 간 거래에서 자금조달을 돕고, 제품의 구매/판매에 따른 위험을 보증해 주는 기능을 수행한다. 공급업체와 마찬가지로 마케팅 중간상들도 회사의 가치전달시스템의 중요한 구성요소이므로, 기업은 전체 가치전달시스템의 성과를 최적화하기 위하여 마케팅 중간상들과 긴밀히 협력하는 동반자관계를 구축/유지해야 한다. 가령, Coca-Cola는 McDonald's, Wendy's, Subway 같은 패스트푸드 체인을 위한 독점적인 음료 공급업체로 선정될 경우 이들에게 음료 이외에 청량음료 판매와 이익을 개선하는 데 도움을 주는 마케팅프로그램, 경영솔루션, 그리고 머천다이징과 관련된 조언 등을 제공한다.
- **경쟁자**: 기업은 시장에서 성공을 거두기 위해 경쟁자보다 더 나은 고객가치와 고객만족을 제공해야 한다. 따라서 마케터는 표적고객의 마음속에 자사제공물을 경쟁사의 것보다 더 강하게 포지셔닝함으로써 전략적 경쟁우위를 확보해야 한다. 모든 기업에게 최선인 단 하나의 경쟁적 마케팅전략은 존재하지 않는다. 각 기업은 마케팅전략 수립 시 경쟁사와 비교한 자사의 기업규모와 산업

내 위치를 고려해야 한다. 산업 내에서 지배적인 위치를 차지하고 있는 대기업은 중소기업이 채택하기 어려운 마케팅전략을 사용할 수 있다. 소규모 기업은 대기업보다 더 높은 투자수익률을 낼 수 있는 마케팅전략을 개발할 필요가 있다.

- **공중**: 기업의 마케팅환경은 다양한 공중을 포함한다. 공중(publics)은 조직의 목표달성 능력에 영향을 미치거나 실제적/잠재적으로 이에 관심을 갖고 있는 집단이다. 공중에는 금융기관(은행, 투자회사 및 주주 등), 미디어(신문사, 잡지사, TV 방송국, 블로그, 기타 인터넷 미디어 등), 정부, 시민단체, 지역 커뮤니티, 일반공중(general publics) 등이 있다. 기업은 고객시장뿐 아니라 위에서 언급한 주요 공중들을 위한 마케팅프로그램도 계획해야 한다. 기업은 특정 공중들로부터 호의, 긍정적 구전, 시간 혹은 돈의 기부 등과 같은 구체적인 반응을 이끌어 낼 수 있을 만큼 매력적인 프로그램을 개발해야 한다.
- **고객**: 고객은 기업의 미시환경에서 가장 중요한 구성요소이다. 전체 가치전달 네트워크의 목적은 타깃고객들을 잘 섬기고 그들과 강력한 관계를 창출하는 것이다. 기업은 다음 다섯 가지 유형의 고객시장들 중 하나 혹은 그 이상을 타깃으로 삼을 수 있다. 소비자 시장(consumer markets)은 개인적 소비를 위해 제품이나 서비스를 구매하는 개인이나 가구로 구성된다. 비즈니스 시장(business markets)은 추가적인 가공을 위해 또는 생산과정에 사용하기 위해 제품이나 서비스를 구매하는 반면, 재판매 시장(reseller markets)은 재판매해서 이익을 얻기 위해 제품이나 서비스를 구매한다. 정부시장(government markets)은 공공서비스를 생산하거나 혹은 제품이나 서비스를 필요로 하는 기관이나 사람들에게 전달하기 위해 제품과 서비스를 구매하는 정부기관들로 구성된다. 마지막으로 국제시장(international markets)은 여러 나라의 구매자들로 구성되는데, 이들은 다른 나라의 소비자, 생산자, 재판매업자, 그리고 정부들을 포함한다. 각 시장유형은 고유한 특징들을 갖고 있기 때문에 이에 대한 세심한 분석과 차별적 접근이 요구된다.

2.2 미시적 환경분석: 산업구조분석

미시적 환경, 즉 제품시장의 구성요소가 우리기업에게 매력적인지를 분석하는 데 유용한 분석도구 중 하나가 산업구조분석이다. 마케터는 우리기업이 속한 산업(혹은 제품시장)이 얼마나 매력적인지를 파악할 필요가 있는데, 산업 혹은 제품시장은 자사 및 경쟁자, 공급업체, 구매자(고객) 등으로 구성된다. 산업구조분석이란 경쟁자, 공급업체, 구매자 등 산업의 주요구성원들의 상대적 영향력을 분석하여 이를 토대로 산업의 전반적인 매력도를 평가하는 것이다. 하버드대학 경영대학원의 마이클 포터(Michael Porter) 교수가 제시한 산업구조분석 모형에 의하면 산업의 매력도는 그림 2-3 과 같이 5개 요인에 의해 영향을 받는다.

그림 2-3 산업매력도에 영향을 미치는 5요인

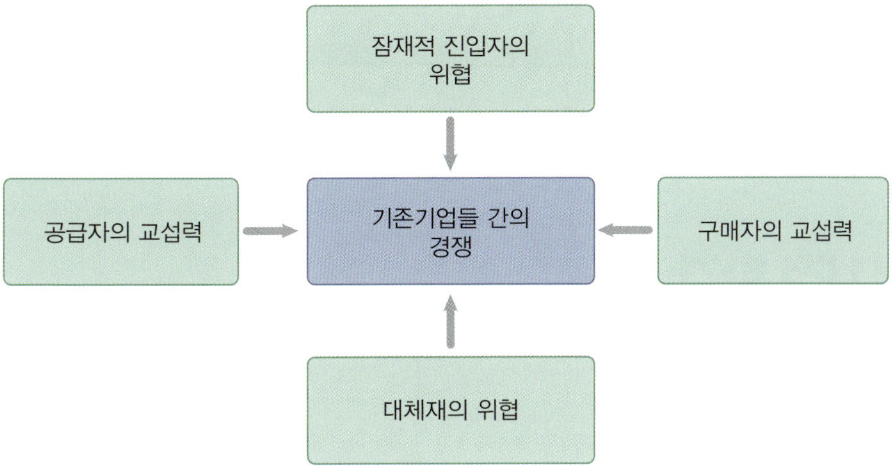

산업의 매력도에 영향을 미치는 첫 번째 요인은 기존 경쟁업체 간의 경쟁 정도이다. 기존 경쟁자들 간의 경쟁 정도가 높을수록 산업매력도는 낮아진다. 대체로 시장의 크기가 작을수록, 경쟁자의 수가 많을수록, 초기 자본투자가 많이 이루어질수록, 투자된 자본에 대한 매각이나 처분이 힘들어 퇴출이 어려울수록, 그리고 제품 간에 차이가 없을수록, 기존기업 간 경쟁이 치열해져 산업의 매력도가 낮아진다. 산업의 매력도에 영향을 미치는 두 번째 요인은 기존 경쟁자 외에 잠재적 경쟁업체의 출현가능성이다. 투자규모가 클수록, 유통업체 및 원사새 공급업체를 확보하기 어려울수록, 전환장벽이 존재할수록 잠재적 경쟁업체의 진출가능성은 낮아지며, 기존업체들의 입장에서 산업매력도가 높아진다. 예를 들어, '한글'프로그램에 익숙한 사용자들은 보다 나은 새로운 워드프로세서가 출시되더라도 기존의 모든 작업파일을 수정해야 하는 번거로움 때문에 경쟁 신제품 구매를 주저할 수 있는데, 이는 전환장벽의 예이다. 산업의 매력도에 영향을 미치는 세 번째 요인은 대체품 출현의 가능성으로, 이는 기존에 판매되는 제품 외에 새로운 기능의 대체제품이 출현하여 현 시장을 잠식할 가능성을 의미한다. 예를 들어, 필름을 이용하는 기존 카메라시장은 디지털 카메라의 개발로 인해, 그리고 디지털 카메라는 스마트폰의 출현으로 시장수요가 잠식당했다. 신기술의 도입이나 소비자 라이프스타일의 변화에 따른 대체품의 출현으로 현재 산업이 위협받을 가능성이 있다면 그 산업의 매력도는 감소하게 된다.

산업의 매력도에 영향을 미치는 네 번째 요인은 공급업체의 협상력인데, 이는 원자재나 부품을 공급하는 업체들이 거래기업의 수익성에 얼마나 큰 영향력을 발휘할 수 있는지를 의미한다. 소수의 공급업체들이 부품이나 원자재의 공급을 지배하는 경우 제조업체들은 부품가격의 인상에 대처할 수 있는 대안이 없기 때문에 산업의 전반적인 수익성에 부정적인 영향을 미치게 된다. 예를 들어, 미국의 퀄컴사가 국내 휴대전화 제조업체에게 핵심부품을 독점적으로 공급하고 있는데, 이 회사의 부품가격 결정이 휴대전화 제조업체의 수익성에 영향을 미친다. 산업의 매력도에 영향을 미치는 다섯 번째 요인은 구매자의 협상력이다. 구매자의 수가 적고 각 구매자의 구매량이 많다면, 이들은 기업에게 가격인하를 요구하므로 산업매력도가 낮아진다. 이러한 경우는 기업고객의 수가 제한된 산업재에서 자주 발생한다. 삼성전자 반도체 사업의 경우 HP, Apple 같은 대규모 구매자들에 대해서는 전담팀을 구성하여 그들의 가격인하 요구에 적극적으로 대응한다.

03 거시적 환경

3.1 거시적 환경요인

거시적 환경은 미시적 환경의 구성원들에게 영향을 미치는 보다 광범위한 요인들로 구성된다. 기업과 모든 이해관계자들은 기회와 위협을 제공하는 거시적 환경요인들 속에서 활동한다. 그림 2-4는 거시적 환경의 주요구성요인을 보여준다. 이하에서 각 환경요인을 분석하고, 이들이 마케팅전략에 미치는 영향을 살펴본다.

그림 2-4 주요 거시적 환경요인

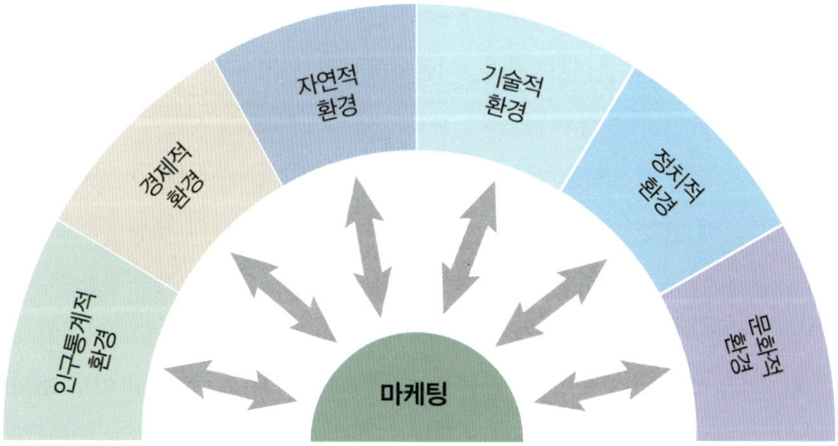

(1) 인구통계적 환경

인구통계적 환경은 마케팅활동의 대상이 되는 소비자들을 포함하기 때문에 소비자의 인구통계적 특성 변화는 마케터의 주요 관심사가 된다. 세계인구는 기하급수적으로 증가하고 있다. 현재 세계인구는 69억 명을 넘어섰고, 2030년까지 80억 명 이상이 될 것으로 추산되고 있다. 전 세계의 크고 매우 다양한 인구집단은 기회이자 동시에 도전이 된다.

그림 2-5 한국의 연령별 인구구조의 변화

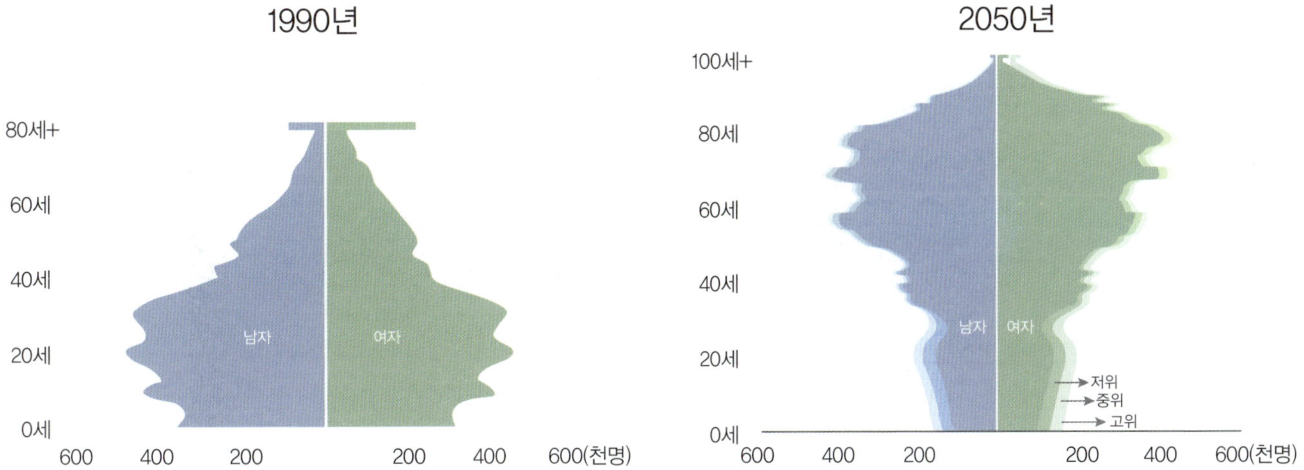

자료: 통계청, 「장래인구추계(2017~2067년) 보도자료」

인구통계적 환경의 변화는 기업에 많은 마케팅 시사점을 제공한다. 인구통계적 요인의 변화는 시장의 변화를 의미하므로 마케터에게 매우 중요하다. 따라서 마케터는 국내·외 시장을 구성하는 소비자들의 인구통계적 추세와 변화에 주의를 기울여야 한다. 기업은 연령구조, 가족구조, 지리적 인구이동, 교육관련 특징, 인구의 다양성 등의 변화를 지속적으로 추적해야 한다.

① 연령구조의 변화

2020년 기준으로 한국의 인구는 약 5,170만 명이며, 연평균 0.14% 정도의 낮은 성장을 보이고 있다. 반면 추정 가구수는 2012년 약 1,795만에서 2019년 2,011만 가구로 빠르게 증가하며, 가구당 인구는 2.4명으로 핵가족화가 가속화되고 있다. 성별 구성에 있어서는 전체적으로 남자와 여자의 비중이 거의 같지만, 노인층에서는 여성의 비중이 높고 저연령층에서는 남성의 비율이 약간 높다. 연령층의 구조는 1960~70년대의 피라미드형에서 중간 연령층이 많은 항아리형으로 바뀌었고 점차 60세 이상이 두터워지는 역삼각형 구조로 변화하고 있다. 연령별 인구는 40~50대의 비중이 가장 높고 20대와 30대가 다음으로 큰 비중을 차지하고 있다. 기업은 이러한 연령구조 변화에 대응한 마케팅전략을 수립해야 한다. 가령, 아모레퍼시픽, LG생활건강 등 화장품업체들은 시니어 고객을 타깃으로 한 각종 한방 기능성 화장품을 출시하고 있다. 고급 화장품 브랜드인 설화수, Estee Lauder, Sisley의 경우 전체 매출의 30~40%를 50대 이상 시니어 고객이 차지하고 있다.

② 가구의 변화추세

전통적인 가정은 남편, 부인과 아이들, 경우에 따라 할아버지 및 할머니로 구성되었다. 그러나 지금은

1인가구를 겨냥해 출시된 대유위니아의 소형 김치냉장고 '딤채 쁘띠'

이러한 모습을 잃어가고 있다.

오늘날 들어 이혼하거나 별거하고 있고, 결혼하지 않으려 하고, 늦게 결혼하거나 결혼 후에도 자녀를 갖지 않으려 하는 사람들이 갈수록 늘어나고 있다. 비전형적인 가정이 전형적인 가정보다 더 빨리 늘어나고 있기 때문에 마케터는 그들의 고유한 욕구와 구매습관을 고려해야 한다.

가구의 주요변화 중 하나는 주부의 사회적 진출이 크게 증가한 것이다. 최근 들어 직장여성의 숫자가 매우 빠르게 증가하고 있다. 2020년 기준으로 전체 여성취업자는 1,154만 명에 달하며, 이 중 30세 이상의 비중이 80% 정도를 차지한다. 직장여성 숫자의 증가는 기업에 새로운 시장기회를 제공한다. 직장용 여성의류, 금융서비스, 편의식품 및 서비스, 자녀보육 서비스에 대한 수요의 증가가 그것이다. 직장여성의 증가는 가정의 소비생활에 많은 변화를 초래한다. 예를 들면, 관리에 어려움이 따르는 단독주택보다 아파트를 선호하며, 편리함에 대한 욕구 증대로 배달서비스, 포장이사, 즉석식품에 대한 수요가 증가한다. 일본 산요전기의 절반생활시리즈 제품들은 주부들이 가사에 투입되는 시간을 줄이는 데 초점을 맞추고 있다. 압력밥솥은 취사시간을 45분에서 15분으로, 열풍토스터는 빵굽는 시간을 3분에서 1분 35초로, 세탁기는 빨래에 드는 시간을 90분에서 50분으로 단축시켰다.

가구구조 변화의 또 다른 주요추세는 1인가구 혹은 싱글(single)족의 빠른 증가이다. 통계청에 따르면 1990년만 해도 국내 1인가구 비중은 9.0%에 불과했다. 그러다 1995년 처음으로 두 자릿수를 넘어서더니 2013년 25.3%에서 2018년 29.3%(전체 1,997만 가구 중에서 584만 가구)까지 치솟았다. 3가구당 1가구가 혼자 사는 가구인 셈이다. 이들 싱글족은 대학교육을 받고, 대부분 직업을 갖고 있으며, 경제적 여유를 바탕으로 독특한 라이프스타일과 소비성향을 보인다. 그리고 젊은 싱글족은 온라인 쇼핑을 즐긴다. 저렴하고 품질 좋은 제품을 손쉽게 구매할 수 있기 때문이다. 이에 따라 많은 기업들이 1인가구를 겨냥한 솔로마케팅을 도입하고 있다. 예를 들어, 전자업계는 이른바 '혼밥·혼술족'으로 불리는 1인 가구를 타깃으로 한 전자제품을 출시하고 있다. 대유위니아는 신혼부부와 1인가구를 타깃으로 소형 김치냉장고 '딤채 쁘띠'를 출시했다. 작은 크기이지만 냉동·냉장·주류 보관기능을 상황에 맞게 변경할 수 있고 김치냉장고 하단에는 신선보관 야채실이 별도로 있어 야채와 과일을 신선하게 분리 보관할 수 있다. 혼자 여행을 다니는 혼행족도 전자업체들의 주요 타깃 중 하나로 부상하고 있다. 혼행족에게 인기가 높은 소니 액션캠이 그 한 예이다. 머리, 어깨, 가슴이나 뒤에 메는 가방 등에 액션캠을 부착해 1인칭 시점에서 촬영하면 자신의 여행 전반을 동영상으로 기록할 수 있다.

(2) 경제적 환경

시장이 형성되기 위해서는 제품을 구매할 사람뿐만 아니라 구매력을 필요로 한다. 경제적 환경(economic environment)은 소비자의 구매력과 소비패턴에 영향을 미치는 경제적 요인들로 구성된다. 마케터는 국내·외 시장의 주요추세와 소비자의 소비패턴에 주의를 기울여야 한다.

각 국가는 서로 다른 소득수준과 소득분포를 갖고 있다. 어떤 국가는 자신들이 만든 농산물 및 산업 산출물의 대부분을 스스로 소비하는 자립경제 국가여서 마케팅기회가 별로 없는 반면 산업이 발달한 선진경제국가는 다양한 제품들에 걸쳐 풍부한 시장을 갖고 있다. 다음에서는 주요 경제적 요인의 추세에 대해 살펴보기로 한다.

① 소비자 지출패턴의 변화

과거 호황기 동안 소비자들은 부채를 두려워하지 않고 무분별하게 과다소비를 했다. 그러나 2008년 글로벌 금융위기, 2020년 코로나19 사태로 인한 경제불황의 여파로 경제적으로 압박을 받는 소비자 시대를 맞이하고 있다. 일부 세분시장은 소득이 증가하기도 하지만 재무적 부담도 증가되고 있다. 소비자들은 소비괴잉 시기에 주택 마련과 승용차 구입을 위해 빌린 부채를 갚아야 하고, 가계지출은 꾸준히 증가하며, 자녀의 학자금과 은퇴 후를 대비한 자금을 저축해야 한다.

이처럼 재정적으로 넉넉하지 않은 재정상황에 맞추어 소비자들은 더 신중히 소비하고 있다. 이러한 소비추세에 대응해 많은 기업들이 **가치 마케팅**(value marketing)을 추구하고 있다. 비싸고 품질이 우수한 제품보다는 품질이 조금 떨어지더라도 값이 저렴한 제품을 제공함으로써 마케터는 재정적으로 매우 보수적이 된 소비자들에게 더 좋은 가치를 제공할 방안을 추구하고 있다. 즉, 적절한 품질과 적당한 가격 간에 균형을 맞춘 제품이나 서비스를 개발하고 있는 것이다. 가령, 초저가(超低價) 매장 다이소는 제품 3만여 종을 500원부터 5000원까지 6가지 균일가로 판매한다. 1000원짜리로는 1회용 비닐백·면봉·수세미·밀폐용기가, 2000원짜리로는 머그컵·고무장갑·발매트가 가장 많이 판매되는데, 평균 판매 가격은 1200원이다. 패스트 패션(저렴하고 소비 주기가 짧은 옷) 브랜드 유니클로에서는 9900원짜리 내복, 2만 9900원짜리 청바지 등 초저가 제품 판매가 급증하고 있다.

② 소득의 변화

마케터는 평균 소득수준뿐만 아니라 소득분포에도 관심을 기울여야 한다. 소득수준에 따라 소비자들은 크게 상류층, 중산층, 하류층으로 분류될 수 있다. 중산층에 대한 정의는 국가에 따라 다르다. 한국(한국개발연구원)은 부채 없는 아파트 30평 이상 소유, 월급여 500만 원 이상, 자동차는 2000cc급 중형차 소유 등이 중산층의 기준으로 꼽혔다. 주로 보유자산의 많고 적음에 따라 중산층이냐 아니냐를 가르는 것이다. 경제협력개발기구(OECD, 1995)는 가구 소득을 기준으로 '중위 소득(전체 가구를 소득순으로 나열했을 때 중간소득)'의 50% 미만을 빈곤층으로, 50~150%를 중산층으로, 150% 이상을 상류층으로 구분한다. 중위 소득자의 소득수준이 월 100만 원일 경우, 월 50만~150만 원을 버는 가구를 중산층으로 분류하는 것이다. 그러나 지속되는 경제불황은 한국인들에게 자신이 중산층이란 의식을 크게 저하시켰다. 즉 통계청이 전체 가구 가처분소득을 기준으로 집계한 우리나라 중산층의 비율과 실제로 자신이 중산층에 속한다고 지각하는 사람들의 비율 간에 큰 차이를 보이는 것이다.

소득분포의 상단에 위치한 상류층은 경기에 영향을 받지 않으며, 이들은 사치품의 주요시장이 된다. 그리고 중산층은 소비에 대하여 신중하지만 어느 정도의 삶의 질을 추구할 수 있다. 노동자층(working class)은 음식, 의류, 거주 등의 기본생계를 유지하면서, 절약하기 위해 많은 노력을 기울인다. 마지막으로 하급계층은 사회복지에 의존하거나 은퇴한 층으로 이들은 가장 기본적인 구매에 대해서조차 고민해야 한다. 지난 수십 년간 부자들은 더 부자가 되어 왔고, 중산층은 줄어들고 있으며, 가난한 사람들은 가난한 상태로 머물러 있다.

기업은 소득분포에 따라 몇 개의 세분시장으로 분류하고, 특정 세분시장을 타깃으로 마케팅을 한다. 롯데 에비뉴엘, 신세계 명품관 등은 부유층을 겨냥하며, 이랜드 NC백화점, 애경백화점 같은 소매점은 중산층을 겨냥한다. 또 다른 회사들은 부유층에서부터 중산층에 이르기까지 여러 세분시장에 맞추어 다양한 구색을 제공한다. 예를 들어, 매우 비싼 가격을 감당할 수 있는 부유층 고객들에게 제품을 판매하는 최고급 패션 디자이너 브랜드들은 일반대중들이 구매할 수 있도록 부담없는 가격에 상품을 판매하기도 한다. 스텔라 맥카트니 같은 최고급 패션 디자이너는 H&M과의 협업을 통해 덜 비싼 가격대의 패션라인들을 개발/제공했다.

소득, 생활비, 이자율, 저축 및 대출 패턴 등과 같은 주요 경제적 변수의 변화는 시장에 커다란 영향을 미친다. 회사는 경기예측을 통해 이러한 변수를 관찰해야 한다. 기업은 경제적인 부침에 지나치게 좌지우지될 필요는 없으며, 경제적 변수의 변화가 주는 경고신호에 주의를 기울이면서 경제적 환경의 변화를 자사에 유리하게 활용할 수 있다.

(3) 자연환경

자연환경(natural environment)은 마케터가 투입요소로 활용하거나 또는 마케팅활동에 의해 영향을 받는 천연자원들로 구성된다. 자연환경에 대한 관심은 과거 수십 년간 지속적으로 증가해 왔다. 세계의 많은 도시에서 공기와 물의 오염은 위험 수준에 도달해 있다. 지구 온난화 가능성에 대한 전 세계적 우려가 높아지고 있고, 환경보호론자들은 지구가 쓰레기 더미에 덮일 것이라고 경고한다.

마케터는 자연환경의 주요추세를 잘 파악하고 이에 대처해야 한다. 첫 번째 추세는 원재료의 지속적 고갈이다. 공기와 물은 무한한 자원인 것처럼 보이지만, 환경관련 전문가들은 장기적으로 문제가 발생할 것으로 본다. 대기오염은 이미 전 세계 대도시들을 질식시키고 있고, 물의 부족은 세계의 일부 지역에서 큰 문제가 되고 있다. 2030년이 되면 전 세계 인구의 3명 중 1명 이상이 물을 충분히 마실 수 없는 상황에 직면할 것으로 예측한다. 산림이나 음식과 같은 재생가능한 자원들도 현명하게 사용되어야 한다. 기름, 석탄 및 기타 광물자원과 같이 재생이 불가능한 자원들은 심각한 문제를 야기할 수 있다. 비록 이러한 자원들이 이용가능하다고 할지라도 이를 이용해 제품을 만드는 회사들은 현격한 비용 증가를 피할 수 없다.

두 번째 환경추세는 증가하는 오염이다. 모든 국가에서 진행되는 산업화는 자연환경의 질을 훼손시킨다. 화학 및 핵 폐기물의 처리, 위험수준에 달한 대양의 수은 함유량, 토양 속 및 음식물 공급에서 나오는 화학 오염물질의 양, 분해불가능한 병, 플라스틱, 기타 패키지 물질에서 나오는 환경쓰레기로 둘러쌓인 지구를 한 번 상상해 보라.

세 번째는 자연환경관리에 있어 정부 개입의 증가이다. 이러한 추세에도 불구하고 각국 정부들은 깨끗한 환경을 만들기 위한 관심과 노력에서 차이를 보인다. 독일정부와 같은 일부 나라들은 매우 적극적으로 환경의 질을 추구한다. 반면 가난한 나라들은 필요한 자금과 정치적 의지가 부족하기 때문에 오염에 대해 어떤 조치를 취할 수 없다. 부유한 나라들조차도 세계적인 환경보호노력에 필요한 방대한 자금과 정치적인 공감대가 부족하다.

이러한 한계점을 개선하는 한 가지 방안은 전 세계 기업들이 더 많은 사회적 책임을 수용하고, 환경오염을 통제하거나 줄이기 위한 보다 저렴한 방안들을 찾는 것이다. 기업들은 앞으로 정부나 압력단체들로부터 오는 더 강한 압력을 예상하고 자원과 에너지 문제에 대한 해결책을 개발하는 데 앞장서야 할 것이다. 이에 따라 현명한 기업들은 지구를 영구히 보존할 수 있는 세계경제를 만들기 위한 노력의 일환으로 환경적으로 지속가능한 전략을 개발하고 있다.

자연환경에 대한 사회적 관심의 증가에 대응해 지속가능경영을 추구하는 기업들은 단순히 정부규제를 따르는 것 그 이상의 노력을 기울이고 있다. 그들은 **환경의 지속가능성**(environmental sustainability)을

일본 도요타자동차는 아이치현 도요타시의 쓰쓰미 공장에 자연학습장을 설치했다(왼쪽). 이곳에선 정화된 폐수를 활용해 인공 연못을 만들어 물고기와 물수세미 등 수생생물을 키우고 있다. 또 공장의 지붕과 공터에는 태양광 전지판을 설치해 하루 2000kW의 전기를 생산하고 있다(오른쪽).

화장품 브랜드 러쉬(Lush)는 '고 네이키드(Go Naked)'라는 친환경 슬로건을 실행에 옮기기 위해 샴푸 등 액체 세정제를 고체로 개발한 제품을 선보이고 있다.

지원하는 마케팅 전략과 실행 프로그램을 도입함으로써 건강한 지구를 만들기 위해 노력한다. 최근 글로벌 자동차회사들은 자연친화적 시설을 갖춘 자동차공장을 도입하려고 노력한다. 가령, 일본 아이치(愛知)현 도요타(豊田)시에 자리한 Toyota의 쓰쓰미 공장에선 하루 약 5000t의 폐수를 깨끗이 정화해서 바깥으로 내보는데, 주변 논과 밭에서 농업용수로 사용되기도 한다. 또한 쓰쓰미 공장은 태양광을 비롯한 신재생에너지를 이용해 원유 약 50만 리터(유조차 25대 분량)에 해당하는 에너지를 절감한다. 쓰쓰미 공장 지붕과 곳곳에 설치된 태양광전지판에서는 2000kw의 전기가 생산되는데, 이 전기는 차량 조립라인을 가동하고 공장 주변지역에 설치된 가로등을 밝히는 데 사용된다.

그리고 많은 기업들이 환경친화적인 제품을 만들거나, 재활용 혹은 미생물 분해가 가능한 제품패키지, 재활용가능한 원료와 부품을 사용함으로써 소비자와 환경단체의 요구에 대응하고 있다. 가령, 영국의 화장품 브랜드 러쉬(Lush)는 '고 네이키드(Go Naked)'라는 슬로건을 실행에 옮기기 위해 2007년부터 플라스틱 사용을 극단적으로 줄인 제품을 선보이고 있다. 샴푸 등 액체 세정제를 고체로 개발한 제품이 대표적인데, 내용물을 담는 용기를 없앴다는 뜻에서 '벌거벗은(Naked)' 제품이라는 것이다. 기업들은 이제 환경적으로 책임 있는 활동을 수행하는 것이 사업에도 좋다는 것을 깨닫고 있다.

(4) 기술적 환경

기술적 환경(technological environment)은 기업과 사람들의 삶의 운명을 결정짓는 가장 드라마틱한 환경요인일 것이다. 기술은 항생물질, 로봇을 이용한 수술, 소형의 전자제품, 스마트 컴퓨터, 인터넷 등과 같은 경이로운 것을 창조했다. 또한 기술은 핵미사일, 화학무기, 고성능 자동소총과 같이 공포스러운 발명품도 선보였다. 나아가 기술은 자동차, TV, 신용카드와 같이 유익하면서도 해로울 수 있는 제품들도 등장시켰다. 기술에 대한 우리의 태도는 이를 통해 탄생한 혁신제품에 대해 어떻게 느끼느냐에 달려 있다.

새로운 기술은 마케터에게 엄청난 시장기회를 제공할 수 있다. 예를 들어, 우리가 구매하는 모든 제품들에 부착된 작은 전송장치가 생산시점에서부터 사용과 폐기에 이르기까지 제품의 이동과정을 추적할 수 있다. 여러분이 슈퍼마켓에서 쇼핑하는 동안 매대의 센서는 당신이 무엇을 선택하고 있는지를 탐지하고, 쇼핑카트 스크린에 이와 관련된 광고를 보여주며 관련제품의 특별할인을 안내한다. 여러분이

가게를 떠날 때 출구에 설치된 스캐너가 구매한 금액을 합산해서 자동적으로 신용카드에서 계산한다. 집에 오면 매장의 판독기가 냉장고에서 무엇이 빠져 나가고 들어왔는지를 추적하고, 재고가 떨어지면 이를 알려 당신의 쇼핑 리스트를 갱신하도록 한다. 이러한 쇼핑행동은 먼 미래의 일이 아니다. 여러분이 구매하는 제품에 부착되어 있는 작은 RFID(radio-frequency identification: 무선 주파수 인식 기술) 장치 또는 "smart chip" 덕분에 이는 이미 현실이 되고 있다. 많은 기업은 이미 유통채널상에서 자사제품의 흐름을 추적하기 위해 RFID 기술을 이용하고 있다. 예를 들어, 의류업체 빈폴은 RFID 등 디지털 기술을 이용해 고객들에게 다양한 체험형 서비스를 제공했다. 서울 강남역 삼성타운에 있는 빈폴(BEAN POLE) 딜라이트점을 방문한 고객이 패딩점퍼의 옷걸이를 집어들면, 패딩점퍼의 가격과 소재, 모델이 입은 사진까지 바로 앞에 달려 있는 대형 TV 모니터에 모두 나타난다. 그가 패딩점퍼를 입고 거울 앞에 서서 한 바퀴 돌면 거울은 옷을 입은 뒷모습까지 보여준다. 고객이 집어든 디지털 옷걸이는 고객이 옷걸이에 걸린 제품을 드는 순간 옷걸이에 장착된 RFID를 통해 대형화면에서 해당제품의 정보를 확인할 수 있도록 한 것이다. 디지털 거울은 거울에 비치는 자신의 3초 전 모습을 녹화해 옷을 입은 뒷모습까지 볼 수 있도록 했다. 빈폴 아웃도어 광고 속 모델이 되는 가상체험공간 '포토존' 등도 마련했다.

서울 강남역 삼성타운에 있는 빈폴 딜라이트점은 RFID 등 디지털 기술을 이용해 고객들에게 다양한 체험형 서비스를 제공했다. RFID(무선 주파수 인식 기술)를 접목한 디지털 옷걸이를 집어들면 옷 제품에 대한 가격이나 소재 등 다양한 정보가 대형화면에 뜬다.

신기술들은 새로운 시장기회를 만들어 주지만, 기존의 기술을 대체해 버려 기업의 존립 자체를 위협하기도 한다. 트랜지스터는 진공튜브 산업에, 복사기는 인쇄산업에, CD는 축음기 산업에, 디지털 사진은 필름산업에, 그리고 MP3 플레이어와 디지털 다운로드는 CD산업에 결정적 타격을 주었다. 기존산업이 새로운 기술에 맞서 싸우거나 이를 무시할 때 그 산업은 쇠퇴기를 걷는다.

따라서 마케터는 기술적 환경의 변화를 주도면밀하게 관찰해야 한다. 이를 따라잡지 못하는 기업은 조만간 자신들의 제품이 낙후되었음을 뒤늦게 알게 될 것이다. 이러한 일이 일어나면, 그들은 신제품 개발기회와 시장기회 모두를 잃을 것이다. 가령, 삼성전자는 스마트 가전혁명을 통해 앞으로 다가올 사물인터넷(IoT·Internet of Things) 세상을 선점하려고 한다. 이에 따라 최근 삼성전자는 '스마트홈'이라는 IoT 기반 홈솔루션 서비스를 선보였다. 스마트홈은 냉장고, 세탁기, 에어컨, 오븐, 로봇 청소기, TV, 조명 같은 가전제품들을 스마트폰과 웨어러블 기기 등의 애플리케이션(앱)으로 언제 어디서든 편리하게 쓸 수 있는 통합 플랫폼이다. 삼성전자의 에어컨, 세탁기, 오븐, 스마트TV, 사운드바, 갤럭시S, 기어 등

마케팅 Highlight

디지털 기술을 기반으로 개별고객 맞춤제안 서비스를 강화하는 삼성물산

삼성물산이 개발한 인공지능(AI) 패션 코디네이터 기능. 삼성물산 온라인 패션몰(www.ssfshop.com)에서는 특정 옷을 고르면 이에 어울리는 다른 패션아이템을 동시에 추천해 준다.

2021년 삼성물산은 온라인쇼핑몰에서 재킷 등 상의를 고르면 어울리는 바지나 치마 · 구두를 추천해주는 인공지능(AI) 패션 코디네이터를 개발했다. 삼성물산은 포스텍(포항공대)과의 공동연구를 통해 AI 패션 큐레이션 서비스를 개발하고 삼성물산 패션부문 통합 온라인몰 SSF샵(www.ssfshop.com)에 이 서비스를 제공하고 있다. 개발된 AI는 패션 전문가가 만든 스타일링을 학습해, 온라인 쇼핑몰을 찾은 고객이 고른 옷과 가장 잘 어울리는 옷을 추천해 준다. 기존 패션 AI는 고객이 구매한 옷과 유사한 옷을 찾아주는 데 그쳤지만, 이 AI는 고객이 상의를 고르면 이와 어울리는 스타일의 하의 · 외투 · 신발 · 가방 등을 함께 추천해 준다.

자료원: 중앙일보, 2021.02.09.

대부분 전자제품에서 스마트홈 서비스가 돌아가는데, 고객들은 스마트폰 등을 간단히 터치하거나 가전제품과 대화하듯 문자채팅으로 연결된 제품과 기기를 움직일 수 있다. 삼성전자는 스마트홈의 플랫폼을 개방하고 다양한 운영체제를 지원해 외부 기업과 개발자들도 참여할 수 있게 하려고 한다.

시장지향적인 기업은 R&D 팀에 마케팅 전문가를 보강해 기술적 환경의 변화가 주는 시장기회와 위협을 함께 분석한다. 기술적 환경 변화와 관련해 과학자와 기업들이 직면하는 도전적 과제는 기술 상용화의 문제를 해결하는 것이다. 즉, 실용적이고 적절한 가격으로 구매가능한 제품을 만드는 기술을 개발하는 것이다.

입는 컴퓨터 시대: 2054년을 배경으로 한 공상과학(SF)영화 '마이너리티 리포트'에서 주연배우 톰 크루즈가 양손에 키보드와 마우스 역할을 하는 장갑을 낀 채 허공에 뜨는 가상 자판 앞에서 손과 팔을 현란하게 움직여 컴퓨터 작업을 한다.

제품과 기술이 갈수록 복잡해짐에 따라, 일반공중은 이들이 안전한지를 알고 싶어 한다. 따라서 정부기관들은 조사를 통해 안전에 위협을 줄 가능성이 있는 제품의 유통을 금지한다. 한국의 식약청은 제품을 위한 안전표준을 세워 놓고 이 기준에 미달하는 회사들에 대해 제재를 가한다. 이러한 규제들로 인해, 회사들은 더 많은 연구비를 지출하고, 신제품 아이디어 개발에서 시판까지의 소요기간이 더 길어지게 되었다. 마케터는 새로운 기술을 적용하고 신제품을 개발할 때 이러한 규제를 잘 숙지해야 한다.

(5) 정치적 환경

마케팅 의사결정은 정치적 환경 변화에 의해 크게 영향을 받는다. **정치적 환경**(political environment)은 한 사회의 구성원인 다양한 기관과 개인에게 영향을 미치거나 이들의 활동을 제한하는 법, 정부기관, 압력단체 등으로 구성된다. 정치적 환경 변화 중에서 마케터가 특히 관심을 기울여야 하는 영역은 사업규제 법규의 변화와 기업윤리 및 사회적 책임에 대한 요구의 증가이다.

① 사업규제 법규

자유시장경제의 지지자들도 약간의 규제가 있을 때 경제시스템이 잘 돌아간다는 것에 동의한다. 잘 개발된 규제는 기업 간 경쟁을 촉진시키고, 공정한 시장거래를 보장한다. 따라서 정부는 사회적 선을 위해 사업에 제한을 가하는 법과 규제의 집합인 공공정책을 개발하며, 대다수 마케팅활동은 광범위한 법과 규제의 테두리에서 이루어진다.

사업에 영향을 미치는 입법조치는 지속적으로 증가하였다. 각국은 경쟁, 공정한 거래관행, 환경보호, 제품안전, 광고의 진실성, 소비자 사생활 보호, 제품 패키지와 레이블, 가격, 그리고 기타 주요이슈에 걸쳐 다양한 법규를 제정하고 있다. 공정거래위원회는 경쟁활동, 제품표준, 생산자 책임 등을 다루는 법규의 틀을 세우기 위해 노력한다.

마케팅 Highlight

테크공룡 GAFA(구글 · 아마존 · 페이스북 · 애플)를 겨냥한 독점 칼날

코로나 사태로 주가 · 실적 호황을 누리던 'GAFA'(구글 · 아마존 · 페이스북 · 애플)가 미국과 유럽에서 진행 중인 반독점 위반 조사로 위기를 맞고 있다. 2019년 6월 시작된 미 연방정부의 반독점 조사가 마무리 단계에 접어들면서 수조~수십조 원대 과징금 폭탄은 물론 최악의 경우 회사가 여러 개로 쪼개질 가능성까지 제기되는 것이다. 미국에서는 2000년대 초반 마이크로소프트(MS)의 독점논란 이후 20여년 만에 테크공룡을 향한 대기업 해체론이 재연되고 있다. GAFA는 최근 10년 사이 독점적 지위를 이용해 경쟁자의 시장경쟁을 제한했다는 혐의를 받고 있다. 미 법무부는 이 기업들의 시장 독과점 현황뿐 아니라 과거 인수 · 합병 자료까지 샅샅이 조사해 상당 부분 반독점법 위반 정황을 포착한 것으로 알려졌다. 아마존은 최근 미 정부 조사에서 자사 온라인 몰에 입점한 중소 판매자의 상품정보를 빼돌린 뒤 비슷한 제품을 만들어 판매한 정황이 일부 드러났다. 유럽에서도 같은 혐의가 드러났다. 조사결과에 따라 매출의 10%인 280억 달러(약 34조 원)의 벌금을 물릴 수 있다는 전망이 나온다. 게다가 아마존은 2019년 미 의회 청문회에서 반독점법 위반 사실이 없다고 주장해 위증혐의까지 받고 있다. 구글은 2020년 여름 미 법무부와 주 검찰로부터 기소당할 가능성이 커지고 있다. 미 정부는 검색 시장의 90%를 독점한 구글이 시장지배력을 이용해 온라인 광고시장을 독식하고 있다는 혐의를 조사하고 있으며 미국 48주가 구글의 반독점 위반을 조사하고 있다. 주 검찰은 구글에 광고 기술 사업부문을 분리하도록 요구하는 방안을 검토 중인 것으로 알려졌다. 월스트리트저널은 "구글이 기소되면 미국 20주 검찰과 법무부가 마이크로소프트를 고소한 사건 이후 가장 큰 반독점 스캔들이 될 것"이라고 보도했다. 애플도 2019년에 이어 2020년에도 EU에서 반독점 조사를 받을 처지에 놓였는데, 이번엔 앱 스토어와 애플 페이가 표적이다. 페이스북은 과거 인스타그램 · 와츠앱 등 경쟁 소셜미디어 업체를 인수해 시장경쟁을 제한했다는 혐의를 받고 있다. 반독점 압박이 거세지면서 이 기업들은 정부를 상대로 강도 높은 로비전(戰)을 펼치고 있다.

하지만 이런 전방위 노력에도 반독점 칼날은 피하기 어려울 전망이다. 월스트리트저널 등에 따르면

조셉 시먼스 미국 연방공정거래위원회장(앞줄 왼쪽)과 미국 검찰 반독점국 간부가 워싱턴에서 열린 청문회에 참석해 미국 테크 기업을 대상으로 한 조사결과에 대해 증언하고 있다.

2020년 6월 말에 발표되는 반독점 관련 의회 보고서에는 이 기업들에 불리한 내용의 반독점 혐의가 담길 것으로 알려졌다.

미국은 그동안 아무리 거대기업이라도 독점행위가 적발되면 회사를 여러 개로 쪼개도록 하는 강제분할조치를 취하는 등 엄격한 규제를 적용해왔다. 1911년 석유왕 존 록펠러가 운영하던 석유회사 스탠더드 오일이 송유관 · 철도를 독점해 경쟁사를 고사시키자 미 정부는 셔먼법에 따라 34개 회사로 쪼갰다. 지난 1942년에는 방송산업을 독점한 NBC, 1984년엔 최대 통신사 AT&T가 강제 분할됐다. 2000년대 초반 마이크로소프트는 오랜 공방 끝에 기업분할은 피했지만 수조 원 벌금을 물어야 했다. 이 때문에 빅4 테크기업들도 반독점 판정을 받으면 불공정 지적을 받은 비즈니스 모델을 바꾸거나 최악의 경우 회사를 분할해야 할 처지에 놓일 수 있다. 과징금도 수조 원대의 천문학적 규모가 될 가능성이 크다. 가격담합 등과 달리 반독점 위반은 매출의 일정 비율을 벌금으로 내도록 강제하기 때문이다. 일각에선 지나친 규제가 기업경영의 발목을 잡을 수 있다고 지적한다. 독점을 막기 위한 규제가 기업성장을 저해하는 결과로 이어질 수 있다는 것이다.

자료원: 조선경제, 2020.06.18.

공공정책이 기업의 특정 마케팅활동에 미치는 영향을 정확히 이해하는 것은 간단한 일이 아니다. 더 나아가 이러한 규제는 계속 바뀐다. 즉, 작년에 허용된 것이 올해 금지되기도 하고 과거에 금지되었던 것이 다시 허용되기도 한다. 따라서 마케터는 규제 및 이에 대한 해석의 변화를 따라잡기 위하여 열심히 노력해야 한다.

사업에 관한 규제법안은 여러 가지 이유로 도입되어 왔다. 첫째는 기업을 보호하기 위한 것이다. 기업경영자들은 경쟁을 찬성하지만, 경쟁이 그들을 위협할 경우 때에 따라 이를 억제시키려고 한다. 그래서 불공정 경쟁을 정의하고 이를 방지하기 위한 법규들이 도입되었다. 한국의 경우 이러한 법규는 공정거래위원회에 의해 시행된다. 가령, 안경렌즈 시장의 글로벌 및 국내 1위 업체인 프랑스 에실로(Essilor)사가 국내 2위 업체인 대명광학을 인수하려다 공정거래위원회로부터 제지를 받았다. 공정위가 인수합병에 제동을 건 이유는 그동안 중저가로 렌즈를 공급해 호야·칼자이스·에실로 등 해외 고가(高價) 브랜드의 가격인상을 견제해 온 대명광학이 에실로에 인수되면 독점구도가 형성돼 렌즈가격이 크게 오를 것으로 판단했기 때문이다

정부규제의 두 번째 목적은 공정하지 않은(unfair) 사업활동으로부터 소비자들을 보호하는 것이다. 일부 기업은 위조품을 만들고, 소비자 사생활을 침해하고, 소비자를 오도하는 광고를 집행하고, 패키지와 가격 조작을 통해 소비자를 기만한다. 다양한 정부기관들이 공정하지 않는 사업관행들을 정의하고 이를 방지하기 위한 법규와 시행령을 도입/집행한다. 정부규제의 세 번째 목적은 규제받지 않는 사업활

동으로부터 사회의 이익을 보호하는 것이다. 수익을 추구하는 기업의 비즈니스활동이 더 나은 삶의 질을 보장하는 것은 아니다. 기업의 생산활동 또는 제품으로 인해 발생되는 사회적 비용에 대해 기업이 책임을 지도록 하기 위해 규제가 만들어진다.

마케팅 Highlight

운전자가 깜빡이 켜야 하는데 자율주행? - 테슬라 광고의 허위광고 논쟁

미국 전기차 제조업체 테슬라의 간판기능이자 첨단 운전보조시스템을 일컫는 '오토파일럿'이 허위광고라는 독일 법원의 판결이 나왔다. 2020년 7월 14일 독일 뮌헨지방법원은 테슬라가 '오토파일럿'으로 완전 자율주행이 가능한 것처럼 홍보하지만 이는 사실과 일치하지 않으며 소비자들이 오인할 소지가 있다고 판결했다. 독일 법원의 판결은 국내시장에도 의미가 있다. 테슬라 한국지사인 테슬라코리아도 오토파일럿에 대해 '완전 자율주행 기능'이라고 홍보하고 있어 허위광고라는 비판이 나온다.

차량을 주문할 수 있는 테슬라코리아 홈페이지에선 지금도 오토파일럿에 대해 '완전 자율주행 기능'이라며 '내비게이트 온 오토파일럿: 차로와 저속주행 차량 추월 등을 포함한 고속도로 진입로 및 진출차로에서 자동주행합니다', '자동 차로변경: 고속도로 주행 시 자동으로 차로를 변경합니다' 등 적용된 자율주행 기능들을 열거해 놨다. 실제 운전자 개입 없이 자동으로 차로를 변경할 수 있다면 미국자동차공학회(SAE)가 분류한 자율주행 단계 중 '레벨 3 부분 자율주행'에 해당한다. 국토교통부는 국내 안전기준상 레벨 3 이상을 자율주행차로, 조향과 가속 · 감속만 지원하는 레벨 1~2는 자율주행이 아닌 운전자 보조기능 탑재 차량으로 분류한다.

하지만 테슬라 차량에 적용된 자동 차로변경 기능은 운전자가 먼저 방향지시등을 넣어야 하는 등 수동조작을 해야 하기 때문에 레벨 2로 분류된다. 게다가 이 기능은 현대자동차의 고급 승용차 브랜드 제네시스에서 2020년 출시한 신차 GV80과 G80에도 도입된 기능이다. 하지만 현대차는 이 기능에 대해 자동 차로변경 기능이라 소개하지 않고 '고속도로 주행보조(HDA) II'라고 표기한다. 자율주행 기술을 담당하는 국토교통부 첨단자동차기술과 관계자는 "오토파일럿은 운전자 보조기능에 불과한 수준이다. 국내 시판 차량

중 자율주행 3단계 차량은 없다"고 말했다. 사실상 허위광고인 셈이다.

테슬라가 국내 안전기준을 신경 쓰지 않아도 되는 배경에는 2007년 타결된 한 · 미 FTA가 있다. 한 · 미 FTA에 따라 미국산 자동차는 한국 안전기준에 맞지 않더라도 미국 안전기준만 충족하면 수입을 허용하도록 협정을 맺었기 때문이다. 2020년 상반기까지 국내에 판매된 1만 대가량 테슬라 전기차는 국내기관의 안전기준 점검을 받아본 적 없다는 의미다. 국내 시판된 차들의 경우, 원래 국토부와 교통안전공단 자동차안전연구원의 적합 조사를 받아야 한다. 미국 안전기준만 통과한 테슬라 차들이 국내에 많아지는 것에 대해 우려도 나온다. 이미 미국에선 최근 몇 년간 오토파일럿 기능에 대한 맹신으로 인한 사망사고가 수차례 발생했다. 테슬라 오토파일럿 등과 관련한 사망사고와 사망자 수를 집계 · 정리하는 '테슬라 사망'(www.tesladeaths.com)이라는 홈페이지까지 만들어졌을 정도다. 이 사이트에 따르면, 오토파일럿 기능 관련 사망사고는 14건에 이른다.

허위 · 과장 광고를 적발하고 시정조치해야 하는 공정거래위원회는 아직 오토파일럿 기능 광고에 대한 어떤 조치도 취하지 않은 상황이다. 공정위 관계자는 "자율주행 용어만 가지고 허위 · 과장 광고라 단정 짓긴 어렵다. 표시광고법에 따른 여러 요건을 따져봐야 한다"고 했다.

자료원: 조선경제, 2020.07.16.

표 2-1 마케팅에 영향을 주는 한국의 주요 법규

법률	목적
독점규제 및 공정거래에 관한 법률	시장구조의 독과점화를 억제하고 경쟁을 제한하거나 불공정한 거래행위를 규제하여 공정하고 자유로운 경쟁질서를 확립함
식품위생법	식품 또는 식품첨가물, 기구 및 용기 · 포장의 제조 등의 기준과 규격을 정하여 고시하여야 하며, 그 표시에 관한 기준과 유전자재조합기술을 활용한 원료로 제조 · 가공한 식품 또는 식품첨가물의 표시에 관한 기준을 고시해야 함. 이에 따라 식품의약품안전청, 특별시 · 광역시 · 도 또는 시 · 군 · 구에 식품위생감시원을 둠
공정거래위원회	독점규제 및 공정거래에 관한 법률 제1조에 따라 부당한 공동행위 및 불공정거래행위를 규제하기 위하여 위원회를 설치함
소비자보호법	상품 · 서비스에 대한 위해의 방지, 계량 · 규격표시의 적정화, 공정자유경쟁의 확보, 계발활동과 교육의 추진, 소비자 의견의 시책에의 반영 등에 대해 규정함
소비자기본법	소비자의 권리와 책무, 국가 · 지방자치단체 및 사업자의 책무, 소비자단체의 역할 및 자유시장경제에서 소비자와 사업자 사이의 관계를 규정함과 아울러 소비자정책의 종합적 추진을 위한 기본적인 사항을 규정함. 이전의 소비자보호법을 전부 개정함

법률	목적
전자상거래 등에서의 소비자보호에 관한 법률	전자문서 및 전자서명에 법적 효력을 부여함과 동시에 전자문서의 법률관계, 전자거래의 안전성 확보, 공인인증기관의 운용지침, 전자거래 촉진정책의 수립과 추진 기반 조성에 따른 제반 내용을 규정함
표시 · 광고의 공정화에 관한 법률	표시 · 광고법은 소비자를 오인시키는 부당한 표시 · 광고를 방지하고 소비자에게 바르고 유용한 정보 제공을 촉진함으로써, 공정거래 질서를 확립하고 소비자를 보호함
방송광고판매대행 등에 관한 법률	방송광고 판매시장의 경쟁을 촉진하고, 공정한 거래질서를 확립하여 방송광고시장 활성화와 방송의 공공성, 공익성 및 다양성을 구현함
옥외광고물 등 관리법	옥외광고물의 설치 · 유지 등에 관한 사항을 규정함
상표법	상표를 보호함으로써 상표사용자의 업무상의 신용유지를 도모하여 산업발전에 이바지함과 아울러 수요자의 이익을 보호함
자동차관리법	자동차의 등록, 안전기준, 자기인증, 제작결함 시정, 점검, 정비, 검사 및 자동차관리사업 등에 관한 사항을 규정함
담배사업법	담배의 제조 및 판매 등에 관한 사항을 정함
환경정책기본법	환경의 오염과 훼손을 예방하고, 적정하게 관리 · 보전하는 것을 목적으로 함
청소년보호법	청소년 유해매체물의 규제, 청소년 유해약물 · 물건의 규제, 청소년 유해업소 출입의 규제, 청소년 유해행위 등에 관한 규제
장애인복지법	장애발생예방, 의료 · 재활치료, 교육, 문화환경의 정비 등을 위한 시책과 제도를 강구하고 실시함

새로운 법규의 도입과 관련 정부기관에 의한 이의 시행은 더욱 증가할 것이다. 기업경영자들은 제품과 마케팅프로그램을 계획할 때 이러한 전개과정을 관찰해야 한다. 마케터는 경쟁, 소비자, 사회 등을 보호하는 주요법규에 대하여 잘 알 필요가 있다. 그들은 국가, 도, 지방자치단체 수준에서 이러한 법규를 이해해야 한다.

② 기업윤리와 기업의 사회적 책임에 대한 요구의 증가

성문화된 법적 규제만으로 모든 마케팅남용을 통제하지 못할 수 있으며, 기존법규들도 때때로 시행하는 데 어려움이 있을 수 있다. 그러나 성문화된 법규나 규제를 넘어서 비즈니스는 사회적 윤리강령이나 전문직종의 윤리지침에 의해 제약을 받기도 한다.

현명한 기업은 규제시스템이 허용하는 것과 단순히 올바르게 행동하는 것에서 한 걸음 더 나아가기를 원한다. 이와 같이 사회적으로 책임 있는 행동을 하는 기업은 소비자와 환경의 장기적 이익을 보호하기 위한 다양한 방안을 적극적으로 강구한다.

연이어 발생된 비즈니스 스캔들과 환경파괴에 대한 우려의 증가는 기업의 윤리와 사회적 책임이라는 이슈에 대해 큰 관심을 끌어냈다. 마케팅의 거의 모든 측면이 이러한 이슈와 관련된다. 불행하게도 이러한 이슈들은 관련자들 간에 상충된 이해관계를 야기시키기 때문에 선량한 사람이라고 하더라도 특정 상황에서는 올바른 행동을 하는 것에 대해 부정적 자세를 취할 수 있다. 따라서 많은 유관 산업협회와 전문가협회들이 윤리강령을 제정해 왔다. 그리고 복잡한 사회적 책임 이슈에 대해 관련정책, 가이드라인, 그리고 다양한 대응책들을 개발하는 기업이 늘어나고 있다.

최근 들어 온라인 마케팅 붐은 새로운 사회적, 윤리적 이슈를 만들었다. 많은 비판자들이 온라인 사생활 침해에 대해 우려를 표명한다. 이용가능한 개인적인 디지털정보의 양은 폭발적으로 증가해 왔다. 사용자들은 스스로 이러한 정보의 일부를 제공하기도 한다. 이들은 Facebook 같은 소셜 네트워킹 사이트에 매우 개인적인 정보를 자발적으로 올린다.

그러나 정보의 상당부분이 고객에 대해 더 잘 알려고 하는 사업자들에 의해 개발되며, 종종 고객들은 자신들이 기업에 의해 엄밀하게 관찰/분석되고 있다는 것을 모르고 있다. 사업자들은 소비자들의 PC에 쿠키를 심어 놓고 그들이 웹 사이트에서 클릭을 할 때마다 생성된 디지털 정보를 수집/분석/공유한다. 비판자들이 우려하는 것은 기업이 소비자들에 관해 너무 많이 알고 있고, 디지털 정보를 이용해 불공정하게 그들을 이용할 수 있다는 점이다. 대다수 기업이 자사의 인터넷 사생활보호 정책을 공개하고 소비자에게 편익을 제공하기 위해 고객자료를 사용하려고 노력하지만, 일부 기업에 의한 고객정보 도용과 남용도 일어나고 있다. 그 결과 소비자 보호단체와 정책입안자들은 소비자 사생활을 보호하기 위한 활동을 전개하고 있다.

기업의 윤리와 사회적 책임을 요구하는 이해관계자들이 갈수록 늘어남에 따라 일부 마케터들은 사회적 책임을 수행하고 보다 호의적인 기업이미지를 형성하기 위한 노력의 일환으로 자신들의 사업을 가치 있는 명분에 연결시키는 대의명분 마케팅을 수행하고 있다.

대의명분 마케팅(cause-related marketing)은 기업 기부의 주요형태로 자리잡고 있는데, 이는 회사제품과 서비스에 대한 소비자의 구매를 가치 있는 명분 혹은 자선기관에게 혜택을 제공하는 것과 연결시키는 마케팅활동이다. 많은 기업이 다양한 대의명분 마케팅 캠페인들을 후원하거나 직접 수행한다. 그 대표적인 예가 탐스슈즈(TOMS Shoes)이다. 블레이크 마이코스키가 개발한 '탐스슈즈(TOMS Shoes)' 브랜드는 '하나 사면 하나를 기부하는' 착한 상품으로 시장에서 큰 호응을 얻었다. 탐스슈즈는 신발이 한 켤레 팔릴 때마다 빈민국 아이들에게 한 켤레 신발을 기부한다. 2006년 아르헨티나를 여행하던 미국의 여행가 블레이크 마이코스키는 신발이 없어 다치고 병에 걸린 아이들을 목격했다. 마이코스키는 신발이 없는 아르헨티나 아이들에게 운동화를 신겨주고 싶다는 생각으로 2006년 탐스슈즈라는 회사를 만들었다. 고객이 신발 한 켤레를 살 때마다 가난과 질병에 고통받는 맨발의 빈민국 아이들에게 신발 한 켤레를 기부하는 그의 '원 포 원(one for one)' 캠페인은 큰 성공을 거뒀다. 이 캠페인은 언론에 대서특필

탐스슈즈(TOMS Shoes)의 창업자 블레이크 마이코스키가 아르헨티나 빈민가에서 어린이에게 기부신발을 신겨주고 있다. 2006년에 설립된 미국회사 탐스슈즈는 소비자가 신발 한 켤레를 구입하면 한 켤레의 신발을 제3세계 어린이에게 기부하는 일대일 기부방식의 마케팅을 도입해 착한 소비 열풍을 일으켰다.

됐고, 소비자들의 호응도 뜨거웠다.

대의명분 마케팅은 약간의 논란을 불러일으키기도 한다. 비판자들은 대의명분 마케팅이 기부전략이기보다는 판매전략에 더 가깝다고 지적한다. 즉, 대의명분 마케팅은 명분을 경영성과를 올리는 데 활용하는 마케팅활동이라는 것이다. 따라서 대의명분 마케팅을 활용하는 회사들은 사회를 위해 좋은 일을 하는 것과 매출증대 및 기업이미지 개선을 위해 대의명분을 이용한다는 비난 사이에서 살얼음을 걷고 있다고 볼 수도 있다.

그러나 잘 운용된다면, 대의명분 마케팅은 회사와 사회에 모두 도움을 줄 수 있다. 회사는 보다 호의적인 기업이미지를 구축하고 마케팅성과를 올릴 수 있으며, 자선단체 혹은 대의명분은 이에 대한 인지도 증대, 그리고 모금과 지지의 주요원천을 얻게 된다.

(6) 문화적 환경

문화적 환경(cultural environment)은 사회구성원들의 기본적 가치, 지각, 선호 및 행동에 영향을 주는 기관과 요인들로 구성된다. 특정 사회에서 살아가면서 사람들은 자신의 기본적 신념과 가치를 형성하고, 다른 사람들과의 관계를 정의하는 세계관을 몸에 익히게 된다. 가령, 동양 문화권의 사람들은 다른 사람들과 잘 어울리는 것을 가치 있게 생각하는 반면 서구 문화권의 사람은 독립적이고 개인주의 지향적인 것을 가치 있다고 생각한다.

특정 사회를 구성하는 사람들은 다양한 믿음과 가치를 갖고 있으며 그들이 갖고 있는 핵심적인 믿음과 가치는 오랜 기간 지속된다. 예를 들어 대부분의 한국인들은 근면, 성취와 성공, 겸손 등을 중요하게 생각한다. 이러한 믿음은 일상적인 생활에서 나타나는 구체적인 태도와 행동의 토대가 된다. **핵심 믿음과 가치**(core beliefs and values)는 부모에서 자녀로 전달되며, 학교, 교회, 직장, 그리고 정부 등에 의해 강화된다. 반면 2차적 믿음과 가치는 살아가면서 변할 여지가 많다. 결혼에 대한 믿음은 핵심믿음(신념)이지만, 늦게 결혼해야 한다는 믿음은 2차적이다. 마케터가 2차적 믿음(신념)을 변화시킬 가능성은 어느 정도 있지만, 핵심믿음(신념)을 변화시킬 가능성은 크지 않다.

핵심가치는 장기간 지속되지만, 급격한 가치변화가 일어나기도 한다. 인기가수, 영화주인공이 보여주는 개성적 특성, 그리고 유명인들이 젊은 사람들의 머리 스타일 및 의상 규범에 미치는 영향을 한 번 생각해 보라. 마케터는 새로운 기회와 위협을 파악하기 위해 문화적 추세의 변화를 예측하고 싶어 한다. 이에 따라 여러 연구소와 컨설팅업체들이 문화적 추세에 대한 미래예측 정보를 제공하고 있다. 가령, 서울대 김난도 교수가 주도하는 생활과학연구소 소비트렌드분석센터는 국내·외 소비트렌드를 분석해 매년 트렌드보고서를 발간하고 있다. 소비트렌드분석센터는 연구원들이 수집한 국내·외의 각종 트렌드자료 등을 취합해 1,000개가 넘는 키워드를 추출하고 키워드에 숨어 있는 소비가치를 분류, 분석, 재정의해 매년 10대 트렌드키워드를 발표하고 있다. 이러한 트렌드보고서는 기업의 마케팅전략과 마케팅프로그램 계획 수립의 주요 정보원천이 되고 있다.

마케터는 문화적 추세를 추적하고 이에 대응할 필요가 있다. 가령, 최근 들어 큰 규모의 LOHAS(life styles of health and sustainability) 시장이 형성되고 있다. 이 시장은 천연식품, 유기농제품 및 영양이 풍부한 제품에서 연비가 효율적인 자동차와 대체의약에 이르기까지 자연적인 것을 추구하는 소비자들로 구성된다. 이러한 문화적 추세에 맞추어 청정원은 오푸드(O'food; Organic Food)라는 유기농제품 전문 브랜드를 런칭했는데, 오푸드는 Safe, Healthful, Reliable이라는 브랜드 철학에 따라 신선하고 안전한 원료만을 사용하여, 건강에 좋은 식품만을 제공한다. 청정원 오푸드는 유기농 가공식품 관련 법과 제도가 아직 없던 상황에서 국제유기농업운동연맹(IFOAM; International Federation of Organic Agriculture Movements)의 인증기관 중 하나인 OFDC(Organic Food Development Center)로부터 유기농 고추장, 식초, 참기름 등 8개 제품에 대한 유기가공식품인증마크를 획득함으로써 건강한 먹거리를 원하는 소비자에게 좋은 반응을 얻고 있다.

마케팅 Highlight

죄책감에서 자유로운 소비의 추구를 통해 더 좋은 사람이 되고 싶은 열망을 충족시키려는 현대 소비자(영적 소비자)

누구나 좋은 사람이 되려는 열망이 있다. 앞으로 더 좋은 사람이 되려는 열망을 만족시킬 수 있는, 소위 죄책감으로부터 자유로운 소비(Guilt Free Consumption)가 전 세계 소비 트렌드의 키워드가 될 것으로 전문가들은 전망한다. '죄책감으로부터 자유로운 소비'는 트렌드 와칭(Trendwatching.com)이 2013년

11월 트렌트 리포트를 통해 처음 언급한 이래 많은 마켓 전문가들의 관심을 받고 있는 개념이다.

죄책감으로부터 자유로운 소비가 주장하는 바는 이렇다. 인간을 인간답게 만드는 가장 커다란 원동력 중 하나는 자기 자신을 스스로 좋은 사람으로 여기고자 하는 것이다. 그리고 인간은 자신이 마음속 깊이 믿고 있는 가치와 염원에 걸맞게 살아갈 때 자부심을 느낀다. 하지만 인터넷으로 촉발된 소셜네트워크 확산으로 소비자들은 자신이 좋아하는 많은 가공식품과 음료가 가져오는 건강상의 문제와 자신이 소비하고 있는 브랜드가 저지르는 옳지 않은 비즈니스 프로세스와 비윤리적 행위에 관한 정보를 매일매일 더 많이 듣게 된다. 그런 까닭에 어떤 개인이든 자신의 소비가 초래해 온, 그리고 초래하고 있는 혼란을 무시한다는 것은 거의 불가능해졌다.

자신이 하는 소비와 좋은 사람이 되려는 열망 사이의 충돌을 점점 더 분명하게 인식하는 탓에 소비자들은 점점 더 죄책감에 시달리게 됐다. 그 결과, 계속 소비하면서도 그 부정적인 영향에 관해서는 걱정할 필요가 없는, 적어도 걱정을 덜 해도 되는 제품에 대한 욕구가 증가하게 됐다. 소비자들은 이제 '죄책감으로부터 자유로운 소비'에 목말라하고 있는 것이다.

브랜드제품들은 죄책감으로부터 자유로운 소비를 추구하는 소비자들을 위한 솔루션을 찾는 데 고심하고 있다. 버거킹은 맥도날드 감자튀김 보다 지방이 40%, 열량이 30% 감소한 감자튀김 새티스프라이(Satisfries)를 출시했고, 맥도날드는 더 건강한 세대를 위한 연합(the Alliance for a Healthier Generation)과 손잡고 세트메뉴에 항상 샐러드나 과일을 감자튀김 대신 선택할 수 있는 메뉴를 선보였다. 로스앤젤레스에 개장한 페들러스 크리머리(Peddler's Creamery)라는 아이스크림 가게는 고객들에게 매장 안의 자전거 페달을 밟아 아이스크림 기계를 돌리도록 했다.

유니레버가 론칭했던 글로벌 캠페인 '프로젝트 선라이트(Project Sunlight)'도 맥을 같이한다. 프로젝트 선라이트는 유니레버가 월드푸드 프로그램, 세이브 더 칠드런, 유니세프 등의 자선단체와 손잡고 전 세계 200만 어린이들의 급식후원 및 깨끗하고 안전한 식수공급, 위생증진을 도모하는 것이다. 유니레버는 소비자들이 더욱더 지속가능한 행동을 일상 속에서 자연스럽고 쉽게 할 수 있길 바라는 욕구를 포착해 이 같은 캠페인을 전개함으로써 유니레버의 제품을 사는 것 자체가 수많은 아이들에게 도움이 되고, 이들에게 더 나은 환경을 물려주는 것이 된다는 메시지를 던졌다.

고객들이 자전거 페달을 밟아 아이스크림 기계를 돌리는 페들러스 크리머리(Peddler's Creamery).

3.2 거시적 환경분석과 마케팅전략

앞에서 거시적 환경을 구성하는 주요요인들에 대해 설명했다. 마케터는 이러한 요인들의 변화가 마케팅전략에 미치는 영향을 예측하고 대응책을 세워야 한다. 그러나 거시적 환경변화에 대한 대응은 다음과 같은 이유에서 쉽지 않다. 첫째, 고려해야 할 환경요인들이 너무나 많다. 경제적, 법률적, 기술적 환경 등 모든 환경 구성요인들을 추적한다는 것은 현실적으로 불가능하다. 둘째, 이러한 변화들은 장기간에 걸쳐 서서히 이루어지는 경우가 많기 때문에 기업이 환경변화에 따른 대응책을 개발/도입할 시기를 결정하기가 쉽지 않다. 예를 들어, 2020년 대비 2021년의 인구가 약 0.4% 증가하는 것이 음료매출에 어떤 영향을 미칠지, 직장여성의 수가 1% 늘어나는 것이 숙녀복 매출에 어떤 영향을 미칠지를 정확히 파악하기란 쉽지 않다. 그러나 이러한 마케팅환경 변화는 기업에 상당한 기회와 위협이 될 수 있으므로 가능한 한 마케팅환경에 대한 체계적 분석과 대응이 이루어져야 한다. 거시적 환경분석은 다음과 같은 과정을 거치며, 분석결과는 마케팅전략 수립의 기초자료로 활용된다.

그림 2-6 거시적 환경의 분석과정

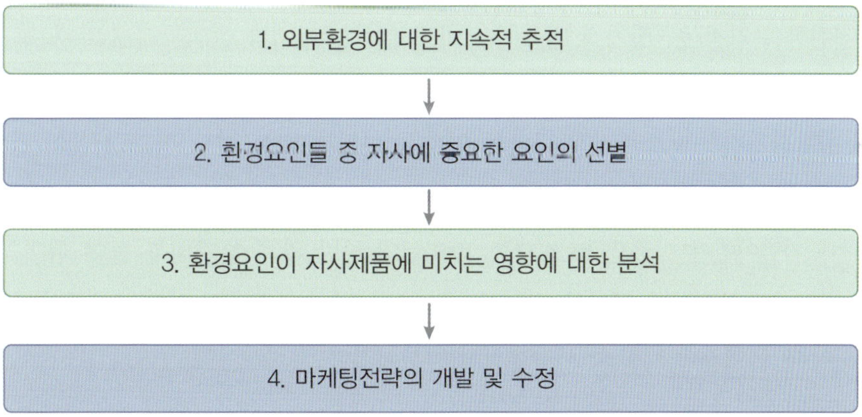

① 외부환경 추세에 대한 지속적인 추적

거시적 환경분석의 첫 번째 단계는 기업 외부에서 발생하는 다양한 환경변화에 관심을 갖고 이에 관한 정보를 수집하는 것이다. 기업은 TV, 신문과 같은 대중매체, 인터넷, 경쟁사 홈페이지, 정부기관 또는 다양한 연구소의 보고서 등 주요 정보원천들로부터 정보를 수집해야 한다. 이러한 외부환경 정보에 대해 기업의 모든 구성원들이 관심을 가져야 하지만, 효율적인 정보의 수집과 활용을 위해 전담부서를 운영하는 것이 바람직하다.

② 마케팅성과에 영향을 미칠 주요 환경요인의 선별

환경분석의 두 번째 단계는 수집된 많은 환경정보들 중 우리기업의 마케팅성과에 상당한 영향을 미칠 주요 환경정보를 그렇지 않은 것과 분류하는 것이다. 마케터는 우리기업의 마케팅성과에 미치는 영향력의 상대적 중요도에 따라 환경요인 정보를 분류·정리해야 한다.

③ 선정된 주요 환경요인에 대한 심층분석

거시적 환경변화 중에서 우리기업의 마케팅 활동과 성과에 상당한 영향을 미칠 것으로 판단되는 요인들이 선정되면, 이들에 대한 깊이 있는 분석이 이루어져야 한다.

주요 환경요인에 대한 심층분석은 '만일 우리회사가 환경변화에 대응을 하지 않을 경우, 어떤 결과가 초래될 것인가?'에 대한 대답을 찾는 과정에서 시작된다. 거시적 환경은 일반적으로 장기간에 걸쳐 서서히 그 영향이 발생되는 경우가 많기 때문에 마케터는 이러한 환경적 변화가 우리기업에게 얼마나 빨리, 그리고 강력하게 영향을 미칠지를 분석해야 한다. 예를 들어, 미국정부는 환경오염 방지를 위해 시판되는 자동차의 일정부분은 전기자동차와 같은 무공해차량이 차지해야 한다는 법령을 제정하고 환경오염규제의 강도를 더욱 높이고 있다. 이러한 규제강화에 대응해 일본의 자동차회사들은 이미 1997년부터 하이브리드 차량을 개발/판매했다. 미국시장에서의 이러한 마케팅환경 변화가 한국산 승용차 판매에 부정적 영향을 미칠 수 있으므로, 현대자동차는 상당한 기간이 소요되는 친환경 승용차 개발과정을 감안해 적절한 단기적/중·장기적 대응책을 마련해야 할 것이다.

심층분석의 다음 단계는 경쟁사에 비해 얼마나 신속하게 환경변화에 대응해야 할 것인지를 결정하는 것이다. 거시적 환경변화가 소비자의 구매에 영향을 미치는 데는 어느 정도 시간이 걸릴 수 있으므로 경쟁자보다 빨리 신제품을 출시하는 것이 항상 바람직하지 않을 수도 있다. 예를 들어, 과거 글로벌 TV시장에서 선도기업이었던 미국의 RCA사는 1960년대 중반 많은 투자비를 들여 현재의 DVD와 유사한 LDP 기술을 상용화했지만 이러한 제품시장을 개척하는 데 실패함으로써 막대한 손실을 보았다. 이 제품은 1990년대 들어서야 비로소 시장형성이 이루어졌다.

④ 마케팅전략의 개발과 수정

심층분석 결과를 토대로 기업은 중장기적 마케팅전략을 개발/수정한다. 마케터는 심층분석 결과를 토대로 목표시장을 선정/변경하고 새로운 시장기회에 맞는 제품과 시장제공물을 개발한다. 예를 들어, 경제적 불황의 장기화와 환경규제의 강화가 예상되면 현대자동차는 경제성이 높으며 친환경적인 소형차시장을 주요 목표시장으로 삼음으로써 중대형차 중심의 기존 마케팅전략을 수정할 수 있다.

마케터는 항상 환경적 요인을 통제할 수는 없다. 많은 경우 마케팅환경을 관찰하고 이에 대응함으로써 사태를 해결해야 한다. 예를 들어, 어떤 회사는 지리적 인구이동, 경제적 환경, 주요 문화적 가치 등에 영향을 미치고자 하는데, 이러한 시도는 별 성공을 거두지 못할 수도 있다. 그러나 할 수만 있다면,

현명한 마케팅관리자는 마케팅환경에 수동적으로 반응하는 접근방식보다는 능동적인 접근방식을 택할 것이다. 마케팅환경에 대해 능동적(proactive)인 자세를 취하는 기업은 현재의 환경적 제약에 맞추어 전략대안을 개발하는 대신 환경을 변화시키기 위한 전략을 개발한다. 포드자동차의 모델 T에서부터 애플의 스마트폰에 이르기까지 시장을 바꾸려는 창의적인 기업전략이 새로운 산업과 시장을 형성시킨 수많은 성공사례가 존재한다.

참고 문헌

1. Philip Kotler and Gary Armstrong, Principles of Marketing, 16th ed., Pearson, 2016.
2. Philip Kotler, 안광호, Gary Armstrong, 마케팅 입문, Pearson, 2013.
3. 안광호 · 김동훈 · 김영찬, 시장지향적 비즈니스 & 마케팅전략, 학현사, 2011.
4. Aaker, David A., Strategic Market Management, 9th ed. John Wiley & Sons, Inc., 2009.

생각해 볼 문제

1. 정부의 환경오염 규제강화가 소비자의 자동차 선택과 사용행태에 미치는 영향을 생각하고, 이러한 변화가 자동차 기업의 마케팅전략에 미치는 영향에 대해 논의해 보시오.
2. 디지털 소비를 주도하는 MZ세대가 등장하고 있다. 이들은 경제발전의 혜택 속에 풍요롭게 자라난 세대이며, 많은 디지털 제품과 콘텐츠의 실질적인 구매자 및 사용자로 주목을 받고 있다. MZ세대의 등장이 국내 가전산업에 미치는 영향에 대해 생각해 보시오.
3. 현재 국내의 백화점 산업에는 많은 변화가 일어나고 있다. 할인점과 온라인 시장이 성장하면서 백화점 매출을 따라잡았고, 최근의 경기침체는 백화점업계를 선도하고 있는 롯데백화점의 영업에 부정적 영향을 미치고 있다. 롯데백화점의 마케팅전략을 수립함에 있어 경쟁기업을 정의하고 대응방안을 수립해 보시오.
4. 미 법무부는 2020년 11월 20일 세계 최대 검색엔진 기업에 대해 반독점 소송을 제기했다. 구글의 미국 검색 시장 점유율은 90%에 이른다. 2019년 미국에서 올린 검색매출은 343억 달러(약 39조 원)에 달했다. 미 정부는 구글의 공고한 지위가 불공정 행위의 결과라고 본다. 예를 들어 애플 · 삼성 · LG, 심지어 모토롤라 스마트폰에도 구글 앱이 기본 검색엔진으로 깔려 있다. 미 법무부는 구글이 이를 대가로 스마트폰 제조사, 통신사에 거액을 지급했다고 본다.

   미국 정부의 이러한 판단에 대한 구글의 논리는 상반된다. 구글은 소비자의 직접적 손해가 없었기 때문에 반독점법 위반이 아니라고 주장한다. 여러분들은 미 정부의 반독점 혐의 주장과 구글의 반박논리 중 어느 것을 지지하는가? 그 이유는 무엇인가?

CHAPTER

3

소비자행동분석

학습목표

1. 소비자관여도를 이해하고 소비자의 제품에 대한 관여수준이 마케팅전략에 주는 시사점을 살펴본다.
2. 구매의사결정과정과 각 단계에 영향을 미치기 위한 기업의 마케팅노력에 대해 학습한다.
3. 소비자의 구매의사결정과정에 영향을 미치는 주요요인들을 이해한다.
4. 산업재 시장의 특성을 살펴보고 산업재 구매행동에 영향을 미치는 주요요인들을 이해한다.
5. 산업재 구매의사결정과정의 각 단계에 대해 살펴본다.

3장 소비자행동분석

앞 장에서 우리는 기업들이 마케팅환경분석을 통해 시상기회와 위협을 파악하고 이를 기반으로 마케팅전략과 프로그램을 수립하는 과정에 대해 살펴보았다. 이번 장에서는 주요 마케팅환경 요인들 중 하나인 소비자행동에 대해 자세히 알아볼 것이다. 마케팅의 목표는 기업의 시장제공물에 대해 고객이 생각하고 느끼고 행동하는 과정에 긍정적 영향을 미치는 것이다. 3장에서는 소비자의 구매의사결정과정과 이에 영향을 미치는 주요요인들을 살펴보고, 기업고객의 구매행동에 대해서 학습하게 될 것이다.

소비자행동을 이해하는 것이 탁월한 고객가치를 창출하기 위한 마케팅전략 개발에 중요함을 보여주기 위해 본 장은 일본의 글로벌 화장품회사 시세이도 사례를 살펴보는 것으로부터 시작한다. 시세이도 고객들을 열렬한 충성고객으로 만든 요인은 무엇인가? 부분적 이유로 뛰어난 화장품 성능을 들 수 있을 것이다. 그러나 고객들이 시세이도 브랜드를 반복구매하는 보다 중요한 이유는 글로벌 웹사이트 구축을 통해 고객들과 긴밀한 개인적 관계를 구축한 것이다. 긴밀한 브랜드–고객 관계형성은 충성고객 구축에서 가장 중요한 요소이다.

도입 사례

고객의 화장품 구매여정의 각 단계별로 차별화한 고객경험을 제공함으로써 충성고객을 확보하는 데 성공한 시세이도

과거 기업들은 고객을 교육하고 새로운 정보를 제공함으로써 고객의 선택을 설득했다. 고객은 기업들이 제공하는 정보를 토대로 자신에게 가장 적합하고 유리한 제품을 선택했다. 이러한 기업과 고객의 거래관계는 깨진 지 오래다. 특히 유통업계에서 변화가 빠르게 일어나고 있다. 고객들은 이미 소셜네트워크서비스(SNS), 각종 검색엔진을 통해 제품이나 서비스에 대한 정보를 충분히 파악하고 있다. 어떤 제품이 필요하고 어떤 제품을 구매해야 하는지 스스로 결정한다.

이제 기업의 경쟁력은 고객의 니즈를 얼마나 빠르게 파악하고, 고객이 신속하고 편리하게 구매할 수 있도록 하는지에 달려 있다. 차별화된 고객경험을 통해 회사에 대한 신뢰도를 높이고 새로운 가치를 제공하는 것이 그만큼 중요해진 것이다. 결국, 고객을 먼저 이해할 수 있는 통찰력을 갖추고, 고객이 제품이나 서비스를 구매/소비하는 모든 과정이 마찰 없이 이뤄져야 한다.

일본 화장품 업체인 시세이도는 소유한 제품브랜드만 40여 개, 진출한 국가만 120여 개에 달하는 글로벌 기업이다. 문제는 브랜드별, 지역별 고객대응전략이 저마다 상이하다는 것이다. 가장 큰 문제가 웹사이트였다. 브랜드별은 물론 같은 브랜드이더라도 지역별로 제각각 다르게 구성돼 있어 고객이 일관성 있는 구매경험을 하기 어려웠다. 물론 회사 입장에서도 고객 개개인과 관련한 통합된 데이터를 확보하기 어려운 상황이었다. 페이스북, 인스타그램 등 SNS를 활용한 마케팅이나 고객관리 또한 미비한 수준이었다.

대대적인 변화는 2015년부터 시작됐다. 우선 브랜드별, 지역별 고객관계 대응전략을 통합할 수 있도록 'Digital Global Center of Excellence' 조직을 신설했다. 이후 모든 브랜드, 지역에 적용할 수 있는 표준 웹사이트 템플릿을 만들어 적용했다. 물론 지역별로 결제 방식, SNS 활용법 등 필요한 부분은 로컬화도 함께 진행했다. 그 결과 웹사이트는 기존 20개에서 70개로 늘어났지만 고객이 제품을 쉽게 검색할 수 있게 됐고 회사 내부에서도 고객중심의 데이터 수집이 훨씬 더 쉬워졌다. 이 웹사이트는 단순히 상품분류나 고객정보 수집 그 자체에만 목적을 두고 있지 않았다. 개별 고객과 시세이도가 더 긴밀한 관계를 가질 수 있는 새로운 공간으로 거듭났다. 이 웹사이트를 '디지털 플래그십 스토어'라고 칭하기도 한다.

시세이도가 웹사이트 구축에 앞서 가장 먼저 면밀히 살핀 것은 고객의 일반적인 화장품 구매여정이다. 시세이도는 이 과정을 세분화했다. 우선 주변친구들에게 어떤 브랜드, 어떤 제품을 살지 물어본다. 이후에는 인스타그램에서 다른 사람들의 사용후기를 찾아본 후 구글이나 네이버 같은 검색엔진을 통해 다시 검색한다. 다음엔 직접 매장을 찾아 직원에게 상담을 받는다. 그리고 제품을 구매한 후, 제품 사용법을 유튜브를 통해 검색해 찾아본다. 제품을 써 본 고객은 온라인상에 후기를 남겨 다른 사람들과 공유한다.

이 모든 구매과정은 브랜드의 홈페이지에서 통합적으로 구현됐다. 예를 들어, 미국 샌프란시스코에 사는 20대 여성 사라가 화장품 전문매장인 세포라

(Sephora)에서 시세이도 브랜드 '나스(NARS)' 립글로스를 눈여겨 봤다고 가정해 보자. 사라는 여느 밀레니얼 세대와 같이 일단 이 제품을 좀 더 알기 위해 홈페이지를 방문했다. 이 홈페이지에는 이미 립글로스를 사용해 본 일반 소비자의 인스타그램이 사진첩 형식으로 나열된다. 이 중에 마음에 드는 제품을 사용한 사진을 클릭하면 관련 제품목록이 있는 페이지로 넘어간다. 이 페이지에선 소비자들이 홈페이지에 남긴 리뷰를 확인할 수 있다.

또한 전문 메이크업 아티스트들이 관련제품을 어떻게 활용하는지 보여주는 동영상 클립도 업로드돼 있다. 일반 유튜버들이 직접 관련제품을 활용하는 모습도 동시에 제공한다. 제품을 발견하고, 이를 경험하는 과정을 끊김 없이 하나의 공간에 모두 담아낸 것이다. 사라는 이 모든 정보를 검색한 후 립글로스 제품을 장바구니에 넣었다.

시세이도는 이렇게 무심코 나스 홈페이지를 방문한 고객을 그냥 돌려보내지 않는다. 충성고객으로 만들기 위한 후속작업을 진행한다. 우선 나스의 멤버인 '나르시시스트(NARSISSIST)'로 등록하기를 권장한다. 공짜는 아니다. 등록을 하고 제품을 구매하면 고객이 선택한 제품 2개의 샘플을 추가로 제공해 준다. 고객정보를 얻은 서비스센터 담당자는 아직 사라가 장바구니에 넣은 제품을 구매하지 않았다는 사실을 파악한다. 담당자는 사라에게 다음날 메일을 넌지시 보내 구매를 할 것인지 물어본다. 사라가 구매를 결정하면 사라가 선택한 상품과 샘플이 사라 집으로 배송된다. 여기서 끝나지 않는다. 샘플을 다 써 갈 무렵인 한 달 뒤, 시세이도는 다시 사라에게 문자를 보낸다. 혹시 샘플로 쓴 제품을 구매할 의사가 있는지 확인하는 것이다. 샘플로 받았던 제품 중 파운데이션이 마음에 들었던 사라는 정품으로 구매할 것을 결정한다. 그리고 이 제품을 쓴 날 친구와 함께 찍은 사진을 페이스북에 올린다.

시세이도는 고객의 구매여정을 단계별로 파악해 그 단계에서 고객이 원하는 서비스와 편리함을 제공했다. 고객은 단순히 시세이도의 제품을 구매하는 행위를 떠나 브랜드를 지지하고 좋아해 주는 충성고객으로 거듭난다. 새로운 고객과 브랜드 간의 관계가 자연스럽게 형성되는 것이다.

여기서 또 하나 주목할 것은 온라인상에서 이뤄지는 서비스센터 직원 역할의 변화다. 과거 이 직원은 소비자의 요구에 수동적으로 대응했다. 제품에 하자가 있거나, 문의사항이 있을 경우 이를 처리하는 역할 정도로 제한됐다. 그러나 고객정보를 실시간으로 쉽게 파악할 수 있게 되고 고객과 실시간 소통할 수 있는 채널이 확보됨으로써 먼저 고객에게 잘 맞는 제품을 제안하는 등 스스로 능동적인 영업과 마케팅을 할 수 있게 됐다. 즉, 서비스센터가 지원조직에서 영업조직으로 확장할 수 있는 계기가 마련된 것이다.

나스 홈페이지에서는 일반 소비자들의 SNS상의 화장품 사용후기를 공유한다.

자료원: DBR, 2020년 2월, Issue 2.

01 소비자행동분석의 의의와 소비자행동모형

마케팅의 본질은 기업구성원들이 소비자의 관점에서 생각하고 행동하는 것이라고 설명했다. 그러나 마케터가 기업의 관점이 아닌 소비자 관점에서 생각하고 행동하는 것이 실제에 있어 그렇게 용이한 일은 아니다. 예컨대, 부모들은 자신의 주장을 자녀들에게 관철시키기 전에 자녀의 입장에서 그들이 진정으로 원하는 바가 무엇이며, 무엇이 그들을 위하는 것인가에 대해 생각해 본다. 그러나 많은 부모들이 이미 자신의 결정이 옳다는 가정 아래 형식적으로 자녀의 입장에 서보려는 노력을 기울이고 만다.

기업의 마케팅관리자도 마찬가지인데, 자신들이 판단한 자사제품의 강점을 확신한 채 소비자분석을 실행하는 실수를 자주 저지른다. 그 결과로 마케터는 실질적으로 고객이 원하는, 즉 고객의 구매욕구를 진정으로 충족시킬 수 있는 제공물이 아니라 기업이 제공하고 싶은 제품이나 마케팅커뮤니케이션만을 전달하는 것이다.

급변하는 시장환경, 보다 다양한 소비자욕구의 출현, 보다 치열해지는 시장경쟁으로 인해 소비자에 대한 체계적인 이해가 더욱 중요해지고 있다. 성공적인 마케팅전략의 출발점은 소비자를 잘 이해하는 것이다. 소비자(욕구, 라이프스타일, 구매행동 등)를 정확히 파악하지 못한 상황에서 개발된 신제품과 마케팅 커뮤니케이션 프로그램은 실패할 가능성이 높다.

그림 3-1의 소비자행동모형은 자사 및 경쟁사의 마케팅자극과 다양한 마케팅환경 요인들이 소비자의 구매의사결정과정에 영향을 미친다는 것을 보여준다. 구매의사결정은 기업의 마케팅자극에 의해 영향을 받는데, 마케팅자극은 제품(product), 가격(price), 유통(place), 그리고 촉진(promotion)의 4P로 구성된다. 구매의사결정과정은 문화적 요인, 사회적 요인, 개인적 요인과 심리적 요인 같은 다른 자극으로부터도 영향을 받는다. 그리고 소비자의 구매의사결정과정은 제품에 대한 소비자의 관여수준

그림 3-1 소비자행동모형

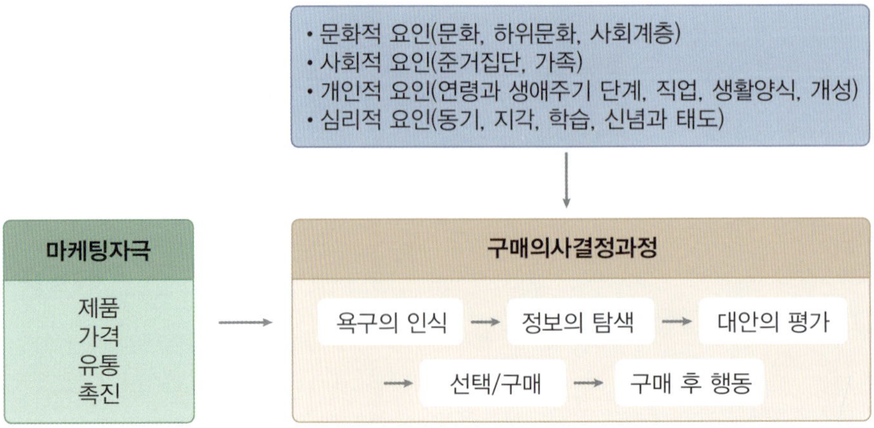

(involvement)에 따라 달라질 수 있다.

이하에서는 소비자행동을 설명하는 데 중요한 개념인 관여도를 먼저 소개하고 소비자 구매행동 유형과 구매의사결정과정에 대해 설명한다. 그리고 이에 영향을 미치는 문화적 요인, 사회적 요인, 그리고 심리적 요인에 대해 살펴본다.

02 관여도

소비자는 승용차를 구매할 때는 열심히 정보탐색을 하고 이 대안과 저 대안을 신중하게 살펴보는 등 해당제품 구매에 대해 높은 관여수준을 보이는 반면에 치약을 구매할 때는 슈퍼마켓에 들러 별 생각 없이 자신에게 친숙한 브랜드를 구매하는 등 제품구매에 대해 낮은 관여수준을 보인다. **관여도**(involvement)는 특정의 상황에서 특정의 대상에 대한 개인의 관련성 지각정도(perceived personal relevance) 혹은 중요성 지각정도(perceived personal importance)로 정의되는데, 이는 소비자의 구매의사결정과정에 큰 영향을 미친다.

제품에 대한 관여도가 높은 소비자는 낮은 소비자에 비해 신중하게 구매결정을 내린다. 여기서 '신중하게'라 함은 제품정보를 수집하기 위해 많은 시간과 노력을 투자하며 여러 대안들을 꼼꼼하게 비교, 평가하는 것을 의미한다. 즉, 고관여(high involvement) 구매상황의 소비자는 저관여(low involvement) 구매상황에 비해 더 포괄적이고 복잡한 의사결정과정과 더 정교하고 세밀한 정보처리과정을 거친다.

소비자의 제품에 대한 관여도는 개인, 제품, 그리고 구매상황에 따라 달라진다. 제품에 대한 관여도는 개인에 따라 다를 수 있다. 예를 들어 와인구매에 대한 관여도는 개인의 기호에 따라 다를 수 있다. 와인에 대한 관여수준이 높은 와인 애호가는 와인제품의 맛과 향에 매우 민감한 반면 와인에 대한 선호가 낮은 소비자는 맛과 향의 차이에 대해 그렇게 민감하지 않으며 대중적인 와인브랜드를 구매할 가능성이 높다.

그리고 관여도는 제품에 따라 달라질 수 있는데, 제품에 대한 지각된 위험(perceived risk)은 제품관여도를 결정하는 주요 제품특징 중 하나이다. 지각된 위험이 높을수록 해당제품에 대한 관여수준이 높아지는데, 지각된 위험의 대표적인 예로는 재무적 위험, 심리적 위험, 사회적 위험 등이 있다. 대체로 가격이 싼 제품보다 비싼 제품(즉, 재무적 위험이 높은 제품)을 구매할 때 해당제품의 구매에 대한 소비자의 관여수준이 높아진다. 가령, 소비자는 가격이 저렴한 치약을 구매할 경우에 비해 승용차를 구매하려는 경우에 더 높은 관여수준을 보인다.

마지막으로 소비자는 특정의 구매상황에서 어떤 제품에 대하여 일시적으로 높은 관여수준을 보일 수 있는데, 이를 상황적 관여도(situational involvement)라고 한다. 가령, 평소에 와인을 별로 즐기지 않는 소비자가 직장상사에게 선물을 하기 위해 와인을 구매하는 경우에는 일시적으로 와인구매에 대해 높은 관여도를 보일 수 있다(즉, 높은 상황적 관여도를 보인다). 상황적 관여도와 대비되는 개념으로 지속적 관여도(enduring involvement)가 있는데, 이는 개인이 평소에 특정 제품군에 대해 관심을 보여 오랜 기간 동안 지속적으로 관심을 갖는 것을 말한다. 가령, 와인애호가는 와인에 대해 높은 지속적 관여도를 보인다.

03 소비자구매행동의 유형

소비자들은 일상생활에서 치약, 스마트폰, 금융서비스, 그리고 자동차 등 여러 가지 제품이나 서비스를 구매하는데, 소비자의 구매행동은 다양한 양상을 띠게 된다. 비교적 빈번하게 구매하는 비누, 세제, 샴푸 등의 구매와 한 번 구매하면 상당기간 사용하는 자동차, 가구, TV 등과 같은 제품의 구매 시 소비자들은 매우 다른 구매행동을 보인다. 자동차 구매와 같이 복잡한 결정일수록, 소비자는 구매과정에서 더 많은 신중함을 보인다. 그림 3-2는 구매자의 제품구매에 대한 관여도와 브랜드 간의 차이 정도에 근거하여 소비자구매행동의 유형(types of buying behavior)을 분류한 것이다.

그림 3-2 구매행동의 4가지 유형

	고관여 수준	저관여 수준
브랜드들 간의 차이가 큼	복잡한 구매행동	다양성 추구 구매행동
브랜드들 간의 차이가 별로 없음	부조화 감소 구매행동	습관적 구매행동

3.1 복잡한 구매행동

소비자들이 구매에 높이 관여하고 브랜드 간에 상당한 차이가 있는 것으로 지각할 때, 그들은 복잡한 구매행동(complex buying behavior)을 취한다. 소비자들은 제품이 비싸고, 위험을 수반하고, 가끔 구매되고, 자아표현 동기가 강할수록, 제품구매에 높이 관여한다.

이렇듯 복잡한 제품을 구매하는 경우 구매자는 첫 번째로 제품에 대한 지식에 근거하여 제품속성에 대해 주관적으로 갖게 되는 생각인 속성신념(belief)을 개발하고, 그 다음으로 그 제품을 좋아하거나 싫어하는 정도를 말하는 태도(attitude)를 형성하고, 마지막으로 가장 태도점수가 높고 합리적이라고 생각하는 구매대안을 선택(choice)하는 학습과정을 거치게 된다. 복잡한 구매행동을 수반하는 제품의 마케터들은 고관여 소비자들의 정보수집행동과 평가행동을 이해해야 한다. 마케터들은 구매자들이 제품속성들과 각 속성의 상대적 중요성에 대해 배울 수 있도록 도와줘야 한다. 또한 자신의 브랜드를 차별화시켜야 하는데, 긴 광고메시지를 사용한 인쇄매체 및 SNS 광고를 통해 자사브랜드의 차별적 편익을 자세하게 설명하는 방법이 한 예이다. 마케터들은 브랜드 선택에 영향을 미치기 위해 영향력행사자의 긍정적 구전을 창출하도록 유도해야 한다.

3.2 부조화 감소 구매행동

부조화 감소 구매행동(dissonance-reducing buying behavior)은 비싸고, 가끔 구매가 이루어지고, 위험이 수반되기 때문에 소비자가 그 구매에 높이 관여되어 있지만 브랜드 간에 별 차이가 없을 때 발생한다. 예를 들어, 카페트는 고가이고 자신을 표현해 주는 기능이 있기 때문에 이를 구매하려는 소비자는 높은 관여수준에서 의사결정을 한다. 그러나 구매자는 주어진 가격범위 내에서 대부분의 카페트 브랜드들이 별 차이가 없다고 생각할 수 있다. 이 경우에 어떤 대안들이 있는지를 알아보기 위해 쇼핑을 하지만, 지각된 브랜드 차이가 크지 않아서 구매는 비교적 빠른 시간 내에 이루어질 수 있다. 구매자들은 주로 좋은 가격 혹은 편리한 구매 등에 근거하여 구매결정을 내릴 것이다.

구매 후에 소비자들이 구매한 카페트 브랜드의 단점을 발견하거나 자신이 구매하지 않은 브랜드의 좋은 점에 대해 들었을 때, 그들은 구매 후 부조화(postpurchase dissonance), 즉 구매 후 심리적 불편함을 경험할 수 있다. 이런 부조화에 대처하기 위해서 마케터들은 구매 후 소비자들이 자사 브랜드의 선택에 대해 좋은 감정을 가질 수 있도록 도움을 주어야 한다. 예를 들어 마케팅커뮤니케이션 활동을 통해 자사 제품성능이 우수하다는 확실한 증거를 제시하거나 확인전화나 감사편지 등을 통해 자사브랜드를 선택한 것이 현명한 결정임을 지지해 주는 방법 등이 그 대안이 될 수 있다.

3.3 습관적 구매행동

습관적 구매행동(habitual buying behavior)은 소비자의 관여도가 낮고 브랜드 간 차이가 별로 나지 않는 상황에서 일어난다. 소금을 예로 들어보자. 소비자들은 소금제품에 대해 낮은 관여도를 갖고 있다. 그들은 단순히 상점에 가서 친숙한 아무 브랜드를 집는다. 만약 그들이 같은 브랜드를 계속 구매한다면, 그것은 강한 브랜드충성도에 의한 것이기보다는 습관적으로 구매하는 것이다. 소비자들은 자주 구매하고 가격이 저가인 제품들의 구매에 대해 낮은 관여도를 보인다.

이런 경우 소비자행동은 일반적인 구매결정과정인 제품속성신념의 형성–브랜드태도–선택행동의 순서를 거치지 않는다. 소비자들은 특정 브랜드에 대해 광범위하게 조사하지 않으며, 브랜드의 특성들을 자세히 평가하지 않고, 어떤 브랜드를 구매할지에 대해 신중한 결정을 내리지 않는다. 그들은 TV나 잡지를 보면서 수동적으로 정보를 받아들인다. 소비자들은 브랜드에 대한 강한 태도를 형성하지 않으며, 단지 특정 브랜드가 친근하기 때문에 선택한다. 따라서 반복광고(ad repetition)는 브랜드 친숙성(brand familiarity)을 이끌어내는 데 적합한 마케팅도구가 될 수 있다. 제품을 구매하는 데 높이 관여되어 있지 않기 때문에 소비자들은 구매 후에조차 자신의 선택에 대해 평가하지 않을 수 있다.

구매자들은 대부분의 브랜드들에 대해 별로 관여되어 있지 않기 때문에, 구매 관여도가 낮고 브랜드 간 차이가 많지 않은 제품을 취급하는 마케터들은 제품의 시험구매를 자극하기 위해 가격할인 또는 판매촉진을 자주 사용한다. 다른 대안으로 그들은 자사브랜드를 경쟁제품과 차별화시키기 위해 제품특성이나 강화성분을 추가해 소비자의 관여수준을 높일 수 있다. 예컨대 후라보노 껌은 입냄새 제거라는 기능을 자사제품과 연결시키려는 마케팅노력을 통해 소비자의 관여수준을 높이려 한다.

3.4 다양성 추구 구매행동

소비자관여도가 낮지만 브랜드 간 차이가 상당히 큰 구매상황에서 소비자들은 **다양성 추구 구매행동**(variety–seeking buying behavior)을 보인다. 이런 경우에 소비자들은 브랜드들을 자주 바꾼다. 예를 들어, 쿠키를 살 때 소비자는 어떤 속성신념(가령, 맛이 고소하다고 믿음)을 토대로 많은 평가 없이 특정의 쿠키브랜드를 선택한다. 하지만 다음번에 소비자는 동일한 브랜드를 소비하는 것이 싫증나거나 혹은 단순히 다른 것을 시식해 보고 싶어서 다른 브랜드를 선택할 수 있다. 브랜드 전환행위는 제품에 불만이 있어서라기보다는 다양성을 추구하려는 성향에서 일어난다.

이러한 특성의 제품범주에서 시장리더와 저점유율 브랜드는 마케팅전략이 서로 다를 수 있다. 시장리더는 경쟁제품이 들어오지 못하도록 진열공간을 독차지하고, 다양한 관련제품들로 진열공간을 완전히 채워 넣고, 상기광고(reminder advertising)를 자주 내보냄으로써 소비자의 습관적 구매행동을 촉진하려고 한다. 이에 반해 저점유율 브랜드들은 가격을 보다 싸게 하거나, 특별 판매촉진, 쿠폰, 무료샘플을 제공하거나 혹은 새로운 것을 시도해 봐야 하는 이유가 담긴 광고를 실행함으로써 다양성 추구를 조장하려고 할 것이다.

04 구매의사결정과정

소비자들은 매일 여러 가지 제품이나 서비스를 구매한다. 아침에 출근하기 위해 버스, 지하철, 택시 중 어느 것을 이용할 것인가에 대한 의사결정을 내리는 것을 시작으로 점심식사를 위한 음식점 및 메뉴 선택, 퇴근 후 백화점에 가서 어떤 옷을 살 것인가에 대한 결정, 슈퍼마켓에서 다음날 아침에 마실 오렌지주스 브랜드의 선택 등 다양한 제품 및 서비스에 대한 구매의사결정 상황에 직면한다.

그림 3-3 은 소비자의 구매의사결정과정(the buying decision making process)이 **욕구(문제)의 인식, 정보탐색, 대안의 평가, 구매, 구매 후 행동**의 5단계로 구성됨을 보여준다. 소비자는 충족시키고 싶은 욕구가 환기(arousal)되면 이러한 욕구를 충족시키는 최선의 대안을 선택하기 위하여 관련정보를 탐색한다. 수집된 제품정보를 토대로 복수의 선택대안들을 비교/평가하고, 이 중 가장 나은 특정의 브랜드를 선택/구매하며, 구매 후 사용경험을 통해 구매한 제품에 대한 만족/불만족을 형성하여 기억에 저장한다. 구매한 제품에 대한 만족/불만족 수준은 추후 재구매 여부, 즉 브랜드충성도에 큰 영향을 미친다.

그림 3-3 은 소비자들이 제품을 구매하는 데 있어 다섯 단계 모두를 거친다고 제안하고 있다. 하지만 치약구매와 같은 보다 일상적인 제품구매를 할 때에 소비자들은 종종 다섯 단계 중 일부를 건너뛸 때도 있고 단계의 순서를 바꿀 때도 있다. 자신이 일상적으로 사용하는 치약브랜드를 습관적으로 구매하는 여성은 욕구를 인식한 후 정보탐색단계와 평가단계를 건너뛰고 곧바로 현재 사용하고 있는 브랜드를 구매하기로 결정할 것이다. 그렇지만 그림 3-3 과 같은 구매의사결정과정 모형을 제시하는 이유는 소비자가 새롭고 복잡한 고관여 구매상황에 놓여 있을 때 거치게 되는 의사결정과정 전체를 보여주기 때문이다.

그림 3-3 구매의사결정과정

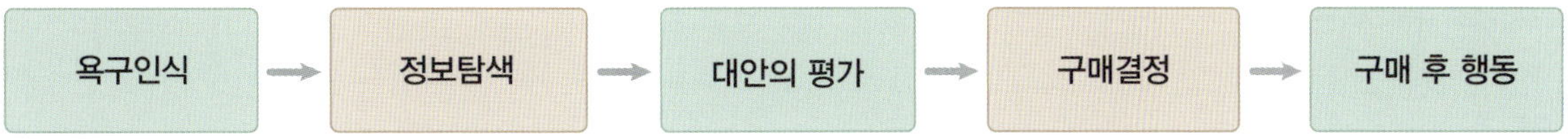

마케팅관리자들은 소비자들의 욕구인식단계에서부터 구매 후 행동에 이르기까지 전 과정에 대해 깊

이 이해해야 한다. 대체로 소비자들은 신제품을 구매하거나 고가격이거나 지각된 위험이 수반되는 제품을 구매하는 경우와 같이 고관여 상황하에서는 구매의사결정과정의 모든 단계를 거치는 경향이 있다. 이하에서는 고관여 구매상황을 가정하고 각 단계에 대하여 살펴보기로 한다.

4.1 욕구인식

구매의사결정과정은 욕구인식(need recognition)에서 시작된다. 소비자들은 일상생활에서 여러 가지 제품을 구매하는데, 이 같은 구매행동은 구매 당시의 특정 **욕구**(needs)를 충족시키기 위한 것이다. 그러므로 구매행동을 유발하는 출발점은 특정 욕구의 유발이다. 구매욕구는 본원적 욕구(generic needs)와 구체적 욕구(specific needs)로 나눌 수 있다. 소비자는 안전, 편안함, 배부름 등 본원적 욕구를 가지거나 이를 충족시킬 수 있는 현실적 수단, 즉 기업이 제공하는 특정 제품에 대한 욕구와 같이 구체적인 욕구를 가질 수 있다. 예를 들어, 소비자는 배고픔을 느낄 때 먹을 것에 대한 욕구(needs)를 가지거나 보다 구체적으로 특정 식품에 대한 욕구(wants)를 가질 수도 있다. 배가 고플 때 음식에 대한 욕구 같은 **근본적 욕구**(generic needs)는 누구에게나 동일하다. 그러나 음식 대안인 햄버거, 설렁탕, 짜장면 중 어느 것을 먹을 것인가를 의미하는 **구체적 욕구**(specific wants)는 개인마다 다른데, 이는 그 소비자의 취향이나 그가 속한 문화에 영향을 받는다. 가령, 한국 소비자는 대체로 설렁탕을 선호하는 반면 미국 소비자는 햄버거를 선호할 수 있다.

소비자는 자신이 처해 있는 현 상황과 바라는 이상적인 상황과의 차이가 클 때 구매욕구를 인식하게 된다. 구매욕구의 환기(need arousal)는 문제인식(problem recognition)이라고도 하는데, 구매의사결정과정의 출발점이다.

욕구환기는 내적 요인과 외적 요인에 의해 유발된다. 구매욕구 환기는 배고픔, 더위 혹은 추위를 느끼는 것 등의 내부적 자극에 의해서 발생할 수도 있고, 친구의 새로 산 옷이나 액세서리 등을 보고 부러워하게 되는 것이나 좋아하는 연예인이 광고모델로 출연한 패션의류 잡지광고를 보게 된 경우와 같이 외부적 자극에 의하여 발생할 수도 있다. 이러한 내부적 또는 외부적 자극들은 소비자로 하여금 제품에 대한 구매욕구를 유발할 수 있다. 따라서 마케팅관리자는 소비자들이 제품에 대한 구매욕구를 인식하는 데 영향을 미치는 주요요인과 상황을 잘 이해해야 한다.

4.2 정보탐색

욕구가 발생되면 이러한 욕구를 충족시킬 대안을 평가/선택하는 데 필요한 정보를 탐색하는 단계로 들어간다. 정보탐색(information search)은 기억에 저장된 관련정보를 떠올리는 **내적 탐색**(internal search)과 외부로부터 대안평가에 필요한 관련정보를 찾는 **외적 탐색**(external search)으로 나누어진다. 구매욕구를 느낀 소비자는 만약 그 욕구가 강하고 그 욕구를 채울 수 있을 만큼 만족스러운 대안이 머리에 떠오른다면, 내적 탐색만으로 곧바로 그 제품을 선택/구매할 것이다. 따라서 마케팅관리자는 우리브랜드에 대한 정보가 소비자의 기억에 잘 저장되도록 마케팅노력을 기울여야 한다. 그러나 이러한 노력에도 불구하고 대체로 소비자들은 내적 탐색과정에서 기억에 저장된 브랜드들과 이들에 대한 제품정보들 중 일부만을 회상한다. 내적 탐색과정에서 회상된 몇 개 브랜드들의 집합을 **환기브랜드군**(evoked set)이라 하는데, 소비자는 환기브랜드군에 포함된 브랜드대안들 중 하나를 선택할 가능성이 높다. 따라서 마케팅관리자는 우리제품이 목표소비자의 환기브랜드군에 포함되도록 하기 위해 마케팅노력을 기울여야 하며, 환기브랜드군 내에 자사브랜드가 포함되어 있는지를 정기적으로 조사해야 한다.

일반적으로 소비자들은 자신의 욕구를 만족시킬 수 있는 대안을 찾는 데 필요한 제품정보를 기억 속에 충분히 갖고 있지 못한 경우가 많은데, 그런 경우 외부에서 제품정보를 찾는 **외적 탐색**에 나서게 된다. 만약 새로운 스타일의 정장제품이 유행함에 따라 새로운 정장의류에 대한 욕구가 발생하면 그 소비자는 이와 관련된 정보에 더 많은 주의를 기울이고 받아들인다. 이에 따라 TV나 잡지 등의 의류광고에 대하여 주의를 기울이거나 주변사람들이 입고 다니는 정장의류들을 관심을 갖고 살펴보게 된다. 경우에 따라 보다 적극적인 정보획득행동을 보이기도 하는데, 온라인으로 정장의류 관련 자료를 찾아 읽거나, 친구들로부터 정보를 얻거나, 직접 백화점 의류매장에 들러 새로운 유행제품을 살펴보거나 판매원에게 질문을 하기도 한다.

소비자가 외적 탐색과정에서 의존하는 외부정보원천(external information source)에는 기업제공원천, 소비자원천 그리고 중립적 원천이 있다. 기업제공원천에는 광고, 판매원, 포장과 매장 내의 정보 등이 있다. 소비자원천은 가족, 친지, 친구 등의 주변사람으로부터 얻게 되는 구전정보를 말하며, 중립적 원천으로는 신문기사나 방송의 뉴스, 한국소비자원에서 운영하는 웹사이트인 '스마트 컨슈머'(www.smartconsumer.go.kr), 정부기관의 발행물 등이 있다. 대체로 소비자는 소비자원천과 중립적 원천으로부터 얻는 정보를 기업제공원천보다 신뢰하는 경향이 있기 때문에 마케터는 자사제품에 대한 긍정적 구전이 이루어지도록 고객만족관리, 그리고 정부기관, 언론기관 등과의 긍정적 공중관계(public relations) 구축에 노력을 기울여야 한다.

4.3 대안의 평가

소비자들은 정보탐색과정을 거친 뒤 대안평가(alternative evaluation)단계로 들어가는데, 주요 평가기준을 토대로 어떤 브랜드대안이 더 바람직한지를 평가하게 된다. 평가대상이 되는 대안들은 제품군들(product classes)일 수도 있고, 한 제품군 내의 브랜드들(alternative brands)일 수도 있다. 예를 들어, 겨울용 상의 구매를 위한 대안들로 패딩점퍼, 모직 반코트, 가죽점퍼 등을 고려한다면 전자에 해당하고, 노스페이스, K2, 네파 패딩점퍼를 고려한다면 후자에 해당한다. 소비자는 대안을 평가함에 있어 제품속성을 평가기준으로 사용하는데, 의류구매의 경우 제품속성으로는 바느질의 완전성, 디자인, 가격 등의 제품속성을 평가기준으로 사용할 수 있다. 그리고 소비자는 각 속성의 중요도와 각각의 대안이 각 제품속성상에서 어떤 위치를 차지하고 있는지에 대한 믿음인 **속성신념**(attribute belief)을 기반으로 대안을 평가하게 된다. 소비자는 각 제품속성의 상대적 중요성과 제품속성에 대한 신념을 토대로 각 브랜드 대안의 전반적인 매력도(효용)를 평가하며 가장 높은 평가값을 받은 브랜드를 선택하려고 할 것이다.

예를 들어, 어떤 소비자가 패딩점퍼를 구매하는 상황에서 선택대안으로 노스페이스, K2, 네파를 고려하고 바느질의 완전성, 디자인, 가격의 적절성 등 3개의 제품속성을 주요 평가기준으로 생각한다고 하자. 이 소비자는 바느질의 완전성에 대해 상대적 중요도를 40%, 디자인에 30%, 가격의 적절성에 30%를 부여한다. 그리고 세 브랜드 대안별로 제품속성수준에 대한 신념을 형성한다. 가령, 이 소비자는 노스페이스에 대해 바느질의 완전성은 10점 척도에서 10점, 디자인은 7점, 가격의 적절성은 6점을 가진 제품으로 믿을 수 있다. 같은 방법으로 다른 브랜드에 대해서도 각 속성에 대한 신념을 형성할 수 있다. 이 소비자는 이를 토대로 브랜드 대안의 전반적 매력도를 평가하고 가장 높은 평가값을 받은 브랜드를 선택할 가능성이 높다. 가령, 노스페이스에 대한 평가값은 0.4(10)+0.3(7)+0.3(6)=7.9이며 같은 방법으로 다른 브랜드에 대한 평가값을 계산할 수 있다.

평가기준과 관련해 마케터가 유의해야 할 점은 소비자가 중요하게 생각하는 제품속성(important attributes)이 반드시 대안을 선택하는 데 있어 **결정적 속성**(determinant attributes)이 되지 않을 수도 있다는 것이다. 예를 들어, 승용차 구매 시 소비자가 중요하게 생각하는 평가기준인 안전성에서 경쟁브랜드들 간에 별 차이가 없다면, 그 평가기준은 브랜드를 선택하는 데 별 영향을 미치지 못하며, 오히려 오디오 시스템의 성능이 브랜드 선택에 결정적 역할을 할 수 있다.

경제성을 주요 평가기준으로 부각시키는 경차브랜드 기아 모닝

마케팅 Highlight

"커피믹스의 새로운 평가기준: 카제인나트륨"

커피에 첨가한 성분을 둘러싼 광고로 시작한 동서식품과 남양유업 간의 품질 논쟁은 업계와 소비자의 주목을 끌었다. 인스턴트 커피 시장의 점유율만을 놓고 보면 동서식품과 남양유업은 비교가 불가능한 수준이다. 시장의 80% 가까이를 동서식품이 차지하고 남양유업은 10~20%의 점유율을 차지하기 때문이다.

도전 브랜드인 남양유업은 광고를 통해 소비자들이 그동안 아무렇지 않게 생각했던 카제인나트륨에 문제가 있는 것으로 생각하도록 유도하고, 남양유업 프렌치카페 카페믹스는 카제인나트륨이 들어간 프림 대신 무지방 우유를 사용했다는 것을 광고에서 부각시켰다. 동서식품은 카제인나트륨 논란을 종식시키기 위해 우유를 넣은 커피를 출시했다. 하지만 이는 오히려 상대방에게 공격의 기회를 제공했다. 남양유업이 동서식품의 신제품에 대해서 또다시 간접적인 비교광고를 시도한 것이다. 남양유업은 광고에서 '요즘은 왜 다들 프림에 카제인나트륨 대신 우유를 넣을까요'라는 카피를 통해 시장선도자인 동서식품이 남양유업의 제품을 모방했다는 메시지를 소비자들에게 전달했다. 동서식품 관계자는 "사실 남양유업의 광고가 문제이다. 카제인나트륨은 아무런 문제가 없는 첨가물이다. 그럼에도 남양유업의 광고로 인해 소비자들의 오해만 키우게 됐다"고 주장한다. 즉, 남양유업의 광고가 소비자들에게 '카제인나트륨=유해한 첨가물'이라는 인식을 심어주었다는 것이다.

새로운 제품 평가기준을 도입해 자사브랜드에 대한 긍정적 태도형성을 유도한 남양유업: 남양유업 프렌치카페 커피믹스 광고는 소비자들로 하여금 기존의 카페믹스 제품들이 재료로 사용한 카제인나트륨에 문제가 있는 것으로 생각하도록 유도하고, 남양유업 제품은 카제인나트륨이 들어간 프림 대신 무지방 우유를 사용했다는 것을 부각시켰다.

4.4 구매결정

평가단계에서 각 브랜드 대안에 대한 평가를 통해 각 대안에 대한 태도가 형성되면 소비자는 특정 대안을 선택하는 구매의사결정을 내리게 된다. 일반적으로 소비자의 선택, 즉 구매의사결정은 가장 선호하는(태도점수가 가장 높은) 브랜드를 구매하는 것을 말한다. 그러나 소비자는 다음과 같은 두 가지 요인으로 인해 자신이 구매하기를 원하는 제품과 다른 제품을 구매할 수 있다. 그 첫 번째 요인은 **주변 사람들의 대안에 대한 태도**이다. 의류 구매의사결정 단계에서 만약 어떤 여성 구매자의 남편이 보다 보수적인 디자인의 의류를 구매하기 원한다면 그 여성 구매자는 주위의 이목을 끄는 트렌디한 의류를 구매할 가능성은 적어지게 된다. 이러한 경우 구매자의 브랜드 선택은 가족, 친지, 동료 등 **영향력 있는 다른 사람들**(significant others)의 의견에 의해 영향을 받는다. 두 번째로 구매는 **예기치 않은 상황변수**들에 의해서도 영향을 받는다. 예를 들어 명품 핸드백을 구매하기로 한 어떤 소비자가 갑자기 직장을 잃을 수도 있고, 집 장만 등 더 긴급한 다른 구매가 필요하게 될 수도 있다. 또한 자신이 구매하려고 마음먹은 브랜드가 품절되어 살 수 없게 되어 다른 브랜드의 제품을 구입하게 되는 경우도 있다.

4.5 구매 후 행동

제품을 구매한 후 소비자들은 제품에 대하여 만족 또는 불만족 등의 반응을 나타내는 등 **구매 후 행동**(postpurchase behavior)으로 이어지게 된다. 소비자들의 구매에 대한 만족, 불만족은 소비자들의 성능에 대한 기대와 제품의 지각된 성능 간의 차이에 의하여 결정된다. 만약 구매한 제품의 성능이 구매하기 전에 가지고 있던 기대 제품성능에 미치지 못하면 소비자는 불만족하게 될 것이고, 실제 제품성능이 기대성능과 일치하거나 그 이상이면 만족을 느끼게 되며 나아가 구매제품의 실제성능이 기대했던 것보다 훨씬 뛰어나면 매우 기뻐할 것이다.

소비자들은 제품성능에 대한 기대를 판매자, 친구, 다른 정보원천으로부터 얻은 정보에 근거하여 형성한다. 지나치게 높은 기대의 형성은 구매 후 불만족의 원인으로 작용할 수 있다. 만약 판매자가 광고 등을 통해 제품의 성능을 과장하면, 소비자는 높은 기대성능 형성으로 인해 구매제품에 대해 불만족을 느낄 가능성이 높다. 따라서 판매자들은 소비자들의 불만족을 예방하기 위해 마케팅커뮤니케이션 활동에서 제품의 성능을 솔직하게 전달하는 것이 바람직하다. 어떤 판매자들은 마케팅커뮤니케이션 활동에서 제품성능을 실제보다 낮추어 전달하기도 하는데, 기대보다 제품성능이 높은 것으로 지각한 소비자가 구매제품에 대해 만족하고, 반복구매와 호의적 구전으로 이어질 수 있기 때문이다.

제품구매 후, 특히 고가제품을 구매한 소비자들은 자신의 결정이 옳았는지에 대한 확신의 부족으로 인한 심리적 불편(psychological discomfort)을 의미하는 **인지부조화**(cognitive dissonance)를 종종 경험한다.

대부분의 제품이 장점과 단점을 함께 갖고 있기 때문에 소비자들이 자신이 구매한 제품에 대해 완전히 만족하는 경우는 드물다. 소비자들은 대다수 구매에서 어느 정도의 구매 후 부조화를 느끼게 된다. 구매 후 부조화는 제품에 대한 불만족으로 이어질 가능성이 높기 때문에 기업은 고객들이 경험하게 될 구매 후 부조화를 해소할 수 있는 마케팅커뮤니케이션 활동을 수행할 필요가 있다. 구매 후 감사편지와 이메일, 구매고객들의 높은 만족도를 보여주는 메시지를 담은 광고물 등은 구매 후 인지부조화를 낮추기 위한 마케팅노력의 한 예이다.

기업의 장기적 매출은 반복구매로부터 발생하는데, 이를 결정하는 것은 소비자의 만족/불만족이다. 만족한 소비자는 재구매를 하고 다른 사람들에게 호의적인 구전행동을 하고 우리회사의 다른 제품들을 구매할 가능성이 높다. 그리고 신규고객을 유치하는 것이 만족한 기존고객들을 유지하는 것보다 훨씬 어렵고 마케팅비용도 많이 든다.

마케팅 Highlight

고객소리에 귀기울이고 고객에게 신뢰받는 유통업체가 되는 것을 기업목표로 삼는 마켓컬리 김슬아 대표

2015년 창업해 '샛별' 배송으로 유통업계에 새벽 배송 붐을 일으킨 마켓컬리 김슬아(37) 대표는 창업 5년 만에 연 매출 1조 원 달성을 눈앞에 두고 있다. 김 대표는 민족사관고등학교 1학년 때인 1999년 미국 유학길에 올랐다. 힐러리 클린턴 전 미국 국무장관이 나온 웰즐리대에서 정치학을 전공했다. 이후 골드만삭스와 맥킨지 홍콩지사, 베인앤컴퍼니코리아 등에서 컨설턴트로 일한 그가 2015년 유통업에 뛰어들었다. 이유는 "먹는 걸 좋아했기" 때문이다.

"맞벌이라 매일 장을 볼 수 없었습니다. 온라인 주문하면 2~3일 뒤에나 오는데 신선하지가 않아요. 문득 아침에 신선한 식재료를 배달받으면 얼마나 좋을까라는 생각이 들었습니다."

김슬아 마켓컬리 대표가 서울 강남구 본사에서 열린 상품위원회에서 입점을 앞둔 사과의 향을 맡아보고 있다.

마켓컬리는 오후 11시 전까지 온라인 주문하면 다음날 오전 7시까지 신선식품을 현관 앞에 배송해준다. 새벽배송이 시장에서 폭발적 반응을 얻자, 대형 유통업체들도 앞다퉈 같은 서비스를 내놨다. 마켓컬리의 성장은 폭발적이었다. 2020년 10월 현재 서울 · 경기지역 새벽 신선식품 배송시장에서 40% 이상의 점유율을 차지하는 것으로 회사는 추정한다. 회원은 2015년 말 6만 명에서 2020년 8월 말 약 100배인 580만 명으로 늘었다. 29억 원이던 매출은 2019년 4289억 원으로 늘어났고 2020년 9523억원을 실현했다.

하지만 김 대표는 성장에 대해서는 별로 신경을 쓰지 않고 "고객의 신뢰를 잃으면 모든 게 끝이다", "매출 위에 고객 있다는 게 나의 신념이다"라는 경영신념을 갖고 있고 고객지향성을 무엇보다 중요하게 생각한다. 2020년 9월 중순 추석대목을 앞두고, 마켓컬리는 자사가 판매하는 우유가 변질됐다는 고객불만이 접수되자 전액 환불한 것도 이런 이유에서다. 접수된 불만은 80여 건, 변질이 의심되는 우유는 4800병이었지만 문제가 된 날을 전후해 판매한 우유까지 포함해 7248병을 환불했다. 판매가는 2950원이었지만, 고객불편을 고려해 5000원을 보상하기로 했다. 김 대표는 "신선식품 특성상 문제가 없을 수 없지만, 문제가 생기면 투명하게 공개하고, 과하다 싶을 정도로 보상해서라도 고객에게 신뢰를 얻는 게 가장 중요하다"고 말한다. 김 대표는 2020년 5월 서울 물류센터에서 코로나 확진자가 나왔을 때도 자필 사인이 담긴 사과문을 발표하고, "고객의 우려에 숨기지 않고 투명하게 전달하겠다"고 밝힌 바 있다.

김 대표가 아침에 일어나 가장 먼저 하는 일은 '고객의 소리'를 확인하는 것이다. 그는 "'하루만 더 팔아도 하나도 안 버릴 텐데'라는 유혹이 있을 수 있지만, 그러면 기대했던 상품품질이 떨어질 수밖에 없고, 그럼 마켓컬리에서 상품을 살 이유도 없다"고 말했다.

마켓컬리는 신선식품에서 화장품, 주방가전, 생활용품 등으로 판매영역을 넓히고 있다. 김 대표는 "시장엔 수천 가지의 상품이 넘쳐나지만, 고객들은 '대체 진짜 좋은 건 뭔데'라고 묻는다. 따라서 '내 돈 주고 살 것만 팔자', '제일 싼 거 말고, 제일 좋은 물건은 뭐냐'는 생각으로 판매할 상품을 결정한다"고 했다. 이를 위해 김 대표를 비롯한 상품 테스터들이 직접 2주간 상품을 직접 써보고, 판매 여부를 결정한다. 김 대표는 "과거 생리대 (유해 물질 검출) 파동 때 고객들이 '진짜 좋은 상품을 마켓컬리가 꼼꼼히 알아보고 판매해 달라'는 요구가 있었다"며 "그 이후 생리대를 다 뜯어보고 검증해서 발굴한 브랜드가 비식품 중 판매량이 가장 많은 상품 중 하나가 됐다"고 했다.

2020년 코로나 사태로 인해 비대면이 일상화하면서 온라인 시장도 커졌다. 마켓컬리의 주문량과 매출도 전년 동기 대비 100% 이상 급증했다. 하지만 김 대표는 "많은 주문을 받기보다 품질유지와 배송을 더 잘하자는 생각이다. 좋은 품질의 상품과 배송 서비스가 최우선이고, 매출은 마지막이다"고 말한다.

워낙 빠르게 성장하는 기업이다 보니, 시장에서는 "마켓컬리가 곧 팔릴 것이다", "주식시장에 기업공개를 할 것이다"라는 소문이 끊이지 않는다. "팔겠다고 한 적도 없고 사겠다고 온 사람도 없어요. 왜 그런 소문이 났는지 모르겠습니다. 현재로서 지분 구조를 바꾸거나 기업을 공개할 생각은 전혀 없어요. 지금은 그냥 오랫동안 고객에게 신뢰받는 유통업체가 되는 것이 목표입니다."

자료원: 조선일보, 2020.10.05; 2021.03.18.

05 소비자행동에 영향을 미치는 요인

소비자의 구매의사결정과정은 다양한 환경적 요인들에 의해 영향을 받는다. 환경적 요인에는 문화적 요인, 사회적 요인, 개인적 요인, 그리고 심리적 요인이 있다. 소비자의 제품과 브랜드 선택행동은 문화적, 사회적, 개인적, 그리고 심리적 요인의 복합적 상호작용에 의한 결과이다. 예컨대 어떤 소비자가 스마트폰을 구입한다고 했을 때 그 소비자가 스마트폰에 대한 구매욕구를 느끼게 되는 단계에서 시작하여 스마트폰에 대한 정보탐색, 대안 평가기준의 선정, 구매 및 구매 후 행동의 전 과정에 걸쳐 소비자 자신의 성격, 자아개념 등의 개인적인 요인을 비롯하여 그 소비자가 속해 있는 문화, 사회계층 등의 문화적인 요인에 이르기까지 많은 요인들의 영향을 받게 된다. 이하에서는 이들에 대해 자세히 살펴보기로 한다.

그림 3-4 소비자행동에 영향을 미치는 요인

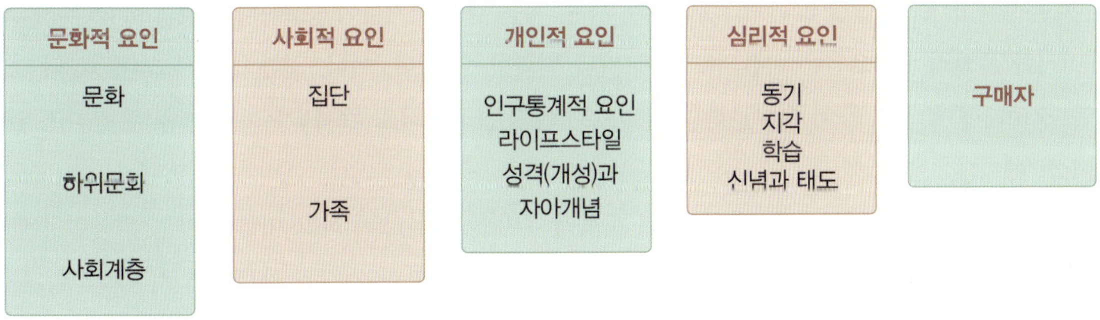

5.1 문화적 요인(Cultural Factors)

문화적 요인은 소비자행동에 폭넓고 깊은 영향을 끼친다. 마케터는 구매자가 속한 문화, 하위문화, 그리고 사회계층이 소비자 의사결정과정과 정보처리과정에 미치는 영향을 이해해야 한다.

(1) 문화(Culture)와 하위문화(Subculture)

문화는 소비자가 속해 있는 국가나 사회의 구성원들이 공유하는 관습, 가치관, 도덕 등의 복합체로서 여러 시대를 거쳐오면서 생성/변화되어 온 생활방식을 반영한다. 따라서 문화는 소비자 욕구충족의 기준이 되고 행동규범을 제공한다. 사람들은 성장과정에서 가치관, 기호, 욕구, 그리고 적절한 사회적

맥도날드는 어린이 햄버거 세트인 해피밀을 판매하면서 슈퍼마리오 피규어를 함께 증정하는 어린이를 위한 판촉이벤트를 실시했는데, 정장에 넥타이를 맨 20~30대 샐러리맨들이 이를 소장하기 위해 행렬을 이루기도 했다.

행동에 대해 가족 또는 교육기관 같은 다른 중요한 조직들로부터 배운다. 문화가 구매행동에 미치는 영향은 각 국가 혹은 지역에 따라 다를 수 있다. 가령, 미국인들은 성장하면서 성취와 성공, 활동과 참여, 효율성과 실용성, 물질적 안락, 개인주의, 자유, 젊음 같은 가치들이 중요하다는 것을 학습한다. 그러나 이러한 문화적 영향요인은 시간의 흐름에 따라 변화할 수 있다. 미국, 일본 등에서 오래전부터 행해지던 '장례대행'이 최근 들어 유교문화의 퇴색으로 인해 한국에서도 주목받는 산업으로 부상하고 있는 것이 한 예이다.

이에 따라 대다수 마케터들은 정기적으로 문화적 추세를 관찰/분석하고 이를 마케팅 의사결정에 반영한다. 예를 들어, 최근 건강지향적 문화적 가치가 부각됨에 따라 건강과 체력단련 서비스업체, 운동기구와 운동복, 자연산 식품과 식이요법 같은 사업분야들이 성장하고 있다. 그리고 격식을 차리지 않는 생활방식을 선호하는 문화적 추세가 부상하면서, 캐주얼 의류, 심플한 가구에 대한 수요가 늘어나고 있다.

각 문화는 여러 **하위문화들**(subcultures)을 포함하는데, 하위문화는 공통적인 인생경험과 상황에 기반하여 서로 비슷한 가치관을 갖고 있는 사람들로 구성된 집단으로 정의된다. 하위문화는 국적, 종교, 인종, 지리적 범위를 포함한다. 많은 하위문화들은 중요한 세분시장을 이루고 있고, 종종 마케터들은 그들의 필요에 맞

히잡을 착용한 무슬림 여성 고객들이 매장에서 할랄 인증을 받은 화장품을 사용해 보고 있다.

추어 제품과 마케팅 프로그램을 설계한다. 가령, 화장품회사가 아시아 무슬림 문화권의 여성을 겨냥해 할랄 화장품 마케팅을 수행하는 것이 이에 해당한다. 콜라겐(돼지에서 추출), 글리세린(알코올 성분) 등의 성분이 들어가지 않은 '할랄 화장품'을 개발하고, 무슬림 여성 대부분이 얼굴을 부분적으로 가리는 히잡을 착용하는 문화적 특성상 눈 화장을 중요시하는 경향에 맞춘 화장품 마케팅을 추구한다.

마케팅 Highlight

글로벌 하위문화로 부상한 K컬처 - 팝스타도, 힙합 1인자도 한류 마니아

2021년 1월 2일 캐나다 출신 미 팝스타 위켄드는 소셜미디어 인스타그램에 지난 연말 MBC 가요대제전에서 국내 아이돌그룹 '더보이즈'와 '이달의 소녀'가 공연하는 영상을 올렸다. 위켄드는 현재 미 팝스타 중 최정상에 위치한 가수로, 유명한 한류팬이다. 봉준호 감독을 좋아해 기생충뿐 아니라 살인의 추억 등 과거 작품도 다 챙겨보고, 방탄소년단을 응원하고 다른 아이돌 가수 무대도 챙겨본다. 그뿐만 아니다. 현재 미국 여성 힙합 가수 일인자인 카디비도 K컬처 마니아이다. 특히 한국식 핫도그(일명 콘도그), 김치, 붕어빵, 한국 컵라면 등 K푸드를 좋아한다.

전 세계 한류팬은 1억 명 이상이다. 현재 이 열풍을 이끄는 건 문화강국인 미국, 그중에서도 가장 유행에 민감한 톱스타와 젊은 10~20대들이다. 그리고 이들은 동호회 형태로 트위터 · 유튜브 등 소셜미디어를 기반으로 활동하며 자신이 좋아하는 콘텐츠나 스타가 일반대중에게 더 많이 노출되도록 가교역할을 한다. 한국국제교류재단의 '연간 해외 한류 동호회 현황 조사결과 개요'에 따르면, 2019년 9900만 명이던 한류 동호회원은 2020년 1억 400만 명으로 약 540만 명 증가했다. 동호회 수도 2019년 1799개에서 2020년 1835개로 36개 증가했다.

2000년대 초반 일본 30~40대 기혼 여성을 중심으로 드라마가 인기를 끌었던 현상이 1차 한류, 2010년대 중국 · 동남아시아 등을 중심으로 K팝이 이끌었던 현상을 2차 한류라고 한다면 지금은 3차 한류. 즉, 한류 3.0 시대다. 콘텐츠는 드라마, 대중음악, 음식, 패션, 만화 등 다양하고, 팬층은 두껍다. 영화

그룹 방탄소년단(BTS)이 미국의 음악 매체 컨시퀀스 오브 사운드(Consequence of Sound)로부터 '올해의 밴드'(2020 Band of the Year)로 꼽혔다고 소속사 빅히트 엔터테인먼트가 2020년 12월 10일 밝혔다. 이 매체는 "방탄소년단이 불확실성과 상실감으로 가득했던 한 해에 행복과 희망의 메시지를 가져왔다"고 평가했다.

에서는 기생충이 아카데미 주요 4개 부문을 석권했고, 음악에서는 방탄소년단(BTS)이 빌보드 싱글차트 '핫100' 1위를 차지했다. 드라마는 '스위트홈'이 미국 넷플릭스 탑10에 들었다. 특히 문화 트렌드의 최전선에 있는 층이 K컬처를 좋아한다. 현재 미국에서 'K는 곧 힙(hip, 최신 유행)'을 의미한다. 넷플릭스가 만든 화제의 하이틴 영화 '내가 사랑했던 모든 남자들에게'의 극중 주인공도 한국계 미국인, 미국 팝스타 테일러 스위프트가 최근 발표한 신곡 '윌로'의 MV에서 상대역을 맡은 남자 배우도 한국인 댄서 이태옥이다.

이들은 왜 한류에 빠져들까.

먼저, 신선함과 독창성을 꼽는 전문가들이 많다. 한국어를 쓰지 않는 K팝 팬들은 노래를 그대로 받아들이지 않고 연구한다. 전 세계 K팝 동호회는 ▲노래가사를 자국어로 바꾸어 소개하는 '번역' ▲뮤직비디오나 노래가사에 담긴 의미를 설명해 주는 '해석' ▲한류 콘텐츠를 소비하는 다양한 사람들의 반응을 취합하여 전달하는 '리액션' ▲K팝 그룹의 의상이나 춤, 노래를 똑같이 보여주는 '커버댄스' 등 네 가지 형태의 노력을 기울인다.

2020년 12월 24일에는 BTS의 지민이 발표한 자작곡 '크리스마스 러브'에 나오는 가사 중 '소복소복'을 두고 적절한 영어표현을 찾지 못해 아미(방탄소년단 팬) 번역계가 혼돈에 빠지기도 했다. 해외 K팝 팬들은 열심히 공부해 듣기 때문에 가사 이해도가 높으며, K팝에서 시작해 한국어, 더 나아가 한국문화로 그 관심도를 넓힌다. 이는 드라마, 영화도 마찬가지다. 미국 드라마 평론가들은 스위트홈에 대해 "뻔하고 식상하게 흘러가던 좀비, 크리처(괴물) 장르를 신선하게 바꾸었다"고 평가했다. 영화 '기생충'도 빈부에 따른 선악의 고정관념을 비틀었다는 평가를 받았다.

둘째는 기술이다. 이는 2020년 전 세계를 덮친 코로나 사태로 더욱 빛을 발했다. 가수들의 공연이 취소된 대신 세계에서 가장 먼저 선보인 비대면 온라인 공연으로 더 많은 전 세계 팬들이 공연을 볼 수 있는 계기가 됐기 때문이다. 2020년 4월 세계 최초로 진행된 SM엔터테인먼트 소속 아이돌 그룹 수퍼엠의 비대면 콘서트에서는 카메라 워킹과 실제공간이 연동되는 AR 합성 기술(Live Sync Camera Walking)을 도입하고 공간은 실시간 3D 그래픽으로 보여줘 실제 현장에 있는 듯한 느낌을 들게 했다. 이날 최초 공개된 신곡 '호랑이' 무대는 AR로 구현된 호랑이가 갑자기 등장하기도 했다. 이날 공연을 본 관객은 7만 5000명으로 실제 공연의 7회 인원이다. 방탄소년단의 온라인 콘서트 '방방콘'은 107개 지역에서 75만 6600여 명이 관람했다. 이는 5만 명 이상을 수용할 수 있는 스타디움 공연 15회와 비슷하다. 가상현실(VR) 등 한국의 앞선 기술이 신(新)한류의 날개를 달아준 것이다. 전 세계 집콕으로 넷플릭스 시청자가 늘어난 것은 K드라마의 성장을 도왔다. 미 워싱턴포스트는 '사랑의 불시착'을 '반드시 봐야 할 국제적 시리즈 추천작'에 선정했다. '킹덤2'는 "'워킹 데드'를 뛰어넘는다"는 극찬을 받았다.

마지막으로 속도와 트렌드에 대한 민감성, 그에 따른 완성도도 한류의 이유다. 한국인의 이런 장점은 반도체 등 국내산업을 이끌었고, 세계적인 명품기업들의 테스트 베드 역할을 해 왔는데, 이번에는 문화 전반을 성장시키는 힘이 되고 있다는 것이다.

자료원: 조선일보, 2021.01.29.

(2) 사회계층(Social Class)

거의 모든 사회는 어떤 형태의 사회계층구조를 가지고 있다. **사회계층**(social class)은 한 사회 내에서 비교적 동등한 지위에 있는 사람들로 구성된 집단으로, 같은 계층에 속한 사람들은 가치관, 관심사와 행동을 공유한다.

사회계층은 직업, 소득수준, 교육수준, 재산의 정도 등 여러 요인들이 결합되어 결정된다. 각 요인의 상대적인 중요도에 대한 판단은 그 사회가 속한 문화에 영향을 받는다. 예를 들어, 우리나라 사람들이 생각하는 중산층이라고 불리는 계층은 주로 소득수준과 재산수준에 의해 분류된 것이다. 인도처럼 계층마다 특정 역할이 주어져 있고 계층을 바꿀 수 없는 사회도 있지만 미국처럼 사회계층을 나누는 명확한 선이 없기 때문에 신분 상승이나 하락 등 계층 간 이동이 자유로운 사회도 있다.

사회계층은 크게 상, 중, 하로 분류되거나, ① 상상, ② 상하, ③ 중상, ④ 중하, ⑤ 하상, ⑥ 하하 등 보다 세밀하게 구분된다. 동일한 사회계층 내의 사람들은 대체로 동일한 가치관, 활동, 관심 및 행동패턴 등을 공유한다. 우리나라의 경우 특정의 사회계층에 속하는 사람들은 지켜야 하는 행동기준이나 규범을 공유하는 성향이 강하기 때문에 소비자들은 구매에 앞서 자신이 속한 사회계층의 가치관과 규범을 고려한다.

마케터들이 사회계층에 관심을 가지는 이유는, 한 계층에 속한 사람들은 비슷한 선호와 구매행동을 보이기 때문이다. 사회계층에 따라 소비자들은 의류, 가구, 레저활동, 자동차 등의 영역에서 제품/브랜드 선호도의 차이를 보인다. 가령, 현대카드는 VVIP고객인 소수의 상류층 소비자들을 타깃으로 '더 블랙' 카드를 개발하였다. 더 블랙 카드는 상위 0.05% 소비자를 대상으로 연회비 100만 원, 사용한도 1억 원 등의 차별화된 혜택을 제공하는 신용카드로서 9,999명의 최상층 고객에게만 발급하는 것을 목표로 삼았다. 더 블랙 카드는 사회지도층을 타깃으로 하여 최고의 서비스를 제공하는 프리미엄 카드라는 브랜드 콘셉트에 맞게 상류층 고객에게 맞춘 차별화된 마케팅프로그램을 실행함으로써 고품격 브랜드이미지를 구축하였다.

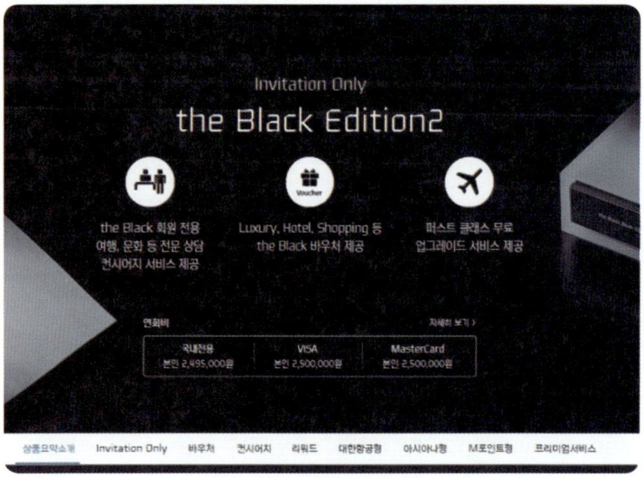

VVIP 고객인 소수의 상류층 소비자들을 타깃으로 하는 현대카드 '더 블랙'

5.2 사회적 요인(Social Factors)

소비자행동은 소비자가 속한 집단, 가족 같은 사회적 요인에 의해 영향을 받기도 한다.

(1) 집단(Groups)과 사회적 네트워크(Social Networks)

사람의 행동은 많은 소집단에 의해 영향을 받는다. 집단(groups)은 개인적 혹은 상호 공통적 목표를 성취하기 위해 상호작용을 하는 두 명 혹은 그 이상의 사람들을 말한다. 한 개인에게 직접적인 영향을 주며 그 사람이 속해 있는 소집단을 회원집단(membership group)이라고 한다. 이에 반해 준거집단(reference group)은 한 사람의 성격과 행동을 형성하는 데 직접적 혹은 간접적인 비교점 혹은 준거점의 역할을 하는 소집단을 말한다. 사람들은 종종 자신이 속하지 않는 준거집단인 이상적(혹은 열망) 집단에 의해 영향을 받는다. 이상적(혹은 열망) 집단(aspiration group)은 어린 야구선수가 언젠가는 프로 야구선수 류현진에 필적하는 선수가 되어 MLB(미국 프로야구)에서 뛰게 되길 희망하는 것과 같이 한 개인이 속하고 싶어 하는 집단 혹은 사람을 말한다.

마케터들은 목표시장의 준거집단이 누구인지를 파악하려 한다. 준거집단은 사람들로 하여금 새로운 행동과 생활방식에 노출되도록 하고, 그들의 성격과 자아에 영향을 주며, 제품 및 브랜드 선택에 영향을 미친다. 준거집단이 얼마나 큰 영향을 미치게 되는지는 제품과 브랜드에 따라 차이가 있다. 소비자가 존경하는 사람이 특정 제품을 갖고 있음을 발견했을 때 그 영향력은 강하게 나타난다.

구전영향(word-of-mouth influence)은 소비자 구매행동에 큰 영향을 미칠 수 있다. 신뢰하는 친구, 동료, 그리고 다른 소비자들이 하는 말과 추천은 광고 혹은 영업사원 같은 상업적 원천으로부터 얻는 정보에 비해 더 신뢰성이 높다. 대부분의 구전영향은 자연스럽게 일어난다. 대화과정에서 소비자들은 자신이 사용하고 있거나 좋고 나쁜 감정을 갖고 있는 특정 브랜드에 대해 이야기를 늘어놓는다. 그러나 종종 마케터는 이를 그냥 그대로 내버려 두기보다는, 자사브랜드에 대한 긍정적 대화를 이끌어내기 위해 이를 지원하기도 한다.

패션의류나 스포츠용품같이 준거집단의 영향력이 강한 제품의 마케터들은 의견선도자를 파악하고 이들에게 접근하는 방법을 알아야 한다. 의견선도자(opinion leaders)는 특별한 기술, 지식, 개성 혹은 다른 특성을 갖고 있기 때문에 다른 사람에게 영향을 끼치는 준거집단 내의 사람들을 말하며, '영향력 행사자(influencers)' 또는 '선도적 수용자(leading adopters)'라 불리기도 한다. 영향력 행사자가 특정 기업이나 제품에 대한 의견을 이야기하면 소비자들은 이를 귀담아 듣고 수용하는 경향을 보인다. 따라서 마케터는 자사제품의 의견선도자를 파악해 이들을 대상으로 마케팅노력을 기울이려고 한다. 에미레이트항공은 인플루언서를 마케팅에 활용해 큰 성공을 거둔 사례 중 하나이다. 에미레이트항공은 유튜

에미레이트항공은 유튜브 스타인 케이시 네이스탯(Casey Neistat)을 활용한 인플루언서 마케팅으로 큰 성공을 거두었다.

브 스타인 케이시 네이스탯(Casey Neistat)에게 퍼스트클래스 항공권을 무료로 제공했다. 항공권을 무료로 제공하는 대신 네이스탯이 해당 항공사를 이용하는 모습을 그의 유튜브 구독자(약 800백만 명)들에게 공유해 주는 것이 조건이었다. 네이스탯은 퍼스트클래스의 기내식을 즐기고 샤워시설을 이용하는 등 서비스를 이용하는 모습을 영상으로 촬영해 유튜브 채널에 두 차례 게재했는데, 해당영상의 조회수는 5,200만 회를 기록했다. 같은 해 에미레이트항공은 유명 할리우드 여배우 제니퍼 애니스톤에게 500만 달러(약 56억 원)를 지급하고 그녀를 광고모델로 등장시킨 영상을 방영했지만, 600만 조회수를 달성하는 데 그쳤다. 네이스탯의 유튜브 영상은 할리우드 유명배우를 모델로 기용한 광고영상의 9배에 달하는 광고효과를 낸 것이다.

의견선도자의 구전영향을 활용하기 위해 버즈마케팅을 도입하는 기업들이 늘어나고 있다. **버즈마케팅**(buzz marketing)은 자사제품에 대한 긍정적인 말을 퍼뜨리는 브랜드전도사 역할을 할 의견선도자들을 모집하거나 창출하는 활동을 말한다. 최근 들어 많은 기업들이 영향력이 있는 기존고객들을 브랜드전도사(brand evangelist)로 전환시키기 위한 브랜드 홍보대사 프로그램(brand ambassador programs)을 개발하고 있다.

마케팅 Highlight

테슬람으로 불리우는 글로벌 열성고객집단을 구축한 테슬라

테슬라의 높은 인기는 굳건한 팬덤이 뒷받침하고 있다. 테슬라에 대한 믿음이 종교적인 수준이란 의미에서 '테슬람'(테슬라와 이슬람의 합성어)이라는 신조어도 생겼다.

테슬라는 2008년 처음 출시한 로드스터부터 큰 화제를 모았다. 로드스터는 1회 충전 시 주행거리 399㎞, 248마력, 제로백(정지 상태에서 시속 100㎞에 도달하는 시간) 3.9초의 고성능 스포츠카로 주목을 받았다. 가격이 12만 달러에 달해 래리 페이지 구글 창립자, 영화배우 리어나도 디캐프리오 등 미국 캘리포니아주 지역의 유명인사들이 주로 구매했다.

모델X가 공개되고 모델S가 출시된 2012년에는 본격적으로 테슬라 열풍이 불기 시작했다. 실리콘밸리의 엔지니어와 기업인들이 경쟁적으로 차량을 구입했다. 테슬라를 구매한다는 것은 지구온난화에 신경 쓰면서 소득수준이 높은 사람이라는 이미지로 받아들여졌다. 테슬라가 단순한 이동수단이 아니라 라이프스타일과 가치관을 드러내는 브랜드아이콘이 된 것이다.

캘리포니아에서 시작된 테슬라 열풍은 미국 전역으로 확산됐다. 보급형 모델3가 나온 2017년 이후에는 더욱 다양한 계층이 테슬라의 팬이 됐다. "테슬라 차량은 조립품질이 떨어진다"는 지적은 이들에겐 대수가 아니었다. 미국 시장조사업체 JD파워의 더그 베츠 자동차 부문 사장은 "사람들은 테슬라 전기차에

품질 문제가 있는 걸 잘 알고 있다. 하지만 이를 감수하며 구매할 정도로 테슬라를 사랑한다"고 말했다.

테슬라 초기 창립자인 마틴 에버하드와 마크 타페닝은 전기차가 고소득자들의 관심을 끌 수 있을 것으로 예상했다. 제너럴모터스(GM)가 1996년 출시한 세계 최초의 전기차 EV1에서 힌트를 얻었다. EV1은 인기가 별로 없어서 3년 만에 생산이 중단됐지만, 당시 구매자들의 연평균 소득이 20만 달러에 달했다. 매력적인 고성능 전기차를 만들면 충분히 고소득층의 수요를 끌어낼 수 있다고 테슬라 창립자들은 판단했다. 2020년 코로나19 사태 이후 테슬라 주가가 상승하면서 테슬라 팬덤은 더욱 확장했다. 테슬라 주주들은 "테슬라가 지구의 에너지 문제를 해결할 것이라고 믿는다"며 전폭적인 지지를 보내고 있다. 일각에선 테슬라가 자동차 업계의 애플이 됐다는 평가도 나온다. 애플처럼 열성적인 팬덤을 구축하는 데 성공했다는 얘기다. 비즈니스 인사이더는 "테슬라는 애플의 후계자이고 일론 머스크는 스티브 잡스의 후계자"라고 했다.

자료원: 한경, 2021.02.08.

최근 새로운 유형의 사회적 상호작용이 폭발적으로 이루어지고 있는데, 온라인 소셜 네트워킹이 대표적이다. **온라인 소셜 네트워크**(online social networks)는 친교를 나누고 정보와 의견을 교환하는 온라인 커뮤니티를 말한다. 이와 같은 새로운 유형의 소비자-소비자, 그리고 기업-소비자 커뮤니케이션은 마케터에게 큰 시사점을 준다. 이제 마케터들은 자사제품을 촉진하고 더 긴밀한 고객관계를 구축하기 위해 홍보대사와 소셜 네트워크의 영향력을 활용하고 있다. 단순히 일방적인 상업적 메시지를 소비자에게 던지는 것을 지양하고, 소비자들과 상호작용하고 그들의 대화와 삶의 일부분이 되

2021 가을 · 겨울 컬렉션 발표에 앞서, 지드래곤과 제니를 브랜드 홍보대사로 활용한 샤넬

기 위해 인터넷과 소셜 네트워크를 활용하려고 한다. 예를 들어, 환경친화적 아웃도어 브랜드 Timberland는 비슷한 생각을 가진 지구지킴이들이 웹사이트, Facebook페이지, YouTube채널, Bootmakers블로그, 이메일 뉴스레터, Twitter 등을 포함한 온라인네트워크를 통해 접속하거나 브랜드와 서로 의견을 나눌 수 있도록 온라인 커뮤니티(http://community.timberland.com)를 만들었다. 글로벌 명품 브랜드들이 최근 한국 셀럽(celebrity · 유명인)들에게 브랜드 홍보대사(앰배서더)를 맡긴 것도 또 다른 예이다. 2021년 3월 프랑스 브랜드 샤넬은 2021 가을·겨울 기성복 쇼에 앞서 15인의 셀럽들이 쇼를 기다리는 모습을 촬영한 영상을 샤넬 공식 인스타그램과 유튜브 채널에 먼저 공개했는데, 그룹 '빅뱅'의 지드래곤, 그룹 '블랙핑크'의 제니, 모델 수주 등 한국의 스타들이 등장해 화제가 됐다. 샤넬 인스타그램과 유튜브 채널에서는 제니와 지드래곤에 대한 뜨거운 반응이 댓글로 이어졌다.

마케팅 Highlight

그룹 빅뱅의 지드래곤, 그룹 블랙핑크의 제니 등 한국의 유명인들을 홍보대사로 활용하는 해외 명품 브랜드들

글로벌 명품 브랜드들이 최근 앞다퉈 한국 셀럽(celebrity · 유명인)들에게 브랜드 홍보대사(앰배서더)를 맡겨 눈길을 끈다. 과거 미국이나 유럽 등 서구 연예인 혹은 모델들을 전면에 내세웠던 것과 대조를 이룬다. 2021년 3월 프랑스 명품 브랜드 샤넬은 2021 가을 · 겨울 기성복 쇼에 앞서 15인의 셀럽들이 쇼를 기

구찌의 크리에이티브 디렉터 알레산드로 미켈레는 평소 카이가 좋아했던 '테디 베어'를 주제로 삼아 남성복, 여성복 및 액세서리로 구성된 약 70여 개의 제품을 출시했다.

펜디는 브랜드 최초로 한국배우 송혜교를 공식 앰배서더로 선정했다.

다리는 모습을 촬영한 영상을 먼저 공개했는데, 한국의 스타들이 등장해 화제가 됐다. 그룹 빅뱅의 지드래곤, 그룹 블랙핑크의 제니, 모델 수주가 그 주인공이다. 영상이 올라간 샤넬 인스타그램과 유튜브 채널에서는 제니와 지드래곤에 대한 뜨거운 반응이 댓글로 이어졌다. 이탈리아 브랜드 구찌 역시 그룹 '엑소' 멤버 카이와 협업한 '카이X구찌' 캡슐 컬렉션을 공개했다. 구찌 브랜드 설립 100주년을 맞아 성사된 프로젝트로 한국 아티스트의 이름으로 컬렉션을 내는 것은 이번이 처음이다. 카이는 2018년부터 구찌 앰배서더로 활동 중이다. 카이는 이번 컬렉션 공개를 앞두고 광고 캠페인까지 촬영해 한국 셀럽으로는 처음으로 구찌의 광고모델로도 활약했다.

2021년 2월 이탈리아 패션 브랜드 펜디는 배우 송혜교를 공식 앰배서더로 선정했는데, 한국 배우가 펜디의 공식 브랜드앰배서더가 된 것은 이번이 처음이다. 프랑스 브랜드 디올도 그룹 블랙핑크의 멤버 지수를 글로벌 브랜드앰배서더로 선정했다.

글로벌 명품 브랜드들이 한국 셀럽을 브랜드 홍보대사로 활용하는 주요이유로는 K-팝의 위상이 꼽힌다. BTS · 블랙핑크 등 전 세계적 인기를 끄는 K-팝 스타들이 등장하면서 한국 스타들의 영향력이 전 세계로 확장됐다. 특히 SNS에서 커다란 영향력을 발휘하고 있다는 점도 해외 명품 브랜드들이 이들을 활용하는 이유다. 2021년 3월 22일 기준 인스타그램에서 제니의 팔로워는 4161만 명, 지드래곤은 1958만 명, 카이는 1157만 명에 달한다. 이들이 브랜드와 관련된 게시물을 하나만 올려도 전 세계 수천만 명의 사람들에게 곧바로 노출된다.

명품시장에서 아시아 시장의 구매력이 향상된 것도 또 다른 주요이유 중 하나이다. 아시아 시장이 중요해졌기에 이곳에서 큰 영향력을 발휘하는 한국 스타들을 홍보대사로 기용하려는 것이다.

자료원: 중앙일보, 2021.03.23., 샤넬도 구찌도 "홍보해줘"… 해외명품, 한국스타에 러브콜 왜.

그러나 마케터는 온라인 소셜 네트워크를 활용할 때 주의를 기울여야 한다. 그 결과를 예측하기 어렵고 통제하기 어렵기 때문이다. 결국 사용자들이 콘텐츠를 통제하기 때문에 소셜 네트워크 마케팅은 쉽게 기업에게 부정적 결과를 초래할 수 있다. 예를 들어, 기업들이 실시간으로 자사제품에 관한 의견을 트윗할 수 있도록 웹사이트를 설계했을 때, 일부 이용자들이 장난남아 불경스런 말들로 트윗을 장식할 수 있다. 소셜네트워크서비스(SNS)를 마

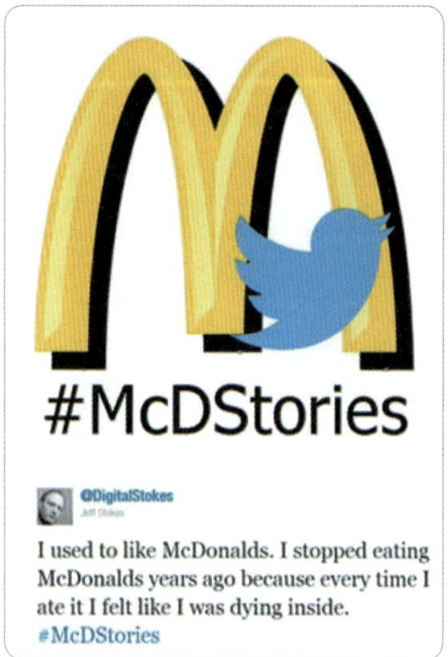

맥도날드는 소셜네트워크서비스(SNS)를 마케팅에 활용하려다 실패한 경험이 있다.

케팅에 활용하려다 실패한 사례는 매우 많은데, 맥도날드의 트위터 마케팅 실패가 그중 하나이다. 맥도날드는 고객들이 자사 햄버거에 대한 즐거운 스토리를 트위터를 통해 전파하기를 기대하며 트위터상에 #McDStories(맥도널드 스토리)라는 해시태그를 개설했다. 해시태그는 # 뒤에 붙은 단어를 주제로 하는 글이라는 뜻이다. 맥도날드의 기대와 달리 일부 고객들은 맥도날드를 혹평하는 스토리를 올렸다. "나는 몇 년째 맥도날드에 가지 않는다. 차라리 내가 토한 것을 먹겠다. #McDStories", "나는 비위생적인 직원들과 함께 맥도날드에서 일했다. 머리카락을 햄버거에 넣는 직원도 있었다. #McDStories" 등과 같은 글이 올라왔다. 맥도날드는 당황했지만, 때늦은 후회가 됐다.

(2) 가족(Family)

가족은 구매행동에 강한 영향을 준다. 가족은 사회에서 가장 중요한 소비자 구매조직이며, 이 분야는 광범위하게 연구되어 왔다. 마케터들은 제품과 서비스에 대한 구매과정에서 남편, 아내, 그리고 아이들의 역할과 상대적 영향력에 대해 관심을 갖는다.

남편-아내의 구매관여도는 제품범주와 구매과정의 단계에 따라 다르다. 구매 역할은 소비자 라이프스타일이 신화함에 따라 바뀐다. 전통적으로 아내가 가족의 식품, 가정용 제품, 그리고 옷의 구매를 도맡아 왔다. 하지만 직업을 가진 여성들의 수가 늘어나고 남편들이 자진해서 식료품 쇼핑을 맡아서 하는 등 가족을 위한 구매에서 더 많은 역할을 수행하려 함에 따라 모든 것이 바뀌고 있다.

이러한 역할 변화는 마케팅에서의 새로운 변화를 발생시켰다. 식료품과 개인 케어용품에서 승용차와 소비자 전자제품에 이르기까지 전통적으로 여성 혹은 남성에게만 제품을 판매하는 데 주력해 온 마케터들이 이제 다른 성별을 타깃으로 마케팅활동을 벌이고 있다. 장난감 시장이 그 한 예이다. 최근 남성 육아가 증가함에 따라 아빠들이 사내아이들이 갖고 노는 것과 비슷한 장난감을 딸아이에게 사주면서 이를 반영한 장난감이 개발/출시되고 있다. 바비인형으로 유명한 완구업체 마텔이 바비인형이 등장하는 레고 형태의 조립식 블록제품을 출시했는데, 이 제품은 바비가 사는 분홍색의 럭셔리 맨션을 아이들이 직접 조립하도록 되어 있다. 신제품에 등장하는 바비는 어른 손가락 크기만 한 아기자기한 모습이다. 8등신의 대명사인 바비인형의 이 같은 변신은 남자가 가사와 육아에 보다 적극적으로 개입하고 아빠들이 일찍부터 딸 아이의 수학, 과학능력을 길러주기 위해 남자아이들이 갖고 노는 것과 비슷한 장난감을 사주려고 하는 추세를 반영한 결과이다.

최근들어 남성 육아가 증가하고 아빠들이 사내아이들이 갖고 노는 것과 비슷한 장난감을 딸아이에게 사주는 추세에 맞추어 유명한 완구업체 마텔은 바비인형이 등장하는 레고 형태의 조립식 블록제품을 출시했다.

어린 자녀들도 가족 구매결정에 영향을 미칠 수 있다. 그들은 또한 가족이 그들을 위해 지출하는 제품들(음식, 옷, 엔터테인먼트, 개인용품 등)에 간접적으로 영향을 미치고 있다. 이에 따라 캐주얼 레스토랑은 가족들이 자녀들과 외식하도록 독려하기 위해 세련된 어린이용 메뉴와 특별 할인가, 그리고 아이들에 초점을 맞춘 다양한 활동 등을 제공함으로써 어린이들을 유인하고 있다. 어떤 레스토랑은 어린이들에게 밀가루 반죽, 페퍼로니 조각, 치즈 등을 나누어주고 그들이 테이블에서 자신만의 피자를 만들 수 있도록 하기도 한다. 불황에 따른 프리미엄 제품 수요의 감소는 키즈산업에는 적용되지 않는다. 경기침체로 매출증대에 어려움을 겪는 국내 유통업계는 어린이 전용상품을 개발하고 이들을 겨냥해 다양한 마케팅 활동을 벌임으로써 부모의 점포방문을 유도하고 있다.

자녀들은 소비자사회화를 통해 적절한 소비자행동을 학습하는 과정에서 부모들로부터 큰 영향을 받는데, 돈을 어떻게 효율적으로 사용해야 하는지, 좋은 품질의 제품을 어떻게 선택할 수 있는지, 세일을 어떻게 이용할 수 있는지 등에 대한 학습이 그 한 예이다. **소비자사회화**(consumer socialization)는 소년기 아이들이 소비자로서의 기능을 수행하는 데 적합한 기술, 지식, 그리고 태도를 습득하는 과정을 말한다. 소년기 자녀들은 TV를 통해서 제품지식을 얻기도 하지만 구매나 소비와 관련된 여러 가지 지식이나 합리적 판단력은 부모에게서 주로 배우게 된다.

마케팅 Highlight

가족에 대한 새로운 정의: 반려동물을 가족처럼 여기는 펫팸족(pet+family)의 증가와 이들을 타깃으로 하는 기업들

"우리 아이한테는 유기농으로 좋은 것만 먹이고 싶죠." (서울 아현동, 이현정 씨)

합성보존료를 쓰지 않고 생고기 등 100% 사람이 먹을 수 있는 식재료를 사용한 하림의 '더리얼' 펫푸드

언뜻 들으면 자녀를 가리키는 것 같지만 여기서 '우리 아이'는 반려견 다롱이(생후 4년 말티즈)다. 이 씨는 "처음엔 사료를 먹였는데 아이가 입도 짧고 잔병치레가 잦아져 지난해부터 고기와 야채 등을 직접 조리해 자연식으로 주고 있다"고 말했다.

이마트 성수점의 몰리스 반려견 사료 매장: 이마트는 펫 매장 내 반려동물 사료 종류를 대폭 확대했다. 기존 몰리스 전문점에서만 판매했던 오가닉 사료, 홀리스틱 사료와 같은 프리미엄 사료를 갖춰 고객 선택권을 강화했다.

개와 고양이 등 반려동물의 먹거리가 사람이 먹는 음식을 닮아가고 있다. 반려동물을 가족처럼 여기는 '펫팸족(pet+family)'의 증가가 그 배경이다. 2019년 기준으로 국내 반려동물 양육가구는 전체 가구의 26.4%인 591만 가구이며, 인구로는 1500만 명에 달한다. 이 중 상당수는 반려동물과 깊은 유대감을 나누며 스스로를 엄마 · 아빠로 칭하고, 먹이를 줄 때도 '맘마(밥)', '까까(간식)' 같은 말을 사용한다. '아이들'에게 건강하고 질 좋은 음식을 주는 건 이들에게 당연하고 자연스러운 일이다. 업계 용어도 사료(feed)에서 펫푸드(Pet food)로 빠르게 바뀌고 있다.

국내 반려동물 산업규모는 2020년 기준 3조 3753억 원(농촌경제연구원), 2조 580억 원(글로벌 시장조사기관 유로모니터) 등 기관마다 차이가 있지만, 펫푸드가 약 80~90%의 비중을 차지한다. 유튜브에서도 펫푸드 콘텐츠는 큰 인기다. 루디와 퐁키라는 포메라리안 두 마리를 키우는 '루퐁이네' 채널의 경우 보호자가 매끼 각종 식재료를 정성껏 조리해 강아지 밥을 준비한다. 우족 · 연어 · 두부 등을 말린 건강 간식은 물론 강아지용 케이크와 아이스크림도 만든다. 댓글엔 '나보다 좋은 걸 먹고 사네'라는 글이 달리곤 하는데 구독자가 100만 명을 넘어섰다. 붉은 파프리카와 토마토로 떡볶이 소스를 만들고 닭가슴살에 흑임자가루를 섞어 김밥의 김을 표현하는 등 건강한 식재료로 만든 기발한 강아지용 음식이 등장하는 '홍설' 채널도 영상들의 조회수가 130만 회를 육박할 정도로 인기다.

관련업계는 펫푸드의 인간화(humanization)를 기정사실화하고 적극적인 시장 대응에 나서고 있다. 하림펫푸드는 2017년 국내 최초로 100% 사람이 먹을 수 있는 원료로 만든 펫푸드 '더리얼'을 내놨다. 합성보존제 · 감미료 · 착색료 등은 일절 넣지 않고 식품공정에 준하는 시설에서 생산한다. 그 결과 2019년 매출이 전년보다 5배 가까이 증가해 103억 2700만 원을 기록했다. 2020년엔 삼계탕 · 떡국 · 빼빼로 · 아이스크림도 선보였다. 이마트의 반려동물 매장 '몰리스'는 프리미엄 펫푸드 외에도 야쿠르트 유산균, 정관장 관절영양제, 영국산 요거트 등 반려동물용 건강기능식품으로 차별화를 꾀하고 있다. 롯데백화점 펫상품 기획자는 "펫푸드도 사람 식품과 마찬가지로 유기농 · 자연식 · 고급화가 3대 트렌드이다. 알러지나 건강에 문제를 겪는 반려동물이 많아 자연식 · 프리미엄 펫푸드 시장이 더욱 확대될 것이다"라고 말했다.

자료원: 중앙일보, 2021.1.22.

5.3 개인적 요인(Personal Factors)

구매자의 의사결정은 문화적·사회적 요인뿐 아니라 구매자의 나이와 생애주기단계, 직업 같은 인구통계적 요인, 라이프스타일, 성격과 자아 등 개인적 특성에 의해 영향을 받기도 한다.

(1) 인구통계적 요인(Demographic Factors)

나이와 생애주기단계, 성별, 소득, 직업, 교육수준 등의 인구통계적 요인은 소비자행동에 영향을 미칠 뿐 아니라 세분시장의 소비자 프로파일을 설명하는 데 유용한 변수이기도 하다. 마케터는 구매행동, 심리적 변수 등에 기반해 시장을 세분화한 다음 인구통계적 특성을 기반으로 소비자 프로파일을 만들어 그들에게 효율적으로 접근할 마케팅프로그램을 개발한다. 이하에서는 인구통계적 요인들 중에서 연령과 생애주기단계(Life-Cycle Stage)를 중심으로 설명하고 이의 마케팅 시사점을 다루기로 한다.

사람들은 일생 동안 구매하는 제품과 서비스를 지속적으로 바꾸어 나간다. 음식, 옷, 가구, 그리고 레크리에이션에 대한 취향의 변화는 주로 나이와 관계가 있다. 최근 들어 고연령층 소비자들이 매력적인 세분시장으로 부상하고 있으며 이들은 제약, 식료품, 미용제품, 의류, 여행 및 오락, 재무서비스 등 많은 산업에서 매력적인 시장이다.

오랫동안 많은 기업들이 고연령층 소비자들에 대해 '브랜드 전환을 꺼려하며 허약하고 집에 틀어박혀 지내는 사람'이라는 고정관념을 가졌다. 이에 따라 50대 이상의 소비자를 타깃으로 한 제품광고는 나이든 사냥개를 끌고 교외에서 생활하는 회색 머리카락의 노인을 보여준다. 마케터는 고연령층에 속한 소비자들이 나이든 사람같이 행동하지 않으며 자신을 그렇게 보지도 않는다는 것에 유의해야 한다. 수명이 연장됨에 따라 사람들은 노년기 삶의 의미를 재정의하고 있다. 그들은 자신을 노년층이라고 생각하지 않으며 제2의 중년기를 맞이하고 있다고 믿는다. 따라서 마케터는 이러한 믿음을 반영하는 마케팅커뮤니케이션 방식으로 이들에게 소구할 필요가 있다. 가령, Jeep광고는 나이가 들었다고 전혀 생각할 수 없는 고연령층 소비자를 등장시켜, "나는 여전히 30대라고 느낀다. 손자들은 내가 진짜 멋있다고 말하지만, 내가 항상 그랬다는 것을 그들이 몰랐던 것 같다. 나는 인생을 즐기고 Jeep을 타며, Jeep이 바로 나다."고 말한다.

또한 생애주기단계에서 변화가 일어남에 따라 그전과 다른 구매가 이루어진다. 가족생애주기의 변화는 인구통계적 특성과 삶을 변화시키는 사건들, 즉 결혼, 자녀를 가짐, 주택 구입, 이혼, 대학에 진학하는 자녀, 개인소득의 변화, 이사, 은퇴 등에 의해 발생된다. 마케터들은 종종 생애주기단계에 의해 표적시장을 정하고, 이에 적합한 제품과 마케팅커뮤니케이션 계획을 세운다. 최근 교육서비스기업들은 초·중·고생이 줄어들어 입시위주의 사교육 시장이 침체됨에 따라 직장인과 취업준비생들을 새로운 표적시장으로 고려하고 외국어·편입·자격증 등 성인 대상 교육과정을 확대하고 있다. 입시전문 대형 교

생애주기단계의 변화에 따른 고객행동의 변화: 직장인과 취업준비생들이 학원에서 영어수업을 듣고 있다. 입시위주 사교육 시장이 침체된 반면 직장인과 취업준비생이 교육업체의 주요 표적고객으로 떠올랐다.

육업체 메가스터디가 성인 대상 교육사업 확대와 요리·목공·육아 같은 생활관련 온라인 강의 개설을 통해 새로운 세분시장을 개척하고 있는 것이 그 한 예이다.

이와 같이 소비자들은 살아가는 동안 생애주기상에서 여러 단계를 거치게 되는데, 생애주기단계 변화에 따라 그들의 소비행동과 구매제품에 대한 선호도도 달라진다. 이에 따라 기업들은 생애주기 전 단계에서 우리제품에 대한 선호도를 계속 유지하기 위한 마케팅전략을 설계한다. 고객생애주기의 첫 단계에 위치한 어린이 고객을 평생고객으로 만들기 위해 유아 및 어린이 대상 구독서비스를 도입한 나이키가 그 한 예이다.

마케팅 Highlight

어린이들을 평생고객으로 만들기 위해 어린이 구독서비스를 도입한 나이키

'두 살 때 알게 된 브랜드가 여든 살까지 간다.'

신문, 잡지 등에서 시작돼 화장품, 면도날, 동영상 등으로 확대되고 있는 구독서비스 대열에 나이키가 합류했다. 기존 서비스와 다른 점은 구독서비스 고객으로 유아 및 어린이를 택했다는 것이다. 미국 나이키는 2019년 8월 2~10세 어린이를 대상으로 하는 운동화 구독서비스 '나이키 어드벤처 클럽'을 도입했다. 옵션은 세 가지로 한 달 구독료 20달러를 내면 1년에 4켤레, 30달러를 내면 6켤레, 50달러를 내면 12켤레를 배달해 주는 식이다. 직접 매장을 방문할 필요 없이 100여 종의 운동화 중에서 선택할 수 있다. 운동화에 더해 어린이가 즐길 수 있는

현대차 제네시스의 차량 구독서비스인 '제네시스 스펙트럼'은 월 구독료 납부만으로 제네시스 라인업의 차종들을 손쉽게 이용할 수 있다.

정보도 함께 제공한다. 나이키가 어린이를 첫 구독서비스 대상으로 삼은 것은 평생단골고객을 일찍 확보하겠다는 의도이다. 세계 최대 유통업체 월마트도 아동복 구독서비스 업체와 손잡고 어린이 옷 구독서비스를 하고 있다.

현대차 제네시스도 차량 구독서비스 '제네시스 스펙트럼'을 도입했다. 제네시스 스펙트럼은 월 구독료 납부만으로 제네시스 라인업의 차종들을 손쉽게 이용할 수 있는 국내 최초의 차량 구독서비스인데, 장기 렌트와 달리 단 1개월만 이용하고도 해지가 가능하다. 구독자는 월 189만원으로 G80, GV80, G70 등 제네시스 주요차종을 필요에 따라 교체 이용할 수 있다.

자료원: 한경, 2021.02.22; 조선일보, 2019.08.14.

(2) 라이프스타일(Lifestyle)

같은 사회계층, 직업에 속한 사람들도 개인마다 라이프스타일이 다를 수 있다. **라이프스타일**(lifestyle)은 개인의 삶을 살아가는 방식을 말한다. 라이프스타일은 AIO의 주요차원들–활동(Activity: 일, 취미, 쇼핑, 스포츠, 사교모임 등), 관심영역(Interest: 음식, 패션, 가족, 레크리에이션 등), 그리고 의견(Opinion: 자기자신, 사회적 이슈, 비즈니스, 제품 등에 관한 생각과 믿음)–을 사용하여 측정된다. 마케터들이 목표소비자의 라이프스타일에 관심을 갖는 것은 그들의 개인적 가치와 신념을 반영하기 때문이다. 라이프스타일이라는 개념을 잘 활용함으로써 기업은 고객들의 가치체계의 변화와 그 변화가 어떻게 구매행동에 영향을 주는지를 이해하는 데 도움을 받을 수 있다.

사람들은 점점 더 자신이 추구하는 가치, 즉 라이프스타일을 반영하는 제품을 선택하는 추세를 보이고 있다. 즉 이 음료의 맛이 좋아서 선택하는 것이 아니라 '이 음료 브랜드와 일체가 된 느낌을 주기 때문에 혹은 이 음료 브랜드는 나의 정체성을 반영하기 때문에' 선택하는 것이다. 따라서 많은 기업들이 라이프스타일 변수를 브랜드포지셔닝 전략에 활용하고 있다. 예를 들어, 아웃도어 브랜드 K2는 야외활동을 즐기는 소비자들을 겨냥해 우수한 기능성과 정통성을 가진 브랜드로 포지셔닝 한다.

(3) 개성과 자아개념(Personality and Self-concept)

개인은 자신의 개성에 어울리는 브랜드를 선호하며, 이런 점에서 개성은 구매행동에 영향을 끼친다.

아웃도어 브랜드 K2는 광고 캠페인에서 도전적 라이프스타일을 강조한다.

개성 혹은 **성격**(personality)이란 자신을 둘러싼 환경에 대해 비교적 일관성 있고 영구적인 반응을 보이도록 이끄는 독특한 심리적 특성들을 말한다. 한 개인의 개성은 자신감(self-confidence), 지배성(dominance), 사교성, 자율성, 방어성, 융통성(adaptability), 공격성 같은 개성 특성에 의해 설명된다. 이러한 소비자 개성은 특정제품이나 브랜드의 선택을 분석하는 데 유용하다. 예를 들어, 커피 마케터들은 조사를 통해 커피를 많이 마시는 소비자들이 사교성이 강하다는 것을 발견할 수 있다. 이러한 조사결과를 토대로 Starbucks 같은 커피점들은 사람들이 커피 한 잔을 마시고 쉬면서 사람들과 교제할 수 있는 환경을 만들었다.

사람과 마찬가지로 브랜드도 개성을 가질 수 있는데, 소비자들은 자신의 개성과 맞는 브랜드를 선호하거나 선택하는 경향을 보인다. **브랜드개성**(brand personality)은 특정 브랜드가 갖고 있는 인간특성들의 집합을 말한다. 한 연구자는 다음과 같이 다섯 가지 유형의 브랜드개성을 발견했다.

1. 성실함(Sincerity): 현실적인, 정직한, 건전한, 쾌활한
2. 흥분(Excitement): 모험적인, 생기 있는, 상상력이 풍부한, 현대적인
3. 능력(Competence): 신뢰성 있는, 지적인, 성공적인
4. 세련됨(Sophistication): 상류층이고 매력 있는
5. 거침(Ruggedness): 야외를 좋아하는, 터프한

대부분의 유명 브랜드들은 특정의 성격특성과 강하게 연관되어 있다. 가령, Levi's는 "거침", 페라리 스포츠카는 "흥분", 매일경제신문은 "능력", 풀무원은 "성실함"과 강하게 연관되어 있다. 따라서 이러한 브랜드들은 자신과 동일한 성격특성을 소유한 소비자들의 관심을 끌 가능성이 높다.

마케터들은 개성과 관련된 개념인 개인의 **자아개념**(self-concept) 혹은 **자아이미지**(self-image)를 브랜드

카카오의 음성기반 인공지능 스피커 카카오 미니

마케팅에 활용한다. 자아개념이 시사하는 바는 사람들의 소유물들이 자신의 정체성 형성에 기여하고 정체성을 반영한다는 것이다. 즉 사람들이 갖고 있는 것이 그 사람를 나타낸다는 것이다. 그러므로 소비자행동을 깊이 이해하기 위해서 마케터들은 소비자 자아개념과 소유물 간의 관계를 파악할 필요가 있다. 최근 들어 아마존 알렉사, 애플 시리, 카카오 미니 등 음성기반 인공지능 서비스 브랜드가 브랜드-고객관계 구축의 주요도구로 부상하고 있고 브랜드 개성 창출을 통해 고객관계를 강화하고 있다. 음성기반 인공지능 브랜드의 개성은 목소리 성별과 말투, 대화내용과 방식 등을 통해 표현된다. IBM의 인공지능 왓슨은 남성, IBM의 코타나와 아마존의 알렉사는 여성으로 설정되었고, 애플 시리와 구글 나우는 고객이 성별을 선택할 수 있다. 코타나는 이지적이면서 사려 깊은 여비서로 포지셔닝되어 비속어는 거의 사용하지 않는다. 시리는 조금 건방진 듯하고 간혹 질투도 한다. 실수로 다른 이름을 부르면 "차라리 알렉사에 부탁하지 그래요"라며 뾰로통해한다.

마케팅 Highlight

제품성능 평준화 추세에서 효과적인 브랜드마케팅 전략 - 브랜드 개성화

기업 입장에서 브랜드 개성화는 효과적인 브랜드마케팅 전략일 수 있다. 인간의 의사결정은 매우 합리적인 듯 보여도 사실은 감정적 요소가 결정적 영향을 끼친다. 브랜드 개성화는 소비자와 브랜드의 관계를 보다 따뜻하고 친근한 인간적 관계로 유도함으로써 감정적 유대감을 쌓는 데 도움이 된다. 브랜드 개성과 자신의 개성이 일치할 때 소비자는 브랜드와 일체감을 느끼고 브랜드를 확장된 자아(extended self)로 인식하게 된다.

브랜드 개성화는 무생물인 브랜드에 인격을 부여하는 과정인 만큼 브랜드 개성화에는 인적 요소가 중요하다. 아마도 가장 중요한 인적 요소는 기업의 CEO를 비롯한 임직원이다. 특히 CEO는 기업의 얼굴이다. 바디샵(The Body Shop)의 아니타 로딕(Anita Roddick), 테슬라(Tesla)의 일론 머스크(Elon Musk), 애플(Apple)의 故 스티브 잡스(Steve Jobs), 파타고니아(Patagonia)의 이본 쉬나드(Yvon Chouinard), 현대자동차의 故 정주영 회장 등은 브랜드의 에센스를 대표한다. 그저 자리를 차지하는 내부의 의사결정자가 아니라 브랜드의 핵심가치를 대변하는 브랜드 아이콘이다. 강력한 리더십이 있는 CEO는 스스로 브랜드의 열렬한 옹호자임을 자처하고 적극적으로 세상과 소통함으로써 브랜드에 얼굴을 부여할 수 있다.

배달의민족 패러디 광고

이상적인 고객의 이미지(user imagery)를 활용하는 것도 브랜드 개성 창출의 좋은 방법이다. 본래 여성용 담배로 출시된 말보로(Marlboro)는 여성 고객을 겨냥한 광고가 효과가 없자 카우보이라는 문화적 아이콘을 통해 남성적이고 마초스러운 이상적인 고객이미지를 전달함으로써 남성 고객들에게 어필했다. 배달의민족 역시 핵심적인 고객을 명확히 설정하고 이들에게 맞는 커뮤니케이션에 집중해 성공가도를 달려왔다. 핵심고객을 20~30대, 배달을 많이 시켜 먹는 자취생이나 대학생, 직장에서 주문을 담당하는 막내사원으로 규정하고 이들이 좋아하는 문화(홍대, B급, 패러디, 키치(kitsch) 문화)를 마케팅커뮤니케이션에 담아냈다. 가게 창문에 손으로 쓴 듯한 느낌의 한나체를 만들어 활용하고, 고구려 벽화나 서양 명화를 패러디했다. 다양한 분야의 잡지에 패러디 카피를 넣은 광고를 집행했다. 예를 들어, 내셔널지오그래피에는 '인류는 왜 닭을 선택했는가', 웨딩잡지에는 '다이어트는 포샵으로'라는 카피를 아무런 이미지 없이 내보냈다. 다른 사례로는 LG생활건강의 더 히스토리 후를 들 수 있다. 후는 현대판 왕후의 이미지를 이상적인 고객이미지로 삼았다. 이를 반영해 경복궁에서 VIP 뷰티클래스를 열고 루브르박물관 박람회에 참가했으며 여성 지도자 콘퍼런스 등을 후원했다. 왕후를 떠올리는 후(后)라는 브랜드명, 궁중악기인 해금에서 모티브를 얻은 로고, 왕실 도자기 형상의 화장품 용기, 황금색과 보석 등 감각 마케팅을 통해 이상적인 고객이미지와 일관된 마케팅 활동을 펼쳤다.

자료원: 박기완, "소비자는 제품 아닌 브랜드를 구매, 인간적 관계 통해 일체감을 느끼게," DBR, No. 266, 2019. 1.29, pp.44-53.

5.4 심리적 요인(Psychological Factors)

소비자의 구매행동은 네 가지 심리적 요인(동기, 지각, 학습, 그리고 신념과 태도)에 의해 영향을 받는다.

(1) 동기(Motivation)

사람은 특정 시점에 여러 유형의 욕구(needs)를 가진다. 그중 대표적인 것이 배고픔, 목마름, 또는 신체적 불편함 같은 생리적 욕구인데, 이는 생리적 긴장상태 혹은 결핍상태의 발생에 의해 유발된다. 다른 것으로는 인정, 존경, 또는 소속 욕구 등과 같이 심리적인 것도 있다. 욕구의 강도가 충분한 수준에 도달했을 때 그 욕구(need)는 구매행동과 같이 특정의 행동을 하게 하는 동기(motive)가 된다. **동기**(motive) 또는 **동인**(drive)은 적극적으로 만족스러운 행동을 추구하도록 압박하는 강력한 욕구를 말한다. 심리학자들은 다양한 인간동기이론을 개발했다. 그중 대표적인 것이 Sigmund Freud 이론과 Abraham Maslow 이론인데, 이들은 소비자행동을 이해하고 마케팅전략을 수립하는 데 유용한 시사점을 제공한다.

Sigmund Freud에 의하면 사람들은 종종 자신의 행동에 영향을 미치는 실제적 심리요인들이 무엇인지에 대해 의식하지 못한다고 한다. 그는 인간을 '성장하면서 충동을 억제하는 존재'로 보고 있다. 그러나 이런 충동들(urges)은 완전히 제거되거나 통제되지 못하기 때문에, 꿈에 혹은 무심히 입 밖으로, 신경과민적 또는 강박적 행동으로 나타날 수 있으며, 극단적으로는 정신이상 상태에서 나타날 수 있다고 주장한다. Freud 이론이 시사하는 바는 소비자의 구매결정이 자신도 완전히 이해하기 힘든 혹은 의식하지 못한 잠재동기에 의해 영향을 받는다는 것이다. 가령, 스포티한 BMW Z4 Roadster 오픈카를 구매하는 나이 들어 가는 베이비 붐 세대 소비자들은 그 브랜드를 구매한 이유가 머리를 스치는 바람의 느낌이 좋아서라고 설명할 수 있다. 그러나 더 깊이 파고들어가 보면 자신의 성공을 과시하고 싶거나 이 차의 소유를 통해 다시 젊고 자유로워지고 싶어서일 수 있다.

소비자의 숨어 있는 무의식적 동기를 캐내기 위해 설계된 정성조사를 **동기조사**(motivation research)라고 한다. 기업들이 마케팅조사의 일환으로 동기조사를 활용하는 이유는 소비자들은 종종 왜 그들이 그렇게 행동했는지에 대해 설명하지 못하거나 알지 못하기 때문이다. 마케터와 조사전문가들은 소수의 소비자들로 구성된 실험집단으로부터 특정 브랜드의 구매에 잠재되어 있는 정서 및 태도를 발견하기 위해 다양한 심층면접(probing)기법들을 활용한다. 기업들은 이러한 동기조사를 수행하고 그 결과를 분석하기 위해 심리학자, 인류학자, 그리고 다른 사회과학자들을 고용하기도 한다. 소비자 심리에 대해 깊게 탐구하기 위해 일대일의 심리치료 형식(therapy-like)의 인터뷰를 실시하거나, 여러 브랜드들의 명성 수준에 대해 평가하기 위하여 소비자에게 자신이 매우 좋아하는 브랜드를 동물 또는 자동차(예를 들어 현대 그랜저 대 기아 K7)에 비교해서 설명하게 하거나, 소비자의 어둡고 깊숙한 정신세계를 탐구하기 위해 최면, 꿈 치료법, 또는 부드러운 조명과 무드 있는 음악 등을 활용하는 것이 그 일례이다. 일부 기업들은 이런 투사적 기법(projective techniques)의 객관성에 대해 부정적 의견을 보일 수 있지만, 소비자의 심리를 더 파고들고 더 좋은 마케팅방안을 개발하기 위해 소비자 마음 깊이 감춰져 있는 이런 감정을 파악하려는 접근방식인 **해석적 소비자조사**(interpretive consumer research)를 도입하는 마케터가 늘고 있다.

Abraham Maslow는 사람들이 왜 특정 시점에 특정한 욕구를 느끼는지에 대해 설명하려고 했다. 왜 어떤 사람은 개인적 안전을 확보하기 위해 시간과 에너지를 소비하며, 또 다른 사람은 존경을 얻으려 시간과 에너지를 소비하는 것일까? Maslow의 답은 인간의 욕구는 **그림 3-5**에서 나타난 바와 같이

그림 3-5 Maslow의 욕구단계론

가장 긴급한 것이 가장 밑에, 그리고 가장 긴급하지 않은 것이 최상층에 위치하도록 계층별로 구성되어 있다는 것이다. 그는 인간욕구를 **생리적 욕구**(physiological needs), **안전 욕구**(safety needs), **사회적 욕구**(social needs), **존경 욕구**(esteem needs), 그리고 **자아실현 욕구**(self-actualization needs)로 분류했다.

Maslow에 의하면 사람은 제일 긴급하고 중요하게 여기는 욕구부터 먼저 충족하려 한다. 그것이 충족되면 그 욕구는 더 이상 동기요인이 되지 않을 것이며, 사람은 다음으로 중요하게 느끼는 욕구를 충족하려 할 것이다. 예를 들어, 배고픈 사람들(생리적 욕구)은 최신 유행을 수용하거나 클래식 공연을 관람하는 것(자아실현 욕구) 또는 자신이 타인에게 어떻게 비추어지는지 또는 존경을 받고 있는지(사회적 욕구와 존경 욕구), 또한 자신이 깨끗한 공기를 마시고 있는지(안전 욕구)에 대해 별 관심을 갖지 않을 것이다. 하지만 가장 중요한 욕구가 충족되면, 다음으로 중요한 욕구가 작동하기 시작한다고 주장한다.

(2) 지각(Perception)

동기부여가 이루어진 사람은 행동할 준비가 되어 있다. 사람이 어떻게 행동하는지는 그 사람의 상황에 대한 주관적 지각에 의해 영향을 받는다. 우리 모두는 오감(시각, 청각, 후각, 촉각, 그리고 미각)을 통해 정보를 학습한다. 하지만 우리들 각자는 이러한 감각정보들을 우리 자신의 방식으로 받아들이고, 조직화하고 해석한다. 사람들이 세상에 대한 의미 있는 그림을 형성할 수 있게 정보를 선택하고, 조직화하고, 해석하는 과정을 **지각**(perception)이라고 한다.

사람들은 지각과정의 세 가지 특징인 선택적 주의, 선택적 왜곡, 그리고 선택적 보유 때문에 동일한 자극물에 대해 각기 다르게 지각한다. 사람들은 매일 매우 많은 양의 자극에 노출된다. 개인이 이 많은 자극들 모두에 주의를 기울이는 것은 불가능하다. **선택적 주의**(selective attention)는 노출된 정보들 중 대부분을 걸러내는 성향을 말하는데, 이는 마케터들이 소비자의 관심을 얻기 위해서 특별한 노력을 기울여야 함을 의미한다.

노출된 자극도 마케터들이 의도한 바대로 받아들여지는 것은 아니다. 각 개인은 들어오는 정보를 현재의 사고방식(mind-set)에 맞춰 받아들인다. **선택적 왜곡**(selective distortion)은 사람들이 자신의 신념을 지지하는 방식으로 정보를 해석하는 성향을 말한다. 예를 들어, 어떤 사람이 특정 회사를 신뢰하지 않는다면, 이 사람은 그 회사의 광고가 사실에 입각해 만들어졌더라도 이를 의심하게 될 것이다. 선택적 왜곡이 시사하는 바는 마케터들이 소비자들의 사고방식과 이러한 사고방식이 광고와 판매정보를 해석하는 데 어떻게 영향을 미치는지에 대해 이해해야 한다는 것이다.

사람들은 자신이 학습하는 것 중 많은 부분을 망각한다. 그들은 자신의 태도와 신념을 지지하는 정보만을 기억 속에 보유하는 성향이 있는데, 이러한 **선택적 보유**(selective retention) 때문에 소비자들은 자신이 선호하는 브랜드의 장점은 기억하지만 경쟁브랜드들의 장점은 기억하지 못하는 경향이 있다. 선택적 노출, 왜곡 그리고 보유 때문에 마케터들은 자신이 전하고자 하는 메시지가 소비자의 마음속에 도달되도록 하기 위해 열심히 노력해야 한다. 그리고 지각과정의 이러한 세 가지 특징은 마케터들이 목표시장에 메시지를 전달하기 위해 반복광고를 이용하는 이유를 설명해 준다.

(3) 학습(Learning)

행동을 통해 사람은 학습한다. **학습**(learning)은 경험에 의한 신념, 태도, 개인행동의 변화이다. 학습 이론가들은 거의 모든 인간행동은 학습된 것이라고 말한다. 학습은 동인, 자극, 단서, 반응, 그리고 강화(reinforcement)의 상호작용에 의해 일어난다.

동인(drive)은 행동을 불러일으키는 강렬한 내적 자극이다. 동인이 특정의 자극대상물(stimulus objects)로 유도됐을 때, 그 동인은 **동기**(motive)로 변한다. 예를 들어, 자아실현을 하려는 동인이 그 개인으로 하여금 디지털 카메라를 구입하게끔 동기화시킬 수 있다. 카메라를 구매하려는 욕구에 대한 소비자의 반응은 주변단서에 의해 조절 혹은 조건화(conditioned)된다. **단서**(cues)란 소비자가 언제, 어디서, 그리고 어떻게 반응하는지를 결정하는 데 영향을 주는 작은 자극요소들이다. 예를 들어, 한 개인은 상점 창 너머로 몇 가지 종류의 카메라 브랜드를 발견하거나, 특별 가격할인 정보에 대해 듣거나, 친구와 카메라에 대해 이야기를 나눌 수 있다. 이 모든 것이 제품구매의도나 특정 브랜드 선택 같은 소비자의 **반응**(response)에 영향을 주는 단서들이다.

소비자가 Nikon 디지털 카메라를 구입한다고 가정해 보자. 이 구매경험이 보람이 있었다면, 즉 보상을 제공한다면(rewarding), 그 소비자는 계속해서 그 카메라를 사용할 것이고, 그 결과로 그의 반응(가령, Nikon 제품들에 대한 태도와 구매의도)은 **강화**될(reinforced) 것이다. 이러한 긍정적 강화는 다음에 그 소비자가 카메라 또는 망원경 같은 것을 구입할 때, Nikon제품을 구입할 확률을 더 높게 만들 것이다.

학습이론이 마케터에게 시사하는 바는 자사제품을 강한 동인과 연계시키거나(가령, 디지털 카메라 제품을 사회적 욕구 충족과 연계시킴), 동기를 유발시키는 마케팅단서를 활용하거나(가령, 광고에 출연한 유명모델의 사진을 자사제품 패키지에 부착함), 그리고 긍정적 강화를 제공함으로써(가령, 구매량에 따라 차별적인 판촉물을 제공함) 제품수요를 증진시킬 수 있다는 것이다.

(4) 신념과 태도(Belief and Attitudes)

구매행동과 학습을 통해 소비자들은 신념과 태도를 습득하며, 이들은 다시 소비자의 구매행동에 영향을 끼친다. **신념**(belief)이란 사람이 어떤 대상에 대해 갖고 있는 서술적 생각을 말한다. 가령, 죽염치약은 잇몸 강화에 효과적이라는 생각은 브랜드 신념에 해당한다. 신념은 실제 지식, 의견 또는 확신에 근거하여 형성될 수 있으며, 감정이 개입될 수도 있고 그렇지 않을 수도 있다. 마케터들은 사람들이 특정 제품, 또는 서비스에 대해 형성하는 신념에 대해 관심 있어 한다. 그 이유는 이 신념들이 합해져 구매행동에 영향을 끼치는 제품이미지 및 브랜드이미지를 형성하기 때문이다. 가령, 신념들 중 일부가 잘못되어서 자사제품의 구매를 방해한다면, 마케터들은 이를 고치기 위한 마케팅캠페인을 내보내려고 할 것이다.

사람들은 종교, 정치, 의류, 음악, 음식 등 거의 모든 것들에 대한 태도를 갖고 있다. **태도**(attitude)는 어떤 대상에 대해 한 개인이 갖고 있는 비교적 일관된 평가, 느낌, 그리고 행동성향을 말한다. 태도는 사람들이 어떤 대상물을 좋아하거나 싫어하거나 또는 가까이하려 하거나 멀리하려는 마음의 틀을 갖게 한다. 가령, 어떤 전자제품 구매자는 "최고의 제품을 사는 것이 최선이다", "전자제품은 일본이 제일 잘 만든다"라는 태도를 갖고 있을 수 있다. 만약에 그렇다면, Nikon카메라는 이 소비자의 현재 태도에 부합되는 것이다.

한번 형성된 태도는 바꾸기 힘들다. 사람의 태도는 특정행동이나 사고패턴에 맞추어져 있으므로 태도를 바꾸는 데에는 많은 다른 부분들에서 힘든 조정노력이 요구될 수 있다. 그러므로 회사는 소비자의 기존태도를 바꾸려 하기보다는 현재 갖고 있는 태도에 자신의 제품을 맞추도록 노력하는 것이 비용효과적일 수 있다. 예를 들어, 최근 청량음료 제조업체들은 건강과 웰빙에 대한 사람들의 새로운 태도에 맞추어 단순히 맛이 좋거나 갈증을 해소하는 것 그 이상을 제공하는 음료임을 강조하려고 한다.

06 산업재 시장과 산업재 구매행동

어떤 방식으로든 대다수의 기업들은 다른 조직체에게도 제품을 판매한다. 두산중공업, 현대중공업, 포항제철, 제일모직, 보잉, IBM, Caterpillar 등 많은 기업들이 그들의 제품을 다른 사업체에 판매한다. 심지어 최종 소비자가 사용하는 제품을 만드는 소비재 기업들도 다른 사업체에 그들의 제품을 판매한다. 예를 들어, 미국의 글로벌 식품제조업체 General Mills는 Cheerios시리얼, Yoplait 요거트, 하겐다즈 아이스크림 등 전 세계 소비자들에게 친숙한 소비재 브랜드를 생산한다. 이러한 제품을 소비자들에게 판매하기 위하여 General Mills는 먼저 자사제품들을 도매상과 소매상에게 판매해야 하고, 이들이 다시 최종소비자 시장에서 제품을 판매한다.

산업재 구매자행동(business buyer behavior)은 타인에게 공급되거나, 빌려주거나, 혹은 판매할 제품과 서비스를 생산할 용도로 재화나 서비스를 구매하는 조직의 구매행동을 일컫는다. 이 외에도 수익을 목적으로 재화를 타인에게 재판매하거나 빌려주기 위하여 재화를 구입하는 소매업체나 도매업체의 행위도 산업재 구매자행동에 포함된다. **산업재 구매과정**(business buying process)은 산업재 구매자가 구매할 제품과 서비스의 종류를 결정하고, 가능한 공급업체나 브랜드 대안을 찾아내고, 평가해서, 최적의 대안을 선택하는 의사결정과정을 말한다. B-to-B 마케터는 산업재 시장과 산업재 구매자행동을 이해하는 데 최선의 노력을 기울여야 한다. 그리고 최종 구매자에게 판매를 하는 사업체와 마찬가지로, 우월한 고객가치를 창조함으로써 산업재 고객들과 수익성 있는 관계를 구축해야 한다.

6.1 산업재 시장(Business Markets)

산업재 시장은 그 규모가 매우 크다. 실제로 산업재 시장은 소비재 시장보다 훨씬 큰 판매규모와 훨씬 많은 아이템을 갖고 있다. 예를 들어, 한국타이어가 생산하는 한 세트의 타이어 생산과 판매에 연관된 수많은 산업재 거래를 생각해 보자. 다양한 공급업체들이 한국타이어에게 타이어 생산에 필요한 고무, 스틸(steel), 장비, 기타 재화들을 판매한다. 그 다음 한국타이어는 완제품 타이어를 소매상에게 판매하고, 소매상은 다시 그 타이어를 소비자에게 판매한다. 즉, 소비자가 한 세트의 타이어를 구매하도록 하기 위해 다양한 산업재 구매(business purchase)가 이루어진다. 또한 한국타이어는 타이어를 장착할 운송기기 제조업체들에게 자사 타이어를 최초 장착물(original equipment)의 형태로 판매하고, 기업들이 보유한 회사차, 트럭, 버스, 기타 운송기기 등과 같은 차량의 유지(maintain)를 목적으로 이들에게 교체타이어를 판매한다.

산업재 시장은 시장구조와 시장수요(marketing structure and demand), 구매단위의 성격(nature of buying

표 3-1 산업재 시장의 특성

시장구조와 수요
산업재 시장은 더 적은 수의 그러나 더 큰 규모의 구매자를 갖고 있다.
산업재 구매자의 수요는 최종 소비자 수요로부터 나온다.
산업재 시장의 수요는 상대적으로 비탄력적이다. 즉 수요가 단기적 가격변화에 덜 영향을 받는다.
산업재 시장에서의 수요는 더 변동이 심하고, 더 빨리 변동한다.

구매단위의 성격
산업재 구매에는 더 많은 구매의사결정자들이 참여한다.
산업재 구매는 더 전문적인 구매노력이 요구된다.

의사결정 유형과 의사결정과정
산업재 구매자는 대체로 더 복잡한 구매의사결정에 직면한다.
산업재 구매절차는 보다 더 공식화되어 있다.
산업재 구매에서는 구매자와 판매자가 긴밀하게 협력하며, 장기간의 관계를 형성한다.

unit), 의사결정의 유형과 의사결정과정(types of decision and the decision process) 등에서 소비재 시장과 다른, 고유한 특성을 갖고 있다.

첫째, 산업재 시장은 시장구조와 시장수요(market structure and demand)에서 소비재 시장과 다른 특징을 갖고 있다. 대체로 산업재 마케터들은 소비재 시장에 비해 적은 수의, 그러나 더 큰 규모의 구매자들과 거래한다. 심지어 규모가 큰 산업재 시장에서도, 소수의 구매자들이 구매의 대부분을 차지한다. 예를 들어, 한국타이어가 최종 소비자들에게 교체타이어를 판매하는 경우에도, 한국타이어의 잠재시장은 한국을 포함한 세계전역에서 현재 자동차를 사용 중인 수많은 자동차 소유자들을 포함한다. 그러나 산업재 시장에서의 한국타이어의 운명은 소수의 자동차 제조회사로부터 받는 주문량에 달려 있다.

나아가 산업재 수요는 **파생된 수요**(derived demand)이다. 즉, 산업재 수요는 궁극적으로 소비재에 대한 수요로부터 파생된다. 예를 들어, W. L. Gore & Associates는 방수, 투습, 방풍 소재인 Gore-Tex 원단을 사용해 아웃도어 의류를 생산/판매하는 패션업체들에게 Gore-Tex 브랜드를 판매한다. 아웃도어 의류의 수요가 증가하면, 이에 따라 Gore-Tex 원단에 대한 수요도 증가할 것이다. 따라서 B-to-B 마케터는 가끔 산업재 수요를 증대시키기 위하여 최종 소비자들에게 직접 그들 제품의 유용성을 광고하기도 한다. 가령, Gore-Tex에 대한 수요를 증대시키기 위해, Gore사는 아웃도어 의류를 구매하는 최종 소비자들에게 Gore-Tex 원단을 사용해 만든 아웃도어 의류가 어떤 편익을 제공하는지를 알리기 위해 그들을 대상으로 광고를 한다. 이와 함께 Gore사는 브랜드 라이센스 계약을 맺은 제휴업체의 최종제품에 Gore-Tex 브랜드를 표시하도록 하는 공동브랜드전략을 추구한다. 제휴업체들은 아웃도어 분야의 콜롬비아, 에델바이스, 스포츠용품 분야의 휠라, 리복, 의류분야의 마에스트로, 빈폴, 제화분야의 소다, 금강 등 매우 다양하다.

많은 산업재 시장의 수요는 비탄력적(inelastic)이며, 대체로 산업재 제품에 대한 총수요는 가격변화에 (특히 단기적으로) 큰 영향을 받지 않는다. 가죽가격의 하락이 신발에 대한 소비자 수요를 증가시킬 만큼 신발가격 인하를 유발시키지 않는 한, 이것이 곧 신발 제조업자로 하여금 더 많은 가죽을 구매하도록 하지는 않을 것이다. 그리고 많은 산업재 재화와 서비스에 대한 수요는 소비재 재화와 서비스에 비해 더 많이, 그리고 더 빨리 변화하는 경향이 있다. 따라서 소비재 수요의 작은 증가가 산업재 수요의 큰 증가를 유발할 수 있다. 즉, 소비재 수요의 10퍼센트 증가가 다음 기간(next period) 동안 산업재 수요를 최대 200퍼센트 증가시킬 수 있다.

파생된 수요를 창출하기 위한 마케팅활동: Gore사는 브랜드 라이센스 계약을 맺은 제휴업체의 최종 제품에 Gore-Tex 브랜드를 표시하도록 하는 공동 브랜드전략을 추구한다.

둘째, 산업재 시장은 구매단위(unit)의 성격에서 소비재 시장과 차이를 보인다. 소비재 구매와 비교하여, 산업재 구매는 더 많은 의사결정 참여자와 더 전문적인 구매노력을 수반한다. 산업재 구매는 더 나은 조건에 구매할 수 있는 방법을 전문적으로 학습한, 잘 훈련된 구매관리자에 의해 수행된다. 구매가 더 복잡할수록, 의사결정과정에 다수의 사람이 참여할 가능성이 커진다. 주요 설비와 원자재 구매는 종종 기술전문가와 경영층으로 구성된 구매위원회에서 이루어진다. 최근 들어 B-to-B 마케터는 잘 훈련되고 제품지식 수준이 높은 원자재 구매관리자들과 거래해야 하기 때문에 산업재 기업은 이들과 상대하기 위해 마케터와 영업사원을 잘 훈련시켜야한다.

셋째, 산업재 시장은 의사결정 형태(types of decisions)와 의사결정과정(decision process)에서 소비재 시장과 다른 특징을 보인다. 대체로 산업재 구매자들은 소비재 구매자보다 더 복잡한 구매의사결정에 직면한다. 산업재 구매는 종종 많은 자금과 복잡한 기술적·경제적 고려사항, 구매조직 내 여러 계층 사람들 간의 상호작용을 수반한다. 또한 산업재 구매과정은 보다 많은 결제단계와 공식적인 절차를 거친다. 큰 규모의 산업재 구매는 통상 자세한 제품규격, 문서화된 구매주문, 신중한 공급업체 탐색, 공식적 승인을 수반한다. 그리고 산업재 구매과정에서는 소비재 구매과정에 비해 구매자와 판매자가 서로에게 더 많이 의존한다. B-to-B 마케터는 기업고객의 구매과정의 모든 단계(고객이 문제를 정의할 수 있게 도와주는 것부터, 솔루션을 찾고, 판매 후 지원을 제공하는 것까지)에 걸쳐 고객과 긴밀하게 협력한다. 때에 따라 B-to-B 마케터는 제공물들을 기업고객 개개인의 요구에 맞추어 준다. 단기적인 측면에서 보면, 구매자가 제품 및 서비스를 필요할 때 곧바로 제공하는 공급업체들이 판매에 유리할 것이다. 그러나 장기적으로 B-to-B 마케터들은 고객의 현재 요구를 충족시킴과 동시에 고객이 당면한 문제를 해결하는 데 도움을 주기 위해 파트너십을 형성해야만 기존고객을 계속 유지할 수 있다.

이에 따라 최근 들어 기업고객과 공급업체 간의 거래관계는 적대적 관계에서 가깝고 우호적인 관계로 변하고 있다. 실제로 많은 기업고객들(customer companies)은 신뢰할 만한 공급업체들과 **파트너십 네트워크**를 구축하고 있다. 예를 들어, 스웨덴의 글로벌 가구 전문점인 IKEA는 공급업체로부터 단지 가구제품을 구매하는 것이 아니라, 고객가치 창출과정에 그들을 깊이 관여시킨다. IKEA는 매장의 진열공간을 채우기 위해 55개국 1,220개 공급업체들과 일하고 있다. IKEA는 9,500개 이상의 아이템을 제공할 수 있는 강력한 공급자들과 파트너 네트워크 시스템을 구축했다. IKEA의 디자이너는 기본적인 고객가치를 제안한다. 그런 다음 이러한 가치제안을 실현시키는 가구를 시장에 출시하기 위해 핵심 공급업체와 긴밀하게 협력한다. IKEA는 단지 공급업체로부터 생산된 가구를 구매하는 것을 넘어, 고객이 계속 찾아올 수 있도록 세련되면서도 적절한 가격의 가구제품을 디자인하고 제작하는 과정을 공급업체와 함께 한다.

6.2 산업재 구매행동

산업재 마케터들은 산업재 구매자들이 다양한 마케팅자극에 어떻게 반응할 것인지에 대해 알고 싶어

마케팅 Highlight

제품혁신과 산업재 마케팅를 기반으로 해 강력한 브랜드파워를 구축한 고어텍스

고어텍스를 만드는 미국 화학소재업체 W.L. 고어 앤드 어소시에이츠가 세계적인 기업 반열에 오를 수 있었던 것은 뛰어난 기술력이 뒷받침됐기 때문이다. 일상에서 가장 쉽게 접할 수 있는 고어기술의 정수는 고어텍스다. 고어텍스가 다양한 제품의 소재로 활용되는 이유는 방수 · 방풍 · 투습력이 탁월하기 때문이다. 고어텍스로 통칭되는 얇은 필름형태 멤브레인(0.5~1.2㎜ 정도의 아주 얇은 막) 표면에는 1제곱인치(약 6.45㎠)당 90억 개가 넘는 미세한 구멍이 있다. 이 구멍은 물방울 입자보다 작고(2만분의 1) 수증기 분자보다는 크다. 덕분에 외부에서 물이 들어오는 것은 차단하고 몸에서 배출되는 열기는 원활히 배출한다. 고어는 다양한 변형기술로 고부가가치 제품을 생산하고 있다. 아웃도어 시장뿐 아니라 전기전자, 의료시장에서 고어제품의 수요가 증가하고 있는 것은 이 때문이다. 고어제품 라인에는 산악인들의 몸을 보호하는 원단뿐 아니라 액체 · 고체 미립자를 함유한 필터, 스마트폰 음질을 보호하는 벤트제품, 우주복에 사용되는 섬유제품, 임플란트 의료기구, 코 성형에 사용되는 보형물 등 수천 가지가 있다. 고어는 극지방의 혹독한 환경에서 탐험가들을 지킬 뿐 아니라 환자의 회복을 돕고 탄소배출 감축에 기여하는 한편 화성탐사에도 기여하고 있다.

고어가 글로벌 기업으로 명성을 얻은 데에는 경쟁사들이 쉽게 따라올 수 없는 기술력이 가장 큰 역할을 했지만, 현명한 산업재 마케팅전략도 한몫했다. 1972년부터 생산된 고어텍스 소재는 처음엔 전문 산악인들에게 그 기능성을 인정받았다. 메스너가 에베레스트에 오르는 데 입은 것이 고어텍스 재킷이었고 1981년에는 NASA 우주왕복선 컬럼비아호 우주 비행사들이 입은 우주복 소재로 사용됐다. 1990년 국제남극대륙횡단팀과 2005년 남극 사우스 조지아 카약탐험대 '어드벤처 필로소피' 역시 고어텍스 기능성 의류를 입었다. 세계에서 가장 높은 봉우리와 극지방은 물론 우주에 갈 때도 믿고 입을 수 있는 옷이라는 입소문이 퍼지면서 고어텍스 브랜드이미지는 크게 높아졌다. 일반 소비자 사이에서도 고어텍스 기술력이 회자됐고 다양한 의류 · 신발 업체가 고어텍스 원단을 사용하

W.L. 고어 앤드 어소시에이츠는 고어텍스 소재를 사용한 제품에 'Gore-Tex: Guaranteed to Keep You Dry'란 꼬리표를 달게 했다.

기 시작했다. 또 고어가 다른 소재 기업과 달리 일반 소비자에게도 친숙한 이유는 자신의 브랜드를 적극적으로 알리는 '인그리디언트 브랜딩(ingredient branding)' 전략을 사용했기 때문이다. 인그리디언트 브랜딩 전략이란 최종제품에 포함된 부품이나 소재 같은 구성요소(인그리디언트)를 브랜드화하고 이를 많은 소비자에게 알리고 전략적으로 활용하는 것이다. 고어는 고어텍스 소재를 사용한 제품에 'Gore-Tex: Guaranteed to Keep You Dry'란 꼬리표를 달게 했다. 혹독한 환경에서도 몸을 쾌적하게 유지시키겠다는 약속을 브랜드를 통해 소비자에게 직접 보여주기로 한 것이다. 노스페이스 · K2 · 라푸마 등 고어텍스를 사용한 의류업체 제품을 사는 소비자들은 고어텍스 브랜드를 보고 구매결정을 내리기도 한다. 물론 이 전략이 성공할 수 있었던 것은 고어의 독보적인 기술력이 바탕이 됐기 때문이다.

한다. **그림 3-6** 은 산업재 구매행동모델을 보여준다. 이 모델에서 보는 바와 같이, 마케팅자극과 기타 자극은 구매조직에 영향을 미쳐 구매자 반응을 초래한다. 적절한 마케팅믹스 전략을 설계하기 위하여, 마케터는 마케팅자극이 구매반응으로 나타나기 위해 조직 내에서 어떤 일이 일어나는지 이해해야 한다.

조직 내에서 구매활동은 크게 두 부분으로 구성되는데, 구매의사결정에 관여하는 모든 사람들로 구성된 구매센터(buying center)와 구매의사결정과정이 그것이다. 이 모델은 구매센터와 구매의사결정과정이 외부의 환경적 요인뿐만 아니라 기업내부의 조직적 요인, 대인관계적 요인, 개인적 요인에 의해 영향을 받는 것을 보여준다.

그림 3-6 의 산업재 구매행동모델은 산업재 구매행동과 관련해 네 가지 질문을 제시하는데, 산업재 구매자들이 어떠한 구매의사결정을 하는가? 구매과정에 누가 참여하는가? 구매자에게 영향을 미치는 주요요인은 무엇인가? 산업재 구매자들은 어떻게 구매의사결정을 내리는가? 등이 그것이다.

그림 3-6 산업재 구매행동모델

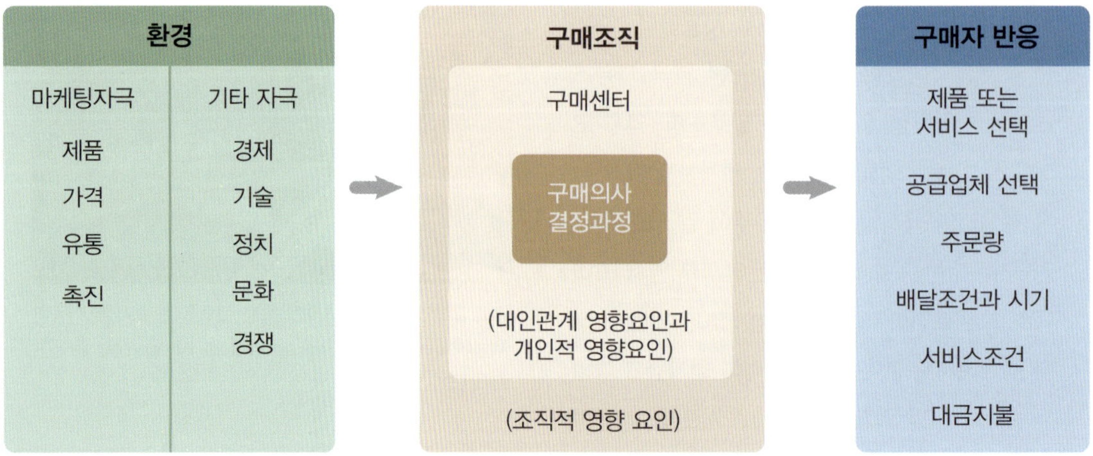

(1) 구매상황의 주요유형(Major Types of Buying Situations)

구매상황에는 세 가지 주요유형이 있는데, 매우 일상적인 의사결정인 단순 재구매(straight rebuy), 어느 정도의 조사와 평가가 필요한 수정 재구매(modified rebuy), 그리고 철저한 조사와 평가가 요구되는 신규 구매(new task)가 그것이다.

단순 재구매(straight rebuy) 상황은 구매자는 어떠한 변경사항도 만들지 않고 재주문을 하는 경우를 말한다. 이러한 단순 재구매는 구매부서에서 일상적으로 처리된다. 과거 구매에 대한 만족도에 기반해 구매자는 리스트에 올라와 있는 다양한 공급자 가운데서 한 곳을 선택한다. 기존 공급업체들은 거래를 유지하기 위해 제품과 서비스의 품질을 유지하려고 노력한다. 제외된 공급업체들은 구매자가 자신들을 고려할 수 있도록 부가가치를 창출하거나 기존 공급업체에 대한 구매자의 불만족을 기회로 삼을 새로운 제안들을 강구하려고 한다.

수정 재구매(modified rebuy) 상황은 구매자가 시장상황의 변화에 따라 제품규격, 가격, 거래조건, 혹은 공급업체 등을 수정하기를 원하는 경우이다. 수정 재구매는 단순 재구매보다 더 많은 의사결정 참여자를 수반한다. 기존 공급업체들은 거래를 유지하기 위해 최선을 다해 노력해야 하며 긴장감을 유지해야 할 것이다. 공급업체 선정에서 제외된 공급업체들은 수정 재구매 상황을 기회로 간주하고 구매자에게 보다 나은 제안을 하여 새로운 거래처를 개발하려 할 것이다.

신규 구매(new task) 상황은 기업이 제품이나 서비스를 처음으로 구매하는 경우에 해당된다. 이때 구매비용이나 지각된 위험이 클수록 의사결정 참여자의 숫자는 늘어나고, 정보를 수집하기 위한 노력도 커진다. 신규 구매 상황은 B-to-B 마케터에게 가장 큰 기회이자 도전이다. 마케터는 기업의 신규 구매에 영향을 미치는 조직구성원들을 가능한 한 많이 접촉하려고 할 뿐 아니라 구매기업이 당면한 문제를 해결하는 데 도움이 될 지원과 정보를 제공하려고 노력한다.

포스코는 단순한 철강 공급사가 아니라 기업고객들과 솔루션 파트너가 되기 위해 자동차 회사 같은 기업고객들이 필요로 하는 철강재와 이용기술을 결합한 솔루션을 개발/제공하고 있다.

많은 산업재 구매자들은 여러 공급업체로부터 제품과 서비스를 따로 구매해 이들을 결합시키는 것 보다는 단일의 공급업체로부터 문제에 대한 완벽한 솔루션을 구매하는 것을 선호한다. 따라서 고객의 요구에 부합하고 당면한 문제를 해결하는 데 가장 완벽한 시스템을 제공하는 회사에게 판매계약이 돌아갈 것이다. 그러한 **시스템 판매**(system selling)(혹은 **솔루션 판매**(solutions selling))는 계약을 따내고 유지하는 데 중요한 산업재 마케팅전략이다. UPS와 포스코는 솔루션 판매를 도입해 성공한 예들이다. 운송과 물류의 거대기업인 UPS는 UPS를 이용하는 기업고객들을 위해 운송 패키지 이상의 서비스를 제공한다. UPS는 기업고객들의 운송과 물류상의 문제들에 대한 통합 솔루션을 개발/공급한다. 예를 들어 UPS는 거래고객인 Nikon의 제품 공급망(즉, 물류, 운송, 화물, 통관 서비스 등)을 지원하는 완벽한 통합 솔루션 시스템을 제공한다. Nikon의 전자제품들은 이틀 내에 아시아 제조센터에서 미국 전역 소매상 진열대로 공급되며, UPS는 모든 이동과정을 전담해 관리한다. 이 과정에서 UPS는 제품의 이동을 추적하고 전체 공급망의 현황을 Nikon에게 알려줌으로써, Nikon이 거래 소매상들에게 배달 예정시간에 대한 정보를 계속 알려주고 필요한 경우에 이를 조정하는 데 도움을 준다. 최근 포스코도 글로벌 기업을 대상으로 솔루션 마케팅을 추구하고 있는데, 솔루션 마케팅은 철강재 제품을 파는 데 그치지 않고 기술 노하우 및 영업 지원방안까지 종합적으로 제공하는 것이다. 포스코는 단순한 철강 공급사가 아니라 기업고객들과 솔루션 파트너가 되기 위해 자동차, 에너지, 조선·해양, 건설, 전기·전자 등의 기업고객들이 필요로 하는 철강재와 이용기술을 결합한 솔루션을 만들어 전달하고 있다. 가령, 포스코는 르노의 하이브리드 콘셉트카 '이오랩' 개발과정에서 자체개발한 경량 신소재인 마그네슘 패널과 에너지 흡수력을 높인 트윕강 등을 공급했다.

(2) 산업재 구매과정의 참여자(Participants in the Business Buying Process)

기업에게 필요한 수백억 혹은 수천억 원 가치의 재화와 서비스 구매를 누가 결정하는가? 이는 주로 구매조직의 의사결정단위인 구매센터에 의해 이루어지는데, **구매센터**(buying center)는 구매의사결정과정에서 특정 역할을 하는 조직 내 모든 개인과 단위부서들로 구성된다. 이 그룹은 제품이나 서비스의 실제 사용자, 구매의사결정을 내리는 사람들, 구매의사결정에 영향을 미치는 사람들, 구매를 실제로 담당하는 사람들, 구매정보를 통제하는 사람들을 포함한다.

구매센터는 고정되어 있거나 구매조직 내에서 공식적으로 확인될 수 있는 조직단위가 아니라 각기 다른 형태의 구매를 위해 서로 다른 조직구성원들이 담당하는 구매역할들의 집합이다. 조직 내에서 구매센터의 크기와 구성은 구매하는 제품이나 구매상황에 따라 달라진다. 일상적인 구매상황에서는, 한 사람(예를 들어, 구매담당자)이 구매센터의 모든 역할을 맡고, 모든 구매의사결정을 한다. 반면 좀 더 복잡한 구매상황의 경우 구매센터는 수십 명의 각기 다른 직급과 부서 사람들로 구성된다.

구매센터라는 개념은 중요한 마케팅 도전과제를 제시한다. 산업재 마케팅 담당자는 누가 의사결정에 참여하는지, 각 참여자들의 상대적인 영향은 어떠한지, 각 의사결정 참여자가 사용하는 평가기준은 무엇인지 등을 알아야 하지만, 이를 파악하는 것이 어려울 수 있다.

일반적으로 구매센터는 공식적으로 구매의사결정에 관여하는 참여자들을 포함한다. 예를 들어, 회사용 헬스기기 구입에 대한 의사결정에는 CEO, 헬스 트레이너, 구매 담당자, 법무팀 직원, 최고 경영층의 임원, 그리고 여타 공식적으로 이 구매의사결정에 관여하는 사람들이 포함된다. 또한 이 의사결정에는 공식적으로 드러나지 않는 사람들도 포함되는데, 이들이 실제로 의사결정을 내리거나, 의사결정에 강하게 영향을 미칠 수 있다. 때에 따라 구매센터의 구성원들이 모든 구매참여자들을 알고 있지 못하는 경우도 있다. 예를 들어, 회사용 헬스기기 구매는 운동에 대한 관심이 있고 헬스기기에 대하여 많이 알고 있는 이사회의 한 구성원에 의해 이루어질 수 있고, 이 사람은 배후에서 의사결정을 조정할 수도 있다. 많은 산업재 구매의사결정은 상시 변하는 구매센터 참여자들 간의 복잡한 상호작용을 통해 이루어진다.

산업재 구매의사결정과정의 참여자들은 각각의 개인적인 동기, 상황에 대한 개인적 이해, 개인적 선호를 갖고 있다. 이러한 개인적 요인(individual factors)은 개인적 특성, 즉 나이, 소득, 교육수준, 개성, 그리고 위험에 대한 태도 등에 의해 영향을 받는다. 또한 구매자들은 서로 다른 구매스타일을 가지고 있다. 어떤 구매자는 전문적 성향을 갖고 있어, 공급자를 선택하기 전에 경쟁 제안서를 꼼꼼히 분석한다. 다른 구매자는 최고의 거래를 위하여 판매자들끼리 서로 경쟁을 붙이는 데 능숙한 직관적 협상자일 수 있다.

(3) 산업재 구매과정

그림 3-7은 산업재 구매과정의 8단계를 보여준다. 신규 구매 상황에 직면한 산업재 구매자들은 보통 구매 프로세스의 모든 단계를 거친다. 수정 재구매 혹은 단순 재구매 상황의 구매자는 몇몇 단계를 건너뛰기도 한다. 이하에서는 전형적인 신규 규매 상황을 가정하여 각 단계들을 설명하기로 한다.

구매프로세스는 기업의 구성원 중 누군가가 특정 설비나 부품 혹은 서비스의 구입을 통해 충족될 수 있는 문제나 필요를 느끼는 문제인식(problem recognition)과 함께 시작된다. 문제인식은 내부자극이나 외부자극에 의해 이루어진다. 내부적 자극으로는, 기업이 새로운 생산설비나 재료가 필요한 신제품 출시를 결정한 경우를 들 수 있다. 혹은 기계가 고장나서 새 부품이 필요할 수도 있다. 그리고 구매부서 관리자가 현 공급업체의 제품의 질, 서비스, 가격에 대해 불만족을 표현하는 경우를 들 수 있다. 외부적 자극요인으로는, 구매자가 전시회(trade show)를 참관하는 과정에서 새로운 아이디어를 얻거나, 광고

그림 3-7 산업재 구매과정의 각 단계

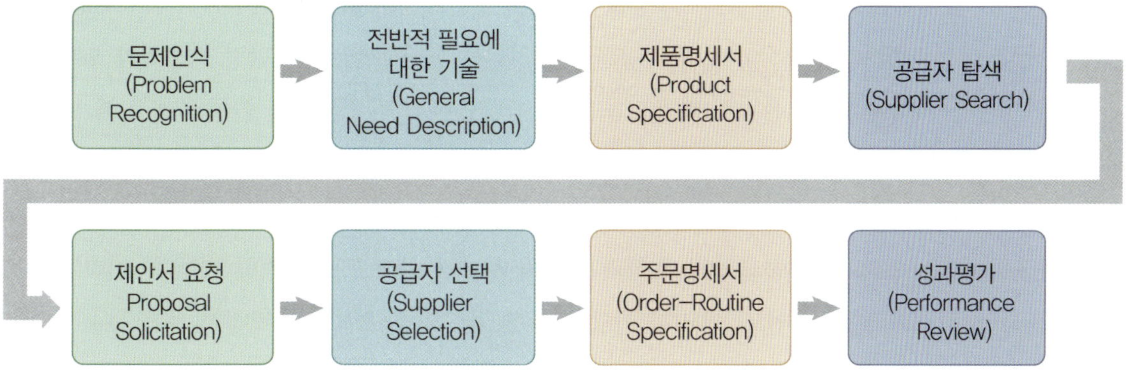

를 보거나, 혹은 더 좋은 제품이나 혹은 낮은 가격을 제공하는 세일즈맨으로부터 제의를 받는 경우이다. 산업재 마케터들은 종종 광고를 통해 기업고객들에게 잠재적인 문제들을 환기시킨 다음 자사제품이 어떻게 그 문제의 해결책을 제공하는지 보여준다.

산업재 구매의 필요성을 인식한 구매자는 필요한 품목이나 솔루션의 특징과 수량에 대해 서술한 **전반적인 필요에 대한 기술서**(general need description)를 준비한다. 표준화된 품목인 경우에는 이 단계에서 별 문제가 발생하지 않지만, 복잡한 품목인 경우에는 필요로 하는 것이 무엇인지를 정의하기 위해 구매자는 엔지니어, 사용자, 컨설턴트 등 다른 사람들과 함께 논의한다. 또한 아이템에 요구되는 신뢰성, 내구성, 가격, 기타 특징에 대한 중요도의 순서를 결정해야 한다.

구매조직이 필요한 것에 대한 정의를 내리면, 다음 단계로 구매조직은 품목의 기술적 특성을 서술한 **제품명세서**(product specifications)를 만든다. 이때 종종 가치분석 엔지니어링 팀의 도움을 받기도 한다. **제품가치분석**은 비용절감을 위한 한 접근법인데, 고객에게 더 많은 가치를 제공하기 위해 부품이 재설계될 수 있는지, 보다 효과적이고 효율적으로 만들어질 수 있는지를 결정하기 위해 제품이나 서비스의 구성요소를 면밀히 분석하는 것이다. 이 팀은 가장 좋은 제품특징을 결정하고 그에 따라 명세서를 만든다. 판매자 역시 새로운 계약을 확보하기 위한 마케팅도구로서 가치분석을 활용할 수 있다. 고객가치를 향상시키고 고객들이 보다 비용효과적인 솔루션을 찾도록 도와주는 것은 산업재 마케터가 기존고객의 충성도를 유지하고 새로운 거래처를 개발하는 데 주요한 경쟁우위요소가 된다.

이제 구매자는 가장 나은 공급업체를 찾기 위해 공급업체 후보에 대한 탐색(supplier search)을 실시한다. 구매자는 업계회원목록, 컴퓨터 탐색, 혹은 다른 회사로부터의 추천 등을 통해 자격을 갖춘 공급업체를 탐색할 수 있다. 최근 들어 공급업체를 찾기 위해 인터넷을 활용하는 기업이 점점 늘어나고 있다. 인터넷은 모든 공급업체들에게 공평한 경쟁의 장(場)이다. 즉, 인터넷은 큰 규모의 공급업체와 작은 규모의 공급자 모두에게 동일한 이점을 제공한다. 공급업체의 과업은 구매자의 공급업체에 대한 탐색 과정을 이해하고 자신의 회사가 고려대상이 되도록 하는 것이다.

제안서 요청(proposal solicitation)단계에서 구매자는 일정한 자격을 갖춘 공급업체들에게 제안서를 제출할 것을 요청한다. 구매품목이 복잡하거나 고가일 경우에는, 구매자는 각각의 잠재공급자에게 자세한 서면 제안서나 공식적인 프리젠테이션을 요청할 것이다. 이에 대처하기 위해 산업재 마케터들은 조사, 제안서 작성, 그리고 발표(presenting) 등의 역량을 향상시켜야 한다. 제안서는 단지 기술적인 서류가 아니라 마케팅 서류이어야 한다. 산업재 마케터들은 자사의 솔루션이 경쟁자의 솔루션에 비해 더 나은 고객가치를 제공한다는 것을 명확히 보여주어야 한다.

다음 단계에서 구매자는 제안서를 검토하고 공급업체를 선정한다. 공급업체 선정(supplier selection)과정에서, 구매센터는 여러 가지 공급업체 특성과 이들의 상대적 중요도를 고려할 것이다. 이러한 특성들은 제품과 서비스의 질, 정시인도, 윤리적 기업행동, 정직한 커뮤니케이션, 경쟁적 가격 등을 포함한다. 구매자는 이러한 특성들을 기반으로 하나 혹은 그 이상의 공급자를 선정한다.

이제 구매자는 주문명세서(order-routine specification)를 준비한다. 주문명세서에는 선정된 공급자(들)에 대한 최종주문, 기술명세서, 필요한 수량, 원하는 배달시기, 반품정책, 품질보증 등이 포함된다. 최근 들어 많은 대규모 구매자들은 **공급업체에 의한 재고관리**(vendor-managed inventory)를 실행하고 있는데, 이것은 주문과 재고에 대한 책임을 공급업체에게 넘기는 시스템이다. 이러한 시스템에서는 구매자는 판매와 재고정보를 주요 공급업체들과 직접적으로 공유한다. 공급업체는 재고상태를 감시하고 자동으로 필요한 만큼 보충한다. 예를 들어, Walmart 같은 대형 소매업체에 상품을 공급하는 주요 협력업체들은 자신들이 재고관리에 대한 책임을 진다.

산업재 구매과정의 최종단계는 공급업체 성과에 대한 평가(performance review)인데, 이 단계에서 구매자는 공급업체의 성과를 평가하고 그 결과를 공급업체에게 알려준다. 예를 들어, 미국의 주택개선용 자재 전문점 Home Depot는 공급업체 관리를 위한 지침과 정책을 마련하고 정기적으로 품질, 배달, 그리고 다른 성과변수 등을 토대로 각 공급업체를 평가한다. 이러한 평가결과는 성과평가표로 만들어져 온라인으로 공급업체에게 바로 제공되는데, 이는 공급업체의 성과를 향상시키는 데 도움을 준다. 성과평가단계는 구매자가 공급업체와 계약을 계속 유지하거나, 조정하거나, 중단하는 근거가 된다. 따라서 공급업체는 구매자가 기대하는 만족수준을 충족시키고 있는지를 확인하기 위해 구매자가 성과평가에 사용하고 있는 것과 동일한 평가요인들을 토대로 자사성과를 추적조사해야 한다.

참고문헌

1. Philip Kotler and Gary Armstrong, Principles of Marketing, 16th ed., Pearson, 2016.
2. Philip Kotler, 안광호, Gary Armstrong, 마케팅 입문, Pearson, 2013.
3. James R. Bettman, An Information Processing Theory of Consumer Choice, Addison-Wesley, 1979.
4. 이학식, 안광호, 하영원, 석관호, 소비자행동 제7판, 집현재, 2020.

생각해 볼 문제

1. 관여도의 개념을 설명하고 관여도가 소비자의 구매의사결정과정에 미치는 영향에 대하여 설명하시오.
2. 치약 구매의사결정을 내릴 때와 승용차를 구매할 때 내리는 의사결정은 어떻게 다른가?
3. 특정 제품을 골라 그 제품에 대한 소비자행동에 영향을 미치는 요인을 문화적 요인, 사회적 요인, 개인적 요인으로 나누어 설명하시오.
4. 산업재 구매자가 직면한 시장구조는 소비재 기업과 어떻게 차이가 나는가?
5. 산업재 구매과정의 각 단계에 대해 설명하시오.

CHAPTER

4

마케팅조사와 마케팅정보시스템

학습목표

1. 마케팅의사결정을 내리는 데 있어 마케팅정보의 중요성을 설명한다.
2. 마케팅조사에서 수집되는 자료의 유형을 살펴보고, 1차 자료를 수집하는 방법들에 대해 설명한다.
3. 여러 가지 마케팅 조사방법에 대해 살펴보고, 어떤 목적으로 각 조사방법이 수행되는지 설명한다.
4. 마케팅조사과정의 단계들을 살펴본다.
5. 마케팅정보시스템을 정의하고 이의 구성요소들을 설명한다.

4장 마케팅조사와 마케팅정보시스템

3장에서 여러분은 소비자들이 구매의사결정을 내리는 과정과 구매결정에 필요한 제품정보를 탐색하는 과정, 그리고 구매행동에 영향을 미치는 요인들에 대해 배웠다. 4장에서 우리는 마케터들이 소비자의 구매행동을 이해하고 예측하기 위해, 그리고 올바른 마케팅의사결정을 내리기 위해 어떤 노력을 기울이는지를 살펴볼 것이다. 본 장은 기업들이 어떻게 마케팅정보(예: 고객, 경쟁자, 자사 및 경쟁자 제품과 마케팅 프로그램 등에 관한 정보)를 수집하고 관리하고 있는지를 살펴볼 것이다. 그리고 기업구성원들의 마케팅정보 욕구를 진단하고, 필요한 정보를 개발하고, 마케팅관리자들이 그 정보를 활용하여 고객 및 시장에 대한 통찰력을 확보하는 것을 도와주기 위하여 개발되는 마케팅정보시스템에 대해서도 설명할 것이다.

최근 들어 디지털 기술과 고객정보를 결합해 개인화된 서비스를 강화하는 기업들이 늘어나고 있다. 우리는 고객 데이터 확보와 이에 대한 통합적 관리를 통해 고객관계를 강화하는 데 성공한 BMW 사례로 이 장을 시작할 것이다. BMW는 고객지향적 마케팅 프로그램을 개발하기 위한 첫 번째 단계로 고객데이터 통합을 통해 소비자들을 진정으로 이해하려고 했다. 그런 다음 정교한 고객분석을 통해 얻은 깊은 통찰력을 바탕으로 단골고객과의 관계를 강화하고 고객충성도와 수익성을 높여주는 고객가치를 창출하는 마케팅 프로그램을 개발했다.

도입 사례

디지털 기술에 기반한 고객정보관리를 통해 고객서비스 질의 제고와 고객관계 강화에 성공한 BMW

디지털 트랜스포메이션 과정에서 고객 데이터를 확보하고 이를 통합적으로 관리하는 것만큼 중요한 것도 없다. 그런데 생각보다 많은 기업은 필요한 데이터를 확보하는 데 어려움을 겪는다. 데이터가 분명 기업 내부에 존재하고 있다는 것을 알고 있어도 소용없다. 기업이 보유한 데이터가 사내의 여러 하위시스템에 산재해 있기 때문이다. 기능별, 업무 프로세스별로 데이터가 저장돼 있다 보니 고객중심의 통합적 데이터를 관리하기가 물리적으로 어렵다.

실제 조사결과를 보면 더욱 놀랍다. 한 고객이 하나의 제품을 온라인으로 주문하는 데 사용하는 앱 수만 해도 평균 35개에 달한다고 한다. 기업은 더욱 복잡하게 얽혀 있다. 고객에게 하나의 제품을 전달하기까지 무수히 많은 앱과 프로그램을 사용한다. 각종 메신저에서부터 회사 재무, 회계, 마케팅 관련 시스템과 앱을 모두 파악해 보면 그 수가 평균 1000개가 넘는다. 물론, 기업들이 손을 놓고 있는 것은 아니다. 각 시스템에 있는 데이터를 통합하기 위해 많은 과제를 수행한다. 대표적인 것이 회사 내에 필요한 시스템끼리 연결될 수 있도록 자체적으로 새롭게 코드를 만들고 프로그램화하는 것이다.

하지만 통합 솔루션을 위한 코딩 프로세스는 생각보다 간단치가 않다. 새로운 시스템이 추가될 때마다 자체 코딩 작업을 통한 새로운 프로그램을 개발해야 한다. 그만큼 새로운 변화에 유연하게 대응하기가 어렵다. 통합 프로그램이 완전하지 않을 경우 시스템 간 연결도 유기적으로 이뤄지지 못한다. 시간과 돈, 인력은 많이 들지만 그만큼 효과를 보지 못한다.

여기서 가장 중요한 것은 바로 시간이다. 빅데이터, 사물인터넷(IoT), 인공지능(AI) 등 디지털 기술이 발달하면서 이 서비스에 대한 고객의 요구는 폭발적으로 증가하고 있다. 그런데 기업이 전통적 방식의 IT 개발과정을 도입하게 되면 이 속도를 따라잡을 수가 없다. 보다 빠르게 시스템끼리 통합해 고객중심의 데이터를 파악할 수 있는 방안을 찾는 게 그만큼 중요하다.

BMW는 자사 내 데이터 통합을 유기적으로 도와주는 새로운 소프트웨어를 도입해 고객에게 완전히 새로운 자동차 주행경험을 제공하고 있다. 사실 자동차 제조업체는 고객정보를 파악하기가 매우 어렵다. 그 이유는 첫째, 제조업체가 고객을 직접 대면하지 않기 때문이다. 자동차 영업은 자동차 총판과 딜러들이 담당하고 있다. 자동차 서비스센터도 비슷한 구조로 이뤄졌다. 그렇기 때문에 고객 개개인이 어떤 자동차를 선호하는지, 과거에 어떤 자동차를 구매했는지 등 여러 가지 정보를 실시간으로 파악하기 어렵다. 둘째, 자동차가 매우 정교한 기계라는 점 때문이다. 고객이 자동차를 실제 타는 동안 어떤 문제가 있는지, 어떠한 위험에 노출돼 있는지, 운전에 대한 만족도는 어떤지 파악하기 위해선 수십 가지의 시스템을 들여다봐야 한다. 셋째, 제품주기가 길다는 점이다. 고객의 정보를 수년 동안 계속해서 추적해 상황에 맞는 서비스를 제공해야 한다.

데이터를 통합한 후 BMW의 고객서비스는 완전히 달라졌다. 고객이 차 안은 물론 차 밖에서도 BMW를 운전하는 즐거움을 느낄 수 있도록 차와 관련한 모든 경험을 연결하고 개인화한 것이다. 전 세계 5000여 개에 달하는 지역 대리점을 포함해 고객과 BMW와의 접점을 모두 파악해 관련 고객 데이터를 언제든 확인하고 맞춤형 서비스를 제공할 수 있도록 했다.

독일의 30대 워킹맘 하이디 사례를 살펴보자. 하이디는 최근 초등학교에 입학한 아이의 등 · 하교와 출 · 퇴근을 위

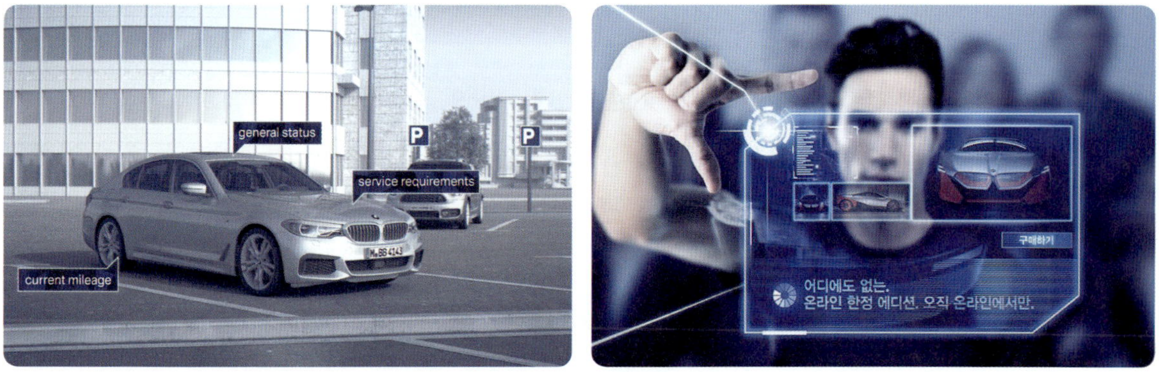

BMW 고객 서비스

해 자동차 구매를 계획하고 있다. 눈여겨본 차는 BMW의 전기자동차 i3. 방문하고자 하는 매장을 미리 지정해 방문시간도 예약했다. 매장을 방문한 하이디는 매장의 영업사원에게 스마트폰에 저장한 QR코드를 내민다. 이 직원이 QR코드를 찍자 그동안 하이디의 고객정보가 모두 확인된다. 어떤 용도로 차를 사용하고자 하는지, 과거 BMW를 구매한 적이 있는지, 자동차에서 가장 중시하는 기능은 무엇인지 등을 한눈에 볼 수 있다. 매장 직원은 이를 토대로 제품상담을 해주고 자동차 구매를 도와준다.

서비스센터 업무방식도 획기적으로 변모했다. 서비스센터 직원은 하이디의 주행 데이터를 통해 자동차 관리 및 수리서비스를 선제적으로 제공할 수 있다. 하이디가 자동차와 관련한 문의사항이 생겨 서비스센터에 전화를 했다고 가정해 보자. 담당직원은 재빨리 그의 자동차 등록 정보와 딜러숍 시스템의 고객정보를 가져와 미리 상황을 파악한다. 그뿐만 아니다. 이 서비스 직원은 기지를 발휘해 혹시 하이디가 사용하는 자동차에 이상이 없는지도 확인이 가능하다. 이때는 또 다른 시스템에 저장된 하이디 자동차의 센서 데이터를 끌고와 검색해 볼 수 있기 때문이다. 자동차 타이어에 부착된 센서에서 취합된 데이터를 확인해 보니 왼쪽 전면 타이어의 공기압이 낮았다. 서비스센터 직원은 하이디 자동차 위치를 곧바로 파악해 서비스센터 직원을 파견한다. 하이디는 자신의 집 주차장에서 편하게 자동차 타이어 공기압을 관리할 수 있다. BMW는 고객의 주행정보를 계속해서 추적해 언제 차를 점검해야 하는지, 교체해야 할 필요는 없는지 계속해서 확인하고, 이를 토대로 고객과 지속적인 관계를 유지할 수 있게 된다.

데이터 통합의 위력은 단순히 고객행동 중심으로 전방위 데이터를 손쉽게 파악하는 것에 그치지 않는다. 코딩을 통한 소프트웨어 개발 프로세스를 거치지 않아도 기업 내부에 존재하는 데이터를 누구나 파악할 수 있게 됨으로써 현장 직원들이 스스로 고객을 위한 서비스를 발굴하고 신속하게 지원할 수 있다. BMW 서비스센터 직원이 고객의 타이어 정보를 가져와 선제적으로 타이어 수리를 지원해 줬던 것처럼 말이다. 즉, 직원이 능동적으로 일할 수 있는 환경이 실질적으로 마련된 것이다.

코로나19 사태에 대응해 BMW는 고객안전과 고객관계 강화를 위해 비대면 구매채널을 강화했는데, 'BMW 샵 온라인'이 그 한 예이다. BMW코리아는 자동차 온라인 구매채널인 'BMW 샵 온라인'을 통해 고성능 한정판 마케팅을 수행하는데, 온라인 한정 에디션은 외관, 옵션, 성능 등에서 일반 승용차 모델과 차별화돼 희소성과 소장가치를 제공한다.

자료원: 매경, 2021.02.17; DBR February 2020 Issue 2.

BMW 사례가 보여주듯이 탁월한 마케팅 프로그램 개발은 유용한 소비자 정보의 확보로부터 시작된다. 나아가 기업들은 마케팅 환경, 경쟁사, 그리고 소비자 이외의 다른 이해관계자 등에 대한 풍부한 정보를 필요로 한다. 그러나 마케터들은 단순히 정보를 수집하는 것을 넘어서 그 정보를 기반으로 마케팅 프로그램 개발에 도움이 되는 소비자 및 시장 통찰력을 이끌어 내야 한다.

고객을 위한 가치를 창출하고 그들과 의미 있는 관계를 형성하기 위해서는 우선 고객들의 욕구에 대한 깊은 통찰력을 가져야 한다. 이러한 통찰력은 좋은 마케팅정보에서 나온다. 기업들은 지속적인 경쟁우위를 갖기 위해 좋은 마케팅정보를 수집하고 이를 통해 얻은 고객통찰력을 마케팅전략 수립에 활용해야 한다.

01 마케팅의사결정과 마케팅조사

마케터는 변화하는 마케팅환경에 대응하기 위해 다양한 의사결정을 내린다. 환율, 유가를 포함한 경제적 환경의 변화, 법률적 변화, 경쟁자의 새로운 가격정책, 소비자 라이프스타일 및 구매패턴의 변화 같은 마케팅환경요인의 변화에 대응하기 위해 마케터는 시의적절한 의사결정을 내려야 한다. 잘못된 의사결정은 금전적 손실뿐 아니라 기업이미지 추락, 고객 이탈 등을 초래할 수 있다.

기업은 잘못된 마케팅의사결정에 따른 위험을 최소화하기 위해 마케터의 직관이나 경험에 근거한 주관적 판단보다는 객관적인 정보에 근거해 의사결정을 내려야 한다. 예를 들어 설문조사 자료를 분석한 결과 소비자들이 유류가격의 인상에 매우 민감한 반응을 보이는 것으로 나타났다면, 정유회사의 마케터는 유가인상 폭을 최소화하는 의사결정을 내려야 할 것이다.

마케터들은 고객들의 욕구에 대한 참신하고 깊은 통찰력을 얻기 위해 마케팅조사를 실시한다. **마케팅조사**(marketing research)는 조직이 당면한 특정 마케팅 상황과 관련된 자료를 얻기 위해 이루어지는 체계적인 조사설계, 자료수집, 자료분석, 그리고 보고서 작성 등의 활동을 말한다. 예를 들어, 애플은 마케팅조사를 통해 얻은 고객통찰력을 기반으로 아이팟을 포함한 글로벌 히트제품을 개발하는 데 성공했다. 애플의 아이팟(iPod)은 최초의 디지털 음악 플레이어 제품은 아니었다. 그러나 애플은 조사를 통해 두 가지 핵심적인 통찰력을 발견하였다. 소비자들은 자신이 원하는 모든 음악을 갖고 다닐 수 있는 휴대용 음악 플레이어를 원했고, 남에게 부담을 주지 않고 음악을 들을 수 있기를 원했다. 이러한 통찰력에 기반해 애플은 디자인과 사용용이성을 갖춘 메가 히트작 아이팟을 개발했다. 애플의 확장된 아이팟 및 아이팟 Touch 제품라인은 미국 MP3 플레이어 시장에서 75% 이상의 시장점유율을 차지했다. 그리고 아이팟에서 얻은 통찰은 애플의 다른 메가 히트작품인 아이폰과 아이패드 개발의 토대가 되었다.

다음에서는 마케팅의사결정을 지원하는 마케팅자료의 수집방법 및 활용방안에 대해 살펴본다. 먼저 자료의 종류와 마케팅조사의 수행과정을 설명하고, 체계적이고 지속적인 자료의 수집과 분석을 위해 기업이 도입하는 마케팅정보시스템에 대해 살펴본다.

02 자료의 종류와 수집방법

마케팅조사에서 수집되는 자료는 1차 자료와 2차 자료로 나누어진다. **1차 자료**(primary data)는 조사자가 당면한 의사결정 문제를 해결하기 위해 직접 수집한 자료이다. **2차 자료**(secondary data)는 다른 조사자에 의해 다른 조사목적으로 이미 수집된 자료를 말하며, 사내자료, 정부기관의 발행물, 다양한 연구기관의 보고서, 전문조사기관에 의한 상업서비스자료 등이 이에 포함된다. 보통 마케팅조사라 하면 설문지 기반 서베이조사를 수행하는 것과 같이 1차 자료를 수집하는 방법을 주로 생각하기 쉽다. 그러나 실제로 기업에서 이루어지는 많은 의사결정은 2차 자료에 의존하는 비중이 높은데, 그 이유는 1차 자료를 수집하는 데 많은 시간과 비용이 소요되기 때문이다. 이에 따라 수시로 발생하는 마케팅의사결정 문제에 신속하고 경제적으로 대처하기 위해 2차 자료가 많이 활용된다.

2.1 2차 자료의 수집

2차 자료는 크게 기업내부자료와 기업외부자료로 나누어진다. 기업내부자료란 기업을 경영하는 과정에서 기업내부에 축적된 자료로서 회계자료, 영업관련자료, 조직현황, 기존의 시장조사자료 등이 이에 포함된다. 기업외부자료란 외부기관으로부터 유·무상으로 입수할 수 있는 자료로서, 통계청과 같은 정부기관, 정부의 국책연구소, 민간경제연구소, 경제신문사, 상공회의소, 산업별 협회, 대학 연구소 등에서 발간한 자료들이 이에 해당된다. 최근에는 이러한 자료들이 해당 기관들의 홈페이지에 공개되어 인터넷을 통한 국내·외 2차 자료에 대한 접근이 용이해지고 있다.

전문조사기관이 정기적으로 수집·분석하여 회원사들에게 유료로 제공하는 자료들도 중요한 기업외부자료에 포함된다. 예를 들어, 닐슨컴퍼니의 경우 소매점 수준에서 다양한 제품의 시장점유율 자료를 정기적으로 파악해 기업의 제품담당자들에게 판매하며(그림 4-1 참조), TN미디어나 닐슨컴퍼니는 텔레비전의 시청률자료를 광고대행사나 기업의 광고담당자들에게 판매한다. 그리고 통계청이나 중소벤처기업부에서 제공하는 상권분석시스템을 이용하면 소매점이나 식당 등의 입지를 선정하기 위한 상권분석에 유용한 정보를 얻을 수 있다(그림 4-2 참조). 표 4-1은 마케팅담당자들이 활용할 수 있는 2차 자료의 대표적인 예를 정리한 것이다.

그림 4-1 닐슨컴퍼니에서 제공하는 Retail Index 자료의 예

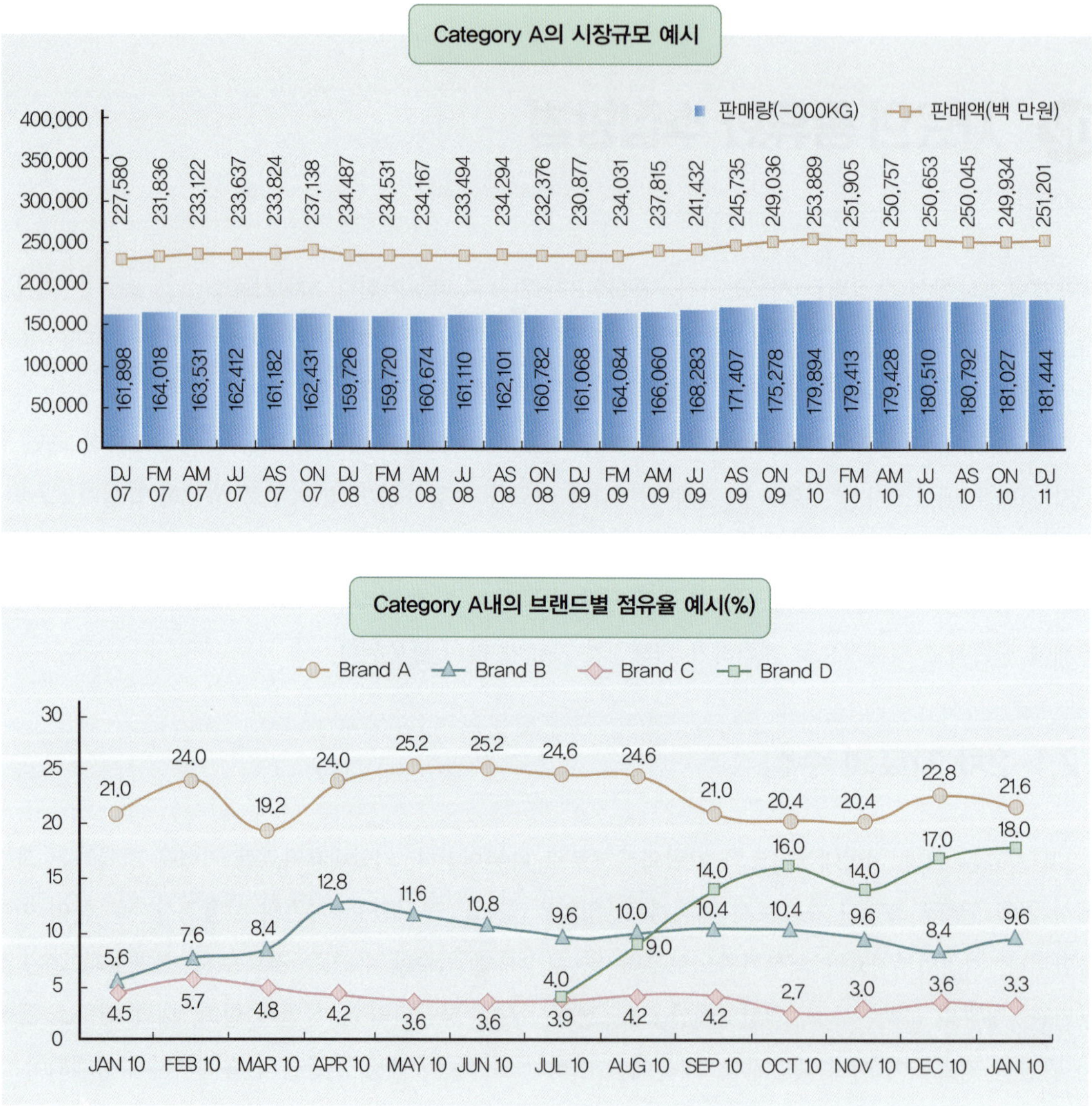

그림 4-2 중소벤처기업부 산하 소상공인시장진흥공단이 제공하는 상권분석시스템에서 상권을 분석한 화면의 예

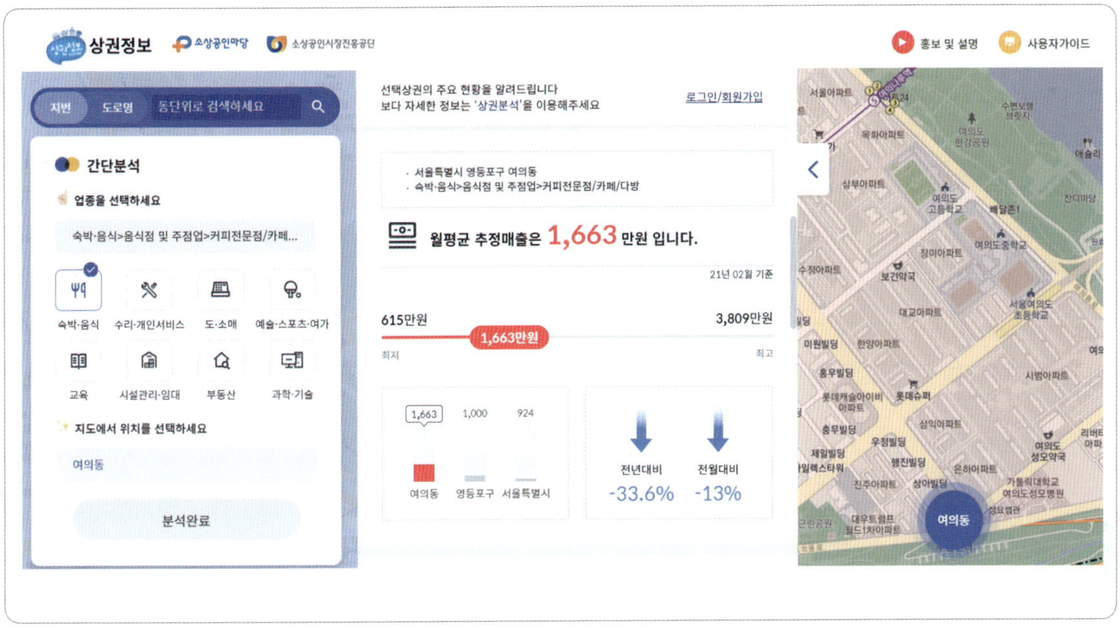

표 4-1 마케팅조사에 활용가능한 2차 자료의 종류

1. 정부기관에서 제공하는 자료
재정경제부: 경제동향
통계청: 경기동향, 경기종합지수, 한국경제지표, 인구, 물가 및 가계, 노동 및 자금, 가구소비실태 조사보고서
대한상공회의소: 소매점경영동태 조사보고, 한국의 상권, 유통통계자료집, POS 정보
한국은행: 국민총생산경제경영문헌속보, 경제동향주요지표
한국산업기술원구원(KIET): 경제경영문헌속보, 경제동향주요지표

2. 주요연구기관 및 언론기관의 홈페이지에서 제공되는 자료
LG경제연구원, 삼성경제연구소(SERI)
매일경제신문, 중앙일보, 조선일보 등 신문사의 기사검색 등
Naver나 Daum과 같은 인터넷사이트의 검색서비스

3. 정기간행물 및 서적
마케팅관련 논문집: 경영학연구(한국경영학회), 마케팅연구(한국마케팅학회)
소비자학연구(한국소비자학회), 광고학연구(한국광고학회)
연구소 및 광고대행사의 간행물
경제신문: 매일경제, 한국경제, 내외경제, 서울경제
협회지: 리테일 매거진(한국체인스토어협회), KAA저널(한국광고주협회)
월간물가자료(한국물가협회), 품질경영(한국표준협회)
일반적인 기업관련 서적 및 잡지: 시장규모총람(데이코산업연구소), 회사연감(매일경제신문사), 한경기업총람(NICE 신용평가정보), 유통업체연감(한국체인스토어협회), 한국통계연감(통계청), 매경이코노미(매일경제신문사), 이코노미스트(중앙일보), 한경비지니스(한국경제신문사), 광고연감(제일기획), ADSTAT(한국방송광고진흥공사), 광고계동향(한국광고총연합회), 마케팅(한국마케팅연구원), 물류와 경영(코리아 쉬핑 가제트)

4. 전문적인 마케팅조사회사에서 판매하는 자료
닐슨컴퍼니: 소매점에서 판매되는 주요 생활용품의 점유율 자료
소비자패널조사 자료
TV시청률 자료
TNS미디어: 소비자패널조사 자료 및 TV시청률 자료

5. 해외시장조사
주요 국가별 통계청 홈페이지
각 국가별 주요신문 및 경제신문 홈페이지

자료원: 안광호 · 임병훈, 마케팅조사원론, 창명, 6판, 2017을 토대로 재구성함.

마케팅조사자는 마케팅과 관련된 문제가 발생하는 경우 1차 자료보다 2차 자료를 먼저 검토하게 된다. 의사결정문제에 도움이 되는 2차 자료를 입수할 수 있다면 조사자는 시간과 비용을 상당히 절감할 수 있기 때문이다. 그러나 2차 자료는 다른 목적을 위해 수집된 자료이므로 당면한 의사결정문제에 적절한 정보를 제공하지 못할 수도 있으며, 관련된 정보라고 하더라도 시간이 경과하여 의미가 없는 경우가 많다. 이 경우 마케팅담당자는 1차 자료에 의존하게 된다. 이하에서는 1차 자료의 수집방법에 대해 설명하기로 한다.

2.2 1차 자료의 수집방법

기업들이 많이 이용하는 1차 자료 수집방법에는 표적집단면접법, 관찰조사, 서베이조사, 패널조사 등이 있다.

(1) 표적집단면접법

표적집단면접법(FGI: Focus Group Interview)은 면접진행자가 소수의 응답자들(대개 6~10명)을 한 장소에 모이게 한 후, 자연스러운 분위기 속에서 조사목적과 관련된 대화를 유도하고 응답자들이 의견을 표시하는 과정을 통해서 자료를 수집하는 조사방법이다.

표적집단면접법의 목적은 소수의 응답자들 간의 자연스러운 대화과정에서 조사목적과 관련된 유용한 정보를 얻거나 설문조사에서 기대하지 못한 결과를 발견하는 데 있다. 응답자들은 대화과정에서 한 응답자의 의사표시에 자극을 받아 부담 없이 의견을 표시하게 되며, 다른 응답자의 생각으로부터 새로운 생각을 떠올리기도 하여 양질의 정보를 제공해 준다. 이러한 장점으로 우리나라의 많은 기업들이 신제품 아이디어의 도출, 소비자들의 제품구매 및 사용실태에 대한 전반적 이해, 설문지 작성에 필요한 기본 정보의 수집 등을 위해 표적집단면접법을 널리 활용한다.

마케팅담당자가 표적집단면접법을 통해 소비자의 제품구매동기를 파악하고 신제품에 대한 아이디어를 얻고 있다.

(2) 관찰조사

관찰조사는 소비자가 제품을 구매/사용하는 과정을 관찰하고 이 내용을 체계적으로 정리해 마케팅 시사점을 찾아내는 방법이다. 예를 들면 가전업체는 소비자의 냉장고 사용실태를 파악하고 새로운 냉장고를 개발할 목적으로 특정 가구의 냉장고에 동영상 기기를 설치하고 소비자의 냉장고 사용행동을 관찰할 수 있다. 관찰조사 결과 소비자들이 냉장고를 여닫는 주된 이유가 음료수를 마시기 위한 것으로 나타났다. 이에 따라 그 가전업체는 냉장고 문 전체를 열지 않고도 음료수를 꺼낼 수 있도록 음료수 보관용 홈바를 설치한 대형냉장고를 출시했다.

조사자들은 종종 고객에게 단순히 질문을 해서는 얻을 수 없는 고객에 대한 통찰력을 얻기 위하여 소비자행동을 관찰하기도 한다. 관찰조사는 실제 제품사용상황에서 소비자의 행동과 표정을 관찰함으로써 기억에 주로 의존하는 설문조사에서 얻을 수 없는 마케팅시사점을 발견하는 데 도움을 줄 수 있다. 예를 들어, Fisher-Price사는 새로운 장난감에 대한 어린아이의 반응을 관찰할 수 있는 관찰 랩(lab)을 운영한다. Fisher-Price가 운영하는 Play Lab은 햇볕이 잘 들고 장난감이 쌓여 있는 공간으로, 여기에 초대된 아이들은 Fisher-Price의 장난감 시제품들을 갖고 놀 수 있고, 디자이너들은 아이들이 어떤 장난감에 열광하는지를 파악할 수 있다. 최근에는 고객들이 제품사용과정과 상황을 스스로 기록하고 디지털 카메라로 찍어 정리하는 방식의 자기관찰(self observation)기법도 활용되고 있다.

최근 들어 많은 기업들이 **민속지학적 조사** 혹은 **에스노그래픽 조사**(ethnographic research)를 이용한다. 이 조사방법에서는 자연스러운 환경에서 소비자들을 관찰하고 그들과 상호작용할 수 있도록 전문지식을 갖춘 관찰자를 현장에 파견한다. 관찰자들은 잘 훈련된 인류학자, 심리학자 또는 회사의 마케팅 조사담당자와 관리자들일 수 있다. 기업들은 실제의 소비자 환경에서 에스노그래픽 조사를 진행할 뿐만 아니라 인터넷상에의 자연스러운 상황에서 소비자를 관찰하는 **넷노그라피**(Netnography)를 정기적으로 실시한다. 마케터들은 블로그, 소셜네트워크, 웹사이트 상에서의 소비자 대화를 정기적으로 청취한다. 소비자들이 온라인상에서 어떻게 상호작용하고 이동하는지를 관찰하는 것은 온라인과 오프라인에서의 구매동기와 행동에 대해 유용한 통찰력을 제공할 수 있다.

관찰 및 에스노그래픽 조사는 전통적인 설문조사나 표적집단면접에서 얻기 어려운 상세한 정보를 제공한다. 전통적인 정량적 조사방식은 알려진 가설(가령, 광고를 많이 하면 브랜드인지도가 증가할 것이다)을 검증하거나 잘 정의된 제품 또는 마케팅전략에 관해 질문하고 이에 대한 답을 얻는 데 사용되지만, 관찰조사는 사람들이 제공하고 싶지 않거나 제공할 수 없는 고객욕구에 대한 신선한 통찰력을 끌어 낼 수 있다. 이러한 조사는 고객이 의식하지 않은 상태에서 이루어진 행동이나 표현되지 않은 욕구와 느낌을 파악할 수 있게 한다.

그러나 느낌, 태도, 동기, 혹은 사적인 행동 같은 것들은 단순히 관찰을 통해 정확히 파악될 수는 없다. 또한 장기간에 걸쳐 이루어지는 행동이나 자주 일어나지 않는 행동도 관찰하기 어렵다. 그리고 관찰은 해석하기가 어려울 수 있다. 이러한 한계점 때문에 조사자들은 종종 관찰조사를 다른 자료수집 방법들과 병행해 사용한다.

마케팅 Highlight

체계적인 관찰조사로 차별화에 성공한 LG전자 인사이트 마케팅팀

LG전자는 관찰조사를 수행하기 위해 '인사이트 마케팅팀'을 수도권 내 전자제품 매장에 투입했다. 이들에게 주어진 임무는 고객의 동선과 시선을 면밀히 분석하는 것이다. 이들은 고객의 양해를 얻어 특수한 안경을 씌웠는데, 이 안경에는 소형카메라가 부착되어 고객의 시선에 따라 매장 내 모습을 컴퓨터로 전송해 저장하는 기능을 갖고 있다.

매장 내 관찰조사를 위해 이용되는 특수안경과 안경을 통해 본 매장의 모습(자료: www.eyetracker.co.uk)

3개월간에 걸친 매장관찰과 이에 대한 분석을 통해 인사이트 마케팅팀은 가전제품 전시방법에 문제가 있다는 것을 찾아냈다. 상당수 소비자들은 각 통로 끝에 진열된 제품에는 거의 시선을 주지 않았고, 통로 입구에서 한 번 훑어본 뒤 다른 통로로 넘어가는 것이다. 천장이나 제품에 붙인 화려한 문양의 알림판(POP)도 무용지물에 가까웠다. 인사이트 마케팅팀의 보고서를 토대로 LG전자는 매장의 구조를 바꾸었다. LG전자는 서울 서초구 양재동 하이프라자 매장을 시작으로 각 대리점의 제품배열을 모두 'ㄷ자형'으로 바꾸고, POP물의 숫자도 대폭 줄였다.

인도에 출시된 '야채 칸 냉장고'도 관찰조사를 통해 현지시장의 특징을 찾아내 성공을 거둔 경우이다. 인사이트 마케팅팀은 수십 가정에 관찰용 카메라를 설치하고 인도 주부들의 이용패턴을 몇 달간 살펴봤다. 이를 통해 "인도에서는 고기가 아닌 야채 신선도를 높여주는 냉장고가 핵심성공요인"임을 발견했다. 이에 따라 야채 칸을 편히 사용할 수 있는 높이에 하나 더 만든 냉장고를 개발함으로써 인도 소비자들로부터 큰 인기를 끌었다.

자기관찰을 위한 기록지의 예

5월(15)일 토요일

일과 세부내용은 되도록 6하원칙(언제, 어디서, 누구와, 무엇을, 어떻게, 왜)에 따라 자세히 적어주시고, 돈이 지출된 경우 총지출액도 적어주세요.

시간대	시간대	일과세부내용
Am 4:00		(1) 집에 있는 밥과 국은 왠지 먹기가 싫어서 김치 볶음밥을 해먹음
5:00		
6:00		(2) 사야겠다고 마음먹었던 건강보조제를 사기 위해 종로 5가로 감. 버스를 타고 30분 정도 걸림. 비가 와서 여러 약국 중에 제일 가까운 곳으로 들어감. 종합비타민 6개월분(52,000원)과 피부 미백 보조제 3개월분(53,000원)의 약을 샀음. 105,000원이었는데 약사 아저씨께 깎아달라고 해서 5,000원 정도 깎았음
7:00		
8:00		
9:00		
10:00		
11:00		(3) 버스 타러 가는 길쪽에 있는 종로 5가 주변의 화초시장을 둘러봄 예쁜 꽃들과 꽃나무들을 둘러봄. 보기에는 좋으나 아직 키울 만큼의 부지런함이 없어서 구경만 함. 잡화상과 특이한 물건을 파는 상인들도 있어서 흥미있게 구경함. 지나가는 길에 의료도매상이 있어서 그곳에서 지압안마기를 구입함(3,000원). 컴퓨터를 하루 종일 하고 타이핑 치는 일이 많아서 어깨가 아프고 결릴 때 쓰려고 함
Pm 12:00	기상	
1:00	TV시청	
2:00	점심식사(1)	
3:00	종로5가 약국에 감(2)	
4:00	종로5가 주변 화초시장 둘러봄(3)	
5:00	귀가 후 휴식 및 TV시청	(4) 어제 과음과 과로를 한 탓에 하루 종일 피곤함. 잠깐 졸려서 누웠는데, 제법 푹 잠. 일어난 후에는 잠이 오지 않아 늦게까지 TV를 봄. 강아지와 놀아줌
6:00		
7:00	저녁식사	
8:00	취침(4)	
9:00		

(3) 서베이조사

서베이(survey)조사는 설문지를 이용하여 조사대상자들로부터 자료를 수집하는 방법으로 마케팅조사에서 가장 널리 이용되는 자료수집방법이다(서베이조사의 자세한 진행과정은 3절에서 설명하기로 한다). 서베이조사를 통해 수집된 자료는 다양한 마케팅의사결정을 내리는 데 활용되는데, A&U(Attitude & Usage) 조사는 서베이조사의 대표적인 유형이다. A&U(Attitude & Usage) 조사는 설문지를 이용해 자사브랜드 및 경쟁브랜드에 대한 인지도와 전반적 태도, 주요속성들에 대한 브랜드별 평가, 소비자들이 원하는 주요 제품편익, 미래 구매의도 등을 측정한다.

서베이조사는 응답자의 접촉방법에 따라 크게 대인면접법, 전화면접법, 우편조사법, 그리고 인터넷 서베이의 네 가지 방법으로 구분된다.

① 대인면접법(Personal Interview)

이는 교육을 받은 조사원이 직접 응답자와의 대면접촉을 통해 자료를 수집하는 방법으로, 거리나 사무실에서 조사원들이 설문지를 이용해 자료를 수집하는 방법이 바로 이에 해당된다. 대인면접법에서는 응답자들이 질문내용을 이해하지 못하는 경우 자세히 설명해 줄 수 있어 양질의 정보를 얻어낼 수 있다는 장점을 갖고 있다. 또 사례품 증정 등의 동기부여를 통해 응답률을 높이고 성실한 답변을 얻을 수 있다. 그러나 비용이 많이 들고 시간이 많이 소요되며 질문과정에서 면접원이 응답자의 응답에 영향을 미칠 수 있다는 단점이 있다.

② 전화면접법(Telephone Interview)

이는 조사원이 응답자를 직접 만나는 대신에 전화를 통하여 응답자로부터 자료를 수집하는 방법이다. 전화면접은 빠른 시간 내에 저렴한 비용으로 조사를 실시할 수 있다는 장점이 있다. 반면에 전화면접은 질문내용이 어렵고 면접시간이 길어지면(5~10분 이상) 응답자들로부터 협조를 얻기가 어렵다는 단점이 있다. 또한 통화가 불가능하거나 응답을 거부하는 응답자들이 표본추출에서 제외되는 문제점이 있다.

③ 우편조사법(Mail Survey)

이는 응답자에게 우편으로 설문지를 발송한 후 응답내용을 반송용 봉투를 이용하여 회수함으로써 자료를 수집하는 방법이다. 이 방법은 응답자 1인당 조사비가 적게 들며, 응답자가 조사문제에 대해 관심이 있는 경우에는 설문지의 양이 길어도 대답을 해 준다는 장점이 있다. 그러나 응답자가 질문내용을 이해하지 못할 경우 보충설명이 불가능하며 응답률이 낮다는 단점이 있다. 대개 우편조사에 대한 응답률은 10~20% 정도로 낮은 편이다. 특히 응답자와 비응답자 간에 제품 구매나 소비 특성의 차이로 인해 응답자의 대표성에 문제가 있다면 신뢰성 있는 조사결과를 얻기가 어렵다. 이에 따라 상업적 마케팅조사에서 우편조사법은 활용이 제한적인 상태이다.

④ 인터넷 서베이(Internet Survey)

이는 인터넷 기술의 발달과 사용자의 증대에 따라 2000년대 이후 새로 도입된 조사기법으로, 메일이나 문자메시지를 통해 조사 참여를 유도하고 조사업체의 사이트에 들어와 설문지에 응답하도록 하는 조사방법이다. 인터넷조사가 도입된 초기에는 접근할 수 있는 소비자계층이 한정적이라는 한계점이 있었지만 인터넷 사용자의 확산으로 제품의 주 사용자가 40대까지인 경우에는 인터넷조사방법이 의미 있는 대안으로 받아들여지고 있다. 인터넷을 통한 조사비용과 조사기간은 전화조사와 유사한 수준이다. 최근에는 동영상이나 그래픽 자료를 이용하여 응답자의 흥미를 유도할 수 있도록 설문지를 구성하면서 전화조사보다 많은 정보를 수집할 수 있다는 장점으로 전체 서베이조사 중 비중이 확대되고 있다.

표 4-2 는 네 가지 서베이조사 방법의 특성을 비교한 것이다.

표 4-2 서베이조사에서의 응답자 접근방법 간의 비교

기준	우편	전화	대인면접	인터넷조사
1. 응답자로부터 수집된 자료의 정확성	제한됨	보통임	좋음	보통
2. 수집될 수 있는 자료의 양	보통	제한됨	우수함	보통
3. 조사의 유연성	나쁨	보통	우수함	우수함
4. 표본오류(응답률)	나쁨	보통	우수함	보통
5. 비용	낮음	낮음	높음	낮음
6. 소요시간	느림	빠름	느림	빠름

(4) 패널조사

패널조사란 조사회사 또는 제조회사가 소비자패널을 구축하고 패널 내의 소비자들로부터 정기적으로 제품구매 또는 제품사용과 관련된 자료를 수집하여 그 변화를 추적하는 조사방법이다. 소비자패널(panel)이란 조사회사 또는 기업과 계약을 맺고 지속적으로 자료를 제공하기로 한 소비자집단을 의미하는데, 소비자들은 그 대가로 사례비, 선물 또는 제품정보를 제공받는다. 패널조사는 동일 표본으로부터 자료를 반복적으로 수집하기 때문에 시장점유율의 변화나 마케팅 프로그램(예: 새로운 광고의 집행)의 효과를 지속적이고 정확하게 파악할 수 있는 장점이 있다. 패널조사는 조사회사가 TV시청률, 제품구

그림 4-3 패널조사에서 이용되는 기록지의 예

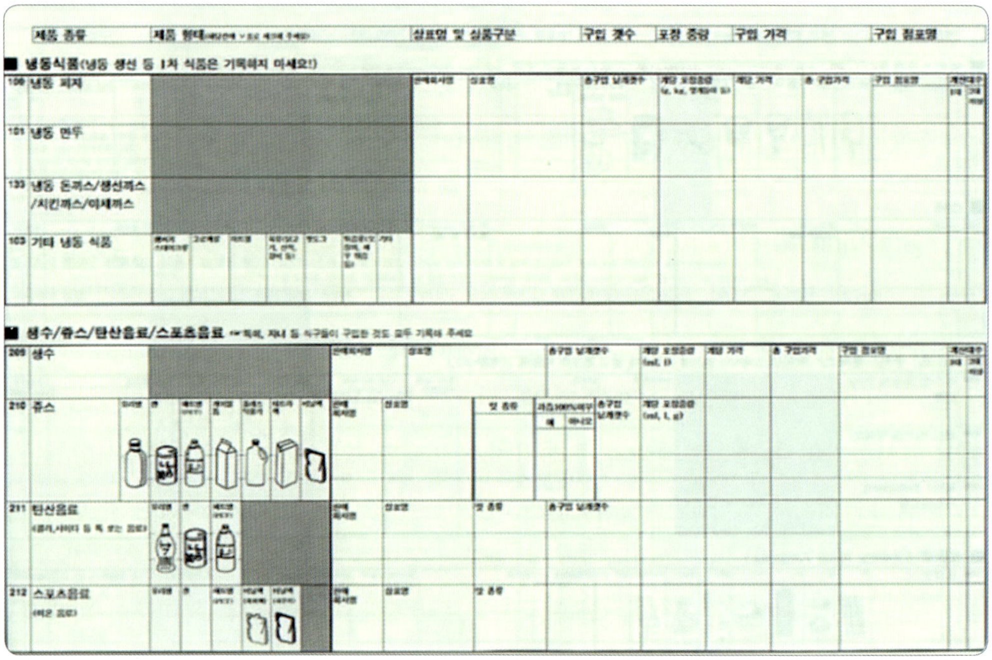

매/사용행동을 조사하는 데 흔히 이용되는데, 패널조사를 통해 수집된 자료는 관련기업들에게 유료로 판매된다.

패널조사에서는 대표성이 있는 소비자패널이 먼저 구축되어야 한다. 패널로 참여하는 각 가구는 일정 기간(통상적으로 1주일)마다 가족의 구매내용을 기록지에 적어 조사회사로 보내며, 조사회사에서는 각 패널의 구매기록을 취합/분석하여 그 내용을 기업들에게 판매한다(그림 4-3 참조).

다음에서는 대표적인 마케팅조사기법인 서베이조사를 중심으로 마케팅조사의 진행과정에 대해 설명하기로 한다.

03 마케팅조사의 진행과정

마케팅조사의 진행은 마케팅담당자에게 새로운 의사결정이 필요한 상황이 발생함으로써 시작된다. 예를 들어, 경쟁자가 새로운 제품을 출시하거나 가격을 인하한 경우 마케팅담당자는 이에 대응하는 적절한 의사결정을 내려야 하며, 이를 위해 객관적인 자료나 정보를 필요로 하게 된다. 이때 기존에 사내에 축적되어 있는 자료를 이용하거나 자체적인 면접조사를 통해 의사결정이 이루어질 수 있다면 본격적인 마케팅조사는 실시되지 않아도 될 것이다. 그러나 기존자료만으로 의사결정이 어려운 경우 1차 자료를 수집하기 위한 마케팅조사를 시작하게 된다.

그림 4-4 는 마케팅조사에서 가장 많이 이용되는 서베이조사를 중심으로 마케팅조사의 일반적인 진행과정을 제시하고 있다.

그림 4-4 마케팅조사의 일반적 진행순서

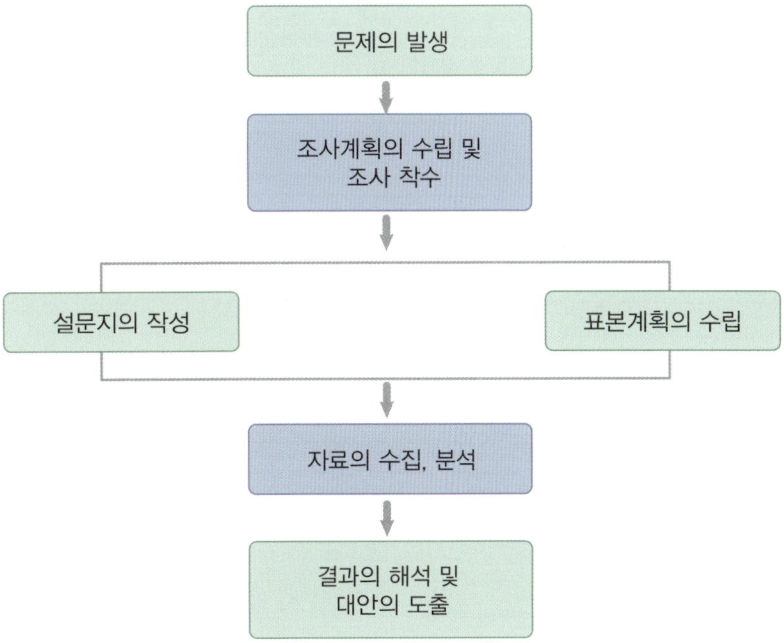

3.1 조사계획의 수립 및 조사 착수

마케팅조사의 첫 단계는 조사계획을 수립하고 기업내부의 조사담당자에 의해 혹은 외부의 조사기관을 선정하여 조사에 착수하는 과정이다. 이를 위해 먼저 마케팅담당자는 직면한 문제점이 무엇이고, 이의 해결을 위해 어떤 자료가 필요한지를 정리하여야 한다. 기업이 처한 문제가 정확히 무엇인지를 파악하기는 그리 쉬운 일이 아니다. 예를 들어, 기업의 매출이 감소할 경우 그 이유를 명확히 파악하는 것 자체가 조사의 목적이 될 수도 있다.

3.2 설문지의 작성

마케팅조사의 두 번째 단계는 소비자들로부터 표준화된 자료를 수집하기 위해 설문지(questionnaire)를 작성하는 것이다. 설문지를 작성하기 위해서는 우선 수집해야 할 정보의 내용이 확정되어야 한다. 다음으로 이들 정보를 수집하기 위한 개별문항을 완성하여야 한다. 개별문항은 질문과 이에 대한 응답부분으로 구성되며, 질문방식에 따라 개방형 질문과 선택형 질문으로 나누어진다. 개방형(open-ended) 질문이란 응답자가 자유롭게 생각나는 답변을 하도록 하는 질문방법이다. 선택형(choice) 질문이란 응답자로 하여금 주어진 응답항목들 중 하나 또는 그 이상을 선택하도록 하는 질문방법이다. 개방형 및 선택형 질문의 예들은 표 4-3과 표 4-4에 제시되어 있다.

표 4-3 개방형 질문의 예

질문 1. 귀하가 가장 최근에 방문하신 주유소는 어느 회사의 주유소였습니까?

질문 2. 그 주유소를 이용하시면서 느끼셨던 좋은 점 또는 나빴던 점을 각각 두 개만 말씀하여 주시기 바랍니다.

(1) 좋았던 점

1. ______________________________

2. ______________________________

(2) 나빴던 점

1. ______________________________

2. ______________________________

표 4-4 선택형 질문의 예

질문 3. 귀하(운전자)가 가장 최근에 이용한 주유소는 어느 회사의 주유소입니까?
다음의 보기 중에서 골라 주시기 바랍니다.(   )
1) SK주유소 2) GS주유소 3) S-oil 4) 오일뱅크
5) 기타(   ) 6) 모르겠다

질문4. (주유소에서 나오는 운전자를 대상으로) 지금 이 주유소를 이용하신 이유는 무엇입니까? 해당란에 모두 ○표하여 주시기 바랍니다.

(   ) 1) 항상 가기 때문에
(   ) 2) 가격이 싸다
(   ) 3) 위치가 편리하다
(   ) 4) 주유소가 넓다
(   ) 5) 기다리지 않는다
(   ) 6) 직원들이 친절하다
(   ) 7) 내가 좋아하는 회사의 주유소이기 때문이다
(   ) 8) 괜찮은 판촉물을 준다
(   ) 9) 세차를 해준다
(   ) 10) 주유소가 깨끗하다
(   ) 11) 기타

질문 5. 당신이 최근에 방문한 주유소에 대한 만족도는 어느 정도입니까?
1) 불만족 2) 조금 불만족 3) 보통 4) 조금 만족 5) 만족

개별문항이 완성되면 조사자는 질문항목들의 순서를 결정하고, 설문지를 소책자 형태로 만들어 설문지의 초안을 완성한다. 설문지 작성의 마지막 단계는 본 조사에 들어가기에 앞서 설문지 초안에 대한 사전조사(pretest)를 실시하는 것이다. 설문지를 작성하는 조사회사의 연구원이나 기업의 담당자는 질문의 내용이나 제품에 대한 풍부한 배경지식을 갖고 있지만, 자료를 제공하는 응답자들은 질문내용이나 질문방식을 제대로 이해하지 못하는 경우가 흔히 발생한다. 의미 있는 자료의 수집을 위해서는 충분한 사전조사의 실시를 통해 응답자가 명확히 이해할 수 있는 설문지를 작성하도록 하여야 한다.

3.3 표본추출

마케팅조사자들은 일반적으로 전체 조사대상자들로 구성된 모집단(가령, 서울소재 여대생)에서 추출된 적은 수의 표본을 조사해서 얻은 결과를 토대로 전체 모집단의 특성을 추정한다. **표본**(sample)은 전체 모집단을 대표할 수 있도록 조사자에 의해 선정된 모집단의 일부분이다. 이상적인 표본은 모집단 전체 구성원들의 생각과 행동을 정확하게 추정할 수 있도록 모집단을 대표할 수 있어야 한다.

그림 4-5 는 표본추출과정을 보여준다.

그림 4-5 표본추출계획의 수립과정

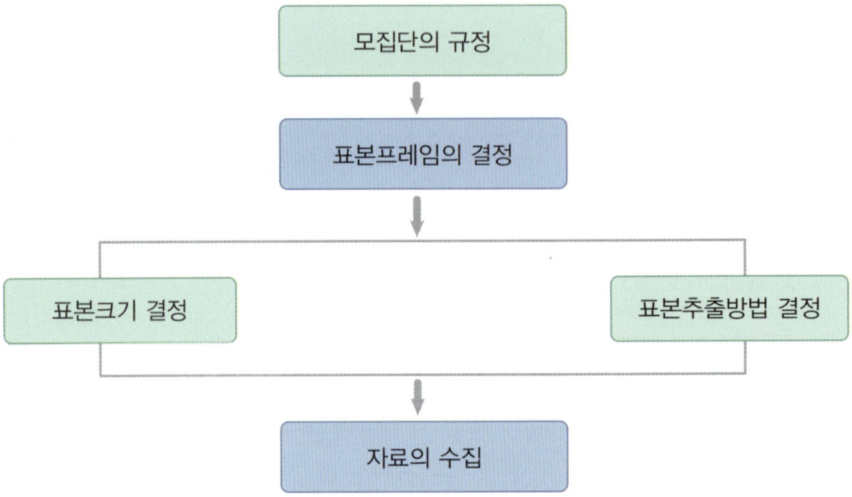

표본을 설계하는 데는 네 가지 의사결정이 요구된다. 첫째, 조사할 대상의 결정(표본추출단위(모집단)의 결정)이다. 이 질문에 대한 답이 항상 명확한 것은 아니다. 예를 들어, 가족용 승용차 구매를 위한 소비자 의사결정과정을 연구할 때, 마케팅조사자는 남편, 아내, 다른 가족구성원, 자동차딜러의 영업사원 중 누구와 면접해야 할 것인지 또는 이들 모두와 면접할 것인지를 결정해야 한다. 둘째, 표본추출단위가 정의되면 조사자는 실제로 이들을 표본으로 추출하기 위한 표본프레임을 선정하여야 한다. **표본프레임**(sample frame)이란 모집단 구성원들의 정보가 수록된 목록을 의미한다. 행정구역편람에 수록된 우리나라의 동·읍·면 목록, 또는 기업연감에 수록된 상장기업들의 목록이 표본프레임의 예이다. 그러나 표본추출을 위해서 반드시 표본프레임이 필요한 것은 아니며, 소비자를 대상으로 하는 마케팅조사의 경우 대부분 표본프레임이 없이 조사가 진행된다. 예를 들어, 20대 후반의 신혼주부를 표본추출단위(모집단)로 선정하는 경우 이들의 명단을 모두 구하기는 현실적으로 어렵기 때문이다.

셋째, 얼마나 많은 사람들을 조사할 것인가(표본크기에 대한 결정)이다. 대체로 대규모 표본이 소규모 표본에 비해 더 신뢰할 만한 결과를 낳는다. 그러나 표본의 크기가 커지면 더 많은 비용이 든다. 그리고 신뢰할 만한 결과를 얻기 위해 반드시 표적시장 전체 구성원이나 전체 시장의 상당부분을 표본으로 선정해야 할 필요는 없다. 신중을 기해 표본을 잘 선정한다면, 모집단의 1%도 안 되는 표본으로 신뢰성이 높은 조사결과를 얻을 수 있다.

넷째는 표본 구성원을 어떻게 선정할 것인가(표본추출방법의 결정)이다. 표본추출방법은 크게 **확률 표본추출방법**(probability sampling)과 **비확률 표본추출방법**(nonprobability sampling)으로 나누어진다. 확률 표본추출방법은 표본프레임을 이용하여 표본을 추출하는 방법으로 추출된 표본이 모집단을 잘 대표한다는 장점이 있다. 확률적 표본(probability samples)을 사용하게 되면, 전체 모집단에 속한 사람들이 표본에 포함될 확률이 알려져 있기 때문에 조사자는 표본으로 추출된 조사대상자들이 모집단의 특성을 어느 정도 대표하는지를 통계적으로 계산할 수 있다. 그러나 확률적인 표본추출방식은 비용이 많이 들고 시간도 오래 소요되기 때문에 마케터들은 비록 표본추출오류를 계산할 수 없는 단점이 있더라도 비확률적 표본(nonprobability samples)을 종종 자료수집에 사용한다. 할당 표본추출방법과 판단 표본추출방법 등은 마케팅조사에서 흔히 사용되는 비확률 표본추출방법이다. **할당 표본추출방법**(quota sampling)은 일정한 기준(예: 성별, 연령별, 지역별)에 의해 조사대상자들을 여러 집단으로 구분하고, 각 집단별로 필요한 수의 표본을 추출함으로써 추출된 표본이 모집단의 특성을 적절히 반영할 수 있도록 한다. **표 4-5** 는 할당 표본추출방법의 한 예이다. **판단 표본추출방법**(judgement sampling)은 정보를 얻기 가장 편리한 모집단 구성원을 표본으로 추출하는 것으로 표적집단면접법에서 흔히 이용한다. 예를 들어, 미래의 승용차가 가져야 할 특성을 파악하기 위한 조사에서 일반인 대신 승용차 분야의 전문가들을 선별적으로 골라 이들을 대상으로 면접조사를 실시하는 것이 그 한 예이다.

표 4-5 주요 대도시에 대한 할당 표본추출방법의 예

조사대상지역	표본의 수	조사대상지역	표본의 수
서울 명동	100	부산 남포동	130
영등포	100	서면	130
상계동	100	대구	150
잠실	100	인천	100
논현동	100	대전	100
		광주	50
		울산	40
계	1,200명		

1) Quota 할당기준 1 → 지역
2) Quota 할당기준 2 → 성별할당(남:여=50%:50%)
3) Quota 할당기준 3 → 연령별 할당(20대:30대:40대 이상=40%:40%:20%)

표본추출방식에 따라 비용과 소요시간, 그리고 자료수집의 정확성과 통계적 특성이 달라지므로 어떤 방식이 최선인지는 조사 프로젝트의 목적에 달려 있다.

3.4 자료의 수집 및 분석

설문지가 완성되고 표본계획이 세워지면, 다음 단계는 실제로 자료를 수집하는 실사의 과정으로 들어간다. 실사란 조사원들을 뽑아 교육을 시키고, 조사원들이 표본계획에 맞는 응답자들을 찾아 실제

로 자료를 수집하는 과정을 의미한다. 또 수집된 자료에 대한 코딩(응답내용을 숫자로 전환하는 작업) 및 펀칭(코딩된 자료를 컴퓨터 파일에 입력시키는 작업)의 과정을 거쳐 컴퓨터에서 분석가능한 상태로까지 만드는 과정이 실사에 포함된다.

마케팅조사에서 실사가 중요한 이유는 마케팅조사에서 발생할 수 있는 오류의 상당부분이 실사과정 동안 발생하게 되며, 이러한 오류의 적절한 통제를 통해 양질의 자료가 수집된 경우에만 조사결과가 기업의 의사결정에 도움을 줄 수 있기 때문이다. 조사내용이 자료처리과정을 거쳐 컴퓨터에 입력되면, 통계기법이나 마케팅에서 사용되는 다양한 분석기법 등을 적용하여 의사결정에 이용가능한 정보가 추출된다.

3.5 전략적 대안의 도출

마케팅조사의 마지막 단계는 조사결과를 토대로 의사결정 대안을 도출하는 것이다. 마케팅관리자는 '어떤 마케팅의사결정을 내려야 하는가?'에 대한 해답을 얻기 위해 마케팅조사를 수행한다. 의미 있는 대안을 도출하기 위해서는 기업의 마케팅관리자와 조사회사의 연구원 간에 긴밀한 협조관계가 이루어져야 한다. 마케팅관리자의 산업과 제품에 대한 지식과 조사회사의 담당연구원이 갖고 있는 통계학, 조사방법, 마케팅기법에 대한 전문성을 상호보완적으로 활용하여 의미 있는 마케팅 대안을 도출할 수 있도록 해야 한다.

이상으로 마케팅조사의 일반적인 진행과정에 대해 살펴보았다. 기업은 특정 마케팅문제를 해결하기 위한 조사프로젝트를 진행하며, 새로운 문제가 발생하면 또 다른 조사프로젝트를 실시한다. 이러한 조사프로젝트 수행에서 발생하는 문제점은 실시된 조사들 간의 연결이 제대로 이루어지지 않는다는 것이다. 많은 경우 마케팅조사를 통해 축적된 중요한 마케팅정보가 기업 내의 여러 부서에 분산되어 있어 관련 마케팅조사들 간에 혹은 조사결과와 사내의 다른 2차 자료 간의 연계분석이 이루어지지 않고 있다. 이러한 문제를 해결하기 위해 일부 기업들은 자료의 수집, 분석 및 정보의 공유를 체계적으로 수행하기 위한 마케팅정보시스템을 도입하고 있다.

04 마케팅정보시스템의 의미

오늘날 마케터들은 풍부한 정보에 접속되어 있다. 정보기술의 폭발적 증가로 기업들은 엄청난 양의 정보를 만들어 내고 있다. 나아가 소비자 자신들도 엄청난 양의 마케팅정보를 만들어 내고 있다. 이메일, 텍스트 메시징, 블로그, 페이스북, 트위터 등의 디지털 채널을 통해 기업들에게, 그리고 상호 간에 엄청난 양의 정보를 자발적으로 만들어 내고 있는 것이다.

대부분의 마케팅관리자들은 정보가 부족한 것이 아니라 지나치게 많은 자료에 둘러쌓여 있고 종종 이러한 자료에 압도당하기도 한다. 따라서 마케터들은 더 많은 정보가 아니라 더 좋은 정보를 필요로 한다. 그리고 그들은 가지고 있는 정보를 더 잘 활용할 필요가 있다.

일반적으로 마케팅관리자는 사내에 있는 기존자료에 의존하여 의사결정을 내리게 되는데, 기업내부

마케팅 Highlight

디지털 기술과 고객정보의 결합을 통해 개인화된 고객서비스를 향상시키는 데 성공한 프랑스 프리미엄 남성 의류브랜드 벨루티

일각에서는 프리미엄 브랜드와 디지털화를 상반되는 개념이라고 여기기도 한다. 그러나 디지털화는 오히려 프리미엄 브랜드를 구매하는 고객이 기대하는 가치를 강화할 수 있다. 개별고객에 대해 보다 더 많은 정보를 수집하고 관리함으로써 개인화된 서비스는 물론 세심한 배려를 제공할 수 있기 때문이다.

프리미엄 브랜드를 이용하는 고객들의 특성을 먼저 살펴보자. 그 고객에게는 선호하는 특정 브랜드가 존재할 것이다. 여러 브랜드를 한 번에 이용하기보다 자신이 좋아하는 소수의 브랜드가 정해져 있다는 얘기다. 또한 비싼 제품을 구매하는 만큼 특별한 서비스를 제공받길 원한다. 프랑스 프리미엄 남성 의류 브랜드인 벨루티는 디지털 기술을 활용해 개별고객을 상세하게 파악하고 온 · 오프라인 매장에서 개인화된 서비스를 통합적으로 제공해 주목받고 있다.

예컨대, 40대 미국인 남성 토마스는 전문직 종사자로서 벨루티의 단골고객이다. 최근 그는 아내와 프랑스 파리로 여행을 갔는데, 마침 아내가 생일선물을 해주겠다고 말했다. 토마스 부부가 파리 매장에 들어서자 점원이 환하게 웃으면서 그의 이름을 물었다. 그리곤 손에 들고 있던 아이패드에 바로 이름을 검색했다. 아이패드에는 토마스가 그동안 어디서 어떤 벨루티 제품을 구매했는지 구매이력이 모두 남아 있었다. 또한 선호하는 색상, 제품, 결혼 여부 등 과거 고객이 직접 제공한 고객정보는 낱낱이 데이터베이스에 저장돼 전 세계 벨루티 직원들에게 공유된다. 브랜드 차원에서 파악한 고객의 사소한 정보도 놓치지 않고 기록하고 직원끼리 공유하도록 방침을 세웠기 때문이다.

점원은 토마스가 3개월 전 신발을 구매했던 것을 파악했다. 구매 당시 토마스가 관심을 보였던 제품도 알게 됐다. 바로 갈색 백팩이었다. 점원은 곧바로 토마스에게 백팩을 추천했고 토마스도 이 가방이 마음에 쏙 들었다. 그런데 토마스의 아내는 가방 부피가 너무 커서 귀국할 때 힘들다는 이유로 미국에 귀국한 뒤 사자고 설득했다. 토마스 부부는 구매를 포기하고 여행 후 귀국했다.

이후 재미있는 일들이 벌어졌다. 토마스의 생일이 가까워 오자 벨루티 가방을 구매하라고 권하는 광고가 스마트폰 문자 메시지로 도착했다. 그런데 이 메시지가 토마스가 아닌 토마스 아내의 스마트폰에서 확인됐다. 그뿐만이 아니다. 토마스 부부가 주말 저녁 모처럼 집에서 넷플릭스로 영화를 보려고 하는데, 벨루티 가방 광고가 화면에 등장했다.

이 모든 것이 가능한 이유 역시 벨루티가 파악한 고객정보 때문이었다. 고객 데이터에서 숨겨진 인사이트를 발견한 것이다. 그동안 쌓은 고객 데이터를 분석해 보니 벨루티를 구매하는 남성 고객의 80%가 기혼자였다. 제품 구매를 할 때 아내의 의견이 중요하게 작용할 것이라고 판단해 남성 고객 본인이 아닌 그의 아내에게 문자를 보내고, 가족이 함께 즐길 수 있는 시간에 맞춰 개별광고를 편성한 것이다. 결국 토마스의 생일 이틀 전, 아내는 스마트폰을 이용해 벨루티로부터 전달된 메시지를 통해 구매버튼을 눌렀다. 제품을 수령할 시간과 매장도 지정했다. 약속한 날 매장에 가보니 점원은 칵테일 두 잔과 정성스럽게 포장된 가방을 이미 준비해 두고 있었다.

이 같은 개인화된 서비스는 구찌, 루이비통 등 여러 프리미엄 브랜드에서 이미 실행되고 있다. 이들이 추구하고자 하는 것은 단순히 온라인 쇼핑의 편리함과 신속함이 아니다. 개별 고객 정보를 관리해 오프라인 매장의 전 직원들과 공유함으로써 고객을 효과적으로 응대할 수 있게 하는 데 목표를 두고 있다. 새로운 오프라인 매장경험을 제공하는 동시에 취합한 고객 데이터를 근거로 새로운 인사이트를 발견해 효과적인 마케팅전략을 세울 수 있다.

벨루티 매장 전경

자료원: DBR February 2020 Issue 2.

자료가 제대로 정리되어 있지 않은 경우가 많다. 즉, 기업 내의 정보들은 체계적으로 정리가 되어 있지 않고 각 담당자의 파일이나 캐비닛에 분산되어 있는 경우가 많다. 그리고 부서 간, 담당자 간 정보의 교환과 공유가 이루어지지 않음으로 인해 정보 활용도가 낮고 어떤 경우에는 중복된 조사를 실시하는 경우도 발생한다.

따라서 기업은 효과적인 마케팅정보시스템을 개발하여 관리자들에게 적절한 정보를 적절한 형태로 적절한 시기에 제공하고, 그들로 하여금 이 정보를 이용해 고객가치와 더 강력한 고객관계를 구축할 수 있도록 도와주어야 한다. **마케팅정보시스템**(MIS: Marketing Information System)은 정보욕구를 평가하고, 필요한 정보를 개발하고, 의사결정자들이 실행가능한 고객 및 마케팅 통찰력을 만들어 내고 이를 검증하는 데 그 정보들을 사용하도록 지원하는 사람과 절차들로 구성된다.

4.1 마케팅정보시스템의 구성

마케팅정보시스템의 주요 역할은 마케터의 의사결정을 지원하는 것이다. 기업들은 최근에 이러한 마케팅의사결정 지원을 체계적으로 수행하는 공식적 기구인 마케팅정보센터(Marketing Information Center)를 설치/운영하고 있다. 마케팅정보센터의 주요업무는 그림 4-6 에 제시된 바와 같이 크게 자료수집 기능, 자료의 분석을 통한 정보생산 및 정보제공 기능으로 이루어진다.

그림 4-6 마케팅정보시스템의 구성

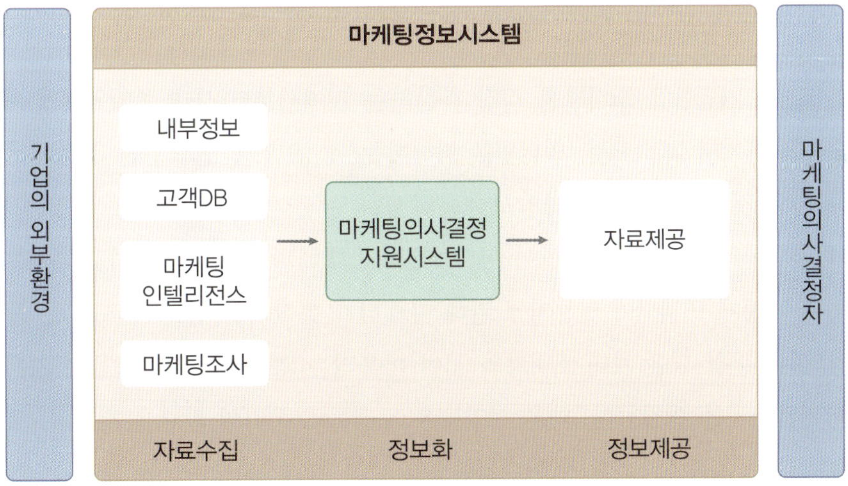

(1) 자료의 수집 기능

마케팅정보시스템의 첫 번째 역할은 기업 내·외부 요인들의 변화에 대한 자료를 수집해서 체계적으로 정리하는 것인데, 이를 위해 다음과 같은 네 가지 자료수집시스템을 활용한다.

① 내부정보시스템(Internal Information System)

내부정보란 기업의 통상적인 경영활동과 관련되어 기업내부에서 발생하는 정보를 의미한다. 예를 들어, 매일매일의 영업활동과 관련하여 제품별, 브랜드별, 포장용기별, 포장용량별, 지역별, 점포형태별 매출자료가 집계되며, 생산부서, 구매부서, 연구개발부서 등에서도 다양한 보고서 형태의 자료가 발생된다. 마케팅담당자는 이러한 자료를 분석하여 제품개발의 방향을 설정하고, 경쟁브랜드에 대한 대응 방안이나 유통전략을 결정하게 된다. 그러나 많은 기업에서 이러한 정보가 수집되는 데는 오랜 시간이 걸리며, 정보가 정확하지 않거나 필요한 정보가 제대로 전달되지 않는 경우가 빈번히 발생한다. 이러한 문제를 해결하기 위해 마케팅정보시스템은 기업내부의 자료를 신속·정확히 수집, 정리하여 배분하는 기능을 수행한다.

② 마케팅 인텔리전스 시스템(Marketing Intelligence System)

마케팅 인텔리전스(marketing intelligence)는 소비자, 경쟁자, 그리고 시장에서 벌어지는 일들에 관한 공개적으로 수집가능한 정보를 체계적으로 수집/분석하는 것이다. 마케팅 인텔리전스의 목적은 소비자 환경을 이해하고, 경쟁자의 활동을 추적/평가하고, 시장기회와 위협수준을 파악할 수 있게 함으로써 전략적 의사결정을 향상시키는 데 있다. 기업은 마케팅 인텔리전스의 중요성을 사원들에게 교육하여 이에 관심을 기울이도록 하고, 업무 수행 중 접한 인텔리전스를 수집해 보고할 수 있는 환경을 조성해야 한다.

마케팅 인테리전스 기법들은 소비자를 직접 관찰하는 것에서부터 사내 종업원에게 자세히 알아보는 것, 경쟁사 제품을 벤치마킹하는 것, 인터넷을 탐색하는 것, 인터넷 입소문을 추적하는 것, 산업 트레이드 쇼에 참가하는 것에 이르기까지 다양하다.

우수한 마케팅 인텔리전스는 소비자들이 자사브랜드에 대해 어떻게 이야기하고 자사브랜드와 관련해 다른 소비자들과 어떻게 연결되어 있는지에 관해 마케터가 통찰력을 얻는 데 도움을 줄 수 있다. 많은 기업들은 잘 훈련된 관찰 팀을 보내 소비자와 섞여 어울리는 과정에서 소비자들이 자사제품을 어떻게 사용하고 이야기하는지를 관찰한다. 다른 기업들은 고객들의 온라인 잡담을 정기적으로 조사한다. 예를 들어, PepsiCo의 Gatorade 스포츠음료 브랜드는 브랜드관련 소셜미디어 활동을 추적하기 위해 통제센터를 도입했다. 이 회사의 시카고 본사에 위치한 Gatorade Mission Control Center는 4명의 Mission Control 팀원들이 실시간으로 소셜미디어에서 자사브랜드와 관련된 정보를 추적하는 임무를 수행하는 곳이다. 어떤 사람이 트위터, 페이스북, 블로그 등의 소셜미디어에서 Gatorade와 관련된 어떤 것(경쟁제품, Gatorade를 애용하는 운동선수, 운동 시 공급되어야 할 영양과 관련된 주제 등)을 언급하면, 이러한 정보는 곧바로 Mission Control 내에 설치된 6개의 대형스크린 중 한 곳에 다양한 사진/그림과 계기판 정보 형태로 떠오른다. 팀원들은 온라인 광고와 웹사이트 트래픽도 추적해 인터넷상에서 형성된 전반적 브랜드이미지를 파악한다. Gatorade는 제품, 마케팅, 그리고 고객과의 상호작용 등을 향상시키기 위해 Mission Control에서 보고 배운 것을 활용한다. Mission Control 팀원들은 소셜미디어에서 일어난 대화를 추적할 뿐 아니라 때에 따라 대화에 직접 참여하기도 한다.

기업들은 또한 적극적으로 경쟁사들의 활동을 추적하는 데 관심을 기울인다. 기업들은 경쟁사의 조치와 전략, 신제품 시판, 새로운 또는 변하는 시장, 그리고 잠재 경쟁자들의 강점과 약점 등에 관한 정보 및 위협 정도 등의 정보를 얻기 위하여 마케팅 인텔리전스를 활용한다. 경쟁자관련 인텔리전스의 많은 부분은 회사 내부에 있는 사람들(예: 임원진, 엔지니어와 과학자, 구매담당자, 그리고 영업사원)로부터 수집될 수 있다. 회사는 또한 원자재 공급업체, 유통업체, 그리고 고객으로부터도 중요한 인텔리전스 정보를 수집할 수 있다. 기업은 경쟁자 웹사이트를 추적하고 특정 경쟁자의 이름, 이벤트, 혹은 트렌드를 검색하기 위해 인터넷을 이용해 어떤 내용이 뜨는지를 살펴볼 수도 있다. 그리고 소비자들이 경쟁브랜드에 대해 나누는 대화를 추적하는 것은 자사브랜드에 대한 대화를 추적하는 것 못지않게 몰랐던 내용을 드러낼 수 있다.

그러나 마케팅 인텔리전스 이용의 증가는 윤리적 문제를 야기한다. 앞서 언급한 기법들이 합법적이기는 하지만, 윤리적으로 문제가 있는 기법들도 있을 수 있다. 회사들은 공개적으로 수집가능한 정보를 활용해야 하지만, 경쟁사 정보를 훔치기 위해 수단과 방법을 가리지 않는 행동을 해서는 안 된다.

표 4-6 마케팅 인텔리전스의 원천

- 소비자들의 의견, 불평
- 유통단계 또는 공급자로부터의 정보
- 대중매체정보
- 정부의 정책, 규제
- 판매원(고객과의 접점)으로부터의 정보
- 경쟁업체의 직원
- 정부기관 연구소들로부터의 보고서

마케팅 Highlight

빅데이터 워룸(war room) 도입으로 마케팅 인텔리전스 기반 경영 의사결정을 더욱 강화한 신한은행

신한은행이 국내 최초로 임원진이 경영관련 빅데이터를 실시간으로 확인하면서 바로바로 의사결정을 내릴 수 있는 빅데이터 워룸(war room)을 도입했다. 신한은행은 서울 중구 본점에 군대 지휘관들의 전시 작전상황실처럼 지역별 점포실적과 고객 현황 등 경영 관련 빅데이터를 실시간으로 대형 모니터에 띄워 임원진이 경영 의사결정에 활용할 수 있도록 하는 회의실인 'D3(Data Driven Decision · 데이터 기반 결정) 상황실'을 설치한다. 디지털 시대 들어 은행 간 무한 경쟁 속에서 살아남기 위해 신한은행은 870여 곳의 점포와 2400만 명에 달하는 고객정보를 총망라해 보여주는 종합상황실을 꾸리고 본격적인 빅데이터 기반 경영을 추구하려고 하는 것이다.

기존에 일간 혹은 월 단위로 취합해 임원진에게 보고했던 경영관련 정보를 5~10분 단위 실시간으로 취합한 뒤 이를 각종 그래프와 지도, 이미지 등으로 시각화한 빅데이터가 이곳으로 공급된다. 어느 누구나 한눈에 핵심 경영정보를 알아볼 수 있도록 시각화한 빅데이터를 상황실에 설치된 여러 개의 스크린에 띄우면 행장과 부행장 등 주요 임원진은 이를 토대로 신속하게 경영전략을 세워 현장에 전달한다. 빅데이터는 개별점포, 지역단위별 금융상품 판매실적부터 고객관련 정보를 총망라한다.

빅데이터 워룸(war room)은 단순히 영업실적만 보여주는 데 그치지 않는다. 고객관련 정보를 대폭 강화해 각 점포에 들르는 고객 수와 대기시간을 시간대, 요일 · 날씨별로 파악한 후 특히 많이 붐비는 점포는 같은 시간대에 상대적으로 손님이 적은 영업점에서 해당 점포로 지원인력을 보내는 등의 유연한 대응이 가능하다. 단골고객에게는 'A점포는 ○요일 ○시간대가 붐비니 인근 B점포를 이용해 달라'고 공지해 방문 날짜를 분산할 수 있다.

많은 자산을 은행에 맡길 가능성이 높은 예비 VIP 고객을 발굴하는 데 활용할 수도 있다. 전체 고객 중 의사와 변호사 등 전문직 종사자나 매매가 10억 원 이상 고가 아파트에 거주하고 있어 투자 여력이 크다고 판단되는 고객 빅데이터를 분류해 어느 점포 부근에 이들 고객이 집중적으로 거주하는지를 지도상에 표시하면 해당 점포의 VIP 유치 마케팅을 강화하는 전략을 펼칠 수 있다. 통장에 찍히는 '적요(자세한 입출금 내용)'란에 자주 등장하는 키워드를 분석해 고객들의 소비 트렌드를 파악하는 것도 가능하다. 가령, 최근 6개월 사이에 '전자제품 렌탈'이 많이 나온 것으로 집계되면 렌탈비 일부를 포인트로 돌려주는 마케팅에 나서는 식으로 대응할 수 있다.

신한은행의 빅데이터 워룸은 글로벌 생활용품 기업 P&G가 운영하는 데이터 시각화 회의실인 '비즈니스 스피어(business sphere)'를 벤치마킹한 것이다. 본사뿐만 아니라 현지법인이 있는 50여 개국에 설치된 이 시설은 벽면을 가득 채운 대형 스크린에 전 세계 80여 곳 사업장, 40억 명의 소비자로부터 취합한 시장관련 지표와 경쟁사 상황 등을 빅데이터로 가공해 실시간으로 띄운다. 이곳에서 그룹 핵심 경영진은 매주 경영회의를 열어 주요 경영 의사결정을 내리고 있다. P&G의 신제품 출시 주기는 비즈니스 스피어를 도입한 후 경쟁사보다 2배 짧아졌고, 시가총액 역시 배 이상 늘었다.

P&G가 운영하는 데이터 시각화 회의실인 '비즈니스 스피어(business sphere)'

③ 마케팅조사시스템(Marketing Research System)

마케터는 일반소비자, 경쟁사, 그리고 시장에서 일어나는 것 등에 관한 마케팅 인텔리전스 정보뿐 아니라 종종 특정 마케팅상황과 의사결정에 필요한 고객 및 시장 통찰력을 제공하는 공식적인 마케팅조사를 필요로 한다. 예를 들어, 현대자동차는 새로 출시할 쏘나타 승용차 광고에서 어떤 소구양식(appeals)이 가장 효과적인지를 알기 원한다. 혹은 삼성전자는 얼마나 많은 사람들이, 그리고 어떤 사람들이 차세대 OLED TV를 구매할 것인지를 알고 싶어한다. 이러한 상황에서 마케팅관리자들은 마케팅조사를 필요로 할 것이다.

앞에서 설명했듯이 **마케팅조사**(marketing research)는 조직이 당면한 특정 마케팅상황과 관련된 자료를 얻기 위해 이루어지는 체계적인 조사설계, 자료수집, 자료분석, 그리고 보고서 작성 등의 활동이다. 회사들은 다양한 상황에서 마케팅조사를 활용한다. 예를 들어, 마케팅조사는 마케터들에게 고객의 구매동기, 구매행동, 그리고 만족/불만족에 대한 통찰력을 제공한다. 또한 마케팅조사는 시장잠재력과 시장점유율을 평가하거나 가격, 제품, 유통 및 촉진활동의 효과성을 측정하는 데 도움을 준다. 마케팅조사시스템은 많은 예산을 들여 수집한 마케팅조사자료들을 데이터베이스화하여 추후에 이루어지는 마케팅조사와 마케팅의사결정에 활용할 수 있도록 한다.

④ 고객 DB시스템

마케팅정보시스템에서 관리되는 또 다른 주요 마케팅자료는 고객정보이다. 과거에는 거래고객의 수가 많은 경우 이들에 대한 정보를 수집하고 관리하는 것이 불가능했지만, 현재는 컴퓨터 기술의 발전에 따라 고객에 대한 개별적인 관리가 가능해졌다. 기업이 고객정보의 수집/관리에 노력을 기울이는 것은 제한된 시장규모와 치열한 경쟁상황에서 개별고객에 대한 차별적 서비스 제공을 통해 고객충성도를 확보하는 것의 중요성을 인식하기 때문이다. 전통적인 대량마케팅이나 세분화마케팅만으로는 경쟁사에 비해 차별적 우위를 확보하기 어려워지면서 기업은 개별고객수준에서 욕구를 파악하고 차별적 프로그램을 제공함으로써 고객충성도를 확보하려고 한다.

고객정보시스템은 고객정보를 수집하여 이를 데이터베이스화한다. DB마케팅을 운영하는 데 필요한 고객정보는 고객의 인구통계적 정보와 고객별 구매정보이다. 이를 위해 백화점, 항공사, 주유소 등은 고객별 구매행동정보를 수집하기 위한 수단으로 고객카드를 발급한다. 다음으로 고객들이 자사제품을 구매할 때마다 구매이력을 추가해 각 고객의 회사에 대한 공헌도를 평가하고 이에 따라 차별적인 고객관리를 실시한다.

마케팅 Highlight

빅데이터 기반 고객분석도구를 활용해 개인화마케팅을 수행하는 신한카드와 삼성카드

금융권 중 빅데이터가 비즈니스에 적극적으로 활용되는 곳은 신용카드 업계다. 신용카드 사용자의 소비패턴 등에 대한 방대한 데이터를 기반으로 새롭고 효과적인 서비스 개발이 무궁무진하기 때문이다.

국내 카드 업계 1위인 신한카드는 빅데이터를 활용해 높은 마케팅성과를 거두었다. 2013년 신한카드는 업계 최초로 빅데이터 센터를 구축하고 빅데이터 경영을 선포했고 2014년 들어 빅데이터 기반 고객분류 체계인 '코드나인(Code9)'을 토대로 해 신상품을 출시했다. 이후 1년간 성과를 측정해 본 결과, 시장점유율과 추가취급액이 증가하는 효과를 거둔 것으로 나타났다.

신한카드는 2015년 초부터 빅데이터 기반 고객분석도구인 '코드나인 매칭 솔루션'을 마케팅프로그램 개발에 활용했다. 코드나인 매칭 솔루션이란 신규고객에게는 성, 연령, 지역별 이용패턴에 맞춰 그 고객의 욕구에 맞춘 카드를 추천하고, 기존회원에게는 이용패턴에 따른 우선순위를 적용하는 알고리즘을 적용해 고객에게 맞춤형 최적상품을 매칭하는 것이다.

신한카드가 높은 마케팅성과를 거둔 것은 고객 2200만 명의 방대한 데이터를 기반으로 한 플랫폼을 구축한 데 있다. 270만 개 이상의 가맹점에서 이루어지는 월평균 2억 건의 카드결제내역 정보는 고객이 원하는 최적의 플랫폼을 제공할 수 있다. 신한카드가 도입한 마케팅 플랫폼인 '샐리(sally)'가 이에 해당한다. 주요업종별 대표기업들과 공유하는 빅데이터 기반 서비스인 샐리는 별도의 할인쿠폰 없이 자동으로 할인해주는 개인별 맞춤형 서비스다. 2200만 빅데이터를 기반으로 최적의 할인서비스를 고객의 라이프스타일과 소비패턴 등을 감안해 제공하는 것이 특징이다. 빅데이터가 각광받는 주요 이유 중 하나는 비용이 크게 들지 않는다는 데 있다. 새로운 마케팅 자원을 투입하지 않더라도, 고객 니즈에 맞추어 마케팅 혜택을 재조정하고 최적화된 신상품을 제안할 수 있다. 최적상품 매칭은 고객의 카드이용률을 증가시켰다.

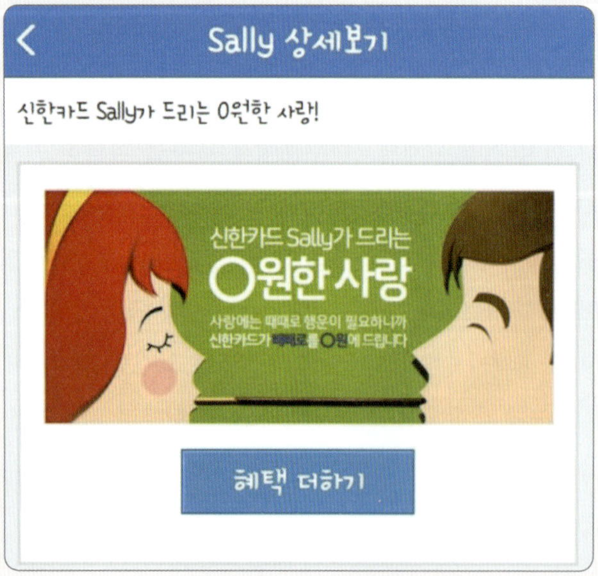

빅데이터를 활용해 소상공인의 개인화 마케팅을 지원한 삼성카드

서울 마포구에서 샤부샤부 식당을 운영하는 김모(40) 씨는 코로나 이후 매출이 회복되지 않아 고민하다가 신용카드사로부터 뜻밖의 도움을 받았다. 한 카드회사가 결제내역을 바탕으로 이 식당의 고객정보를 주변식당들과 비교 · 분석해 준 것이다. 분석결과, 김씨 식당에 오는 1인가구 손님의 비중은 10%로, 주변식당 평균(24%)의 절반도 안 됐다. 1만 원 미만 결제금액의 비중도 김씨 식당은 1%인 반면, 주변 평균은 41%였다. 김씨는 "카드사 분석을 보니 매출이 부진한 이유를 찾을 수 있었다. 주변상권이 1인가구 중심인데 우리 식당은 2인부터 주문 가능한 1만 8000원짜리 샤부샤부를 주력으로 팔고 있었다"고 말했다. 김씨는 '점심 혼밥족'이 먹을 수 있는 1만 원 이하 1인용 메뉴를 추가하기로 했다.

삼성카드는 2021년 2월 인공지능(AI)과 머신러닝에 기반해 고객결제 정보를 분석하고, 그 결과를 가맹점주가 열람할 수 있는 플랫폼 '링크 파트너'를 출시했다. 가맹점주가 인터넷 사이트에서 자기 가게 손님들의 성별, 생애주기(싱글, 영유아 부모, 중고생 부모 등), 소득, 직업, 라이프스타일(1인가구, 반려동물, 해외여행 등), 주 소비업종, 방문거리, 거주지, 방문횟수, 이탈고객 비중, 결제 시간대 등을 한눈에 볼 수 있다. 이를 바탕으로 아르바이트생을 어느 시간대에 집중 배치할지, 전단은 어느 동네까지 뿌릴지 등의 의사결정을 돕는 것이다. 타깃고객을 정해 가맹점주가 직접 쿠폰행사까지 등록할 수 있다. 가맹점 입장에선 마케팅비용이 줄고, 카드사는 고객혜택을 늘려 신규고객을 유입시키는 효과가 있다. 삼성카드 관계자는 "혼자 가게를 운영하는 자영업자도 무료 공개된 고객분석정보를 통해 큰 비용 없이 데이터 기반 마케팅 전략을 짤 수 있다"고 했다.

이렇게 특정의 단골고객을 공략할 수 있는 배경엔 개인화 마케팅이 숨어 있다. 삼성카드의 경우 고객결제 정보를 바탕으로 페르소나(인격)를 만들었다. 예를 들어 중고생 자녀가 있고 배달 앱 이용빈도가 높은 40대 여성 고객은 '밀키트 성향' 페르소나로 분류된다. 여기에 가맹점주 단골손님의 연령대 · 성별 · 소비습관 등을 추출해 좁게는 수백 명에게만 할인쿠폰을 보내주는 식이다. 소비정보만으로 거주지와 라이프스타일, 소비습관이 드러나는 인격체처럼 단골고객이 추출된다. 이 같은 페르소나는 '건강관리 성향', '가격민감 성향', '아웃도어 활동 성향' 등 130여 개에 이른다.

빅데이터 활용한 소상공인 마케팅 사례

서울 마포구에서 샤부샤부 전문점 운영하는 자영업자 김모씨, 주력 메뉴는 2인부터 주문 가능한 1만8000원짜리 샤부샤부

❶ '링크 파트너' 접속해 고객 분석 리포트 확인

	1인 가구 손님	평일 점심 결제 비율	1만원 미만 결제 금액대
김씨 매장	10%	19%	1%
주변 상권	24%	30%	41%

❷ 이를 바탕으로 마케팅 전략 수립

점심 혼밥족 위한 **9000~1만원** 사이 **1인용 샤부샤부 메뉴 추가**

자료원: 조선경제, 2021.03.16.

(2) 자료의 분석 및 정보화 기능

마케팅정보시스템의 두 번째 기능은 수집된 자료를 심층적으로 분석하여 의미 있는 정보로 전환하는 것으로, 이는 마케팅 의사결정지원시스템(MDSS: Marketing Decision Support System)에 의해 수행된다. 이 시스템의 역할은 수집된 마케팅자료에 대한 전문적인 분석을 통해 마케터가 의사결정을 내리는 데 필요한 정보를 생산/제공하는 것이다. 예를 들면, 슈퍼마켓이나 편의점에서 취급제품을 선반에 진열할 때 어떤 제품과 브랜드를, 어느 위치에, 몇 개씩, 어떤 형태(세로로 또는 가로로)로 진열하는 것이 효과적인지 같은 구체적인 의사결정문제에 대해 여러 분석모형을 이용하여 가능한 최적의 대안들을 제시해 준다. 마케팅 의사결정지원시스템은 수집된 자료에 대한 통계분석, 수요예측(sales forecasting), 시뮬레이션(simulation), 최적화(optimization) 같은 정교한 자료분석을 수행하기 위해 다양한 수리적 모형을 활용한다. 마케팅관리자는 이러한 분석업무를 수행하는 데 한계가 있으므로 시장지식과 수리적 모형 활용능력을 갖춘 전문인력들이 의사결정지원시스템 개발과 운영에 참가한다.

(3) 자료제공 기능

자료제공시스템(User Interface System)이란 마케팅관리자와 마케팅정보시스템을 연결시켜 주는 기능을 수행한다. 정교한 분석모형을 통해 수집된 자료로부터 의미 있는 정보를 도출하더라도, 의사결정을 내리는 마케팅관리자가 이 정보를 사용하기에 불편하다면 별 가치를 갖지 못한다. 이에 따라 마케팅정보센터는 마케팅관리자가 쉽게 정보를 검색할 수 있도록 편리한 검색절차를 제공해야 한다. 즉, 마케팅관리자가 원하는 내용을, 이해하기 쉬운 형태(format)로 정리하여, 상호작용(interface) 방식을 통해 활용할 수 있도록 해야 한다. 동양제과는 각 소매점별 제품판매자료에 대한 분석을 기반으로 판매점 관리시스템을 개발해 영업사원들이 소매점 관리에 활용하도록 했다. 이 시스템은 각 소매점별로 최근의 판매실적자료를 근거로 일정 시점에서의 재고를 예측한 후, 이러한 정보를 휴대용 단말기를 통하여 영업사원들에게 제공한다. 이러한 정보를 활용한 영업사원들은 모든 점포를 일일이 방문하여 재고를 확인하는 대신 단말기를 통해 파악된 재고수준이 낮은 점포만을 우선적으로 방문함으로써 영업생산성을 향상시킬 수 있었다.

참고 문헌

1. 안광호, 임병훈, 마케팅조사원론, 제6판, 창명, 2017.
2. Churchill, Gilbert A. and Dawn Iacobucci, Marketing Research : Methodological Foundations, 10th ed., South-Western College Pub, 2009.
3. Malhotra, Naresh K, Marketing Research : An Applied Orientation, 6th ed., Prentice Hall, 2009.
4. Sayre, Shay, Qualitative Methods for Marketplace Research, Sage Publications, 2001.

생각해 볼 문제

1. 외국 자동차에 대한 수입규제가 철폐됨에 따라 많은 외국 자동차회사들이 한국 승용차시장에 진출해 국내 승용차 제조업체를 위협하고 있다. 현대자동차의 마케팅담당자 입장에서 이러한 환경변화에 대한 대안을 찾기 위한 조사 프로젝트를 진행하는 절차에 대해 생각해 보시오.
2. 동양제과에서 초등학교 학생들을 대상으로 아침식사를 대신할 수 있는 스낵제품을 준비한다고 하자. 이를 위해 재료(쌀, 밀, 귀리 등), 맛(짭짤한 맛, 달콤한 맛, 매콤한 맛), 당분과 기타 첨가된 성분, 모양에서 차이가 있는 10가지의 시제품을 준비하여 소비자의 반응을 검토하려고 한다. 이 경우 적절한 조사방법은 무엇이며, 어떤 방식으로 진행하여야 하는가?
3. 신세계백화점은 신세계카드를 활용하여 고객 DB를 구축하고 있다. 향후 이를 이용하여 마케팅정보시스템을 구축하려 할 때 고려사항과 업무추진계획에 대해 생각해 보시오.

MARKETING

PART

3

마케팅전략의 수립

CHAPTER

5

기업전략: 기업수준의 전략계획수립

학습목표

1. 기업전략 계획수립과 그 절차를 설명한다.
2. 사업 포트폴리오의 설계와 성장전략 개발에 대해 살펴본다.
3. 각 사업부가 추구할 수 있는 경쟁우위전략에는 어떤 것이 있는지 살펴본다.
4. 고객지향적 마케팅전략의 구성요소와 마케팅믹스 프로그램의 구성요소에 대해 설명한다.

5장 기업전략: 기업수준의 전략계획수립

1장에서 기업이 고객가치를 창출하고 고객관계를 구축하기 위해 실행해야 할 고객지향적 마케팅과정에 대해 다루었다. 이 장에서는 고객지향적 마케팅전략과 마케팅프로그램 개발의 토대가 되는 기업차원의 경영전략과 사업전략을 자세히 살펴볼 것이다.

먼저 도입사례에서는 건전한 사업포트폴리오 구축과 다각화 사업전략을 기반으로 끊임없이 변신을 추구해 온 LG생활건강의 예를 살펴본다. LG생활건강이 오랜 기간 초우량기업을 유지할 수 있었던 것은 경쟁력이 약한 제품들에 대한 선제적 구조조정과 인수합병을 통한 발빠른 변신을 통해 건전한 사업포트폴리오를 유지한 데 있었다.

도입 사례

건전한 사업포트폴리오 구축과 강화를 통해 지속적 경쟁우위를 구축한 LG생활건강

차석용 회장이 이끄는 LG생활건강이 끝 모를 매직을 이어가고 있다. LG생활건강은 2020년 3분기 매출이 전년 동기 대비 5.4% 증가한 2조706억 원, 영업이익은 5.1% 늘어난 3276억 원을 기록함으로써 매출 59분기 연속, 영업이익 62분기 연속 증가 기록을 실현했다. LG생활건강 관계자는 "코로나19 사태 장기화로 불확실성이 지속되고 업체 간 경쟁이 치열해지는 상황에서도 주요 브랜드들의 제품라인 확대, 언택트 서비스 강화로 매출과 영업이익이 모두 성장했다. 생존을 위한 출혈경쟁이 이어지는 가운데 브랜드 자산과 기술력 강화에 힘을 쏟은 게 좋은 경영성과로 이어졌다"고 말했다.

이하에서는 LG생활건강이 높은 매출 및 영업이익을 지속적으로 실현하기 위해 기업수준에서 어떤 사업전략을 전개해 왔는지를 살펴보기로 한다.

LG생활건강 사업부는 크게 헬시(Healthy, 생활용품), 뷰티풀(Beautiful, 화장품), 리프레싱(Refreshing, 음료)으로 나뉜다. 화장품은 현재 회사차원에서 가장 신경 쓰고 있는 핵심사업이다. 생활용품 사업은 LG생활건강의 모태나 다름없으며, LG생활건강이 장기적으로 어떠한 외부환경에도 흔들리지 않고 앞으로 나아갈 수 있게 하는 근간이 된다. 음료는 굳이 순위를 매겨보자면 마지막이다. 그럼에도 현금흐름이 좋아서 화장품이나 생활용품 사업을 키우기 위한 역할을 훌륭히 수행한다. 그러므로 세 사업부문이 긴밀하게 상호보완하게 하면서 한 작품으로 완성해가려 한다.

LG생건 리프레싱 사업부의 대표주자는 바로 코카콜라다. 2007년, LG생건은 코카콜라를 인수해 2018년 기준 1조 2000억 원 매출규모로 성장시켰다. M&A를 통한 LG생건 성장의 첫걸음이다.

LG생건에는 오랜 고민이 있었다. LG생건의 모태는 치약이나 샴푸 등으로 대표되는 생활용품인데, 이 부문은 전형적인 성숙기 산업이어서 성장이 어렵다. 업계 1위를 계속 지켜오며 LG생건의 매출을 3분의 2 이상 담당하고 있었지만, 특별한 돌파구가 없는 이상 어느 시점에 도달하면 성장세가 꺾일 위험이 있었다. 또 다른 주력분야인 화장품도 사정은 다를 바 없었다. 역사가 오래된 강력한 화장품 기업도 많았고, 이 또한 성숙기 산업인지라 내부적으로 고민이 많았다고 한다. 미래 성장 동력이 딱히 보이지 않았던 것이다.

그래서 식음료 사업에 손을 대기도 했다. 식품은 생활용품과 유통망이 동일하니, 기존 유통채널에 제품만 추가로 얹으면 될 것이라 생각했던 것이다. 그래서 만든 것이 '맛그린'이라는 조미료였는데, 기대만큼 성과가 좋지는 않았다. 그 뒤로 레토르트 식품도 하고, 감식초도 만들고, 급기야 음료시장에도 문을 두드렸다.

왜 하필 음료 사업이었을까? 차 부회장이 LG생건에 적용한 포트폴리오는 그의 표현대로 하면 '세발자전거론'이다. 그는 "생활용품, 화장품만 가지고는 두발자전거를 타고 가는 것과 같다"고 했다. 둘 다 잘될 수도 있지만, 혹여 화장품 사업이 좀 어렵더라도 생활용품 사업이 잘돼서 끌고 나가주고, 또 생활용품 사업이 어려울 때는 화장품 사업이 잘돼서 끌어줄 수 있다. 그런데 사업 포트폴리오가 생활용품, 화장품 사업만이 아니라 하나 정도 더 있으면 세발자전거가 된다. 두발자전거는 멈추면 넘어지지만 세발자전거는 훨씬 안정적이다.

그런데 치약에서 비누를 연상하기는 쉽지만, 치약과 콜라를 연결짓기는 언뜻 꽤 어색해 보인다. 이는 곧 LG생건이 추진하는 사업 다각화의 범위가 한눈에 들어오지 않을 만큼 방대하다는 뜻이다. 하지만 생각해 보면 음료는 기존 LG생활건강의 사업과 결코 동떨어진 영역이 아니다. 앞서 말했듯이 유통망이 동일하기 때문에 인력운용 등에서 고정비 감소 효과가 있고 전체적으로 사업을 키워놓기에도 유리하다.

또한 음료 사업은 화장품 사업과의 매출 보완에도 적합하다. 생활용품은 상대적으로 시기를 덜 타고 비교적 안정적으로 운영되지만, 화장품은 다르다. 겨울에 비해 여름에는 사람들이 화장을 덜 하기 때문에 화장품 사업은 여름이 비수기다. 그런데 음료는 거꾸로 아닌가. 여름에 많이 팔리고 겨울이 비수기다. 이처럼 화장품의 계절적 요인과 음료의 계절적 요인이 반대이기 때문에, 기존사업에 음료 사업을 하나 더 얹으면 전체 사업의 계절지수(seasonal index)가 고르게 되어 위험이 줄어든다.

그가 부임 초기부터 강조한 개념은 '업의 본질'이었다. 하버드 경영대학원 테드 레빗(Ted Levitt) 교수는 제품지향적 마인드가 아니라 소비자지향적 마인드를 가져야 한다고 주장했다. 제품중심의 근시안적 고정관념을 벗어나야 고객가치창출이 된다는 것이다. 그러기 위해 필요한 것이 자기 비즈니스의 업의 본질을 살피는 일이다.

업(business)의 본질이라는 관점에서 생활용품, 화장품, 음료를 어떻게 봐야 할까? 차 부회장이 재정립한 LG생활건강의 업의 본질은 이것이다. "생활용품, 화장품, 음료라는 제품을 만들어 파는 게 우리 사업의 본질은 아닙니다. 우리는 생활용품, 화장품이라는 제품을 통해 소비자에게 건강하고 아름다운(Healthy & Beautiful) 삶을 선사해야 합니다. 건강이라는 것은 위생청결로부터 시작하는 것이며, 우리는 과거부터 생활용품을 통해 고객에게 건강이라는 가치를 안겨주려고 했습니다. 또 화장품을 통해 아름다움의 꿈을 실현하는 가치를 주고자 했습니다. 마찬가지로 음료 사업을 하는 것도 결국은 고객에게 삶의 활력을 주기 위함입니다. 이것이 우리의 본질입니다." 이렇게 규정한 후 사업영역을 'Healthy, Beautiful, Refreshing'으로 바꾸었다.

생활용품으로 시작한 LG생건은 화장품 사업을 추가하고, 음료 사업이라는 세 번째 바퀴를 장착하는 데에도 성공한 것으로 보인다. 이러한 과정은 단기적인 수익 극대화를 위한 것이 아니라, 장기적인 위험을 최소화하기 위한 '내진설계'의 원칙에 의한 것이었으며, 이제는 어느 정도 안정적인 사업 포트폴리오를 갖춘 것으로 평가된다. LG생건의 매출 비중을 보면 2005년 생활용품 67%, 화장품 33%였는데, 2018년에는 생활용품 22%, 화장품 58%, 그리고 늦게 뛰어든

LG생활건강이 중국 상하이의 고급호텔인 샹그릴라에서 진행한 '2019 후 궁중연향 in 상하이'. 이 행사에는 LG생활건강의 전속모델인 배우 이영애가 직접 참석해 '후'의 럭셔리 브랜드 마케팅전략에 힘을 더했다.

음료 사업이 20%를 담당하고 있다. LG생건의 뿌리와 같은 생활용품과 어깨를 나란히 하는 한 축으로 어엿하게 성장한 것이다.

물론 지금도 해결해야 할 과제는 여전히 있다. 판매처가 국내에 한정되어 있어 시장 자체가 작다는 문제가 있다. LG생활건강은 해태음료도 인수하면서 2018년 현재 음료시장에서 롯데칠성과 확실한 양강체제를 구축했다. 국내시장에서는 크게 선전하고 있지만, 이 시장이 워낙 작아서 계속 성장하기에는 한계가 있다. 해외에 보틀러(bottler)로 진출하는 방법이 있긴 하지만, 다른 사업부분과의 밸런스를 고려해 아직은 적극적으로 추진하지 않고 있다. 사실 음료시장은 코카콜라 본사에서도 한계를 느끼고 있다. 전 세계 탄산시장이 하락세이기 때문이다. 그런데 한국은 멕시코와 함께 오히려 탄산 소비가 늘어나고 있는 몇 안 되는 국가 중 하나이기 때문에, 코카콜라 글로벌에서도 한국시장을 좋게 보고 있다. 다만 전체 시장이 한정적인 것은 사실이므로 비탄산, 그중에서도 유제품이나 건강기능 제품들을 키우려고 모색하는 중이다. 위 점유율(stomach share) 전체를 봤을 때 요구르트, 건강기능음료, 차 등의 비중도 결코 작지 않기 때문이다. 음료영역의 광범위한 시장 확장은 코카콜라 글로벌도 계속 노력 중인 부분이다. 전략적 방향은 같기 때문에, 만약 코카콜라 글로벌과 보폭을 맞출 수 있다면 새로운 음료분야에서도 많은 시도를 해 볼 수 있을 것이다.

사업 포트폴리오를 안정화시킨 차 부회장이 목표로 삼은 '다음 스텝'은 성장을 가속화해 3가지 사업부문에서 모두 1등을 달성하는 것이다. 시장이 승자독식 경제로 빠르게 변화하고 있기에, 이러한 환경변화에 대응하려면 소비자의 트렌드를 먼저 읽고 시장의 패러다임을 선도함으로써 각 사업부문에서 1등이 되는 길밖에 없다고 판단했다. 이러한 성장 가속화 노력은 화장품 사업에서 잘 나타난다. LG생활건강은 중국시장에 대한 럭셔리 브랜드 마케팅과 발빠른 온라인 사업전환 등을 통해 시장선도자 아모레퍼시픽과 상반된 마케팅전략을 추구했다. 2017년 한국정부의 사드(THAAD) 배치로 시작된 중국의 '한한령(限韓令)'으로 중국 내 한국상품에 대한 매출이 급격히 줄어들었을 때 LG생활건강은 국내 · 외 로드숍을 정비하고 중국 오프라인 시장에서 철수하면서 온라인 전환을 시작했다. 또 LG생활건강은 럭셔리 브랜드 '후'를 중국인이 좋아하는 금색 · 붉은색 등을 사용해 외견을 화려하게 꾸미며 브랜드이미지 강화에 나섰다. 그 결과로 LG생활건강의 중국매출 중 '후'가 차지하는 비중이 80% 이상을 기록할 정도로 강력한 브랜드자산을 구축하는 데 성공했다. 강력한 브랜드이미지 구축노력에 힘입어 2020년 11월 전자상거래 업체 알리바바가 진행한 중국 최대 쇼핑축제 '광군제'에서 LG생활건강의 최상위 브랜드인 후를 비롯해 숨, 오휘, 빌리프, VDL, CNP 등 6개 화장품 브랜드의 매출이 전년보다 174% 증가하는 마케팅성과를 거두었다.

LG생활건강은 지속적인 사업포트폴리오 관리와 성장전략에 힘입어 2021년 1분기에도 매출 2조 367억 원, 영업이익 3706억 원을 실현했다. 이는 전년도 같은 기간과 비교해 각각 7.4%, 11% 증가한 실적으로, 매출과 영업이익 모두 1분기 기준으로 사상 최대치를 기록했다.

자료원: 조선경제, 2021.04.23; 매경, 2020.10.23; FE TV, 2021.01.29; 홍성태, 그로잉 업, 북스톤, 2019.

탁월한 기업은 고객가치와 고객관계를 창출하는 고객지향적 마케팅전략과 프로그램을 사용한다. 그러나 제품별 마케팅전략과 마케팅프로그램은 상위수준에서 이루어지는 기업전략계획의 통제를 받는다. 최고경영층은 우리 기업이 이루려는 궁극적인 목표는 무엇이며, 이를 위해 전사적으로 어떠한 노력이 이루어져야 하는가? 이러한 노력을 통해 우리 기업은 10년 후 어떤 모습으로 변해 있을까? 등을 질문하고 이에 대한 답을 얻으려고 노력한다. 도입사례에서 보듯이 최고경영자는 변화하는 마케팅환경을 고려해 기업의 장기적 목표와 지속적인 성장을 위해 진출하거나 철수해야 할 사업분야를 결정해야 한다. 현대차그룹은 이제 자동차라는 카테고리에 속한 회사라 볼 수 없다. 그동안 현대차그룹은 정몽구 명예회장의 기업비전과 주도 아래 '쇳물에서부터 자동차까지' 수직계열화를 추구해 왔다. 하지만 2020년 10월 정의선 회장이 취임하면서 현대차그룹은 사업영역과 기업정체성을 재정의했다. 현대차그룹의 바탕은 자동차지만, 정 회장은 모든 움직이는 수단으로 사업영역을 확대하려고 하고 있다. 정 회장은 "안전하고 자유로운 이동과 평화로운 삶"이라는 기업비전을 제시했다. 정의선 회장은 현대차그룹을 '스마트 모빌리티 솔루션' 회사로 재정의하고 이에 맞추어 사업영역을 재구축하고 있다. 실제로 현대차그룹은 도심항공모빌리티(UAM), 목적 기반 모빌리티(PBV), 모빌리티 환승 거점(Hub) 등의 개념을 통해 단순히 도로 위를 다니는 자동차가 아니라 하늘과 지상에서 이동하는 모든 장치와 이들을 연결하는 거점을 미래 핵심사업으로 보고 있다.

따라서 기업 내에서 마케팅이 갖는 역할을 이해하기 위해서는 기업수준에서 이루어지는 전략계획수립과정을 먼저 이해해야 한다.

01 기업수준의 전략계획수립(Company-Wide Strategic Planning): 마케팅 역할의 정의

모든 기업은 끊임없이 변화하는 마케팅환경에서 장기적 생존/성장전략을 강구해야 한다. 이를 위해 **기업수준의 전략계획수립**(corporate-level strategic planning) 혹은 **전략적 시장계획**(strategic market planning)이 요구되는데, 기업수준의 전략계획수립이란 조직의 목표 및 역량과 변화하는 마케팅기회 간에 전략적 적합성을 개발/유지하는(즉, 높은 적합성을 갖는 전략대안을 개발/유지하는) 과정을 말한다. 기업수준의 전략적 계획은 끊임없이 변화하는 환경에서 포착되는 기회를 유리하게 이용할 수 있도록 기업을 변신시키는(adapting) 작업이다. 기업수준의 전략계획수립은 기업 내에서 이루어지는 다른 모든 계획수립의 근간이 된다.

기업수준에서 이루어지는 전략계획 수립과정은 기업 전반의 목적과 사명을 정의하는 것으로부터 시작된다. 그림 5-1 은 기업전략 계획수립과정의 각 단계를 보여준다. 정의된 기업사명은 기업활동의 방향을 잡아줄 기업목표로 구체화된다. 그 다음 단계로 기업의 기획실(본부)은 어떻게 최선의 사업/제품 포트폴리오를 구성하고 각 사업에 어느 정도의 자원을 지원해야 할지를 결정한다. 이러한 기업차원에서의 전략적 결정에 맞추어 각 사업부서의 제품별 마케팅관리자는 제품수준에서의 마케팅전략과 실행 프로그램을 개발/실행한다.

그림 5-1 기업수준에서의 전략계획 수립단계

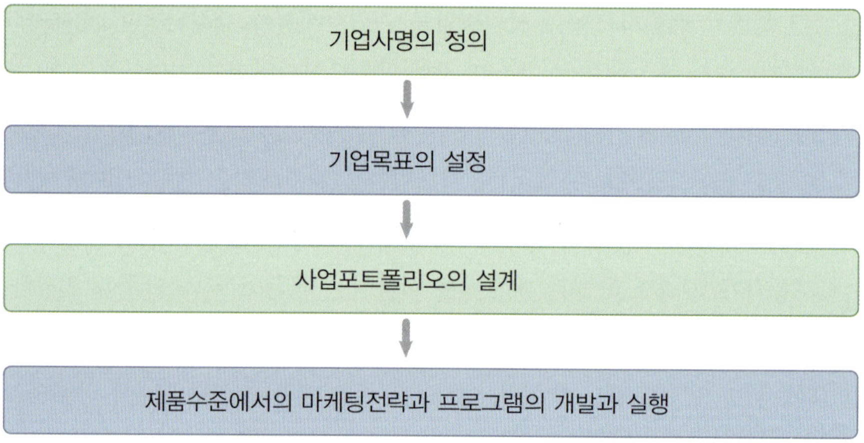

기업수준에서 이루어지는 전략계획 수립과정은 기업 전반의 목적과 사명을 정의하는 것으로부터 시작된다. 그림 5-1 은 전략계획 수립과정의 각 단계를 보여준다. 정의된 기업사명은 기업활동의 방향을 잡아줄 기업목표로 구체화된다. 그 다음 단계로 기업의 기획실(본부)은 어떻게 최선의 사업/제품 포트폴리오를 구성하고 각 사업/제품에 어느 정도의 지원을 해야 할지를 결정한다. 이러한 결정을 토대로 각 사업/제품은 기업수준의 전략계획이 실현될 수 있도록 마케팅 및 기타 부서들의 구체적 실행계획을 개발한다. 따라서 마케팅계획은 사업단위(사업부), 제품, 그리고 시장수준에서 이루어지는데, 특정 마케팅기회를 활용할 구체적 실행계획의 수립을 통해 기업수준의 전략계획수립을 지원한다.

1.1 시장지향적 기업사명의 정의

조직은 어떤 목적을 성취하기 위해 존재한다. 조직은 설립 초기에 명확한 조직목적 혹은 사명을 갖지만, 시간이 흘러 조직의 규모가 커지고, 새로운 제품과 시장이 추가되고, 새로운 환경여건에 직면함에 따라 초기에 가졌던 사명이 흐려질 수 있다. 조직이 표류하고 있음을 인식하게 되면 경영자는 조직의 목적을 새로이 정의해야 한다. 즉 우리는 어떤 사업을 하고 있는가? 우리의 고객은 누구인가? 고객이 원하는 가치는 무엇인가? 우리는 어떤 사업을 영위해야 하는가? 등의 근본적 질문에 답해야 하는 것이다. 이와 같은 단순해 보이는 질문에 답을 하는 것은 기업에게 가장 어려운 의사결정 영역이다. 성공한 기업들은 끊임없이 이러한 질문을 제기하고 진지하고 완벽하게 이에 답한다.

기업사명은 기업의 구성원들에게 자신이 수행하는 업무에 대한 자부심과 회사의 목표에 대한 공감대를 형성하는 데 기여한다. 또한 주주, 고객, 유통업체, 원료공급업체, 일반인 등 여러 이해관계자 집단에게 기업의 장기적인 발전방향을 알려줌으로써 기업활동에 대해 긍정적인 홍보효과를 거둘 수 있도록 한다.

많은 조직체들은 이러한 질문에 대한 답을 담은 공식적 사명문을 개발하는데, 사명문(mission statement)이란 조직의 목적, 즉 조직이 성취하고 싶은 것을 서술한 것이다. 명확한 사명문은 보이지 않는 손의 역할을 하여 조직구성원들의 생각과 행동의 지침이 된다. 잘 만들어진 기업사명문은 더 나은 조직성과와 재무성과를 낳게 한다.

일부 기업은 제품 혹은 기술 관점에서 근시안적인 기업사명문을 만든다(가령, 우리 회사는 가구를 생산/판매한다. 혹은 우리 회사는 화학 가공처리회사이다). 예를 들어, 모나미는 기업사명을 필기구 생산업체, 혹은 사무용품 생산업체로 정의할 수 있다. 만일 최고경영자가 우리 회사를 필기구 생산업체로 정의한다면, 연필, 볼펜, 수성펜, 만년필 등 다양한 필기구 제품이 사업에 포함될 것이다. 그리고 사무용품 생산업체로 사업을 정의할 경우에는 공책, 복사용지 등과 같은 다양한 사무용품도 사업범위에 포함된다. 그러나 사명문은 시장지향적이고 기본적 고객욕구를 충족시키는 것으로 정의되는 것이 바람직하다. 왜냐하면 제품과 기술은 결국 구식이 되지만, 기본적 시장욕구는 영원히 지속되기 때문이다. 예를 들어, Facebook은 자신을 단순히 온라인 소셜 네트워크로 정의하지 않고 세상이 보다 더 개방되고 연결된 세계를 공유하고 만들기 위해 사람들에게 파워를 주는 기업으로 시장지향적으로 기업사명을 정의한다.

표 5-1 은 제품지향적 사업정의와 시장지향적 사업정의의 몇 가지 예를 보여준다.

표 5-1 시장지향적 사업정의의 예

기업	제품지향적 정의	시장지향적 정의
Nike	우리 회사는 운동화와 운동복을 판매한다.	우리 회사는 전 세계 모든 운동선수들에게 영감과 혁신을 제공한다(몸만 있으면, 당신은 운동선수이다).
Facebook	우리는 온라인 소셜 네트워크 회사이다.	우리 회사는 세상이 보다 더 개방되고 연결된 세계를 공유하고 만들기 위해 사람들에게 파워를 준다.
아모레퍼시픽	우리 회사는 화장품을 생산한다.	우리 회사는 라이프 스타일과 자기표현, 성공과 지위, 그리고 기억, 희망, 꿈을 판매한다.
신라호텔	우리 회사는 객실을 빌려준다.	우리 회사는 신라호텔 경험을 창출하며, 오감을 즐겁게 하고, 웰빙을 지향하고, 고객이 표현하지 못한 바람과 욕구를 충족시키는 곳이다.
이마트	우리 회사는 할인점을 운영한다.	우리 회사는 항상 저가격의 상품을 제공하며 일반인들에게 부자들과 동일한 상품을 구매할 기회를 제공한다.

마케팅 Highlight

건강을 파는 기업이라는 시장지향적 사업정의를 기반으로 경영전략과 사업전략을 전개한 글로벌 체중계 기업 '타니타'

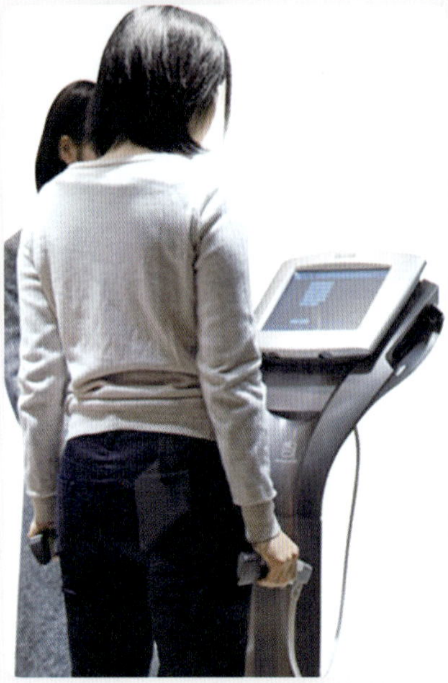

타니타 식당의 한 방문객이 전시된 체조성계에 올라가 체지방과 근육량 등을 측정하고 있다.

일본 국회와 중앙 부처가 모여 있는 도쿄 나가타초. 이곳의 경제산업성 건물 지하 1층에는 체중감량 식단으로 화제가 되고 있는 KENKO(건강)식당이 있다. 지난 2014년 6월 문을 연 이 사원식당에 식단을 제공하고 있는 업체는 글로벌 체중계 기업 '타니타(Tanita)'다.

1923년 금속 제품 제조 · 도매업체에서 출발한 타니타는 요리용 전자저울과 가정용 체중계로 이름을 알렸다. 특히 체지방 측정계(1992년), 내장 지방 측정계(2001년), 휴대용 디지털 소변 혈당 체크계(2008년) 등 세계 최초 타이틀만 14번 거머쥐면서 건강 측정기기 부문의 글로벌 기업으로 혜성처럼 떠올랐다. 1997년 타니타는 체중계, 체성분 측정계 부문 시장점유율 세계 1위에 오르기도 했다. 하지만 승승장구하던 타니타는 경쟁제품이 쏟아지면서 성장세가 꺾이는 위기를 맞았다. 창업가 3대인 다니다 센리 현 사장이 취임한 2008년, 타니타의 건강측정기기 부문 시장점유율은 예전의 절반 가까이 줄어든 상태였다. 하지만 다니다 사장은 사업다각화 등 조직에 새로운 활력을 불어넣으면서 타니타를 다시 일으켜 세웠다.

타니타는 건강 측정계 부문에서 일본 시장 1위다. 타니타의 주력제품은 근육량 등 체성분을 측정하는 의료기관용 체조성계(體組成計)다. 현재 체조성계는 타니타 전체 매출의 약 50%를 차지한다. 해외매출 비율은 전체의 20% 정도다. 타니타의 매출은 2015년 146억 엔에서 2017년 158억 엔, 2019년에는 200억 엔(약 2310억 원)으로 꾸준히 성장하고 있다.

식당과 요리책에 집중한 역발상

타니타는 대기업 본사가 몰려 있는 도쿄 중심가 마루노우치에서 '타니타 식당' 1호점을 8년째 운영 중이다. 다이어트나 건강관리에 관심이 많은 젊은 회사원들이 주로 찾아와 점심 때마다 긴 줄이 생겨난다. 현재 타니타는 일본에 타니타 식당 7곳을 운영 중이다. 매장 한 곳당 하루 평균 300식을 제공하고 있다. 1호점의 한 해 평균매출은 약 7200만 엔(약 8억3000만 원). 타니타는 체중계 전문 제조업체라는 전통 사업모델의 틀을 깨고 요리책과 식당으로 브랜드 인지도를 높였다. 기회는 우연하게 찾아왔지만 타니타는 소비자 팬덤을 발판 삼아 적극적으로 새로운 고객가치를 창출했다.

타니타 식당의 원조는 타니타의 사원식당이다. 취임 이듬해인 2009년 "뭔가 의미 있고 재미있는 프로젝트를 직원들에게 해줄 수 없을까" 고민하던 다니다 사장은 비만을 방지하는 식단을 제공하는 사원식당을 설립했다. 일본 공영방송인 NHK가 이 식당을 '샐러리맨 발견' 코너에 소개하면서 화제가 됐고, 2010년 타니타 사원식당의 당뇨예방 식단 등을 담은 요리책을 출간했다. 이 요리책은 누적 판매 542만 부를 넘으면서 요리책으로는 이례적으로 베스트셀러에 올랐다. 30만 부가 팔리면 베스트셀러로 꼽히는 일본 출판시장에서 대박을 터뜨린 것이다. 요리책 출판 후 사원식당에 대한 문의가 쇄도하자 다니다 사장은 '타니타 식당' 브랜드로 요식업에 진출했다.

타니타 식당의 인기비결은 '비만이 되지 않는' 식단이다. 500칼로리 미만, 염분은 3g 미만, 야채는 200g 이상에 영양 균형을 갖췄다. 밥을 담는 그릇에는 계량선과 그에 해당하는 열량을 그려 넣어 이용자가 경각심을 갖고 밥을 담도록 고안했다. 식사 테이블에는 20분 타이머를 달아 천천히 먹도록 설계했다. 타니타는 식당에 치밀한 영업포석도 깔았다. 식당 한편에 타니타의 건강측정기기를 전시해 두고 점심시간 한정으로 타니타 소속 영양관리사가 상주하며 무료로 건강상담을 해준다. 식사를 위해 방문한 고객들을 자연스럽게 타니타 제품의 예비구매자로 끌어들인 것이다.

본업인 측정기기에서 지속적인 제품세분화

타니타의 주력제품인 건강측정기기는 이미 각 가정에 널리 보급돼 급격한 매출성장은 기대하기 어렵다. 게다가 일반가전처럼 소비자들이 취향이나 유행에 따라 자주 교체하지도 않는다. 타니타는 이러한 '소비절벽'의 한계에 머무르지 않고 현재까지도 기술개발에 역량을 집중해 독특한 성능의 제품들을 끊임없이 시장에 내놓고 있다.

다니다 사장은 "타니타 브랜드의 강화를 위해 제품을 다양하게 세분하라"라고 계속 주문하고 있다. 타니타의 체중계와 체지방계, 체조성계를 탄생시킨 원조기술은 거의 모든 생활영역을 파고들며 다시 꽃을 피우고 있다. 만보계처럼 몸에 달아 소비열량이나 지방연소량을 측정하는 일본 최초의 가정용 활동량계, 피하지방 측정계, 수면 측정계, 휴대용 염분 측정계가 대표적이다. 또한 체중계 등의 중량 센서기술을 응용한 혈압계, 알코올 도수계 등 제품라인을 끊임없이 확장하고 있다. 최근 다이어트뿐만 아니라 조깅이나 마라톤을 즐기는 인구가 증가하면서 타니타는 고성능 건강측정기기에도 승부수를 던졌다. 체지방률과 체질량지수(BMI), 내장지방 등을 한꺼번에 측정해 주는 가정용 체조성계는 2015년 발매 이후 정가 2만 엔(약 23만 원)의 고가임에도 발매 4개월 만에 3만 대가 넘게 팔리며 히트상품이 됐다.

타니타는 해외판로를 넓히기 위해 과감히 기술 공유에도 나섰다. 2020년 초 가정용 혈압계 시장점유율 세계 2위인 일본기업 '에이앤드디'에 근육량과 체지방률 등 타니타의 독자적인 알고리즘(산출 방법)을 내주기로 결단한 것이다. 이를 발판으로 러시아와 북미시장에서 점유율이 높은 상대 기업의 판로를 활용해 타니타 제품을 판매할 계획이다.

타니타 경영 포인트

요소	고객가치 증대	경쟁우위 전략	수익모델
내용	체중 · 체성분 측정, 건강한 식단, 건강관리	디지털 측정계 저비용 생산, 체지방 측정 우위기술 및 건강 개선 지식 확보	국내외 측정계 판매, 식당 운영 위탁, BtoB 건강관리 프로그램

자료: 다나타

타니타 주요 혁신

1978년
일본 최초
디지털 체중계
판매

1987년
세계 최초 휴대용 디지털 저울 판매

1992년
세계 최초
체지방 측정계
개발

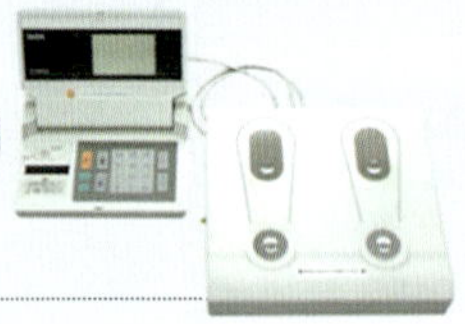

1997년
체중계 · 체성분
측정계 부문
세계점유율 1위

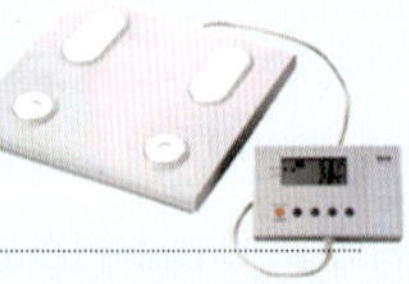

2001년
세계 최초 내장지방 측정계 판매

2004년
세계 최초
전신 부위별
체성분계 판매

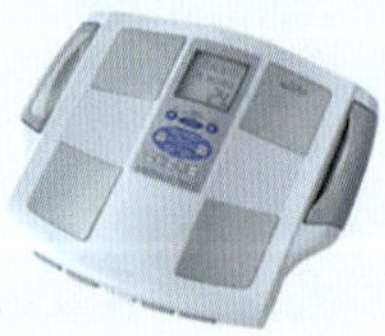

2010년
세계 최초
복부지방
측정계 판매

2012년
'타니타 식당' 1호점

2014년
일본 후생노동성, 건강수명 모범사업에
'타니타 건강 프로그램' 선정

2015년
세계 최초
근육
체성분계
판매

2018년
'타니타 카페' 1호점

건강 컨설팅으로 기업 · 정부 공략

타니타는 2013년부터 기업과 지자체를 대상으로 건강 컨설팅 부문도 집중적으로 공략했다. 다니다 사장이 법인시장에 승부수를 던지면서 건강 컨설팅 사업은 흑자 반전에 성공했다. 측정 데이터의 무선통신을 원활하게 하기 위해 모바일 결제 기술의 핵심인 펠리카(FeliCa) 기술을 도입하는 등 성능개선에 나섰다. 다니다 사장은 취임하자마자 자사직원 200여 명을 대상으로 건강 프로그램을 운영하며 건강효과를 실험했다. 그 결과 직원 한 명당 연평균 의료비가 12% 줄었다. 타니타는 직접 이 수치를 책자로 만들어 홍보했다. 현재 타니타의 건강 프로그램을 도입한 기업과 지자체는 2019년 기준 약 150여 곳, 이용자는 1만 명을 넘어섰다.

타니타는 식당운영 노하우를 살려 홋카이도대학 병원 등 병원이나 기업, 레스토랑, 중앙정부 부처 식당의 메뉴위탁 등으로 라이선스 수익도 확보했다. 또 '건강을 파는 기업'이라는 사업정의를 기반으로 한 기업브랜드 구축으로 지속적인 성장기반을 마련했다.

도쿄 중심가 마루노우치에 있는 타니타 식당 1호점. 체중계의 아이콘 타니타는 식당과 요리책이 큰 인기를 끌며 건강을 파는 기업으로 재도약했다.

자료원: 조선위클리비즈, 2020.03.20.

바람직한 기업사명문이 갖추어야 할 조건은 다음과 같다. 첫째, 의미있고 구체적이면서 동기유발적이어야 한다. 많은 기업사명문들이 홍보목적으로 만들어졌고 구체성이 결여되고 업무수행의 지침이 되지 못한다. 따라서 많은 기업들은 사명문이 갖추어야 할 요소를 무시하거나 '우리 회사의 사명은 최고의 기업이 되는 것이다'와 같은 애매한 말로 화려하게 꾸미는 것으로 끝난다. Google의 사명문은 "세계에서 최고의 검색엔진이 되는 것"과 같은 애매모호한 것이 아니라 "전 세계에 흩어져 있는 정보를 조직화해서 전 세계 사람들이 이에 접속할 수 있고 유용하게 활용할 수 있도록 하는 것"인데, 이러한 사명문은 조직구성원들을 고취시키고, 실현가능하게 하고, 구체적인 내용으로 구성되어 있다. 둘째, 기업사명은 더 많은 매출이나 이익을 올리는 것보다는 고객 및 고객경험에 초점을 맞추어야 한다. 매출과 이익은 고객을 위해 가치를 창출한 대가로 얻어지는 것일 뿐임을 반드시 인식해야 한다. 따라서 McDonald's의 사명은 전 세계 최고의 그리고 이익을 가장 많이 내는 신속서비스 레스토랑이 되는 것이 아니라 고객이 선호하는 장소이면서 식사방식이 되는 것이다. McDonald's는 고객중심 사명을 개발하고 이를 잘 실현한다면 이익은 저절로 따라올 것임을 잘 알고 있다.

1.2 기업목표의 설정

기업은 정의된 기업사명을 실현할 수 있도록 관리자의 수준에 맞추어 이를 구체적인 목표로 전환시켜야 한다. 기업 내 각 관리자는 기업사명을 실현할 수 있는 구체적 목표를 갖고 있어야 하며 이를 실행할 책임을 져야 한다. 가령, 대다수의 소비자들은 글로벌 식품회사 H.J. Heinz 하면 케첩을 떠올린다. 이 회사는 매년 6500억 개 이상의 케첩을 판매한다. 그러나 Heinz는 Heinz, Ore-Ida, Classico 등 다양한 유명브랜드들과 이 브랜드가 부착된 광범위한 식품들을 보유하고 있다. Heinz는 다음과 같은 기업사명 아래 다양한 제품포트폴리오를 하나로 묶고 있는데, "영양과 웰니스(복지) 영역에서 신뢰받는 선도자로서 오리지널 순수 식품기업 Heinz는 사람, 지구, 그리고 우리 회사의 지속가능한 건강을 위해 헌신한다."

이와 같은 광범위한 기업사명은 계층적 목표를 개발하는 기반이 되는데, 계층적 목표는 기업수준에서의 사업목표와 제품수준에서의 마케팅목표 등을 포함한다. Heinz의 전반적 사업목표는 영양과 웰빙 지향적 기업사명에 맞추어 품질, 맛, 영양, 그리고 편의성에서 탁월한 식품을 개발함으로써 수익성 있는 고객관계를 구축하는 것이다. 이 회사는 연구개발에 많은 투자를 함으로써 이러한 목표를 수행한다.

그러나 R&D는 많은 비용이 소요되며, 이익증대를 통해 투자비용이 조달되어야 한다. 따라서 이익의 증대는 Heinz가 추구해야 할 또 다른 주요 사업목표이다. 이익의 향상은 매출증대 혹은 원가절감을 통해 실현될 수 있다. 매출증대는 국내시장과 국제시장에서 자사점유율을 향상시킴으로써 실현될 수 있다. 따라서 점유율 향상에 의한 매출증대와 원가절감 등과 같은 구체적 과업목표들(goals)은 이 회사의 당면한 마케팅목표가 된다.

마케팅전략과 프로그램은 이러한 마케팅목표의 실현을 지원하기 위해 개발되어야 한다. 시장점유율을 향상시키기 위해, Heinz는 제품라인들을 넓히고, 기존시장에서 제품의 구입용이성(availability)과 제품촉진을 높이고, 신시장으로 시장을 확장할 수 있다. 예컨대, Heinz는 Weight Watchers Smart Ones 브랜드에 아침식사용 제품들을 추가했다. 그리고 이머징 시장에 진출해 두자릿수 매출성장을 올렸으며, 이 시장은 이제 전체 매출성장의 30퍼센트를 차지한다.

이러한 것들은 Heinz의 광범위한 마케팅전략에 해당된다. 각각의 광범위한 마케팅전략은 다시 보다 더 구체적으로 정의되어야 한다. 가령, 제품에 대한 촉진활동의 증대는 더 많은 광고와 홍보활동을 필요로 할 수 있다. 이러한 활동이 요구된다면, 기업은 당해년도에 수행되어야 할 광고/홍보활동에 대해 구체적으로 명시해야 한다. 이러한 방식으로 추상적인 기업사명은 당해 연도에 실행해야 구체적인 사업/마케팅목표의 집합으로 전환된다.

1.3 사업포트폴리오의 설계

기업사명문과 기업목표의 지침에 따라 경영자는 사업포트폴리오를 계획해야 하는데, **사업포트폴리**

오(business portfolio)는 기업을 구성하는 사업/제품의 집합을 말한다. 최선의 사업포트폴리오는 기업강점에 의해 주어진 시장기회를 가장 잘 살릴 수 있는 사업/제품으로 구성된 것이다. 대다수의 대기업들은 복잡한 사업/제품브랜드 포트폴리오를 갖고 있다. 이러한 사업포트폴리오에 대한 전략계획수립은 도전적이면서 주요한 과업이다.

사업포트폴리오 계획수립은 두 단계의 과정을 거친다. 첫 번째 단계는 기존 사업포트폴리오의 건전성을 분석하여 각 사업에 대해 어느 정도의 투자를 해야 하는지 결정하는 것이다. 두 번째 단계는 성장전략과 축소전략(downsizing)의 개발을 통해 미래의 사업포트폴리오를 구성하는 것이다.

(1) 기존 사업포트폴리오의 분석

전략계획수립에서 이루어지는 주요 활동의 하나가 사업포트폴리오 분석인데, **사업포트폴리오 분석**(business portfolio analysis)은 경영자가 기업을 구성하는 제품/사업들의 매력도를 평가하는 과정이다. 기업은 더 많은 이익을 낳는 사업에 더 많은 자원을 투입하고, 경쟁력이 약한 사업에 대한 지원을 줄이거나 이러한 사업에서 철수하기를 원할 것이다.

사업포트폴리오 분석을 신행하기 위해 경영자는 먼저 기업을 구성하는 주요(핵심) 사업, 즉 전략시업단위(사업부)들을 파악하는 작업을 수행해야 한다.

1) 전략사업부의 결정

기업수준 전략수립의 다음 단계는 관련사업(제품)들을 묶어 **전략사업부**(SBU : Strategic Business Unit)로 나누고, 각 사업부의 매력도를 평가하는 것이다. 전략사업부는 대개 최고경영자로부터 제품의 개발, 생산과 판매에 대한 권한을 위임받고 경영성과에 대한 책임을 지는 독립적 사업단위를 말한다. 하나의 사업(또는 제품군)만을 운영하는 기업은 한 개의 전략사업부를 갖지만, 많은 사업(제품)을 보유한 기업들은 전략수립과 집행이 용이하도록 관련된 사업이나 제품들을 묶어 복수의 사업부를 운영하게 된다.

사업부의 규모나 범위는 기업의 전체 규모, 취급하는 제품들의 특성에 따라 차이가 난다. 그러면 기업은 어느 수준에서 사업부의 범위를 정하는 것이 바람직할까? 예를 들어, 전략사업부는 테크, 수퍼타이, 한스푼과 같이 브랜드수준(brand level) 혹은 분말세제나 액체세제, 섬유유연제와 같이 제품수준에서 정해질 수도 있고, 이들 단위제품들을 함께 묶어 주방생활용품이나 목욕생활용품과 같은 제품범주(product category) 수준에서 정해질 수도 있다. 더 나아가 생활용품, 화장품, 의약품 등과 같은 제품범주군(the set of relevant product categories) 수준까지 확대되어 결정될 수도 있다. 대체로 전략사업부는 하나의 제품범주를 대상으로 하며, 전략사업부 속에 다양한 제품범주들이 포함되는 경우에는 공동의 마케팅목표 및 경쟁사들을 갖는 제품범주들을 하나의 사업부 속에 포함시키기도 한다. 예를 들어, CJ에서 취급하는 사업(또는 제품)들을 식품사업부, 음료사업부, 생활용품사업부, 제약사업부, 영상사업부 등으로 분류한다면, 이는 제품범주군에 따라 전략사업부를 나눈 예이다. 만약 CJ에서 취급하는 사업들을 제당, 제분, 조미료, 식용유, 육가공, 음료, 세제, 사료 등으로 구분한다면, 이는 제품범주 수준에서 전략사업부를 분류한 것이다.

이와 같이 기업이 거느리고 있는 각 전략사업부의 범위는 개별사업(제품)들 간의 관련성 정도에 의해 결정된다. 전략사업부를 너무 넓게 정의하면, 즉 사업부 속에 너무 많은 사업 혹은 제품군들이 포함되면, 개별사업에 맞는 차별적인 마케팅전략을 수립하는 데 어려움을 겪게 된다. 반대로 전략사업부를 좁게 정의하면 너무 많은 수의 전략사업부를 갖게 되어 최고경영자가 각 사업부를 평가하고 전략적 방향을 제시하는 데 많은 시간과 노력을 투입해야 한다. 그러므로 기업 내 각 전략사업부들은 다음과 같은 바람직한 조건을 갖도록 구성되어야 한다. 첫째, 각 전략사업부는 잘 정의된 고객과 경쟁자를 갖고 있어야 한다. 둘째, 독자적인 마케팅전략의 수립과 실행이 이루어져야 한다. 셋째, 이익과 비용에 대한 측정을 통해 각 전략사업부에 대한 책임경영이 가능하여야 한다.

2) 기존 사업부의 매력도에 대한 평가

사업포트폴리오 분석의 다음 단계는 각 사업부의 매력도를 평가하여 각 사업부에 대한 지원수준을 결정하는 것이다. 각 사업부의 수와 각 사업부에 포함된 사업 혹은 제품들의 범위가 결정되면, 경영자는 각 사업부의 경영성과와 앞으로의 전망을 평가하여 기업목표의 달성에 기여할 수 있는 사업부들을 선별적으로 지원해야 한다.

사업포트폴리오를 설계할 때, 기업은 기업의 주요철학과 핵심역량에 부합되는 제품과 사업을 추가하고 지원하는 것이 바람직하다. 전략계획수립의 목적은 매력적인 시장기회를 자사에 유리하게 만들기 위해 기업의 강점을 가장 잘 활용할 수 있는 방법을 찾는 데 있다. 따라서 대부분의 포트폴리오 분석기법들은 각 사업부를 두 가지 주요 평가기준을 토대로 하여 평가하는데, 사업부가 속해 있는 산업의 매력도와 해당 산업 내에서 사업부의 경쟁적 강점이 그것이다. 가장 많이 알려진 포트폴리오분석기법은 선도적 경영컨설팅기업인 Boston Consulting Group(BCG)에 의해 개발된 성장-점유모형이다.

① BCG의 성장-점유모형

BCG의 성장-점유모형(Growth-Share Model)은 미국의 대표적 경영자문회사인 BCG(Boston Consulting Group)에 의해 개발된 이후 많은 기업들에 의해 활용되어 온 사업부 평가모형이다. 이 모형에서는 사업부가 소속된 해당 산업의 매력도와 사업부의 경쟁력을 토대로 그 사업부가 기업의 경영성과에 어느 정도 기여할지를 평가한다. BCG모형에서는 사업부가 소속된 산업(시장)이 매력적인지를 평가하는 지표로 시장(산업)성장률(market growth rate)을 이용하고 있는데, 시장성장률이 높을수록 산업의 매력도가 높은 것으로 평가된다. 다음으로 해당 시장 내에서 우리 사업부가 어느 정도의 경쟁력이 있는지를 평가하기 위한 지표로 상대적 시장점유율(relative market share)을 이용하며, 사업부의 시장점유율이 높을수록 그 사업부의 경쟁력이 높은 것으로 평가된다. 그림 5-2 는 BCG 성장-점유모형을 나타낸 것이다.

그림 5-2 BCG 성장-점유 매트릭스

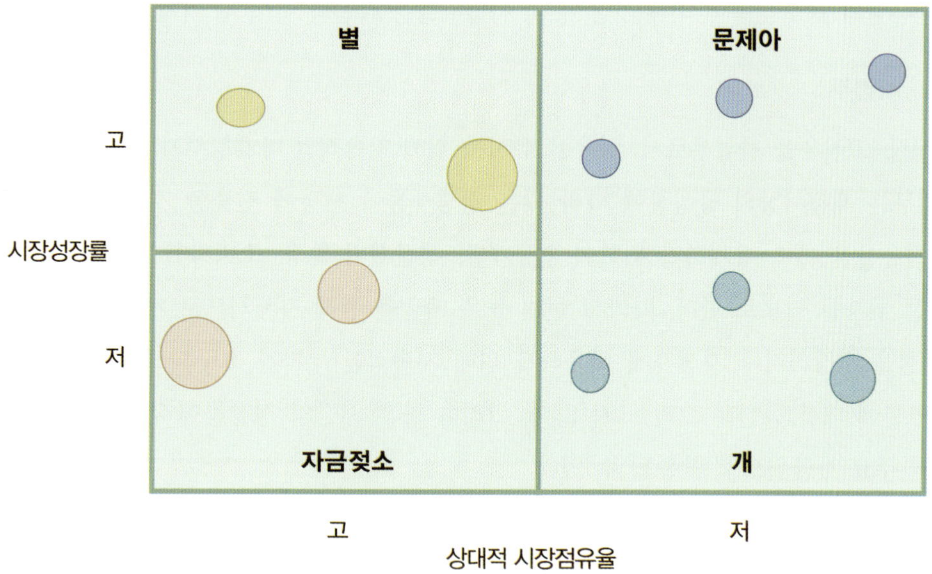

그림 5-2 에서 수직축은 각 사업부가 속한 해당 산업이 전년 대비 금년의 시장성장률을 의미하며, 대개 10~15% 정도를 중심으로 산업성장률이 높고 낮음으로 구분한다. 수평축은 특정 사업부의 해당 산업 내에서의 상대적 점유율을 의미하는데, 상대적 시장점유율이란 산업 내의 가장 큰(매출기준) 경쟁자에 대비한 자사의 매출비율이다. 우리 사업부가 산업의 리더인 경우에는 우리 사업부의 매출을 두 번째 매출을 갖는 경쟁자와 비교하게 되므로 상대적 시장점유율은 1보다 큰 값을 갖게 되며, 그렇지 않은 경우에는 1보다 작은 값을 갖게 된다. 가령, 상대적 시장점유율이 0.25라는 것은 우리 사업부의 매출이 시장선도기업(매출이 가장 높은 경쟁업체) 매출의 1/4 수준임을 의미하며, 시장점유율이 2라는 것은 시장리더인 우리 사업부의 매출이 2위 경쟁업체의 매출보다 2배 수준임을 의미한다. 일반적으로 1.0을 기준으로 상대적 시장점유율이 높고 낮음으로 구분된다. BCG모형은 각 사업부의 기업에 대한 공헌도를 위에서 설명한 두 기준에 의해 평가하며, 그 결과는 그림 5-2 와 같은 BCG 매트릭스상에 표시된다. 이 그림에서 각 원들은 기업이 보유한 개별 사업부를 의미하며, 원의 크기는 사업부의 매출에 비례한다.

BCG모형은 시장점유율과 수익성 간에 양(+)의 상관관계가 있다는 논리에 바탕을 두고 있다. 즉, 시장점유율이 커질수록 수익성도 증가한다는 연구결과에 근거해 가능한 높은 점유율과 성장률을 갖는 사업부를 우선적인 투자(또는 전략적 지원)대상으로 삼을 것을 권유한다. 그러나 장기적으로 지속적인 기업성장을 위해서는 현재 성장률이 높더라도 향후 산업규모가 축소되어 해당 사업부의 매출이 줄어들 것에 대비하여 새로운 유망사업에도 투자함으로써 건전한 사업포트폴리오를 구성해야 한다. 또한 성장률이 높은 시장은 많은 투자가 소요되어 기업의 현금흐름에 크게 기여하지 못할 수 있으므로 성장률이 다소 낮더라도 자금원이 될 수 있는 사업도 유지할 필요가 있다. BCG의 성장-점유모형이 제시하는 각 사업부의 특징과 이에 따른 전략적 방향은 BCG 매트릭스상의 위치에 의해 결정된다. BCG모형은 시장성장률과 상대적 시장점유율의 높고 낮음에 의해 기업 내 각 사업부들은 다음과 같이 네 가지 유형으로 구분된다.

- **별**(Star) **사업부**

이는 고성장-고점유율 사업부로서, 점유율 유지를 위해 지속적인 마케팅투자와 지원이 요구된다. 대개 별 사업부는 제품시장의 급성장에 따라 많은 경쟁자들이 시장에 진출할 것이 예상되므로 기존의 높은 시장점유율을 계속 유지하기 위하여 연구개발, 생산설비 확장, 소비자를 대상으로 한 촉진활동 등에 상당한 투자를 필요로 한다. 따라서 현재 높은 매출을 통해 자체적으로 자금이 유입되기는 하지만, 생산시설을 확장하거나 경쟁자에 대응하기 위해 지속적인 투자가 요구되므로 현시점에서 기업의 전체 자금흐름에 대한 공헌은 그리 크지 않다. 그러나 향후 시장의 성장률이 감소해 성숙기로 접어들 경우 기업의 주요 자금원으로 활용될 수 있다.

- **자금젖소**(Cash Cow) **사업부**

이는 낮은 산업성장률과 높은 상대적 시장점유율의 사업단위로서, 산업이 성숙기로 접어듦에 따라 전반적인 매출 증가세가 둔화되고 있지만 그간의 투자로 인해 산업 내에서 높은 점유율을 유지하는 사업영역이다. 자금젖소 사업부는 높은 점유율과 매출로 인하여 많은 자금이 유입되는 반면, 생산시설에 대한 투자나 유통망 확보를 위한 투자가 어느 정도 진행되어 지출은 그리 크지 않다. 이에 따라 잉여재원이 발생하며, 이는 유망한 신규사업에 대한 투자재원으로 활용된다.

- **문제아**(Problem Child) **사업부**

이는 높은 산업성장률과 낮은 상대적 시장점유율의 사업단위를 말하는데, 시장이 급성장함에 따라 많은 경쟁자들이 진출해 있지만, 자사의 사업부는 제품개발의 지연이나 소극적 마케팅 투자 등으로 인해 점유율이 미미한 상태이다. 시장점유율과 매출을 높이기 위해서는 기술개발 및 마케팅활동에 상당한 투자가 요구되므로 기업은 문제아 사업부들 가운데 성공가능성이 높은 제품들만을 잘 선별하여 투자를 해야 한다. 문제아 사업부는 자체적으로 자금을 충당할 여력이 없으므로 자금젖소 사업부와 같은 다른 사업부들로부터 자금지원이 이루어져야 한다. 문제아 사업부는 물음표(Question Mark) 사업부로 불리기도 한다.

- **개**(Dogs) **사업부**

이는 낮은 시장성장률과 낮은 상대적 시장점유율을 가진 사업단위를 말하는데, 개 사업부는 해당

시장이 이미 성숙기를 거쳐 쇠퇴기에 진입했고 그 시장 내에서 우리 사업부의 시장점유율도 낮은 경우이다. 따라서 새로운 투자도 없지만 매출도 미미해 기업에 대한 공헌이 높지 않다. 해당 산업이 다시 회복될 가능성이 적을 것으로 판단될 경우, 사업부 자체에 대한 정리를 고려할 필요가 있다. 그러나 소규모지만 기존제품에 높은 충성도(loyalty)를 보이는 고객집단이 남아 있다면, 최소한의 투자로 일정 수준의 매출을 유지할 수도 있다.

그림 5-2에서 성장-점유율 매트릭스상의 열 개의 원은 기업이 현재 보유한 사업부의 수를 나타내는데, 이 기업은 두 개의 별, 두 개의 자금젖소, 세 개의 문제아, 그리고 세 개의 개 사업부를 갖고 있다. 원의 크기는 사업부의 매출액에 비례한다. 이 기업의 사업구조는 아주 좋지는 않지만 괜찮은 편이다. 이 회사는 전망이 있는 문제아 사업에 투자하여 별 사업으로 전환시키고, 별 사업을 잘 유지하여 시장성숙기에 들어서 자금젖소가 될 수 있도록 관리하고 싶을 것이다. 다행스럽게 상당규모의 자금젖소 사업을 2개 보유하고 있으므로 이들로부터 벌어들인 현금은 문제아, 별, 개 사업단위들을 자금지원하는 데 도움을 줄 것이다. 회사 경영자는 개 사업과 문제아 사업과 관련하여 중대한 조치를 취해야 한다. 만약 회사가 별 사업을 보유하고 있지 않거나, 너무 많은 수의 개 사업단위를 가지고 있거나 혹은 현금창출능력이 약한 하나의 자금젖소 사업단위만을 갖고 있다면, 기업의 미래 사업전망은 부정적일 것이다.

각 사업부의 매력도를 분석/분류한 다음, 경영자는 각 사업부가 수행할 역할을 결정해야 한다. 기업은 각 사업부에 대해 네 가지 전략대안 가운데 하나를 선택할 수 있다.

첫 번째는 점유율을 높이기 위해 사업부에 더 많은 투자를 하는 것으로(build), 유망한 문제아 사업이나 별 사업에 적절하다. 사업부의 두 번째 전략대안은 현재의 수준에서 사업부의 점유율을 유지하는 데 필요한 만큼만 투자를 하는 것으로(hold), 자금젖소 사업단위에 적절하다. 세 번째는 사업부를 수확하는 것으로(harvest), 이는 기업에 미치는 장기적 효과에 상관없이 단기적 현금흐름(현금유입)을 높이는 것을 말한다. 네 번째 전략대안은 사업부를 철수시키는 것으로(divest), 이는 사업부를 매각하거나 투자된 자원을 서서히 회수하여 그 자금을 다른 용도로 사용하는 것이다(개 사업부에 적절함). 개 사업부는 가능한 한 처분하는 것이 바람직하지만, 원매자를 찾는 것이 쉽지 않을 수 있다. 그러므로 유망한 문제아 사업에 투자하는 데 필요한 자금을 확보하기 위해 많은 수의 자금젖소들을 보유한 기업은 일부 자금젖소 사업들을 매각하는 것도 고려해 볼 수 있다. 왜냐하면 이러한 사업부들은 다른 기업의 관심을 끌 만큼 충분히 매력적이므로 비싼 가격으로 쉽게 처분할 수 있기 때문이다. 과거 두산그룹이 구조조정과정에서 자금젖소 사업이었던 코카콜라, 코닥필름, OB맥주 등을 처분하여 두산중공업 등 유망한 사업에 투자하기 위한 자금을 쉽게 확보한 것을 그 예로 들 수 있다.

시간이 흐름에 따라 각 사업부의 위치는 성장률-점유율 매트릭스상에서 변화된다. 각 사업부는 수명주기를 갖는데, 많은 사업부들이 문제아에서 시작하며, 시장에서 성공을 거둔 문제아 사업부들은 별의 위치로 이동한다. 시간이 경과해 시장성장률이 둔화되면 별 사업은 자금젖소가 되고, 최종적으로 시장에서 철수하거나 개 사업단위로 전환됨으로써 수명을 마치게 된다. 기업은 새로운 제품과 사업을 계속 추가할 필요가 있는데, 그 이유는 이들 중 일부가 별, 나아가 자금젖소 사업부가 되어 다른 사업부들을 자금지원하는 데 도움을 줄 수 있기 때문이다.

네 가지 유형의 사업부에 대해 BCG모형이 제시하는 전략적 시사점은 무엇일까?. 첫째, 특정 제품 또는 사업부는 제품수명주기의 변화에 따라 문제아→별→자금젖소로 변화되도록 관리하는 것이 바람직하다. 즉, 하나의 사업부는 제품수명주기상의 도입기에 문제아로 제품시장에 진입하고, 성장기 중에 집중적인 투자에 의해 점유율을 높여 별의 위치를 차지해야 한다. 다음 시장성장률이 하락하는 성숙기 동안 자금젖소로 이동시켜 회사에 자금을 공급해 주고, 시장이 축소되는 쇠퇴기에는 시장에서 철수해야 한다는 것이다.

둘째, 기업이 장기적으로 성장을 지속하기 위해서는 문제아, 별, 자금젖소에 속하는 복수의 사업부들을 균형 있게 유지해야 한다. 현재의 자금흐름만을 고려한다면 자금젖소 사업부만으로 구성되는 것이 바람직한 사업포트폴리오인 것처럼 보일지 모르지만, 장기적인 관점에서 보면 다양한 유형의 사업부들을 적절히 조합하여 사업포트폴리오를 구성하는 것이 지속적인 기업성장 및 원활한 현금흐름을 가능케 해준다. 예를 들어, 필름 생산업체로 유명한 이스트만 코닥(Eastman Kodak)사의 경우 매출규모가 크고 시장이 성장하던 필름사업에만 집중하였다. 그러나 필름산업 자체의 성장률이 감소하고 경쟁업체들이 시장에 진입하면서 1990년대 이후 수익성 악화로 심각한 구조조정을 겪게 되었다. 자금흐름의 측면에서 각 사업부들의 역할은 표 5-2와 같다.

표 5-2 각 사업부의 전략적 역할

사업부	자금유입	자금지출	역할
별	+++	---	점유율 확대 자체수입의 재투자
자금젖소	+++	-	현재의 점유율 유지 잉여재원으로 문제아 사업 지원
문제아	+	--	점유율 확대 또는 철수 자금젖소 사업으로부터의 지원
개	+		틈새(niche)시장 유지 또는 철수

② 사업포트폴리오 분석기법의 문제점

BCG의 성장률-점유율 모형과 같은 사업포트폴리오 분석기법은 전략계획수립에 큰 변화를 가져다 주었다. 그러나 이러한 분석기법들은 몇 가지 한계점을 갖고 있다. 이 기법들은 실행하기 어렵고, 분석에 많은 시간이 소요되고, 비용이 많이 든다. 또한 SBU를 정의하는 데 어려움을 겪거나 시장점유율과 시장성장률을 측정하기 어려울 수 있다. 그리고 이러한 기법들은 기존사업의 매력도를 분류하는 데 초점을 맞추고 있기 때문에 미래를 위한 계획수립에 별 도움을 주지 못한다.

BCG 성장률-점유율 모형과 같은 공식화된 사업포트폴리오 분석도구는 시장점유율 증대, 신규시장 진출을 통한 매출성장 등과 같이 매출증대를 지나치게 강조한다. 이에 따라 많은 기업들이 기존사업들과 관련성이 없지만 성장률이 높은 신규사업들에 뛰어들지만, 그 사업을 운영할 역량의 부족으로 저조한 시장성과를 거두고 만다. 뿐만 아니라 기업은 양호한 자금젖소 사업들을 너무 빨리 포기하거나 매각하고, 그들의 현금유동성을 높이는 실수를 자주 저지른다. 과거 사업포트폴리오 분석기법에 근거하여 지나친 사업다각화를 추구했던 많은 기업들이 최근 들어 사업범위를 좁히고 자신이 잘 아는 소수의 산업에 역량을 집중시키는 방향으로 전환하고 있다.

(2) 성장전략과 축소전략의 개발

전략계획수립은 기존사업들에 대한 평가뿐 아니라 앞으로 진출해야 할 사업과 제품을 찾아내는 작업도 포함한다. 기업은 더 효과적으로 경쟁하고, 이해관계자집단을 만족시키고, 능력 있는 사원들을 유인하기 위해서 지속적인 성장을 필요로 한다. 성장은 산소와 같아서 활기차고 열정적인 기업을 만들며, 종업원들로 하여금 진정한 기회가 있는 것으로 지각하게 만든다. 그러나 기업은 성장 자체를 목표로 삼지 않아야 한다. 기업의 목표는 수익성 있는 성장이어야 하는 것이다. 마케터는 수익성 있는 기업성장을 달성하는 데 있어 중추적 역할을 담당한다. 마케터는 시장기회를 파악, 평가, 선택하고, 이러한 기회를 포착할 기업성장전략을 개발해야 한다.

성장전략을 파악하는 데 유용한 도구 중 하나는 앤소프(Ansoff) 교수가 제시한 **제품/시장 확장매트릭스(product/market expansion grid)이다.** 그는 시장침투전략, 제품개발전략, 시장개발전략, 그리고 다각화전략 등 네 가지 성장전략 대안을 제시했다(그림 5-3 참조).

그림 5-3 제품/시장 확장매트릭스

	현제품	신제품
현시장	시장침투전략	제품개발전략
신시장	시장개발전략	다각화전략

마케팅 Highlight

기존사업의 경쟁력 강화와 성장잠재력이 높은 신규사업 진출을 통해 최적의 사업포트폴리오를 추구했던 고(故) 이건희 삼성그룹 회장

1987년 12월 1일부터 2014년 5월까지 26년이 넘는 기간 삼성그룹을 경영해 온 이건희 삼성전자 회장이 2020년 10월 25일 별세했다. 1987년부터 공정거래위원회가 삼성그룹 총수를 이재용 삼성전자 부회장으로 바꾼 2018년까지 삼성그룹의 매출은 39배, 자산은 10조4000억 원에서 878조3000억 원으로 84.5배, 임직원은 약 10만 명에서 전 세계 52만여 명으로 약 5배 증가했다. 놀라운 외형 성장보다 중요한 사실은 삼성그룹의 주력사업이 고부가가치 사업으로 혁명적으로 전환된 점이다. 삼성그룹은 세계 1등 상품이 하나도 없다가 20여 개의 상품에서 세계 1위인 첨단 기업으로 성장했다.

삼성전자를 글로벌 기업으로 키운 이건희 삼성그룹 회장이 별세했다. 그가 회장에 취임한 1987년 10조 4000억 원 수준이던 삼성그룹 자산 규모는 2018년 878조3000억 원으로 31년 만에 84.5배 불어났다. 이병철 초대 회장이 셋째 아들(이건희 회장)에게 회사를 물려준 1987년 삼성그룹 매출액은 9조9000억 원이었지만 2018년 기준 삼성그룹의 매출액은 386조6000억 원, 세전이익은 71조8000억 원으로 증가했다.

삼성그룹의 자산 · 매출 · 이익 지표 개선에 기여한 일등 공신은 '반도체'다. 삼성의 반도체 사업 도전은 이 회장이 1974년 사재를 털어 한국반도체 지분 50%를 인수하면서 시작됐다. 한국반도체는 국내 최초의 반도체 원판 가공 회사였다. 당시 이 회장은 동양방송 이사였는데, 아들과 달리 반도체 사업에 큰 매력을 못 느끼던 이병철 초대 회장을 끈질기게 설득해 시장 진입에 성공한다. 그의 천부적인 미래 먹거리 포착 능력이 빛을 발한 순간이었다. 이 회장은 3년 후인 1977년 한국반도체의 나머지 지분 50%도 사들였다. 반도체 불모지에서 시작한 무모한 도전은 이 회장의 전폭적인 투자와 연구 · 개발(R&D)로 10년 만에 성과를 냈다. 1984년 64메가 D램 개발에 성공한 삼성전자는 1992년 이후 20년간 글로벌 D램 시장 점유율 1위 자리를 지켰다. '세계 최초' 수식어가 붙은 4기가 D램(2001년), 64Gb 낸드플래시(2007년), 30나노급 4기가 D램(2010년), 20나노급 4기가 D램(2012년) 등이 삼성의 '반도체 왕좌' 유지에 큰 도움을 줬다. 삼성전자의 D램 시장 점유율 44.3%(2018년 기준)는 "기술로 풍요로운 디지털 사회를 만들겠다"는 이 회장의 다짐이 만든 결과물이다.

성장 동력을 발굴하는 이 회장의 선구안은 반도체에 이어 바이오 분야에서도 입증됐다. 삼성그룹은 2007년에 이미 내부적으로 바이오를 신수종 사업으로 점찍었는데, 여기에는 이 회장의 의지가 강하게 반영됐다. 이후 삼성은 2011년 미국 바이오 업체 퀸타일즈와 자본금 3000억 원 규모의 합작사를 출범시켰다. 삼성바이오로직스가 탄생한 순간이다. 바이오 사업에 관한 이 회장의 놀라운 상황판단능력은 삼성이 '바이오 신약 개발에 나설 것'이란 다수의 예상을 깨고 의약품 위탁생산(CMO) 사업에 진출했을 때 특히 돋보였다. 처음에는 "글로벌 기업이 겨우 CMO로 돈 벌 궁리를 한다"는 비난이 쏟아졌으나 사업가의 관점은 달랐다. 바이오 영역에서 꾸준히 성장하는 동시에 삼성이 가장 잘해 낼 수 있는 사업이 바로 의약품 CMO라고 본 것이다. 예상은 적중했다. 2020년 삼성바이오로직스는 매출액 1조 원을 처음 돌파할 것으로 전망된다. 이 회사의 2020년 1~3분기 누적 매출액이 7895억 원인데, 이는 2019년 연간 매출액 7016억 원을 이미 넘어서는 성과다. 같은 기간 영업이익은 2002억 원으로 지난해 영업이익 917억 원을 두 배 이상 웃돈다. 삼성바이오로직스의 올해 수주액은 9월 말 기준 1조8127억 원이다. 지난해 전체 수주액인 3084억 원보다 6배가량 많다.

젊은 시절 라디오 · 카메라 등의 기계를 분해하고 다시 조립하는 걸 즐겼던 이회장의 취향은 훗날 반도체 · 바이오 등 신기술 투자 결정의 초석이 됐고, 삼성의 브랜드 가치 상승으로 이어졌다. 2020년 10월 글로벌 브랜드 컨설팅 전문업체 인터브랜드가 발표한 '글로벌 100대 브랜드'에서 삼성전자의 브랜드 가치는 사상 최대인 623억 달러(약 70조1810억 원)를 기록했다. 이는 애플 · 아마존 · 마이크로소프트 · 구글에 이어 5위에 해당한다. 상위 5개 브랜드에 한국 기업이 포함된 건 처음이다.

초일류 기업 삼성을 만든 이 회장의 또 다른 비결은 집요한 품질경영 추구다. 품질 고집은 그의 경영인생 전반을 관통하는 키워드다. 너무나도 유명한 '애니콜 화형식'은 삼성 품질경영의 상징과 같은 것이다. 이 회장은 1990년대 초 출시한 휴대전화 '애니콜'의 불량률이 12%에 육박하자 생산제품 전량을 수거하라고 불호령을 내렸다. 1995년 1월 삼성전자 구미사업장 운동장에 애니콜 15만 대, 시가 500억 원어치를 쌓은 삼성전자는 해머와 불도저로 제품을 부수고 불태웠다. 완벽한 품질을 다시 선보이겠다는 다짐의 퍼포먼스였다. 실제로 삼성은 절치부심했고, 그해 8월 모토롤라를 밀어내고 국내 휴대전화 시장 1위에 올랐다.

자료원: 이코노미조선, 370호, 2020.11.04.

시장침투전략(market penetration strategy)은 기존제품을 기존시장 내에서 보다 많이 판매하여 성장을 추구하는 것이다. 시장침투전략에는 크게 현재 자사제품을 사용하지 않는 고객들에게 자사제품을 사용토록 하는 방법과 기존고객의 제품사용률(usage rate)을 높이는 방법이 있다. 경쟁사의 고객이나 비사용자에 대해서는 광고를 통해 브랜드인지도를 높이거나 판매촉진(샘플 증정이나 일정기간 무료로 제품을 사용하도록 하는 방법) 등을 통해 시용(trial) 기회를 제공함으로써 매출을 높일 수 있을 것이다. 제품사용률을 높이는 방법은 다시 세 가지로 나누어질 수 있는데, 첫째는 사용빈도(usage frequency)를 높이는 것이고, 둘째는 1회 사용량을 높이는 것이며, 셋째는 새로운 용도를 개발하는 것이다. 사용빈도를 높이기 위해서는 가끔씩 사용하던 것을 자주 사용하도록 하는 광고캠페인을 도입하거나(가령, 우유회사가 하루에 석 잔의 우유를 마시는 것이 좋다든가, 치약회사에서 자주 양치질을 하도록 하는 캠페인을 벌이는 경우), 소비의 빈도를 증대시키기 위해 인센티브를 제공한다(예를 들어, 피자 구매 시 다음 구매에 이용할 수 있는 할인 쿠폰을 주거나, 라면을 5개씩 묶어 특별가로 판매하거나, 항공사나 주유소에서 마일리지카드를 발급하는 경우). 1회 사용량을 증가시키

LG전자는 제품개발전략을 통해 기존고객들에게 롤러블(rollable)TV로 불리는 새로운 제품을 개발, 판매함으로써 성장을 추구한다.

는 방법으로 고객에게 인센티브를 제공하거나(가령, 햄버거와 함께 음료, 프렌치프라이를 주문하면 특별가로 판매하는 경우) 신제품(예를 들어, 비만에 대한 염려를 없애도록 한 저칼로리의 샐러드 드레싱)을 개발하여 사용량을 늘리게 한다. 새로운 용도의 개발을 통해 성공을 거둔 고전적인 사례로는 Arm & Hammer(암&해머) 베이킹소다가 있는데, 이 브랜드는 베이킹소다를 냉장고, 쓰레기통, 주방 등의 탈취제로 사용하도록 하는 광고캠페인을 통해 크게 성장할 수 있었다.

제품개발전략(product development strategy)은 기존고객들에게 새로운 제품을 개발, 판매함으로써 성장을 추구하는 전략이다. 제품개발전략의 구체적인 방법으로는 첫째, 제품특징(feature)의 추가(가령, 휴대폰에 DMB나 다양한 카메라 기능을 추가함), 둘째, 제품계열 확장(예를 들어, 청정원 브랜드에 순창고추장, 쌈장, 된장, 햇살담은 조림간장, 진육수, 불고기양념, 국물내기, 화영식초, 마요네즈 등의 제품종류를 추가시키는 경우), 셋째, 차세대 제품의 개발(가령, 삼성전자가 정체된 스마트폰 시장에서 접는 핸드폰인 폴더블(foldable)폰을 개발하거나 LG전자가 접는 TV제품인 롤러블(rollable)TV를 개발하는 경우) 등이 있다.

시장개발전략(market development strategy)은 기존제품을 새로운 시장에 판매함으로써 성장을 추구하는 전략이다. 시장개발전략의 구체적인 방법으로 첫째, 지리적으로 시장의 범위를 확대하거나(가령, 맥도날드, 코카콜라, 신라면, 초코파이 등은 세계적으로 사업영역을 확대하여 성공했음), 둘째, 새로운 세분시장으로 진출하는 것이다(가령, Johnson & Johnson의 베이비샴푸는 유아용 시장에서 머리를 자주 감고 부드러운 머릿결을 원하는 성인시장으로 진출함으로써 큰 성공을 거둠).

오리온 초코파이는 시장개발전략을 통해 지속적인 매출성장에 성공했다.

마케팅 Highlight

Ansoff의 기업성장전략: 명품브랜드의 시장개발전략 - 중국에서 티파니가 커피를 팔고, 벤츠가 요리를 하는 까닭은?

중국 상하이에 있는 티파니앤코의 '블루박스 카페(왼쪽)'. 티파니 특유의 '터키시 블루' 컬러로 실내를 꾸몄다. 오른쪽은 홍콩의 '메르세데스 미' 레스토랑에서 맛볼 수 있는 음식이다. 라떼에 메르세데스 벤츠의 상징인 삼각별 로고를 그려넣었다.

중국에 진출한 글로벌 기업들이 최근 부진을 겪는 모양새다. 2019년 초부터 이어진 중국의 경기침체와 미 · 중 무역전쟁의 여파 때문이다. 반면 루이비통과 샤넬, 프라다 등 명품 브랜드들의 사정은 정반대다. 최근 부진했던 과거를 딛고 일어서는 회복세가 무섭다. 글로벌 시장조사업체 유로모니터는 2019년 중국 내 명품 판매 매출액은 2018년보다 13.6% 성장한 284억 달러(약 33조6483억 원)를 기록할 것으로 예상했다. 2024년에는 436억 달러(약 51조6572억 원) 규모로 성장할 것으로 전망했다.

명품 브랜드들은 어떤 차별점 덕에 중국에서 선전하고 있을까. 글로벌 컨설팅업체 베인앤드컴퍼니와 유안타증권에 따르면 중국은 전 세계 명품 브랜드 매출의 35%를 차지한다. 또 전 세계 사치품 소비자 중 44%가 중국인일 정도로 영향력이 커 명품 브랜드들이 꼭 잡아야 할 시장 중 하나로 알려져 있다. 명품 브랜드들이 중국시장을 잡기 위해 사활을 건다 해도 과언이 아닐 정도다. 다만, 이들의 타깃은 명확했다. 명품 브랜드들은 중국인 소비자 중 밀레니얼 세대(1981~1995년 사이 출생자)와 Z세대(1995~2000년대 초반 출생자)를 주목했다. 최근 소비를 주도하는 세대가 이 두 세대로 넘어가기 시작하면서다.

글로벌 컨설팅업체 맥킨지에 따르면 이 두 세대는 중국 전체인구(14억 명)의 약 30%(5억 명)에 달하며, 2018년 중국 전체소비의 60%를 밀레니얼 세대가 차지하고 있다. 또 이들 세대 구성원 중 대다수는 평균 이상의 소득과 미래에 대한 긍정적인 전망을 갖고 있다. 대니얼 집스퍼(Zipser) 맥킨지 수석 파트너는 "밀레니얼 세대들에게 명품 브랜드의 제품을 구매하는 것은 일종의 게임"이라며 "중국 소비자의 독특한 특징이 명품 브랜드 제품 구매에서 두드러지게 나타나고 있다"고 분석했다. 또 "중국의 젊은 소비자들이 전 세계 명품 브랜드의 전략 재편을 촉진하고 있다"며 "이 세대들은 기존의 소비자들과 다른 성향을 보이는 만큼 새로운 마케팅 전략이 필요하다"고 강조했다.

① 식당 · 카페 등 체험매장 오픈

명품 브랜드들이 밀레니얼 세대와 Z세대를 잡기 위해 내놓은 전략 중 눈에 띄는 것은 식당과 카페 등을 활용한 체험매장이다. 이들의 목표는 소비자들과의 심리적 거리를 줄이는 것이다. 예를 들어 명품 목걸이나 가방 같은 경우에는 최소 수백만 원에 달하는 등 가격이 비싸기 때문에 소비자들이 접근하기가 어렵다. 하지만 디저트나 커피 같은 경우에는 상대적으로 저렴한 가격 덕에 소비자들의 접근이 용이하다. 두 세대가 광고 대신 리뷰 등 체험을 통한 소비에 익숙하다는 것을 노린 셈이다.

최근 뉴욕 주얼리 브랜드 티파니는 상하이 도심에 '카페 블루박스'를 열었다. 유명 여배우 오드리 헵번과 그녀가 출연한 영화인 '티파니에서의 아침'을 콘셉트로 잡고 티파니 특유의 블루 컬러로 이목을 끌었다. 블루박스에서 커피를 마시기 위해서는 신청 후 최소 6개월간 기다려야 하는 것으로 알려졌다. 독일 차량업체 메르세데스는 베이징과 상하이, 홍콩 등에 '메르세데스 미'라는 이름의 콘셉트 스토어를 열었다. 콘셉트 스토어의 1층은 서양식 식당이며 2층은 쓰촨(四川)식 식당으로 동서양 음식의 조화로 홍보에 나섰다. 한 달에 약 2만8000개의 음식이 팔릴 정도로 반응이 좋다. 2020년 4월에는 선전(深圳)에 추가 매장을 오픈할 계획인 것으로 알려졌다.

이 외에도 구찌와 엠포리오 아르마니, 불가리, 랠프로런 등에서 내놓은 카페가 중국 대도시에 각각 진출한 상태다. 글로벌 부동산 컨설팅업체 CBRE 차이나의 설리 후 수석 연구원은 "명품 브랜드의 음식점이나 카페 등에서 커피를 마시는 것은 명품 브랜드 가방을 사는 것에 비하면 상대적으로 저렴하다는 장점이 있다. 이는 명품 브랜드들이 젊은 소비자들의 충성도를 유지시킬 수 있는 중요한 방법 중 하나"라고 분석했다.

명품 브랜드의 중국 내 식당 카페· 진출

	티파니앤드코 TIFFANY&Co.	메르스데스 Mercedes	구찌 GUCCI	랠프로런 POLO RALPH LAUREN
식당·카페	블루박스 카페(The Blue Box Cafe)	메르세데스 미(Mercedes Me)	구찌 1921(1921 Gucci)	랠프 커피(Ralph's Coffee)
진출 도시	상하이	베이징, 상하이, 청두, 홍콩	상하이	홍콩
특징	오드리 헵번과 그녀의 영화 '티파니에서의 아침을' 연상케 하는 분위기	동서양의 다양한 음식	세계 최초로 정찬을 파는 구찌 레스토랑	아시아 최초의 랠프 커피

자료=각 회사

② SNS · IT 활용해 홍보

명품 브랜드들은 소셜미디어(SNS)와 IT(정보기술) 활용에도 적극적이다. 디지털에 익숙한 두 세대 소비자와의 연결고리를 늘리기 위해서다. 버버리는 중국 IT 공룡 텐센트와 2019년 11월 손을 잡았다. 양사는 협업을 통해 2020년 상반기 SNS 소매점을 출시할 계획이다. 지방시는 중국에서 미스터 백(Mr. Bag)으로 알려진 온라인 패션 블로거 타오량(陶亮)과 협업해 한정판 핸드백을 출시했다. 핸드백의 가격은 1만5000위안

(약 254만 원)에 달했지만, 공개 12분 만에 완판될 정도로 인기를 끌었다. 프랑스의 랑방을 소유한 포순 패션의 조안 쳉(Cheng) 회장은 "소비자들이 SNS에서 명품 브랜드 정보를 확인하거나 인플루언서들의 추천을 통해 명품을 구매하는 경우가 점점 많아지고 있다. 앞으로 SNS 영향력이 더욱 확대되면서 이와 관련된 부분에 대한 투자를 확대할 것"이라고 밝혔다.

명품 브랜드들은 기존 온라인 판매채널 입점에도 적극적이다. 젊은 소비자와의 접점을 최대한 늘리는 게 목표다. 버버리와 휴고보스, 지방시, 루이비통 등 약 150개의 브랜드는 중국 전자상거래업체 알리바바의 온라인 쇼핑몰 티몰(Tmall · 天猫)이 운영하는 명품상품 판매 플랫폼 파빌리온에 입점한 상태다. 파빌리온에는 매년 100만 위안(약 1억6952만 원) 이상을 소비하는 소비자가 10만 명에 달한다. 짐스퍼 맥킨지 수석 파트너는 "중국 신세대 소비자 공략에 있어서 무엇보다 중요한 것은 연결이다. 그 연결을 위해서는 온라인 판매채널의 확보가 매우 중요하다"고 설명했다.

③ 2선 · 3선 도시 공략

명품 브랜드들은 대도시 위주의 진출 전략을 추구해 왔다. 중소도시의 오프라인 매장 진출에는 소극적인 태도를 유지하고 있다. 대도시 중심 등 선별적인 전략을 통해 희소성을 높여 자사 브랜드의 가치를 높이려는 의도다. 하지만 전문가들은 중국 내에서 명품 브랜드의 성장이 이어지고 짝퉁을 방지하기 위해서 베이징과 상하이 등 대도시뿐 아니라 랴오닝성 다롄(大連)과 푸젠성 샤먼(廈門) 등 2선 · 3선 도시 공략에 나서야 한다고 입을 모은다. 전문가들은 2선 · 3선 도시의 잠재력도 풍부하다고 내다봤다. 글로벌 컨설팅업체 딜로이트는 중국 대도시들은 이미 명품 브랜드가 포화 상태이기 때문에 새로운 성장 동력이 오히려 2선 · 3선 도시에 있다고 분석했다. 싱가포르 명품 전문 잡지 럭스 디지털의 설문조사에 따르면 2선 · 3선 도시에 사는 주민 45% 이상이 사치품 소비에 관심이 있다고 응답했다.

자료원: 조선위클리비즈, 2020.02.07.

다각화전략(diversification strategy)이란 기존의 고객이나 제품과 전혀 관계가 없는 새로운 사업영역으로 진출하는 것이다. 예를 들어, CJ제일제당이 극장사업이나 외식사업에 진출하는 것이 그 예이다.

밀폐용기 단일제품에 주력하던 주방기업 락앤락은 최근 소형가전시장 진출을 통해 가전기업으로 변신하고 있다. 매출을 늘리고 회사를 키우기 위해서는 사업품목을 다변화할 필요가 있다고 판단했기 때문이다. 소형가전사업은 주방제품과 소비시장이 겹친다는 점에서 시너지를 창출할 수 있다. 이에 따라 락앤락은 '칼도마살균블럭'을 출시하며 소형가전사업을 본격화했다. 칼도마살균블럭은 칼, 도마, 가위 등 주방용품의 유해세균을 99%까지 없애주는 살균용 가전이다. 다각화전략의 일환으로 락앤락은 2020년 1·2인용 밥솥, 토스터, 에어프라이어 등 젊은 층에 인기 있는 소형가전 브랜드인 제니퍼룸을 인수했다.

마케팅 Highlight

스포츠의류 메이커 Under Armour의 사례에 적용한 제품/시장 확장그리드

Under Armour는 편안하고 습기를 흡수하는 특성을 가진 혁신적 셔츠/반바지(shorts)라인을 개발했다. 그 이후 기능성 스포츠웨어 틈새시장에서 급속한 성장을 보여 왔다. 이 기업은 지속적 성장을 위해 새로운 방안을 강구해야 한다.

첫째, Under Armour는 시장침투(market penetration) 수준을 더 깊게 할 수 있는지를 검토할 수 있는데, 시장침투전략은 기존제품에 변화를 주지 않고 더 많은 매출을 올릴 수 있는 방안을 모색하는 것이다. Under Armour는 마케팅믹스를 향상시킴으로써 더 많은 매출성장을 실현할 수 있는데, 제품디자인, 광고, 가격정책, 그리고 유통활동 등의 조정이 그것이다. 가령, Under Armour는 기존 의류라인에서 더 다양한 스타일과 색상을 제공한다. 또한 경기력과 진정성(authenticity) 포지셔닝을 강화하기(drive home) 위해 최근 들어 촉진비용을 증가시켰다. 그리고 소비자 직판 유통채널을 새로이 추가했는데, 직영소매점, 웹사이트, 수신자부담 콜센터 등이 그것이다.

Under Armour는 기능성 스포츠웨어 틈새시장에서 기업성장전략을 추구해 빠른 매출증대를 실현하는 데 성공했다.

둘째, Under Armour는 시장개발전략(market development)을 고려할 수 있는데, 이는 기존제품을 가지고 신규시장을 개발하는 것이다. 가령, 이 회사는 최근 들어 여성소비자 집단을 강화하고 있으며, 여성의류사업이 남성의류사업보다 그 규모가 더 커질 것으로 예측한다. The Under Armour의 'Atheles Run' 광고캠페인은 여성을 타깃으로 한 30초짜리 광고물을 포함한다. Under Armour는 또한 새로운 지리적 시장을 추구할 수 있는데, 이 브랜드는 국제적으로 시장의 범위를 확대하려고 한다.

셋째, Under Armour는 제품개발전략(product development)을 고려할 수 있는데, 이는 기존고객에게 수정된 혹은 신규제품을 제공하는 것이다. 2008년 들어 틈새시장 추구브랜드로부터 주류브랜드로 전환하려는 노력의 일환으로 Under Armour는 복수의 운동을 하는 사람을 위한 신발라인을 가지고 190억 달러 규모의 운동화시장에 진출했다. 2010년에는 고기능성 운동화를 출시했다. 이러한 노력은 스포츠제품 거대기업인 나이키, 아디다스와의 직접적인 경쟁을 피할 수 없게 하지만 더 큰 성장기회를 제공하기도 한다.

넷째, Under Armour는 다각화전략(diversification)을 고려할 수 있는데, 이는 기존제품과 고객을 벗어나 새로운 사업을 시작하거나 인수하는 것이다. 가령, 이 회사는 운동경기 이외의 레저웨어 사업으로 진출하거나 Under Armour피트니스 기구를 생산/마케팅 할 수 있다. 다각화를 시도할 때 유의해야 할 점은 브랜드의 포지셔닝을 지나치게 확대하지 않아야 한다는 것이다.

한편 기업은 성장전략뿐 아니라 때에 따라 축소전략도 추구해야 한다. 기업은 여러 가지 이유로 일부 제품과 시장을 포기할 수 있다. 가령, 시장환경이 변하거나 경험과 역량이 부족한 제품시장에 진출해 수익성과 경쟁력이 떨어지는 사업들이 있을 수 있다.

밀폐용기 단일제품에 주력하던 주방기업 락앤락은 소형가전제품인 '칼도마살균블럭'을 출시하며 사업품목을 다각화하고 있다.

기업이 이익을 내지 못하거나 경쟁력을 갖지 못하는 사업들에 대해서는 투자자금을 회수하거나 처분해야 할지를 신중히 고려해야 한다. 예를 들어, 글로벌 금융위기 상황에서 GM은 실적이 나쁜 몇 개의 주요브랜드들을 처분했는데, Oldsmobile, Pontiac, Saturn, Hummer 승용차 브랜드와 Goodwrench 부품라인이 이에 해당된다. 마찬가지로 Ford 자동차도 Mercury 브랜드를 포기하고 Jaguar, Land Rover, Volvo 등을 매각했다.

02 경쟁우위전략

기업은 경쟁사들에 대비한 자사의 차별점을 찾아내고, 이를 근거로 경쟁우위전략을 선택해야 한다. Porter(포터) 교수는 기업이 경쟁우위를 확보하기 위한 방안인 본원적 전략(generic strategy)으로 원가우위전략과 차별화전략을 제안하였다. 원가우위전략(cost-leadership strategy)은 동일한 제품을 경쟁자보다

그림 5-4 본원적 전략의 유형

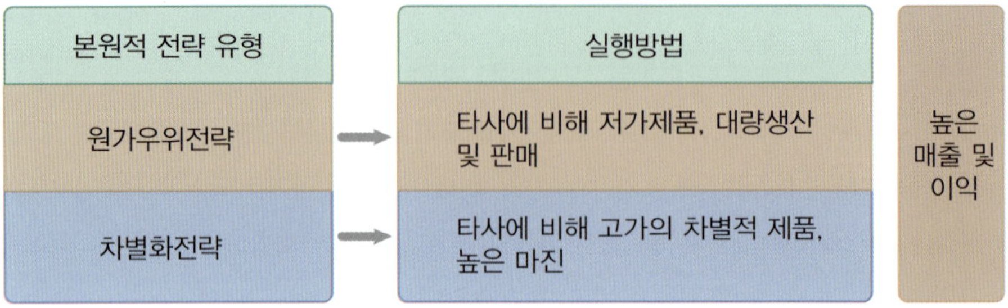

싸게 만들어 판매하는 것이며, **차별화전략**(differentiation strategy)은 다소 비싸더라도 경쟁자에 비해 우수한 제품을 만들어 높은 마진을 실현하는 것이다.

원가우위전략은 대량생산과 대량판매가 가능한 경우에 유용한 경쟁전략이다. 즉, 효율적 생산능력에 기반한 대량생산, 저렴한 원자재 공급원의 확보, 비용을 절감시키는 관리시스템의 구축, 대량판매를 위한 유통망과 물류망의 확보 등을 통해 규모의 경제를 실현할 경우에 효과적이다. 대형 할인점의 점포확장전략은 대량구매를 통한 구입원가의 절감, 광고, 교육비와 같은 간접비의 분산 등을 통해 원가우위를 확보하기 위한 의도에서 비롯된 것이다.

차별화전략은 디자인, 제품성능, 브랜드이미지, 고객서비스 등에서 경쟁자에 비해 차별적 우위를 확보함으로써 고객의 충성도를 구축하려는 것이다. 이 경우 소비자들은 차별화 요인의 가치를 인정하여 기꺼이 고가격을 지불하려고 하므로 높은 마진과 이윤을 실현할 수 있다. 기업규모가 적어 원가우위를 확보하기 어렵거나, 기업의 규모가 크더라도 패션제품과 같이 소비자의 욕구가 다양하고 지속적으로 변화하는 시장의 경우에는 원가우위 추구보다는 품질, 이미지, 고객서비스 차별화를 통해 경쟁우위를 구축하는 것이 효과적일 수 있다.

Porter 교수는 원가우위전략이나 차별화전략 중 하나만을 선택해야지, 두 가지 전략을 동시에 추구하는 기업은 높은 수익률을 거두지 못한다고 주장했다. 그러나 원가우위전략과 차별화전략을 동시에 추구하여 성공을 거두는 기업들을 종종 볼 수 있다. 예를 들어, 현대자동차는 승용차시장을 소형, 준중형, 중형, 중대형, 대형시장으로 세분화하여 각 세분시장별로 차별화된 제품을 출시하여 높은 점유율을 확보하면서 동시에 원가절감을 통한 비용우위를 추구하고 있다. 그러므로 마케터는 원가우위전략과 차별화전략을 상호보완적으로 활용하여 높은 수익률을 올리도록 해야 한다. 즉, 표적시장에 대한 차별적인 마케팅프로그램(차별화전략)을 통해 시장점유율을 높이고, 매출(점유율)증대에 기반한 규모의 경제 실현을 통해 원가를 낮추는 방안(원가우위전략)을 동시에 추구할 수 있는 것이다.

앞에서 설명한 두 가지 유형의 본원적 전략은 전체 시장을 겨냥한 경쟁우위전략이다. 그러나 자원이 한정되어 있는 기업들은 전체 소비자를 대상으로 하기보다 특정 세분시장(niche segment)에 기업의 자원

집중화 전략의 예: 산업용으로 쓰던 고성능 청소기를 가정용으로 만든 카처 유리창 청소기 WV50 Plus

을 집중시키는 **집중화전략**(focus strategy)을 택할 수도 있다. 가령, 세계 산업용 청소기 시장의 60%를 점유하는 독일의 세계 최대 청소장비 전문업체 '카처'는 틈새시장을 공략하는 집중화전략을 통해 성공을 거두었다. 카처는 유리창 청소기 WV50 Plus와 가정용 고압세척기 K4를 통해 한국의 가정용 틈새시장에 진출해 좋은 고객반응을 얻었다. 실내에 쌓인 오염물질을 제거하는 데 효과적인 이 제품들은 원래 자영업자나 전원주택 거주자, 세차장, 산업현장 등에서 주로 사용되던 제품이었지만, 최근 미세먼지와 황사가 기승을 부리면서 보다 확실한 세척을 원하는 소비자들을 겨냥한 틈새시장전략을 통해 성공을 거둔 것이다.

03 제품수준에서의 마케팅전략과 마케팅프로그램

기업수준에서의 전략계획은 기업의 전반적 사명과 목표의 결정, 그리고 최적의 사업포트폴리오 구성을 포함한다. 기업수준에서의 전략계획과 경쟁전략이 수립되면, 다음으로 사업단위 내의 주요 기능부서(마케팅, 재무, 회계, 구매, 생산, 정보시스템)는 기업수준에서 결정된 목표를 달성하기 위해 함께 노력한다. 마케터의 주역할은 고객지향적 마케팅전략을 수립하고 마케팅믹스프로그램을 개발/관리하는 것이다. 고객은 모든 마케팅의사결정의 중심에 있다. 따라서 마케팅의 궁극적 목표는 고객가치를 창출하고, 수익성 있으면서 강력한 고객관계를 구축하는 것이어야 한다. 마케터는 이러한 목표를 달성하기 위해 마케팅전략을 수립한다. **마케팅전략**(marketing strategy)은 고객가치 창출과 수익성 있는 고객관계의 구축을 위해 마케팅활동의 기본방향을 정하는 것인데, 구체적으로 어떤 고객을 대상으로(시장세분화와 표적시장의 선택) 어떻게 차별화된 마케팅제공물을 개발할 것인가(차별화와 포지셔닝)를 결정하는 것이다. 마케터는 제품시장 범위를 정의하고, 그 시장을 유사한 특성을 가진 세분시장들로 나눈 후 가장 매력적인 세분시장을 표적세분시장으로 선택하고, 그 세분시장 내 고객을 경쟁사보다 더 잘 만족시킬 수 있는 차별화 방안을 강구한다. 기업은 마케팅전략에 근거하여 통합적 마케팅믹스프로그램을 설계하는데, 마케팅믹스는 마케터가 통제할 수 있는 수단들인 제품, 가격, 유통, 촉진들로 구성된다. 최적의 마케팅전략과 마케팅믹스프로그램을 개발하기 위해 마케터는 마케팅분석, 마케팅계획수립, 마케팅실행, 마케팅통제로 구성되는 마케팅관리기능을 잘 수행해야 한다. 이러한 일련의 마케팅활동을 통해 기업은 주요 마케팅환경요인들의 변화와 추세를 탐색하고 이에 적응한다. 이하에서는 마케팅전략과 마케팅믹스프로그램에 대해 개략적으로 살펴본다.

3.1 고객지향적 마케팅전략

1장에서 강조하였듯이, 치열한 시장경쟁에서 성공을 거두기 위해 기업들은 고객중심적이어야 한다. 즉, 경쟁사들로부터 고객을 획득하고, 이들에게 더 많은 가치를 제공함으로써 이들을 유지, 육성시켜야 하는 것이다. 그러나 고객을 만족시키기 위한 마케팅노력을 기울이기에 앞서, 기업은 먼저 그들의 욕구를 이해해야 한다. 훌륭한 마케팅은 신중한 고객분석에서 출발한다.

기업들은 주어진 제품시장의 모든 소비자들을 대상으로 마케팅활동을 수행하여 이익을 실현할 수 없음을 잘 안다. 너무 많은 특성과 욕구를 가진 소비자들이 시장에 존재하므로 대부분의 기업들은 특정 세분시장의 고객욕구를 다른 세분시장보다 더 잘 충족시키려고 한다. 따라서 기업은 전체 시장을 세분화한 다음 자사에게 가장 유리한 세분시장들을 선택하고 그 시장의 고객을 만족시켜 이익을 창출하는 차별화전략을 개발해야 한다. 마케팅전략 수립과정은 시장세분화, 시장표적화, 제품차별화 및 제품포지셔닝으로 구성된다.

(1) 시장세분화

제품시장은 여러 유형의 고객, 제품, 욕구들로 구성된다. 따라서 마케터는 어떤 세분시장이 가장 좋은 시장기회를 제공하는지를 파악해야 한다. 소비자들은 다양한 집단으로 세분화될 수 있는데, 소비자들을 세분화하는 데 이용될 수 있는 기준에는 지리적 변수, 인구통계적 변수, 심리묘사적(psychographic) 변수, 행위적(behavioral) 변수 등이 있다. 전체 시장을 욕구, 특성, 구매행동 등에서 유사한 구매자집단들로 나누는 과정을 **시장세분화**(market segmentation)라고 하는데, 기업은 각 구매자집단(세분시장)에 대해 서로 다른 제품 혹은 마케팅프로그램을 제공할 수 있다.

제품시장을 여러 세분시장들로 구분함에 있어 마케터는 마케팅프로그램을 개발하는 데 유용한 시장세분화 기준을 선택해야 한다. 가령, 타이레놀이 진통제 구매자들을 고소득 진통제 사용자와 저소득 진통제 사용자로 나누었는데 각 세분시장이 타이레놀의 브랜드마케팅활동에 동일한 반응을 보인다면, 소득수준에 근거한 시장세분화는 효과적인 마케팅프로그램을 개발하는 데 별 도움이 되지 않는다. **세분시장**(market segment)은 기업의 마케팅노력에 대해 유사한 반응을 보이는 고객집단을 말한다. 가령, 승용차 시장에서 가격에 상관없이 가장 크고 편안한 승용차를 원하는 소비자집단이 한 세분시장이 될 수 있고, 저가격과 낮은 유지비용을 선호하는 소비자집단은 다른 세분시장이 될 수 있다. 승용차 제조업체가 하나의 승용차모델로 두 세분시장이 원하는 것을 동시에 충족시키기 어려울 것으로 판단한다면, 각 세분시장의 상이한 욕구에 맞추어 차별화된 마케팅노력을 기울이는 것이 현명하다.

(2) 시장표적화(표적세분시장 선정)

전체 시장을 복수의 세분시장으로 나눈 후, 기업은 이들 중 하나 혹은 그 이상의 세분시장을 선택할 수 있다. **시장표적화**(market targeting)는 각 세분시장의 매력도를 평가하고 하나 혹은 그 이상의 표적세분시장(들)을 선택하는 과정이다. 기업은 이익을 실현하는 수준에서 가장 큰 고객가치를 창출하고 이를 계속 유지할 수 있는 세분시장을 표적시장으로 삼아야 한다.

기업은 한정된 자원을 가졌기 때문에 하나 혹은 소수의 세분시장 혹은 틈새시장(market niches)만을 대상으로 삼을 수 있다. 예를 들어, 페라리(Ferrari) 자동차는 최고의 고성능 승용차를 원하는 극소수의

미국의 캐주얼 의류업체 에버크롬비&피치(Abercrombie&Fitch)는 대학생, 10대 청소년, 그리고 어린이를 표적세분시장으로 삼아 오리지널 에버크롬비&피치, 홀리스터(Hollister), 에버크롬비 등 서로 다른 의류브랜드를 도입했다.

소비자집단을 겨냥해 엄청나게 고가격으로 판매한다.

한편 기업은 몇 개의 관련 세분시장들을 (다른 특징을 가지지만 기본적인 욕구는 동일한 고객)을 타깃으로 삼을 수도 있다. 가령, 미국의 캐주얼 의류업체 에버크롬비&피치(Abercrombie&Fitch)는 오리지널 에버크롬비&피치, 홀리스터(Hollister) 그리고 에버크롬비 등의 서로 다른 의류브랜드를 도입하여 대학생, 10대 청소년, 그리고 어린이를 표적세분시장으로 삼고 있는데, 각 브랜드의 공통점은 상류지향적인 캐주얼의류와 액세서리 등 동일한 성격의 제품을 판매한다는 것이다. 혹은 또 다른 대안으로 대규모 기업(가령, 현대자동차, 토요타)은 모든 세분시장을 대상으로 다양한 제품을 제공할 수 있다.

대체로 기업들은 한 세분시장을 표적으로 하여 제품시장에 진입한다. 만약 그 시장에서 성공을 거두면, 점차 세분시장의 수를 늘려간다. 가령, Nike는 열성적 달리기 선수를 위해 혁신적인 운동화를 판매하는 것으로 시작했다. 이제 Nike는 어떤 수준에 있는 운동선수인지 상관없이 자신의 역량을 발휘할 수 있도록 돕는 것을 목표로 모든 운동선수를 대상으로 넓은 범위의 스포츠용품을 판매한다. 이에 따라 현재 이 회사는 각 세분시장의 특정욕구를 충족시키기 위해 설계된 서로 다른 제품들을 개발한다.

(3) 제품차별화와 제품포지셔닝

기업은 표적세분시장들을 결정한 다음 각 세분시장에 제공될 시장제공물을 어떻게 차별화하고 그 시장 내에서 차지하고 싶은 경쟁적 포지션이 무엇인지를 결정해야 한다. **제품포지션**(product position)은 소비자 마음속에서 경쟁사들과 비교하여 자사제품이 차지하는 위치를 말한다. 마케터들은 자사제품에 대해 경쟁우위를 제공하는 차별적 포지션을 개발하고 싶어 한다. 만약 자사제품이 시장 내 다른 경쟁제품들과 차이가 없는 것으로 지각된다면, 소비자는 자사제품을 구매해야 할 이유가 없을 것이다.

포지셔닝(positioning)이란 표적소비자의 마음속에 경쟁제품들과 비교하여 차별화되고 바람직한 위치에 자사제품이 자리잡도록 하려는 노력을 말한다. 마케터들은 자사제품을 경쟁브랜드들과 차별화시키고 표적시장 내에서 최대의 우위를 제공하는 위치를 계획해야 한다. 가령, BMW는 '이 시대 최고의 승용차(the ultimate driving machine)'를 약속한다. Neutrogena는 유명 피부과 전문의가 추천하는 피부세안제이다. 이러한 간단명료한 포지셔닝 서술문은 마케팅프로그램을 개발하는 데 있어 토대가 된다. 가령, 나이키는 'Just do it' 이라는 포지셔닝을 기반으로 TV광고, 인쇄광고, 웹사이트 커뮤니케이션을 포함한 글로벌 통합마케팅캠페인을 전개한다.

제품을 포지셔닝함에 있어 마케터는 우선 어떤 차별점을 토대로 경쟁우위를 실현할 것인지를 파악해야 하는데, 차별점 파악은 제품포지션의 근간이 된다. 기업은 경쟁사보다 더 낮은 가격을 책정하거나 혹은 더 비싼 가격에 더 많은 혜택을 제공함으로써 경쟁제품보다 더 높은 고객가치를 제공할 수 있다. 그러나 기업이 더 많은 가치를 제공하겠다고 약속한다면, 반드시 이를 고객들에게 전달해야 한다. 따라서 효과적 포지셔닝은 제품차별화에서 시작되는데, **차별화**(differentiation)는 고객에게 더 많은 가치를 줄 수 있도록 실제로 기업의 시장제공물을 경쟁사와 차이가 나도록 하는 것이다. 성취하기를 원하는 제품포지션을 선택하면, 기업은 표적소비자들에게 그 포지션에 맞는 제품과 서비스를 실제로 전달하고 마케팅커뮤니케이션 활동을 통해 잠재고객들에게 제품포지션을 알리는 노력을 기울여야 한다. 즉 기업의 마케팅프로그램이 제품포지셔닝 전략을 실제로 지원해야 하는 것이다.

3.2 통합적 마케팅믹스프로그램의 개발

전반적 마케팅전략이 결정되면, 기업은 마케팅믹스프로그램을 구체적으로 계획하는 단계로 들어간다. **마케팅믹스**(marketing mix)는 기업이 표적시장의 고객으로부터 기대하는 반응을 창출하기 위해 사용하는 통제가능하고 전술적인 마케팅도구들의 집합이다. 마케팅믹스는 기업이 제품에 대한 고객의 수요에 영향을 미치기 위해 사용하는 모든 마케팅도구들을 포함하지만, 대체로 제품(product), 가격(price), 유통(place), 촉진(promotion)으로 구성되는 4Ps로 분류할 수 있다. 그림 5-5는 마케팅프로그램을 개발하는 데 사용되는 마케팅도구들을 4P를 중심으로 정리한 예를 보여준다.

제품은 기업이 표적시장에 제공하는 재화 및 서비스의 묶음을 의미한다. 벤츠승용차는 나사, 점화플러그, 피스톤, 헤드라이트 등 수많은 부품들로 구성되며, 고객들에게 몇 가지 유형의 벤츠 모델들과 다양한 옵션들을 제공한다. 뿐만 아니라 벤츠코리아는 우수한 구매 후 서비스와 보증 등도 제공하는데,

그림 5-5 4P에 기반한 마케팅믹스프로그램

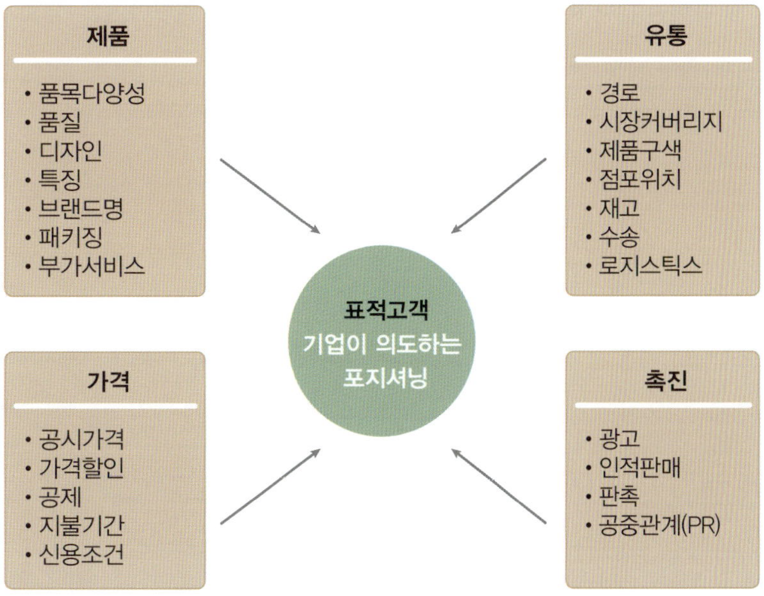

이들도 제품 구성요소에 포함된다.

가격은 제품을 획득한 대가로 구매자가 지불해야 할 금액이다. 벤츠코리아는 딜러가 벤츠 모델에 적용할 판매가격을 책정한다. 그러나 딜러들은 벤츠코리아가 권장하는 가격으로 승용차를 판매하기보다는 가격할인, 보상판매(trade-in allowances), 신용공여 같은 인센티브 제공을 통해 각 고객과 가격협상을 벌인다. 이러한 노력을 통해 벤츠코리아는 현재의 경쟁상황을 고려한 가격을 책정함으로써 구매자의 지각된 승용차 가치에 맞추려고 한다.

유통은 표적소비자들이 제품을 쉽게 이용할 수 있도록 하는 기업활동을 말한다. 벤츠코리아는 많은 수의 독립딜러들을 확보하고 이들을 통해 벤츠E300을 포함한 벤츠자동차가 생산하는 여러 승용차 모델들을 판매한다. 벤츠코리아는 역량을 갖춘 딜러를 선정하고 이들에게 다양한 마케팅지원을 제공한다. 딜러들은 벤츠가 생산하는 승용차들을 재고로 보유하고, 잠재구매자들이 살펴볼 수 있도록 이들을 매장에 진열하고 시승해 볼 기회를 제공하며, 가격을 협상하고, 판매 종결과 판매 후 서비스를 제공하는 등 다양한 유통활동을 수행한다.

촉진은 제품의 장점을 알리고 표적고객들이 자사제품을 구매하도록 설득하기 위한 커뮤니케이션 활동들을 말한다. 벤츠코리아는 회사 및 여러 승용차 모델에 대한 정보를 소비자들에게 제공하기 위해 매년 많은 광고/판촉비용을 지출한다. 또한 각 딜러의 영업사원들은 잠재구매자들이 벤츠 승용차모델을 선택대안으로 고려하도록 유도하고 벤츠E300모델이 경쟁 고급 중형차들 중에서 가장 우수하다고 그들을 설득한다. 벤츠코리아와 딜러들은 세일, 현금 리베이트, 저이자율의 신용공여 등과 같은 구매유발 인센티브를 추가적으로 제공한다.

효과적 마케팅프로그램은 모든 마케팅믹스 구성요소를 잘 결합한 통합적 마케팅프로그램의 개발을 통해 고객가치를 전달함으로써 마케팅목표를 실현하는 것이다. 마케팅믹스는 표적시장 내에 강력한 포지션을 구축하는 데 활용되는 전술적 도구들이다.

참고 문헌

1. Philip Kotler and Gary Armstrong, Principles of Marketing, 16th ed., Pearson, 2016.
2. Philip Kotler, 안광호, Gary Armstrong, 마케팅 입문, Pearson, 2013.
3. 안광호 · 김동훈 · 김영찬, 시장지향적 비즈니스 & 마케팅전략, 학현사, 2011.
4. David A. Aaker, Strategic Market Management, 9th ed., John Wiley & Sons, Inc., 2009.
5. Michael E. Porter, Competitive Strategy, Simon & Schuster, 2004.

생각해 볼 문제

1. LG생활건강의 생활용품사업부를 예로 들어 사업부 수준의 전략과 제품수준의 전략 간의 차이점을 논의해 보시오.
2. 삼성전자에서 생산하는 주력제품인 가전제품, 스마트폰 제품, 컴퓨터제품, 디지털미디어 제품에 대해 BCG모형을 적용하여 각 사업부의 역할을 살펴보시오.
3. BCG모형 같은 사업매력도 평가모형을 이용하는 데 있어 문제점에 대해 논의해 보시오.
4. 모든 기업이 원가우위전략이나 차별화전략을 택할 수 있는가, 만일 아니라면 어떠한 조건이 충족될 때 이들 전략을 택할 수 있는 것인지에 대해 논의해 보시오.
5. 시장선도기업인 대한항공과 후발 시장진입자 제주항공의 경쟁우위전략을 비교해 보시오.

CHAPTER

6

마케팅전략: 표적시장 선정과 제품포지셔닝

학습목표

1. 고객지향적 마케팅전략의 세 단계인 시장세분화, 표적시장 선정, 제품포지셔닝을 살펴본다.
2. 제품시장을 세분화하는 데 사용할 수 있는 주요변수들을 살펴보고 이에 대해 설명한다.
3. 매력적인 세분시장이 갖추어야 할 조건을 살펴보고 표적시장 선정전략의 유형에 대해 설명한다.
4. 기업이 경쟁우위를 얻기 위해 자사제품을 차별화하고 포지셔닝하는 방안에 대해 살펴본다.

6장 마케팅전략: 표적시장 선정과 제품포지셔닝

지금까지 마케팅이 무엇이고 고객과 시장환경을 이해하는 것이 왜 중요한지에 대하여 배웠다. 이를 토대로 여러분은 이제 마케팅전략과 전술에 대해 보다 깊게 학습하게 될 것이다. 6장은 고객지향적 마케팅전략에 대해 상세하게 다루게 되는데, 마케팅전략 수립을 위한 의사결정은 어떻게 시장을 의미 있는 고객집단으로 나누고(시장세분화), 어떤 고객집단을 선택하고(표적시장의 선정), 어떻게 표적고객들을 가장 잘 만족시키는 시장제공물을 만들어 고객의 마음속에 자리매김할 것인가(포지셔닝) 등을 포함한다. 그 다음에 이어지는 장들은 4P로 불리는 전술적인 마케팅도구에 대해 다루게 되는데, 마케터는 수립된 마케팅전략을 실행에 옮기기 위해 이들을 이용한다.

도입사례에서는 가구업체와 가전기업들의 커스터마이징에 기반한 표적마케팅전략을 살펴보기로 한다. 한샘, 현대리바트, 에몬스가구 등 가구업체와 LG전자, 삼성전자 등 시장선도 가전기업들은 커스터마이징에 기반한 차별적 가치제안을 통해 마케팅성과를 높이는 데 성공했다. 이들은 대량생산 방식에서 커스터마이징 방식으로의 전환을 통해 차별화된 고객가치를 창출함으로써 개별고객 욕구의 충족과 고객만족 제고를 실현한 것이다.

도입 사례

대량 개별고객화(mass customizing)를 기반으로 개별고객을 겨냥한 표적마케팅전략을 추구하는 가구 · 가전업체들

왼쪽부터 커스터마이징 가능한 한샘 유로504 데코 침대, 삼성전자 비스포크 냉장고, 에몬스가구 아델라

직장인 정한나(33)씨가 최근 구매한 소파는 김씨만을 위해 특별 제작된 제품이다. 요새 매일 소파에 누워서 TV를 보며 '집콕' 하는 만큼, 목이 아프지 않게 소파 팔걸이를 몸에 맞춰 낮췄다. 5인 가족에겐 항상 작게 느껴졌던 4인용 소파도 길이를 10㎝ 더 늘렸고, 키우는 반려동물 강아지를 고려해 소파 원단도 기능성 패브릭으로 주문했다. 기존 소파보다 가격이 몇십만 원 비싸고, 집으로 배송될 때까지 2주나 걸렸지만 정씨에겐 가심비 소비(가격 대비 마음의 만족을 추구하는 소비형태)였다. 재택근무를 시작하면서 집에서 보내는 시간이 많아진 만큼, 집과 가구에 투자하는 돈은 이제 아깝지 않다고 느끼는 것이다.

미디어를 넘어 기존 식음료 분야와 일부 럭셔리 브랜드 제품에 적용됐던 커스터마이징(customizing)이 가구와 가전제품 등으로까지 확대되고 있다. 커스터마이징이란 고객요구에 따라 제품이나 서비스를 제공하는 것을 뜻한다. 가구는 코로나19로 인해 '집콕족'이 늘어나면서, 커스터마이징 제품의 확대가 가장 두드러지는 분야다. 한샘, 현대리바트, 에몬스가구 등 가구업체는 공장에서 대량생산하던 방식에서 벗어나 소비자가 직접 색상, 원재료, 마감재, 크기, 팔걸이 위치, 침대 헤드 등 다양한 요소를 선택할 수 있는 맞춤제작 서비스를 출시했다.

한샘 관계자는 "과거 이사나 대규모 공사 시, 부엌 내 수납공간이나 붙박이장 등 설비(fixture) 및 인테리어 전반을 시공사 등 고가의 업체를 통해 커스터마이징하는 게 당연시된 반면 식탁, 소파, 침대 등 '가구(furniture)'는 인테리어의 부차요소로 간과되곤 했다"고 말했다. 이 관계자는 그러나 코로나19 이후 기성품보다 약 20~40% 더 비싼 커스터마이징 가구에 대한 수요가 늘었다고 밝혔다.

문화적인 변화뿐 아니라 코로나19로 인한 산업환경의 변화 역시 커스터마이징 흐름을 가속화했다. 코로나19로 인해 중국 등 대량생산이 가능한 해외공장에 대한 의존도가 낮아지고, 소량생산 중심인 국내 소기업과 계약이 확대되면서 기업이 자연스럽게 소량생산의 커스터마이징으로 눈을 돌렸기 때문이다. 에몬스가구 관계자는 "소파와 식탁은 수입의존도가 높아서 디자인을 의뢰하고 샘플을 보내는 과정에서 해외 출장이 잦다. 그러나 해외업체와 소통이 어려워지면서 국내업체와 협력을 많이 하게 됐는데, 이들과 효율적으로 일하는 방법을 연구하면서 커스터마이징 제품을 늘리고 있는 것"이라고 말했다.

가전업계 역시 커스터마이징 제품의 인기가 최근 높아진 분야다. 과거에는 색상이 한 가지라는 의미에서 백색가전으로 분류됐던 냉장고 등 가전제품은 소비자 취향을 드러내기엔 알맞지 않다는 평가를 받아왔다. 그러나 최근 가전제품 역시 취향을 드러내는 인테리어의 일부로 여기는 소비자가 많아지면서 가전업계도 커스터마이징 흐름에 동참하고 있다. LG전자는 최근 소비자가 외부 재질과 색상, 도어 모양 등을 직접 고를 수 있는 커스터마이징 냉장고, 식기세척기, 스타일러 등 제품군인 'LG오브제 컬렉션'을 출시했다. 소비자가 조합할 수 있는 구성이 145가지에 달한다. 앞서 2019년 6월 커스터마이징 냉장고인 '비스포크'를 내놓은 삼성전자의 경우, 2020년 말 기준 해당 제품이 국내 판매 냉장고 전체 매출의 67%를 차지하기도 했다.

스마트팩토리는 표준화된 생산과정을 통해 커스터마이징을 효율적으로 만든다.

커스터마이징 추세의 확대는 IT기술 발전을 기반으로 이루어졌다. 원재료가 상대적으로 저렴한 식음료 업계와 제품가격이 높은 럭셔리 브랜드 제품를 만드는 업체뿐 아니라 일반 제조기업에서 커스터마이징 제품이 경제성을 실현할 수 있는 이유는 5G(5세대 이동통신) 기술 등 IT기술 발전의 덕분이라는 것이다. 뉴욕타임스(NYT)는 "빠른 데이터 전송뿐 아니라 스마트 팩토리가 발전하면서 기업은 생산과정에서 효율적으로 맞춤형 생산을 할 수 있게 됐다. 스마트 팩토리는 표준화한 생산과정의 맨 마지막 단계에서 맞춤형 부품을 자유롭게 추가할 수 있도록 효율적인 생산방식을 유지하고 있다"고 보도했다. 월스트리트저널(WSJ)은 "데이터와 인공지능(AI)의 발전 덕에 개인화한 소비자 취향을 제품의 소싱, 생산, 배급, 소비과정에서 적극적으로 활용할 수 있게 됐다"고 말했다. 즉, 스마트 팩토리 등 생산업체와 제조업체 본사, 구매처로 이어지는 제품의 생산 및 유통과정에서 데이터 송신 및 관리가 간편해지면서 다양한 품종을 생산하기가 쉬워졌다는 것이다.

커스터마이징을 효율적으로 수행하기 위해서는 개개인이 주문한 수많은 제품옵션에 대한 데이터를 실시간으로 생산업체와 대리점, 본사 등에서 모두 확인할 수 있는 DB(데이터베이스) 인프라가 구축돼야 한다. 기업의 IT 인프라에 대한 지속적인 투자가 필요한 이유다. 기업이 커스터마이징을 위한 스마트 팩토리 및 데이터베이스 구축에 많은 투자를 하는 이유는 커스터마이징 과정에서 고객 취향에 대한 방대한 데이터를 확보해 이를 제품개발 및 마케팅에 활용할 수 있기 때문이다.

자료원: 이코노미조선, 379호, 2021.01.11.

도입사례에서 볼 수 있듯이 오늘날 대다수 기업들은 시장 내 모든 구매자를 대상으로 판매하거나 혹은 모든 구매자들에게 동일한 마케팅방식으로 접근할 수 없다는 것을 인식하고 있다. 구매자들은 그 수가 너무 많고, 광범위하게 흩어져 있고, 그들의 욕구와 구매패턴도 매우 다양하다. 더구나 각 세분시장을 공략하려는 회사들의 역량도 서로 다르다. 이에 따라 기업은 자신이 가장 잘 역량을 발휘하고 수익을 낼 수 있는 세분시장을 파악하려고 한다. 마케터는 적절한 고객을 선정해 이들과 올바른 관계를 키워 나갈 수 있도록 고객지향적 마케팅전략을 설계해야 한다.

이에 따라 대다수 기업들이 대량 마케팅에서 **표적시장 마케팅**(target marketing)으로 마케팅전략의 방향을 바꾸고 있다. 표적시장 마케팅은 전체 시장을 복수의 세분시장으로 나누고, 이들 중 하나 혹은 그 이상의 세분시장을 표적시장으로 선정해, 각 표적시장에 맞는 제품 및 마케팅프로그램을 개발하는 것이다.

그림 6-1은 고객지향적 마케팅전략을 설계하는 데 있어 3가지 주요단계를 보여주는데, 이러한 전략적 마케팅의사결정과정은 세 단계의 앞글자를 따서 STP전략 또는 표적(또는 목표)시장 마케팅(target marketing)전략이라 불리기도 한다. 기업은 첫 번째와 두 번째 단계에서 전체시장을 여러 세분시장으로 나누고 타깃으로 할 세분시장을 선정한다. **시장세분화**(market segmentation)는 전체 시장을 욕구, 특징 및 행동 등에서 서로 다른 구매자집단들로 나누는 과정을 말한다. 기업은 최적의 시장세분화 기준이 어떤 것인지를 파악하고, 그에 따라 분류된 각 세분시장의 프로파일(구체적인 특징들)을 개발한다. **표적시장 선정**(market targeting 또는 **타깃팅**)은 각 세분시장의 매력도를 평가하고, 진출할 하나 또는 그 이상의 세분시장을 선정하는 과정이다.

마케팅전략수립의 마지막 단계는 제품포지션을 개발하는 것이다. **포지셔닝**(positioning)은 표적소비자들의 마음속에 경쟁제품과 비교하여 상대적으로 차별화되고 바람직한(고객의 마음을 끄는) 위치를 차지하는 시장제공물을 계획하는 것이다. 기업은 포지셔닝을 통해 표적고객에게 제공할 차별적 가치제안(즉, 표적고객들을 위해 어떻게 경쟁자들보다 우월한 가치를 창출할 것인가)을 결정한다. 그 다음으로 마케터는 제품, 가격, 유통, 광고 및 판촉 등으로 구성되는 구체적 마케팅 프로그램을 개발해 표적시장 고객들에게 실제로 접근한다. 이하에서는 마케팅전략수립의 각 단계에 대해 자세히 설명하기로 한다.

그림 6-1 마케팅전략의 수립과정

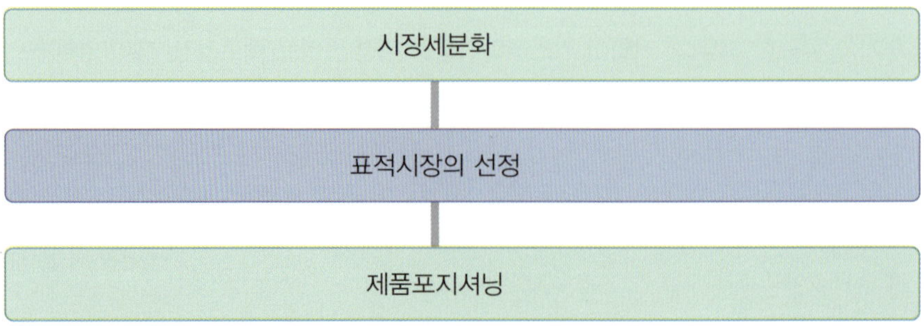

01 시장세분화

1.1 시장세분화의 의미와 목적

시장세분화 개념은 너무나 단순해 보이는 첫 번째 마케팅 질문인 어떤 고객을 상대로 제품을 판매할 것인가 하는 질문에서 나온 것이다. 시장은 많은 구매자들로 구성되며, 그들은 필요, 자원, 입지, 구매태도, 구매습관 등에서 서로 다르다. 시장세분화(market segmentation)란 전체 시장을 특정의 세분화 기준을 사용해 동질적인 세분시장(homogeneous segments)으로 나누는 과정이다. 전체 시장을 복수의 세분시장으로 나누는 이유는 다양한 소비자 욕구를 고려하지 않고 하나의 시장제공물만으로 제품시장에서 경쟁우위를 확보하기가 어렵기 때문이다. 시장세분화를 통해 기업들은 규모가 크고 이질적인 소비자들로 구성된 전체 시장을 작은 규모의 동질적인 세분시장들로 나눔으로써, 각 세분시장의 독특한 욕구에 맞는 제품과 마케팅프로그램을 가지고 보다 효율적이고 효과적으로 이들 세분시장에 접근할 수 있다.

그러나 지나치게 고객지향적 사고에 집착해 개별 고객의 요구를 모두 충족시켜 주려 한다면 기업이 추구하는 이익목표를 달성하기 어려워지게 될 것이다. 이에 따라 많은 마케터들이 두 가지 극단적인 시장접근방법을 절충한 대안으로 전체 시장을 욕구가 비슷한 고객집단으로 구분하고, 이 중 하나 또는 그 이상을 표적 세분시장으로 삼아 차별적 마케팅을 추구하는 전략을 사용한다.

시장세분화를 실시하는 구체적 목적은 다음과 같다.

① 기업은 시장세분화를 통해 다양한 소비자 욕구를 보다 잘 충족시킬 수 있다. 즉, 하나의 시장제공물로 전체 시장을 공략하기보다 각 세분시장이 원하는 차별적인 시장제공물의 개발을 통해 소비자의 다양한 욕구를 충족시켜 줄 수 있는 것이다. 예를 들어, 현대자동차는 제네시스, 그랜저,

새로운 맛을 추구하는 젊은 소비자 요구에 맞추어 출시되어 한때 큰 인기를 끌었던 하얀국물라면.

소나타, i40, i30, 아반떼, 엑센트와 같이 각 세분시장의 욕구에 맞는 차별화된 승용차 모델들을 출시함으로써 전체 승용차시장에서 선도적 지위를 유지하고 있다.

② 기업은 시장세분화를 통해 충족되지 않은 소비자 욕구를 발견함으로써 새로운 시장기회를 포착할 수 있다. 라면시장에서 일시적 돌풍을 일으켰던 꼬꼬면, 나가사끼짬뽕 등과 같은 하얀국물라면은 일본식 라면이나 서양식 파스타를 접하면서 새로운 맛에 익숙해진 젊은 소비자들을 표적시장으로 해 성공을 거둔 한 예이다.

③ 마케터는 각 세분시장에 적합한 브랜드를 개발함으로써 제품시장에서 높은 매출과 점유율을 실현할 수 있다. 기업은 각 브랜드별로 목표세분시장과 차별점을 구분함으로써 자사 브랜드들 간에 발생할 수 있는 불필요한 경쟁을 피하고 전체 제품시장에서 높은 매출을 실현할 수 있다. 예를 들어, 유산균 발효유를 생산하는 한국야쿠르트는 위에 좋은 윌, 장에 좋은 메치니코프, 간에 좋은 쿠퍼스 등 발효유 세분시장별로 차별점을 가진 복수의 제품브랜드를 개발함으로써 제품시장을 확대하고 시장 선도적 지위를 유지하는 데 성공했다.

1.2 시장세분화 과정

시장세분화를 실시하는 과정은 그림 6-2 와 같다. 시장세분화는 제품시장에 대한 세분화 수준(level)을 결정하는 것으로부터 출발한다. 즉, 얼마나 많은 수의 소비자를 하나의 집단으로 묶고, 몇 개의 세분시장으로 나눌 것인지를 먼저 고려해야 한다. 다음으로 적절한 세분화 변수를 선정하여 전체 시장을 세분화한 다음, 각 세분시장의 특성을 파악하는 단계를 거치게 된다

그림 6-2 시장세분화 절차

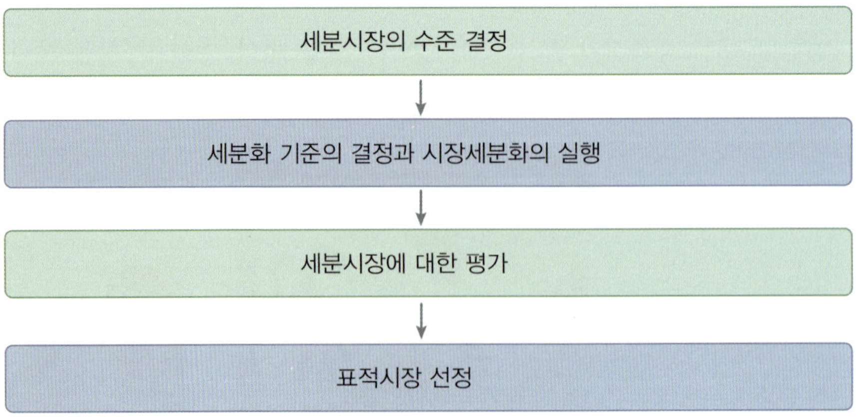

(1) 시장세분화 수준의 결정

각 소비자들은 구매하려는 제품에 대해 독특한 욕구를 갖고 있다. 이러한 고객욕구를 잘 충족시키기 위해 기업은 각 소비자를 별도의 세분시장으로 보고 그들의 고유한 욕구에 맞춘 차별적 제품을 제공하는 것이 이상적이지만, 이는 한정된 마케팅자원을 효율적으로 투자하려는 기업목표와 상충된다. 그러므로 기업은 일정 규모의 동질적 소비자들을 하나의 집단으로 묶고 각 집단별로 상이한 마케팅프로그램을 제공함으로써 기업목표와 소비자 욕구를 동시에 충족시키려고 한다. 이에 따라 마케터는 시장세분화 과정에서 먼저 어느 수준에서(또는 몇 명의 고객들을) 하나의 세분시장으로 묶을 것인지, 즉 전체 시장을 몇 개의 세분시장들로 나눌 것인지에 대한 결정을 내려야 한다. 기업은 모든 소비자를 하나의 세분시장으로 보고 접근할 수도 있고, 반대로 각각의 소비자를 별도의 세분시장으로 간주할 수도 있다. 그러나 많은 기업들은 두 가지 극단적인 시장접근방식의 중간적 형태로 일정 수의 동질적 소비자들을 한 집단으로 묶어 복수의 세분시장으로 나누는 방식을 채택한다.

(2) 시장세분화 변수의 선정

시장세분화는 연령, 성별, 거주지역, 제품사용량 등 다양한 소비자 특성을 토대로 이루어진다. 그러나 모든 소비자 특성이 세분화 기준으로 유용하게 사용될 수 있는 것은 아니다. 마케터는 제품구매나 사용에서 세분시장들 간에 유의한 차이를 보이는 변수를 세분화 기준으로 사용하는 것이 바람직하다. 예를 들어, 오디오 시장에 있어 소비자 소득은 세분화 기준으로 활용될 수 있지만, 종교는 오디오제품의 구매와 별 관련이 없기 때문에 세분화 기준으로 적합하지 못하다. 시장세분화 기준을 선정하는 데 있어 마케팅관리자는 고객욕구의 차이, 세분시장의 크기, 기업의 재원 등을 함께 고려해야 한다. 예를 들어, 고객욕구들 간에 큰 차이가 없음에도 불구하고 너무 많은 수의 세분시장으로 분류한다면, 각 세분시장의 규모가 너무 작아지거나 혹은 불필요한 제품차별화로 인해 마케팅비용이 크게 증가할 수 있다.

그러나 소비자시장을 잘 나누는 최선의 유일한 세분화 방법이나 시장세분화변수는 없다. 따라서 마케터는 최선의 시장세분화 방안을 찾기 위해 각 시장세분화 변수를 사용해 시장을 세분화해 보거나 혹은 이들을 결합해 세분화시켜 보는 등 다양하게 시장세분화를 시도해 보아야 한다. 표 6-1 은 소비자시장을 세분화하는 데 사용될 수 있는 주요 세분화변수들을 정리한 것이다. 이하에서는 지리적, 인구통계적, 심리묘사적, 행동적 세분화변수 등 주요 세분화변수에 기반한 시장세분화에 대해 살펴보기로 한다.

표 6-1 소비재 시장을 위한 주요 세분화 변수

지리적 변수	
세계 지역 / 나라	북미, 중남미, 서유럽, 중동, 환태평양, 동남아, 극동, 아프리카
국가 내 지역	수도권, 광역도시, 충청권, 호남권, 영남권, 영동권, 도, 시, 군
도시크기	5,000명 미만; 5,000~20,000명 미만; 20,000~50,000명 미만; 50,000~100,000명 미만; 100,000~250,000명미만; 250,000~500,000명미만; 500,000~1,000,000명 미만; 1,000,000~4,000,000명 미만; 4,000,000명 이상
밀도	도시, 교외, 시골
기후	북반부, 남반부
인구통계적 변수	
연령	6세 이하, 6~11세, 12~19세, 20~34세, 35~49세, 50~64세, 65+
성별	남, 여
가족구성원 수	1~2, 3~4, 5+
가족생애주기	청년, 미혼; 기혼, 자녀 없음; 기혼, 자녀 있음; 편부모; 미혼 동거인; 장년, 기혼, 18세 이하 자녀 없음; 장년 독신; 기타
소득	월 100만 원 미만; 월 100~200만 원 미만; 월 200~300만 원 미만; 월 300~500만 원 미만; 월 500~1,000만 원미만; 월 1000만 원 이상
직업	자영업, 영업직, 기능직, 공무원, 사무직, 경영자, 전문직, 자유직, 농림/수산업, 대학(원)생, 중 · 고등학생, 주부
교육	중졸 이하, 고졸 미만, 고졸, 대학 중퇴, 대졸
종교	가톨릭, 개신교, 불교, 유대교, 이슬람교, 힌두교, 기타
인종	아시안, 라틴, 히스패닉, 흑인, 백인
세대	베이비붐세대, X세대, Y세대, MZ세대
국적	한국, 중국, 미국, 영국, 프랑스, 독일, 이탈리아, 일본 등
심리묘사적 변수	
사회계층	최하위층, 하위층, 노동자층, 중산층, 중상층, 상위층, 최상위층
생활양식	원칙지향적, 지위지향적, 행동지향적
개성	충동적인, 사교적인, 권위적인, 야심에 찬
행동적 변수	
상황	일반적인 사용상황, 특별한 사용상황(결혼기념일, 생일, 발렌타인데이 등)
혜택(편익)	품질, 서비스, 경제성, 편리성, 신속성
사용자 상태	비사용자, 과거 사용자, 잠재적 사용자, 첫 번째 사용자, 정기적 사용자
충성도 수준	없음, 중간, 강함, 절대적임
구매반응단계	인지하지 못함, 인지함, 관심 있음, 원함, 구매의사 있음
제품에 대한 태도	열정적, 긍정적, 무관심, 부정적, 적대적

진로소주는 전국적으로 평균 50%대의 높은 점유율을 갖고 있지만 영남지역에서는 C1소주에 대한 선호도가 높아 지역 간에 브랜드선호도에서 상당한 차이를 보인다

① 지리적 세분화

지리적 세분화(geographic segmentation)는 소비자가 거주하는 지역의 특성을 세분화 기준으로 사용해 시장을 나누는 것이다. 회사는 하나 또는 여러 개의 지리적 구역에서 사업을 할 것인지, 또는 모든 지역에서 사업하면서 욕구와 필요에서의 지리적 차이를 고려할 것인지를 결정할 수 있다. 글로벌 기업은 세계시장을 국가단위나 지역단위로 세분화하고, 각 해외시장의 사회·문화적 특성에 맞는 마케팅프로그램을 개발할 수 있다. 국내시장을 대상으로 하는 기업들은 서울특별시, 부산광역시, 제주도 등과 같이 행정구역에 따라 시장을 세분화할 수 있다.

가령, 국내 의류업체들은 남쪽의 따뜻한 지역과 북쪽의 추운 지역에 거주하는 소비자들 간에 선호하는 색상이나 디자인에서 차이가 있을 경우에 지역별로 서로 다른 제품을 출시할 수 있다. 대체로 국내의 주요산업에 있어 지역별로 제품소비에서 별 차이가 없지만, 특정제품에 있어서는 지역별로 점유율에서 큰 차이를 보이는 경우도 있다. 진로소주는 전국적으로 평균 50%대의 높은 점유율을 갖고 있지만 영남지역에서는 C1소주에 대한 선호도가 높아 지역 간에 브랜드선호도에서 상당한 차이를 보인다.

또한 기업은 거주지역의 크기에 따라 대도시지역, 중소도시지역, 농촌지역으로 시장을 세분화할 수 있다. 도시의 크기는 바로 시장 구매력을 의미하므로 명품과 같이 회전율이 높지 않은 제품이나 적은 마진으로 인해 충분한 매출을 확보해야 하는 대형 할인점은 대도시 지역, 나아가 대도시 내에서 대규모 아파트단지와 같이 상권이 밀집한 지역을 표적시장으로 선정한다. 최근 소매기업들은 경쟁이 치열하고 입지확보가 어려운 대도시에서 벗어나 소도시에 매장을 개설하거나 대도시 내에 새로운 개념의 점포를 도입하고 있다. 예를 들어, 홈플러스는 규모가 큰 표준매장을 오픈하기 힘든 도시지역에 소규모 슈퍼마켓 형태의 홈플러스 익스프레스를 오픈해 기존의 대규모 할인점을 보완하고 있다.

② 인구통계적 세분화

인구통계적 세분화(demographic segmentation)는 제품시장을 연령, 생애주기 단계, 성별, 소득, 직업, 교육수준, 종교, 인종, 세대 같은 인구통계적 변수를 토대로 나누는 것이다. 인구통계적 변수는 가장 많이 사용되는 세분화 기준 중 하나이다. 그 이유 중 하나는 소비자의 욕구, 사용량 등이 종종 인구통계적 변수와 밀접하게 관련이 있기 때문이다. 또 다른 이유는 인구통계적 변수가 다른 세분화변수에 비해 세분시장을 측정하기 쉽기 때문이다. 설령 고객이 추구하는 제품편익이나 구매행동 등과 같은 다른 세분화변수를 토대로 세분시장을 분류한다고 하더라도, 마케터가 표적시장의 크기를 평가하고 그 시장에 효율적으로 도달하기 위해서는 그 세분시장의 인구통계적 특징을 알아야 한다. 한국야쿠르트의 천연 비타민제품인 브이푸드는 인구통계적 변수들을 토대로 시장을 세분화한 후 각 세분시장별로 맞춤형 건강기능식품을 제공했다. 브이푸드는 중년 남성과 중년 여성, 60대 이상 소비자계층으로 고객을 세분화한 후 각 세분시장에 맞추어 성인용 브이푸드 맨 프로그램, 성인용 브이푸드 우먼 프로그램, 시니어용 브이푸드 골드 프로그램 등의 천연 멀티 비타민/미네랄 제품을 출시했다.

인구통계적 세분화의 예: 한국야쿠르트는 시니어 소비자층을 타깃으로 천연 멀티 비타민제품인 브이푸드 골드 프로그램을 출시했다.

- **연령과 생애주기**

소비자들의 욕구는 연령에 따라 변화된다. 어떤 회사들은 다른 연령대와 생애주기 단계에 있는 소비자집단들을 타깃으로 서로 다른 제품과 마케팅접근방식을 제공하기 위해, **연령과 생애주기에 기반한 세분화**(age and life-cycle segmentation)를 추구한다.

시장세분화에 널리 활용되는 인구통계적 변수 가운데 하나가 연령인데, 많은 브랜드들이 연령에 따라 시장을 세분화하여 표적시장을 선정한다. 롯데백화점은 젊은 층을 겨냥해 '미니백화점' 엘큐브를 도

마케팅 Highlight

나이와 생애주기에 기반한 세분화: 신혼부부를 겨냥한 가전제품을 제안하는 삼성전자

"고민은 우리가 할게요, 당신은 예쁘게만 사세요."

삼성 신혼가전 광고캠페인에 담은 메시지다. 삼성전자는 트렌드를 이끄는 밀레니얼 세대에 대한 분석을 통해, '프로젝트 프리즘'을 구체화하며 제품과 마케팅에서 새로운 변화를 추구해 왔다. 그 결과, 비스포크 냉장고, 그랑데 건조기 AI, 에어드레서, 무풍에어컨 갤러리, 더 프레임이나 더 세리프 같은 라이프스타일TV는 신혼부부 사이에서 혼수 품목을 논할 때 빠지지 않는 가전이 됐다. 이 같은 성과의 비결을 밀레니얼 소비자들과의 적극적인 소통으로 보고 있다. 한 예로, 삼성전자는 얼마 전 '이제는 가전을 나답게.'라는 통합 슬로건을 적용했다. 제품 자체의 혁신을 거듭하는 것은 물론, 공급자 중심의 획일화된 제품이 아닌 소비자 개개인의 취향과 라이프 스타일을 반영한 소비자 중심의 가전전략을 강화하겠다는 의지를 표명한 것이다.

신혼가전 광고캠페인에서도 이러한 메시지가 드러난다. "고민은 우리가 할게요. 당신은 예쁘게만 사세요"라는 키 메시지를 담아, 처음이라 고민하고 따져볼 게 많은 신혼부부의 마음을 삼성 신혼가전이 이해하고 최적의 솔루션을 제공한다는 점을 감각적인 영상으로 소개한다. 신혼테리어를 완성하는 예쁜 디자인은 물론 다양한 생활 공간과 라이프 스타일에 맞출 수 있는 제품의 확장성, 독보적인 안심 위생 관리 등을 소구하며 소비자들로 하여금 '갖고 싶은 가전'이라는 반응을 이끌어내고 있다.

삼성전자는 2019년 하반기부터 신혼부부를 타깃으로 하는 신혼가전 캠페인을 본격화했다. 특히 2019년 진행한 온라인 캠페인을 통해 "왜 삼성으로 다 샀냐?"라는 물음에 단순 명료하게 "예쁘니까"라고 답하며 신혼부부가 중요하게 생각하는 #신혼테리어를 수면 위로 올려 큰 호응을 얻었다. 삼성 가전이 말하는 디자인은 단순히 시각적인 아름다움만을 의미하는 것은 아니며 나에게 딱 맞는 스타일의 의미를 내포한다. 2020년 한 단계 더 나아가 처음이라 모든 것이 어려운 신혼부부의 고민을 해결해 준다는 메시지까지 담았다. 삼성전자는 까다로운 신혼부부를 타깃으로 하는 제품은 아무리 좋은 마케팅전략도 기본적인 제품력이 뒷받침되지 않으면 소용없다는 점에 주목했다. 그 결과 성능은 물론이며 감각적인 디자인, 유연한 공간 활용성, 제품 유지보수의 편리성 등의 종합적인 측면에서 우수한 제품을 선보였다. 먼저 취향과 인테리어, 가족 규모와 라이프 스타일에 따라 색상부터 소재, 모듈까지 원하는 대로 조합할 수 있는 비스포크, 어느 각도에서 봐도 아름다운 디자인 TV 더 세리프(The Serif), 심플하고 모던한 가구 같은 디자인의

무풍에어컨 갤러리는 감각적인 디자인을 기반으로 신혼부부를 겨냥한다. 또한, 신혼 때는 이사가 잦아 공간에 따라 제품을 유연하게 배치하고 사용할 수 있어야 하므로 신혼부부의 이러한 욕구를 충족시킬 가전제품을 제안한다. 가령, 주방공간에 따라 빌트인 혹은 프리스탠딩으로 자유롭게 배치가능한 BESPOKE 식기세척기, 전원 코드만 연결하면 어디서나 사용가능한 인덕션 더 플레이트, 초고화질로 가까운 거리에서 보더라도 부담 없이 시청가능한 QLED 8K, 집 구조에 따라 위아래 혹은 옆으로 나란히 자유롭게 설치할 수 있는 그랑데 AI 등이 그 예이다.

자료원: 서울경제, 2020.07.15.

입했다. 롯데백화점의 매출 중에서 20대 이하 고객의 매출비중이 계속 하락함에 따라 롯데백화점은 기존 백화점 입점 브랜드들 중 10~20대가 선호하는 브랜드를 추려 엘큐브를 론칭했다. 현대백화점그룹 계열 패션전문기업 한섬은 표적 소비자집단의 연령에 따라 타임, 마인, 시스템, SJSJ 등 4개의 주력 패션브랜드를 도입했다. 타임과 마인의 표적 연령층은 40대와 50대, 시스템은 20대와 30대, 그리고 SJSJ는 20대 여성소비자이다. SJSJ는 젊은 여성소비자들을 신규고객으로 유치하고 나이가 들어가면서 다른 한섬브랜드에 대한 단골고객으로 이어지도록 하는 가교 역할을 수행한다.

20대 이하 세분시장을 겨냥한 롯데 미니백화점 엘큐브

어떤 기업들은 생애주기상의 특정 연령대에 있는 고객집단에 초점을 맞춘다. 예를 들어 모든 연령대의 소비자들이 Disney 유람선을 좋아하지만, Disney Cruise Lines의 목적지와 선상 활동들은 부모와 자녀를 특히 염두에 두고 설계된다. Disney는 배 안에서 어린아이들이 놀이하는 것을 도와주는 훈련된 직

마케팅 Highlight

기저귀 시장에서 성인용 기저귀 세분시장을 타깃으로 성장을 추구하는 유한킴벌리

1983년 국내에 처음으로 일회용 아기 기저귀가 출시됐다. 천 기저귀를 빨아 쓰는 것이 당연하던 시절이라 일회용 제품에 대한 거부감이 컸다. 88 서울올림픽 등을 거치면서 사회가 개방되고, 여성의 사회진출이 늘면서 일회용 아기 기저귀는 필수품이 됐다. 2000년대 초반까지 이 시장은 연평균 10%대 성장하며 6000억 원이 넘는 규모로 커졌다. 하지만 출산율이 떨어지면서 지난 10년간 일회용 아기 기저귀 시장의 연평균 성장률은 1%에도 못 미쳤다.

아기 기저귀 시장의 성장세가 주춤해진 사이 성인용 기저귀 시장이 빠르게 커지고 있다. 업계에 따르면 2015년 국내 성인용 기저귀 시장은 30%가량 성장했다. 고령화로 소변이 의지와 무관하게 새는 요실금을 겪는 성인이 늘고 있기 때문이다. 2015년 말 150억 원대이던 성인용 기저귀 시장은 2020년 2500억 원대로 커질 것으로 전망된다. 유한킴벌리 관계자는 "일본에선 이미 성인용 기저귀 시장이 아기 기저귀 시장 규모를 추월했다. 한국은 일본보다 고령화가 빠르게 진행되고 있어 성인용 기저귀 시장의 고성장이 당분간 지속될 것"이라고 말했다.

이에 따라 생활용품업체들은 잇따라 성인용 기저귀를 출시하고 있다. 시장선도 브랜드는 유한킴벌리가 2012년 선보인 디펜드 언더웨어다. 기저귀에 대한 거부감을 고려해 속옷이라고 이름 붙였다. 겉옷을 입을 때 표시가 나지 않고, 활동하는 데 불편이 없도록 얇게 만들었다.

전문가들은 향후 오팔세대를 필두로 시니어 세대가 시장의 주축으로 떠오를 것이라 전망했다. Old People with Active Life'의 앞글자를 딴 조어인 '오팔세대'는 활동적인 삶을 즐기는 노년층을 뜻하는데, 주로 베이비붐 세대인 1955~1963년생을 지칭한다. 이들은 전후 세대로 출생률이 높아 인구수도 많은데다 경제 성장기를 함께해 보유 자산이 많은 만큼 구매력도 높다. 오팔세대는 여가활동을 즐기면서 젊은이들처럼 소비하며 자신을 가꾸는 데에도 많은 시간과 돈을 투자한다.

자료원: 이데일리 2020.02.28; 한경, 2016.05.25.

생애주기에 기반한 세분화: Disney Cruise Lines는 부모와 자녀들을 우선적으로 겨냥한다. 유람선의 대부분의 목적지와 배 안에서의 활동은 부모와 자녀들을 염두에 두고 설계된다.

원들을 배치하고, 조금 더 나이가 든 아이들을 위해 10대만의 공간을 마련하고, 부모와 다른 성인들을 위해 가족과 함께 하는 시간이나 개인시간을 위한 선택대안을 마련한다. 반면 고급형의 소규모 유람선인 Viking River Cruises는 나이 든 성인 부부와 독신자들을 타깃으로 한다. 따라서 Viking 광고나 웹페이지에서는 아이를 찾아볼 수 없다.

마케터들은 연령이나 생애주기 세분화를 표적시장 마케팅에 이용할 때 고정관념에 영향을 받지 않도록 주의해야 한다. 예를 들어, 80세가 넘는 사람들 중의 일부는 휠체어가 필요하지만, 어떤 사람들은 스키와 테니스를 즐기기도 한다. 마찬가지로 40대 부부들은 자녀들을 고등학교로 보내기도 하지만, 이제 막 결혼하여 새로운 가정을 시작하는 경우도 있다. 따라서 연령은 종종 개인의 생애주기, 건강, 일, 욕구, 그리고 구매력을 예측하는 데 있어 좋은 지표가 되지 못할 수 있다. 나이 든 베이비 붐 세대들은 자신의 방식대로 세상을 즐기고 싶어 한다. 자녀양육의 부담에서 벗어난 그들은 인생의 즐거움을 다시 발견하고, 이를 즐길 수단을 찾고 있는 것이다. 이에 따라 마케터들은 나이에 대한 긍정적인 이미지와 소구방식을 사용한 마케팅기법을 도입하고 있다. 전통적으로 야외지향적이고 활동적인 젊은 소비자들을 주고객으로 하는 RV 자동차가 나이 든 베이비 붐 세대를 타깃으로 한 마케팅활동을 벌이거나 패션업계에서 '60대 모델'을 브랜드후원자로 사용하고 있는 것이 그 예이다. 가령, 미국 정통 의류브랜드 아메리칸어패럴은 프리미엄 속옷 모델로 재키 오쇼네시를 기용하고, 명품 브랜드 마크 제이콥스는 영화배우 제시카 랭을 화장품 모델로 사용했다.

아메리칸어패럴은 프리미엄 속옷 모델로 시니어 연령층의 재키 오쇼네시를 기용했다.

● 성별

성별 세분화(gender segmentation)는 의류, 화장품, 화장실용품, 그리고 잡지에서 오래전부터 사용되어 왔다. 전자제품에서부터 오토바이에 이르기까지 여러 제품범주에서 그동안 경시되어 왔던 남성 혹은

여성소비자를 타깃으로 셀카기능을 부각시키는 미러리스 카메라 브랜드 – "송혜교처럼 예쁘게 찍혀요"라는 메시지와 함께 스타 배우 송혜교가 셀카를 촬영하는 장면을 보여주는 소니 미러리스 카메라 광고

여성 세분시장은 새로운 시장기회를 제공한다. 최근 여성의 의사결정권과 경제력이 커짐에 따라 주택, 자동차, 일반 가전제품, 주류, 담배와 같이 전통적으로 남성을 주 타깃으로 해 판매된 제품들도 여성소비자들을 표적으로 한 제품과 광고캠페인을 도입하고 있다. 최근 자동차회사들이 화장용 거울, 쇼핑백 걸이, 자외선 차단 유리창, 운전석 밑에 하이힐을 벗어 놓을 수 있는 수납함 등 여성운전자들의 편의를 고려한 다양한 소품들을 갖춘 승용차를 출시하는 경우가 이에 해당된다. Harley-Davidson 오토바이는 전통적으로 35~55세 사이의 남성들을 표적시장으로 삼아 왔지만, 이제 여성들이 가장 빠르게 성장하는 세분시장 중 하나가 되고 있다. 이에 따라 이 기업은 여성구매자를 상대로 제품소구력을 높이기 위해 노력하고 있다. Harley-Davidson은 최근 여성고객에 맞추어 오토바이의 차체높이를 낮추고 보다 가벼운 SuperLow 모델을 출시했다. 그리고 여성전용 웹 마이크로사이트는 여성들의 감동적인 오토바이 운전경험담을 공유하도록 권장하고 있다. 소니코리아, 올림푸스 등 카메라회사들은 렌즈교환이 가능한 '미러리스 카메라' 신제품을 출시하면서 여성소비자를 타깃으로 셀카(셀프카메라·self camera) 촬영이 용이하다는 점을 집중적으로 홍보했다. 가령, 소니코리아는 여성소비자를 타깃으로 '알파 A5000'을 출시하면서 가벼운 몸체를 탑재한 초경량 카메라라는 점을 강조하고, 스타 배우 송혜교가 셀카를 촬영하는 광고를 만들었다.

- **소득**

자동차, 의류, 화장품, 금융서비스, 여행과 같은 제품/서비스를 판매하는 기업들은 오래전부터 **소득세분화**(income segmentation)를 사용해 왔다. 특히 생필품보다는 가격과 브랜드에 따라 제품특성에서 차이가 많은 주택, 자동차, 가구, 의류, 레저용품, 금융상품 등의 고관여 제품에서 소득수준은 주요 세분화 기준으로 활용된다. 사치품과 편의서비스(convenience service)를 판매하는 기업들은 부유층 소비자를 겨냥한다. 예를 들어, 삼성생명은 금융자산 30억 원 이상의 고소득층 고객들을 타깃으로 전용 PB(Private Banking)센터를 개발했다. 이 센터는 은행·증권사 PB센터처럼 부자들의 자산을 예금·펀드·보험·채권 같은 상품에 투자하고 관리해 주는 업무를 맡는다. 이와 같은 매우 개인적인 마케팅활동은 브랜드 전도사(brand evangelists)라는 고객커뮤니티를 만들어주는데, 이들은 부유한 가망고객이나 친구

마케팅 Highlight

화장하는 남자들을 겨냥한 남성 화장품 브랜드

아모레퍼시픽의 남성 화장품 브랜드 '비레디'는 국내 최초로 남성용 아이섀도 '무드 업 음영 아이 팔레트'를 출시했다.

기초 화장품 위주였던 남성 화장품 시장은 색조로 영역을 확장하며 가파른 속도로 성장하고 있다. 이에 따라 화장품업체들이 잇따라 남성용 화장품 시장에 뛰어들고 있다. 여성용 시장보다는 규모가 작지만 '그루밍족'이 늘면서 가파르게 성장하고 있기 때문이다. 남성용 아이섀도와 쿠션까지 나왔다. 그루밍족은 패션, 미용 등 자신을 가꾸는 데 아낌없이 투자하는 남성을 일컫는다. 수년 전만 해도 기초화장품을 여러 개 쓰면서 눈썹을 다듬고 비비크림을 바르는 정도에 그쳤다. 그러나 최근 아이섀도로 눈과 콧등 등에 음영을 넣어 얼굴을 입체적으로 표현하고 립스틱도 바르기 시작했다.

아모레퍼시픽의 남성 화장품 브랜드 '비레디'는 국내 최초로 남성용 아이섀도 '무드 업 음영 아이 팔레트'를 내놨다. 신제품은 남성의 피부 특성과 색상 등을 고려해 개발했다. 유명 남성 뷰티 크리에이터인 '스완'이 제품색상 개발에 참여했다. 남성들이 부담 없이 쓸 수 있는 베이지 계열의 색상 네 가지를 넣었는데, 또렷한 눈매를 만들어주는 브라운, 콧대를 입체적으로 표현할 때 쓰는 밝은 베이지, 눈두덩이에 음영을 줄 때 사용하는 베이지와 브릭 등이다.

아모레퍼시픽은 비레디 브랜드를 내놓기 전 젊은 남성소비자들의 수요와 트렌드를 조사했다. 유튜브, 인스타그램, 틱톡 등 소셜미디어를 통해 조사한 결과 남성들이 가장 사용하고 싶은 화장품 1위로 나온 파운데이션을 먼저 개발했다. 파운데이션 일부 색상은 품절될 정도로 큰 인기를 끌었다.

남녀 구분 없이 쓸 수 있는 화장품이라는 뜻의 젠더 뉴트럴을 내세우는 브랜드 '라카'도 '소프트 라이팅 커버 쿠션'을 출시했다. 매끈한 피부를 중요하게 여기는 젊은층을 겨냥한 제품으로, 남성이 쓸 수 있도록 어두운 색상도 출시했다. 라카는 광고에 여성뿐만 아니라 남성 모델도 이용하며 20대 남성이 주요 소비자다.

자료원: 한경, 2020.04.03.

들(이들이 바로 표적고객 집단임)에게 제품에 대한 이야기를 전해준다.

최근 전반적 경기침체에 따라 경제성을 강조하는 제품들이 각광을 받지만, 경제적 상황에 영향을 별로 받지 않는 고소득 소비자집단을 겨냥한 마케팅도 활발히 이루어지고 있다. 그러나 부유층을 포함하는 모든 소득층의 소비자들이 소비지출을 줄이고 구매과정에서 더 좋은 가치를 추구하는 추세를 보임에 따라 고소득층을 겨냥하는 사치품 브랜드들이 상당한 타격을 받고 있다.

한편 소득세분화를 이용하는 모든 기업들이 부유층을 겨냥하는 것은 아니다. 예를 들어, 미국의 저가 할인점 Dollar General은 저소득 및 중산층 소비자집단을 겨냥한다. 이 소매체인은 새로운 매장입지를 탐색할 때, 중산층 이하의 사람들이 거주하는 동네를 찾는다. Dollar General이 취급하는 제품은 대부분 1달러 이하로, 한 고객이 한 번 매장을 방문해 쓰는 금액은 평균 8달러가 채 안 된다. Dollar General의 매장크기는 628㎡(약 190평)로, 할인점치고는 상당히 작은 규모다. Dollar General을 찾는 주 고객은 3~4명의 가족이 있는 저소득층 여성이고 평균 연령은 49세 정도인데, 연령이 비교적 높고 시간적 여유는 적은 그들에게 대형매장은 오히려 불편할 것으로 판단한 것이다. 그리고 Dollar General은 단순한 가격정책을 도입했는데, 99센트 단위로 가격을 책정해 소비자를 현혹하는 가격전술을 버리고 1달러 단위로 가격을 책정했다. 예를 들어 '엽서 2장에 1달러', '비누 5개에 2달러'식이다.

이상으로 기업이 시장세분화에 활용하는 주요 인구통계적 변수들에 대해 살펴보았다. 그러나 실제에 있어 마케터는 각 변수 하나만을 시장세분화에 이용하기보다는 몇 개의 세분화 변수를 동시에 고려해 시장을 세분화한다. 예를 들어, 하겐다즈 아이스크림은 20대 중·후반의, 미혼, 중상층, 직장여성을 표적시장으로 삼는다.

저소득 소비자층을 타깃으로 해 성장한 美 저가할인점 Dollar General

마케터는 소비자의 인구통계적 특성에 따라 전체 시장을 복수의 세분시장으로 나눈 후, 각 세분시장 내 소비자들의 제품특성에 대한 선호, 구매 혹은 사용과정이 세분시장별로 어떤 차이를 보이는지에 대한 추가분석을 실시해야 한다. 분석결과 세분시장별로 제품선호나 사용패턴에서 차이가 있는 것으로 나타나면, 각 세분시장별로 서로 다른 마케팅 접근방식이 고려되어야 할 것이다. 그러나 특정의 인구통계적 변수를 사용해 나누어진 세분시장 간에 제품구매나 사용행태에서 차이가 발견되지 않는다면, 또 다른 인구통계적 변수를 이용해 시장세분화를 시도해야 한다. 가령, 젊은 소비자를 겨냥해 소형의 SUV 승용차를 개발하려는 자동차업체가 시장조사를 실시한 결과 20~30대와 40~50대 소비자집단 간에 SUV 승용차의 크기에 대한 선호에서 차이가 없는 것으로 나타났다면, 연령에 기반한 시장세분화는 별 의미가 없을 수 있다. 따라서 인구통계적 변수에 기반한 시장세분화는 전체 시장을 각 세분시장으로 분류하기 용이하다는 이점을 갖고 있지만, 최적의 세분시장을 발견하기 위해 여러 번의 시행착오를 겪어야 하는 문제점도 갖고 있다.

③ 사이코그래픽(심리묘사적) 세분화

사이코그래픽 세분화(psychographic segmentation)는 사회계층, 라이프 스타일(생활양식), 개성 같은 심리묘사적 특징을 토대로 구매자들을 서로 다른 세분시장으로 나누는 것이다. 같은 인구통계적 집단에 속하는 사람들이라고 하더라도 심리묘사적 특징에서 서로 상당히 다를 수 있다(이들 변수들에 대한 상세한 설명은 제3장 소비자 행동분석을 참고하기 바란다).

사회계층은 소득, 직업, 재산수준, 교육수준 등을 복합적으로 고려해 소비자의 사회적 지위를 구분하는 데 사용되는 변수로, 상류층, 중산층, 하류층 등으로 구분된다. 1990년대 후반 IMF사태가 발생하기 전 우리나라 소비자의 50~60% 이상이 자신을 중산층이라고 생각했고 이들이 제품시장의 중심을 차지했다. 그러나 90년대 후반 IMF사태와 2008년 글로벌 금융위기 이후 중산층 비중이 감소되었다. 이에 따라 일부 기업들은 경기에 별 영향을 받지 않는 상류층을 타깃으로 한 마케팅활동을 강화했다. 가령, 수입자동차, 고가의 보석, 가구 등은 상류층을 겨냥해 판촉활동을 수행한다. 금융권에서도 많은 금융자산을 보유한 VIP 고객들을 타깃으로 PB센터를 운영하면서 차별적 서비스를 제공한다.

라이프 스타일 혹은 생활양식(lifestyle)이란 소비자들이 살아가는 방식을 말하는데, 소비자들의 활동(activity), 관심사(interest), 의견(opinion)을 통해 나타난다. 소비자 라이프 스타일에 대한 조사는 이들의 앞자를 따서 AIO분석이라고 하기도 한다.

마케터들은 종종 제품시장을 소비자의 라이프 스타일에 따라 세분화하고, 특정 라이프 스타일을 강조하는 마케팅전략을 추구한다. 글로벌 패션기업 VF Corporation은 30가지 이상의 프리엄 라이프 스타일 브랜드를 판매하는데, 이들은 통근 직장인, 카우보이에서부터 사커 맘, 스포츠 팬, 그리고 락 스타에 이르기까지 전 세계 소비자의 다양한 삶에 맞춘 패션용품을 제공한다. VF는 패션시장을 Jeans-wear 브랜드, Imagewear(workwear) 브랜드, Outdoor 브랜드, Sportswear 브랜드, 그리고 Contemporary 브랜드 등의 5개 주요 라이프 스타일 세분시장으로 나누고, 이들 브랜드들을 각 세분시장에 맞추어 분류한다. Outdoor 사업부에 속해 있는 The North Face는 열혈 야외 매니아층, 특히 추운 날씨에 야외활동을 즐기는 고객층을 위해 최고급 장비 및 의복을 제공한다. Sportswear 사업부에 속한 Nautica는 항해와 바다에서 모티브를 얻어 제작된 고급 캐주얼 의류를 즐기는 사람들에게 초점을 맞춘다. 그리고 Vans는 스케이트 신발 전문브랜드로 시작되었으며, Reef는 서핑(surfing)을 모티브로 한 신발과 복장 전문 브랜드로 포지션되어 있다. Contemporary 브랜드 사업부에 속한 Lucy는 부유층의 활동복을 강조하며, 7 for All Mankind는 부티크 매장과 Saks, Nordstrom 백화점 같은 고급 백화점에서 판매되는 프리미엄 데님과 액세서리 제품을 제공한다. 이에 반해 Imagewear 사업부에 속한 Sentinel은 경비원들을 위한 유니폼을 판매한다. 소비자들이 어떤 삶을 영위하든 VF사는 이들의 라이프 스타일에 맞춘 패션제품을 제공한다.

국내 소비재 기업들은 정기적으로 소비자 라이프 스타일 변화를 추적함으로써 이에 대응한 마케팅 프로그램을 개발한다. 국내 소비자의 라이프 스타일 변화는 마케터의 신제품개발에 영향을 미친다. 예를 들어 최근 혼자 사는 싱글가구의 수가 지속적으로 증가함에 따라 이들을 겨냥해 전자레인지에 간편하게 조리할 수 있는 햇반과 같은 인스턴트식품 시장, 소형 가전제품 등이 개발되었다. LG전자는 독신자들을 대상으로 90리터급 소형냉장고 뉴렌과 소형 TV 네티를 출시하여 좋은 반응을 얻었다. 최근 들어 세상의 중심을 자신에게 두고 개인의 가치를 높이려는 개인화(individualism) 추구, SNS를 통해 타인들과 온라인 소통을 즐기는 온라인 사교(e-socializing), 스마트폰 등 모바일 기기를 일과 삶에서 적극적으로 활용하는 이동성(mobility) 추구 등의 라이프 스타일이 젊은층에서 두드러지게 나타나는 것은 온라인 기반 마케팅프로그램 도입의 중요성을 시사한다.

마케터들은 또한 개성변수를 사용해 제품시장을 세분화하기도 한다. 예를 들어, 탄산음료 Mountain Dew 브랜드는 '젊음이 넘치고, 반항적이며, 자신의 방식을 고집하는' 등의 개성적 특성을 부각함으로써 이러한 개성을 가진 소비자집단을 겨냥한다. 이에 반해 Coca-Cola Zero는 '보다 성숙되고, 실용적이고, 이성적이면서 싹싹한' 등의 개성적 특성을 가진 소비자를 타깃으로 한다.

④ 행동적 세분화

행동적 세분화(behavioral segmentation)는 사용상황, 추구하는 편익, 사용률, 브랜드 충성수준 등 행동관련 변수들을 토대로 전체 구매자를 세분시장들로 나누는 것이다. 마케터는 제품구매행동과 관련된 변수에 기반해 소비자들을 동질적 집단으로 세분화한 후 각 세분시장 소비자의 인구통계적 특성을 분석할 수 있다. 예를 들면 제품사용량이나 우리 브랜드에 충성하는(brand loyal) 정도와 같이 제품사용 행동을 기준으로 복수의 세분시장으로 구분한 후, 각 세분시장의 인구통계적 특성을 분석하는 것이 이에 해당된다.

● 사용상황

기업은 언제 제품을 사야겠다는 생각이 드는지, 언제 실제로 구매하는지, 또는 언제 구매한 제품을 사용하는지 등의 사용상황(occasions)에 따라 구매자를 여러 집단으로 나눌 수 있다. **사용상황에 기반한 세분화(occasion segmentation)**는 기업이 제품용도를 개발하는 데 도움을 준다. 패스트푸드 브랜드들은 아침 대용식 세분시장을 키우기 위해 노력하고 있다. 1인가구 증가추세에 따라 패스트푸드점은 아침 메뉴 도입과 확대를 통해 아침 대용식 세분시장을 적극적으로 공략하고 있다. 맥도날드는 아침 대용식 세분시장을 겨냥해 패스트푸드점 최초로 오전 4시부터 10시 30분까지 판매하는 맥모닝 메뉴를 도입해 성공을 거두었다.

- **사용량**(usage rate)

사용량에 기반한 시장세분화는 소비자를 제품사용량에 따라 다량 사용자(heavy users), 보통 사용자(medium users), 소량 사용자(light users), 그리고 비사용자(non users) 집단으로 구분하는 것이다. 다량 사용자들(heavy user)은 숫자로 보면 얼마 되지 않지만, 전체 소비량에서 차지하는 비율은 매우 높은 경우가 많다. 예를 들어 Burger King의 경우, 슈퍼 팬이라고 불리는 젊고(18~34세) Whopper를 엄청나게 소비하는 남성들은 체인 전체 고객의 18% 정도에 해당하지만, 전체 구매량의 50%를 차지한다. 이들은 Burger King을 한 달에 평균 16번 방문한다. 사용량에 기반한 시장세분화가 마케팅전략 수립에 중요한 이유는 그림 6-3에서 제시된 바와 같이 많은 제품군에 있어 적은 수의 소비자가 제품소비의 상당 부분을 차지하는 것으로 알려졌기 때문이다.

가령, 맥주시장은 음용자 41%와 비음용자 59%로 구성되어 있는데, 맥주음용자 41%를 다량소비자 집단과 소량소비자 집단으로 반반씩 나누었을 때 다량소비자 집단이 전체 맥주소비량의 87%를 차지하고 있다. 20%의 소비자가 80%의 제품소비를 한다는 파레토의 '20/80법칙'에 따라 마케팅담당자는 다량

그림 6-3 일반소비재에 있어서 다량소비자와 소량소비자의 구매비중

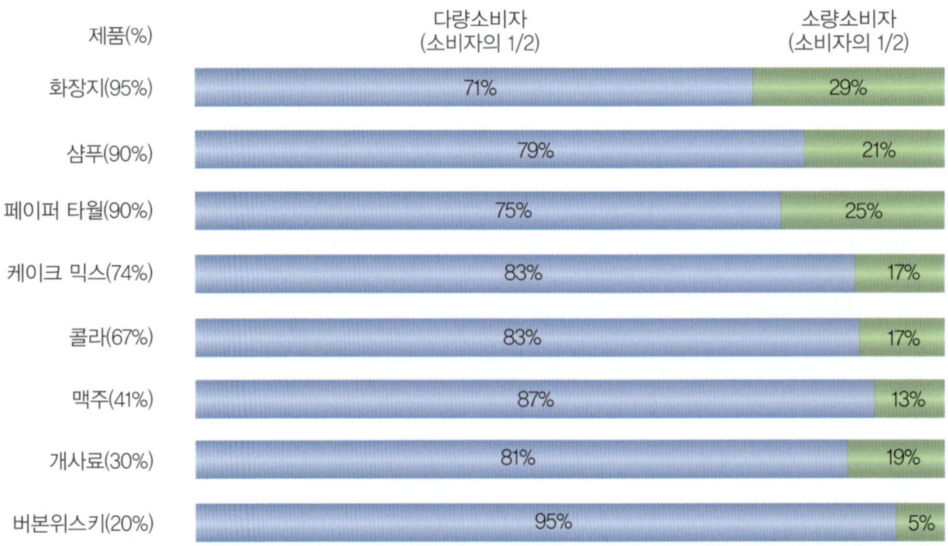

마케팅 Highlight

사용상황에 기반한 시장세분화 마케팅을 통해 프랜차이즈 시장에서 선도적 지위를 유지하고 있는 맥도날드

맥도날드는 사용상황에 따라 패스트푸드 시장을 세분화한 다음 각 세분시장을 적극적으로 공략하고 있다.

맥도날드는 한국소비자들의 라이프 스타일을 분석해 사용상황에 기반을 둔 표적마케팅을 추구함으로써 선도적 지위를 구축/유지하고 있다. 2006년 맥도날드가 업계 최초로 출시한 아침식사인 맥모닝은 아침을 거르는 바쁜 현대인들의 니즈와 라이프 스타일에 맞춰 빠르고 간편하면서도 영양을 생각한 메뉴로, 외식업계 아침식사 시장을 선도해 왔다. 맥도날드의 아침 메뉴 판매량은 2019년 기준 연간 약 1900만 개, 매일 약 5만 개 이상으로 시장조사업체 엔피디(NPD)그룹에 따르면 2019년 기준 아침식사 시장 점유율(50.4%) 1위다. 그리고 맥도날드는 점심식사 세분시장을 겨냥해 인기 버거세트를 할인된 가격으로 즐길 수 있는 맥런치 세트를 출시했다. 맥런치는 점심시간 동안 맥도날드의 대표적인 버거세트 메뉴를 할인된 가격으로 제공하는 프로그램으로, 다양한 버거세트를 가성비 있는 가격에 원하는 점심식사 고객을 타깃으로 한다. 맥런치는 빅맥, 맥스파이시 상하이 버거, 1955 버거, 베이컨 토마토 디럭스, 맥치킨 모짜렐라, 슈슈 버거, 쿼터파운더 치즈 등 맥도날드 고객들이 가장 선호하는 인기 버거세트 7종으로 구성되어 있으며 매일 오전 10시 30분부터 오후 2시까지 정가 대비 평균 약 14% 할인된 가격으로 판매한다. 점심식사 고객들은 할인된 가격으로 개인 취향과 입맛에 맞는 인기 버거세트를 선택할 수 있다.

또한 맥도날드는 2007년 업계 최초로 배달주문서비스인 맥딜리버리를 선보였다. 배달음식 하면 자장면이나 피자가 대부분이었을 때, 맥도날드는 과감히 버거 배달서비스를 도입함으로써 국내 딜리버리 시장의 판도를 바꾸어 놓았다. 맥도날드가 배달되는 지역을 일컫는 맥세권이라는 용어가 사용되고 지식백과에 등재될 정도로 맥딜리버리 서비스에 대한 인기가 높다. 1992년 부산 해운대점에 국내 최초 드라이브 스루인 '맥드라이브'를 도입해 고객이 자동차를 탄 채로 음식을 주문하고 받아갈 수 있도록 했다. 지금은 커피 전문점, 편의점 등 다양한 곳에서 드라이브 스루 매장을 볼 수 있지만, 맥도날드는 이미 1990년대 초반에 드라이브 스루를 도입해 새로운 세분시장을 개척했다.

자료원: 매경, 2021.02.25.

사용자의 인구통계적 특성, 라이프 스타일, 매체습관 등을 분석하는 데 최우선순위를 두어야 한다.

● **추구하는 편익**(혜택)

편익(혜택)세분화(benefit segmentation)는 제품사용으로부터 추구하는 혜택 혹은 편익(benefit)을 토대로 제품시장을 세분화하는 것이다. 혜택(편익)세분화는 소비자들이 제품군에서 추구하는 주요 혜택들, 각 혜택을 추구하는 소비자의 특성들, 그리고 이 혜택을 제공하는 주요 브랜드들을 파악하기 위해 수행된다. 가령 소비자들은 특정 브랜드의 치약을 선택할 때 '충치 예방을 위해', '이를 하얗게 하기 위해', '치주염 치료를 위해', '맛과 향이 좋아서', '경제적이기 때문에'와 같은 다양한 이유를 가질 수 있다. 마케터는 유사한 구매이유를 갖는 소비자들끼리 같은 세분시장으로 묶고, 각 세분시장이 원하는 편익을 충족시켜 줄 수 있는 차별적 제품을 개발/출시할 수 있다. 가령, LG생활건강 페리오46㎝는 독특한 브랜드 명으로 구취 제거와 예방이라는 제품편익을 효과적으로 전달했다. 사람들이 상대방에게서 구취가 나면 가까이 가기를 꺼려하는 것에서 아이디어를 얻어, 페리오46㎝는 구취를 사람 간 관계의 거리로 치환했다. 페리오46㎝는 사람과 사람이 가장 친밀함을 느끼는 46㎝ 거리까지 더 가까이 자신 있게 다가갈 수 있도록 도움을 줌으로써 사람들 사이에 친밀감과 유대감을 형성하는 데 도움을 주는 구취케어 브랜드로 포지션시켰다.

다른 예로 Gillette는 여성 면도기 시장을 추구하는 편익에 따라 세분화하고 각 세분시장에 맞는 면도기제품을 개발했다. Gillette는 추구하는 혜택에 따라 완벽한 면도를 원하는 여성소비자(잔털이 전혀 남지 않게 완벽하게 면도가 이루어지기를 원함), 편의성 추구 여성소비자(빠르고 편리한 면도를 원함), 피부보호 추

편익세분화의 예: Gillette는 여성 면도기 Venus를 여성소비자들이 추구하는 편익에 따라 몇 개의 세분시장으로 나누고 이에 맞추어 제품을 설계했다.

구 여성소비자(피부에 부담을 주지 않고 좋은 면도기를 원함), 실용성 추구 여성소비자(적당한 가격대의 기본적 성능을 갖춘 면도기를 원함) 등 4개의 세분시장으로 구분하고 이에 맞는 면도기 제품을 출시했다.

- **충성도 수준**(loyalty status)

기업은 제품시장을 소비자의 브랜드충성도에 따라 세분화될 수 있다. 브랜드충성도(brand loyalty)란 소비자가 동일 브랜드를 반복구매하는 성향을 말하는데, 소비자들은 제품브랜드(페리오), 소매점브랜드(신세계), 그리고 기업브랜드(현대자동차)에 대해 충성도를 가질 수 있다. 기업은 소비자들을 충성도 수준에 따라 '자사브랜드에 충성하는(loyal) 소비자집단', '다른 브랜드와 자사브랜드를 돌아가면서 구매하는 브랜드 전환 소비자집단(switchers)', '자사브랜드를 구매하지 않고 다른 브랜드들을 구매하는 비충성 소비자집단(non buyers)' 등 몇 개의 집단으로 나눌 수 있다.

어떤 소비자들은 항상 한 브랜드만을 구매하고 다른 사람들에게 그 브랜드에 대해 적극적으로 이야기할 정도로 매우 높은 충성도를 갖는다. 예를 들어, Apple은 규모가 작지만 Apple을 숭배하는 수준의(cult-like) 충성고객을 갖고 있다. 가령, macolytes는 Mac의 숭배자이다. Urbandictionary.com은 "macolytes"를 애플제품, 특히 매킨토시 컴퓨터에 열광적인 사람들로 정의하는데, "Mac Zealot"으로도 알려져 있다. 이들은 Apple제품을 자신의 분신이라고 생각하며 자신의 몸에 기꺼이 Apple 문신을 새긴다. 이들은 모든 Apple제품이 멋있고 섹시하다고 생각한다. Apple 열성팬인 macolytes는 Apple이 사업적으로 어려운 시기에 버틸 수 있도록 도왔고, Apple제국 구축의 선봉에 있다.

한편 다른 소비자들은 적당한 수준의 브랜드충성도를 갖고 있을 수 있다. 이들은 주어진 제품군 내에서 2~3개의 브랜드에 대해 충성도를 갖고 있거나 혹은 한 브랜드를 선호하지만 때때로 다른 브랜드들도 구입한다. 또 다른 구매자들은 어떤 브랜드에 대해서도 충성도를 갖지 않는다. 이들은 구매할 때마다 다른 브랜드를 원하거나 어떤 브랜드든 상관하지 않고 세일 중인 브랜드를 구매한다.

기업은 고객의 충성도 패턴을 분석함으로써 많은 것을 배울 수 있다. 마케터는 우선 자사제품에 충성적인 고객들을 연구하는 것으로부터 시작해야 한다. 예를 들어, Apple은 "macolytes(애플 충성고객집단)"를 분석함으로써 더 나은 제품과 광고 소구방식을 개발할 수 있다. 충성도가 높은 고객들은 브랜드에 대한 열정이 강하며, 블로그, 웹 팬사이트, 유튜브 동영상, 그리고 구전활동을 통해 자신이 좋아하는 브랜드를 적극적으로 촉진한다. 이에 따라 많은 기업들이 이들을 겨냥한 특별한 제품, 소구방식, 이벤트를 개발하는 등 열성팬들을 타깃으로 한 마케팅활동을 수행한다. 예를 들어, 아웃웨어 패션업체 Patagonia는 거친 자연환경에서 제품성능을 테스트하기 위해 충성도가 높고 자사브랜드를 진정으로 사랑하는 고객들을 활용했다. 한편 충성도가 상대적으로 낮은 고객집단을 분석함으로써 기업은 어떤 브랜드들이 자사와 가장 경쟁관계에 있는지와 자신의 마케팅 약점이 무엇인지를 발견할 수 있다.

마케터는 브랜드충성도에 따라 분류된 각 세분시장에 대해 차별적 마케팅전략을 추구해야 한다. 첫째, 자사브랜드를 구매하지 않는 비구매자집단에 대해서는 샘플을 증정하거나 자사에서 판매하는 다른 제품에 할인권이나 쿠폰을 끼워넣는 판촉행사를 통해 자사브랜드를 사용할 기회를 제공한다. 둘째, 여러 브랜드를 돌아가면서 구매하는 고객들에게는 경쟁업체로의 브랜드 전환을 방지하기 위해 동일제품군 내에 다양한 품목을 개발하거나, 다음 구매 시 할인을 해주는 쿠폰을 제공하는 판촉활동을 벌인다. 과자나 라면류의 제조업체는 다양한 종류의 제품브랜드들을 계속 개발하는데, 이는 고객이 브랜드를 전환하더라도 우리 회사의 브랜드들 중에서 구매가 일어나도록 하기 위한 의도이다.

● **사용자 수준**(user status)

제품시장은 비사용자, 과거 사용자, 잠재 사용자, 첫 번째 사용자, 정규 사용자로 세분화될 수 있다. 마케터들은 정규 사용자집단을 유지/강화하고, 타깃으로 정한 비사용자집단을 새로 유치하고, 이전 사용자들과의 관계를 부활시키기를 원한다.

생애주기상에서 새로운 변화를 경험하는 소비자들(가령, 갓 결혼한 부부나 출산으로 부모가 된 부부)은 후에 대량소비자로 바뀔 가능성이 있는 잠재 사용자집단에 속한다. 예를 들어, 새로 부모가 된 부부를 고객으로 만들기 위해 P&G는 Pampers Swaddlers 브랜드가 대다수의 산부인과 병원에서 갓 태어난 아기들에게 제공하는 기저귀라는 것을 강조한다. 조만간 새로운 부엌용품을 장만하게 될 새로 약혼한 쌍들을 고객으로 만들기 위해, 고급 부엌용품 및 취사도구를 판매하는 미국의 전문소매점인 William-Sonoma는 친구와 친척들이 선물할 수 있도록 신부가 작성한 선물목록(bridal registry)에서 최우선순위를 차지하기 위해 노력한다. "이 매장은 여러분의 것입니다(The Store Is Yours)."라는 프로그램을 도입해, 직접 매장을 방문해서 원하는 선물목록을 만들려고 하는 쌍들을 위해 예약에 의해 매장 문을 닫은 시간 이후에도 방문할 수 있도록 한다. 이 세분시장은 Williams-Sonoma에게 매우 중요한데, 예약을 신청한 사람들 중 절반가량은 Williams-Sonoma 브랜드를 처음으로 구매한 고객이기 때문이다.

(3) 바람직한 시장세분화가 갖추어야 할 조건

마케터는 다양한 시장세분화 기준을 이용해 제품시장을 세분화할 수 있다. 시장을 세분화하는 방법은 많지만, 모든 세분화가 효과적이지는 않다. 예를 들어, 식용소금 구매자들은 머리카락의 색상을 토대로 소비자들을 구분할 수 있지만, 머리색깔이 소금의 구매에 영향을 미치지는 않는다. 나아가 만일 모든 소금 구매자들이 매달 같은 양을 구매하고, 모든 소금제품들이 동일하다고 믿고, 같은 가격을 지불하기를 원한다면, 회사는 시장세분화를 할 필요가 없다.

시장세분화가 마케팅전략에 유용하게 사용되기 위해서는 세분시장들은 다음과 같은 조건을 갖추어야 한다.

첫째, 각 세분시장은 서로 이질적(heterogeneous)인 소비자욕구를 가져야 한다. 기업은 전체 시장을 세분화하고 선정된 세분시장에서 제품개발, 광고 및 판촉, 유통망 개척 등을 실행하는 데 있어 많은 투자를 필요로 한다. 따라서 한 세분시장의 고객욕구가 다른 세분시장과 별 차이가 없다면 구태여 시장을 구분하여 별도의 마케팅노력을 기울일 필요가 없다. 그러므로 특정 세분시장의 소비자욕구가 다른 세분시장을 겨냥한 제품으로 충족시킬 수 없을 정도로 상이한 경우에만 세분시장으로서 의미를 갖게 된다.

둘째, 각 세분시장은 충분한(substantial) 시장규모를 가져야 한다. 특정 세분시장의 고객욕구가 다른 세분시장과 상이하다 하더라도 고객의 수나 예상되는 매출이 충분치 못하다면 세분시장으로서의 매력도를 상실하게 된다. 표 6-2에서 볼 수 있듯이 코카콜라는 다양한 제품을 생산할 수 있지만, 카페인함량이 적고, 저칼로리의, 체리향 콜라(Diet Low-caffeine Cherry Coke)를 얼마나 많은 소비자들이 구매할지를 확신할 수 없다면 이 세분시장을 겨냥한 신제품을 개발할 수 없을 것이다.

표 6-2 맛과 성분에 따른 콜라시장 세분화의 예

Original	New Coke	Coke Classic	Cherry New Coke	Cherry Coke Classic
Diet Low Caffeine Low Diet Caffeine No Caffeine Diet No Caffeine	Diet New Coke Low Caf New Coke Low Caf Diet New Coke No Caf New Coke No Caf Diet New Coke	Diet Coke Classic Low Caf Coke Classic Low Caf Diet Coke Classic No Caf Coke Classic No Caf Diet Coke Classic	Diet Cherry New Coke Low Caf Cherry New Coke Low Caf Diet Cherry New Coke No Caf Cherry New Coke No Caf Diet Cherry New coke	Diet Cherry Coke Classic Low Caf Cherry Coke Classic Low Caf Diet Cherry Coke Classic No Caf Cherry Coke Classic No Caf Diet Cherry Coke Classic

셋째, 각 세분시장에 대한 접근이 용이하도록(accessible) 시장세분화가 이루어져야 한다. 세분시장 내 고객들에게 자사제품 정보를 전달하기 위한 마케팅 커뮤니케이션방법을 개발할 수 없다면, 적절한 시장세분화가 이루어진 것으로 보기 어렵다. 예를 들어, 30세 전후의, 직장을 갖고 있는 싱글 여성집단에 접근하기 위해서는 이들의 관심사가 무엇이며, 이들이 즐겨 보는 TV 프로그램이나 즐겨찾는 인터넷사이트가 어떤 것인지가 파악되어야 한다. 그들이 즐겨 이용하는 매체를 통해 자사제품의 차별적 특성을 전달하지 못한다면, 연령, 직업, 결혼 여부 및 성별을 토대로 나누어 시장을 세분화하는 것(30세 전후의 직장을 갖고 있는 싱글 여성집단)은 별 의미를 갖지 못할 것이다.

넷째, 각 세분시장의 특징과 크기를 측정할 수(measurable) 있어야 한다. 마케터는 각 세분시장 내 소비자의 인구통계적 특성이나 라이프 스타일 등을 파악할 수 있어야 표적시장에 대한 차별적 마케팅전

략 수립이 가능하다. 만약 세분시장 내 고객의 수가 얼마나 되고, 어떤 특성을 갖고 있는지를 모른다면, 고객의 욕구에 맞는 제품개발이나 판촉전략을 세우는 것이 불가능하며, 제품이 개발되더라도 소비자에게 효과적으로 접근할 수 없을 것이다. 예를 들어, 프리미엄 아이스크림을 즐겨 먹는 고객들의 규모는 어느 정도이며, 일반 아이스크림을 주로 먹는 고객들과 인구통계적 특성에서 어떤 차이가 있는지를 알아야, 이 세분시장에 대한 적절한 마케팅전략을 수립할 수 있다.

02 표적시장 선정(Market Targeting)

시장을 복수의 세분시장들로 나누었다면, 다음으로 '어떤 고객집단을 상대로 마케팅노력을 기울일 것인가?'에 답을 할 차례이다. 시장세분화를 통하여 전체 제품시장을 복수의 세분시장들로 구분했다면, 마케터는 그 다음 단계로 각 세분시장의 상대적 매력도를 평가하고 이들 중 하나 또는 그 이상을 표적시장으로 선정한다. 다음에서는 기업이 각 세분시장들을 평가하고 표적시장을 선정하는 과정에 대해 자세히 살펴보기로 한다.

2.1 각 세분시장의 평가

세분시장들을 평가할 때 기업은 각 세분시장의 크기와 성장성, 구조적 매력도, 그리고 기업의 목표와 자원 등 세 가지 요인을 고려해야 한다. 첫째, 기업은 각 세분시장의 현재 매출, 성장률, 기대수익 등과 관련된 자료를 수집/분석해야 한다. 기업은 적절한 규모와 성장성을 갖춘 세분시장을 선정하고 싶을 것이다. 그러나 적정 규모와 성장성은 상대적인 개념이다. 가장 규모가 크고 성장속도가 빠른 세분시장이 항상 모든 기업에게 가장 매력적인 것은 아니다. 중소기업들은 규모가 큰 세분시장을 공략하는 데 필요한 역량과 자원이 부족할 수 있다. 혹은 이 세분시장에서 기업 간 경쟁이 너무 치열한 것으로 판단할 수도 있다. 이런 경우 기업들은 보다 규모가 작고 덜 매력적이지만 수익가능성이 높은 세분시장을 타깃으로 할 수 있다.

기업은 또한 세분시장의 장기적 매력도에 영향을 미치는 구조적 요인들을 검토할 필요가 있다. 예를 들어, 만일 세분시장 내에 이미 강력하고 공격적인 여러 경쟁자들이 진출해 있다면, 이 세분시장은 덜 매력적이다. 그리고 실제로 또는 가능한 대체품들이 많이 존재한다면, 이 세분시장에서 실현할 수 있는 가격과 수익을 제한할 것이다. 구매자들의 상대적 힘도 세분시장의 매력도에 영향을 미친다. 만약 구매자들이 판매자에 비해 상대적으로 강한 교섭력을 갖고 있다면, 이들은 가격을 인하하도록, 그리고 더 많은 서비스를 제공하도록 요구하고, 경쟁자들끼리 경합을 붙임으로써 판매자의 수익성을 악화시킬 수 있다. 마지막으로, 만일 시장에 원자재 공급가격을 통제하거나 주문한 제품과 서비스의 품질과 양을 낮출 수 있는 강력한 공급업자들이 존재한다면, 그 세분시장은 덜 매력적일 것이다.

세분시장이 적정 규모와 성장가능성을 갖고 있고 구조적으로 매력적일지라도, 기업은 자신의 목표와 자원이 적절한지를 고려해야 한다. 일부 매력적인 세분시장들은 회사의 장기적인 목표와 부합되지 않기 때문에 곧바로 고려대상에서 제외될 수 있다. 혹은 기업은 매력적인 세분시장에서 성공하기 위한 역량과 자원이 부족할 수도 있다. 예를 들어, 승용차 시장에서 경제성 추구 세분시장이 시장규모가 크고 빠르게 성장하고 있다고 하자. 그러나 고성능의 최고급 승용차를 생산하는 BMW가 이 세분시장에 진출하는 것은 기업의 목표와 보유자원이라는 측면에서 합당하지 않을 수 있다. 기업은 탁월한 고객가치를 창출하고 경쟁우위를 갖는 세분시장에만 진입해야 한다.

2.2 표적 세분시장의 선정

각 세분시장의 매력도를 평가한 후, 기업은 어떤 세분시장, 그리고 얼마나 많은 세분시장들을 표적시장으로 삼을 것인지를 결정해야 한다. 표적시장(target market)은 기업이 진출하기로 결정한, 그리고 공통의 욕구 혹은 특징을 갖고 있는 구매자들의 집합을 말한다.

표적시장 선정은 서로 다른 수준에서 이루어질 수 있다. 그림 6-4 에서 볼 수 있듯이 표적시장 선정전략은 표적시장의 범위를 얼마나 넓게 잡느냐에 따라 비차별적 마케팅전략, 차별적 마케팅(혹은 세분화 마케팅)전략, 집중(틈새) 마케팅전략, 그리고 미시 마케팅전략으로 구분될 수 있다 .

그림 6-4 표적시장 선정전략의 유형

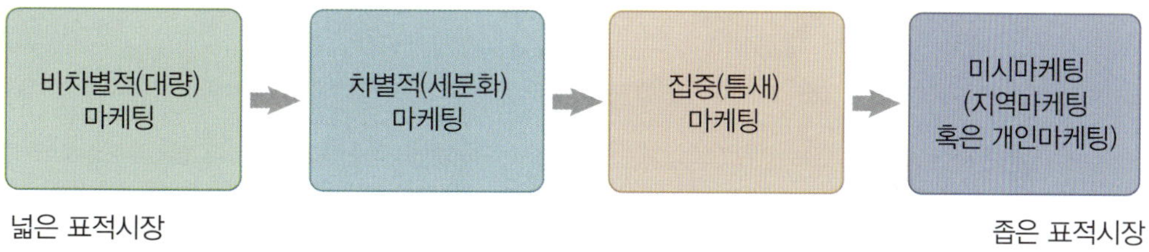

비차별적 마케팅(undifferentiated marketing) 혹은 **대량마케팅**(mass-marketing) 전략은 세분시장 간 차이를 무시하고 전체 시장 혹은 가장 규모가 큰 대중시장을 표적으로 하나의 제공물을 제공하는 것이다. 이러한 전략은 고객욕구의 차이점보다는 공통점에 초점을 맞춘다. 기업은 대다수의 구매자들에게 어필할 수 있는 제품과 마케팅프로그램을 설계한다. 비차별화 전략은 제품수명주기의 도입기나 시장이 명확하게 세분화되지 않은 경우에 적절하다. 예를 들어 70년대 중반까지 코카콜라는 한 종류의 콜라만을 생산했으며, 국내 이동통신시장의 경우 90년대 후반까지 모토롤라 휴대폰이 전체 시장에서 독점적 지위를 유지했다.

앞 장에서 언급했듯이 대부분의 현대 마케터들은 이러한 표적시장 선정전략에 대해 의구심을 갖는다. 모든 고객들을 만족시키는 한 가지 제품이나 브랜드를 개발하는 것이 어렵기 때문이다. 나아가 대량마케터들은 종종 보다 집중화된 마케팅프로그램을 사용해 특정 세분시장이나 틈새시장(niche)의 욕구를 더 잘 충족시키는 기업들과 경쟁하는 데 어려움을 겪는다.

차별적 마케팅(differentiated marketing) 혹은 **세분화 마케팅**(segmented marketing) 전략은 여러 세분시장을 표적시장으로 선정하고, 각 세분시장별로 서로 다른 시장제공물을 개발하는 시장커버리지전략을 말한다. 차별적 마케팅전략은 여러 세분시장에 동시에 투자를 해야 하므로 재원이 뒷받침될 수 있을 정도로 규모가 큰 기업들에 적절하다. 현대자동차는 소형차 엑센트, 준중형차 아반떼, 중형차 소나타, 중대형차 그랜저, 대형차 제너시스, 럭셔리 제네시스 등 승용차 세분시장별로 제품라인을 차별화하고 있다. 기아 자동차도 K3에서부터 K9에 이르기까지 서로 다른 승용차브랜드를 갖고 있는데, 각 브랜드는 서로 다른 특성의 세분시장을 타깃으로 한다. Gap은 서로 다른 패션 세분시장들의 다양한 욕구를 충족시키기 위하여 Gap, Banana Republic, Old Navy, 그리고 Forth & Towne이라는 네 개의 패션브랜드를 갖고 있다.

차별화전략을 채택한 기업들은 흔히 한두 개의 세분시장을 집중적으로 공략하여 경쟁우위를 확보한 후, 유통이나 생산시설 등의 공유를 통해 경쟁자보다 비교우위를 가질 수 있는 세분시장으로 표적시장

차별적 마케팅전략의 예: Gap은 서로 다른 패션 세분시장들의 다양한 욕구를 충족시키기 위하여 Gap, Banana Republic, Old Navy, 그리고 Forth & Towne 등 복수의 패션 브랜드를 갖고 있다.

의 범위를 넓혀가게 된다. 예를 들어, CJ는 식품류와 생활용품 판매를 통해 슈퍼마켓 유통을 확보한 후 동일한 유통경로를 통해 화장품을 판매함으로써 유통망 개척에 소요되는 비용을 줄이고 가격경쟁력을 확보할 수 있었다.

차별화 마케팅전략은 세분시장에 따라 제품과 마케팅프로그램을 달리 함으로써 기업은 각 세분시장에서 더 높은 매출과 더 강력한 포지션을 기대할 수 있다. 여러 세분시장에서 강력한 포지션을 구축하는 것은 모든 세분시장들을 대상으로 비차별적 마케팅을 수행하는 것보다 더 많은 총매출을 실현할 수 있도록 한다. 차별적 마케팅을 추구하는 Hallmark는 미국 축하카드시장에서 50퍼센트의 점유율을 차지한다. 이와 비슷하게 Tide, Cheer, Gain, Era, Ivory Snow, Dreft 등 서로 다른 세분시장을 타깃으로 하는 6개 세탁세제 브랜드를 보유한 Procter & Gamble은 가장 강력한 경쟁자인 Unilever보다 4배의 시장점유율을 차지하고 있다.

그러나 차별적 마케팅의 도입은 사업운영비용을 증가시킨다. 말하자면, 각 세분시장에 맞추어 10개 제품을 각각 10개씩 만드는 데 드는 비용은 한 제품을 100개 만드는 데 드는 비용보다 훨씬 높을 것이다. 또한 각 세분시장별로 서로 다른 마케팅계획을 개발해야 하므로 추가적인 마케팅조사, 판매예측 분석, 촉진계획, 유통관리가 요구된다. 그리고 세분시장별로 서로 다른 광고 캠페인을 실행해야 하므로 촉진비용이 증가한다. 따라서 기업은 차별적 마케팅전략 도입 여부를 결정할 때 그로 인한 매출의 증가와 비용의 증가를 비교분석해 보아야 한다.

집중적 마케팅전략의 예: 미국의 Whole Foods Market은 규모는 작지만 고급 식료품을 원하는 식도락가집단을 타깃으로 해 빠르게 성장했다.

집중적 마케팅(concentrated marketing) 혹은 **틈새시장 마케팅**(niche marketing) 전략은 큰 시장에서 작은 점유율을 추구하는 대신 하나 혹은 소수의 작은 세분시장 또는 틈새시장에서 높은 점유율을 추구하는 시장커버리지전략이다. 이는 자원이 제한되어 있는 기업이 주로 사용하는 표적시장 선정전략이다. 예를 들어, 미국의 Whole Foods Market은 Kroger, Walmart와 같은 대규모 소매업체들에 비해 상대적으로 규모는 작지만 고급 식료품을 원하는 식도락가집단을 타깃으로 함으로써 규모가 큰 경쟁사보다 더 빠르게 성장하고 더 많은 수익을 내고 있다. Whole Foods는 Walmart가 제대로 된 서비스를 제공하기 어려운 부유층을 타깃으로 유기농식품, 천연식품, 식도락가를 위한 식품 등을 취급한다. 쿠쿠로 유명한 성광전자는 가전제품 중 전기밥솥에 집중한다.

집중적 마케팅을 추구하는 기업은 틈새시장에서의 소비자 욕구에 대한 풍부한 지식과 이 시장에서 쌓은 높은 명성을 이용하여 강력한 시장 포지션을 확보할 수 있다. 기업은 주의 깊게 정의된 세분시장들의 욕구에 맞추어 제품, 가격, 그리고 촉진프로그램을 조율함으로써 보다 효과적으로 제품을 판매할 수 있다. 또한 기업은 제품과 서비스, 유통채널, 그리고 커뮤니케이션 프로그램을 자신이 가장 잘 만족시킬 수 있고 가장 많은 수익을 낼 수 있는 소비자들에게만 겨냥함으로써 보다 효율적으로 제품을 판매할 수 있다.

틈새시장전략은 소규모 기업들로 하여금 대규모 경쟁자들이 중요하게 여기지 않거나 간과할 수 있는 틈새시장을 상대로 제한된 자원을 집중할 수 있게 한다. 많은 회사들이 규모가 크고 자원이 풍부한 경쟁사들에 대항하기 위한 교두보를 마련하기 위하여 틈새시장 사업자(nicher)로 사업을 시작하지만, 어느 정도 성장하게 되면 보다 넓은 시장에서 경쟁하게 된다. 예를 들어, Southwest Airline은 텍사스에서 식음료제공 등의 부가서비스가 제공되지 않는 주(州) 내 통근자들을 대상으로 항공사업을 시작했지만, 지금은 미국에서 가장 큰 항공사들 중 하나이다. 그리고 Enterpise Rent-A-Car는 공항 등의 입지에서 Hertz나 Avis와 같은 대기업과 경쟁하는 대신 동네 사무실 네트워크를 구축하면서 미국에서 대규모 렌트카 회사 가운데 하나로 성장했다.

차별적 마케팅은 틈새시장에서 경쟁우위를 확보함으로써 높은 수익을 창출할 수 있는 장점을 갖지만, 고객욕구가 변하거나 유통, 생산, 광고 등에서 규모의 경제를 갖는 대기업이 진출할 경우 이에 대처하기 어렵다는 단점을 갖는다. 이런 이유들 때문에 많은 기업들이 하나의 세분시장에 의존하기보다는 복수의 세분시장들로 자신의 사업을 다각화하는 것을 선호한다.

차별적 마케팅과 집중적 마케팅을 사용하는 마케터들은 각각 여러 세분시장과 틈새시장의 고객욕구에 맞춰 제공물과 마케팅프로그램을 조정한다. 그러나 이들은 각 개별 소비자에 맞추어 그들의 제공물을 고객화하지는 않는다. **미시마케팅**(micro marketing) 혹은 **개인마케팅**(individual marketing)은 특정 개인이나 지역의 기호에 맞추어 제품과 마케팅프로그램을 조정하는 것이다. 개인마케팅은 **일대일 마케팅**(one-to-one marketing), **대량 개별고객화**(mass customization) 등으로 불리기도 한다.

대량마케팅이 광범위하게 사용됨에 따라 과거 수세기 동안 소비자들이 개별고객으로 서비스를 받아 왔다는 사실이 우리 기억에서 사라지게 되었다. 과거 재단사는 맞춤형 양복을 만들었고, 구두수선공은 개인을 위한 신발을 디자인했고, 진열장 메이커는 주문을 받아 가구를 만들었다. 그러나 오늘날 새로운 기술의 등장은 많은 기업들로 하여금 개별화된 마케팅으로 회귀할 수 있도록 해주고 있다. 보다 상세해진 고객정보를 담은 데이터베이스, 로봇을 이용한 자동생산(robotic production)과 유연 생산방식, 그리고 이메일과 인터넷과 같은 상호작용적 커뮤니케이션 미디어 등이 결합되어 대량 개별고객화가 가속화되었다. **대량 개별고객화**(mass customization)는 기업이 고객의 개별욕구에 맞춰진 제품이나 서비스를 디자인하기 위해 다수의 고객들과 일대일로 상호작용하는 과정이다.

이제 컴퓨터, 캔디, 의상 및 골프채 등 모든 유형의 제품을 판매하는 회사들은 개별 구매자의 욕구에 맞추어 제공물을 개별화하고 있다. 가령, 대량 개별고객화 전략을 추구하는 나이키는 2000년 도입했던 커스텀 서비스 '나이키iD'를 2019년 '나이키 By You'로 개편했다. 개인 소비자들은 나이키 앱에서 커스텀 운동화를 가상으로 꾸민 뒤 그림파일을 소셜미디어에 공유할 수도 있다. 2019년 삼성전자도 밀레니얼 세대(1980~2000년대 출생)를 겨냥해 문짝의 개수, 색상, 소재 등을 마음대로 바꿀 수 있는 맞춤생산 냉장고브랜드 비스포크를 출시했다. 고객관점에서 본 맞춤형 제품과 서비스의 마케팅 시사점은 무엇일까? 자신을 가장 소중하게 여기기 때문에 미미미(Me Me Me) 세대라고도 불리는 MZ세대에게 있어 맞춤형 제품은 자기애 표현과 자아실현의 도구가 된다. 제품의 공동생산자로 참여하는 소비자는 구입한 브랜드와 일대일 관계를 맺으며 특별대우를 받는다는 느낌을 경험한다. 그리고 제품의 구매과정에 투입한 노력 때문에 소유한 브랜드에 대해 더욱 애착을 갖게 된다. 기업은 이 과정에서 고객관계구축의 미래자산이 될 고객데이터를 확보한다.

B-to-B 마케터들도 자사의 제공물을 개별화하기 위한 새로운 방안들을 고안하고 있다. 예를 들어, John Deere는 개별고객이 원하는 규격에 맞추어 2백만 개가 넘는 여러 버전(version)의 씨뿌리기 장비를 생산한다. 그 장비는 한 생산라인에서 차례차례로 한 번에 한 개씩 생산된다. 대량 개별고객화는

대량 개별고객화의 예: 고객맞춤서비스를 이용해 만든 자신만의 나이키 운동화

마케팅 Highlight

나만의 제품 전성시대 - 날개 단 소비자 맞춤형 상품

2일 오후 서울 신사동 '조던 서울' 매장. 나이키가 지난 5월 말 개장한 5층짜리 플래그십 스토어(브랜드 정체성이 담긴 대형 매장)에 들어서자, 티셔츠 인쇄 기계, 실타래, 가위, 스프레이, 붓 등 의류생산공장에나 있을 법한 도구들이 눈에 들어왔다. 이곳 1층은 나이키 조던 운동화와 티셔츠 · 모자를 마음대로 색칠하거나 인쇄하고 장식할 수 있는 '커스텀' 매장이다. 커스텀은 손님이 원하는 제품을 만들어 주는 맞춤 제작 서비스인 '커스터마이제이션(customization)'을 줄여 부르는 말이다. 이날 매장 곳곳에는 스니커즈 아티스트들이 꾸민 운동화가 전시돼 있었다. 매장 직원은 "누구나 새하얀 운동화를 도화지 삼아 '나만의 에어 조던'을 만들 수 있다"고 했다. 한 40대 손님은 "학창 시절 하얀 실내화에 유성펜으로 나이키 로고를 그려 넣었던 일이 생각난다"고 했다.

최근 소비자 맞춤형 제품과 서비스가 쏟아지고 있다. 몇 년 전까지만 해도 기업이 맞춤형 제품을 생산하려면 시간과 비용이 많이 들고, 재고관리에도 어려움이 있었다. 하지만 요즘에는 스마트폰 앱에서 클릭 몇 번으로 맞춤형 제품을 가상으로 만들어 볼 수 있고, 빅데이터로 수요를 미리 예측해 재고를 줄일 수 있다. 공급자보다는 소비자 수요에 맞춘 온디맨드(on-demand · 주문형) 경제가 보편화되고 있는 것이다.

가구업계에서는 사용자 취향, 생활습관, 공간에 따라 자유자재로 조합할 수 있는 모듈(module · 부품) 가구가 대세다. 유럽 USM · 스트링 · 스위스모빌리아 같은 조립식 가구가 인기를 끌자, 한샘 · 현대리바

서울 신사동에 위치한 '조던 서울' 플래그십 매장 1층의 메이커스 스튜디오에서는 나만의 나이키 운동화, 티셔츠, 모자를 만들 수 있다.

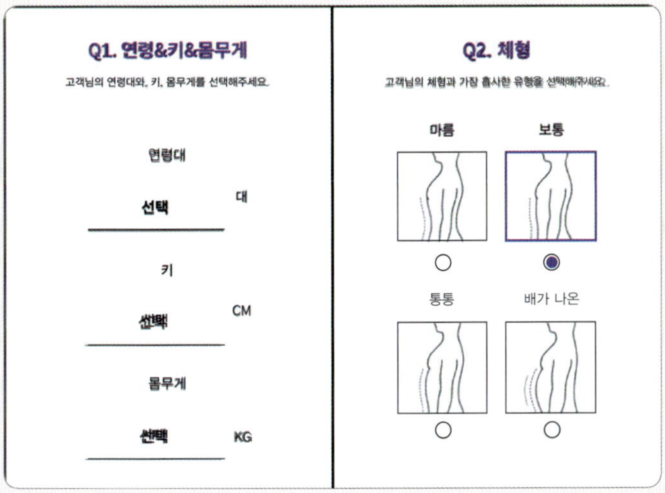

셔츠스펙터

트 · 까사미아 등도 일제히 합리적인 가격대의 모듈 가구를 출시했다.

빅데이터와 AI(인공지능)도 맞춤형 제품 보급에 큰 역할을 하고 있다. 닥스 셔츠 등을 만드는 셔츠업체 트라이본즈는 IT · 빅데이터 기술을 활용해 맞춤셔츠 문턱을 낮췄다. 남성고객 100만 명의 셔츠패턴 정보를 보유한 이 회사는 최근 AI 사이즈 시스템을 개발, 온라인으로 3분 만에 사이즈를 측정할 수 있는 맞춤셔츠 플랫폼 '셔츠 스펙터'를 출시했다.

삼성전자가 2019년 중순부터 선보이고 있는 '맞춤형 생활가전'도 이와 비슷한 맥락이다. 삼성전자는 밀레니얼세대(1980~2000년대 출생)를 겨냥해 문짝의 개수와 색상, 소재 등을 마음대로 바꿀 수 있는 '비스포크(Bespoke · 맞춤 생산) 냉장고'를 판매하고 있다. 모듈을 어떻게 조립하느냐에 따라 2만2000개 조합이 나온다. 다(多)품종 소량생산(mass customization) 전략을 추구하는 나이키는 2000년 첫선을 보였던 커스텀 서비스 '나이키iD'를 2019년 '나이키 By You'로 개편했다. 나이키 앱에서는 누구나 커스텀 운동화를 가상으로 꾸민 뒤, 그림 파일을 소셜미디어에 공유할 수 있다.

맞춤형 제품과 서비스는 젊은 세대에서 인기를 끌고 있다. 자기 자신이 가장 소중해 '미미미(Me Me Me) 세대'라고 불리는 MZ세대에게 맞춤형 제품은 자기애(愛)의 표현이자, 자아실현의 도구가 된다. 상품의 공동 생산자로 참여한 소비자는 브랜드와 일대일 관계를 맺으며 특별 대우를 받는 듯한 만족감을 얻는다. 내 손으로 조립한 이케아 가구처럼, 제품에 투입한 노동 때문에 그 제품에 더욱 애착을 갖는다. 기업은 이 과정에서 미래가치인 소비자 데이터를 확보한다.

자료원: 조선일보, 2020.09.04.

경쟁사와의 경쟁에서 살아남는 데 유용한 방안이 되고 있다.

대량생산이 20세기의 마케팅 원리였다면, 대량 개별고객화는 21세기의 마케팅원리가 되고 있다. 고객을 개별적으로 모셨던 과거의 좋은 시절에서 어떤 기업도 개별고객의 이름을 몰랐던 대량마케팅으로, 그리고 다시 개별화시대로 되돌아가는 순환과정을 거치고 있는 것이다.

2.3 표적시장 선정전략 선택 시 고려요인

기업은 시장표적화 전략 혹은 표적시장 선정전략(market targeting strategy)을 선택함에 있어 많은 요인들을 고려할 필요가 있다. 어떤 전략이 가장 좋은지는 회사의 보유자원에 달려 있다. 회사의 자원이 제한적일 때, 집중적 마케팅이 합리적일 것이다. 그리고 가장 좋은 표적시장 선정전략은 제품의 변형성(product variability)에 의해서도 영향을 받는다. 비차별화 마케팅은 포도나 강철 같은 표준화된 제품에 적합하다. 카메라, 자동차와 같이 디자인에 있어서 차이가 많은 제품은 차별적 마케팅 혹은 집중적 마케팅이 적합하다. 제품수명주기도 고려되어야 한다. 회사가 신제품을 소개할 때는 하나의 버전을 시판하는 것이 실용적이므로, 비차별적 마케팅이나 집중적 마케팅 전략이 합리적일 것이다. 그러나 제품수명주기상에서 성숙단계에 있는 경우에는 고객의 다양한 요구에 맞추어 다양한 제품을 제공하는 차별적 마케팅이 보다 합리적인 대안이 될 것이다.

또 다른 요인은 시장다양성(market variability)이다. 만일 모든 구매자가 동일한 기호를 갖고, 같은 양을 구입하고, 마케팅활동에 대해 같은 방식으로 반응한다면, 비차별적 마케팅이 적절하다. 마지막으로 경쟁사들의 표적시장 선정전략도 중요하다. 경쟁사가 차별적 마케팅이나 집중적 마케팅을 사용하고 있는 경우, 비차별적 마케팅은 자살행위나 다름없다. 반대로 경쟁사가 비차별적 마케팅을 사용할 경우에는, 기업은 세분시장들의 상이한 구매자 욕구에 초점을 맞추는 차별적 마케팅 또는 집중적 마케팅을 사용함으로써 경쟁우위를 얻을 수 있다.

2.4 사회적으로 바람직한 표적시장 마케팅

현명한 표적시장 전략은 가장 잘 만족시킬 수 있고 수익성이 높은 세분시장들에 마케팅활동을 집중함으로써 효과적이고 효율적으로 회사를 운영할 수 있도록 도와준다. 회사는 표적시장 전략을 통해 고객에게도 혜택을 줄 수 있다. 기업이 고객의 욕구를 만족시킬 수 있도록 맞춰진 제공물을 갖고 특정 소비자집단들에게 다가갈 수 있기 때문이다. 그러나 표적시장 마케팅은 때때로 논란과 우려를 초래한다. 가장 큰 이슈는 논쟁의 여지가 있거나 잠재적으로 고객에게 해를 끼칠 수 있는 제품을 가지고 불리한 조건의 취약 소비계층을 표적으로 하는 경우이다. 예를 들어, 오랫동안 시리얼, 장난감에서 패스트푸드와 패션에 이르기까지 다양한 산업의 마케터들이 아동을 대상으로 한 마케팅 노력에 대해 비판을 받아왔다. 비판은 의인화된 사랑스러운 캐릭터의 입을 통해 전달되는 프리미엄 제안과 광고소구가 아이들을 무방비상태로 만든다는 것이다. 다른 문제는 의도적이든 우연이든 성인용품에 대한 마케팅이 아이들에게 영향을 끼칠 수 있다는 것이다. 예를 들어 성인여성용 란제리브랜드 Victoria's Secret은 18세에서 30세의 여성을 타깃으로 참신하고, 유행에 앞서 가며, 섹시한 의상으로 구성된 Pink 라인을 출시해 큰 성공을 거두었다. 그러나 비판가들은 Pink 라인이 10대 초반의 어린 소녀들에게도 큰 인기를 끌고 있다는 점에 대해 비난한다. Victoria's Secret의 섹시한 디자인과 마케팅 메시지에 반응하여 10~12세의 어린 소녀들이 부모와 함께 또는 혼자 매장으로 몰려와 Pink 라인을 구매하고 있다. 비판가들은 란제리, 화장품에서부터 Barbie 인형에 이르기까지 거의 모든 제품의 마케터들이 직·간접적으로 어린 여성을 타깃으로 자극적인 제품을 판매함으로써 성숙되지 않은 상태에서 성과 외모에 관심을 갖도록 부추기고 있다고 우려한다.

성인여성용 란제리브랜드 Victoria's Secret은 18세에서 30세의 여성을 타깃으로 한 Pink 라인을 출시해 성공을 거두었지만, 10대 초반의 소녀들에게 성과 외모에 관심을 갖도록 부추겼다는 비난을 받는다.

표적시장 마케팅 수행에 대한 논란은 마케터들이 표적 세분시장의 희생으로 수익을 얻으려고 할 때 생겨난다. 즉, 마케터들이 정당하지 않게 취약한 세분시장을 표적시장으로 삼거나 혹은 그들에게 의심스러운 제품 혹은 마케팅전술을 제공할 때 논란이 발생되는 것이다. 사회적으로 바람직한 마케팅을 실행하기 위해 마케터들은 기업과 고객 모두에게 혜택을 가져다 줄 수 있는 시장세분화와 표적시장 선정전략을 추구해야 한다.

03 포지셔닝 전략

표적세분시장이 선정되면, 마케터는 그 다음 단계로 표적시장 고객들에게 자사제품이 경쟁제품에 비해 어떤 차별점을 갖고 있는지를 전달하기 위해 제품포지셔닝전략을 개발해야 한다. **제품포지셔닝**(product positioning)이란 타깃소비자의 마음속에 자사제품의 차별적 우위를 구축하기 위한 노력을 말한다. **제품포지션**(product position)은 표적소비자의 마음속에 경쟁제품들과 비교해 자사제품들이 차지하는 상대적 위치인데, 결정된 제품포지션은 제품개발, 광고, 판촉 등과 같은 마케팅믹스 수단들의 통합적 관리를 통해 실현된다. Method 세탁세제는 경쟁제품에 비해 현명하고, 사용하기 쉬우며, 환경친화적인 제품으로 포지션된 반면 P&G의 Tide 세제는 세척력이 강하면서 다용도의 가족용 세제로 포지션되어 있다. 자동차시장에서 기아자동차의 모닝은 경제적인 차로 포지션되고, Mercedes와 Cadillac, 제네시스 G90은 최고급 승용차로, 그리고 Porsche와 BMW는 고성능으로 포지션되어 있다.

제품은 공장에서 만들어지지만, 브랜드포지션은 소비자의 마음속에서 만들어진다. 소비자들은 제품과 서비스에 대한 너무 많은 정보로 인해 과부하상태에 있다. 소비자들은 제품을 구매할 때마다 그 제품을 재평가할 수 없다. 구매과정을 단순화하기 위하여 소비자들은 제품, 서비스, 회사들을 몇 개의 카테고리로 분류한 다음, 이들을 자신의 마음속에 포지션시킨다. 소비자들은 마케터의 도움을 받아 또는 도움이 없이도 제품을 포지션한다. 기업은 제품 포지션이 소비자의 손에 의해 좌우되도록 내버려 두어서는 안 된다. 마케터는 선정된 표적시장에서 자사제품에게 경쟁우위를 제공하는 차별적 포지션을 기획하고, 계획된 포지션을 실제로 창출하기 위한 마케팅믹스를 설계해야 한다.

3.1 포지셔닝 전략의 유형

브랜드의 전반적인 포지셔닝은 브랜드의 **가치제안**(value proposition)이라고도 불리는데, 브랜드 가치제안은 브랜드를 차별화시키고 포지션시키는 데 근간이 되는 혜택들을 말한다. 이는 왜 이 브랜드를 사야 하는가라는 고객의 질문에 대한 기업의 대답이다. 볼보의 가치제안은 핵심혜택인 안전성뿐만 아니라 신뢰성, 공간성, 그리고 스타일링 등의 혜택도 포함하는데, 지불해야 하는 가격은 평균보다 높지만 이러한 혜택들의 조합을 고려하면 그 가격을 받을 만해 보인다.

기업은 소비자의 마음속에 자사제품을 포지션(position)시키는 데 있어 다음과 같은 대안들을 고려할 수 있다.

(1) 가격과 제품속성에 기반한 포지셔닝

독특한 디자인으로 차별화를 시도한 기아자동차 소울

이는 표적소비자들이 중요하게 생각하는 제품속성에서 자사제품이 차별적 우위를 갖고 있음을 강조하는 것이다. 가령, 신사복 메이커인 파크랜드는 경제성을 추구하는 소비자들에게 소구한다. Volvo 자동차는 안전성을, 기아자동차의 소울은 독특한 디자인을, 그리고 LG전자의 OLED TV는 뛰어난 화질을 강조한다.

(2) 사용상황에 따른 포지셔닝

이는 제품이 사용될 수 있는 적절한 상황과 용도를 자사제품과 연계시키는 것이다. 예컨대, 술마시기 전후에 마시는 컨디션, 김치보관전용 냉장고 딤채 등이 이에 해당된다. 도로나 겨울에 도로 사정이 좋지 못할 때 안전하게 주행할 수 있음을 강조하는 SUV(Sports Utility Vehicle) 자동차도 사용상황에 따른 포지셔닝을 시도한 예이다.

김치전용 냉장고 시장을 만들어 낸 대유위니아의 딤채

(3) 제품사용자에 기반한 포지셔닝

이는 표적시장 내 전형적 소비자를 겨냥해 자사제품이 그들에게 적절한 제품인 것으로 소구하는 방법이다. 가전회사나 가구회사는 연간 약 30만 쌍에 달하는 신혼부부를 대상으로 판촉활동을 벌인다. 명품이나 수입 자동차는 특별한 분을 위한 제품이라는 포지션으로 상류층에 소구하며, 도브는 제품성분 중 보습제가 1/4만큼 함유되어 있어 피부가 건조한 소비자들에게 적합한 비누로 포지션했다. 그리고 독일 패션 컴포트 슈즈브랜드 가버(Gabor)는 스튜어디스 슈즈로 포지션하면서 루프트한자, 핀에어 등 글로벌 항공사의 공식슈즈라고 광고한다.

(4) 경쟁제품에 기반한 포지셔닝

이는 소비자 마음속에 강하게 인식되어 있는 경쟁제품에 대비한 자사제품의 차별점을 제시하는 것이다. 가령, 맥도날드는 스타벅스와 같은 커피전문점을 겨냥해 커피에 대한 소비자선호도 조사결과를 제시하면서 경쟁자에 비해 가격은 저렴하면서 맛이 더 좋은 커피로 포지션된 '맥카페'라는 새로운 브랜드를 출시했다. 칠성사이다는 경쟁사인 코카콜라를 겨냥해 카페인, 색소, 로열티가 없음을 강조하면서 자사제품의 우수성을 강조했다. 기업들간의 경쟁이 갈수록 치열해지고 비교광고가 허용됨에 따라, 경쟁제품을 자사

소비자조사 결과를 제시하면서 경쟁제품 대비 자사 커피의 우수성을 강조하는 맥도날드

제품과 직접적으로 비교하는 경쟁적 포지셔닝이 국내시장에서도 점차 증가하고 있다.

3.2 제품포지셔닝에 대한 계획수립과 실행

마케터는 여러 포지셔닝 방법 중 하나를 선택해 이를 표적소비자의 마음속에 자리잡도록 해야 한다. 그러나 많은 브랜드들이 동일한 고객을 대상으로 경쟁하는 상황에서 경쟁자가 쉽게 모방할 수 없는 독특한 포지셔닝 대안을 찾아내는 것이 쉬운 일이 아니다. 마케터는 표적시장 고객들이 중요하게 생각하면서 경쟁브랜드에 비해 비교우위를 갖는 차별점을 찾아내어 이를 표적고객들에게 정확하게 전달할 수 있도록 포지셔닝 계획을 수립·실행해야 한다(그림 6-5 참조).

그림 6-5 제품포지셔닝 수립과정

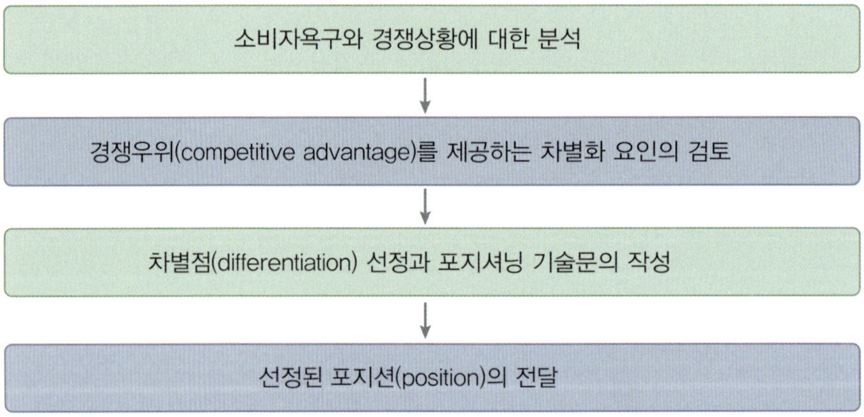

이하에서는 제품포지셔닝의 수립과정에 대해 설명하기로 한다.

(1) 소비자 욕구 및 제품편익과 주요 경쟁자의 파악

포지셔닝계획 수립의 첫 번째 단계는 표적고객의 욕구와 그들이 원하는 제품편익을 파악하는 것이다. 성공적 포지셔닝전략의 출발점은 표적시장 고객들이 중요하게 생각하면서 현재 충족되지 않은 욕구(제품편익)를 찾아내는 것이다. 마케터가 자사브랜드의 차별점을 찾아 고객에게 정확하게 전달하는 데 성공하더라도 그 차별점이 표적고객에게 중요하지 않은 것이라면 기업의 마케팅노력은 허사가 된다. 예를 들어, 싱가포르의 한 호텔은 아시아에서 가장 높은 호텔임을 강조했지만, 이는 호텔을 이용하는 고객에게 큰 의미를 갖지 못해 실패한 포지셔닝전략이 되고 말았다.

마케터는 주요 고객욕구와 함께 경쟁브랜드에 대한 정보도 수집해야 한다. 이를 위해 기업은 먼저 누구를 경쟁자로 볼 것인가를 규명해야 한다. 즉, 어떤 브랜드들이 현재 우리와 동일한 세분시장을 표적으로 하고 있고, 추가진입이 예상되는 경쟁자는 누구인지에 대한 분석이 이루어져야 한다. 경쟁 브랜드들이 파악되면, 소비자들의 각 브랜드에 대한 인식을 조사·분석해야 한다.

(2) 가능한 차별화 요인의 검토

기업들은 포지션에 이용할 차별점을 개발해야 한다. 예를 들어, 표적 세분시장 내 많은 고객들이 우수한 품질을 추구한다면 제품품질을 기반으로 제품을 포지션할 수 있다. 문제는 많은 경우 둘 이상의 경쟁기업들이 동일한 포지션을 추구한다는 것이다. 그러므로 마케터는 자사제품을 차별화시킬 다른 방법들을 찾아야 한다. 각 기업은 어느 정도 이상의 규모를 갖춘 고객집단에게 소구할 수 있는 독특한 혜택(편익)들의 조합을 만듦으로써 자신의 제공물을 차별화시켜야 한다. 무엇보다 브랜드 포지셔닝은 잘 정의된 표적시장의 욕구와 선호를 충족시켜야 한다. 가령, Dunkin' Donuts와 Starbucks가 제공하는 제품구색과 점포분위기는 상당히 다르다. 그들이 각기 성공할 수 있었던 이유는 잘 정의된 고객욕구를 토대로 올바른 가치제안을 개발했기 때문이다.

표적시장 소비자들이 경쟁제품보다 자사제품을 선호하는 경우는 경쟁제품에 비해 가격이 저렴하거나 혹은 가격이 다소 비싸더라도 품질이 우수하여 고객들에게 더 높은 가치를 제공할 때이다. 그러므로 포지셔닝전략 수립의 두 번째 단계는 경쟁제품과 비교해 경쟁우위(competitive advantage)를 제공하는 차별점을 찾아내는 것이다. 기업은 제품, 서비스, 유통경로, 종업원, 그리고 브랜드이미지 등에서의 차별화를 고려할 수 있다.

① 제품차별화(Product Differentiation)

기업은 제품의 물리적 속성에서 차별화를 추구함으로써 경쟁우위를 구축할 수 있다. 마케터는 제품의 다양한 기능, 가격, 디자인 등을 경쟁제품들과 비교해 자사제품이 상대적으로 우수한 속성을 찾아내 이를 포지셔닝에 활용할 수 있다. 예를 들어, 삼성전자의 휴대폰 갤럭시는 스마트 화면 유지, S 보이스, 팝업 플레이, 20장 연속 촬영과 HD급 동영상 촬영이 가능한 카메라 등 첨단의 제품성능을 제공함으로써 소비자들에게 차별적으로 접근했다. 매일유업은 우유를 신선하게 유지해 주는 공정인 ESL(Extended Shelf Life)로 매일우유를 제조하기 때문에 맛이 신선하다는 것을 강조한다. ESL

첨단의 제품성능으로 경쟁제품과의 차별화를 추구하는 삼성전자의 갤럭시 스마트폰 브랜드

마케팅 Highlight

제품차별화를 통해 글로벌 오디오 시장에서 매니아 고객층을 구축한 뱅앤올룹슨: 2등석을 1등석으로 만드는 스피커-뱅앤올룹슨 '베오랩 90'

2015년 10월 덴마크 오디오 기기 회사 '뱅앤올룹슨(Bang & Olufsen)'은 창립 90주년을 맞아 신제품 베오랩90(Beolab 90)을 출시했다. 베오랩90은 1925년 창립한 뱅앤올룹슨의 가장 크고 비싼 디지털 스피커로서, 가격은 9900만 원이다. 65kg의 덴마크산(産) 알루미늄 틀이 강력한 뼈대처럼 이 스피커의 바깥 몸체를 지탱하고 있다. 스피커 표면은 튼튼하고 촘촘한 검은색 그물망이다. 이 그물망 속에 컨트롤 부품과 확성기를 품은 또 다른 육중한 알루미늄 몸체가 숨겨져 있다. 뱅앤올룹슨의 음향기술자 거트 뭉크(Munch)와 음향 디렉터 조프 마틴(Martin)은 "어떤 공간에서도 누구나 낭비 없이 음악을 즐길 수 있는 스피커를 꿈꿨다"고 했다. 여기서 이들이 말하는 낭비란 소리의 흩어짐을 말한다. 보통 스피커에서 음악이 새어나오면 그 방의 크기와 가구의 위치에 따라 소리의 공명이 달라진다. 이에 따라 소리가 가장 아름답게 들리는 이른바 '1등석(first class)' 자리가 자연적으로 생겨난다. 조프 마틴은 이걸 '스위트 스폿(sweet spot · 최고의 자리)'이라고 불렀다. "소리를 잘 듣고 싶으면 스위트 스폿에 앉아서 움직이질 말아야 합니다. 하지만 우리가 집에서 음악을 들을 때 늘 앉아만 있나요. 친구를 초대해서 같이 수다를 떨면서 음악을 듣기도 하고, 파티를 열고 이리저리 다니면서 들을 때도 있죠. 우리는 그래서 이 스위트 스폿을 마음대로 옮길 수 있는 스피커를 만들어 보기로 했습니다." 다시 말해 음폭과 소리의 방향을 원하는 대로 바꿀 수 있는 스피커를 만들었다는 얘기다. 뱅앤올룹슨 공장에서 이루어지는 모든 작업은 철저히 분업화되어 있다. 알루미늄 틀을 만드는 직원, 조립하는 직원, 로봇을 조종하는 직원이 따로 있으며, 소리를 수십만 수백만 번 테스트해 보는 곳이라는 '음향고문실(torture chamber)'에도 전담 직원들이 따로 있다. 이들은 베오랩90을 공중에 매달고 1년이 넘도록 소리공명 실험만 한다.

시스템은 우유의 전 제조공정을 무균화하여 우유 본래의 맛과 영양을 신선하게 유지해 주는 공법인데, 매일유업은 대부분의 매일우유 제품에 ESL로고를 붙임으로써 신선함에서 차별화되었다는 것을 소비자들에게 전달하려고 한다.

② 서비스 차별화(Service Differentiation)

기업은 유형적 제품을 차별화하는 것을 넘어서 제품관련 서비스에서 차별화를 추구할 수 있다. 어떤 기업들은 신속하고 편리한 상품배달 등 고품질의 고객서비스를 토대로 **서비스 차별화**(service differentiation)를 추구한다. Singapore Airlines는 탁월한 고객섬김과 승무원의 우아한 태도를 토대로 항공서비스에 대한 높은 고객만족을 제공함으로써 자신을 차별화시켰다. 청소차, 카펫청소기 등 산업용

우수고객들에게 차별적인 서비스를 제공하는 롯데백화점 VIP 라운지

청소제품으로 세계적으로 유명한 독일기업 카처는 서비스 차별화를 통해 경쟁우위를 구축했다. 카처의 A/S센터는 전 세계 5만여 개로 대리점보다 더 많이 분포되어 있다. 따라서 소비자들은 언제 어디서든 편하게 서비스를 제공받을 수 있다. 카처제품의 구매량이 낮은 우리나라에서도 쉽게 찾을 수 있는 정도이다. 또한 카처는 우수한 품질의 청소기뿐 아니라 청소서비스 제공을 통해 차별적 포지션을 구축하고 있다. 카처 직원들은 1980년부터 사회공헌 차원에서 전 세계 80여 곳의 문화유산을 청소하고 있다. 브라질의 예수상, 로마의 성 베드로 광장, 이집트 고대유적인 룩소르 신전, 뉴욕의 자유여신상 등 수많은 문화유산을 청소했다. 카처의 이러한 청소서비스 활동은 소비자들에게 깨끗하고 믿을 만한 기업이라는 이미지를 구축하는 데 기여했다.

③ 유통경로 차별화(Channel Differentiation)

유통경로 차별화를 추구하는 기업은 경로의 시장커버리지, 전문성, 고객접근 용이성 등을 통해 경쟁우위를 획득한다. Amazon.com은 잘 작동되는 직접 유통경로 구축을 통해 차별화를 추구했다. 건설장비산업에서 Caterpillar의 성공은 탁월한 유통경로 구축에서 비롯되었는데, 이 회사의 전 세계 딜러들은 최상급의 서비스를 제공하는 것으로 명성이 높다.

④ 인적 차별화(People Differentiation)

기업은 종업원의 친절한 고객서비스와 같은 **인적 차별화**를 통해 경쟁우위를 추구할 수도 있다. 높은 마케팅 실적을 보이는 자동차, 보험, 가전제품 판매원들은 개별고객에 대해 많은 관심을 갖고 특별한 날을 기억해 주는 등 고객들과 인간적 유대관계를 형성·유지하는 공통점을 갖는다. 최근 금융기관, 백화점 등 많은 산업에서 VIP 고객의 중요성이 높아지면서 전문상담사들의 개별고객에 대한 맞춤형 서비스 제공, 고객접점 직원들에 대한 교육의 강화 등을 도입한다. Disney World에서 일하는 사람들은 상냥하고 명랑한 것으로 널리 알려져 있다. Disney는 모든 놀이공원 종업원들(호텔 체크인 담당자, 모노레일 운전자, 놀이기구 안내원에서 Main Street USA를 청소하는 사람에 이르기까지)을 유능하고, 예의 바르며, 그리고 친절하도록 만들기 위해 철저하게 훈련시킨다.

마케팅 Highlight

면도기 정기배송으로 유통경로 차별화를 추구한 프리미엄 면도기 판매회사 '해리스'

해리스 창업자 제프 레이더(왼쪽)와 앤디 카츠-메이필드(오른쪽)

해리스는 2013년에 제프 레이더(Raider)와 앤디 카츠-메이필드(Katz-Mayfield)가 뉴욕에서 창업한 면도기 등 남성용 제품 판매회사로, 주로 면도기 · 면도날 · 면도 크림 등을 온라인으로 주문받아 고객의 집이나 사무실로 정기배송한다. 미국 면도기 온라인 시장에서 해리스는 1위인 달러 셰이브 클럽, 2위인 질레트에 이어 3위지만 성장세는 가장 가파르다. 해리스 본사는 명품 브랜드가 몰려 있는 쇼핑명소로 알려진 맨해튼 소호의 중심가에 있다. 값싼 남성용품 판매점이라는 이미지를 피하고, 다른 경쟁업체들과 차별화한 고급 브랜드로 성장시키기 위해서다. 해리스는 프리미엄 면도기 모델을 적정한 가격에 판매하는 하이엔드 전략을 취하고 있다. 이를 위해 해리스는 2014년 독일 면도기 업체 파인테크닉의 공장을 1억 달러(약 1167억 원)에 인수했다. 유통과정이 줄어든 덕분에 프리미엄 제품을 저렴하게 판매할 수 있다. 면도날 8개를 배송료 포함 16달러에 판매하며 정기 구독자는 첫 배송 시 면도기를 무료로 제공받는데, 이는 질레트보다 60% 저렴한 수준이다. 달러 셰이브 클럽보다는 약 2배 비싼 수준이지만, 프리미엄 면도날을 개당 2달러 수준에 살 수 있다는 것이 장점으로 꼽힌다. 해리스의 단점은 해리스 전체 고객의 36%가 베이비붐 세대라는 것이다. 반면 전통 면도기 업체 쉬크는 밀레니얼 세대가 전체 고객의 40%를 넘는데, 젊은 세대의 취향을 겨냥한 마케팅전략 덕이다. 젊은 세대 고객을 뺏기면 기업의 미래를 기약하기 어렵다. 이 때문에 해리스가 젊은 세대들에게 호감을 줄 만한 제품을 추가적으로 만들어 매출확대를 꾀해야 한다는 지적이 나온다. 해리스는 여성 면도용품 확대 등 새로운 세분시장을 개발/공략하려고 한다.

자료원: 조선위클리비즈, 2019.11.08.

⑤ 이미지 차별화(Image Differentiation)

경쟁제품들 간에 차이가 없어 보이는 경우에도 구매자들은 회사 혹은 브랜드 **이미지 차별화**(image differentiation)를 토대로 차이가 있다고 지각할 수 있다. 가령 성능에서 동일한 제품이라고 하더라도 소비자들은 기업 혹은 제품 브랜드의 이미지에 영향을 받아 제품성능에 대한 지각과 브랜드태도에서 차이를 보일 수 있다. 예를 들어 자판기 커피는 300원이고, 블루보틀에서는 커피 한 잔에 5,000원이 넘지만 많은 소비자들이 블루보틀를 찾는다. 그 이유는 블루보틀이 현대적이고 편안한 분위기에서, 친절한 종업원들의 서비스를 받으며, 여유 있게 맛있는 커피를 즐길 수 있다는 차별적 브랜드이미지를 구축하는 데 성공했기 때문이다.

블루보틀은 현대적이고 편안한 분위기에서, 친절한 종업원들의 서비스를 받으며, 여유 있게 맛있는 커피를 즐길 수 있다는 차별적 브랜드이미지를 구축했다.

강력하고 고유한 브랜드이미지를 개발하기 위해서는 창의성과 종업원들의 헌신적 노력이 요구된다. 회사는 단지 몇 개의 광고를 집행함으로써 공중의 마음에 브랜드이미지를 단기간 내에 형성시킬 수 없다. 만일 Ritz-Carlton 호텔이 품질을 의미한다면, 이러한 이미지는 호텔이 말하고 행하는 모든 것에 의하여 지원되어야 한다.

McDonald의 금빛 아치(golden arch), Nike의 swoosh 마크, Apple의 깨물은 자국의 사과 등과 같은 심벌들은 강력한 브랜드인지도 구축과 이미지 차별화에 도움을 줄 수 있다. Nike가 미국의 프로농구 스타들인 Michael Jordan(마이클 조던), LeBron James(르블론 제임스) 농구화와 의류 컬렉션을 개발하듯이, 기업은 유명인의 후원을 이용해 브랜드이미지를 구축할 수 있다. IBM(파랑), 코카콜라(빨강), 삼성(파랑), 오뚜기(노랑)처럼 어떤 기업은 특정의 색상을 브랜드이미지 구축에 활용한다. 선택된 심벌, 캐릭터, 그리고 기타 이미지 요소들은 기업 혹은 제품브랜드의 개성적 이미지를 전달하는 마케팅커뮤니케이션 활동을 통해 반복적으로 노출되어야 한다. 메리츠화재가 도입한 걱정인형 캐릭터는 기업브랜드의 인지도를 높이는 데 크게 기여했다. 에쓰오일은 캐릭터 구도일을 활용한 마케팅활동을 수행해 '좋은 오일(good oil)'이라는 브랜드 포지션을 소비자들에게 효과적으로 전달하고 긍정적인 브랜드태도를 형성하는 데 성공했다.

에쓰오일은 캐릭터 구도일을 활용한 마케팅활동을 수행해 차별적 브랜드이미지를 형성하는 데 성공했다.

(3) 제품포지셔닝에 사용할 차별점의 선정과 포지셔닝 기술문의 작성

① 차별점의 선정

마케터가 경쟁우위를 갖게 될 몇 개의 잠재적인 차별화 요소를 발견했다고 가정해 보자. 기업은 이제 경쟁브랜드와 비교해 자사브랜드에 지속적 경쟁우위를 제공할 하나 또는 그 이상의 차별점을 선택해야 한다. 마케터는 앞에서 설명한 다섯 가지 차별화 요인에서 자사브랜드가 경쟁브랜드보다 우수하다고 해서 이들 모두를 제품포지션에 활용할 수 있는 것은 아님을 명심해야 한다. 선택된 제품포지션을 실행하기 위해 기업은 제품개발, 생산시설의 변경, 광고캠페인, 직원교육 등에 많은 마케팅비용을 투자해야 하기 때문이다. 그러므로 마케터는 얼마나 많은 차별점들을, 그리고 어떤 차별점들을 촉진해야 할지 신중하게 결정해야 한다.

기업은 브랜드포지션을 결정할 때 얼마나 많은 수의 차별점을 포함시킬지를 고려해야 한다. 많은 마케터들은 표적시장 고객들에게 한 가지의 혜택(편익)을 차별점으로 부각시켜야 한다고 생각한다. 예를 들어, 광고인 Rosser Reeves는 각 브랜드에 대해 **고유한 판매제안**(unique selling proposition: USP)을 개발하고 이를 고수해야 한다고 제안했다. 브랜드는 한 가지 제품속성이나 혜택을 선정한 후 이 점에서 자신이 최고임을 강조해야 한다는 것이다. 구매자들은 정보가 넘쳐나는 마케팅환경에서 특정 혜택에서 대표 브랜드를 더 잘 기억하는 경향이 있기 때문이다. 가령, 이마트는 가장 싼 가격을, 페리오 치약은 충치예방을 차별점으로 촉진한다.

한편 다른 마케터들은 한 개 이상의 차별점을 토대로 브랜드를 포지션해야 한다고 생각한다. 만일 두 개 이상의 경쟁브랜드들이 동일한 제품속성에서 자신이 최고임을 주장하고 있다면, 이러한 방식의 포지션은 필수적이다. 이에 따라 제품시장이 여러 개의 작은 세분시장들로 쪼개지고 있는 오늘날의 시장상황에서 기업들은 더 많은 세분시장들에게 소구하기 위해 브랜드포지션의 범위를 넓히려고 한다. 예를 들어, LG생활건강은 잇몸 보호에 효과적임을 강조하는 죽염치약, 구취예방에 효과적임을 강조하

한 개 이상의 차별점을 토대로 브랜드포지션을 구축한 예: LG생활건강은 구강에 필요한 7가지 구강 케어기능을 한 개의 치약에 모두 담은 토탈 기능성 치약 '페리오 토탈7'을 출시했다. 이 치약브랜드는 구강상태가 건강하면서 강한 향을 선호하는 고객을 위한 '스트롱(Strong)', 보통 구강상태의 온가족이 사용할 수 있는 '오리지널(Original)', 민감한 구강상태를 가진 고객을 위한 '센서티브(Sensitive)' 등 3종으로 구성됐다.

는 페리오46cm 등 하나의 차별점을 토대로 포지션을 한 브랜드들을 출시하면서 충치, 구취, 잇몸, 치석, 미백, 안티프라그 등 여러 기능으로 지나치게 세분화된 치약시장에서 자신에게 맞는 치약 선택에 어려움을 경험하는 고객들을 겨냥해 7가지 구강 케어기능을 모두 담은 토탈 기능성 치약으로 포지션된 '페리오 토탈7'을 출시했다. 립스틱도 복합형 립 제품이 인기를 끌고 있는데, 립 복합 제품은 립스틱과 립글로스, 립틴트와 립밤 등 서로 다른 유형의 입술용 제품을 융합한 화장품을 말한다. 아모레퍼시픽도 액상 타입 립스틱에 립틴트의 효과를 결합한 아이오페 틴티드 리퀴드 루즈를 내놓았다. 대체로 소비자들은 복수의 혜택을 제공하는 제품을 원할 수 있지만, 한 브랜드가 복수의 혜택을 동시에 잘 제공할 수 있음을 소비자들에게 설득시킬 수 있느냐가 도전적 과제이다.

다음으로 기업은 어떤 차별점을 토대로 브랜드를 포지션시킬 것인지를 결정해야 한다. 모든 차별점이 의미 있거나 가치 있는 것은 아니며, 각 차별점은 고객에게는 혜택을 제공하지만 기업에게는 비용을 발생시킬 수 있다. 기업은 다음과 같은 기준을 충족시키는 차별점을 브랜드포지션에 사용해야 한다.

- 중요성(important): 차별점은 목표구매자에게 매우 가치있는 혜택을 제공해야 한다.
- 독특성(distinctive): 경쟁사가 제공하지 않거나 우리 회사가 경쟁사보다 더 독특한 방식으로 제공할 수 있는 차별점이어야 한다.
- 우월성(superior): 소비자들이 동일한 혜택을 얻을 수 있는 다른 방식들보다 우월한 차별점이어야 한다.
- 의사소통가능성(communicable): 차별점은 구매자들에게 의사소통될 수 있고 눈에 띌 수 있어야 한다.
- 선점가능성(preemptive): 경쟁사들이 쉽게 차별점을 모방할 수 없어야 한다.
- 가격의 적정성(affordable): 구매자들은 차별점에 대해 지불할 여력을 가질 수 있어야 한다.
- 수익가능성(profitable): 회사는 이익을 내면서 차별점을 제공할 수 있어야 한다.

종종 많은 기업들이 이러한 기준을 충족시키지 못하는 차별점을 토대로 비효과적인 브랜드포지션을 추구한다. 싱가포르에 있는 Westin Stamford Hotel은 한때 세계에서 가장 높은 호텔임을 광고해 왔지만, 이는 대부분의 여행자들에게는 중요하지 않은 차별점이었다.

따라서 올바른 차별점을 선택하는 것은 시장성공에 결정적일 수 있다. 예를 들어, Nissan자동차가 독특한 외양의 소형 승용차 Cube를 출시할 때, 부담없는 가격, 옵션의 고객화 등 경쟁모델과 공유되는 제품속성에서 브랜드 차별화를 추구하기보다는 오늘날의 디지털 라이프 스타일에 맞는 모바일 디바이스라는 차별점으로 Cube를 포지션해 시장에서 성공을 거두었다.

Nissan자동차의 소형 승용차 모델 Cube는 제품속성에 기반해 차별화를 추구하기보다는 오늘날의 디지털 라이프 스타일에 맞는 모바일 디바이스로 브랜드를 포지션했다.

② 포지셔닝 기술문의 개발

기업 혹은 제품 브랜드포지셔닝은 **포지셔닝 기술문**(positioning statement)으로 표현되어야 한다. 포지셔닝 기술문은 "우리(브랜드)는 특정 대상(표적 세분시장과 특정 욕구)에게 (경쟁자 대비 어떤 차별점)을 가져다주는 다음과 같은 (콘셉트)를 갖고 있다."라는 양식을 사용해 기업 혹은 제품 브랜드 포지셔닝을 요약해 서술한 것이다. 예를 들어, 삼성 갤럭시 스마트폰 포지셔닝 기술문은 다음과 같이 요약될 수 있다. "항상 접속된 상태에 있기를 원하는 사람들을 표적으로 하여 쉽고 신뢰할 수 있게 자료, 사람, 자원에 접속되어 즐겁고 유용한 시간을 보낼 수 있는 무선접속 솔루션이다." 때때로 포지셔닝 기술문은 이보다 더 상세히 기술되기도 한다.

포지셔닝 기술문은 자사제품이 어떤 제품군에 속하는지(membership)를 정의하고(Mountain Dew는 청량음료임), 그 제품군에 속한 다른 구성원들(경쟁사들)과의 차별점이 무엇인지(Mountain Dew는 더 많은 카페인을 함유하고 있음)를 보여주고 있음에 주목할 필요가 있다. 자사브랜드가 특정 제품 카테고리에 속한다고 기술하는 것은 그 카테고리 내의 다른 제품들과 공유할 수 있는 유사점도 존재함을 시사한다. 그러나 브랜드의 우월성은 차별점을 기반으로 만들어진다.

(4) 선택된 제품포지션의 실행

포지셔닝전략 수립의 마지막 단계는 선정된 차별점 또는 제품포지션(position)을 표적고객들에게 실제로 전달하는 과정이다. 브랜드포지션은 공허한 약속만으로 구축될 수는 없다. 만일 브랜드를 가장 우수한 품질과 서비스를 제공하는 제품으로 포지션시키려면, 마케터는 고객에게 약속한 품질과 서비스를 전달할 수 있도록 제품을 실제로 차별화시켜야 한다. 기업은 광고 슬로건을 통해 자신의 차별점과 포지션을 큰 소리로 알리는 것 그 이상으로 많은 노력을 기울여야 한다. 그들은 슬로건을 실천에 옮기기 위해 통합적 마케팅노력을 기울여야 하는 것이다.

브랜드포지션이 선정되면, 기업은 표적소비자들에게 선정한 차별적 포지션을 전달하기 위해 적극적인 조치를 취해야 한다. 회사의 모든 마케팅믹스 노력들은 포지셔닝 전략을 지원해야 한다. 더 좋은 품질과 서비스라는 포지션을 구축하기로 결정했다면, 기업은 그 포지션을 마케팅믹스프로그램을 통해 실제로 전달해야 한다. 제품, 가격, 유통 및 촉진과 같은 마케팅믹스를 설계하는 것은 포지셔닝 전략의 전술적 요소들을 계획/실행하는 것을 말한다. 따라서 "더 비싼 가격에 더 많은 제품혜택을 제공한다"는 포지션을 추구하는 기업은 반드시 최고 품질의 제품을 개발/생산가격을 높게 책정하고, 우수하고 수준이 높은 딜러들을 통해 제품을 유통시키고, 고품격 미디어를 통해 광고해야 한다. 그리고 더 많은 서비스 사원들을 선발하고 훈련시켜야 하며, 서비스에 대한 좋은 명성을 갖고 있는 소매상들을 찾아야 하고, 우월한 서비스를 널리 알릴 판매 및 광고 메시지를 개발해야 한다. 예를 들어, LG전자가 미국시장에 OLED TV를 출시하면서 '최고 화질의 TV'로 제품포지션을 정했다면, 이에 맞는 우수한 화질의 TV가 실제로 개발되어야 한다. 그리고 삼성전자, SONY, Panasonic 등과 같은 경쟁제품 가격 대비 높은 품질 수준에 맞게 대등한 또는 더 높은 가격이 책정되어야 한다. 또한 고급백화점, Best Buy와 같은 전자제품 전문매장을 중심으로 유통망을 구축하고, 판매원들에게 제품의 우수성에 대한 교육을 실시해야 한다. 나아가 제품의 우수성을 알리기 위한 광고 및 홍보활동과 고가의 제품을 구매할 능력을 갖춘 잠재고객들의 명단을 확보해 데이터베이스 마케팅을 수행하는 등의 촉진활동도 수행해야 할 것이다. 이러한 통합적 마케팅노력을 통해 자사제품의 차별점을 표적고객들에게 제대로 설득시킬 수 있을 때 기업이 의도한 브랜드포지션이 시장에서 성공을 거둘 수 있다.

브랜드포지션을 구축하거나 바꾸는 데는 많은 시간이 걸리지만, 구축한 포지션은 마케팅실행에서의 몇 번의 실수로 단번에 상실될 수 있다. 따라서 기업은 일관성 있는 마케팅 성과와 커뮤니케이션을 통하여 브랜드포지션을 유지하도록 노력해야 한다. 이와 함께 고객의 욕구와 경쟁사 전략의 변화에 대응하기 위해 계속 브랜드포지션에 대한 고객의 반응을 추적하고 시장변화에 기존의 포지션을 적응시키는 노력도 기울여야 한다. 기업은 고객을 혼란스럽게 만들 수 있는 갑작스러운 변화를 피하고 변화하는 마케팅환경에 맞추어 제품포지션을 점진적으로 진화시켜야 한다.

참고문헌

1. Philip Kotler and Gary Armstrong, Principles of Marketing, 16th ed., Pearson, 2016.
2. Philip Kotler, 안광호, Gary Armstrong, 마케팅 입문, Pearson, 2013.
3. 번트 H. 슈미트 지음, 박성연 · 윤성준 · 홍성태 번역, 체험마케팅, 세종서적, 2002.
4. 안광호 · 한상만 · 전성률, 전략적 브랜드관리, 제5판, 학현사, 2019.
5. Kotler, Philip, Kevin Keller, Marketing Management, 13th ed., Prentice Hall Inc., 2011.
6. Aaker, David A., Strategic Market Management, 9th ed., John Wiley & Sons, Inc., 2009.

생각해 볼 문제

1. 인구통계적 변수를 이용한 시장세분화방법과 제품소비행태에 따른 시장세분화방법의 장 · 단점을 비교해 보시오.
2. 마케팅담당자들이 사용량(usage rate)과 브랜드 충성도(brand loyalty)에 의한 시장세분화방법을 중요하게 생각하는 이유에 대해 생각해 보시오.
3. 표적시장을 선정할 때 고려해야 할 요인들에 대해 생각해 보시오.
4. 국내에 진입한 외국 화장품회사 중 Body Shop의 표적시장에 대해 생각해 보시오.
5. 현대자동차에서 새롭게 출시한 전기차 아이오닉의 포지셔닝전략을 구상해 보시오.

MARKETING

PART

4

마케팅믹스관리

CHAPTER

7

제품관리 I : 제품의 개념 및 관리

학습목표

1. 다차원적 관점에서 제품을 정의하고 제품유형의 분류방법과 이의 마케팅 시사점에 대해 설명한다.
2. 개별제품, 제품라인, 제품믹스에 관한 의사결정에 대해 살펴본다.
3. 서비스의 네 가지 차별적 특징과 이러한 특성이 마케팅의사결정에 주는 시사점에 대해 살펴보고, 서비스-이익 연쇄 모형에 기반한 서비스마케팅전략에 대해 설명한다.

7장 제품관리 I : 제품의 개념 및 관리

앞 장에서 마케팅전략에 대해 다루었다. 지금부터는 이를 실행하기 위해 사용되는 전술적 도구인 마케팅믹스에 대해 자세히 살펴보기로 한다. 이 장과 다음 장에서는 제품과 브랜드를 개발/관리하는 과정에 대해 살펴보고, 이어지는 장들에서 가격결정, 유통, 마케팅커뮤니케이션을 다루게 된다. 제품과 브랜드는 마케팅에서 첫 번째로 고려되는 가장 기본적인 마케팅도구이다. 이 장은 제품이 무엇인지에 대한 질문으로부터 시작한다. 이 질문은 매우 단순해 보이지만 답하기 쉽지 않다.

이 장을 시작하기 앞서 '요가복의 샤넬'로 불리는 캐나다 요가복 브랜드 룰루레몬 사례에 대해 먼저 살펴본다. 마케터는 무엇보다 고객의 욕구와 기대를 충족시키는 훌륭한 제품을 개발하기 위해 노력해야 한다. 룰루레몬은 확장제품 시각에서 요가복과 체험을 결합한 차별적 제품개념을 개발해 글로벌 애슬레저 제품시장에서 선도 브랜드가 되었다. 여러분은 룰루레몬 사례를 읽으면서 제품관리에 주는 시사점이 무엇인지를 이해하게 될 것이다.

도입 사례

확장제품 시각에서 제품과 체험을 함께 판매해 브랜드 충성도를 형성한 캐나다 요가복 브랜드 룰루레몬

영국 런던의 한 룰루레몬 매장에서 무료 요가 클래스를 진행하는 모습

아웃도어(outdoor) 열풍과 함께 한때 중장년층의 유니폼이었던 형형색색의 등산복이 자취를 감췄다. 등산복을 밀어낸 것은 '꾸안꾸(꾸민 듯 안 꾸민 듯)'의 대명사 애슬레저(athleisure) 룩이다. 운동(athletic)과 여가(leisure)의 합성어인 애슬레저는 운동복처럼 편안하고 활동성 있으면서 일상복으로 어색하지 않은 스타일을 말한다.

애슬레저 룩이 운동복의 뉴노멀(new normal · 새로운 표준)이 되면서 레깅스 · 요가복 등 애슬레저 시장이 가파른 성장세를 보이고 있다. 글로벌 투자은행 모건스탠리에 따르면, 글로벌 애슬레저 시장은 2019년 2819억 달러(약 337조 5800억 원)에서 2020년 3652억 달러(약 437조3300억 원)로 성장할 것으로 전망된다.

이에 따라 '요가복의 샤넬'로 불리는 캐나다 요가복 브랜드 룰루레몬은 성장가도를 달리고 있다. 캐나다 밴쿠버에 본사를 둔 룰루레몬(Lululemon Athletica Inc.)은 요가복 전문 브랜드로 칩 윌슨이 1998년 창업했다. 캐나다 캘거리대에서 경제학을 전공한 윌슨은 졸업을 1년 앞둔 1979년 스노보딩과 서핑, 스케이팅 관련 전문의류를 생산 · 판매하는 웨스트비치 스노보드를 창업했다. 1997년 웨스트비치 스노보드를 100만 달러에 매각한 그는 고향인 밴쿠버에서 난생 처음 요가수업을 듣던 도중 요가복이라는 사업 아이템을 떠올렸다.

당시 요가복은 면(綿) 소재가 대부분이어서 금세 땀에 젖었고, 통기성도 좋지 않았다. 요가산업이 계속 성장할 것으로 확신한 윌슨은 웨스트비치 시절 쌓은 스포츠 의류 전문가로서의 경험과 노하우를 요가복 시장에 접목해 보겠다는 생각으로 룰루레몬을 창업하게 된다. 2016년 아시아에서는 최초로 서울 강남구 청담동에 플래그십 스토어를 오픈하면서 한국에 진출했다. 룰루레몬은 최고급 소재만을 고집해 가격도 비싼 편이다. 이 때문에 '요가복 업계의 샤넬'이란 별명도 생겼다. 브라질 출신의 세계적인 모델 지젤 번천과 모델 겸 배우 킴 카다시안, 로지 헌팅턴 휘틀리, 배우 다코타 존슨 등 룰루레몬 제품을 즐겨 입는 유명인사들의 면면도 화려하다.

룰루레몬은 최근 10년간 연평균 25%의 매출 성장세를 보였다. 룰루레몬은 2019년 매출 39억7900만 달러(약 4조 7600억 원), 영업이익 8억8900만 달러(약 1조600억 원)를 냈다. 특히 코로나19 사태는 룰루레몬에 호재로 작용했다. 이동제한 탓에 집에 머무르는 시간이 늘면서 홈트레이닝(홈트 · 집에서 운동하기), 요가 등에 관심이 커진 사람들이 룰루레몬 제품을 찾은 것이다. 룰루레몬은 코로나19 사태로 인한 기업위기를 홈트레이닝에 초점을 맞춘 디지털 프로그램의 도입을 통해 극복했다. 룰루레몬은 홈트레이닝 프로그램 제공 등을 통해 고객들의 커뮤니티 활동을 오프라인에서 온라인으로 전환했다. 코로나19로 인해 고객들이 매장에 직접 방문해 제품을 보고 구매하는 게 어려워진 상황에 대응해 룰루레몬은 온라인 쇼핑경험 강화에 힘쓰며, 매장에서 쇼핑하는 것과 같은 경험을 제공하는 '디지털 컨시어지'를 도입했다. 디지털 컨시어지란 일종의 가상 퍼스널 쇼핑경험이다. 자사 웹사이트에서 예약을 하면 고객들은 줌(Zoom)을 통해 30분 동안 영상으로 룰루레몬 직원들과 제품에 대한 이야기를 나눌 수 있다. 룰루레몬은 2020년 4월에만 온라인 채널 매출이 전년보다 약 125% 상승하기도 했다.

룰루레몬은 사업영역을 확대하고 있다. 2020년 홈트 콘텐츠 스타트업 미러를 5억 달러(약 6000억 원)에 인수했다. 미러는 집에서 복싱, 필라테스, 요가, 명상 등 다양한 운동을 할 수 있는 기기와 콘텐츠를 개발하는 벤처기업이다. 룰루레몬은 자체매장에서 미러 제품을 판매하고 미러의 운동강사가 룰루레몬 요가복을 입고 홍보한다는 계획이다.

이하에서는 룰루레몬의 핵심성공요인을 살펴보기로 한다.

성공요인 1 – 상품과 문화를 함께 판매하라.

'제품과 체험활동을 통해 행복하고 즐거운 인생을 건강히 누릴 수 있도록 돕는다.'는 룰루레몬의 경영철학이다. 룰루레몬은 매달 다양한 무료강좌를 연다. 여기에는 아쉬탕가와 브로가(남성들끼리 하는 요가), 인사이드 플로 요가와 아이스 요가 등 요가수업은 물론 명상 · 필라테스 · 꽃꽂이 · 선물포장에 이르기까지 폭넓은 레퍼토리가 포함된다. 무료라고 하지만 선심성 행사는 아니다. 요가복을 팔아 돈을 많이 벌려면 요가를 즐기는 인구가 늘어야 한다. 야구 인기가 없는 나라에 글러브와 배트 등 야구용품을 팔기 어려운 것과 마찬가지다. 룰루레몬의 무료 클래스는 이런 점에 착안한 것이다.

주목할 만한 것은 별도의 공간을 대여하지 않고 매장을 체험공간으로 활용한다는 점이다. 국내 대표매장인 청담 플래그십 스토어와 스타필드 하남 매장의 경우 한 층을 통째로 체험행사를 위한 스튜디오로 운영하고 있다. 룰루레몬이 별도의 스튜디오를 마련해 운영하는 건 우리나라가 처음이다. 해외의 경우 영업을 마친 매장공간을 스튜디오 공간으로 활용한다. 매장에서 클래스를 진행하면 자연스럽게 브랜드와 매장은 물론 제품에 대한 친밀도를 높이는 효과가 있다. 꽃꽂이와 선물포장 등은 요가와 직접적인 관련은 없지만 젊은 여성들의 관심이 높다는 점에서 잠재고객 확보 수단으로 볼 수 있다.

성공요인 2 – 새로운 콘셉트의 제품시장을 창출하라.

요가를 즐기는 인구가 늘어난다고 해도 요가수련 중에만 입는 옷이라면 매출을 늘리는 데 한계가 있을 수밖에 없다. 룰루레몬은 창업 초기 요가복 판매에 주력했지만, 어느 정도 사업이 본 궤도에 오른 뒤에는 '요가풍(Yoga-inspired)'이라는 신조어를 앞세워 본격적으로 시장확장에 나서기 시작했다. 스타일과 착용감에서 호평이 이어지면서 룰루레몬의 요가풍 의류들은 오래 지나지 않아 할리우드 여배우들의 1마일 웨어로 알려지며 폭발적인 인기를 끌기 시작했다. 1마일 웨어는 집에서 1마일(약 1.6㎞) 정도 거리는 편안하게 입고 다닐 수 있는 평상복을 뜻한다. 2010년 미국 뉴욕에 불어닥친 룰루레몬 레깅스 붐은 운동(Athletics · 애슬레틱스)과 여가(Leisure · 레저)가 합쳐진 애슬레저 룩이란 이름으로 의류시장에 2차 선풍을 일으켰다. 미국 인구통계청의 발표자료를 보면, 2017년 미국의 레깅스 수입량은 사상 처음으로 청바지 수입량을 제쳤다.

성공요인 3 – 고객을 애타게 만들라.

룰루레몬의 폭발적인 인기는 상품기획과 재고관리의 산물이기도 하다. 룰루레몬은 제품을 소량생산하는 대신 신제품 교체주기를 짧게 유지한다. 재고를 적게 유지할 수 있는 데다 '서두르지 않으면 재고가 소진될 수 있다.'는 불안감을 조성해 구매를 유도하는 일거양득의 효과를 거둘 수 있다. 고품질 · 고가전략을 앞세운 룰루레몬이 거의 언제나 정가에 제품을 판매할 수 있는 것도 이 같은 전략에 힘입은 바 크다.

성공요인 4 – 지역 밀착형 브랜드 홍보대사를 운영하라.

나이키와 아디다스 등 글로벌 스포츠 의류업체들은 오랫동안 세계적인 스포츠 스타들을 앞세워 브랜드와 제품을 홍보해 왔다. 룰루레몬은 엄청난 비용을 들여 유명인 모델을 섭외하는 대신 매장이 위치한 지역에서 유명한 요가 강사나 피트니스 강사를 섭외해 고객 밀착형 홍보활동을 벌인다. 앞서 언급한 무료 요가 클래스가 여기에 포함된다.

보통 신규매장 오픈 1년 전부터 룰루레몬 커뮤니티 대사로 불리는 이들 홍보대사 섭외가 시작된다. 홍보대사는 룰루레몬 제품을 구매할 경우 할인 혜택을 받는다. 여기에 더해 룰루레몬 웹사이트나 매장을 통해 자신이 운영하는 학원이나 클래스를 홍보할 수 있는 권한도 부여받는다. 제품개발 아이디어를 제공하는 것도 홍보대사의 중요한 임무다.

룰루레몬 판교점

자료원: 매경, 2021.03.18; 이코노미조선, 358호 2020.07.27; 256호, 2018.06.25.

소비자는 어떤 제품을 원할까? 이러한 질문을 받을 때 대부분의 소비자는 좋은 제품을 원한다고 답할 것이다. 현명한 마케터라면 반드시 이러한 질문을 제기할 것이고, 이러한 질문에 대한 소비자의 반응을 귀담아 들어, 그러한 소비자정보를 제품관리 과정에 반영시킬 것이다. 소비자는 어떠한 제품을 좋은 제품이라고 하는 것일까? 삼성 갤럭시 북 프로 노트북, LG 트롬세탁기를 구매하는 소비자는 고장이 안 나고 성능이 우수한 제품이어서 구매한다고 답할 것이다. 폴로를 좋아하는 소비자는 이 제품이 자신의 이미지에 잘 맞기 때문에 구매한다고 대답할 것이다. 가그린, 물먹는 하마, 비타 500, 2080 치약과 같은 제품들은 다른 경쟁제품과 비교해 특성에서는 큰 차이가 없으나 브랜드명이 좋아 성공한 제품들이다. 가전제품의 경우 2000년대 이전에는 제품이 튼튼하면 시장에서 팔렸다. 그러나 이제는 튼튼하기만 해서는 경쟁제품을 압도할 수 없게 되었다. 튼튼하면서도 개성 있고 디자인이 멋있어야 팔리는 시대로 들어선 것이다. 소비자가 원하는 좋은 제품을 만들기 위해 마케터는 어떤 마케팅노력이 필요할까? 무엇보다도 마케터는 마케팅전략을 통하여 제품의 나아갈 방향에 대한 기본적인 설계도를 그리고 그 설계도에 따라 좋은 제품을 만드는 데 필요한 핵심제품 구성요소들을 파악하고, 이들 간에 조화가 이루어지도록 체계적인 제품관리가 필요할 것이다.

다음에서는 먼저 제품관리의 출발점이면서 중요한 이슈인 제품의 개념을 알아본 후, 소비재의 분류와 이의 전략적 시사점을 검토한다. 이러한 내용을 토대로 개별제품관리, 제품라인관리, 제품믹스관리의 순으로, 즉 미시적 제품관리에서 거시적 제품관리의 순서로 서술하기로 한 다음 무형제품인 서비스에 초점을 맞춘 서비스마케팅에 대해 설명한다. 브랜드의 개념과 역할, 브랜드의사결정, 브랜드 자산관리 등의 주제를 다루는 브랜드관리에 관해서는 제8장에서 다루기로 한다.

01 제품의 개념과 분류

1.1 제품의 개념

우리는 처음 소개받은 여자친구에게 잘 보이기 위해 서울 강남의 고급카페에서 8,000원짜리 커피를 마시는 경우도 있고, 친한 친구와 함께 전문커피점에서 2,000원짜리 커피를 마시기도 한다. 위의 두 경우에 우리는 똑같은 커피를 구매한 것일까?

이러한 질문에 대한 적절한 대답은 마케팅관리자가 자사제품을 어떻게 정의할 것인가의 문제와 밀접한 관계가 있다. 만약 제품을 협의로 단순히 물리적(유형적) 요소들의 결합으로 본다면 소비자는 동일한 제품(커피)을 구매한 것으로 볼 수 있다. 그러나 제품을 보다 넓은 의미에서 본다면 그 소비자는 서로 다른 제품(커피+고급스러운 분위기와 브랜드이미지)을 구매했다고 할 수 있다. 기업은 어떠한 관점에서 제품을 보아야 하는가? 마케터는 보다 많은 마케팅기회를 포착하기 위해서 소비자의 관점에서 제품을 정의하고, 제품을 단순히 물리적 요소들의 집합 이상의 것으로 광의의 정의를 내릴 필요가 있다.

예를 들어, 소비자가 애플 아이팟을 구매한다고 할 때 그가 실제로 구매하고자 하는 것은 무엇일까?

우선 그 소비자는 반도체, 메모리, 전선 등 여러 부품으로 구성된 전자제품을 구매하는 것으로 볼 수 있다. 그러나 이를 보다 깊이 생각하면 실제로 소비자가 구입하는 것은 외형적 제품 자체가 아니라 이를 통해 그는 오락을 즐길 수 있는 수단을 구매하는 것이다. 나아가 그 소비자는 다음과 같은 유형적·무형적 특성들을 구매한다고 볼 수 있다.

① 동영상 접속, 라디오, 녹음기능 등의 부가적 특성

② 제조업체 브랜드명

③ 품질보증

④ 판매서비스(모델결정 시 판매원의 도움, 신용제공, 제품사용설명)

이와 같이 볼 때 마케터는 제품을 정의할 때 단순히 외형적으로 나타난 물건 자체보다는 다차원적으로 제품을 이해하고 정의할 필요가 있다. 이러한 맥락에서 Kotler는 제품을 그림 7-1 과 같이 핵심제품, 유형제품, 확장제품으로 구성되는 다차원적 개념으로 제시하였다.

Kotler의 다차원적 제품 정의를 자동차 구매의 예를 가지고 설명해 보기로 한다.

첫째, 소비자는 핵심제품을 구매한다. **핵심제품**(core product)이란 소비자가 그 제품으로부터 원하는

그림 7-1 다차원적 제품 정의

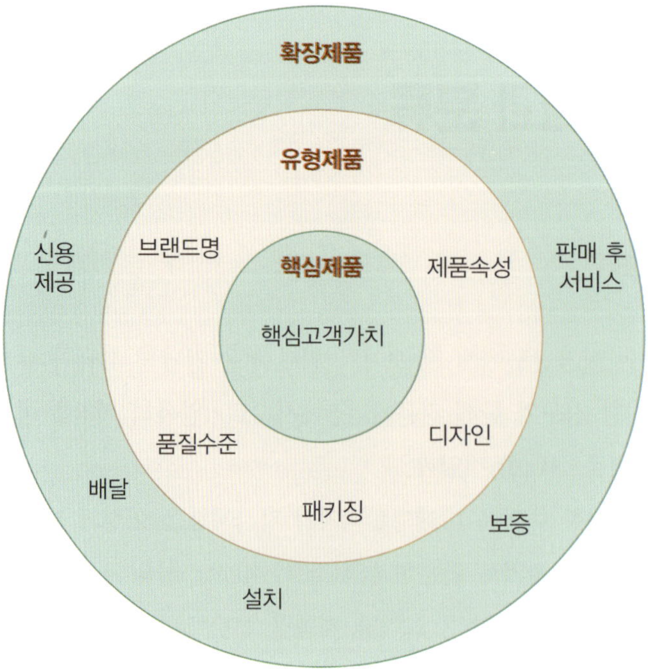

편익을 말한다. 즉, 핵심제품차원에서 소비자의 자동차 구매를 설명한다면 그 소비자는 출퇴근용으로 편리하고 안전한 수송수단을 구매하기를 원한다는 것이다.

둘째, 마케터 입장에서 소비자는 유형제품을 구매하는 것으로 볼 수 있다. **유형제품**(tangible product)은 소비자가 제품으로부터 추구하는 편익을 구체적인 물리적 속성(특성)들의 집합으로 유형화시킨 것이다. 즉, 소비자는 파워핸들, 강력한 엔진, 제동력이 높은 브레이크와 타이어, 다양한 선택사양을 부착한 계기판과 같은 물리적 속성들로 구성된 자동차를 구매하려고 하는 것이다.

셋째, 더 넓은 관점에서 제품을 본다면 소비자는 확장제품을 구매하는 것이다. **확장제품**(augmented product)이란 유형제품에다 친절한 판매원서비스, 낮은 이자율의 신용조건, 24시간 자동차 정비서비스, 1년간의 품질보증 등의 여러 서비스들이 부가된 것을 말한다.

경쟁이 치열해지면서 자동차업체들은 긴급출동과 순회정비서비스, 고객대상 정비교육, 서비스 매니저제도, 정비실명제, 예약정비 등 다양한 고객서비스를 도입함으로써 확장제품에서의 차별화를 통해 경쟁우위를 실현하려고 한다. 현대자동차의 최고급 브랜드 제네시스는 유형제품과 확장제품의 차별화를 통해 높은 고객충성도를 확보했다. 높은 디자인 완성도, 부분 자율주행 등 첨단 신기술 적용, 브랜드에 대한 높은 신뢰도 등 유형제품에서의 차별화가 핵심성공요인 중 하나이다. 나아가 현대차는 확장제품에서의 차별화를 통해 브랜드경쟁력을 더욱 높이려고 한다. 제네시스 고객 전용 서비스인 아너스G 프로그램이 그 한 예이다. 제네시스는 아너스G 프로그램의 일환으로 서울 장충동 신라호텔 영빈관에서 최고급 모델 소유자들을 초청해 강연을 개최하고 행사장에 온 고객들의 승용차를 무상으로 점검하는 서비스를 제공했다. 나아가 전문 탁송기사나 엔지니어가 원하는 시간과 장소에 차를 수거하고 정비한 다음 다시 가져다주는 프라이빗 딜리버리 서비스, 제주 해비치호텔에 전용층과 라운지를 운영하는 아너스G 인비테이션 서비스 등도 제공한다.

앞에서 제품을 정의할 때 마케터는 소비자의 관점에서 제품을 광의로 이해하여야 함을 강조하였다. 대부분의 소비용품들이 성숙기에 들어섰기 때문에 브랜드 간의 제품차별화가 어렵고 시장경쟁이 갈수록 치열하다. 따라서 단순히 성능이 우수한 유형제품만을 판매하는 것만으로는 마케터는 경쟁적 위치를 유지하기 어렵다. 경쟁우위를 확보하기 위해 마케터는 높은 품질의 물리적 제품(즉, 유형제품)은 물론

현대 제네시스 G80: 현대자동차의 최고급 브랜드 제네시스는 유형제품과 확장제품에서의 차별화를 통해 높은 고객충성도를 구축했다.

운전자가 벤츠 운전석에 앉아 마리오 카트 게임을 즐기고 있다. 독일의 명차(名車) 브랜드 메르세데스-벤츠는 뛰어난 유형제품과 확장제품의 결합을 통해 경쟁업체를 압도하려고 한다. 벤츠는 자율주행 시대를 대비해 운전석에 앉아 마리오 카트 게임을 즐길 수 있도록 하는 등 움직이는 오락실을 개발하고 있다.

다양한 서비스들이 추가된 확장제품을 계속 제공해야 하는 것이다. 예를 들어, 애플은 유형제품인 하드웨어뿐 아니라 소프트웨어와 콘텐츠 등이 포함된 확장제품의 개발을 통해 디지털 시장에서 높은 고객충성도를 가진 글로벌 선도기업이 될 수 있었다. 아이폰, 아이패드, 아이팟 등 애플의 주력 제품브랜드들은 우수한 하드웨어 제품(멋있는 디자인, 사용하기 편한 제품설계 등)을 앱스토어(신문·잡지·게임·지도·교육 등 응용프로그램(앱)을 사고파는 온라인 장터), 아이튠즈(노래와 영화를 판매하는 온라인 음반가게) 등과 같은 소프트웨어/콘텐츠 서비스와 결합시킴으로써 확장제품 수준에서 경쟁업체를 압도하고 있다.

기업은 제품개념을 확장할 수 있는 기회를 넓히기 위해 ① 세분시장별 고객분석을 통해 독특한 욕구나 충족되지 않은 욕구를 발견해야 하며 ② 구매 전, 구매시점, 그리고 구매 후의 제품사용과 처분에 이르기까지 고객의 구매의사결정 과정의 모든 단계에 대한 분석을 통해 차별화의 기회를 파악해야 한다.

1.2 제품의 분류와 마케팅전략적 시사점

제품을 분류하는 방식은 제품의 특성에 따라 매우 다양하지만, 좋은 제품분류가 이루어지기 위한 기본요건은 분류된 제품들로부터 유용한 마케팅전략이 도출될 수 있어야 한다는 점이다. 제품은 크게 소비재와 산업재로 분류된다. **소비재**는 최종소비자가 소비를 목적으로 구매하는 제품인 데 반해, **산업재**는 기업이 제품이나 서비스를 생산하는 데 투입하기 위해 구매하는 제품이다. 다음에서는 소비재와 산업재의 유형에 대해 자세히 설명하기로 한다.

(1) 소비재의 분류

소비재를 분류하는 여러 방법들 중 쇼핑습관(shopping habits)에 따른 소비재 분류방식이 널리 받아들여지고 있다. 이러한 분류방법은 마케팅관리자에게 유용한 전략적 시사점을 제공한다는 이점이 있다.

소비자의 쇼핑습관에 따라 소비재는 편의품(convenience goods), 선매품(shopping goods), 전문품(specialty goods)으로 분류된다.

편의품이란 자주 구매되고 소비자가 제품구매에 최소한의 시간과 노력을 투입하는 제품을 말한다. 편의품에는 비누, 치약, 샴푸 등 일상생활용품이 포함된다. 편의품은 저렴하며 소비자는 구매 전에 이미 충분한 제품지식을 가지고 있으므로 쇼핑에 많은 노력을 기울이지 않는다. 또한 특정 브랜드에 대한 충성도가 높지 않으므로 소비자는 소수의 친숙한 브랜드들 중 어느 것을 구매하더라도 마찬가지라고 생각한다. 따라서 편의품은 소비자들이 편리한 위치(입지)에서 손쉽게 구매할 수 있도록 가능한 한 많은 점포에 자사제품을 유통시켜야 한다. 예를 들어, 중국의 국민 음료회사로 불리는 와하하그룹은 유통지배력으로 중국 최대의 음료기업이 되었다. 와하하는 농촌에서 성공을 거둔 뒤 도시를 포위하는 마오쩌둥식 시장공략전략으로 중국 전역에 유통망을 구축했다. 와하하는 동쪽에서 서쪽까지 5000㎞가 넘는 중국 영토 어느 곳의 시골 상점에도 일주일 내 제품을 공급하는 물류망을 갖추고 있다.

선매품은 고객이 구매하기 전에 몇 개의 점포들을 방문하여 브랜드대안들의 가격, 품질, 스타일 등을 비교한 후 구매하는 제품이다. 예컨대, 의류, 가구, 가전제품 및 자동차 등의 주요 내구재가 선매품에 속하며 가시성이 높은 제품들이 많다. 선매품은 구매빈도가 낮고 편의품보다 가격이 높다. 선매품은 편의품과는 다른 마케팅전략이 필요하다. 소비자는 제품구매 전에 원하는 점포들을 탐색해 방문하기 때문에 마케터는 편의품만큼 자사제품을 취급하는 점포를 많이 가질 필요는 없다. 그러나 점포 내의 디스플레이와 디자인 등이 자사제품 선택에 상당한 영향을 미친다. 또한 소비자는 제품구매과정의 초기단계에 광범위한 정보탐색을 하므로 마케터는 소비자에게 자사제품의 특징과 가격에 대한 정보를 제공하는 광고전략을 사용해야 한다.

전문품은 브랜드마다 독특한 차별적 특성을 가지고 있고 소비자가 브랜드 간의 차이를 쉽게 식별할 수 있으며 대체재가 별로 없는 제품이다. 예를 들어, 스테레오 오디오 시스템, 카메라, 디자이너 패션의류, 유명 레스토랑 등이 이에 속한다. 소비자는 전문품을 구매하기 위해 정보수집 등에 많은 노력을 기울인다. 전문품에 대한 소비자의 브랜드충성도는 매우 높으며 프리미엄가격을 기꺼이 지불하고자 한다. 전문품은 편의품 및 선매품과 비교하여 유통이 크게 중요하지 않으며 소수의 점포만으로도 충분하다. 왜냐하면 소비자가 선호하는 브랜드를 취급하는 점포가 먼 거리에 위치하더라도 기꺼이 방문하려고 하기 때문이다. 그러나 자사제품을 취급하는 점포의 위치를 알리는 광고는 필요하며, 촉진비용은 소매업자와 제조업자가 공동부담하는 경우가 많다.

표 7-1은 소비재의 분류와 전략적 시사점을 보여주고 있다.

표 7-1 소비재의 분류와 마케팅전략

구매관여 수준	편의품	선매품	전문품
구매빈도	높음	비교적 낮음	매우 낮음
구매관여 수준	낮은 관여수준	비교적 높은 관여수준	매우 높은 관여수준
문제해결방식	습관적 구매	복잡한 의사결정에 의한 구매	브랜드충성도에 의한 구매
제품유형	치약 세제 커피 비누	가전제품 의류 승용차 가구	로렉스 시계 니콘 카메라 구찌 핸드백 전문적 의료서비스
마케팅전략	저가격 광범위한 유통 낮은 제품 차별성 빈번한 판매촉진 높은 광고비 지출 빈번한 이미지 광고	고가격 선택적 유통 제품 차별성 강조 제품특징을 강조하는 광고 인적판매의 중요성	매우 높은 가격 독점적(전속적) 유통 높은 브랜드 독특성 구매자의 지위를 강조하는 광고 인적판매의 중요성

(2) 산업재의 분류

산업재는 제품 또는 서비스를 생산하기 위해 또는 업무를 수행하기 위하여 구매되는 제품이다. 다양한 산업재의 분류방법이 있지만, 마케팅전략수립에 유용한 산업재 분류방법의 하나는 생산공정에 투입되는 정도와 상대적 원가에 의한 분류이다. 산업재는 생산공정에 투입되는 정도와 상대적 원가에 따라 원자재와 부품(materials and parts), 자본재(capital items), 소모품과 서비스(supplies and services)로 나누어진다.

원자재와 부품은 제조업자의 제품생산에 완전히 투입되는 제품이며, 다시 원료(raw material), 가공재(manufactured or processed material)와 부품(component parts)으로 세분될 수 있다. 원료에는 농산물(밀, 면, 채소)과 채취원료(원유, 원목, 철강) 등이 포함되며, 가공재는 원료에 추가적인 가공처리가 이루어진 제품으로 다른 제품의 생산에 투입될 경우 원형을 잃게 된다. 철강, 설탕, 철선, 가죽 등이 그 예이다. 부품은 더 이상 형태의 변화 없이 완제품 형태로 다른 제품의 생산에 투입되며, 타이어, 베어링, 렌즈, 소형모터 등이 그 예이다.

자본재는 완제품생산에 부분적으로 투입되는 제품으로, 기자재(equipment)와 설비(installation)로 다시 나누어진다. 기자재는 최종제품의 일부분으로 들어가지 않고 생산과정을 돕게 된다. 타자기, 책상, 건설장비 등이 그 예이다. 기자재는 구매자의 수가 많고 지리적으로 분산되어 있으며, 품질, 특성, 가격, 서비스 등이 공급자 선택의 주요 기준이다. 설비는 건물, 공장의 부분으로 부착되어 제거하기 용이하지 않은 제품과 건물을 말하며, 컴퓨터, 엘리베이터, 자동기계, 공장 등이 포함된다. 설비는 협상과정을 거쳐 공급자로부터 직접 구매되며, 공급자는 고객이 원하는 명세에 맞추어 제품설계를 하며 충분한 판매 후 서비스를 제공한다.

소모품과 서비스는 최종제품 생산에 투입되지 않는 제품으로 윤활유, 타이프 용지, 필기구, 페인트, 못 등의 업무 및 유지보수에 필요한 소모품, 유지·보수서비스(창문 닦기), 경영자문 등의 서비스 등이 포함된다. 소모품은 구매단위 가격이 낮으며 자주 구매되므로, 중간상을 통해 구매되며 가격과 서비스가 중요 고려요인이다. 유지·보수서비스는 계약에 의해 이루어지며 설비제조업체에 의해 직접 제공되는 것이 일반적이다. 경영자문서비스는 공급자의 명성과 개인능력에 의해 결정된다.

산업재 생산기업은 주로 기술개발과 원가관리에 주력하며 제품에 대한 마케팅활동에는 비용을 많이 투자하지 않는 경향이 있다. 그리고 생산된 제품에는 주로 제조업체명을 붙여 판매한다. 그러나 최근 들어 생산제품에 대해 제품브랜드명을 개발하고 지속적인 브랜드자산 구축노력을 통해 차별화를 추구하려는 기업들이 늘어나고 있다. 현대중공업은 국내 최초로 선박용 엔진을 개발한 후 힘센엔진(HIMSEN ENGINE)이라는 제품브랜드를 붙였다. 일반적으로 엔진제품에는 지멘스, 미쓰비시 등 제조업체 이름을 붙인다. 그러나 현대중공업은 전 세계 엔진시장에 독자모델을 널리 알리기 위해 제품브랜드명을 도입하기로 했고, 직원들을 상대로 공모한 엔진제품 브랜드명 후보들 중에서 힘센엔진(HIMSEN ENGINE)을 선택했다.

02 개별제품관리

제품에 대한 의사결정은 세 가지 수준에서 이루어지는데, 개별제품에 대한 의사결정, 제품라인에 대한 의사결정, 그리고 제품믹스에 대한 의사결정이 그것이다.

마케터는 개별제품을 개발하고 관리하는 과정에서 브랜딩, 제품품질, 디자인과 패키징, 제품지원서비스 등에 대한 의사결정을 내려야 한다. 모든 제품관련 의사결정의 초점은 핵심 고객가치를 창출하는 데 맞추어야 한다. 소비자들은 브랜드를 제품의 주요 구성요소로 간주하며, 좋은 브랜딩은 제품에 가치를 부가할 수 있다. 고객들은 우수한 제품성능 때문에 특정 제품브랜드를 구매할 뿐 아니라 그 브랜드에 의미를 부여하고 브랜드관계를 형성하기도 한다. 브랜드의 구축과 관리는 마케터가 수행해야 할 과업 가운데 가장 중요할 수 있다. 따라서 브랜딩 전략에 대해서는 제8장에서 보다 자세하게 다룰 것이다. 이하에서는 제품의 다른 구성요소들인 제품품질, 디자인과 패키징, 제품지원서비스에 대한 의사결정에 대해 자세히 설명하기로 한다.

2.1 제품품질

제품품질(product quality)은 마케터가 제품포지셔닝에 이용하는 주요도구 중 하나이다. 탁월한 제품품질은 고객이 추구하는 가장 중요한 가치차원 중 하나로서, 고객만족과 충성도에 밀접하게 연결되어 있다. 좁은 의미로 보면 품질은 결점이 없는 정도로 정의될 수 있다. 미국품질협회(The American Society for Quality)는 품질을 표현된 혹은 암시적인 고객욕구를 충족시키는 능력을 가진 제품 혹은 서비스 특성들로 정의한다. 품질지향적 기업들은 반품되지 않은 우수한 제품품질이 고객들을 다시 찾아오도록 만든다고 믿는다.

그러나 대부분의 고객지향적 기업들은 품질의 의미를 좁게 보지 않으며, 이를 고객가치와 고객만족을 창출하기 위한 전사적 노력의 과정과 수준으로 확대해서 본다. 이에 따라 많은 기업들이 품질경영 혹은 전사적 품질관리 같은 표현을 사용하며, 품질을 전략적 도구로 활용하고 있다. **전사적 품질관리**(TQM: Total Quality Management)는 기업의 모든 구성원들이 제품, 서비스, 비즈니스 프로세스의 품질수준을 끊임없이 향상시키려는 노력이다. 대부분의 시장선도적 기업들에게 있어 전사수준에서의 고객지향적 품질관리는 모든 경영활동의 기반이 되고 있다. 이에 따라 기업들은 **품질수익률**(return on quality)이라는 개념을 도입하고 있는데, 이는 품질을 투자로 보고 제품품질을 유지하기 위한 지속적 노력을 기업의 주요 성과지표로 간주하는 것이다.

제품품질은 품질수준과 품질의 일관성이라는 두 개의 차원으로 나눌 수 있다. 제품개발과정에서 마케터는 먼저 제품포지셔닝을 지원해 줄 품질수준을 선택해야 하는데, 여기서 품질수준(quality level)이란 제품이 그 기능들을 제대로 수행할 능력, 즉 **성능품질**(performance quality)을 의미한다. 예를 들어, 제네시스 승용차는 쏘나타보다 더 우수한 성능품질을 제공하는데, 이 승용차 브랜드는 더 부드러운 운전, 더 나은 승차감, 더 높은 내구성 등을 제공한다. 그러나 최고의 성능품질 수준을 제공하려고 하는 기업들은 그렇게 많지 않는데, 그 이유는 소수의 고객들만이 제네시스 승용차, Rolex시계 등과 같이 매우 높은 수준의 품질을 제공하는 제품들을 원하거나 혹은 이를 구매할 여력이 있기 때문이다. 그러므로 기업들은 목표 세분시장의 욕구와 경쟁제품의 품질수준을 고려해 이에 상응한 품질수준을 선택한다.

높은 제품품질은 높은 수준의 성능품질뿐 아니라 목표로 삼은 품질수준을 일관되게 제공하는 적합성(일치성) 품질도 포함한다. **적합성(일치성) 품질**(conformance quality)은 결점(제품불량)이 없고 목표로 삼은 성능수준을 일관되게 전달하는 정도를 의미한다. 모든 기업들은 높은 수준의 적합성 품질을 갖도록 노력해야 한다. 적합성 품질차원에서 보면 쏘나타승용차는 제네시스와 대등한 품질을 가진 것으로 볼 수 있다. 쏘나타가 제네시스만큼 우수한 성능품질을 갖고 있지는 않지만, 고객들이 지불하는 가격과 그들의 기대에 상응하는 품질을 일관성 있게 전달하고 있기 때문이다.

2.2 제품 스타일과 디자인

고객가치를 추가하는 또 다른 방법 중 하나는 독특한 제품 스타일과 디자인을 개발하는 것이다. 디

마케팅 Highlight

세계 최고의 품질을 끊임없이 추구해 경쟁이 치열한 침대시장에서 1위를 차지한 에이스침대

2세 경영인 안성호 에이스침대 사장은 2013년 돌연 15년 이상 연구해 온 '하이브리드 Z 스프링'으로 만든 침대 시제품을 전량 폐기하라고 지시했다. 기계로 100㎏ 이상 무게를 가해 20만~30만 번 두드려 보니 스프링이 끊어져 사람을 찌를 가능성이 있다는 실험결과를 받아든 직후였다. 소비자가 실제 사용할 때 이 같은 상황이 발생할 확률은 극히 낮았고 주변의 만류도 있었다. 불량가능성은 0.01%도 안 된다는 주장이었다. 하지만 안 사장은 "사람이 쓰는 침대에는 만에 하나의 위험도 없어야 한다"며 판단했다.

"까다로운 소비자가 지금의 에이스침대를 만들었다"고 말하는 안 사장은 엄격한 품질관리를 강조한다. 한두 해 성과에 일희일비하지 않고 세계 최고 수준의 기술을 개발하기 위해 연구개발(R&D)에 시간과 돈을 쏟아붓는 뚝심의 경영자다.

"사람이 누워서 사용하는 침대는 더 깨끗하고 제대로 된 자재를 써야 한다"는 게 안 사장의 지론이다. "품질은 타협할 수 없다"는 그의 믿음은 생산공정에서 고스란히 드러난다. 에이스침대는 까다로운 품질관리를 충족하기 위해 매트리스 제조에 필요한 전 공정을 충북 음성에 있는 공장에서 하고 있다. 침대 매트리스 제작에 필요한 스프링을 비롯해 통기성 메모리 폼, 충전 솜, 패딩 등 핵심소재를 자체 생산한다. 침대에 들어가는 주요 소재를 직접 생산하는 침대업체는 전 세계적으로 드물다. 안 사장은 "우리가 제시하는 밀도와 두께 등의 기준을 맞출 수 있는 외부업체를 찾기 힘들었다. 우리의 품질관리 기준을 바꾸느니 직접 만드는 게 낫겠다고 판단했다"는 설명이다.

에이스침대는 매트리스 제작에 필요한 우레탄 폼을 국내 침대업계에서 처음으로 친환경 제품으로 교체했다. 침대 프레임 제작 등에 사용하는 MDF(중밀도섬유판)의 포름알데히드 방출기준도 환경부 기준인 E1보다 더 엄격한 E0 수준을 충족하는 제품을 국내업계에서 가장 먼저 썼다.

'침대는 과학'이라는 광고문구는 에이스침대의 기술력을 상징한다. 안 사장은 침대시장을 선도하기 위해서는 새로운 기술이 필요하다고 판단했다. 침대의 품질을 결정하는 핵심요소인 스프링의 독자개발에 나선 이유다. 기존 연결형 스프링과 독립형 스프링의 장점을 결합한 제품을 제조하기로 했고 그 결과로 2014년 '하이브리드 Z 스프링'이 탄생했다. 시제품을 전량 폐기하는 극단적 처방을 통해 얻은 산물이었다. 상단에선 독립형 스프링이 1차 압력을 분산시켜 사용자의 신체라인에 맞춰주고, 하단에선 연결형 스프링이 2차로 몸무게를 분산시키며 탄력을 유지해 편안함을 제공한다. 기존침대들의 문제점인 꺼짐, 소음, 빈틈, 흔들림, 쏠림 등을 개선한 제품으로 평가받으며 미국, 영국, 프랑스 등 세계 15개국에서 특허를 획득했다. 세계 침대업체들이 R&D에 소홀할 때 완전히 새로운 스프링을 만들어 냈다.

안 사장은 소비자와의 접점인 대리점을 영업의 가장 중요한 부분이라고 생각한다. 그는 '침대는 직접 누워보고 구매해야 한다'는 소신을 바탕으로 매장 대형화를 추진해 왔다. 소비자들이 침대를 체험하려면 대형 매장은 필수다. 하지만 도심 내 입지가 좋은 곳의 임대료가 상승하면서 대리점주들이 외곽으로 밀려났다. 이에 본사가 부지를 사서 건물을 짓거나, 도심 내 기존건물을 매입해 대리점주에게 주변시세보다 저렴하게 임대해 주는 '에이스 스퀘어'를 도입했다.

이 같은 까다로운 품질관리는 소비자의 신뢰로 이어져 높은 마케팅성과로 돌아왔다. 에이스침대는 2019년 사상 최대 실적을 거뒀다. 매출은 2774억 원으로 13.2% 증가했고, 당기순이익은 423억 원으로 47.6% 늘었다. 건설경기 침체와 내수시장 불황으로 가구업계가 어려움을 겪는 상황에서 거둔 성과였다.

자료원: 한경, 2020.04.29.

자인은 스타일보다 더 넓은 개념이다. **스타일**(style)은 단순히 제품의 외양을 서술하는 것이다. 제품은 소비자의 눈을 끌거나 혹은 단조롭게 느껴지는 스타일을 가질 수 있다. 화제를 불러일으키는 스타일은 사람들의 주의를 끌고 미적 즐거움을 줄 수 있지만, 제품성능을 더 우수하게 만드는 데 기여하지 않을 수 있다. 스타일과 달리, **디자인**(design)은 제품의 외관과 성능을 포함시키는 개념으로서, 좋은 디자인은 제품의 외관과 제품의 유용성 모두에 기여한다.

좋은 디자인은 새로운 아이디어를 얻기 위한 브레인스토밍과 제품모형 제작으로부터 출발하는 것이 아니라 고객을 관찰하고 그들의 욕구를 깊이 있게 이해하고 고객에게 어떤 제품사용경험을 제공할지를 생각하는 것에서 시작된다. 단순히 제품 혹은 서비스 속성을 창출하는 것에서 한 걸음 더 나아가 고객의 제품사용경험을 형성하는 일도 포함한다. 제품디자이너는 제품의 기술적 명세보다는 고객이 제품을 어떻게 사용하고 어떤 편익을 얻게 될 것인지에 대해 더 많이 생각해야 한다. OXO(옥소)는 멋있고 기능성이 뛰어난 디자인을 가진 제품을 개발하는 것으로 유명하다. OXO는 일상생활을 더 편하게 만드는 현명한 디자인 제품을 만드는 것으로 널리 알려져 있는데, OXO의 디자인 영감 중 상당부분은 사용자로부터 직접 얻은 것이다. 예를 들어, OXO는 사용자들이 계량컵을 사용하는 것을 관찰하는 과정에서 계량컵을 눈높이까지 들어올리지 않으면 부피가 어느 정도인지를 파악할 수 없는 전통적인 Pyrex 계량컵의 문제점을 발견했다. 이를 개선하기 위해 OXO 계량컵은 컵 내부에 눈금을 표시해 위에서 읽을 수 있고, 눈금을 크게 만들어 안경 없이 읽을 수 있도록 만들었다.

고객의 눈길을 끄는 매력적인 제품디자인 개발에만 신경을 쓰다 안전사고를 예상하지 못했던 P&G의 사탕모양 세탁세제

기업은 고객의 눈길을 끄는 제품디자인 개발에만 너무 신경을 쓰다 사용과정에서 안전사고 등 소비자불편을 야기시킬 가능성에 대해서 유의해야 한다. P&G의 사탕모양 세탁세제가 그 한 예이다. 세계 최대 생활용품업체 P&G는 패킷형 타이드 제품을 개발/출시했다. 가루로 된 세제와 달리 작고 동그란 고체형태로 만든 제품인데, 세탁할 때마다 한 알씩만 넣으면 되는 편리함뿐 아니라 독특한 디자인으로 소비자들의 주목을 끌었다. 이 세제는 파란색, 주황색 줄무늬가 들어간 사탕모양을 하고 있으며 포장도 사탕박스처럼 만들었는데, 고객으로부터 좋은 반응을 얻었다. 그러나 출시 후 두 달이 지나 이 신제품은 위험에 처했다. 아이들이 세제를 사탕으로 착각해 먹는 사고가 잦아졌기 때문이다. 기존의 세제개념을 뒤엎은 혁신적 디자인의 제품이 안전사고를 일으키는 예상 밖 결과를 초래한 것이다. 이에 따라 P&G는 안전교육과 경고문구에 더 신경을 쓰고 어린이가 세제통을 열 수 없도록 잠금장치를 제품에 추가하는 등 제품포장 디자인의 개선을 통해 사고위험을 줄이기로 했다.

최근들어 제품 차별화에서 디자인의 중요성을 인식한 기업들이 단순히 제품의 한 구성요소로서 좋은 디자인을 개발하는 단계에서 진일보해 기업차원에서 디자인 역량을 키우기 위한 노력인 **디자인경영**으로 그 개념을 확대하고 있다. 최고경영자의 전폭적인 지원을 토대로 디자인 경영전략을 추구하는 LG전자가 그 대표적 예이다. 제품차별화를 위해 디자인을 강조하는 LG전자는 '선(先) 디자인, 후(後) 제품개발'을 추구하고 있다. 이를 실현하기 위해 최고경영진과 사내 디자인 전문가들로 구성된 디자인 위원회를 도입했는데, 이 위원회는 처음 구상한 제품디자인이 제품화 과정에서 변경되지 않도록 하는 역할을 담당한다.

디자인 경영전략을 추구하는 LG전자는 예술적 수준으로 디자인 역량을 키우기 위한 시도로서 세계 최대 규모의 디자인 전시회 '밀라노 디자인 위크' 에서 LG 전시관을 열었다.

마케팅 Highlight

디자인 경영을 강화하는 구광모 LG회장

2021년 LG는 심벌마크의 요소를 활용해 브랜드를 생동감 있게 나타낼 수 있는 새로운 그래픽 모티프를 선보였다. 그래픽 모티프는 로고 외에도 색상 · 도형 · 패턴만으로 기업 이미지를 표현할 수 있는 디자인 요소를 뜻한다. 그래픽 모티브는 'L'과 'G' 형태를 각각 화면의 좌측 상단과 우측 하단에 배치했는데, 메시지와 연계할 경우 직관적으로 LG가 전달하는 메시지라는 것을 알 수 있다. 그래픽 모티프는 10가지 컬러와 2가지 바탕 패턴 디자인 등을 자유롭게 조합해 사용할 수 있어 표현의 자유도를 높였다. 또 모바일, PC, 태블릿 등 디지털 환경에 최적화되어 모션 등 애니메이션 효과를 적용할 수 있다. LG는 웹과 모바일 홈페이지, 유튜브, 페이스북 등 SNS 채널 등의 온라인 환경과 광고 및 명함 등 오프라인에서 다양하게 그래픽 모티프를 활용할 계획이다.

LG의 그래픽 모티프 도입은 그동안 구광모 회장이 중시해 온 디자인 · 브랜드 경영의 연장선이다. 구 회장은 2018년 취임 이후 "디자인은 고객과 만나는 시작과 끝"이라며 디자인과 브랜드의 중요성을 강조하고 있다.

LG의 디자인 DNA는 고(故) 구본무 회장 시절부터 뿌리를 내렸다. LG전자는 2005년 주방가전 브랜드인 디오스로, 2016년에는 초프리미엄 브랜드 LG 시그니처를 출시하면서 가전시장에서 고유한 입지를 구축해 왔다. 과거 피처폰 시장에서도 초콜릿폰, 프라다폰 등 차별된 디자인의 제품을 선보이면서 연이어 히트상품을 만들어 냈다.

구광모 회장의 디자인 경영 행보

2018년 11월	가전+가구 프리미엄 프라이빗 가전 브랜드 'LG 오브제' 출시
2020년 2월 17일	디자인경영센터 방문 "디자인은 고객 경험 · 감동의 출발점"
2020년 10월	가전+인테리어 공간 인테리어 브랜드 'LG 오브제컬렉션' 출시
2020년 11월	디자인경영센터 신입사원 4년 만에 채용 CEO 직속 CX(Customer eXperience) Lab 신설
2021년 2월	LG 브랜드 그래픽 모티프 공개

LG그룹의 디자인 · 브랜드 경영은 2018년 구광모 회장의 취임 이후 꽃을 피우고 있다. 그 시작은 2018년 11월 가전과 가구를 결합한 프라이빗 공간 맞춤가전 브랜드 'LG 오브제(LG Objet)'의 출시다. LG 오브제는 소비자들에게 개인 맞춤형 디자인을 적용한 제품을 선보이면서 가전에 대한 소비자의 눈높이를 올려놨다. 이어 2020년 10월에는 하나씩 더할수록 집 안

인테리어가 완성되는 공간 인테리어 가전 브랜드인 LG 오브제컬렉션을 출시했다.

디자인 · 브랜드에 대한 구 회장의 관심은 경영행보를 통해서도 드러난다. 2020년 11월 LG는 조직개편을 통해 선행 디자인연구소를 재편해 CEO 직속으로 CX(Customer eXperience) Lab을 신설했다. 고객경험에 기반해 디자인 역량을 강화하고 CEO 산하에서 한층 더 제품디자인 설계과정들을 면밀히 살피겠다는 의도이다.

LG전자의 디자인 · 브랜드 경영은 높은 마케팅성과로 증명되고 있다. LG 시그니처 출시 전인 2015년 17조3976억 원의 매출과 9817억 원의 영업이익을 기록했던 LG전자 가전(H&A)사업본부는 2019년 각각 23.7%, 103.3% 증가한 21조5155억 원의 매출액과 1조9962억 원의 영업이익을, 그리고 2020년에는 사상 처음으로 3조 원이 넘는 영업이익을 기록했다.

자료원: 매경, 2021.02.09.

2.3 패키징(Packaging)

패키징이란 제품의 포장물을 설계하고 생산하는 활동을 말한다. 패키지는 제품의 얼굴이다. 패키지는 제품의 내용물을 보호하는 단순한 기능적 역할뿐 아니라 제품정보의 제공 및 제품이미지의 전달 등 커뮤니케이션 역할을 수행한다. 대부분의 소비재가 제품수명주기상의 성숙기에 들어서 경쟁제품들이 물리적 특성에서 표준화되어 있을 뿐 아니라, 슈퍼마켓과 편의점의 성장에 따른 self-service의 확대에 따라 패키지가 갖는 마케팅커뮤니케이션 역할의 중요성이 갈수록 커지고 있다.

(1) 패키지 디자인의 중요성

패키지는 브랜드자산 형성의 주요원천이 될 수 있다. 종종 소비자들이 특정 기업이나 브랜드에 대해 갖고 있는 강력한 연상 중의 하나는 패키지와 관련된 것이다. 예를 들어, 소비자들에게 하이네켄 맥주를 생각할 때 무엇이 떠오르는지를 물어보면, 초록색 병과 캔이라고 대답할 것이다. 이와 같이 패키지의 외양은 브랜드 인지도를 높이거나 브랜드 연상을 창출·강화하는 데 중요한 수단이 될 수 있다. 최근 들어 신제품의 수가 급증함에 따라 제품 차별화에서 패키지 디자인이 갖는 중요성이 더욱 커지고 있다. 패키지는 진열대에 놓인 수많은 경쟁브랜드들 중 자사브랜드를 두드러지게 보이게 하는 데 효과적인 마케팅수단이 될 수 있다. 슈퍼마켓에서 구매하는 소비자들이 상당수의 품목들을 비계획적으로 구매한다는 사실은 구매시점에서 패키지의 중요성을 시사한다.

과거에는 패키지 디자인이 비체계적으로 개발되었다. 예를 들어, 빨간색과 흰색으로 구성된 캠벨수프(Cambell soup)캔의 디자인은 회사의 한 간부가 코넬(Cornell)대학 미식 축구팀의 빨갛고 하얀 유니폼을 좋아했기 때문에 채택되었다고 한다. 그러나 최근 들어 브랜드 선택에서 패키지 디자인의 중요성이 커짐에 따라 기업들은 제품개발비용의 상당부분을 패키지 개발에 할애하며 전문적인 패키지 디자이너를 이용하여 체계적이고 과학적으로 패키지를 디자인하고 있다.

패키지 구성요소(브랜드명, 제품정보, 그래픽요소, 색상, 재료 등)에 대한 결정은 브랜드인지도를 향상시키고 브랜드 연상의 형성을 용이하도록 이루어져야 한다. 패키지의 구성요소 가운데 특히 중요한 것이 색상이다. 소비자들은 특정유형의 제품은 특정의 색상을 갖게 될 것으로 기대한다. 즉 색상과 관련된 언어적 연상(color vocabulary)을 갖는 것이다. 예를 들어, 우유는 하얀 색상의 종이팩을 사용해야 한다거나 사이다는 초록색의 병이나 캔을 사용해야 한다고 믿는 것이다.

패키지의 색상은 제품특성에 대한 소비자지각에 영향을 줄 수 있다. 가령, 커피병이나 캔에 보다 진한 갈색의 패키지색상이 사용될수록, 소비자들은 커피음료의 맛이 더욱 진할 것으로 인식할 수 있다. Miller High Life 맥주는 투명한 맥주병 때문에 매출에 어려움을 겪었는데, 그 이유는 많은 소비자들이 진한 갈색병을 사용한 시장선도 브랜드인 Budweiser 맥주에 비해 맥주맛이 진하지 않을 것으로 지각했기 때문이다.

기업은 여러 가지 이유(제품가격의 인상, 유통경로의 변경)로 인해 패키지 디자인을 변경한다. 패키지 디자인을 변경하는 가장 일반적인 이유는 기존의 패키지가 시대에 뒤떨어져 보이기 때문일 것이다. 이러한 이유로 패키지를 변경함에 있어 기업은 브랜드자산의 구축에 기여한 주요 패키지 요소들의 자산적 가치가 상실되지 않도록 유의해야 한다. 패키지 디자인을 변경할 때 마케터는 보다 현대적인 느낌을 갖도록 하는 것과 구축한 기존의 패키지 자산을 유지하는 것 간에 적절한 조화를 유지하도록 해야 한다. 그러나 젊은 소비자층을 표적시장으로 하는 경우에는 항상 최신 제품으로 보이도록 하기 위해 패키지 디자인을 자주 변경시킬 수 있다. 가령, P&G사의 여드름 치료제 브랜드인 Clearasil은 몇 년마다 패키지 디자인을 변경시켰는데, 그 이유는 표적시장인 10대의 소비자들이 가장 최신의 것으로 보이는 제품을 더 구매하고 싶은 성향이 있는 것으로 판단했기 때문이다.

마케팅 Highlight

브랜드자산의 주요원천인 티파니만의 패키지 색상 - 티파니 블루

2019년 말 세계 최대 명품업체인 프랑스 루이비통모에헤네시(LVMH)가 미국의 보석업체 티파니앤드컴퍼니(Tiffany & Co.)를 162억 달러(약 19조 원)에 인수했다. LVMH 역사상 가장 큰 규모의 인수이기도 하지만, 티파니는 유럽계 회사가 장악한 세계 명품 보석업계에서 보기 드물게 미국에 기반을 둔 회사라 관

티파니를 상징하는 '티파니 블루' 색상의 포장 상자들

심이 쏠렸다.

1837년 설립된 티파니는 소품을 파는 잡화상으로 시작했다. 1848년 프랑스 2월 혁명을 겪은 파리 상류층이 처분한 보석을 사들이고 1851년 은세공업체를 인수하면서 티파니는 본격적으로 귀금속 분야로 진출한다. 당시 미국 부호들은 유럽에서 사치품을 수입했는데, 티파니가 다량의 보석을 구입하고 다시 디자인해 판매하면서 보석상으로서 명성이 높아졌다. 특히 1940년 뉴욕 5번가에 개설한 매장이 영화 '티파니에서 아침을'(1961)에서 세기의 여배우 오드리 헵번이 매일 아침 위안을 얻는 꿈과 낭만의 장소로 묘사되면서 티파니는 전설적인 보석 브랜드가 되었다.

고품질의 원석, 세련된 디자인 외에도 당시 티파니의 성공에 결정적인 역할을 한 요인은 바로 색깔이다. 사람들은 티파니 하면 자연스럽게 티파니 고유의 색, '티파니 블루'를 떠올리는데, 옅고 맑은 푸른색에 약간의 녹색 기운이 감돌아 청자를 연상시키는 색이다. 티파니 블루는 1845년 상품을 살펴보고 주문할 수 있는 카탈로그의 표지를 이 특유의 푸른색으로 제작하면서 시작되었다. '티파니 블루 북'이라 불린 이 카탈로그는 1면부터 전부 컬러면으로 제작돼 미국 전역에 무료로 배포되었다. 이후 쇼핑백과 상자, 액세서리에도 이 색을 사용하면서 티파니를 상징하는 색으로 거듭났다. 티파니 블루 상자를 보는 것만으로도 여성들의 심장박동 수가 22% 증가한다는 연구결과까지 있을 정도로 강력한 브랜드가치의 원천이 되었다.

그런데 티파니는 왜 푸른색을 선택했을까? 19세기 세계 최강국이었던 영국에서는 결혼식이 열리면 신부 측에서 방문객에게 제공하는 인기선물이 있었는데 바로 비둘기 모양으로 세공한 터키석 브로치였다. 이 브로치의 청명한 푸른색은 '나를 잊지 말아요 푸른색(forget-me-not blue)'으로 불렸는데, 티파니는 여기서 착안해서 티파니 브랜드를 각인시키는 색으로 발탁했다. 하지만 티파니 블루는 법적으로 보호되기란 쉽지 않았는데, 한 기업이 특정 색깔을 독차지해 상업적으로 쓴 전례가 없었기 때문이다. 하지만 색의 중요성과 그 영향력이 점점 높아지면서 미국 대법원은 1995년 판례를 통해 색채도 상표의 일부로 등록할 수 있도록 했다. 티파니는 2000년 티파니 블루를 상표 등록해 이 색상이 탄생한 지 150여년 만에 티파니의 고유 브랜드자산으로 인정받게 되었다.

자료원: 조선일보, 2020.02.12.

(2) 좋은 패키지가 갖추어야 할 특징

좋은 패키지가 갖추어야 할 특징은 시각성(visibility), 정보제공능력(information), 감정적 소구력(emotional appeal), 기능수행력(workability) 등이 있는데, 이는 VIEW라는 약자로 표현된다.

첫째, 패키지는 시각성이 있어 구매시점에 주의를 유발할 수 있어야 한다. 패키지는 브랜드이미지를 살리면서 진열공간에 진열된 경쟁브랜드들 가운데 자사브랜드가 두드러지도록 하여야 한다. 강렬한 색상의 패키지나 색다른 그림, 형태, 사이즈의 패키지는 시각을 강화시킬 수 있다. 목소리를 담은 칩을 패키지에 장치하거나 입체사진을 부착하는 등의 패키징에서 기술혁신은 주의 유발에 도움을 준다.

둘째, 패키지는 정보제공능력을 가져야 한다. 즉, 패키지는 제품사용법, 제품이 제공하는 편익, 슬로건, 기타 제품정보(요리법, 판매촉진 제공물) 등을 효과적으로 제공할 수 있어야 한다. 패키지에 실린 정보는 시용구매를 자극하거나 반복구매를 유발하고, 나아가 정확한 제품사용법을 제공할 수 있다는 점에서 유용하다. 패키지는 정확한 제품정보를 적정량으로 제공할 수 있어야 한다. 과다한 정보제공은 소비자가 필요한 정보를 처리하는 데 방해가 될 뿐 아니라 값싼 이미지를 줄 수 있다. 그리고 "새로운", "향상된", "무료" 등의 문구가 자주 패키지에 부착되는데, 이는 즉각적인 시용구매를 자극하거나 다른 브랜드로 전환한 고객을 다시 끌어들이기 위한 목적에서 사용된다.

셋째, 패키지는 감정적 소구능력이 있어야 한다. 즉, 패키지는 소비자가 원하는 느낌이나 무드를 유발할 수 있어야 한다. 패키지 디자이너는 독특한 컬러, 형태(shape), 소재 등을 이용해 다양한 느낌들(우아함, 즐거움, 향수, 위신 등)을 불러일으키려고 한다. 감정적 요소를 배제하고 제품정보만을 강조하는 제품패키지가 있는가 하면 제품정보는 거의 제공하지 않고 감정적 요소만을 강조한 제품패키지도 있다. 만약 소비자가 신중한 의사결정을 거쳐 최선의 브랜드를 선택한다면, 소비자가 필요한 정보를 제공받을 수 있도록 구체적이고 충분한 제품정보를 제공하여야 할 것이다. 이에 반해 소비자가 즐거움, 환타지, 쾌감을 얻기 위해 제품을 구매한다면, 패키지는 감정유발적 요소를 제공함으로써 구매행동을 유발하여야 한다.

넷째, 패키지는 제품내용을 보호하고, 유통업체와 소비자가 저장하기 용이하도록, 제품사용을 용이하게, 그리고 환경을 보호할 수 있도록 디자인되어야 한다. 식용유나 설탕의 경우 붓기에 용이하도록 용기를 설계하거나, 튜브형의 치약이나 zip로 봉합된 비닐패키징 등은 기능성을 갖춘 패키지의 한 예이다. 최근 환경적으로 안전한 패키지 개발에 대한 관심이 증대되고 있다. 즉, 플라스틱 용기로부터 재활용이 가능한 종이 패키지를 이용하는 방향으로 패키지 소재의 추세가 변화되고 있다. 패키지 디자이너가 기능성과 관련하여 해결해야 할 문제는 충분한 기능성을 갖추면서 기업과 소비자에게 모두 비용절약적인 패키지를 설계하는 일이다. 예를 들어, 소비자는 전혀 부패되지 않는 식품패키지를 원하지만 마케터는 비용상의 문제로 이러한 높은 기능성을 갖춘 패키지를 제공하는 데 어려움이 있을 것이다. 어떤 제조업자는 디자인 없이 값싼 패키지를 이용함으로써 소비자의 불만을 사게 되는 경우도 종종 있다.

마케터가 VIEW 기준을 모두 충족시키는 패키지를 개발하기는 어려울 것이므로 제품범주에 따라 각 기준의 상대적 중요도를 평가하여 이를 적절히 반영하여야 할 것이다. 예를 들어, 패키지의 기능성은 모든 제품범주에 요구되는 기준이지만, 향수 같은 제품은 감정적 소구를 강조한 패키지 개발이 중요할 것이며, 식품은 제품정보를 강조한 패키지 개발이 이루어져야 할 것이다. 그러나 마케터는 정보제공적 요소와 감정유발적 요소를 효과적으로 결합해 소비자의 합리적 욕구와 상징적 욕구를 함께 충족시킬 수 있는 패키지 디자인을 개발하기 위해 노력해야 한다.

2.4 제품지원서비스

구매 후 제품관련 고객서비스는 제품관리에서 고려해야 할 또 다른 주요요인이다. 기업이 고객에게 전달하는 제공물은 통상적으로 지원서비스를 포함하는데, 이는 전체 제공물 중에서 사소한 부분 같이 보일 수 있지만 고객관계 형성과 브랜드충성도 구축에서 중요한 부분일 수 있다.

고객지원서비스(support service)는 고객의 전반적인 브랜드경험에서, 그리고 브랜드충성도 구축에서 중요한 부분을 차지한다. 가령, 볼보자동차코리아는 승용차판매를 실현하는 것으로 마케팅활동이 끝나는 것이 아님을 잘 알고 있다. 판매 후에도 차별화된 고객지원서비스를 통해 지속적으로 고객관계를 구축/유지하는 것이 시장경쟁에서 핵심성공요인임을 인식하고 있는 것이다.

차별적인 고객지원서비스를 수행하기 위해서는 체계적인 노력이 필요한데, 그 첫 번째 단계는 기존 지원서비스들에 대해 고객들이 지각하는 가치와 품질수준을 평가하고 새로운 지원서비스 아이디어를 얻기 위해, 정기적으로 고객 서베이를 실시하는 것이다. 그 다음 단계는 기존 고객서비스의 문제점을 개선하고, 고객을 감동시키면서 수익창출에 기여할 신규 고객지원서비스를 추가하는 방안을 강구하는 것이다. 많은 기업들은 과거에는 불가능했던 고객지원서비스를 제공하기 위해 전화, 이메일, 팩스, 인터넷, 인터렉티브 보이스(voice) 등을 통합적으로 활용한다. 가령, HP는 완벽한 판매서비스와 판매 후 서비스를 제공하기 위해 컴퓨터 수명주기의 모든 단계에 걸쳐 전문가적인 도움을 주는 HP Total Care 서비스를 도입했다. 고객들은 HP Total Care포탈에 접속해 HP제품에 대한 온라인 지원서비스를 제공받거나 이메일, 즉석 온라인 상담, 전화를 통해 연중무휴로 기술지원서비스를 제공받을 수 있다.

03 제품라인관리(Product Line Management)

제품전략은 개별 제품/서비스에 대한 의사결정뿐 아니라 제품라인(제품계열)관리와 관련된 의사결정도

마케팅 Highlight

애프터서비스에서 확고한 경쟁우위 구축을 통해 고객만족도 1위를 달성하려고 하는 볼보코리아

볼보자동차코리아가 업계 최초로 평생 부품보증 서비스를 도입하는 등 고객 만족도 1위 달성을 목표로 내걸고, A/S를 강화했다. 이의 일환으로 A/S 통합 브랜드 '서비스 바이 볼보'을 출범시켰다.

볼보자동차코리아는 고객만족도 1위 달성을 목표로 내걸고, 애프터세일즈 서비스(A/S) 통합 브랜드 '서비스 바이 볼보(Service by Volvo)'를 출범시켰다. 2020년 볼보코리아는 업계 최초로 유상으로 교체된 순정부품에 대해 공식 수리보증기간 종료 이후에도 횟수와 상관없이 수리받을 수 있는 '평생 부품보증제도'을 도입했다. 이 밖에도 평생 무상 사고차 견인, 5년(또는 10만㎞) 긴급 출동서비스, 무상 소프트웨어 · 지도 업데이트, 연 2회 한정 수리 후 무상 딜리버리 서비스(S90, XC90, V90만 해당) 등의 혜택을 제공하고 있다. 볼보코리아는 '볼보 개인 전담 서비스(VPS)'도 운영하고 있다. 고객마다 전담 기술엔지니어가 배정돼, 예약부터 상담, 점검, 고객 안내까지 일괄 책임지는 제도다.

볼보는 고객이 A/S를 체험하는 과정 전반을 혁신하는 데도 노력을 기울인다. 볼보는 스마트폰 앱을 통해 실시간으로 서비스를 예약하고, 정비단계별로 알림을 받는 시스템을 구축한다. 고객은 차량입고부터 정비 · 검수 · 정비 완료까지 실시간으로 알람을 받을 수 있고, 추정되는 정비완료시간도 확인할 수 있다. 서비스센터에는 별도의 고객 라운지를 마련해 유리창을 통해 작업현장을 볼 수 있게 했고, 수리를 맡기고 대기 중인 고객에게 태블릿PC를 대여해, 영화 · 웹툰 등을 볼 수 있는 서비스도 제공한다.

자료원: 조선일보, 2020.06.24.

포함한다. **제품라인**(product line)은 서로 밀접하게 관련된 제품들의 집합을 말하는데, 이들은 유사한 기능을 수행하거나(가령, 비누, 샴푸, 린스, 치약 같은 화장실용품), 동일한 고객집단에게 판매되거나(가령, 샤넬 의류, 핸드백, 향수제품들), 동일한 유통경로를 통해 판매되거나(가령, 한국야쿠르트 아줌마 같은 방문판매사원에 의해 판매되는 제품들) 혹은 비슷한 가격대에서 판매되기 때문에 하나의 제품라인에 포함될 수 있다. 예를 들어, 나이키는 운동화 및 운동복에서 몇 가지 제품라인을 생산/판매하며, Marriott는 여행자를 타깃으로 하는 호텔체인, 출장고객을 타깃으로 하는 호텔체인 등 복수의 호텔라인을 거느리고 있다.

제품라인에서의 주요 의사결정은 **제품라인 길이**(product line length)에 관한 것이다. 제품라인 관리자는 먼저 제품라인을 구성하는 품목들의 수익성과 경쟁력을 분석한 후, 새로운 품목들을 추가하거나 기존 품목을 수정 또는 철수하는 등의 제품라인 길이에 대한 의사결정을 하게 된다. 제품라인의 길이가 너무 짧다면, 품목의 추가를 통해 이익을 증대시킬 수 있다. 이에 반해 라인의 길이가 너무 길다면, 품목의 제거를 통해 제품라인의 전반적 수익성을 증대시킬 수 있다. 따라서 제품관리자는 정기적으로 제품라인 내 각 품목의 매출과 이익을 평가하고 각 품목이 제품라인의 전반적 시장성과에 어느 정도 공헌하는지를 파악하는 등 제품라인 길이가 적절한지를 분석해야 한다 .

제품라인 길이를 결정할 때 마케터는 다음과 같은 요인들을 고려해야 한다.

첫째, 제품라인의 길이를 결정하는 주요요인의 하나는 회사의 경영목표이다. 즉, 최고경영자가 시장점유율 증대와 수익성(profitability) 중 어떤 경영목표에 우선순위를 두는가에 따라 제품계열의 길이가 달라진다. 시장점유율의 증대에 우선순위를 두는 기업은 비록 일부 품목들이 수익성에 문제가 있다고 하더라도 다양한 품목들로 제품계열을 구성하므로 제품라인의 길이가 길어진다. 반면에 수익성을 강조하는 기업은 이익이 확실한 품목만으로 제품계열을 구성할 것이므로 제품라인의 길이가 짧을 것이다.

둘째, 기업목표에 상관없이 시간이 경과함에 따라 제품라인의 길이가 길어지는 경향이 있다. 제품들간의 경쟁이 치열해짐에 따라 영업사원들과 자사제품을 취급하는 유통업체들은 고객의 다양한 욕구를 충족시키기 위해 여러 품목들을 제공해 주도록 요구한다. 예를 들어, 카운테스마라는 전통적인 흰색 와이셔츠 이외에 다양한 색상 및 디자인의 와이셔츠를 도입해 다양한 고객욕구를 충족시키려고 한다. 따라서 제품라인 관리자는 제품라인 길이의 확대에 따른 매출액증대와 비용증가의 비교분석을 통하여 적정한 제품라인 길이를 유지할 수 있도록 해야 한다.

셋째, 제품라인 내에 새로운 품목을 추가할 경우 기존제품들과의 대체관계를 고려해야 한다. 동일 제품라인 내의 한 품목의 판매가 증대함에 따라 다른 품목의 판매가 감소할 경우, 이 두 제품은 서로 대체관계에 있다. 같은 제품라인 내에 대체관계에 있는 둘 이상의 품목들이 있을 경우 경쟁사 고객이 아니라 자사고객을 뺏기 위해 서로 경쟁하는 자사브랜드 잠식현상(brand cannibalization)이 발생할 수 있다. 자사브랜드 잠식현상이 심각하다고 판단되면, 마케터는 대체관계에 있는 품목들 하나하나가 제품라인 전체의 매출과 이익에 미치는 영향을 고려하여 품목의 추가 혹은 철수를 고려해야 한다.

기업은 두 가지 방식으로 제품라인의 길이를 늘릴 수 있는데, 라인충원전략과 라인확대전략이 그것이다. **제품라인 충원전략**(product line filling)은 기존의 제품라인 범위 내에서 더 많은 품목들을 추가하는 것이다. 가령, LG생활건강은 죽염치약 라인 내에서 성분과 제품편익에서 차이가 나는 다양한 치약품

제품라인 충원전략을 통해 매출증대를 추구하는 카스맥주

목들을 개발/제공하고 있다. 카스맥주는 제품라인 충원전략을 통해 20~30대 고객층을 공략해 브랜드 인지도와 매출을 넓혀가고 있다. 카스맥주는 카스 후레쉬(톡 쏘는 청량감을 주는 맥주), 카스 라이트(고발효 DRY공법을 사용해 기존맥주 대비 탄수화물 함량을 반으로 줄인 맥주), 카스 레드(고알코올 발효공법을 통해 상쾌한 맛을 살리고 도수 6.9도의 강하고 풍부한 맛을 표현한 맥주), 카스레몬(천연 레몬을 함유한 맥주), 카스 2X(고탄산·저알코올로 짜릿하고 깔끔한 맛을 살린 맥주), 카스0.0(무알코올맥주) 등 라인길이 확대를 통해 제품 차별화를 더욱 강화하고 있다.

제품라인 충원전략을 추구하는 데는 몇 가지 이유가 있는데, 추가이익의 실현, 대리점 요구의 충족, 과잉생산능력의 활용, 선도적인 완전제품라인 기업이 되는 것, 그리고 경쟁자가 진입할 가능성이 있는 틈새를 사전에 봉쇄하는 것 등이 그것이다. 그러나 자기시장 잠식현상과 품목 간 차이에 대한 고객의 혼란을 초래한다면 지나친 제품라인 충원이 이루어진 것이다. 따라서 새로운 품목을 추가하려는 기업은 마케팅조사를 통해 새로운 품목이 기존품목들과 지각적으로 차이가 있는지(noticeably different)를 반드시 파악해야 한다.

제품라인확대전략(product line stretching)은 가격대와 품질수준에서 현재의 제품라인이 커버하는 범위 이상으로 제품라인의 길이를 늘리는 것으로, 하향확대(downward stretching), 상향확대(upward stretching), 쌍방향 확대(both directions stretching)의 세 가지 대안이 있다(그림 7-2 참조).

하향확대전략(downward stretching)은 기존의 고품질-고가격 제품에다 중·저가제품을 추가하는 전략

그림 7-2 제품라인 확대전략의 유형

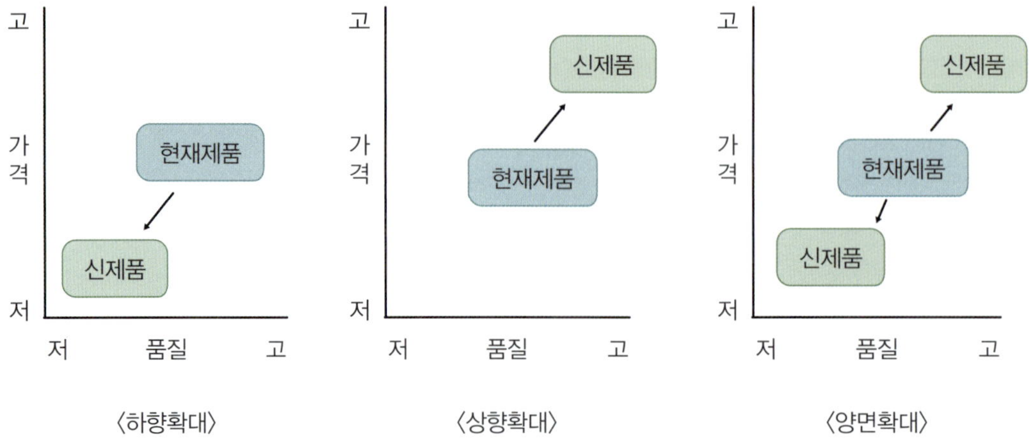

소형 승용차 미니 시리즈 개발을 통한 하향확대전략으로 성공한 BMW

이다. 고급시장을 대상으로 영업을 해온 기업들은 제품라인을 하향확대해 보다 저렴한 가격대의 품목들을 개발/판매할 수 있다. 애플은 2007년 아이폰을 출시한 이후 고가격 프리미엄 제품전략(한 번에 한 개의 프리미엄 신제품만을 출시함)을 유지해 왔으나, 최대 스마트폰 시장인 중국을 겨냥하고 고가격과 저가격 제품전략을 동시에 추구해 온 삼성전자에 대응하기 위해 중저가형 아이폰 SE를 함께 출시하는 하향확대전략을 추구하고 있다. 독일의 최고급 자동차 제조업체인 BMW는 영국 코미디언 로언 앳킨슨이 연기한 미스터 빈에 웃음거리로 등장하는 영국 로버 자동차 소유의 초미니 자동차 미니를 인수하는 하향확대전략을 통해 크게 성공했다. 2000년대 초반 BMW는 미니 원(Mini One), 미니 쿠퍼 S(Mini Cooper) 등 미니 시리즈의 개발을 통해 고급자동차인 BMW를 찾는 고객과 라이프 스타일이 다르기 때문에 새로운 시장을 개척함으로써 성공을 거둔 것이다.

마케터는 다음과 같은 동기(이유)에서 하향확대전략을 추구한다.

① 중·저가시장이 급성장하는 경우로서, 고가격대의 패션제품를 생산해 온 프라다는 중산층 소비자들을 겨냥한 중가 명품(이를 매스터지(masstige)라 부름)인 미우미우를 출시했다.

② 경쟁사가 자사제품이 위치한 고급시장을 공격함에 따라 이에 대한 반격으로 중·저가시장에 진출할 때, Mercedes-Benz는 전통적으로 최고가의 고급승용차에 포지셔닝되어 왔으나 일본 자동차 회사들이 고급승용차시장(Toyota의 Lexus, Nissan의 Infiniti)에 진출해 그 시장을 위협함에 따라 벤츠사도 C-Class의 개발을 통해 중가의 승용차시장으로 진출했다.

③ 고급시장의 성장이 둔화되기 시작할 때

④ 장기적인 마케팅전략의 일환으로 먼저 고급시장에 진출하여 소비자에게 고품질 이미지를 심어준 다음 중저가시장에 진출하여 기존의 제품이미지를 활용하려고 할 때

⑤ 신규경쟁자가 진입하기 전에 미리 비어 있는 중저가시장을 선점하고자 할 때

그러나 하향확대전략을 채택하는 기업은 중·저급(또는 중·소형) 제품의 추가가 기존의 고급제품 품목들의 시장을 잠식할 위험성(cannibalization)이 있으므로 이에 대한 충분한 분석이 이루어져야 한다. 또한 고급제품을 취급해 온 기존의 중간상들이 저가제품의 취급을 거부할 가능성이 있으며, 중저가제품 경쟁자들이 이에 대한 반격으로 고급제품시장으로 진출할 수 있다.

하향확대전략의 예: 벤츠사는 최고가의 고급 승용차시장으로부터 중가의 승용차 시장으로 제품시장의 범위를 확대하고 있다.

상향확대전략(upward stretching)은 기존의 대중제품에다 고급(대형)제품을 추가하는 전략이다. 중저가시장에 위치한 기업들은 상향확대를 통해 제품라인 길이를 늘릴 수 있다. 경우에 따라 기업들은 기존제품에다 고급제품을 새로이 추가함으로써 제품라인의 이미지를 제고시키려고 한다. 혹은 고급시장의 급속한 성장률 혹은 높은 마진 때문에 상향확대를 추구할 수 있다. 국내 커피전문점 브랜드 할리스 커피는 핸드드립커피 위주의 프리미엄 커피제품을 판매하는 할리스커피클럽을 오픈함으로써 상향확대전략을 추구했다. 다른 예로 최근 들어 고급 부엌가구시장이 급성장함에 따라 그동안 중가제품시장을 겨냥한 영업에 치중한 선도적 부엌가구업체 한샘은 고가격대의 고급제품시장으로 진출하였다.

상향확대전략을 추구하는 기업은 이에 수반되는 위험도 고려해야 한다. 고급제품시장에 이미 진출해 있는 기존기업들이 이미 브랜드충성도가 높은 고객들을 확보하고 있으므로 이들과의 경쟁이 쉽지 않을 뿐 아니라 대응전략의 일환으로 중저가시장에 진출하여 반격을 가할 수 있다. 또한 소비자들이 품질을 신뢰하지 않을 수 있다. 그동안 저가(소형)의 제품을 취급하던 판매원과 유통업체들에게 고급제품을 취급할 역량을 갖추게 하는 것도 용이하지 않다.

양면확대전략(both directions stretching)이란 중가(중형)시장에 포지셔된 기업이 저가와 고가제품들을 추가하는 전략이다. Marriott는 기존의 Marriott호텔에다 고급호텔시장을 겨냥한 Renaissance호텔과 중·저가격대의 호텔시장을 겨냥한 TownPlace Suites호텔 등을 추가하여 상이한 욕구를 가진 모든 세분시장에 진출함으로써 호텔시장에서 선도적 위치를 확보하고자 하였다. 기업들은 양방향으로 기존의 제품라인을 확대할 수 있다. 최근 BMW는 Mini Cooper, I-Series 컴팩트 모델 도입을 통해 제품라인을 하향확대시켰을 뿐 아니라 Rolls-Royce를 추가해 상향확대도 추구하는 쌍방향 확대전략을 통해 제품라인의 범위를 더욱 확대시키고 있다.

한편 **라인길이 축소**(line-retrenchment)전략은 특정 제품군 내의 품목의 수를 줄이는 것이다. 기업은 영업부서의 요구에 의해 소비자를 만족시킬 수 있는 다양한 품목들을 시장에 내놓게 된다. 그러나 품목의 추가와 함께 디자인 개발비, 재고비, 주문처리비 등도 함께 증가하여 제품라인의 수익성이 악화될 것이다. 이 경우 라인길이 축소전략이 고려될 수 있다. 일본의 아지노모도는 계속되는 제품계열의 확대에 의해 늘어난 4,000여 종류의 자사제품들 중 매출에 크게 기여하지 않는 800여 품목을 철수시켰는데, 매출액이 0.4%밖에 감소하지 않는 것으로 나타났다. 이에 따라 추가로 1,200품목을 철수시켰으나 매출액 감소는 불과 4%에 불과하였다. 2015년 삼성전자는 스마트폰 제품계열 내에서 스마트폰 종류의 수를 25%~30% 정도 줄이는 라인길이 축소전략을 실시했다. 그동안 각 현지시장에 맞춰 다양한 종류의 스마트를 생산/공급해 왔지만, 갤럭시S, 갤럭시노트 등 핵심제품 위주로 품목을 재구성하기로 한 것이다. 이러한 제품라인전략의 변화는 매년 100여 종 출시해 오던 것을 65~75여 종으로 줄여 개발비용을 낮추는 대신 품질이 좋은 중저가 스마트폰을 강화해 중국 제조업체를 견제하는 데 그 목적이 있다.

다음과 같은 상황에서 라인길이 축소전략을 실시하는 것이 효과적이다.

① 계열 내 품목들 중 일부 품목의 매출액이 낮거나 이들 간의 경쟁이 심화되어 이익기여도가 낮다고 판단될 때

② 매출액이 낮은 품목에 제조 및 유통관련 자원이 과다하게 할당되었을 때

③ 제품품질 향상으로 기존품목들이 진부화되었을 때

04 제품믹스관리(Product Mix Management)

많은 경우 기업들은 복수의 제품계열(제품라인)들로 구성된 제품믹스를 갖고 있다. **제품믹스**(product mix) 혹은 **제품포트폴리오**(product portfolio)는 한 기업이 판매용으로 시장에 제공하는 제품계열과 제품계열 내 품목들을 합한 것을 말한다. 가령, LG생활건강 Healthy 사업부(SBU: 전략사업단위)의 제품믹스는 헤어케어, 스킨케어, 구강용품, 세탁용품, 주거용품, 방향제, 베이비&기타 등 7개 제품계열들로 구성된다. 각 제품계열은 다시 복수의 제품브랜드들로 구성되는데, 헤어케어 제품라인이 엘라스틴, 리엔, 오가니스트, 파토더마, 실크테라피, 닥터그루트 등의 개별 제품브랜드들로 구성된 경우가 이에 해당된다. 각 제품브랜드는 다시 많은 개별품목들을 거느린다.

그림 7-3 은 LG생활건강 Healthy 사업부의 제품믹스구조를 보여준다.

그림 7-3 LG생활건강 Healthy 사업부의 제품믹스 넓이, 길이, 깊이

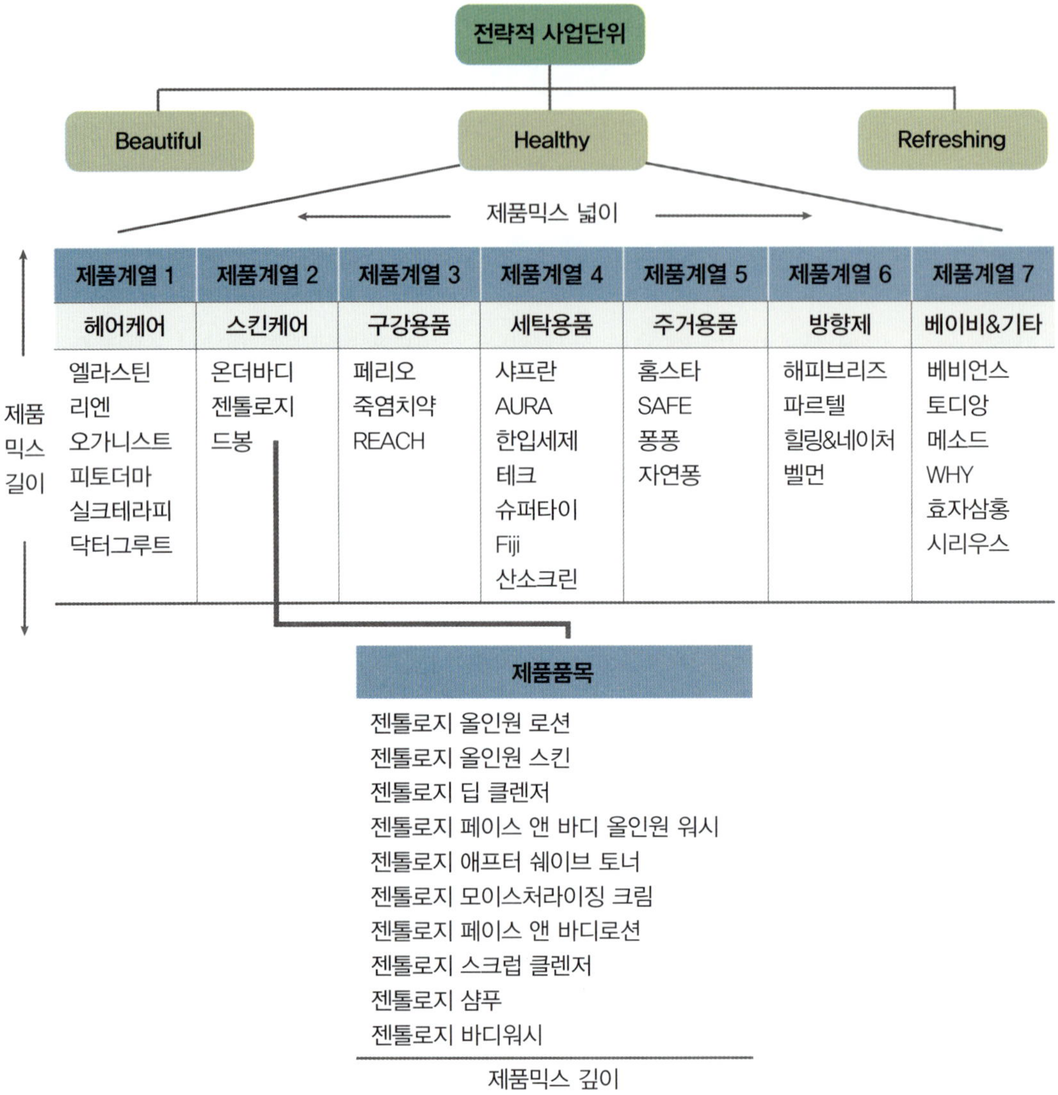

기업의 제품믹스는 4가지 주요차원을 가지는데, 제품믹스의 넓이, 길이, 깊이, 그리고 일관성이 그것이다. **제품믹스 넓이**(product mix width)는 기업이 보유한 제품계열의 수를 말한다. 가령, LG생활건강 Healthy 사업부의 제품믹스 넓이는 7개의 제품계열로 구성된다. 제품믹스 넓이의 수준은 기업에 따라 다르다. 가령, LG생활건강은 사람들의 일상 삶에 편리함을 제공하겠다는 기업사명을 실현시키는 제품계열들로 구성된 적정수준의 제품믹스를 갖는다. 이에 반해 GE는 전구에서 제트엔진과 디젤 기관차에 이르기까지 250,000개 이상의 엄청나게 많은 제품들을 생산한다.

제품믹스 길이(product mix length)는 각 제품라인을 구성하는 제품브랜드들의 총수를 말한다. LG생활건강의 Healthy 사업부는 각 제품계열 내에서 복수의 제품브랜드들을 보유한다. 예를 들어, LG생활건

강 Healthy 사업부의 스킨케어 제품계열에 대한 제품믹스 길이는 온더바디, 젠톨로지, 드봉 등 3개로 구성된다.

제품믹스 깊이(product mix depth)는 제품라인 내의 각 제품브랜드가 제공하는 품목들(versions)의 수를 말한다. 가령, LG생활건강 Healthy 사업부의 스킨케어 제품계열 내 젠톨로지브랜드는 10개의 서로 다른 품목들을 제공한다. 각 품목들은 다시 다양한 모양(form)과 구성성분(formulation)을 가진 제품들을 포함한다.

그림 7-4는 구강용품 제품계열 내 페리오 치약브랜드가 성분, 향, 용도에 따라 다양한 치약품목들을 출시하고 있어 페리오 치약의 제품믹스 깊이가 매우 깊다는 것을 보여준다.

그림 7-4 페리오치약 제품믹스 깊이의 예

페리오 치약

- 페리오 알카액션 치약 A (산성화된 입속을 알칼리 성분으로 빠르게 중화시켜 충치를 차단, 예방하는 치약)
- 페리오 브레쓰볼 치약 B (고기능성 향기볼로 강력한 입속 구취 제거 치약)
- 페리오 콤비클리닉 치약 C (이중아미노산으로 잇몸건강을 스크럽 알갱이로 하얀 치아를 유지하는 치약)
- 페리오 브레쓰 케어 (양치 후 상쾌하고 개운함을 오래 유지시켜 주는 입 냄새 제거 치약)
- 페리오 검 케어 (레몬계열 시트러스향이 양치 시 상큼한 느낌을 주는 잇몸 완화 치약)
- 페리오 개비디 게이 (고급스러운 천연 민트 향이 양치 시 부드러운 느낌을 주는 충치예방 치약)
- 페리오 토탈 케어 (구강 유해 균을 억제하여 구강질환을 종합적으로 예방하는 기능성 치약)
- 페리오 토탈 케어 화이트닝 (치아와 뼈를 구성하는 주성분 HAP를 통한 치아미백효과를 가진 기능성 치약)
- 페리오 덴탈쿨링시스템 치약 (구강 청정 작용과 흡열 효과를 통해, 항상 청정하고 건강한 입안을 만들어 주는 치약)
- 페리오 덴탈쿨링시스템 오렌지 샤워 (마우스 워터링 효과로 끈적한 입안을 촉촉하고 시원하게 만들어 주는 치약)
- 페리오 덴탈쿨링시스템 아이스카모마일 (마우스 워터링 효과로 끈적한 입안을 촉촉하고 시원하게 만들어 주는 치약)
- 페리오 하얀이 프로젝트 치약 (충치, 잇몸, 구취는 물론 미백 기능 강화를 제공하는 치약)
- 페리오 센서티브 치약 (시린이 증상 완화 및 예방에 효과적인 치약)
- 페리오 클링스 치약 (기능성 알갱이가 칫솔이 닿지 않는 치아 사이의 프라그를 제거해 주어 스케일링한 느낌을 주는 치약)
- 페리오키즈 딸기맛, 메론맛 (치아구성 성분인 칼슘과 인이 이를 희고 튼튼하게 해주는 어린이 치약)

LG생활건강의 Healthy 사업부는 복잡한 제품믹스 구조를 갖고 있다.

마지막으로 **제품믹스의 일관성**(product mix consistency)은 다양한 제품계열들이 최종용도, 생산요건, 유통경로 등에서 얼마나 밀접하게 관련성이 있는지를 말한다. LG생활건강 Healthy 사업부가 보유한 제품계열들은 동일한 유통경로를 통해 판매되는 소비용품이라는 점에서 일관성을 갖는다.

이러한 제품믹스 차원들은 제품전략의 기본방향을 결정하는 근간이 된다. 제품믹스 관리자는 각 제품계열의 매력도를 분석한 후 각 제품라인을 키울 것인가(build), 현상유지할 것인가(maintain), 단기현금흐름을 증대시킬 것인가(harvest), 혹은 철수시킬 것인가(divest) 등의 전략적 결정을 내리게 된다. 기업은 4가지 방법을 통해 제품믹스를 확대할 수 있다. 첫 번째는 새로운 제품계열들을 추가하여 제품믹스의 폭을 넓히는 것이다. 두 번째는 기존 제품계열의 길이를 늘여서 완전한 제품계열을 갖춘 기업이 되는 것이다. 세 번째는 제품계열 내 각 제품들을 변형시켜 보다 다양한 품목들을 추가함으로써 제품믹스를 더욱 깊게 만드는 것이다. 네 번째는 제품계열들 간의 일관성을 더욱 강화하거나 혹은 완화하는 제품전략을 추구하는 것인데, 이는 기업이 한 사업영역에서 강력한 명성을 추구하느냐 혹은 복수의 사업영역에서 이를 추구하느냐에 의해 결정된다.

때에 따라 기업은 성과가 신통치 않은 제품계열과 제품브랜드들을 정리하고 가치제안을 보다 명확히 하기 위해 제품믹스를 축소할 수 있다. 예를 들어, 최근 구조조정의 일환으로 Ford 자동차는 제품믹스를 대폭 축소시켰다. Ford자동차는 97개의 브랜드를 20개 이하로 줄였다. Ford Mercury라인을 없애고 Volvo라인을 매각했다. 세계 최대 생활용품업체인 프록터앤갬블(P&G)도 성장속도가 느리거나 수익성이 낮은 브랜드를 처분하기로 결정하고, 배터리 사업부문인 듀라셀을 워런 버핏의 버크셔 해서웨이에 47억 달러에 매각했고, 비누 등을 생산하는 제스트와 카메이 브랜드를 경쟁사인 유니레버에 매각했다. 그리고 SKⅡ와 팬틴 샴푸 등 미용관련 유명브랜드들도 처분하기로 했다.

05 서비스마케팅

일반적으로 마케팅활동 하면 자동차, 음료, 가구 등과 같이 유형제품을 대상으로 한 마케팅을 주로 연상한다. 그러나 실제로 국민총생산이나 종사자 수에 있어 무형적인 서비스제품이 차지하는 비중은 유형제품보다 높으며, 서비스부분의 마케팅활동은 유형제품에 못지않게 활발하게 이루어지고 있다. 유형제품을 대상으로 한 마케팅, 즉 마케팅환경 분석, STP 마케팅전략 수립, 그리고 마케팅믹스관리 등은 서비스에도 그대로 적용된다. 그러나 유형제품에 비해 서비스만이 갖는 차별적 특성으로 인해 서비스기업의 마케팅관리자는 이를 추가적으로 고려해 마케팅을 수행해야 한다.

5.1 서비스의 의미와 종류

서비스는 통신, 여행, 법률적 자문, 교육, 금융서비스, 자동차 수리 등과 같이 특정한 소비자욕구를 충족시키기 위해 개인 또는 조직에 의해 제공되는 무형의 활동을 말하며, 이러한 서비스를 제공하는 개인이나 조직의 마케팅활동을 서비스마케팅이라고 한다.

서비스 유형은 서비스 전달이 사람의 노력을 통해서 이루어지는가, 시설이나 설비를 통해서 이루어지는가, 혹은 이 둘을 동시에 이용해 이루어지는지를 기준으로 분류될 수 있다(표 7-2 참조). 예를 들어, 자동판매기와 같이 전적으로 설비에 의존하는 서비스에서부터 변호사의 자문과 같이 사람의 노력

표 7-2 서비스의 종류

시설, 설비중심의 서비스	자동화된 서비스	자동세차기, 자동판매기
	비숙련자의 조작을 통한 서비스	택시, 영화관, 호텔, 놀이동산
	숙련자의 조작을 통한 서비스	비행기, 중장비, 통신서비스
사람중심의 서비스	비숙련된 노동에 기반한 서비스	식당, 아파트 경비
	숙련된 노동에 기반한 서비스	자동차수리, 배관수리
	전문가를 통한 서비스	법률자문교육

에 의한 서비스, 그리고 항공여행과 같이 이 둘을 동시에 활용하는 서비스 등 다양환 형태의 서비스를 생각해 볼 수 있다.

한편 서비스는 순수하게 무형의 서비스만을 제공하는 경우와 유형의 제품과 연관되어 제공되는 서비스로 구분될 수도 있다. 예를 들면, 유형제품 구매에 포함되는 일정기간의 보증, 애프터서비스, 배달, 설치 등은 제품과 연계하여 제공되는 서비스에 해당된다.

5.2 서비스의 특징

서비스는 유형의 제품들과는 다른 특징을 갖고 있다. 서비스 기업은 마케팅프로그램을 설계할 때 서비스가 갖고 있는 4가지 차별적 특성인 무형성, 비분리성, 변동성, 소멸성을 고려해야 한다.

서비스 무형성(service intangibility)은 소비자가 이를 구매하기 전에는 보거나, 맛을 알거나, 느끼거나, 소리를 듣거나, 혹은 냄새를 맡을 수 없다는 것을 의미한다. 예를 들어, 성형수술을 받는 사람은 이를 구매하기 전에는 그 결과를 볼 수 없다. 항공 이용객들은 그들과 짐들이 함께 도착예정지에 안전하게 운송될 것이라는 약속과 티켓만을 갖는다.

무형성으로 인한 불확실성을 감소시키기 위해 구매자는 서비스 품질이 우수함을 알려주는 단서(signals)를 얻고 싶어 한다. 그들은 눈으로 직접 목격할 수 있는 장소, 가격, 장비, 커뮤니케이션 등을 통해 품질을 추론한다. 따라서 서비스제공자는 서비스를 유형화시키는 방안들을 찾고, 우수한 품질의 서비스를 제공할 수 있음을 보여주는 올바른 신호(signals)를 보내는 등 증거관리(evidence management)에 능숙해야 한다. 의사들은 종종 자신이 우수한 의료서비스를 제공할 수 있음을 보여주기 위해 유명의과대학에서 받은 의사박사 학위증을 진료실에 부착한다. 탁월한 글로벌 의료서비스 기관인 Mayo Clinic은 증거관리를 훌륭하게 실천한다. 평균적인 환자는 병원이 제공하는 의료서비스라는 제품의 품질을 판단하기 매우 어렵다. 시용구매를 해볼 수도 없고, 마음에 들지 않는다고 반품할 수도 없으며, 이를 이해하기 위해 고도의 교육과 전문지식이 요구된다. 의료시설을 이용하려고 할 때, 우리들 대부분은 무의식적으로 능력, 친절성, 품격 등에 대한 증거를 찾는다. Mayo Clinic은 이러한 증거를 체계적으로 관리한다. 시각적, 체험적 단서들을 신중하게 관리함으로써, Mayo는 환자 및 가족들에게 병원의 장점과 가치를 보여주는 구체적 증거를 제시한다. Mayo의 물리적 시설들은 올바른 품질단서를 환자들에게 보내는데, 이들은 환자들에게 안식처를 제공하고 환자에, 대한 배려와 존경심을 전달하고, 능력을 보여주도록 설계되어 있다. 그리고 Mayo Clinic은 환자경험을 강화하기 위해 블로그, 페이스북, 유튜브 등 소셜네트워킹을 활용하고 있다. 가령, Sharing Mayo Clinic 블로그(sharing.mayoclinic.org)에서 환자와 그 가족들은 Mayo에서의 의료경험을 이야기하고 Mayo 종업원들은 의료서비스 제공과정에서 드러나지 않은 자세한 내용들을 전달한다.

나아가 서비스 기업들은 본원적 서비스(가령, 의료서비스, 항공여행 서비스 등) 자체의 차별화뿐 아니라 본원적 서비스 자체에 부수되는 요인들, 특히 가시화될 수 있는 부분을 찾아 이에 대한 차별화를 시도하여야 한다. 예컨대, 미국 항공사들은 인터넷서비스의 확대를 통해 서비스제공물의 차별화를 추구한다. 미국 항공사 제트블루(JetBlue Airways)는 미국지상에 설치된 송신탑을 통해 인터넷을 제공한다. 송신탑 기반 인터넷서비스의 장점은 무엇보다 초기 투자비용이 위성인터넷보다 적게 든다는 것인데, 비행기 한 대당 10만 달러 이하다. 승객은 비행 중 노트북이나 블랙베리 등 스마트폰을 사용해 이메일과 메신저를 이용할 수 있는데, 제트블루는 인터넷서비스를 무료로 제공한다

유형제품(physical goods)은 생산→저장→판매→소비의 과정을 거치지만 서비스는 판매가 먼저 이루어진 후 생산과 소비가 동시에 이루어진다. **서비스 비분리성**(service inseparability)이란 서비스가 서비스제공자와 분리될 수 없음을 의미한다. 서비스를 제공하는 과정에서, 서비스담당 종업원은 서비스의 한 부분이 된다. 뿐만 아니라 서비스가 생산되는 과정에 고객도 참여하기 때문에, 서비스제공자–고객 상호작용(provider–customer interaction)은 서비스마케팅의 차별적 특징이다. 따라서 서비스제공자와 고객 모두가 서비스 산출물에 영향을 미친다.

서비스 변동성(service variability)은 누가, 언제, 어디서, 어떻게 서비스를 제공하느냐에 따라 서비스 품질이 달라진다는 것을 의미한다. 예를 들어 Marriott 같은 일부 호텔들은 다른 호텔들에 비해 더 우수한 서비스를 제공한다는 명성을 갖고 있다. 그러나 특정의 Marriott호텔에 근무하는 한 예약담당자는

그림 7–5 서비스제품의 네 가지 특징

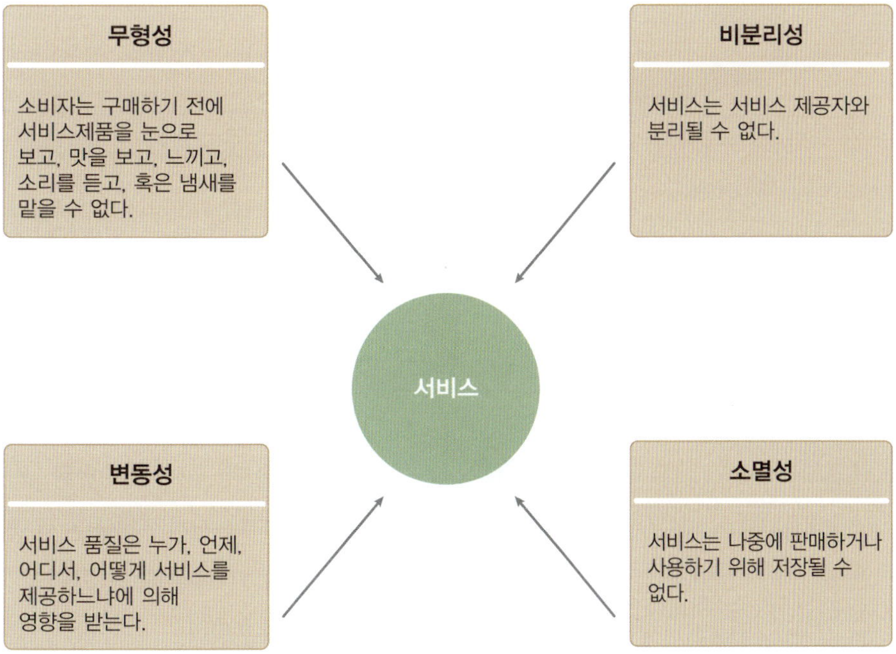

상냥하고 효율적인 반면 바로 옆에 있는 다른 근무자는 불쾌감을 주고 업무처리가 느릴 수 있다. 뿐만 아니라 특정 종업원의 서비스 품질도 각 고객접점에서 자신이 갖고 있는 열정과 마음자세에 따라 달라질 수 있다.

서비스 소멸성(service perishability)은 나중에 판매하거나 사용하기 위해 서비스를 저장할 수 없음을 의미한다. 어떤 의사는 진료약속을 지키지 않은 환자에게 비용을 부과하는데, 그 이유는 진료서비스 가치는 약속시점에만 존재하며 약속한 환자가 나타나지 않으면 그 가치가 사라지기 때문이다. 서비스 소멸성은 수요가 안정적일 때는 큰 문제가 되지 않는다. 그러나 수요가 변동적일 경우에는 서비스기업은 서비스 소멸성의 특성 때문에 어려움을 겪는다. 예를 들어, 출퇴근시간대에 대중교통회사들은 다른 시간대에 비해 훨씬 더 많은 수의 운송차량을 가져야 한다. 따라서 서비스기업들은 수요와 공급 간에 균형을 맞추기 위한 전략들을 설계한다. 호텔과 리조트들은 비수기에 더 많은 고객들을 유인하기 위해 그 기간동안 저가격과 다양한 부가서비스를 제공한다. 또한 레스토랑은 피크시간대에 파트타임 종업원을 고용한다.

5.3 서비스기업의 마케팅전략과 서비스-이익 연쇄

제조업체와 마찬가지로 훌륭한 서비스기업들은 선택한 표적시장에서 차별적 포지션을 구축하기 위해 마케팅을 사용한다. 대한항공, 삼성병원, 국민은행 같은 서비스기업들은 전통적인 마케팅믹스활동들을 토대로 차별적 포지션을 구축한다.

가령, 삼성병원은 가격이 다소 비싸더라도 기다리지 않고 친절한 의료서비스를 제공하는 병원으로 포지셔닝을 하고 있다. 이비스스타일앰배서더는 가격에 비해 우수한 부대서비스(독특한 디자인과 인테리어, 공짜 조식·체육시설·무선인터넷, 가운·슬리퍼·세면용품 제공 등)를 제공하는 비즈니스 호텔로 포지셔닝하고 있다. 그리고 대한항공은 전 세계에 여러 도시를 운항하기 때문에 갈아타는 불편함이 없는 편리한 항공사로 차별적 포지션을 구축했다. 그러나 서비스제품은 유형제품과 다른 특징을 갖기 때문에, 추가적인 마케팅 접근방식이 요구된다.

비즈니스호텔 이비스스타일앰배서더는 가격 대비 우수한 고객서비스를 토대로 특급호텔과의 차별화를 추구하고 있다. '부티크 비즈니스호텔'로 포지션된 이비스스타일 앰배서더 서울명동은 남산타워가 보이는 미니노천탕을 갖추고 있다.

고객과 현장 서비스종업원들은 서비스를 창출하는 과정에서 상호작용이 이루어진다. 효과적인 상호작용이 이루어지기 위해 현장 서비스종업원들의 숙련된 기술과 이들을 지원하는 지원과정(support processes)이 필요하다. 성공적인 서비스기업들은 고객과 종업원 모두에 주의를 기울인다. 그들은 종업원만족과 고객만족을 통해 높은 수익성이 창출되는 과정을 보여주는 **서비스-이익 연쇄**(service-profit chain)를 이해하고 이에 기반해 서비스마케팅을 수행한다. 서비스-이익 연쇄는 만족을 느끼고, 회사에 충성적이고, 열심히 일하는 종업원이 만족한 고객을 만들고, 만족한 고객이 반복구매를 하고 다른 고객들을 추천함으로써 높은 이익을 낳는 과정을 말한다.

따라서 서비스기업이 이익 및 성장 목표를 실현하는 것은 고객을 돌보는 종업원들을 만족시키는 노력에서부터 시작된다. 예를 들어, 고객서비스로 명성이 높은 Four Seasons 호텔은 행복한 고객은 행복하고, 헌신적이고, 에너지 넘치는 종업원으로부터 시작됨을 알고 있다. 이에 따라 Four Seasons는 최고의 인재를 고용해 신중히 교육시키고, 그들의 마음속에 자긍심을 고취시키고, 뛰어난 서비스 실적에 대한 인정과 보상을 통해 그들을 동기부여시킨다. 신규 종업원들은 3개월간의 훈련을 받는데, 고객의 욕구와 행동을 완벽히 이해하는 데 도움이 되는 즉흥연습을 포함한다. 그리고 Four Seasons는 끊임없이 종업원들을 훈련시킨다. 나아가 Four Seasons는 올바르게 선발된 종업원들을 가장 소중한 손님처럼 대한다. 경쟁호텔과 비교했을 때, Four Seasons의 봉급은 75~90% 정도 되지만 후한 퇴직금과 이익공유플랜을 제공한다. 담당업무에 상관없이 모든 종업원들은 호텔 카페테리아에서 무료로 식사한다.

따라서 서비스마케팅은 4P를 사용하는 전통적 외부마케팅 이상의 노력을 필요로 한다. 그림 7-6 을 보면 서비스마케팅은 외부마케팅뿐 아니라 내부마케팅과 상호작용 마케팅이 함께 요구됨을 보여준다. **내부마케팅**(internal marketing)은 서비스기업이 고객접촉점에 있는 현장종업원과 지원서비스 종사자들이 고객만족을 제공하기 위해 하나의 팀으로 일하도록 유도하고 동기부여시키는 노력을 말한다. 마케터들은 모든 조직구성원들이 고객중심적이 되도록 해야 한다. 사실 내부마케팅이 외부마케팅보다 선행되어야 한다. 예를 들어, 페덱스는 화물기에 사원이름을 새기고 배달원을 교육시켜 사장으로 만드는 등 내부마케팅을 통해 종업원(내부고객)의 충성도를 높여 글로벌 물류회사로 성장했다. 창업주 프레드릭 스미스 회장이 가장 중요하게 생각하는 경영방침 중 하나는 직원들을 격려하는 것이다. 그는 직원들이 좋은 아이디어를 내놓거나 높은 성과를 거뒀을 때는 화물수송기에 본인이나 자녀의 이름을 새기도록 함으로써 애사심을 높인다. 페덱스의 이직률은 5% 미만으로 업계 최저수준인데, 스미스 회장은 이 같은 철학을 'PSP'라고 요약한다. 즉, 내부고객인 직원들(People)이 만족하면 이들의 고객서비스(Service) 질이 향상되고 이를 통해 소비자가 만족하면 회사의 수익(Profit)이 늘어난다는 것이다. 스미스 회장은 직원교육에도 투자를 아끼지 않는다. 모든 페덱스 직원들은 연간 2500달러까지 교육비를 지원받는데, 연간 페덱스가 직원교육에 투자하는 비용은 약 2000만 달러에 이른다. 대학이나 대학원에 진학하면 추가로 학비를 지원한다.

마케팅 Highlight

국내 오디오 콘텐츠 시장에서 토종기업과 글로벌 기업 간의 서비스마케팅 전쟁

2021년부터 인터넷 음악 서비스 플로(FLO)는 가입자에게 음악 외에 매주 10권의 오디오북(audio-book · 음성으로 읽어주는 책)을 제공한다. 금융 · 경제를 다루는 '어피티'와 20~30대의 트렌드 뉴스 '캐릿' 등 팟캐스트(podcast · 인터넷 라디오)도 시작했다. 소비자들이 음악 외에 더 다양한 오디오 콘텐츠를 원한다는 판단에 따른 것이다. 경쟁 서비스인 멜론(Melon)과 지니뮤직은 빅데이터와 AI(인공지능)를 이용한 음악 추천 시스템도 도입했다. 미리 음악을 선택하지 않아도, 앱을 실행하기만 하면 가입자의 취향을 '저격'하는 음악이 계속 쏟아져 나온다. 나만을 위한 개인화된 '음악 방송'이 생긴 셈이다. 국내에서 이 구독형 오디오 스트리밍 서비스들을 이용하는 사람은 1200만 명 이상으로 추정된다.

2021년 2월 이 분야 세계 최대 업체인 스포티파이도 한국에 진출, 국내 오디오 콘텐츠 시장을 더 뜨겁게 달굴 전망이다. 기존 스트리밍 서비스에 AI 스피커, 인터넷 접속이 가능한 카 오디오 등이 결합하면서 오디오 콘텐츠를 즐길 방법이 늘어났다. 여기에 오디오북과 팟캐스트, 음성 기반 소셜미디어도 인기를 끌며 오디오 콘텐츠 생태계 자체가 진화하고 있다. 세계 시장에선 이미 아마존과 애플, 구글 등 대형 기업 간 경쟁에 불이 붙었다. 2019년 기준 세계 6위의 오디오 콘텐츠 시장인 한국도 더 이상 예외가 아니다.

2000년대 들어 오디오 콘텐츠는 사양산업 취급을 받았다. 2000년대 초 인터넷 음악공유서비스가 시작되며 음반 구매량이 크게 줄어들면서다. 실제로 1999년 252억 달러(약 28조1000억 원)였던 세계 음반 산업 매출은 2008년에는 167억 달러(약 18조6000억 원)로 3분의 2 토막이 났다. 오디오 콘텐츠의 암울한 미래를 바꾼 것은 스트리밍 서비스였다. 2008년 스웨덴에서 창업한 스포티파이가 월 9.99달러를 내면 수백만 곡을 자유롭게 들을 수 있는 스트리밍 서비스를 선보였다. 음악을 구입하는 게 아니라, 그때그때 빌려 듣는 것이다. 특히 음악 사이에 광고를 넣는 방식으로 수익을 내 음반업체와 나눠 가짐으로써 무료 서비스를 가능케 한 것이 '대박'으로 이어졌다. 스트리밍의 등장과 함께 오디오 콘텐츠는 기사회생했다. CD 등 음반 매출은 2014년 59억 달러에서 2019년 44억 달러로, 음원 다운로드도 40억 달러에서 15억 달러로 급감했지만, 스트리밍 매출은 19억 달러에서 114억 달러로 6배로 폭증, 음악 산업 매출의 56.4%를 차지했다.

스포티파이

오디오 콘텐츠 시장이 스트리밍 중심으로 성장하자 애플,

아마존, 구글까지 잇따라 뛰어들었다. 시장조사업체 카운터포인트리서치에 따르면 2020년 2분기 기준 스포티파이의 시장점유율이 34%로 1위이고, 애플뮤직(21%)과 아마존뮤직(15%)이 그 뒤를 이었다.

크게 두 가지 요인이 오디오 콘텐츠 시장의 높은 성장을 이끌었다. 첫 번째 요인은 AI 스피커와 차량용 인포테인먼트 시스템, 스마트 TV 등 오디오 스트리밍을 이용할 수 있는 기기들이 크게 늘었다는 것이다. 오디오 콘텐츠는 이 기기들을 이용해 출 · 퇴근 시 운전을 하면서, 집에서 집안일이나 다른 취미생활을 하면서 장시간, 손쉽게 즐길 수 있다.

두 번째 요인은 오디오북, 팟캐스트 등 오디오 콘텐츠의 종류가 다양해졌다는 점이다. 오디오북의 경우 책 자체를 읽기 어려워하는 사람들이 늘어나고, 책을 읽을 여유마저 줄어든 것이 시장확대에 영향을 미쳤다. 교육과 육아에 오디오북을 활용하는 사람도 늘고 있다. 오더블(Audible), 스크리브드(Scribd) 등 월 구독형 스트리밍 서비스가 인기다. 팟캐스트 역시 오디오북 못지않은 성장세다. 스마트폰과 AI 스피커 등으로 팟캐스트를 라디오처럼 쉽게 들을 수 있게 됐고, 사람들의 정치적, 사회 · 문화적 관심사가 다양화하면서 니치(niche · 틈새) 미디어로 인식되어 온 팟캐스트에 대한 관심이 높아진 것이 원동력이다. 국내 최대 팟캐스트 서비스 팟빵은 1000만 명 이상이 이용하고, 연간 청취 시간이 2억 시간을 넘어선 것으로 알려졌다.

이미 세계적 기업들이 급성장하는 오디오 콘텐츠 시장에서 혈투를 벌이고 있다. 아마존은 유료 멤버십 서비스 '아마존 프라임' 회원에게 무료로 200만 곡의 스트리밍을 제공한다. 월 9.99달러에 5000만 곡을 자유롭게 들을 수 있는 '아마존 뮤직 언리미티드'도 있다. 2020년에는 스포티파이를 겨냥, 광고기반 무료 음원 서비스도 내놨다. 애플은 아이폰과 아이패드, 애플워치 등에 애플뮤직을 기본 탑재하고, 2020년 9월부터 애플뮤직을 비롯해 애플 생태계의 모든 콘텐츠를 한 번에 구독할 수 있는 '애플원'이라는 서비스를 내놨다. 월 14.95달러로 음원 스트리밍은 물론 애플티비플러스(동영상), 애플아케이드(게임) 서비스도 이용할 수 있다.

차량용 인포테인먼트 서비스도 격전지다. 모바일 기기와 차량을 블루투스로 연동하는 기존방식에서 나아가 차량의 인포테인먼트 장치에 스트리밍 앱을 탑재하고 있다. 스포티파이는 테슬라의 모델3 · 모델S · 모델X에 탑재돼 미국과 캐나다, 홍콩 등에서 마치 내장된 카 오디오처럼 사용할 수 있다. 포르셰의 전기 스포츠카 타이칸(Taycan)에는 애플뮤직이 탑재됐다.

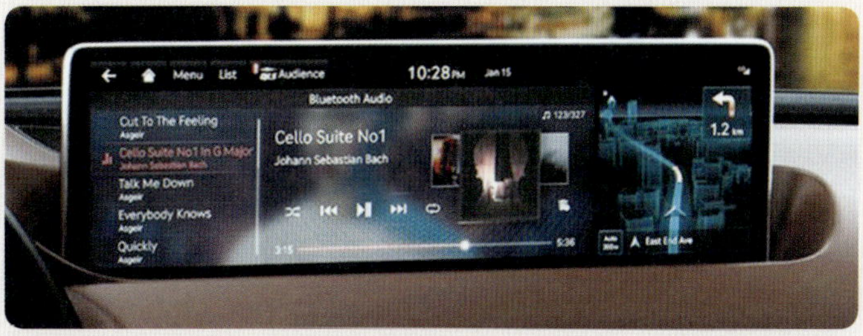

현대차그룹이 미국 엔비디아와 공동 개발한 제네시스 GV80의 차량용 인포테인먼트 시스템. 내장된 앱으로 음악과 팟캐스트, 오디오북 등 다양한 스트리밍 오디오 콘텐츠를 이용할 수 있다.

스포티파이의 한국 진출로 오디오 콘텐츠 전쟁의 장(場)은 한국으로 넓어졌다. 글로벌 음악산업에서 K팝 콘텐츠가 차지하는 비중이 커지면서, 한국은 오디오 콘텐츠 소비시장뿐만 아니라 공급시장으로서도 부각되고 있다. 실제로 한국 오디오 콘텐츠(음원시장) 규모는 미국 · 일본 · 영국 · 독일 · 프랑스에 이어 세계 6위다. 또 2020년 BTS(방탄소년단)와 블랙핑크, 아이즈원 등 한국 아티스트의 스포티파이 스트리밍 횟수는 106억7000만 회를 넘어섰다.

현재 국내 음악 스트리밍 서비스는 멜론(34.1%)과 지니뮤직(23.1%), 플로(16.2%)가 선점하고 있다. 각각 카카오(멜론)라는 독점 IT 플랫폼 기업과 SK텔레콤(플로), KT(지니뮤직) 등 대형 통신기업이 운영하고 있어 시장 장악력이 크다. 오디오북과 팟캐스트 서비스는 네이버와 팟빵이 선점한 상태다. 이에 비해 해외업체들은 가격경쟁력이 떨어지고, 한국어 콘텐츠가 부족한 것이 문제로 지적된다. 스포티파이를 시장 지배자로 만들어 준 광고기반 무료 스트리밍은 국내에서 제공되지 않는다. 전문가들은 해외업체들이 오디오북과 팟캐스트 서비스를 전략적으로 파고들 것으로 보고 있으며 이 과정에서 국내 미디어 기업과 제휴할 가능성도 언급한다.

자료원: 조선일보, Mint, 2021.02.19.

그림 7-6 세 가지 유형의 서비스마케팅

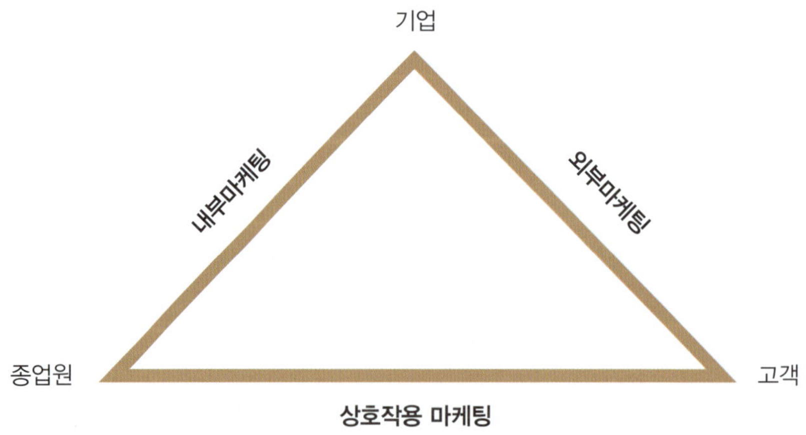

상호작용 마케팅(interactive marketing)은 서비스 접점(service encounter)에서 구매자–판매자 상호작용의 품질을 제고시켜 우수한 서비스품질을 실현하는 노력을 말한다. 제품마케팅의 경우, 제품품질은 고객이 제품을 획득하는 과정에 의해 별 영향을 받지 않는다. 그러나 서비스마케팅의 경우에는, 서비스품질이 서비스 전달자와 그들이 제공하는 서비스전달활동의 품질수준에 의해 크게 영향을 받는다. 따라서 서비스 마케터들은 상호작용 마케팅 관련기술을 완벽히 습득해야 한다. Four Seasons 호텔은 선천적으로 다른 사람들을 배려하는 성격을 가진 사람들만을 선발하며, 고객들의 모든 욕구를 충족시키기 위해 그들과 상호작용하는 방법을 종업원들에게 철저하게 교육시킨다. 직위에 상관없이 모든 신규 채용자들은 3개월 동안 고객충성도 구축을 위한 훈련프로그램을 이수해야 한다.

스타벅스의 한국형 고객서비스 '콜 마이 네임' – 음료수가 나왔을 때 대기번호 대신 미리 홈페이지에 등록한 별명을 불러주는 서비스다.

스타벅스코리아는 고객과의 교감을 높이기 위해 '콜 마이 네임'이라는 고객서비스를 도입했다. '콜 마이 네임'은 음료수가 나왔을 때 대기번호 대신 미리 홈페이지에 등록한 별명을 불러주는 서비스이다. 스타벅스는 '여배우 전지현', '꿀에 스벅오신', '지옥에서 오신', '김수현의 여친' 등 고객이 원하는 이름이나 별명을 6자 이내로 홈페이지에 등록하면 스타벅스 어느 매장에서나 음료 주문 때 이를 불러주는 서비스를 도입함으로써 고객과의 교감을 늘리려고 했다.

5.4 서비스마케팅전략의 최근 추세

경쟁과 비용이 증가하고 생산성과 품질이 감소하는 오늘날에 있어 서비스기업은 보다 정교화된 서비스마케팅을 개발/수행해야 한다. 서비스 차별화의 강화, 서비스품질의 증대, 그리고 서비스 생산성의 향상은 서비스기업이 실현해야 할 주요 마케팅과업이다.

(1) 서비스 차별화의 관리

치열한 가격경쟁이 벌어지는 오늘날의 서비스 시장에서, 서비스마케터는 경쟁사와 차별화된 서비스를 제공하기 어려워지고 있다고 토로한다. 고객들이 여러 서비스기업들이 제공하는 서비스들을 유사한 것으로 지각한다면, 서비스가격에만 주로 신경을 쓸 것이다.

가격경쟁을 피하는 해결책은 차별화된 서비스제공물, 서비스전달, 호의적 기업이미지 등을 개발하는 것이다. 가령, 일부 소매업체들은 취급상품 그 이상의 것에서 차별화를 추구한다. 미국 뉴욕주 Binghamton에서 단독 점포로 시작한 Dick's Sporting Goods는 일반적인 스포츠용품 점포와 차별화된 상호작용 서비스를 제공함으로써 거대 스포츠용품 소매업체로 성장했다. 고객들은 Dick's의 실내트랙에서 신발을 시험해 보고, 현장의 골프스윙 분석가와 함께 골프클럽을 테스트해 보거나 양궁 사격장에서 활을 쏘아볼 수 있고, 점포 내 휘트니스 전문가팀의 도움을 받아 자신에게 적합한 휘트니스 제품에 대한 추천을 받을 수 있다. 이러한 차별화된 서비스는 Dick's를 유명 운동선수와 야외운동 애호

메리츠화재의 걱정인형 캐릭터: 걱정인형 캐릭터는 메리츠화재에 대한 긍정적인 이미지를 구축하는 데 도움을 주었다.

가들이 찾는 최고의 스포츠용품 점포로 만드는 데 도움을 주었다.

서비스기업은 실제 서비스전달(service delivery)에서 차별화를 추구할 수 있는데, 더 능력 있고 신뢰성 있는 고객접촉 담당자의 확보, 탁월한 물리적 서비스환경의 개발, 탁월한 서비스 전달과정의 설계 등이 그 예이다. 예를 들어, 최근 들어 많은 식료품체인들이 운전을 하고 와, 주차하고, 줄을 서서 기다리고, 구매한 식료품을 집으로 나르는 등의 번거로움을 해소시켜 주는 방안으로 온라인 쇼핑과 가정배달서비스를 제공한다.

마지막으로 서비스기업들은 심벌과 브랜딩, 문화마케팅 등을 통해 이미지에서 차별화를 추구할 수 있다. 잘 알려진 서비스회사 캐릭터와 심벌에는 메리츠화재의 걱정인형 캐릭터, Google의 안드로이드(소스 개방형 모바일OS) 로봇 캐릭터, GEICO보험의 도마뱀(gecko), McDonald의 황금색 아치 등이 있다. 메리츠화재는 광고물에 사용되는 심벌로서 걱정인형 캐릭터를 채택했다. 걱정인형 심벌은 규모는 크지만 비교적 덜 알려졌던 보험회사를 소비자들이 쉽게 기억할 수 있고 편하게 접근할 수 있도록 만드는 데 도움을 주었다. 대한항공은 지속적인 문화마케팅을 통해 호의적이고 차별적인 기업이미지를 구축/강화하고 있다.

(2) 서비스품질의 관리

서비스기업은 경쟁사보다 더 높은 품질을 일관성 있게 전달함으로써 차별화를 추구할 수 있다. 과거에 제조업체들이 그랬듯이, 대부분의 서비스산업들도 이제 고객지향적 품질운동을 전개하고 있다. 제품 마케터와 마찬가지로 서비스기업들도 표적고객들이 서비스품질에서 기대하는 것이 무엇인지를 파악할 필요가 있다.

불행하게도 서비스품질은 제품품질에 비해 정의를 내리고 판단하는 것이 더 어렵다. 가령, 헤어드라이기의 품질보다는 헤어컷 서비스의 품질을 판단하는 것이 더 어렵다. 서비스기업의 고객유지 수준은 그 기업의 서비스품질을 측정하는 최고의 척도일 수 있는데, 서비스기업의 고객유지능력은 그 기업이 고객들에게 어느 정도 일관성 있게 가치를 전달하느냐에 달려 있다.

최고의 서비스기업들은 높은 서비스품질 표준을 설정하고, 자사 및 경쟁사의 서비스성과를 면밀하게 살펴본다. 그들은 단순히 좋은 서비스를 제공하는 데 만족하지 않고, 100% 무결점 서비스를 지향한다. 98% 무결점 서비스 성과를 표준으로 하는 것은 괜찮은 것으로 보일 수 있다. 그러나 이러한 표준을 채택한다면, 미국 UPS는 매일 296,000건의 우편물을 분실하거나 잘못 전달할 것이며, 미국의 약사들은 매주 140만 개의 처방전에 대해 잘못된 약배합을 발생시킨다.

제품 제조업체들은 모든 것이 완벽해질 때까지 기계설비와 재료를 조정할 수 있지만, 서비스품질은 종업원과 고객 간의 상호작용이 어떻게 이루어지는지에 따라 항상 달라질 수 있다. 최선을 다하는 최고의 서비스기업이라고 하더라도 소비자들은 때에 따라 배달 지체, 너무 구운 스테이크, 무뚝뚝한 종업원 등과 같은 부정적 경험을 할 수 있다. 그러나 신속하고 훌륭한 **서비스회복**(service recovery)은 분노한 고객을 충성고객으로 전환시킬 수 있다. 실제로 훌륭한 서비스회복은 처음에 잘하는 것보다 더 많은 구매와 더 높은 고객충성도를 획득하게 할 수 있다.

서비스품질관리가 유형제품에 대한 품질관리에 비해 상대적으로 어려운 이유는 고객이 지각하는 서비스품질이 이를 제공하는 사람과 상황에 따라 차이가 발생하기 때문이다. 그러나 고객이 지각하는 서비스품질은 위에서 설명했듯이 고객만족과 서비스브랜드 충성도에 큰 영향을 미친다는 점에서 중요하다. 서비스제품에 대한 고객만족은 구매 전에 갖고 있던 서비스품질에 대한 기대수준에 비해 실제로 제공받는 서비스품질이 크거나 별 차이가 없을 경우에 발생한다. 서비스품질에 대한 고객만족/불만족은 재구매와 직결되기 때문에 서비스품질관리는 고객충성도 형성의 핵심성공요인이 된다. 이에 따라 서비스기업은 서비스품질에 대한 고객의 기대수준과 실제로 제공되는 서비스와의 차이를 줄이기 위해 다각적인 노력을 기울인다.

서비스품질 향상을 위해 마케터는 다음과 같은 대안들을 고려할 수 있다.

첫째, 정기적인 마케팅조사를 통해 고객욕구를 제대로 파악하고, 고객접점에 있는 직원들의 제언을 수용할 수 있는 원활한 의사소통체계를 구축해야 한다.

둘째, 고객욕구를 만족시키기 위한 운영지침을 개발하고 현장에서 서비스를 전달하기 위한 표준화된 절차를 마련해야 한다.

셋째, 현장직원들이 정해진 지침에 따라 고객들에게 탁월한 서비스를 전달하도록 하기 위해 지속적인 교육을 실시해야 한다. 특히 최고경영층의 지원으로 서비스 품질향상을 기업문화로 정착시키는 것은 현장직원들이 우수한 서비스를 전달하는 데 필요조건이 된다.

넷째, 기업은 실제로 고객에게 제공될 서비스 수준을 고객들에게 정확히 알림으로써 고객들이 불필요하게 높은 기대를 갖지 않도록 해야 한다.

(3) 서비스 생산성의 관리

최근 들어 급속한 비용상승을 경험하고 원가우위를 추구하려는 서비스기업들은 서비스 생산성을 향상시키기 위해 고심한다. 이에 따라 서비스기업들은 서비스 생산성을 향상시키기 위한 방안들을 강구하고 있다. 그들은 기존 종업원들을 더 잘 교육시키거나 혹은 더 열심히 일하거나 더 요령 있게 일할 수 있는 신규 종업원을 채용할 수 있다. 혹은 서비스품질을 어느 정도 희생시키고 서비스 생산량을 증대시킬 수 있다. 가령, McDonald's가 패스트푸드 산업에 도입한 조립생산공정(assembly-line approach)과 같이 자동설비를 추가하고 생산과정을 표준화함으로써 서비스 산업화(대량생산화)를 추구하는 것이 한 예이다. 사람들은 주로 제조업체들이 생산시간과 비용을 절감하기 위해 테크놀로지의 힘을 빌린다고 생각하지만, 서비스기업들도 생산성을 높이기 위해 테크놀로지를 활용할 수 있다.

그러나 기업들은 서비스생산성을 높이는 데 너무 집착하여 서비스품질을 저하시키는 상황이 발생되지 않도록 유의해야 한다. 서비스의 대량생산화와 비용절감노력은 단기적으로 서비스기업의 효율성을 높일 수 있다. 그러나 서비스생산의 효율성을 높이기 위한 노력은 혁신추구, 높은 서비스품질 유지, 고객욕구 변화에 대한 대응 등의 장기적인 경쟁역량을 감소시킬 수 있다. 가령, 일부 저가항공사들은 비용상승에 대처하기 위해 경제성을 추구하는 과정에서 이 같은 교훈을 배우고 있다. 그들은 기내 스낵과 같은 작은 것들에 대해서도 무료로 제공하는 것을 중단하고, 기내 수화물, 복도 좌석 등 모든 서비스 제공물에 대해 추가비용을 부과하기 시작했다. 그 결과로 항공편을 이용하고 싶지 않은 불만고객들을 양산하게 되었다. 생산성을 향상시키려다 고객서비스를 엉망으로 만들어 버린 것이다.

따라서 서비스 생산성을 향상시키려고 하는 기업들은 고객가치를 창출/전달하는 방안을 함께 고려해야 한다. 즉 생산성 추구로 인해 서비스품질이 저하되지 않도록 유의해야 하는 것이다.

참고 문헌

1. 안광호 · 한상만 · 전성률, 전략적 브랜드관리, 제5판, 학현사, 2019.
1. 김해룡 · 안광호, 서비스마케팅, 제3판, 학현사, 2021.
3. David A. Aaker, Managing Brand Equity, New York: Free Press, 1991.
4. Philip Kotler and Gary Armstrong, Principles of Marketing, 16th ed., Pearson, 2016.
5. Philip Kotler, Marketing Management, 10th ed., Englewood Cliffs, NJ: Prentice Hall, 2000.
6. Donald R. Lehmann and Russell S. Winer, Product Management, 2nd ed., Irwin, 1997.
7. Kevin Lane Keller, Strategic Brand Management, 3th ed., Pearson, 2008.

생각해 볼 문제

1. 마케팅전문가들은 보다 광의의 관점에서 제품을 바라볼 필요가 있다고 주장한다. 적절한 제품을 선택하여 이러한 주장에 대해 설명해 보시오.
2. 당신이 선호하는 향수나 화장품의 브랜드를 선택하여 핵심제품, 유형제품, 확장제품을 설명하시오.
3. 기업은 제품계열의 넓이를 확대하여 성장을 추구할 수 있는데, 구체적인 방법을 제시하고 각 방법을 도입하는 이유에 대해 논하시오.
4. LG전자의 OLED TV는 편의품, 선매품, 전문품 중에서 어느 것에 해당되며, 그 이유는?
5. 편의품, 선매품, 전문품을 유통시키는 데 있어 각각 어느 정도의 소매점이 필요하며, 그 이유는 무엇인가?

CHAPTER

8

제품관리 Ⅱ: 브랜드의사결정과 브랜드자산관리

01 브랜드의 개념과 역할

02 브랜드의사결정과정

03 브랜드자산관리

학습목표

1. 브랜드를 정의하고 브랜드 구축이 차별적 경쟁우위를 실현하는 데 왜 중요한지를 살펴본다.
2. 브랜드 의사결정과정의 각 단계에 대해 살펴본다.
3. 좋은 브랜드명이 갖추어야 할 조건에 대해 이해한다.
4. 브랜드자산 형성의 두 축인 브랜드인지도 관리와 브랜드연상 관리에 대해 설명한다.

8장 제품관리 II: 브랜드의사결정과 브랜드자산관리

브랜드는 제품이나 서비스가 의미하는 모든 것을 대변한다. 그런 점에서 브랜드는 기업에게 소중한 자산이다. 예를 들어, 어떤 사람이 코카콜라에 대해 이야기하는 것을 들었을 때, 당신은 어떤 생각이 들고, 어떤 느낌을 갖고 어떤 것을 기억하는가? 혹은 갤럭시 스마트폰에 대해서는? McDonald's의 전 CEO는 '우리가 소유한 모든 자산, 건물, 설비 등이 큰 자연재해로 인해 파괴되더라도, 브랜드의 높은 가치로 인해 우리는 이를 신속하게 복구하는 데 필요한 모든 자금을 대출받을 수 있을 것이다. 브랜드는 이러한 자산들을 모두 합한 것보다 더 가치가 있다.'라고 이야기했다.

브랜드는 신중하게 개발/관리되어야 할 강력한 무형자산이다. 이 장은 밀가루 제조기업인 대한제분이 브랜드확장전략을 통해 브랜드이미지 강화에 성공한 사례를 살펴보는 것으로부터 시작한다. 대한제분의 곰표 밀가루 브랜드는 다른 기업들과의 협업을 통해 백색 밀가루 제품이 갖고 있는 깨끗하고 순수함이라는 고유의 이미지와 조화를 이루는 확장제품들을 출시해 큰 성공을 거두었다. 곰표 확장제품들은 중장년층 소비자들에게는 향수를, 그리고 젊은 소비자층에게는 재미를 느끼게 함으로써 곰표의 브랜드자산을 강화하는 데 크게 기여했다.

도입 사례

곰표 브랜드명과 심벌을 토대로 한 브랜드확장전략을 통해 브랜드인지도와 이미지 강화에 성공한 대한제분

2020년은 '곰표 전성시대'였다. 대한제분은 다른 기업들과의 컬래버레이션(컬래버)을 통해 곰표 마스코트를 맥주, 화장품, 티셔츠 등에 확장해 큰 성공을 거두었다. '곰표'라는 촌스러운 타이포그래픽 두 글자가 확장제품에 박히는 순간, 평범한 제품도 가장 트렌디한 아이템으로 탈바꿈해 인기를 끌었던 것이다.

초록색 배경을 바탕으로 얌전히 서 있는 백곰의 나이는 2020년에 들어 68살로, '표곰'이라는 이름의 이 북극곰은 1952년 설립한 소맥분(밀가루) 제조기업인 대한제분의 마스코트이자 심벌이다. 70년 전통의 오래된 기업 대한제분의 밀가루 브랜드 '곰표'가 확장제품 출시를 통해 최신 트렌드를 이끈 배경은 무엇일까.

대한제분이 처음부터 곰표 확장제품을 출시하려고 한 것은 아니었다. 시작은 2017년이다. 당시 대한제분 내부에서는 '기업이미지를 어떻게 하면 젊고 세련되게 바꿀 수 있을지' 고민이 많았다. 어느 날, 한 직원이 가수 신동의 공항 패션 사진을 들고 왔는데, 그가 입은 티셔츠에 '곰표'가 표시되어 있었다. 대한제분 마케팅 팀장은 "라이선스를 무단 도용해 괘씸하다는 생각보다는 한류스타가 입고 다닐 정도니 곰표 브랜드에 승산이 있다는 자신감이 생겼다. 대한제분의 '올드'한 이미지를 '클래식' 혹은 '레트로' 감성으로 포장할 수 있겠다는 생각이 들었다"고 말했다.

대한제분은 곧바로 곰표 라이선스를 무단 도용한 의류 브랜드 4XR과 정식 제휴를 맺고 2018년 1월 티셔츠 1000장을 한정 판매했는데, 순식간에 완판됐다. 온라인 구전의 힘이 컸다. '어떻게 하면 더 재미있게 전달할 수 있을까' 고민한 끝에 포장지로 곰표 밀가루 포대를 사용했는데 이것이 효과를 거두었다. 곰표 티셔츠를 입은 소비자가 밀가루 포대를 들고 찍은 사진을 SNS에 인증하면서 곰표는 삽시간에 화제의 브랜드로 떠올랐던 것이다.

곰표 브랜드가 관심과 인기를 끌게 된 배경에는 이처럼 SNS 역할이 컸다. 2019년 CGV 왕십리점과 함께 진행했던 '팝콘 프로모션'도 좋은 사례다. 20㎏ 곰표 밀가루 포대에 팝콘을 가득 담아 5000원에 판매하는 행사였는데, 자기 몸집만 한 팝콘 포대를 들고 인증샷을 찍는 것이 MZ세대 사이에서 유행이 됐다. 행사 3일째부터는 아침 7시부터 줄을 서서 팝콘을 사 가는 진풍경이 펼쳐지기도 했다.

대한제분 밀가루 브랜드 '곰표'를 부착한 컬래버레이션 제품에 대한 열풍이 뜨거웠다. 의류 브랜드 4XR과 협업한 곰표 패딩, 편의점 CU와 함께 선보인 '곰표 밀맥주', 뷰티 브랜드 스와니코코와 협업한 '곰표 밀가루쿠션', LG생활건강과 협업한 주방세제 '곰퐁' 등이 그 예이다.

대한제분은 2018년부터 2020년까지 15개의 제품범주에서 협업을 통해 곰표 확장제품을 출시했다. 그렇다고 아무 제품, 브랜드와 협업을 진행한 것은 아니다. 대한제분은 확장제품 선정기준을 세우고 이에 부합한다고 여기는 제품을 선택했다. 가장 중요한 기준 중 하나는 '밀가루'와의 연관성이다. '하얗고 깨끗하다'는 밀가루 이미지와 어울리는 제품 · 브랜드를 확장제품 후보로 우선 골랐다.

대표적인 예가 뷰티 브랜드 '스와니코코'와 협업한 '곰표 밀가루 쿠션'인데, 밀가루를 닮은 하얀 파운데이션 제품 겉면에 '하얘져요'라는 문구를 넣었다. 쿠션과 핸드크림, 선크림 제품을 포함한 스와니코코 곰표 화장품 3종은 누적 판매 20만 개를 돌파하며 큰 성공을 거두었다. 이 밖에도 2019년 11월 애경산업과 함께 선보인 '곰표 화이트 치약', 2020년 3월 LG생활건강 주방세제 '자연퐁'과 컬래버한 '곰퐁' 역시 밀가루 특성을 잘 활용한 확장제품 사례로 꼽힌다.

대한제분은 확장제품을 개발 때 곰표 밀가루의 '원조성(원형)' 이미지를 부각하기 위해서도 노력했다. 2019년 편의점 CU가 '곰표 팝콘'을 만들어 보자고 제안했을 때 대한제분이 내건 조건은 하나였다. '조미료와 소스를 최대한 넣지 않을 것'이다. 2020년 '곰표 나쵸'를 기획할 때도 대한제분은 같은 요구를 했다. 대한제분 관계자는 "가장 원형에 가까운 팝콘과 나쵸를 원했다. 맛도 최대한 담백하게 할 것을 주문했다. '곰표 밀가루 브랜드가 갖는 고유의 이미지를 살리기 위해서"라고 설명했다.

상품구매와 소비의 '재미'도 곰표가 브랜드확장을 추구하는 과정에서 고려한 중요 요소 중 하나이다. 협업을 통해 출시된 곰표 확장제품들 중에서 최고 히트상품으로 꼽히는 '곰표 밀맥주'는 곰표심벌을 유머스럽게 디자인해 소비자 마음을 사로잡은 경우이다. 밝고 명랑한 이미지를 창출하기 위해 70년 전통의 마스코트 '표곰' 심벌의 모양을 과감히 바꿨다. 네 발로 엎드려 있는 곰을 일으켜 세우고 표정도 환히 웃는 모습으로 바꿔 반전 재미를 꾀했다. 곰표 밀맥주는 출시 3일 만에 초도 물량 10만 개가 완판되고 일주일 만에 누적 판매량 30만 개를 넘길 정도로 큰 성공을 거두었다.

대한제분의 곰표 확장제품들의 출시는 성공적인 사업 다각화를 위한 포석의 일환으로 볼 수 있다. 한 식품업계 관계자는 "국내 밀가루 시장은 성장 한계가 명확하다. 대한제분이 사업 다각화와 곰표 확장제품들에 신경 쓰는 이유도 이 때문이다. 대한제분이 확장제품들의 잇따른 성공에 따른 곰표 브랜드의 높은 인지도를 활용해 향후 다양한 B2C 사업을 전개해 나갈 가능성이 높다"고 내다봤다.

자료원: 머니투데이, 2021.01.21; 매경이코노미, 2088호, 2020.12.16.

소비자는 매일매일 브랜드의 홍수 속에서 살아간다. 그러나 불행히도 소비자는 노출된 수많은 브랜드 광고들 가운데 극히 일부분에만 주의와 관심을 보이고 여러 경쟁브랜드들 중에서 3~4개 정도만 구매대안으로 고려하는 것이 보통이다. 여러분들도 슈퍼마켓에 들르면 진열대에서 일상적으로 보는 수십 개의 치약브랜드 중에서 몇 개를 떠올릴 수 있는지 한 번 테스트해 보라.

따라서 치열한 시장경쟁에서 생존하기 위해 마케터는 자사브랜드가 경쟁브랜드보다 먼저 주의를 끌게 해야 함은 물론 경쟁브랜드보다 더 기억하기 쉽도록 마케팅노력을 기울여야 한다. 마케팅노력에 의해 형성된 브랜드력이 마케팅성과에 큰 영향을 미침을 고려할 때 기업이 체계적인 브랜드관리를 할 능력이 없다면 장기적으로 시장경쟁에서 생존할 가능성이 희박할 것이다. 농심 라면, 갤럭시, 코카콜라, 진로 소주, 애플 등의 브랜드는 강력한 브랜드력을 지니고 있기 때문에 소비자의 높은 브랜드충성도와 높은 시장점유율을 유지하고 있다. 이러한 결과는 브랜드들이 오랫동안의 마케팅활동을 통해 무형자산으로서의 가치가 창출되었기 때문이다. 좋은 브랜드이미지에 의해서 형성된 브랜드자산(brand equity)은 높은 시장점유율과 수익성을 실현하는 것은 물론 브랜드 라이센싱를 통해 비싼 로열티를 받아내는 등의 부가적 가치를 창출할 수 있다.

본 장에서는 먼저 브랜드의 개념과 역할을 설명하고 브랜드에 관련된 중요한 의사결정들과 브랜드자산관리에 대해서 다루기로 한다.

01 브랜드의 개념과 역할

1.1 브랜드의 개념

브랜드(brand)란 특정기업의 제품이나 서비스를 소비자에게 식별시키고 경쟁자들의 것과 차별화하기 위하여 사용되는 독특한 이름과 상징물(로고, 디자인 등)들의 결합체를 의미한다. 우선 브랜드와 관련된 용어들을 알아보기로 한다. 브랜드명(brand name)은 브랜드를 구성하는 요소들 중 말로 표현될 수 있는 부분(즉, 글자, 단어, 숫자 등)으로, 예를 들어 코카콜라, 페리오, 맥도날드 등이다. 브랜드마크(brand mark)는 브랜드구성요소들 중 말로 표현되지 않고 눈으로 볼 수 있는 부분으로 로고, 디자인, 특이한 글자들의 조합 등이 포함된다. 예를 들어, 라코스테의 악어, 빈폴의 자전거 모양의 로고 등이다. 브랜드구성요소 전체 또는 일부분이 특허청에 상표등록이 되었다면, 이를 등록상표(trade mark)라고 부른다. 등록상표는 브랜드명일 수도 있고, 브랜드마크일 수도 있으며, 혹은 둘을 모두 포함한 것일 수도 있다. 등록상표는 보통 등록되었다(registered)는 뜻을 나타내는 영문자의 첫머리를 따서 R이라 표시하거나

TM(trade mark)으로 표시한다. 등록상표는 법적인 보호를 받아 상표등록을 한 기업만이 독점적으로 사용할 수 있다. 브랜드와 등록상표는 동일한 의미로 사용될 수 있는데, 단지 차이점은 브랜드는 일상적으로 사용되는 용어인 반면에 등록상표는 법률적 의미를 갖는다는 점이다.

기업이 사용하는 브랜드의 종류는 기업브랜드/공동브랜드/개별브랜드/브랜드수식어로 나눌 수 있는데, 이를 **브랜드 계층구조**(brand hierarchy)라고 부르기도 한다. **기업브랜드**는 삼성, LG, 오뚜기 등과 같이 기업명이 브랜드로 사용되는 경우이며, **공동브랜드**(family brand)는 디오스, 청정원 등과 같이 관련성이 있는 여러 제품들에 부착되는 브랜드를 말한다. **개별브랜드**는 아이폰, 페리오 등 한 가지 제품에 부착되는 브랜드를 말하며, **브랜드 수식어**(brand modifier)는 구형 모델과 구별하기 위해 부착되는 숫자(아이폰12)나 품질이 개선되었음을 보여주기 위해 사용되는 단어(골드, 플러스 등)를 말한다. 기업은 계층구조의 모든 단계를 사용하여 브랜드명을 만들기도 하지만 이 중 일부 단계만을 사용하여 브랜드명을 구성하는 경우도 많다. 가령, LG디오스 냉장고는 기업브랜드와 개별브랜드로 구성된 제품브랜드명이다.

1.2 브랜드의 역할(중요성)

브랜드는 소비자에게 제품생산자(혹은 판매자)를 알려주어 유사제품을 판매하는 경쟁자들로부터 소비자와 생산자를 보호한다. 중세 유럽의 상인조합은 고객들에게 제품품질을 확신시키고 생산자들을 법적으로 보호하기 위해 브랜드를 사용하는 등 브랜드가 오래전부터 시장거래에서 중요한 역할을 해왔다. 그러나 국내에서 실제로 브랜드가 시장에서 경쟁우위를 구축하는 데 중요한 요소로 인식된 것은 1990년대 이후부터라고 할 수 있다. 왜냐하면 근래에 와서 다음과 같은 이유로 인해 브랜드를 구축하는 것이 과거보다 훨씬 어려워졌기 때문이다. 첫째, 과거보다 광고와 유통비용이 훨씬 높으며, 둘째, 수많은 브랜드들이 시장에 쏟아져 나와 경쟁이 보다 심화되었다. 이와 같이 브랜드를 성공적으로 구축하는 데 많은 어려움이 있기 때문에 기업들은 막대한 비용을 투자하여 타사의 좋은 브랜드를 매입하려고 한다. 한 예로 미국계 다국적기업의 한국지사인 한국존슨은 우리나라 살충제시장의 선도브랜드인 삼성제약의 에프킬라를 387억 원에 사들였다. 당시 삼성제약의 자산가치는 90억 원에 불과했으므로 그 차액인 297억 원은 에프킬라라는 브랜드의 자산적 가치를 반영한 것이다. 세계 1위 맥주회사인 안호이저-부시 인베브(AB인베브)는 2009년 7월 OB맥주를 콜버그 크래비스 로버츠(KKR)와 어피너티에쿼티파트너스에 매각한 후 2014년 4월 팔 때보다 세 배 이상 비싼 가격인 58억 달러(약 6조1680억 원)에 재매입했다. 브리토 CEO는 "2009년 매각 때도 기회만 된다면 반드시 OB맥주를 되살 것이라 생각하고 있었다. 글로벌 금융위기가 닥쳐 회사가 위기에 처하자 어쩔 수 없이 가장 가치 있는 브랜드를 팔아야 했고, 그 기업브랜드가 OB맥주였다."고 설명한다.

파워브랜드의 예: 스타벅스는 치열한 시장경쟁 속에서도 시장선도브랜드로 계속 남아 있다.

과거 기업의 시장경쟁력의 주요요인이 제품성능에서의 격차였으나 이제는 많은 경쟁자들이 유사한 제품을 생산할 수 있는 능력을 갖추게 되었다. 이러한 시장상황하에서 강력한 브랜드의 구축은 경쟁자들이 쉽게 모방할 수 없는 효과적인 마케팅수단이 될 수 있다. 강력한 브랜드를 구축하기 위해서는 마케터는 단기간의 이익을 기대하기 어렵더라도 지속적인 마케팅투자가 요구된다. 이러한 지속적 마케팅 노력에 의해 고객으로부터 우수한 제품력을 인정받은 브랜드는 치열한 시장경쟁 상황 속에서도 시장선도브랜드로 계속 남아 있게 된다. 예를 들면, 국내의 진로소주(1924), 칠성사이다(1950), OB맥주(1952), 미원(1956), 다시다(1975), 박카스(1963), 신라면(1986) 등과 미국의 Coca Cola(1886), Levi's(1873), Campbell 수프(1898), Budweiser 맥주(1876), Hershey 초콜릿(1900), Ivory 비누(1879) 등이 대표적인 예이다.

강력한 브랜드를 가진 기업은 소비자와 기업 모두에게 여러 가지 이점을 제공한다.

먼저 소비자 측면에서 볼 때 브랜드는 소비자에게 다양한 가치를 제공한다. 첫째, 브랜드는 소비자의 구매효율성을 높인다. 즉, 특정 브랜드에 대한 충성도(brand loyalty)를 가진 소비자는 슈퍼마켓에 진열된 수많은 유사 경쟁제품들을 평가할 필요없이 자신이 원하는 브랜드를 반복구매할 수 있다. 둘째, 좋은 브랜드는 소비자에게 일관성 있는 제품품질을 제공함을 의미하므로, 소비자는 신뢰하고 제품을 구입할 수 있다.

한편 강력한 브랜드는 기업에게도 많은 이점을 제공한다. 첫째, 강력한 브랜드는 진입장벽을 구축함으로써 기업에게 경쟁우위를 제공한다. 즉, 강력한 브랜드는 소비자의 브랜드충성도를 높이고 그 결과 소비자의 자사브랜드에 대한 가격민감도를 낮게 한다. 따라서 경쟁브랜드의 공격적인 촉진활동 또는 저가격전략에도 불구하고 소비자의 브랜드 전환이 쉽게 이루어지지 않는다. 또한 경쟁사가 경쟁력이 있는 혁신제품을 개발하더라도 고객의 자사브랜드에 대한 높은 브랜드충성도로 인해 이에 대응할 시간적 여유를 가질 수 있다. 둘째, 강력한 브랜드의 구축은 신제품의 도입을 보다 용이하게 한다. 하인즈는 높은 브랜드인지도로 인하여 케첩, 마요네즈 등의 신제품을 큰 마케팅노력 없이 시장에 내놓을 수 있다. 그러나 만일 하인즈라는 브랜드가 없었더라면 신제품의 시장진입에 많은 비용이 들었을 것이다.

셋째, 강력한 브랜드는 유통업체와의 거래에서 우위를 제공한다. 즉, 중간상의 협조를 쉽게 얻을 수 있으므로 경쟁사보다 나은 위치에 진열공간을 확보할 수 있으며, 중간상들의 가격할인 또는 촉진활동 등의 요구로부터 보호를 받을 수 있다. 넷째, 좋은 브랜드이미지를 가진 제품은 고가격을 책정할 수 있으므로 높은 이익을 창출할 수 있다. 그러나 브랜드력이 약한 제품은 소비자와 중간상에 대한 촉진활동에 많은 투자를 해야 하므로 높은 이익을 실현하기가 어렵다. 다섯째, 등록상표는 법적 보호를 받을 수 있다.

02 브랜드의사결정과정

브랜드는 제품구성요소 중에서 가장 중요한 부분의 하나이므로 마케터는 체계적인 브랜드의사결정을 내려야 한다. 브랜드에 관한 의사결정은 크게 ① 브랜드주체의 결정, ② 브랜드전략, ③ 브랜드명 결정으로 나누어진다. 그림 8-1 은 브랜드의사결정과정의 단계들을 보여준다. 이하에서는 각 단계에 대해 자세히 살펴보기로 한다.

그림 8-1 브랜드의사결정과정

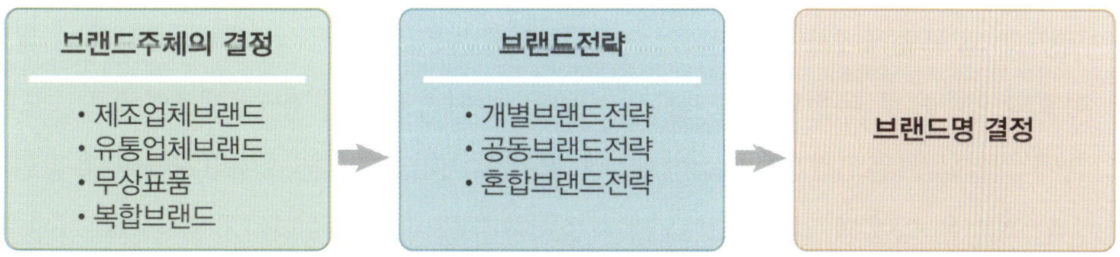

2.1 브랜드주체의 결정(Brand Sponsor Decision)

마케터는 먼저 브랜드를 부착할 것인가의 여부와 부착한다면 브랜드의 소유자를 누구로 할 것인가 등의 브랜드에 대한 기본방향을 결정해야 한다.

오늘날 브랜드의 중요성을 인식한 대부분의 기업들은 브랜드를 부착하고 있다. 생활용품, 서비스제품, 산업용품뿐 아니라 쌀, 과일, 채소(가령, 이천 청정미, Sunkist 오렌지, Chiquita 바나나) 등에도 브랜드가 부착되고 있다. 한편 제조업체는 생산된 제품에 브랜드를 붙이지 않는 **무상표품**(generic brand)전략을 고려할 수도 있다. 무상표품은 생산된 제품에 브랜드를 붙이지 않고, 맥주, 콜라, 설탕 등과 같이 단지 제품의 내용만을 패키지에 표시한다. 무상표품은 평범하게 포장되어 있고 제품광고를 하지 않으므로, 제조업체 브랜드나 유통업체 브랜드보다 훨씬 저렴한 가격에 판매된다. 1976년 프랑스의 Carrefour(까르푸)

슈퍼마켓체인이 최초로 무상표품을 도입한 후, 1978년 미국의 대형 슈퍼마켓체인인 Jewel Food가 미국시장에 처음으로 무상표품을 진열대에 진열하였다. 1970년대 후반부터 1980년대 초반 경제불황의 여파로 미국 소비자들이 제품가격에 민감해짐에 따라 종이제품, 쓰레기용 비닐봉지, 1회용 기저귀, 커피필터 등의 비식품 생활용품 분야에서 무상표품의 수요가 급증하였다. 그러나 경기가 회복됨에 따라 무상표품의 시장점유율은 크게 감소했다. 한국의 경우 남대문 및 동대문 의류상가의 저가의류, 할인점 식료품, 잡화 및 의류 등은 무상표품의 대표적 예이다.

브랜드를 부착하기로 결정했다면, 기업은 다음 단계로 브랜드의 소유자를 누구로 할 것인가를 결정해야 한다. 이를 위해 마케터가 고려할 수 있는 대안에는 ① 제조업체 브랜드, ② 유통업체 브랜드, ③ 복합브랜드 등이 있을 수 있다.

제조업체 브랜드 혹은 내셔널 브랜드(manufacturer brand; national brand)는 제조업체가 브랜드명을 소유하며, 생산된 제품의 마케팅전략을 제조업체가 직접 통제하는 브랜드전략이다. 이 경우 제조업체는 브랜드인지도 구축과 브랜드이미지의 차별화를 위해 마케팅커뮤니케이션 활동에 많은 비용을 투입한다. 대체로 제조업체 브랜드들이 제품시장에서 선도적 지위를 차지하는데, 코카콜라, 애플 아이폰, 농심라면, 청정원 등은 널리 알려진 제조업체 브랜드의 예이다.

유통업체 브랜드(private brand, private label, retailer brand)는 도소매업체가 하청을 주어 생산된 제품에 도소매업체가 개발한 브랜드명을 부착하는 전략으로 도소매업체들이 제품에 대한 마케팅을 통제한다. 유통업체 브랜드는 유통업계에서 PB라는 약어로 흔히 불린다. 최근 들어 대형소매상들이 점포 차별화와 수익성 제고의 일환으로 유통업체 브랜드의 비중을 높이려고 함에 따라 제조업체 브랜드와 유통업체 브랜드 간에 치열한 브랜드전쟁(battle of the brands)이 벌어지고 있다. 소매업체들이 유통업체 브랜드를 강화하게 된 배경은 다음과 같다. 첫째, 많은 소비용품들이 제품수명주기상의 성숙기에 들어서 경쟁제품 간에 성능에서 거의 차이가 없게 됨에 따라 가격경쟁이 치열해졌다. 이에 따라 소비자는 가격에 민감하게 되었다. 둘째, 소매업체는 잉여생산능력을 가진 기업이나 마케팅자원이 제한된 중소제조업체로부터 낮은 원가에 하청생산된 제품을 공급받아 더 많은 이익을 얻을 수 있게 되었다.

캐나다에서 가장 큰 식품유통업체인 Loblaws는 유통업체 브랜드를 마케팅하는 데 있어 시장개척자였다. 1978년 Loblaws는 캐나다에서 처음으로 유통업체 브랜드를 도입했는데, 6개 제품범주에서 높은 품질과 제품가치 이미지를 구축하기 위해 신중하게 설계된 브랜드마케팅전략을 사용했다. 1983년 Loblaws는 500개의 제품에 걸쳐 유통업체 브랜드를 사용했는데, 이들의 매출은 점포 전체 매출의 10%를 차지했다. 이러한 성공은 혁신적 마케팅, 낮은 원가, 대규모의 유통업체브랜드 제품공급업체(협력업체) 네트워크 등에서 비롯되었다. 1984년 Loblaws는 매우 우수한 품질과 적절한 가격대를 토대로 고유가치(unique value)를 제공하도록 설계된 유통업체 브랜드 President's Choice를 도입했다. 이 브랜드명은 초콜릿 칩 쿠키, 콜라, 시리얼 등 기본적인 슈퍼마켓 제품에서부터 영국산 Devonshire 커스터드 과자, 러시아산 고급 겨자와 같은 이국적인 제품범주에 걸쳐 적용되었다. 이러한 제품들은 현대적 느낌을 주는 글자체와 화려한 색상의 라벨과 미사여구를 사용한 제품명(고혹적인(decadent) 쿠키, 최고의(ultimate) 냉동피자, 진정으로 맛있는(too good to be true) 피넛버터 등)을 갖춘 독특하면서 매력적인 패키징을 사용했다. Loblaws는 점포 내 머천다이징을 토대로 강력한 판촉프로그램도 도입하고, 자체 유통업체 브랜드를 소개하고 소비자에게 쇼핑 아이디어(tips)를 제공하는 계간 잡지 Insider's Report를 도입했다.

국내 소매기업의 유통업체 브랜드(PB) 개발은 초기에는 백화점, 슈퍼마켓, 편의점에 의해 이루어져 왔으나, 최근 들어 할인점이 급성장하면서 유통업체 브랜드의 개발에 가세하고 있다. 백화점의 유통업체 브랜드 개발은 1965년에 신세계백화점이 피코크라는 브랜드명의 와이셔츠를 개발한 것이 그 효시로서 주로 의류를 중심으로 이루어져 왔다. 최근 들어 국내 대형 할인점들이 유통업체 브랜드를 강화하고 있는데, 품목도 생필품에서 의류, 가전에 이르기까지 매우 다양하다. 가령, 이마트가 개발한 유통업체 브랜드 상품은 6개 브랜드에 걸쳐 3,000개 이상의 품목에 이른다. 신선식품에 적용되는 후레쉬, 프리미엄 생활용품 등에 적용되는 베스트셀렉트, 가공식품과 일상용품에 붙는 이마트, 저가 실속형 브랜드인 해피초이스, 가정주방용품인 러빙홈, 가전문화상품에 부착되는 플러스메이트 등이 그것이다. 이 중 베스트셀렉트는 유명 제조업체브랜드에 못지않게 품질이 우수한 브랜드며, 해피초이스는 가장 가격이 저렴한 실속형 브랜드이다. 이들 상품은 같은 급의 제조업체브랜드 상품보다 20~40% 저렴하다. 구미 소매산업의 경우에는 소매업체들의 유통업체 브랜드 상품비중은 미국의 월마트가 40%, 영국의 테스코가 50%, 영국 백화점 마스앤드스펜서가 100%에 이른다

브랜드전쟁에서 소매업체는 제조업체보다 다음과 같은 요인으로 인해 경쟁우위를 가지게 된다.

첫째, 소매업체는 진열공간을 직접 통제할 수 있으므로 유통업체 브랜드를 제조업체 브랜드보다 좋은 위치에 진열할 수 있다.

둘째, 유통업체 브랜드는 제조업체 브랜드보다 저렴한 가격에 판매되므로 가격에 민감한 고객집단에 소구할 수 있다. 예를 들어, 신세계, 롯데 등 대형백화점은 직접기획과 하청생산에 의해 유통업체 브랜드 상품을 매입하므로 제조업체 마진을 줄일 수 있다. 따라서 유통업체 브랜드는 제조업체 브랜드보다 훨씬 가격경쟁력이 있다. 가령, 롯데하이마트는 헤어드라이어 유통업체브랜드 하이메이드를 개발해 유명 제조업체인 유닉스전자로부터 납품을 받아 성능이 비슷한 제조업체브랜드 제품보다 30% 저렴한 가격에 판매한다.

셋째, 소매업체들이 유통업체 브랜드의 판매비중을 점차 늘리게 됨에 따라 제조업체는 한정된 진열공간을 확보하기가 더욱 어렵게 되었다. 예를 들어, 신세계, 롯데 등 대형백화점은 유통업체 브랜드의 판매비중을 전체 매출액의 30% 이상 수준으로 끌어올리려는 노력을 하고 있다. 따라서 제조업체는 진열공간 확보를 위해 광고보다 중간상 촉진에 더 많은 마케팅비용을 투입하게 되었다. 즉, 유통업체들에게 과거보다 더 큰 마진을 제공하며, 촉진지원비를 증대시키고 있다.

마케팅 Highlight

이마트 매출성장과 점포 차별화의 견인역할을 하는 주력 유통업체 브랜드-노브랜드 · 피코크

서울 동대문 두타몰에 위치한 노브랜드 전문점

한국 PB 시장의 열풍은 대형마트 업계가 주도하고 있는데, 그중에서도 이마트가 높은 성장세를 보이고 있다. 이마트는 고급 가정간편식 PB인 '피코크'와 식품부터 생활용품, 가전, 장난감 등 거의 모든 제품범주를 아우르는 PB인 '노브랜드'에 힘입어 높은 매출성장세를 보이고 있다.

2020년 노브랜드의 우유 굿밀크(1ℓ)는 1100만ℓ가 넘게 팔릴 정도로 인기를 얻었다. 주요 우유브랜드보다 30% 이상 저렴한 가격으로 인해 가성비 높은 우유로 소비자 구전을 창출했다. 매년 100가지가 넘는 신상품이 출시되는 노브랜드는 2021년 1월 말 현재 약 1300가지 상품을 갖고 있다.

이마트 PB브랜드의 핵심성공요인들은 다음과 같다.

성공요인 1 – 가격차별화로 독자브랜드 구축

소비자들은 이마트에 가면 '피코크와 노브랜드를 살 수밖에 없다'고 말한다. 전국 각지 이마트에 가보면, 피코크의 경우 피코크 제품만 모아둔 피코크 터널이 조성돼 있다. 반면 노브랜드는 노브랜드 제품만 모여 있는 지점도 있긴 하지만, 일반 브랜드 제품들과 섞여 있는 지점이 훨씬 많다.

이마트는 브랜드인지도가 완전히 형성되기 전까지는 다른 제품들과 함께 배치해 소비자가 직접 가격을 비교해 볼 수 있도록 한다. 가격이 확실히 저렴하다는 인식을 소비자들에게 심어주는 기간인 셈이다. 여기서 성공하면 독자브랜드 구축으로 간다. 노브랜드보다 1년 앞서 출시된 피코크가 독립공간을 배정받을 수 있었던 이유다. 피코크 역시 처음에는 제조업체 브랜드 냉동, 냉장식품과 함께 진열돼 있었지만, 이제는 브랜드인지도가 충분히 형성됐기 때문에 피코크 제품만 따로 모아둬도 소비자들이 찾아온다.

피코크의 경우 이마트 내에 별도 코너를 만드는 것으로 충분했다. 하지만 노브랜드는 제품군이 피코크보다 훨씬 다양하다. 따라서 이마트는 노브랜드를 별도 코너에 모으는 것에 그치지 않고, 아예 기업형 수퍼마켓(SSM) 형태의 '노브랜드 전문점'을 내는 전략을 택했다. 이는 이마트에 유통업체브랜드 상품을 공급하는 유명 제조업체와 소비자 양쪽 모두를 고려한 것이다. 이마트 내 노브랜드 코너가 너무 커져버리면 유통업체 브랜드 상품을 공급하면서 자신들의 전국 브랜드도 할인점에 진열하는 제조업체들의 불만이 커질 수 있다. 또 대형마트를 찾는 소비자들은 같은 상품군을 한 장소에서 비교하고 싶어하기 때문에 노브랜드 상품코너가 너무 커져 버리면 소비자가 오히려 불편해 할 수도 있다.

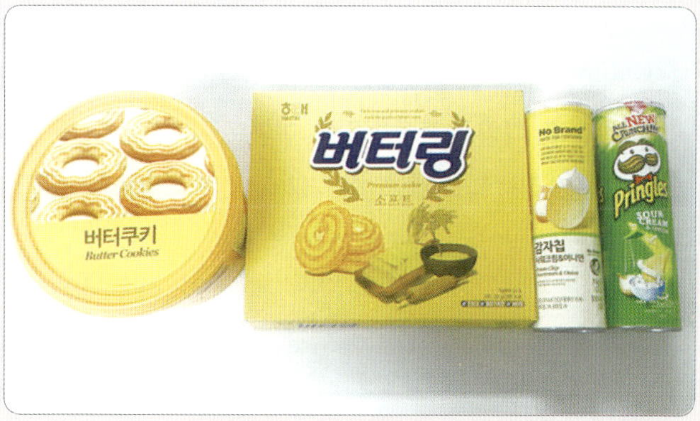

이마트에 함께 진열된 이마트 유통업체브랜드와 유명 제조업체 브랜드: 맨 왼쪽부터 노브랜드 '버터쿠키', 해태 '버터링', 노브랜드 '사워 크림&어니언 감자칩 ', 프링글스 '사워크림&어니언'

성공요인 2 – 단순한 디자인

브랜드 디자인 또한 소비자들을 끌어당긴다. 노브랜드 로고는 노란색 바탕에 굵은 글씨로 'No Brand'라고만 쓰여 있다. 다채로운 컬러나 그림은 사용하지 않았다. 이마트의 노브랜드는 '브랜드가 아니다'라는 쿨한 선언과 함께, 군더더기 없는 심플한 디자인을 통해 가격거품을 걷어냈다는 인식을 줬다.

피코크 디자인도 호평을 받고 있다. 피코크는 영국의 막스앤스펜서, 미국의 홀푸드, 프랑스 피카드 등 해외 유통기업 사례를 참조해 더 멋있고, 맛있게 보이게 하는 디자인을 개발했다. 피코크는 일관성 있는 디자인을 통해 브랜드아이덴티티 표현력과 디자인효율성을 높였다.

성공요인 3 – 신속한 의사결정

이마트 직원들이 꼽는 PB 성공요인은 신속한 의사결정 구조다. 약 3년 전부터 이마트는 페이퍼리스(paperless), 즉 종이 없는 문화를 추구하고 있다. 형식을 갖춘 보고서를 만들 시간에 빠르게 보고하고, 그만큼 남들보다 더 빠르게 움직이기 위함이다. 직원들이 직접 임원진에게 보고서 없이 구두로 보고하며 문제점이 생길 때마다 바로 수정과 처리가 가능하도록 함으로써 시장에서 한 발 더 빠르게 움직일 수 있었다.

성공요인 4 – 제품 중복에 따른 시장확대

피코크와 노브랜드의 품목 수가 점차 늘어나면서 중복제품도 생기고 있다. 소비자가 보기엔 같은 회사의 제품이 겹치면 손해라고 생각할 수 있다. 잘나가던 제품의 성장세가 꺾일 수 있기 때문이다. 그러나 이마트는 제품 중복을 마이너스라고 생각하지 않는다. 기존제품의 점유율이 다소 떨어질 수는 있지만 소비자의 선택 폭이 늘어나면서 더 많은 소비자가 유입될 수 있다는 이유에서다. 떡볶이 제품만 봐도 노브랜드엔 '떡볶이', 피코크엔 신당동식 떡볶이, 어묵이 들어 있는 국물떡볶이, 즉석떡볶이, 순대가 들어 있는 국물떡볶이 등 다양한 종류가 있다. 이마트 관계자는 "같은 제품이라 할지라도 자세히 보면 조금씩 다르다. 수요층을 각각 다르게 설정해 거기에 맞는 상품을 내놓을 수 있다면, 제살 깎아먹기 현상이 조금 발생하더라도 전체 파이는 커진다."고 말했다.

자료원: 조선비즈, 2021.04.07; 매경, 2021.01.21; 이코노미조선, 245호, 2018.04.09.

복합브랜드(co-branding)는 한 제품에 두 개 이상의 유명브랜드들이 함께 부착되는 것을 말한다. 예를 들어, 삼성전자는 갤럭시 Z 플립과 명품 패션 브랜드 톰브라운과의 협력을 통해 '갤럭시 Z 플립 톰브라운 에디션'을 출시했다. 세로로 접히는 갤럭시 Z 플립 스마트폰이 가진 높은 기능성, 편리성, 미적 감각이 명품 의류 브랜드 톰브라운이 갖고 있는 패셔너블하고 세련된 스타일이라는 연상이미지와 결합됨으로써 고품격 이미지와 소비자들의 강한 소유욕을 창출했다. 마찬가지로 시리얼 제품분야의 선도기업인 미국의 Kellogg사는 자신이 판매하는 시리얼제품에 ConAgra사의 건강저칼로리 식품 브랜드인 Healthy Choice를 함께 부착함으로써 두 브랜드 간의 시너지효과를 거둘 수 있었다. 즉, ConAgra사는 Kellogg사에게 Healthy Choice라는 브랜드명을 라이센싱함으로써 이미 확고한 시장기반을 구축하고 있는 Kellogg사의 아침식사용 세분시장에 손쉽게 진출할 수 있었으며, Kellogg사는 Healthy Choice라는 브랜드명의 부착을 통해 건강식품 이미지를 보다 강화할 수 있었던 것이다.

복합브랜드전략은 다음과 같은 장점을 갖는다. 첫째, 기업은 서로 다른 제품범주의 유명 브랜드들을 결합함으로써 보다 많은 소비자들을 유인하고 브랜드의 자산적 가치를 더욱 강화할 수 있다. 둘째, 독자적으로 진출하기 어려운 제품범주에 자사 브랜드를 비교적 용이하게 진출시킬 수 있다. 그러나 복합브랜드전략은 법적 계약이 복잡하고 복합브랜드 참여기업 간에 광고·판매촉진 등에 대한 조정이 어려울 수 있는 단점을 가진다.

삼성전자는 명품 패션 브랜드 톰브라운과의 협력을 통해 '갤럭시 Z 플립 톰브라운 에디션' 스마트폰을 출시했다.

2.2 브랜드전략(Brand Strategy)

마케터가 고려할 수 있는 브랜드전략은 크게 공동브랜드전략, 개별브랜드전략, 혼합브랜드전략으로 나누어진다. 이하에서는 공동브랜드전략, 개별브랜드전략, 그리고 혼합브랜드전략에 대해 자세히 설명하기로 한다.

(1) 공동브랜드전략

공동브랜드전략(family brand strategy)은 생산된 제품들에 기존의 기업명 또는 브랜드명을 사용하는 전략이다. 예를 들어, 오뚜기식품은 오뚜기 카레, 오뚜기 마요네즈, 오뚜기 케첩 등 모든 제품에 동일한 브랜드명을 부착하고 있다. 공동브랜드명의 이점은 신제품 도입 시 저렴한 마케팅비용으로 소비자들에게 브랜드명을 쉽게 인식시킬 수 있다는 것이다. 특히 기존의 브랜드명이나 기업명이 제공하는 편익(benefit)이나 이미지가 신제품과 유사하거나 관련성이 높을 때는 공동브랜드명을 사용하는 것이 효과적이다.

그러나 공동브랜드전략을 채택할 때의 다음과 같은 문제점도 이해하여야 한다.

첫째, 서로 다른 유형(또는 제품범주)의 제품들을 생산하는 기업이 동일한 브랜드명을 사용할 경우 제품 간의 연계성에 대해 소비자의 혼돈을 초래하게 되고, 그 결과 제품의 신뢰성을 의심할 수 있다.

둘째, 같은 제품범주 내의 여러 제품들에 대해 공동브랜드명을 사용할 경우, 소비자는 각 제품 간의 차이를 구분하지 못할 수 있고, 그 결과 브랜드이미지에 부정적인 영향을 미칠 수 있다.

공동브랜드전략은 동일한 제품범주에 새로 추가된 신제품에 기존브랜드를 사용하는 라인확장전략과 새로운 제품범주에 속하는 신제품에 기존브랜드를 부착하는 브랜드확장전략으로 다시 나누어진다.

공동브랜드전략의 예

그림 8-2 공동브랜드전략의 유형

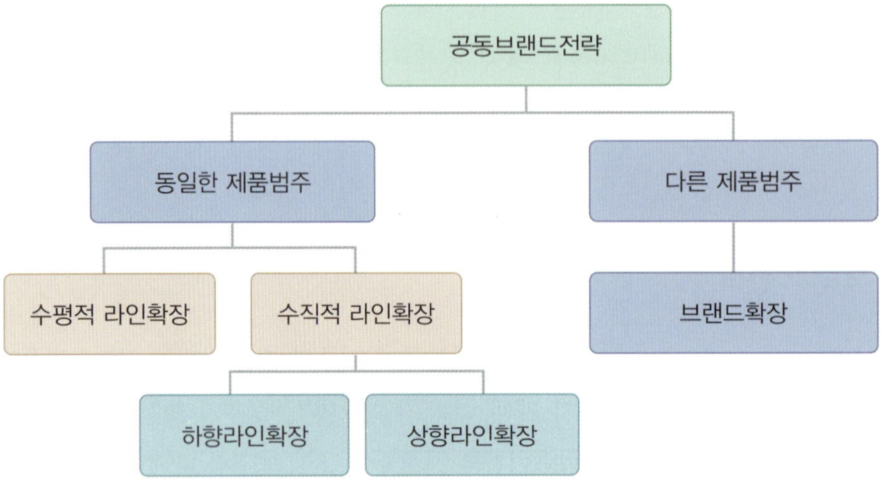

① 라인확장전략

라인확장은 다시 수평적 라인확장전략과 수직적 라인확장전략으로 분류된다.

● 수평적 라인확장전략

수평적 라인확장전략(horizontal line extension strategy)은 동일한 제품범주 내에서 새로운 맛, 향, 성분의 신제품을 추가적으로 도입하면서 기존의 브랜드명을 부착하는 경우를 말한다. 해태음료가 갈아만든 사과가 성공을 거두면서 복숭아, 배, 당근 등의 과일음료에 '갈아만든' 브랜드를 공동으로 사용했던 경우가 이에 해당된다. 비슷한 예로 빙그레는 빙과제품인 멜론맛 메로나가 성공을 거두면서 바나나맛, 딸

라인확장전략을 통해 매출증대에 성공한 식음료 신제품

기맛 등의 빙과제품에도 메로나 브랜드를 붙였다. 기업은 다양한 소비자기호의 충족, 과잉생산설비의 활용, 소매점에서의 보다 넓은 진열공간의 확보를 위해 라인확장전략을 도입한다. 그러나 마케터는 라인확장전략을 도입할 때, 다음과 같은 문제점을 고려해야 한다. 첫째, 지나친 라인확장은 브랜드의 고유한 의미를 상실할 수 있다. 과거에는 소비자들이 Coke를 구매할 때, 자연스럽게 6온스짜리 병을 연상했지만, 이제는 Classic Coke 혹은 Cherry Coke, 다이어트용 Coke 혹은 무카페인 Coke, 병 혹은 캔 중 어느 것을 원하는지를 점원들에게 구체적으로 밝혀야 한다. 둘째, 지나친 라인확장은 동일 제품계열 내의 다른 품목들의 매출을 희생시킬 수 있다. 그러므로 마케팅관리자는 동일 제품계열 내의 다른 품목들의 매출을 지나치게 잠식하지 않으면서 경쟁브랜드의 고객들을 끌어들일 수 있도록 적정수준의 라인확장을 유지해야 할 것이다.

● **수직적 라인확장전략**

기존 제품시장이 정체되면 마케터는 기존의 브랜드를 가지고 동일한 제품범주 내에서 현재 위치보다 상급이나 하급시장으로 진출하고자 하는데, 이를 **수직적 라인확장전략**(vertical line extension strategy)이라고 한다.

수직적 라인확장은 기존브랜드를 가지고 하급시장(낮은 가격대의 제품시장)으로 이동하는 **하향라인확장**(downward line extension)과 상급시장(높은 가격대의 제품시장)으로 이동하는 **상향라인확장**(upward line extension)으로 다시 나눌 수 있다. 마케터는 신중하게 수직적 라인확장을 진행해야 하는데, 이는 상급 혹은 하급시장으로 확대된 신제품과 기존 제품브랜드의 브랜드콘셉트가 서로 일치하지 않아 소비자들에게 혼란을 불러일으키는 경우가 흔히 있기 때문이다.

기존브랜드를 가지고 염가형(하급) 시장에 진출하는 하향라인확장은 염가형 세분시장이나 저비용 유통경로(가령, 할인점)의 급속한 성장에 의해 시장기회가 나타날 때 도입된다. 하향라인확장은 시장규모가 상당히 크고 지속적으로 성장하고 있는 염가형 시장으로의 진출을 통해 매출증대와 규모의 경제를 실현할 수 있는 이점을 갖는다. 또한 유통업체 브랜드와 저가 경쟁제품의 위협에 대한 대비책이 되기도

하향라인확장전략의 예: BMW는 가격지향적인 경쟁업체와의 경쟁에서 우위를 확보하기 위해 가격이 인하된 3시리즈 모델을 도입하였다.

한다. 그러나 하향라인확장의 문제점은 브랜드가 하급품의 품질과 연계됨으로 인해 고가(고품질)브랜드로서의 기존 포지션을 상실할 수 있다는 것이다.

하향라인확장의 문제점을 피할 수 있는 유용한 브랜드전략 대안의 하나는 서브브랜드를 도입하는 것이다. **서브브랜드**(subbrand)는 기존브랜드에 추가한 새로운 브랜드를 말하는데, 기존브랜드의 자산적 가치를 활용하면서 새로운 세분시장 고객들을 끌어들이기 위해 기존브랜드와의 차별화를 추구하려는 것이 주목적이다. 양주브랜드 조니워크가 고급 소비자층을 겨냥해 조니워크 블랙과 블루를 도입하거나 매리어트호텔이 '매리어트 코트야드(Courtyard from Marriott)'라는 저가형의 호텔을 도입한 경우가 서브브랜드 전략의 예이다. 이 경우 기존브랜드는 높은 신뢰도와 명성을 유지하고 자기시장 잠식현상을 피할 수 있다.

한편 상향라인확장은 기존 브랜드를 대중시장에서 상급시장으로 확대하는 것으로, 대중시장보다 더 높은 마진을 얻을 수 있고 성장하는 고급세분시장으로의 진출을 통해 진부해진 기존 제품계열을 재활성화시킬 수 있는 이점을 갖는다. 상향라인확장의 문제점은 상급시장으로 진출한 기존브랜드에 대해 고객신뢰성을 확보하기 어렵다는 것이다. 즉, 소비자들은 이전까지 가격이 저렴했던 브랜드가 상급시장 고객들이 기대하는 기능적·정서적 혜택을 갖춘 고급제품을 제공할 능력이 있을 것인지에 대해 의문을 제기할 수 있다.

따라서 상향라인확장전략을 추구하려는 마케터는 하향라인확장전략의 경우와 마찬가지로 서브브랜드를 도입하는 대안을 고려할 수 있다. 상급시장에 적절한 서브브랜드의 도입은 하향라인확장전략의 경우와 마찬가지로 기존브랜드의 자산적 가치와 호의적 이미지를 활용하여 소비자의 구매의사결정에 긍정적인 영향을 미침과 동시에 서브브랜드 고유의 아이덴티티를 구축함으로써 새로운 (고급)제품을 기존브랜드와 차별화시키는 데 도움을 준다. 고급제품에 대해 서브브랜드를 도입하는 데 있어 가장 안전한 방법은 기존브랜드를 주력브랜드(driver brand)로 사용하고 설명형의 서브브랜드를 기존브랜드에 추가하는 것인데, 쿠어스 골드(Coors Gold)맥주, 비자 플레티넘(Visa Platinum)카드 등이 그 예이다.

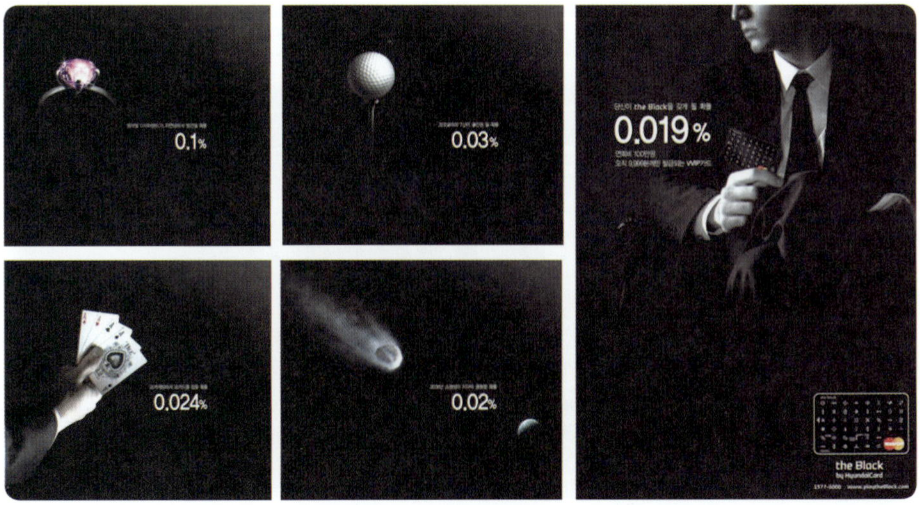

서브브랜드의 도입을 통한 상향라인확장전략의 예

마케팅 Highlight

럭셔리 가전시장을 겨냥해 서브브랜드인 LG 시그니처 도입을 통해 상향라인확장전략을 추구한 LG전자

LG전자는 상위 5% 내 소비자층을 공략하기 위해 럭셔리 제품 전용브랜드인 'LG 시그니처(SIGNATURE)'를 도입했다. 일본 도요타가 렉서스를 통해 벤츠, BMW 등 고급 브랜드 자동차와 경쟁하는 것처럼 브랜드 이원화 전략을 펼치려고 하는 것이다. LG 시그니처 브랜드를 부착한 TV, 냉장고, 세탁기, 공기청정기 등은 기존 프리미엄 제품보다도 기능과 디자인을 업그레이드하고, 가격도 비싸게 책정되었다. LG 시그니처 올레드TV는 본질적 제품속성인 화면에 철저하게 집중했으며, 유기발광다이오드(OLED)의 강점인 화질을 돋보이게 할 수 있는 디자인으로 바꾸었다. LG시그니처 세탁기는 '트윈워시'를 기반으로 내구성과 편의성, 나아가 디자인까지 강화된 제품을 내놓는다. 냉장고는 '냉장고 속 미니 냉장고'로 불리는 신개념 수납공간인 매직스페이스를 투명하게 제작한 것이 특징인데, 냉장고 내부에 들어 있는 제품과 공기를 깨끗하게 하는 과정을 실시간으로 보여주기 위해서이다. 공기청정기도 공기를 정화하는 과정을 눈으로 직접 확인할 수 있도록 투명한 디자인을 채택했다. LG전자는 LG시그니처용 제품의 개발을 위해 제품당 200억~300억 원의 개발비를 별도로 책정했다.

LG전자가 초 프리미엄 가전시장 공략을 위해 별도의 럭셔리 브랜드(subbrand)를 선보인 것은 경기불황으로 중지가 시장의 규모가 줄어들고 있고 중국업체들과의 경쟁이 심해지고 있기 때문이다. LG전자는 그간 에어컨의 휘센, 공기청정기의 퓨리케어 등 제품별 브랜드를 사용해 왔는데, LG 시그니처는 TV를 포함한 LG전자의 소비자 가전제품을 아우르는 럭셔리 가전제품 브랜드다. 그리고 TV 전면을 장식하던 원형 LG 심볼을 사용하지 않고 별도의 로고를 쓰기로 했다. 일반 LG전자 제품과 최고급품 브랜드 이미지를 추구하는 LG 시그니처를 분리하겠다는 것이다. 현대자동차가 제네시스에 현대차 로고를 쓰지 않는 것이나, 삼성이 전자제품에 그룹로고인 '오벌마크'를 붙이지 않는 것과 같은 맥락이다.

LG전자는 럭셔리 가전시장을 겨냥해 서브브랜드(subbrand) LG 시그니처를 도입함으로써 상향라인확장전략을 추구하고 있다.

LG 시그니처의 브랜드콘셉트는 제품 본질에서의 최고성능, 정제된 아름다움, 혁신적 사용성을 포함하며, 소비자 마음속에 최고의 제품성능과 간결하고 고급스러운 디자인을 핵심 브랜드 연상으로 구축하려고 한다.

해외에서는 부엌가전을 중심으로 GE의 모노그램 등 최고급브랜드를 따로 선보이기는 하지만 전체 가전제품들을 아우르는 고급 브랜드를 내놓은 것은 LG전자가 처음이다. LG전자 관계자는 "브랜드의 프리미엄 이미지가 굳어지면 덩달아 중저가 제품의 판매도 늘어난다."며 "프리미엄 시장 선두자리를 놓고 업체 간 경쟁이 치열하게 전개될 것"으로 내다봤다.

② 브랜드확장전략

공동브랜드전략의 일환으로 최근 기업이 많은 관심을 보이는 것이 브랜드확장전략이다. **브랜드확장전략**(brand extension strategy)은 한 제품시장에서 성공을 거둔 기존 브랜드명을 다른 제품범주의 신제품에도 사용하는 것이다. 킴벌리-클라크는 1회용 기저귀시장에서 선도적 브랜드인 하기스를 유아용 샴푸, 로션, 기저귀 착용 때문에 생기는 발진에 바르는 연고, 유아용 목욕비누, 1회용 세수수건과 가슴받이 등에 이르기까지 모든 유아용 화장실용품으로 확장하였다.

The GAP은 캐주얼의류시장에서의 높은 브랜드인지도를 이용하여 비누, 로션, 샴푸, 컨디셔너, 샤워용품, 향수와 같은 다른 제품범주에도 The GAP이라는 브랜드명을 부착하고 있다.

브랜드확장전략은 다음과 같은 이점을 갖는다. 첫째, 소비자들이 기존의 브랜드명에 친숙하기 때문에 이 브랜드명을 이용한 신제품을 즉시 인지할 수 있다. 따라서 신제품 도입의 실패위험을 상당한 수준까지 감소시킬 수 있다. 둘째, 유통경로 개척비용이 적게 들며, 촉진비의 효율이 증대된다. 셋째, 광고를 통해 확장된 신제품에 대한 인지도와 긍정적 이미지가 형성되면 역으로 기존브랜드에도 긍정적인 영향을 미쳐 기존브랜드의 이미지 강화와 판매에 도움을 준다.

브랜드확장전략의 예: 캐주얼의류에서 성공한 폴로 랄프로렌은 향수 제품에도 동일한 브랜드명을 부착하고 있다.

이처럼 브랜드확장은 새로운 브랜드의 개발에 비해 여러 가지 이점을 제공하지만 다음과 같은 부정적 결과를 초래할 수도 있다.

첫째, 신제품들에 브랜드확장을 지나치

마케팅 Highlight

높은 브랜드인지도를 바탕으로 식품시장으로 브랜드확장을 시도한 장수브랜드들

2020년 5월 곰표 밀가루 제조사인 대한제분은 맥주 제조사 세븐브로이와 협력해 곰표 밀맥주를 개발하고 CU를 통해 출시해 성공을 거두었다. 곰표 밀맥주의 성공에 힘입어 후속제품으로 말표 흑맥주가 CU를 통해 출시되었다. 말표 흑맥주는 말표 구두약을 제조하는 말표산업이 맥주 제조사 스퀴즈브루어리와 협업해 만든 맥주제품으로, 인지도가 높은 말표 구두약 브랜드를 흑맥주 제품범주로 확장한 것이다. 말표 구두약은 1967년 처음 출시된 후 1974년부터 40년 가까이 군화 구두약으로 쓰이고 있을 만큼 2030세대부터 중장년층까지 아우르는 국민 구두약으로 자리매김했다. 스퀴즈브루어리는 강원도 춘천을 기반으로 운영되는 소규모 수제맥주 제조사로 2019년 대한민국 주류대상 에일부문에서 대상을 수상했을 만큼 기술력을 갖추고 있다. 말표 흑맥주는 남다른 것에 열광하는 MZ세대와 과거에 대한 향수를 불러일으키는 제품을 소비하고 싶은 중장년층을 겨냥해 구두약 브랜드 말표의 폰트와 로고를 제품패키지에 그대로 사용했다.

구두약 제조사 말표산업이 수제맥주 제조사와 협업해 말표 흑맥주라는 확장제품을 출시했다. 구두약 제조브랜드 '말표'가 만든 흑맥주 하면 무슨 맛이 연상되는가?.

대상그룹의 미원 맛소금 브랜드는 GS25와 협력해 확장제품인 '미원 맛소금 팝콘'을 개발/출시했다. 대상식품연구소 연구원들이 6개월간의 연구를 거쳐 개발한 팝콘제품은 우리나라 맛소금 업계 대표 브랜드인 미원 맛소금의 맛과 제품패키지(미원 맛소금 서체와 디자인)을 적용한 확장제품이다. GS25 관계자는 코로나19의 영향으로 영화관 방문보다는 집이나 자동차 등에서 넷플릭스, 유튜브 등 온라인동영상서비스(OTT)로 영화나 드라마를 보는 고객이 증가하는 것에 착안해 이 제품을 개발했다고 설명했다.

대상 청정원이 GS25와의 협업을 통해 미원 맛소금 팝콘이라는 확장제품을 출시했다. 팝콘에 미원맛소금을 결합하면 어떤 맛이 연상될까?

한국야쿠르트는 우유제품라인을 강화하기 위해 SNS의 핫플

한국야쿠르트가 연남동 인기카페 '연남방앗간'과 협업해 출시한 참깨라떼와 딸기라떼

레이스인 서울 연남동 유명카페 '연남방앗간'과의 협업을 통해 참깨라떼와 딸기라떼를 개발했다. 유제품에서의 한국야쿠르트만의 기술력 및 유통력과 연남방앗간의 특별한 레시피 등 두 브랜드가 갖고 있는 차별적 경쟁우위를 결합한 것이다.

농심켈로그는 SPC그룹 배스킨라빈스와 협력해 콘푸로스트와 첵스초코를 활용한 매시업스 시리얼, 셰이크, 아이스 찹쌀떡 등을 출시했다. 2020년 9월 출시된 매시업스 시리얼은 콘푸로스트와 첵스초코를 조합한 아이스크림으로 바삭함과 달콤함이 특징이다. 초코 셰이크에 첵스초코 시리얼을 토핑한 첵스초코 쉐이크에선 진한 초콜릿 풍미를 느낄 수 있다.

자료원: 매경, 2020.10.15.

게 사용할 경우 기존의 브랜드가 갖는 고유의 의미가 상실되어 고객의 브랜드충성도가 감소될 수 있다. 기존브랜드가 소비자에게 너무 친숙해지면 그 브랜드명은 특정 제품군을 가리키는 보통명사가 되는 경우가 있다. 예를 들어, 소비자들이 소매점에서 크리넥스, 미원 등과 같이 이미 보통명사화된 브랜드들을 달라고 할 때 이것이 반드시 그 특정 브랜드만을 지칭하는 것은 아니다. 즉, 소비자가 미원을 달라고 하는 것은 조미료를 구매한다는 의미일 수도 있다. 이와 같이 특정 제품군(조미료)과 브랜드(미원) 간의 관계가 매우 강하게 연결되어 있을 경우 신제품들에 기존브랜드명을 계속 확장한다면 기존브랜드의 고유한 의미가 상실되어 소비자의 혼란을 야기하게 된다. 둘째, 브랜드확장을 한 신제품이 실패하는 경우에 기존브랜드명의 이미지 혹은 매출액에 상당히 부정적인 영향을 미칠 수 있다. 가장 흔한 예가 기존브랜드의 고품질 이미지가 새로운 품목의 저품질에 의해 손상되는 경우이다.

성공적인 브랜드확장전략을 수립하기 위해서는 마케팅관리자는 브랜드확장을 소비자들이 어떻게 평가하는지를 알아야 한다. 일반적으로 기존제품과 브랜드확장을 한 신제품이 서로 유사하다고 지각될 때 소비자들은 확장된 신제품에 호의적인 태도를 갖게 된다. 예를 들어, 피에르 가르댕은 지나친 브랜드확장으로 인해 결국 고객들로부터 외면당했다. 피에르 가르댕 의류, 피에르 가르댕 액세서리, 피에르 가르댕 화장품 등은 서로 관련된 제품들이므로 피에르 가르댕 의류에 호의적인 태도를 가진 소비자는 확장된 각 제품에 대해 호의적으로 평가할 것이다. 그러나 피에르 가르댕은 브랜드 자산가치를 남용해 피에르 가르댕 프라이팬 등으로까지 브랜드확장을 추구했다. 이 제품을 본 소비자들은 제품품질에 대하여 회의를 가질 뿐 아니라 기존의 피에르 가르댕 제품들에 대해서도 부정적인 반응을 보일 가능성이 높다.

브랜드확장은 브랜드가 한 제품군에서 성공을 거둔 다음 그 브랜드를 부착하기에 적절한 다른 제품군들을 탐색하는 사후적(ad hoc) 브랜드확장의 방법으로 이루어지거나 혹은 확장이 가능한 제품군들의 범위를 사전에 결정하고 이들에게 공동으로 적용될 수 있는 아이덴티티를 가진 범위형 브랜드를 도입하는 방법을 통해 이루어질 수 있다. 삼성전자는 셰프컬렉션이라는 럭셔리 생활가전 브랜드를 도입했는데, 100만 원 안팎이면 살 수 있는 냉장고에 700만 원이 넘는 가격을 책정함으로써 최고급 브랜드 이미지를 구축했다. 삼성은 셰프컬렉션 브랜드를 적용하는 범위를 대형가전에서 신혼부부 가정에 알맞은 중형가전까지 넓히고 있다.

(2) 개별브랜드전략

개별브랜드전략(individual brand strategy)은 생산된 제품에 각각 다른 브랜드명을 부착시키는 전략이다. 예를 들어, S. C. Johnson & Johnson사는 가구용 광택제에는 Pledge, 공기청정제에는 Glade, 벌레살충용 스프레이에는 Raid, 젤리형태의 면도용 크림에는 Edge 등의 각기 다른 브랜드명을 사용하고 있다. 마찬가지로 미국의 코카콜라사도 신제품을 출시할 때 네스카페, 파워레이드, 환타 등 별개의 브랜드명을 도입함으로써 개별브랜드명전략을 추구하고 있다. 개별브랜드명의 이점은 한 브랜드가 시장에서 실패하더라도 다른 브랜드에 별로 영향을 미치지 않는다는 것과 각 브랜드별로 차별화된 브랜드이미지를 구축함으로써 보다 다양한 고객욕구를 충족시킬 수 있다는 점이다. 개별브랜드전략은 여러 제품들에 대해 각기 다른 브랜드명을 사용함에 따라 마케팅자원이 분산되는 한계점을 가질 수 있다. 이에 따라 전통적으로 개별브랜드명전략을 추구해 오던 P&G(Proctor & Gamble)는 최근 들어 초우량 브랜드(megabrand)전략을 도입하고 있는데, 이는 경쟁력이 약한 브랜드들을 제거하고 각 제품범주에서 1위나 2위의 시장점유율을 확보할 수 있는 브랜드에 마케팅자원을 집중시키는 것을 말한다.

기업이 동일한 제품범주 내에서 두 개 이상의 서로 다른 브랜드명을 사용하는 전략을 **복수브랜드전략**(multibrand strategy)이라고 한다. LG생활건강이 세탁세제 내에서 수퍼타이, 테크, 한스푼 등 서로 다른 브랜드명을 사용하는 경우가 그 예이다. 마케터가 복수브랜드전략을 채택하는 이유는 다음과 같다. 첫째, 각 세분시장에 맞는 브랜드를 개발하여 더 많은 고객을 흡수할 수 있다. 둘째, 소매점에서의 진열공간을 확보하는 수단으로 활용할 수 있다. 예를 들어, LG생활건강은 비누에 드봉비누, 살구 맛사지 비누, 죽염 비누, 알뜨랑 비누, 한방 숙성 비누 등 여러 제품브랜드를 도입하여 비누제품 진열대에서 넓은 진열공간을 확보함으로써 경쟁브랜드들의 진입을 저지할 수 있다. 셋째, 특정 브랜드에 대한 충성도가 높지 않은 브랜드전환고객이 자사제품의 다른 브랜드를 구매하도록 유인할 수 있다. 넷째, 동일 제품군 내에서 복수의 브랜드를 도입함으로써 브랜드관리자 상호 간에 매출증대를 위한 경쟁을 유발할 수 있다.

그러나 복수브랜드전략은 다음과 같은 단점을 가질 수 있다. 첫째, 같은 제품범주 내에서 자사브랜드들 간의 경쟁으로 인해 각각의 브랜드가 낮은 시장점유율만을 확보하거나 이익을 전혀 실현하지 못할 수 있다. 이는 기업이 내놓은 신규 브랜드가 경쟁브랜드의 고객이 아닌 자사브랜드의 기존고객을 주로 빼앗는 자기시장 잠식현상(cannibalization)의 위험성이 존재하기 때문이다. 예를 들어, LG생활건강의 농축세제 한스푼은 CJ나 애경의 고객이 아니라 다른 자사브랜드인 수퍼타이, 테크 등의 고객을 빼앗아 올 수 있다. 그러므로 마케터는 복수브랜드의 도입을 고려할 때 브랜드들 간의 자기시장 잠식현상의 정도를 신중히 판단해야 한다. 만약 신규 브랜드가 기존브랜드들과 차별화된 제품이어서 기존브랜드고객들보다 경쟁사고객을 더 많이 유인할 가능성이 높다고 판단되면, 어느 정도의 자기시장 잠식현상이 발생하더라도 새 브랜드(복수브랜드)를 도입하는 것이 바람직할 것이다. 둘째, 기업은 여러 브랜드에 마케팅자원을 분산함에 따라 소비자선호도가 높은(수익성이 높은) 소수의 브랜드들에 마케팅노력을 집중할 수 없게 된다.

(3) 혼합브랜드전략

복수의 제품계열에서 여러 제품들을 생산하는 기업들은 흔히 개별브랜드명과 공동브랜드명을 조합하여 사용하는 **혼합브랜드전략**을 채택하기도 한다. 혼합브랜드전략은 다시 제품계열별 공동브랜드전략과 개별/공동브랜드 혼용전략으로 나눌 수 있다.

제품계열별 공동브랜드전략은 여러 제품계열들을 생산하는 기업이 각 제품계열에 대해 상이한 브랜드명을 부착하고, 각 제품계열 내의 모든 제품들에는 공동브랜드명을 이용하는 전략이다. 예를 들어

제품계열별 공동브랜드전략의 예: (주)대상은 장류, 식초, 액체양념, 육류 등에 청정원이라는 공동브랜드를 사용하고 있다.

CJ제일제당과 (주)대상(과거의 미원그룹)은 제품계열별 공동브랜드명전략을 사용하고 있다. CJ제일제당은 식혜·수정과·당면 등의 전통식품에는 본가, 햄과 설탕에는 백설표, 조미식품에는 레또 등의 공동브랜드명을 사용하고 있다. 마찬가지로 (주)대상은 조미료에는 미원, 장류·식초·액체양념·농수산품 등 일반식품에는 청정원, 커피류에는 로즈버드, 냉동식품에는 쿡 앤 조이라는 공동브랜드명을 사용한다.

개별/공동브랜드 혼용전략은 소비자에게 이미 친숙한 기업명을 개별제품브랜드명과 결합시키는 브랜드명전략이다. 이러한 브랜드전략은 관련성이 없는 다양한 사업들을 거느리고 있는 국내 재벌기업들이 높은 소비자인지도와 신뢰성을 이미 구축한 기업명을 활용하기 위해 흔히 사용한다. 예를 들어, 농심은 농심신라면, 농심안성탕면, 농심너구리, 농심해물탕의 경우와 같이 각 제품의 독특성을 반영한 브랜드명과 소비자의 인지도가 높은 기업명을 연계시킴으로써 상승효과를 얻는 브랜드명전략을 채택하고 있다.

혼합브랜드전략에서는 공동브랜드명과 개별브랜드명 간의 역할관계를 명확히 설정하는 것이 중요한데, 이는 공동브랜드명과 개별브랜드명 중 어느 것이 주도적인 역할 혹은 후원자의 역할을 수행하는가에 따라 소비자들의 구매의사결정과 제품사용경험에 미치는 영향의 정도가 달라지기 때문이다. 예를 들어, 소비자들은 현대, 쏘나타 혹은 이 두 가지 중에서 주로 어느 것에 의존하여 구매를 하는가? 즉, 현대 쏘나타를 구매하려는 소비자들이 스타일과 성능에 대한 기대수준을 형성할 때, 현대와 쏘나타 두 가지 브랜드 중에서 어느 것에 주로 의존하는가? 소비자들이 현대(자동차)를 구매하기로 결정할 때 기대하는 것은 무엇이며, 쏘나타를 구매하기로 결정할 때 기대하는 것은 무엇인가? 등에 대한 이해는 혼합브랜드전략의 도입·관리에 매우 중요하다.

혼합브랜드전략에서 공동브랜드명과 개별브랜드명 간의 역할관계는 다음과 같은 세 가지 형태 중의 하나가 될 수 있다.

첫째, 공동브랜드명(혹은 기존브랜드명이나 기업명)이 개별브랜드명의 후원자(endorser brand)가 되고 개별브랜드명이 주력브랜드(driver brand)가 된다. 이 경우에 개별브랜드명은 공동브랜드명에 비해 눈에 두드러질(훨씬 부각될) 뿐 아니라 소비자들의 제품구매결정과 사용경험에 주도적인 역할을 한다. 예를 들어, 글로벌 호텔체인 매리어트 인터내셔널

공동브랜드명(혹은 기존브랜드명이나 기업명)이 개별브랜드명의 후원자(endorser brand)가 되고 개별브랜드명이 주력브랜드(driver brand)가 된 혼합브랜드전략의 예

공동브랜드명과 개별브랜드명이 소비자에게 대등한 영향력을 행사하는 혼합브랜드전략의 예

(Marriott International)이 출장 여행자와 염가형 가족여행자 시장에 진출하면서 각각 매리어트 코트야드(Courtyard from Marriott)와 매리어트 페어필드(Fairfield from Marriott)라는 브랜드의 호텔 체인을 도입한 경우가 이에 해당된다. 이 경우 코트야드나 페어필드 같은 개별브랜드명은 공동(혹은 기존)브랜드인 매리어트와는 위치, 분위기, 서비스 등에서 차이가 있음을 부각시키고, 후원자로서의 매리어트는 소비자들에게 이러한 염가형 호텔체인도 기존의 매리어트와 동일한 품질의 고객서비스를 제공할 것이라는 확신을 심어주는 역할을 수행한다.

둘째, 공동브랜드명과 개별브랜드명이 소비자에게 대등한 영향력을 행사한다(dual brand). 청정원 순창은 이중(二重) 주력브랜드전략(dual brand strategy)의 한 예에 해당된다. 청정원은 공동브랜드명으로 고객지향성과 신뢰성을 기반으로 고객들에게 청정원 제품은 믿고 살 수 있다는 이미지를 제공하고 제품브랜드인 순창은 고유의 차별적 제품특성, 최상의 제품품질 등 전통 발효식품 고유의 브랜드 연상을 구축할 수 있다. 따라서 공동브랜드 역할을 하는 기업브랜드 청정원과 제품브랜드 순창이 대등하게 고객의 제품구매의사 결정에 영향을 미치고 있다.

셋째, 공동브랜드명이 주력브랜드(driver brand)가 되고 개별브랜드명이 후원브랜드가 된다. 즉, 공동브랜드명이 소비자들에게 주도적인 영향력을 행사하고, 개별브랜드명은 자사제품의 독특한 특성을 잘 반영하는 단어나 어구를 사용하는 설명형의 브랜드명을 사용함으로써 보조적 역할을 하는 것이다. 이러한 예로는 메르세데스 벤츠를 들 수 있는데, 1980년대 초 메르세데스(Mercedes)는 아쿠라(Acura: 일본

공동브랜드명이 주력브랜드(driver brand)가 되고 개별브랜드명이 후원브랜드가 된 혼합브랜드전략의 예

혼다자동차의 고급 승용차브랜드), 렉서스(Lexus: 일본 도요타자동차의 고급 승용차브랜드), BMW3 시리즈 등과 경쟁하기 위해 전통적인 메르세데스 벤츠 승용차보다는 크기가 작은 모델인 C클래스(C-Class)를 출시하였다. 이 경우 메르세데스라는 공동브랜드의 명성이 주도적인 역할을 수행하며, C클래스라는 설명형의(개별)브랜드명은 젊은 소비자집단을 겨냥한 차별성을 제공한다.

2.3 브랜드명의 개발

소비자들은 갤럭시, 이가탄, 속청과 같은 브랜드명들을 듣게 되면 각각 인터넷을 사용하기 편리한 스마트폰, 잇몸을 튼튼하게 만드는 데 효과적인 잇몸강화 약품, 속이 쓰릴 때 먹는 약 등의 생각이 자연스럽게 떠오를 것이다. 이러한 예는 좋은 브랜드명이 제품시장에서 성공하는 데 중요함을 명확히 보여준다. 위의 브랜드들은 제품편익을 잘 설명해 주며, 기억하기 용이하다는 특성을 공통적으로 갖고 있음을 알 수 있을 것이다.

좋은 브랜드명이 되기 위해서는 다음과 같은 조건들이 충족되는 것이 바람직하다.

① 브랜드명은 제품내용과 조화가 이루어져야 하며 경쟁사 제품과 차별화될 수 있어야 한다. 브랜드명은 제품과 잘 어울려야 한다. 즉, 브랜드명은 시각적 및 언어적(verbally)으로 제품과 잘 어울리고 매력적이어야 한다. 예를 들어, 풀무원이라는 브랜드명은 생산되는 제품이 자연식품들이라는 사실을 암시하며, 경쟁이 치열한 식품업계에서 경쟁자와 쉽게 차별화될 수 있다는 이점이 있다.

② 제품의 기능이나 편익을 잘 전달할 수 있어야 한다. 구강청정제 가그린, 샴푸와 린스 공용의 하나로, 농축세제 한스푼, 스마트폰 아이폰 등과 같은 브랜드명은 제품의 기능이나 편익을 잘 묘사하

오뚜기식품은 프리미엄 카레제품을 출시하면서 인조이 유어 밀(Enjoy your MEAL) 트리플머쉬룸카레, 통닭다리카레, 비프청크카레 등의 브랜드명을 도입했다.

므로 소비자들이 브랜드명을 인지하기 용이할 것이다.

③ 기억하기 용이하고 발음하기 쉬워야 한다. 일반적으로 관심을 끌 만큼 특이한 이름이거나(Google 인터넷 검색, YouTube 동영상 사이트, Guess청바지), 시각적인 이미지를 연상시키는 단어이거나(Apple컴퓨터, 폴로티셔츠, 오뚜기식품), 어떤 감정을 유발하는 단어이거나(Joy향수, Obsession향수), 짧고 단순한 단어(International Business Machine보다는 IBM이, Coca Cola보다는 Coke이 기억하기 쉬움)일수록 기억하기 쉽다고 한다. 그러나 식품과 음료를 중심으로 긴 브랜드명이 종종 도입되기도 한다. 긴 브랜드명은 기억하기 어렵다는 단점이 있지만 주의를 쉽게 끌 수 있고 제품특성을 열거함으로써 소비자에게 생생한 이미지를 전달할 수 있는 이점도 있다. 예를 들어 남양유업의 '우유 속 진짜 딸기과즙 듬뿍', LG전자의 '둥글이 청소기 쓸고 닦고' 등이 그 예이다. 오랫동안 3분 카레를 판매해 온 오뚜기식품은 프리미엄 카레제품을 출시하면서 인조이 유어 밀(Enjoy your MEAL) 트리플머쉬룸카레, 통닭다리카레, 비프청크카레 등의 브랜드명을 도입했다.

④ 부정적인 연상을 유발하지 않아야 한다. 브랜드명이 주는 부정적 이미지는 특히 기업이 세계시장을 무대로 사업을 할 때 문제가 된다. 즉, 브랜드명이 자국 내에서는 좋은 의미의 단어이지만 다른 나라에서는 부정적인 이미지를 연상시키거나 욕이 될 수 있다. 따라서 세계적인 다국적기업은 각 나라의 언어 및 문화적 요소 등을 고려하여 기업명이나 브랜드명을 선정하고 있다. 일본에서 판매되던 음료수 중에 '칼피스'라는 제품이 있었다. 우리나라에서도 한때 인기를 끌었던 이 제품은 우유를 넣어 만든 일종의 탄산음료이다. 이 제품이 일본에서는 '칼피스'라는 브랜드로 팔렸지만, 미국에는 원래의 브랜드 대신 다른 브랜드로 바뀌어 수출되었다. 브랜드는 이름에서 연상되는 어감, 다시 말해 칼피스라는 이름에서 연상되는 이미지가 미국에서 그대로 사용하기에는 적합하지 못했다. 칼피스는 미국사람들에게 자칫 '카우피스'에 가깝게 발음될 수 있다. 음료수인 '칼피스'를 혹시 카우피스(cow piss)로 발음하게 되면 아주 곤란한 사태가 발생한다. 'cow'는 암소를 나타내고, 'piss'는 오줌이라는 뜻이다. 따라서 '칼피스'라는 브랜드 이름에서 카우피스를 연상하게 된다면 미국인 소비자들로 하여금 이 음료수를 마실 때마다 소의 오줌을 마신다는 생각이 들게 만드는 결과가 된다. 결국 미국에 이 제품을 수출할 때는 '칼피스' 대신 '칼피코'라는 다른 브랜드로 내보낼 수밖에 없었다.

물론 이러한 조건들이 부합되지 않음에도 불구하고 시장에서 성공한 브랜드들도 많이 있으므로 앞에서 언급된 기준들을 브랜드명 선정의 절대적 기준으로 이용하기보다는 하나의 지침으로 보는 것이 적절하다.

03 브랜드자산관리

브랜드는 신중하게 개발/관리되어야 할 강력한 무형자산이다. 이하에서는 브랜드를 구축/관리하기 위한 방안들에 대해 설명하기로 한다.

3.1 브랜드자산의 의미와 중요성

기업이 공장에서 제조하는 것은 (유형적) 제품이지만 소비자가 구매하는 것은 브랜드이다. 제품은 경쟁사들에 의해 쉽게 모방될 수 있지만 잘 구축된 브랜드이미지는 모방되기가 어렵다. 제품은 소비자기호의 변화에 따라 보다 나은 제품으로 쉽게 대체될 수 있지만 성공한 브랜드는 오랜 기간 소비자의 사랑을 받는다. 이는 소비자의 신뢰감을 얻어 구축한 브랜드파워가 시장경쟁에서 얼마나 중요한지를 시사하는 것이다. 브랜드파워의 중요성은 P&G(Procter & Gamble)의 Ivory비누가 그 좋은 예가 될 수 있다. 현대적인 의미의 브랜드는 Ivory비누가 그 효시로 알려지고 있다. 1800년대 후반까지는 비누를 엿가락처럼 잘라서 무게로 달아 팔았던 시절이었다. 그러나 1881년에 탄생된 Ivory비누는 당시의 다른 비누들에 대해 차별화를 시도하였다. P&G는 순수하고 깨끗함을 브랜드 개념(제품포지션)으로 설정하고, 이를 뒷받침하기 위해 흰색깔의 제품, 상아라는 브랜드명과 깔끔한 느낌의 포장, 「물에 뜨며 99.44%의 순도를 가진다」라는 광고슬로건 등의 일관성 있는 마케팅관리를 통해 소비자의 마음속에 순하고 부드러운 비누라는 브랜드이미지를 강하게 심어 주었다. P&G의 브랜드자산을 구축하기 위한 고집스럽고 일관성 있는 마케팅노력의 결과로 출시된 지 140년이 넘은 Ivory비누는 여전히 비누시장에서 선도적 지위를 유지하고 있다.

브랜드는 브랜드명과 심벌 그 이상을 의미한다. 브랜드는 기업이 고객과의 관계를 구축하는 데 핵심요소이다. 브랜드는 제품 및 제품성과에 대한 소비자들의 지각과 느낌을 상징하는 것이다. 즉 제품 혹은 서비스가 소비자들에게 의미하는 모든 것을 나타낸다.

강력한 브랜드는 높은 브랜드자산을 갖는다. **브랜드자산**(brand equity)은 특정 브랜드명을 알고 있는 것이 그 브랜드가 부착된 제품 혹은 서비스에 대한 고객반응에 미치는 긍정적이고 차별적인 효과를 말한다. 가령, 소비자들이 금복주가 부착된 소주제품보다 참이슬이 부착된 소주제품에 대해 더 높은 긍정적 태도와 구매의도를 보인다면, 참이슬 브랜드는 금복주에 비해 더 높은 자산적 가치를 갖는 것이다. 브랜드자산은 소비자선호도와 충성도를 얻는 브랜드능력을 나타내는 한 척도이다. 브랜드가 부착되지 않은 제품에 비해 브랜드가 부착된 동일제품에 대해 더 호의적인 반응을 보인다면, 그 브랜드는 긍정적 브랜드자산을 갖는다. 그리고 무브랜드 제품에 비해 덜 호의적인 반응을 보인다면, 그 브랜드는 부정적 브랜드 자산을 갖는다.

브랜드가 시장에서 갖는 파워와 가치는 브랜드에 따라 매우 다양하다. 신라면, 오리온 초코파이, OB 맥주, 국민은행, 대한항공, Coca-Cola, Nike, McDonald's 등은 오랜 세월 동안 시장에서 선도적 지위를 유지해 온 아이콘 브랜드들이다. 최근 들어 짧은 기간 동안 급속히 브랜드파워를 구축한 갤럭시, Google, YouTube, 아이폰 같은 브랜드들은 소비자들에게 신선한 흥분감과 충성심을 창출했다.

이들 브랜드의 공통점은 단순히 독특한 편익이나 신뢰성 있는 서비스를 전달했기 때문에 시장에서 우위를 차지한 것이 아니라 고객들과 깊은 상호관계를 구축했기 때문에 성공을 거두었다는 것이다. 예를 들어, 스타벅스의 열성팬들에게 한 잔의 스타벅스 커피는 단순히 커피가 아니라 다른 브랜드들이 전달할 수 없는, 매우 만족스러운 소비경험이다. 때에 따라 소비자들은 특정 브랜드와 매우 긴밀한 유대감을 갖는다. 브랜드 헌신의 강력한 표현방식으로 Harley-Davidson 팬을 포함해 상당수의 사람들이 좋아하는 브랜드를 자신의 몸에다 문신으로 새긴다.

높은 브랜드자산은 기업에게 많은 경쟁우위를 제공한다. 강력한 브랜드는 높은 수준의 브랜드인지도와 소비자충성도를 갖는다. 소비자들은 소매점들이 강력한 브랜드를 취급할 것으로 기대하기 때문에, 그 브랜드를 소유한 기업은 유통업체와의 거래조건 협상에서 우위를 갖는다. 브랜드자산 가치가 높은 브랜드명은 높은 신뢰성을 갖기 때문에, 그 브랜드를 가진 기업은 신규 제품라인과 브랜드확장제품을 성공적으로 출시하기에 용이하다. Apple은 아이팟에서 높은 브랜드신뢰성을 구축했기 때문에 아이폰과 아이패드 등의 새로운 확장제품 브랜드들을 별 어려움 없이 성공적으로 출시할 수 있었다. 청소차, 카펫청소기 등 산업용 청소기 생산업체로 세계적으로 유명한 카처는 강력한 세척력이라는 차별적 연상을 기반으로 고온스팀 만으로 집먼지, 진드기, 곰팡이를 99.99% 살균청소하는 가정용 스팀 청소기 제품범주로 브랜드를 성공적으로 확장했다. 강력한 브랜드는 치열한 가격경쟁에서 기업의 보호막을 제공한다.

높은 브랜드자산은 소비자가 브랜드에 대해 높은 인지도를 갖고 그 브랜드에 대해 긍정적이고 강력하면서 차별적인 이미지(연상들)를 형성할 때 창출된다. 따라서 기업은 강력한 브랜드자산을 창출하기 위해 높은 브랜드인지도와 긍정적 브랜드이미지를 형성하는 노력을 기울여야 한다. 이하에서는 브랜드인지도와 브랜드이미지를 형성하기 위한 전략에 대해 살펴보기로 한다.

3.2 브랜드인지도의 구축

브랜드인지도란 소비자가 한 제품범주에 속한 특정 브랜드를 재인(再認)하거나 회상할 수 있는 능력을 말한다. 브랜드인지도는 '그 브랜드를 들어본 것 같다'는 약한 인지도부터 '제품시장 내에서 그 브랜드만 존재하는 것으로 알고 있다'는 매우 강한 인지도에 이르기까지 그 강도의 범위가 광범위하지만, 크게 세 가지 수준으로 나눌 수 있다(그림 8-3 참조).

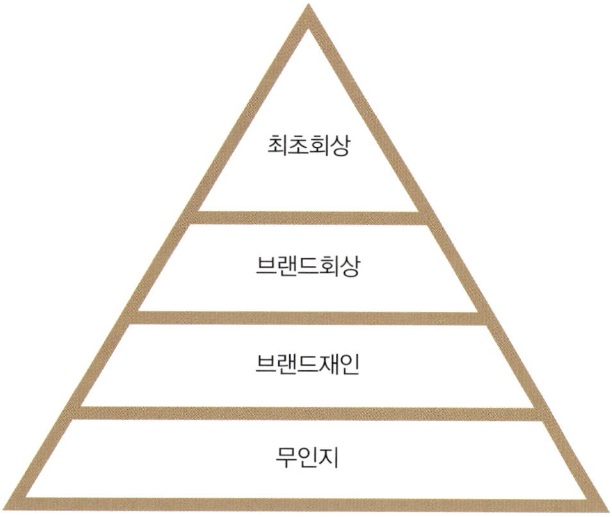

그림 8-3 브랜드인지도의 수준

브랜드재인(brand recognition)은 가장 약한 수준의 브랜드인지로서, 어떤 제품범주 내 여러 브랜드명들이 주어진 상황에서 각 브랜드명을 과거에 들어본 적이 있는지를 조사하는 것이다. 브랜드재인은 샴푸, 비누, 치약과 같은 일상생활용품을 구매하는 소비자가 점포 내에서 특정 브랜드를 선택하는 경우에 매우 중요하다. 즉, 가격이 저렴하고 구매빈도가 높은 저관여제품(가령, 세제, 비누, 샴푸 등)의 경우 소비자들은 인지도가 없는 브랜드보다는 잘 알려진 브랜드를 선택할 가능성이 높다.

브랜드회상(brand recall)은 어떤 제품범주가 주어졌을 때 주위의 도움을 받지 않고 특정 브랜드(들)를 열거할 수 있는 경우를 말하며, 브랜드재인보다 훨씬 강도가 높다. 그러므로 시장에서 브랜드의 경쟁적 지위가 강할수록 그 브랜드가 쉽게 상기될 가능성이 높아진다.

소비자가 특정 제품범주에서 생각나는 브랜드를 열거할 때 가장 먼저 떠올리는 브랜드를 **최초상기 브랜드**(top of mind brand)라고 하는데, 그 브랜드는 시장선도브랜드일 가능성이 높다. 예를 들어, 소주하면 진로소주, 천연조미료 하면 다시다, 미용휴지 하면 크리넥스가 가장 먼저 상기되는데, 이들은 각 제품시장에서 가장 높은 시장점유율을 차지하고 있다.

브랜드인지도가 높은 브랜드는 다음과 같은 이유에서 브랜드자산의 형성에 기여한다. 첫째, 브랜드인지도가 높은 브랜드는 소비자들에게 브랜드친숙성을 제공하며, 소비자들은 친숙한(브랜드인지도가 높은) 브랜드를 보다 선호한다. 일반적으로 사람들은 친숙한 것을 좋아하는 성향이 있으므로, 소비자들은 보거나 들은 경험이 많은(즉, 브랜드인지도가 높은) 브랜드를 보다 선호할 가능성이 높다. 특히 비누, 샴푸, 화장지 등과 같은 소비자들이 구매과정에 별로 노력을 기울이지 않는 제품의 경우, 특정 브랜드가 소

라코스테의 악어모양의 심벌은 브랜드인지도를 높이는 데 도움을 준다.

비자에게 친숙하다는 이유만으로 자연스럽게 그 브랜드가 선택될 수 있다. 둘째, 소비자인지도가 높은 브랜드는 구매고려 브랜드군(consideration set)에 포함될 가능성이 높다. 소비자는 제품구매과정에서 제품범주 내의 여러 브랜드들 중에서 일부만을 대안으로 고려한다. 세탁세제, 커피, 치약 등의 구매빈도가 높은 제품이나 점포를 방문하기 전에 구매할 브랜드가 결정되는 제품(가령, 두통약이나 위장약)의 경우 브랜드재인이나 최초 브랜드상기는 브랜드선택에 큰 영향을 미친다(가령, 두통약에서 타이레놀, 위장약에서 겔포스). 이와 같이 가격이 저렴하고 구매빈도가 높은 저관여제품의 경우 소비자들은 잘 알려진 소수의 브랜드들만을 구매대상으로 하기 때문에 브랜드인지도가 없거나 낮은 브랜드들은 구매고려 브랜드군에서 제외될 가능성이 높다.

브랜드인지도를 높이기 위해서 기업은 ① 소비자의 마음속에 브랜드명의 존재(혹은 의미)를 명확히 심어주고, ② 자사브랜드와 그 브랜드가 소속된 제품범주 간의 연상관계를 확립해야 한다. 예를 들어, 현대차가 아이오닉이라는 브랜드명으로 전기차 시장에 진출한다면, 표적소비자의 기억 속에 아이오닉이라는 브랜드명의 존재를 인식시키고, 나아가 아이오닉이 전기차 제품범주에 속한다는 것이 자연스럽게 연상될 수 있도록 만들어야 할 것이다.

브랜드인지도를 증대시키기 위한 방법에는 다음과 같은 것들이 있다. 첫째, 광고에 슬로건이나 로고송을 사용한다. 기억하기 쉬운 슬로건(가령, "Coke Is It(오직 그것뿐)," Nike의 "Just Do It")이나 로고송(가령, LG전자의 '사랑해요 LG')은 소비자의 브랜드인지도를 높이는 데 매우 효과적이다.

둘째, 심벌을 이용한다. 대체로 그림(시각적 제품정보)은 글(언어적 정보)보다 회상하기가 훨씬 쉽다. 그러므로 KFC의 Colonel Sanders 할아버지 인형, Apple컴퓨터의 사과모양 등과 같이 시각적 이미지를 동반하는 심벌은 브랜드인지도를 높이는 데 도움을 준다.

셋째, 이벤트후원(event sponsorship)을 활용한다. 삼성전자나 LG전자 등은 올림픽, 월드컵 축구대회 같은 국제적인 스포츠 행사나 스포츠팀을 후원함으로써 경기에 참석한 관객이나 TV시청자의 주의를 끌 뿐 아니라 경기를 전후하여 관련기사의 보도를 통해 브랜드인지도를 높일 수 있다.

넷째, 브랜드관련 단서(cue)를 제공한다. 구매시점에 제공되는 자사브랜드와 관련되는 단서는 소비자의 기억 속에 저장된 브랜드명과 제품정보를 쉽게 떠올릴 수 있는 유용한 수단이 된다. 기업은 제품포장에 광고에서 이용했던 문구(혹은 슬로건)나 광고모델의 사진(가령, 질레트 제품패키지에 인쇄된 축구선수 박지성의 사진)을 사용함으로써 제품구매 시 자사브랜드와 관련된 제품정보를 쉽게 상기시킬 수 있도록 한다.

브랜드인지도 증대방법: 기업은 제품포장에 광고모델의 사진을 사용함으로써 브랜드관련 정보를 쉽게 상기시킬 수 있도록 한다.

3.3 브랜드연상의 구축

브랜드자산이 창출되기 위해서는 높은 브랜드인지도뿐 아니라 강력한 브랜드이미지를 형성해야 한다. 강력한 브랜드이미지는 소비자 기억 속에 긍정적이고 차별화된 브랜드관련 연상들을 심어줄 때 만들어진다. 소비자의 기억 속에는 특정 브랜드를 중심으로 하여 이 브랜드와 관련된 연상(이미지)들이 그물처럼 연결되어 있다. 예를 들어, 소비자는 나이키 브랜드 하면 고급 운동화, 마이클 조던, 타이거 우즈, Just Do It, 스우시 로고, 오래 신는다, 발에 편하다, 비싸다 등이 연상될 것이다. 나이키관련 브랜드연상들 중 대다수는 브랜드이미지 형성에 긍정적인 영향을 주는 반면, 비싼 가격 같은 일부 연상들은 브랜드이미지에 부정적 영향을 줄 수 있다. 전 세계의 많은 소비자들이 나이키 스포츠화를 특히 선호하는 것은 호의적이고 강력하면서 독특한 연상들이 떠오르기 때문일 것이다.

그림 8-4 나이키와 관련된 브랜드연상들

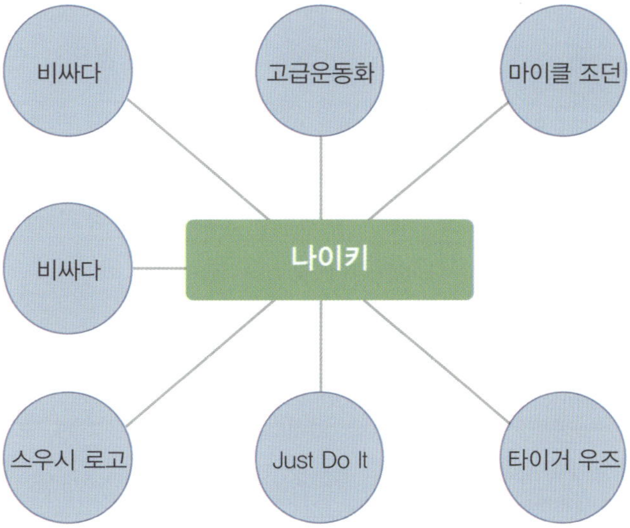

그러므로 기업은 표적고객의 마음속에 바람직한 브랜드연상들을 심도록 노력해야 한다. 기업이 원하는 바람직한 브랜드연상은 크게 제품속성과 직접 관련된 연상, 제품속성과 직접 관련이 없는 연상, 그리고 기업과 관련된 연상들로 구성된다(그림 8-4 참조).

제품속성과 직접 관련된 연상은 다시 제품범주(product class)에 대한 연상, 제품의 물리적 속성, 그리고 품질에 대한 연상으로 나눌 수 있다. 제품범주에 대한 연상의 예로는 아이스크림 하면 하겐다즈(Haagen Dazs)를, 스포츠카 하면 페라리(Ferrari)를, 신용카드 하면 비자를, 그리고 화장지 하면 크리넥스가 즉각적으로 떠오르는 경우를 들 수 있다.

제품의 물리적 속성들에 대한 연상은 소비자들이 특정 브랜드를 보거나 들었을 때 주로 기능적 편익(경우에 따라서 경험적 편익)을 충족시키는 구체적인 제품속성들이 떠오르는 경우이다. 가령, Volvo 하면 안전성이, BMW 하면 우수한 성능이, 죽염 치약은 잇몸보호가 자연스럽게 떠오른다. 최근 남양유업은 프렌치카페 커피믹스 브랜드를 출시하면서 화학성분인 카제인나트륨 대신 무지방 우유를 넣었다는 것을 광고를 통해 부각시킴으로써(즉, 제품의 물리적 속성에 대한 강한 연상을 소비자 마음에 구축함으로써), 단기간 내에 커피믹스시장에서 2위로 올라서는 데 성공했다.

제품속성과 관련하여 소비자들이 갖는 연상들 중에 특히 중요한 것이 지각된 제품품질이다. 소비자들이 특정 브랜드에 대해 갖는 지각된 품질은 그 브랜드의 전반적인 우수성에 관한 주관적인 생각이다. 특정 브랜드에 대한 지각된 품질은 제품의 신뢰성이나 성능 등과 같은 제품의 물리적 특성에 기초하여 형성된다. 소비자들은 한 제품범주 내 여러 브랜드들을 최고급, 고급, 대중적(경제적), 저급 브랜드로 나누어 생각하며 특정 브랜드가 동일 제품범주 내 다른 경쟁브랜드들보다 얼마나 우수한 품질의 제품인지를 평가한다. 가령, 소비자는 자연스럽게 제네시스 하면 최고급 승용차로, 모닝은 경제적인 승용차로, 롯데 명품관 하면 최고급의 백화점인 것으로 연상한다. 소비자들이 자사브랜드에 대해 지각하고 있는 품질은 시장에서의 성공을 결정하는 중요한 요인의 하나인데, 이는 지각된 제품품질이 고객들의 브랜드충성도와 기업의 마케팅성과에 직접적인 영향을 미치기 때문이다.

제품속성에 대한 연상을 토대로 한 브랜드자산 구축의 예: 소비자들은 VOLVO 하면 안전을 자연스럽게 떠올린다.

한편 제품속성과 관련이 없는 연상은 소비자들이 특정 브랜드와 관련하여 브랜드 퍼스낼리티, 사용자 유형, 용도, 원산지 등을 떠올리는 경우이다. 가령, 리바이스 청바지 하면 강인하고 거침(ruggedness)이라는 개성적 특성이 떠오를 것이다.

기업과 관련된 연상은 특정 브랜드를 듣거나 보았을 때 소비자들이 그 브랜드를 생산하는 기업의 문화, 최고경영자의 특성 등이 머릿속에서 떠오르는 경우를 말한다. 가령, 현대자동차 하면 정주영 창업주의 도전정신이 자연스럽게 떠오를 것이다.

참고문헌

1. 안광호 · 이진용, 브랜드파워, 한 · 언, 1997.
2. 안광호 · 한상만 · 전성률, 전략적 브랜드관리, 제5판, 학현사, 2019.
3. David A. Aaker, Managing Brand Equity, New York : Free Press, 1991.
4. David A. Aaker, Building Strong Brands, New York : Free Press, 1996.
5. David A. Aaker and Kevin Lane Keller, "Consumer Evaluations of Brand Extensions," Journal of Marketing, January 1990, pp. 27–41.
6. Jean–Noel Kapferer, Strategic Brand Management: New Approaches to Creating and Evaluating Brand Equity, London : Kogan Page, 1992.
7. Kevin Lane Keller, "Conceptualizing, Measuring, and Managing Customer–Based Brand Equity," Journal of Marketing, January 1993, pp. 1–23.
8. Philip Kotler and Gary Armstrong, Principles of Marketing, 12th ed., Pearson Prentice Hall, 2008.
9. Philip Kotler, Marketing Management, 13th ed., Pearson Prentice Hall, 2009.
10. Al Ries, Focus, New York : Harper Collins Publishers, 1996.

생각해 볼 문제

1. 기업은 신제품을 출시하면서 다양한 형태의 브랜드(명)전략을 고려할 수 있다. 기업이 고려할 수 있는 브랜드전략에 대해 설명하시오.
2. 브랜드자산을 구축하는 데 있어 브랜드인지도의 역할은 무엇이며, 브랜드인지도를 높이기 위한 마케팅커뮤니케이션전략에는 어떤 것이 있는가?
3. 최근 들어 많은 기업들이 브랜드확장전략을 도입하고 있다. 이 전략이 갖는 장단점을 설명하고, 어떤 경우에 브랜드확장전략이 적절한지를 논하시오.
4. 당신이 청정원 브랜드의 마케팅관리자라고 가정하자. 기존 제품군내에서 포지션을 강화하기 위해 활용되어야 할 브랜드연상은 무엇이며, 어떤 제품군으로 확장하는 것이 바람직하며 그 이유는 무엇인가?
5. 마케터가 브랜드확장을 실행하는 데 있어 고려해야 할 요인들에는 어떠한 것이 있으며 이를 기준으로 하여 성공한 사례와 실패한 사례를 제시하시오.

CHAPTER

9

신제품개발과 제품수명주기관리

1. 신제품의 정의
2. 제품실패의 원인
3. 신제품개발과정
4. 신제품개발관리
5. 신제품수용과 확산
6. 제품수명주기와 단계별 마케팅전략

학습목표

1. 신제품을 정의하고 신제품의 성공요인과 실패요인에 대해 살펴본다.
2. 신제품개발과정의 단계들을 학습하고 각 단계에 대한 관리에서 기업이 고려해야 할 요소들과 이의 마케팅 시사점을 설명한다.
3. 신제품수용과 확산과정과 이의 마케팅 시사점에 대해 살펴본다.
4. 제품수명주기의 단계들을 제시하고, 각 단계에 따라 마케팅전략과 마케팅프로그램을 어떻게 변화시켜야 할지를 설명한다.

9장 신제품개발과 제품수명주기관리

앞 장에서 기업이 개별제품과 제품믹스, 그리고 브랜드를 어떻게 관리하는지 살펴보았다. 이 장에서는 마케터가 어떻게 신제품을 개발하고, 제품수명주기의 여러 단계에 따라 어떻게 제품을 관리할 것인지에 대해 살펴볼 것이다. 신제품은 기업성장의 원동력이다. 하지만 신제품개발은 위험성이 크며, 실제로 많은 신제품들이 시장에서 실패한다. 본 장의 전반부는 성공적인 신제품을 개발하는 과정을 자세히 살펴본다. 대부분의 마케터들은 신제품이 출시되면 오랜 동안 시장에서 고객들에게 사랑 받기를 희망한다. 본 장의 후반부에서는 모든 제품은 몇 개의 수명주기단계(life-cycle stages)를 거치며, 각 단계별로 서로 다른 마케팅전략과 전술이 요구된다는 것을 설명한다.

도입부에서는 덴마크 완구기업 레고의 신제품 개발사례를 살펴볼 것이다. 레고는 최근 아이들이 장난감에 비해 스마트폰이나 비디오게임을 선호하는 등 완구시장 변화에 맞춰 디지털 게임요소를 접목한 레고브릭 신제품을 개발하는 등의 노력을 기울이고 있다. 비디오게임 기업 닌텐도와 손을 잡고 '레고 슈퍼마리오 시리즈'를 개발/출시한 것이 그 한 예이다. 도입사례에서는 디지털 네이티브 세대를 겨냥한 신제품을 개발하기 위해 레고가 어떤 마케팅노력을 기울이고 있는지를 살펴보기로 한다.

도입 사례

완구시장 변화에 대응해 디지털 게임요소를 접목한 레고브릭 제품을 개발한 덴마크 완구기업 레고

마리오가 레고로 만든 세상에 등장했다. 아이들 손에 들린 레고 브릭(Brick) 세트는 슈퍼마리오 게임 스테이지를 그대로 옮겨 놓은 듯하다. 하지만 아이들은 레고로 단순히 브릭을 옮기는 놀이가 아닌 비디오게임을 한다. 마리오의 전원을 켜면 발을 딛는 위치에 따라 표정이 변하고, 물음표가 표시된 상자를 밟으면 마리오 몸에 코인이 표시된다. 다양한 괴물을 퇴치하기도 하는 모습이 마치 어릴 적 즐기던 슈퍼마리오 비디오게임 그대로이다. 모두 레고에서 공개한 신제품 티저 영상(대략적인 모습만 보여주는 홍보 영상)에 나온 모습이다.

2020년 3월 덴마크 완구기업 레고는 블록완구에 디지털 요소를 접목하는 제품개발전략을 확대하기 위해 비디오게임 기업 닌텐도와 손을 잡았다. 두 회사가 파트너십을 구축한 것은 이번이 처음이다.

레고는 닌텐도와 파트너십을 체결해 '레고 슈퍼마리오 시리즈'를 개발/출시했다. 레고 슈퍼마리오 시리즈는 비디오게임 속 캐릭터인 마리오를 레고 브릭으로 직접 만들고 게임도 즐길 수 있는 새로운 형태의 제품이다. 기존 레고 브릭 제품에 디지털 게임 요소를 접목한 형태다. 마이클 에베센 레고코리아 대표는 "레고 슈퍼마리오 출시는 현실세계와 디지털 영역을 허무는 완전히 새로운 형태의 레고 놀이를 통해 디지털 네이티브 세대들에게 더 큰 즐거움을 선사할 것"이라고 말했다.

레고가 브릭 제품에 디지털 요소를 가미한 신상품을 출시한 것은 이번이 처음은 아니다. 플라스틱 브릭 제품으로 전 세계 장난감 시장을 석권했지만, 레고는 이에 만족하지 않고 플라스틱 브릭으로 비디오게임과 같은 놀이를 즐길 수 있도록 발전하고 있다. 최근 아이들이 장난감에 비해 스마트폰이나 비디오게임을 선호하는 등 완구시장 변화에 맞춰 나가기 위함이다. 닌텐도와의 협업도 디지털 접목 전략을 더욱 강화하는 행보의 일환이다.

아이들이 레고(LEGO)가 닌텐도와의 협력을 통해 개발한 '레고 슈퍼마리오 시리즈'를 갖고 놀고 있다.

실제로 레고는 2019년 레고 브릭에 증강현실(AR) 게임을 결합한 상품을 출시했다. 유령 테마의 레고세트에 모바일 디바이스를 활용한 '레고 히든 사이드'이다. 레고세트를 조립하고 애플리케이션(앱)을 통해 동기화시키면, 모바일 화면에 게임 캐릭터가 표시된다. 캐릭터 위치를 바꾸거나 특정 색깔을 인식시켜 수수께끼를 푸는 AR 게임을 즐길 수 있다. 2017년에는 조립한 레고 브릭 장난감을 코딩 앱으로 갖고 놀 수 있는 '레고 부스트' 제품을 출시했는데, 코딩 명령을 통해 노래나 춤까지 로봇이 선보이도록 할 수 있는 제품이다. 또 레고는 2020년 1월 자회사 레고 에듀케이션의 신제품 '스파이크 프라임' 출시를 통해서도 코딩 교육에 나섰다. 기존 레고 브릭을 활용한 물리적 교육도구에 디지털 요소를 도입했다.

레고가 내놓은 디지털 결합제품

제품	출시연도	특징
슈퍼마리오 시리즈	연내 출시	닌텐도와 협업 제품
스파이크 프라임	지난 1월 출시	레고 코딩 교육 도구
히든 사이드	2019년 8월 출시	증강현실(AR) 게임
부스트	2017년 출시	코딩 명령으로 작동

2019년 레고는 글로벌시장에서 2018년에 비해 6% 상승한 7조 원 이상 매출을 기록했다. 레고는 코로나19 충격에도 2020년 상반기 눈에 띄는 실적 개선세를 보였다. 판매량과 영업이익 모두 두 자릿수 성장률을 기록했는데, 2019년 상반기와 비교해 레고 그룹의 2020년 상반기 판매량은 14% 늘었고, 매출은 7% 증가했다. 레고는 제품 혁신을 위한 장기적 관점의 투자와 전자상거래 플랫폼 구축이 효과를 발휘하기 시작한 것으로 보고 있다.

자료원: 이코노미조선, 2021.01.06; 매경, 2020.03.18.

소비자 기호, 기술 및 경쟁의 급속한 변화로 인해 제품수명주기가 갈수록 짧아짐에 따라 기업은 기존제품을 가지고는 기업성장을 계속 유지할 수 없게 되었다. 기업은 지속적인 성장을 위해 성숙기 또는 쇠퇴기 제품을 대체/보완할 신제품을 정기적으로 개발해야 한다. 3M과 Johnson & Johnson 같은 혁신기업들은 매출액 중 최근 5년간 개발된 신제품의 매출액이 차지하는 비율이 25% 이상에 달한다. 일본의 대표적인 가정용품 전문기업인 카오(花王)는 혁신제품의 개발을 위해 직원들 중 3분의 1을 연구개발에 투입하고, 매출액 중 10% 이상을 연구개발과 제품성능개선에 투자한다. 또한 1년에 약 10만 건에 이르는 소비자 피드백을 받아 이를 제품개발과 브랜드관리에 적극적으로 활용한다.

신제품이 시장에서 성공을 거두면 기업의 성장에 큰 기여를 하지만 높은 실패위험도 수반한다. 미국시장에 대한 한 연구결과에 의하면 신제품 실패율은 소비재의 경우 40%, 산업재는 20%, 서비스제품은 18%에 이르는 것으로 나타났다. 이러한 현상은 한국의 경우도 예외가 아닐 것이다.

레고의 신제품 개발사례에서 볼 수 있듯이, 기업은 신제품을 개발하고 관리하는 일에 능숙해야 한다. 모든 제품은 시장에 출시된 후 제품수명주기 단계를 거치다가 소비자의 요구를 더 잘 충족시키는 새로운 경쟁제품에 밀려 시장에서 소멸된다. 이러한 제품수명주기(product life cycle) 개념은 기업에게 두 가지 중요한 도전적 과제를 제시한다. 첫째, 모든 제품은 결국 쇠퇴하게 되므로, 기업은 경쟁력을 잃은 기존제품을 대체할 수 있는 신제품을 개발하는 데 능해야 한다. 둘째, 각 제품수명주기 단계별로 변화된 소비자 취향, 기술, 경쟁상황에 맞춘 마케팅전략을 개발하는 데 능해야 한다. 이하에서는 먼저 신제품 개발과정에 대해 살펴보고, 다음으로 제품수명주기 단계별로 제품을 어떻게 성공적으로 관리할 것인지에 대해 알아본다.

01 신제품의 정의

마케터는 신제품개발과정에 들어가기에 앞서 신제품이 무엇인지를 정확히 이해할 필요가 있다. 왜냐하면 신제품에 대한 정의는 바로 신제품개발전략과 직결되기 때문이다. 즉, 마케터가 개발될 제품을 완전히 새로운 제품으로 보느냐 또는 단순히 기존제품의 확장으로 보느냐에 따라 개발과정 및 마케팅전략이 달라지기 때문이다. 예를 들어, 코카콜라사가 Diet Coke를 개발할 때 마케터는 이를 신제품으로 보거나 혹은 기존의 Coke제품의 확장으로 볼 수 있을 것이다. 마케터는 이를 신제품으로 간주하고 제품개발 및 시험과정을 엄격히 하였다. 왜냐하면 Diet Coke는 새로운 세분시장에 소구하는 제품으로 포지션되었을 뿐 아니라 Coke라는 기존의 선도적 브랜드를 신제품에 부착한 첫 번째 제품이었기 때문이었다.

그러면 어떤 제품을 신제품으로 보는가? 신제품의 유형은 기업의 관점과 소비자의 관점에 기반해 분류될 수 있다.

그림 9-1 신제품 참신성의 정도에 따른 신제품 분류

소비자가 지각하는 신제품 참신성 \ 기업 입장에서의 신제품 참신성	저	고
저	**제품개선**	**제품계열의 추가 및 확장**
고	**재포지셔닝**	**혁신제품**

그림 9-1에서 볼 수 있듯이 신제품의 가장 단순한 유형은 **제품개선**으로서, 기업과 소비자 모두가 참신성이 낮다고 생각하는 신제품이다. 기업은 지속적으로 기존제품을 개선하고 있지만 소비자들은 이를 느끼지 못하는 경우가 많다. 예를 들어 1960년대에 출시된 농심라면은 변화하는 소비자 입맛에 부응하기 위하여 여러 차례의 제품개선을 통하여 현재의 농심라면에 이르렀다. 삼성전자가 스마트폰 갤럭시의 기존모델을 수정해 신모델 갤럭시S21을 출시한 것도 이에 해당한다. **혁신제품**은 기업과 소비자 모두에게 참신성이 높은 신제품을 말하는데, TV, 컴퓨터, 자동차, 모바일폰의 발명 등이 이에 해당된다. 다이슨은 날개 없는 선풍기 등 기존의 상식을 뛰어넘는 혁신 가전제품으로 가전제품시장에서 경쟁우위를 확보했다.

소비자들에게는 이미 널리 알려진 제품이지만 기업에게는 신제품으로 분류되는 경우가 있는데, **제품계열의 추가**와 **제품계열의 확장**이 이에 해당된다. 예를 들어 샴푸 등 미용제품으로 유명한 비달사순(Vidal Sassoon)이 드라이어 개발을 통해 미용도구사업에 진출한 경우(제품계열의 추가)와 농심이 웰치(Welch's) 그레이프 맛 이외에 스트로베리, 후르츠펀치 맛 등의 탄산음료제품을 추가하는 경우(제품계열의 확장)가 이에 해당된다. 제품계열 확장 및 추가는 기업의 입장에서는 신제품으로 취급되나 소비자 입장에서 보면 기존제품들을 모방한 모방신제품에 해당되기 때문에 참신성이 낮다. 마지막으로 기존제품을 새로운 사용자나 용도에 이용되도록 **재포지셔닝**하는 것은 기업에게는 참신성이 낮지만 소비자에게는 참신성이 높은 신제품의 경우이다. Arm & Hammer가 빵제조에 사용되는 베이킹 소다를 하수구

나 냉장고의 악취제거제로 용도를 확대하거나 Johnson & Johnson의 베이비 샴푸가 아이와 같이 부드러운 머릿결을 원하는 성인용 샴푸로 재포지셔닝한 것이 그 예이다. 이는 기업이 기존제품을 가지고 소비자들에게 새로운 용도를 찾아 신시장에 진입해 성공한 사례이다.

마케팅 Highlight

고정관념을 뒤엎고 먼지봉투 없는 진공청소기, 날개 없는 선풍기, 초음속 헤어드라이어 등 고정관념을 뒤엎는 혁신제품을 개발해 성공을 거둔 다이슨 창업자 제임스 다이슨

"새로운 기술을 개발한다고 생각하면 즐겁고 열정이 생겨요."

올해 나이 일흔인 제임스 다이슨의 창업자 다이슨에게 여전히 현역 엔지니어로 왕성하게 활동하는 비법을 물었을 때, 그가 한 대답이다. 그는 수석 엔지니어로서 매일 아침 영국 남부 윌트셔 주에 있는 다이슨 본사 연구소로 출근해 오후 6시쯤 퇴근한다. 그는 기술개발에 전념하기 위해 2012년 최고경영자(CEO)에서 물러나 전문경영인에게 회사운영을 맡겼다. 요즘은 AI(인공지능)와 머신러닝(기계학습)을 생활가전에 적용시키는 연구에 집중하고 있다.

제임스 다이슨 창업자가 영국 본사에 전시된 비행기 터보엔진 RB211 옆에 앉아 있다. 롤스로이스에서 1970년대 개발한 것으로, 항공기 엔진의 클래식 모델이다. 창업 초기부터 모터성능 혁신에 주력해 온 그는"비행기 엔진을 보며 신기술의 영감을 얻는다"고 말한다.

그가 창업한 다이슨은 2018년 매출 44억 파운드(약 6조 4000억 원)에 영업이익 11억 파운드(약 11조60000억 원)를 기록했다. 고속성장의 비결은 바로 창의적인 기술력과 독특한 디자인이 결합한 신제품 개발이다. '영국의 애플'로 불리는 다이슨은 창업 이래 먼지봉투 없는 진공청소기, 날개 없는 선풍기 같은 제품으로 세상을 놀라게 했다. 그리고 2016년 8월 출시한 초음속 헤어드라이어로 또 한 번 선풍적인 고객반응을 불러일으켰다. 가격이 무려 55만 원이 넘는데도 출시 6개월 만에 높은 매출을 실현했다.

다이슨의 헤어드라이어는 망치처럼 생긴 헤드 부분이 없다. 대신 1분당 11만 번 회전하는 500원짜리 크기의 초고속 모터가 손잡이에 들어가고 본체에 구멍을 뚫었다. 초당 13L에 이르는 풍량(風量)을 만들어 낸다. '가볍고, 조용하고, 뜨겁지 않은' 헤어드라이어의 비결이다. 이 독보적인 소형모터 기술 덕분에 모방제품도 나오지 않고 있다. 다이슨은 이 제품의 연구비로 5000만파운드(약 690억 원)를 투자했다. 다이슨 창업자는 “4년 동안 엔지니어 103명이 총 1625㎞ 길이의 머리카락을 테스트해 가며 매달렸다”고 말했다. ‘엔지니어 퍼스트’를 고집하는 그는 매주 700만 파운드(약 98억 원) 이상 연구개발비를 쓰는 규칙을 세웠다. 2017년 2월 싱가포르에 AI 기술센터를 열었고, 영국 본사 연구디자인개발(RDD)센터를 15억 파운드(약 2조1000억 원) 들여 확장하고 있다. 또 고급 엔지니어를 양성하기 위해 다이슨 기술학교(Dyson Institute of Technology)를 본사 연구개발(R&D) 캠퍼스 안에 세웠다. 이곳은 다이슨 엔지니어 3000명의 실무경험이 농축된 교육기관으로 일하면서 공학사 학위를 딸 수 있다. 그는 “기계에서 출발한 다이슨은 이제 AI와 머신러닝, 영상시스템 등 엄청나게 넓은 범위의 공학을 다루는 회사로 성장했다. 뛰어난 엔지니어를 찾기 힘들어 연간 45주씩 4년 동안 교육받으며 일도 하는 새로운 프로그램의 대학을 직접 설립했다”고 설명했다. “머잖아 AI와 머신러닝 알고리즘은 우리가 생산하는 거의 모든 제품에 필요해집니다. 지금 로봇 개발에도 열중하고 있는데, 기계가 직접 판단하고 행동하는 시대가 곧 열릴 겁니다. 그 시대를 위해 오늘도 노력하고 있습니다.” 그 시대에 필요한 자질에 대해 언급하면서 그는 “열정, 호기심, 용기, 끈기. 이게 창의적인 사람을 만든다”고 했다.

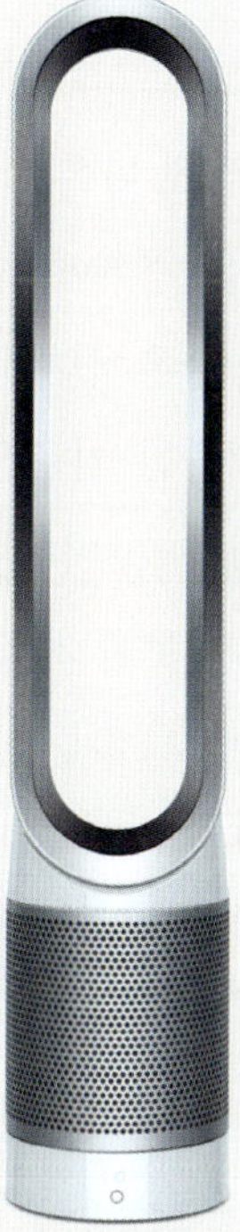
다이슨 선풍기

2021년 다이슨은 제품성능을 획기적으로 향상시키기 위한 노력의 일환으로 인공지능, 머신러닝, 고속 디지털 모터 및 감지 기술 같은 혁신분야의 연구 및 엔지니어 인력 450명을 보강하려고 한다.

자료원: 아시아 경제, 2021.04.14; 전자신문, 2019.01.23; 중앙일보, 2018.01.18.

제품개선의 예: 8세대 신형 쏘나타

제품계열 확장의 예

02 제품실패의 원인

시장에 나온 많은 신제품들이 실패로 끝난다. 따라서 만약 마케터가 신제품개발에 막대한 비용을 투입했을 경우에 기업에 상당한 타격을 줄 수 있다. Booz, Allen & Hamilton의 조사결과에 의하면 시장에 나온 신제품 3개 중 하나 정도는 실패하는 것으로 밝혀졌다. 신제품의 성공 또는 실패를 정의하는 명확한 기준은 없지만, 신제품이 마케터와 소비자의 기대를 충족시키지 못하면 실패한 것으로 볼 수 있다. 많이 언급되는 신제품 실패요인들을 살펴보면 소비자욕구 파악의 실패, 잘못된 포지셔닝, 우수하지 못한 제품성능, 부정확한 시장조사, 불충분한 경쟁분석 등을 들 수 있다.

03 신제품개발과정

신제품개발에 대한 자문을 전문으로 하는 경영자문회사인 미국의 Booz, Allen & Hamilton 회사는 수십 년간 여러 회사의 신제품개발과정을 연구하였다. 이들의 연구결과를 토대로 많은 기업이 이용하는 신제품개발과정은 그림 9-2에 나타난 8단계로 요약될 수 있다. 즉, 아이디어 창출, 아이디어 선별, 제품콘셉트의 개발 및 테스트, 마케팅전략의 개발, 사업성 분석, 시제품개발, 시험마케팅, 상업화이다.

이러한 여러 단계를 거쳐 신제품을 개발하는 과정을 **순차적**(sequential) **신제품개발**이라고 하는데, 단계적 신제품개발에서는 한 부서가 특정단계를 완료한 후에 다음 부서가 그 다음 단계를 진행하기 때문

그림 9-2 신제품개발과정

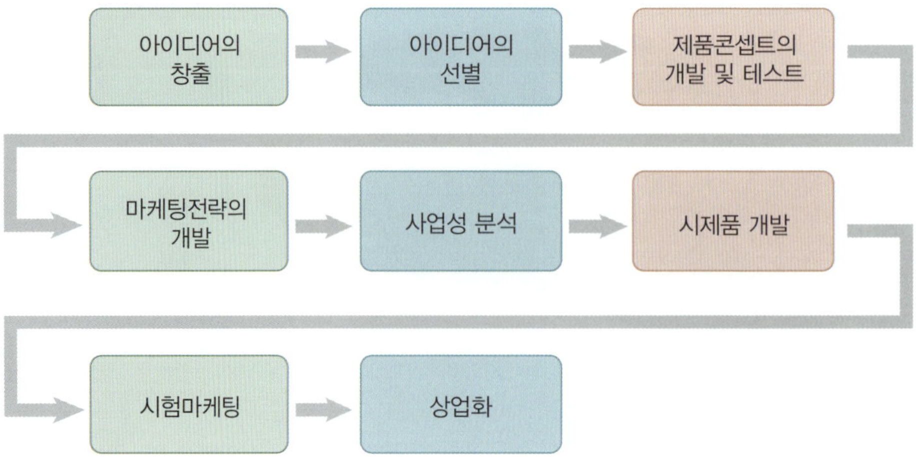

에 복잡하고 위험한 프로젝트를 체계적으로 수행할 수 있는 장점이 있지만 개발과정에 많은 시간을 필요로 한다. 이를 대체할 수 있는 신제품개발과정으로서 미국과 일본의 자동차회사가 많이 이용하는 **평행적**(parallel) **신제품개발**이 있다. 이는 급변하는 마케팅환경과 치열한 경쟁에 대처하기 위해 개발과정을 단축하고 보다 신속하게 신제품을 개발할 필요성에 따라, 여러 부서가 긴밀히 협조하여 동시에 진행이 가능한 분야를 평행적으로 실시하여 개발기간을 단축하는 것이다. 이하에서는 단계적 신제품개발의 내용을 각 단계별로 설명한다.

마케팅 Highlight

"R&D부터 소비자 평가까지 신제품개발을 원스톱으로 진행하는" P&G 싱가포르혁신센터

싱가포르 시내 중심가에서 도시철도(MRT) 이스트웨스트선 서쪽 방향으로 약 20분 거리에 있는 부오나비스타에는 약 20년 전부터 싱가포르 정부가 야심차게 추진해 온 생명과학산업의 중심지 '바이오폴리스'가 있다. 간결한 디자인의 빌딩이 정연하게 배치돼 미래도시에 온 것 같은 착각을 준다. 바이오 연구개발(R&D) 허브 건설을 목표로 정부와 글로벌 기업들이 한뜻으로 만든 이곳 중심에는 글로벌 생활용품 기업 P&G의 싱가포르이노베이션센터(SgIC)가 자리 잡고 있다.

SgIC는 P&G가 2014년 일본 고베, 중국 베이징에 이어 아시아·태평양 지역에 세운 세 번째 R&D센터다. 연면적 약 3만2000㎡로 축구장 5개와 맞먹는 이곳은 싱가포르 내 기업 연구시설 중 최대 규모를 자랑한다. 내부 실험실만 250개에 달하며 엔지니어링, 소재, 생화학 등 18개 이상 분야에서 500명 넘는 연구원이 선행연구를 하고 있다. 매년 P&G가 R&D에 투자하는 20억 달러(약 2조3000억 원) 중 상당수가 SgIC에 투입된다. 현장에서 만난 데이비드 쿠 P&G 스킨케어 수석과학자는 "소비자를 잘 이해하면서 아시아를 넘어 전 세계 소비자에게 더 좋은 상품을 제공할 수 있는 기회를 만드는 곳"이라고 말했다.

P&G 싱가포르이노베이션센터

P&G가 차세대 R&D센터 건립 입지를 바이오폴리스로 결정한 것은 지정학적으로 뛰어난 접근성을 가졌기 때문이다. 현재 P&G는 싱가포르에 아·태 지역 본부를 두고 한국을 비롯한 아시아부터 호주 뉴질랜드 등 오세아니아까지 총 14개국을 총괄한다. 거리

상 싱가포르까지 항공편으로 6시간이 채 걸리지 않는 국가들이다. 센터의 접근성은 유능한 인재유치를 위한 전략이기도 했다. 전 세계 인구 중 3분의 2 이상이 반나절 안에 SgIC에 도착할 수 있다. 싱가포르 정부의 적극적인 지원도 한몫했다. SgIC는 싱가포르 과학기술청(A*STAR)과 파트너십을 체결해 연구기관, 대학 등과 협력할 수 있는 환경을 마련했다. 설립 단계부터 엔지니어, 과학자, 화학자 등 싱가포르 인재들이 P&G와 함께 일할 수 있는 환경이 마련되면서 일자리 창출에 기여했다는 평가를 받는다.

SgIC에서는 스킨, 헤어, 에어케어 제품에 대한 R&D가 중점적으로 이뤄지고 있다. SK2, 팬틴, 페브리즈 등 이름만 들어도 알 수 있는 유명 브랜드에서 현재 판매하는 제품은 모두 SgIC에서 개선작업을 거쳤거나 완전히 새롭게 개발된 것들이다.

SgIC의 핵심은 제품개발과정이 소비자 관점에서 이뤄진다는 점이다. 평가자로 참여하는 소비자들은 가정집 모형을 한 실험실에서 제품을 써 보고 평가한다. 거실, 주방, 욕실 등 실생활과 유사한 환경에서 소비자가 테스트하고 그 결과가 실시간으로 개발과정에 반영된다. 이 같은 실험환경은 보다 뛰어난 에어케어 제품 개발에 도움을 준다. 야마무라 기미코 에어케어 부문 과장은 "우리는 에어케어 비즈니스를 '표면 비즈니스'라고 칭한다"며 "사람은 냄새를 통해 자신이 있는 공간이 안전한지 판단하기 때문에 표면에 있는 악취를 없애는 동시에 향을 남겨 유지할 수 있게 해야 하기 때문"이라고 설명했다.

피부와 모발의 건강상태를 측정할 수 있는 수많은 장비도 제품개선에 기여한다. 다년간 연구를 거쳐 개발한 피부측정기는 실험자가 얼굴을 대면 고해상도 카메라와 자외선(UV) 라이트 등을 통해 제품의 흡수 정도, 발림성, 피부 개선도 등을 확인할 수 있다. 독자적인 향(香) 연구실을 보유한 것도 SgIC의 특징이다. 향 전문 교육을 이수한 5년 이상 경력의 조향사들이 분석 로봇을 이용해 소비자가 친근하게 느낄 수 있는 향을 직접 찾아내고 있다. P&G 소속 조향사인 하마노 준지 수석과학자는 "제품을 개봉했을 때부터 사용 후 잔향까지 고려해 향을 찾아내고 있다"며 "전문가와 로봇의 협력이 소비자가 원하는 향을 빠르고 정확하게 찾아내는 데 도움을 주고 있다"고 말했다.

자료원: 매경, 2020.01.20.

3.1 아이디어 창출(Idea Generation)

신제품개발과정은 기업의 마케팅목표와 부합되는 신제품 아이디어를 탐색하는 단계로부터 시작된다. 기업은 좋은 신제품 아이디어를 찾아내기 위해 가능한 한 많은 아이디어들을 창출하여야 한다. 기업은 다양한 아이디어 원천들로부터 신제품 아이디어를 수집할 수 있다. 중요한 아이디어 원천들에는 기업 내부의 사원, 고객, 유통업자, 경쟁사 등이 포함된다.

첫째, 기업은 기업 내 R&D부서의 연구원, 영업사원을 포함한 종업원들로부터 신제품 아이디어들을 수집할 수 있다. 예를 들어, Procter & Gamble의 1회용 종이기저귀인 Pampers, 3M의 접착가능 메모지 Post-it Notes, Texas Instruments의 말하는 계산기 등의 제품아이디어는 회사 종업원들로부터 제안된 것들이었다. 3M은 직원들에 의한 신제품 아이디어 제안을 권장하기 위해 15%규칙(15 percent rule)을 도입하고 있는데, 이는 사원들에게 근무시간의 15%를 회사와 직접적인 관련이 있거나 없거나에 관련없이 개인적으로 관심있는 프로젝트를 수행하는 데 활용할 수 있도록 하는 것이다. 국내의 많은 기업들도 제안함 등을 이용하여 종업원들의 아이디어를 공식적으로 수집하고 있다. 가령, 삼성전자는 2013년부터 집단지성 프로그램인 모자이크(MOSAIC)를 통해 직원들의 아이디어를 모아 기업혁신에 반영하고 있다. 삼성 비스포크 냉장고 라인 중 하나인 큐브 소형냉장고는 직원 설문조사를 통해 얻은 아이디어를 토대로 개발되었다. '아버지와 술장고(주류를 많이 넣어둔다는 의미)를 공유하고 싶지 않다', '화장품 전용 냉장고가 필요하다' 등의 의견이 나왔는데, 이 의견을 반영해 무풍 큐브 공기청정기와 비슷한 모양의 비스포크 큐브냉장고를 개발했다.

삼성전자는 직원들의 의견을 반영해 무풍 큐브 공기청정기(왼쪽 사진)와 비슷한 모양의 비스포크 큐브냉장고(오른쪽 사진)를 개발했다.

마케팅 Highlight

시장선도제품의 개발을 위해 사내 혁신창출프로그램을 통해 임직원들의 창의적인 아이디어 제안을 장려하는 LG전자

LG-LIFE는 사내직원들이 창의적인 아이디어를 제안하는 창구이다. LG는 2013년 그룹차원에서 사내 포털 LG-LIFE를 오픈하고 직원들의 혁신적인 아이디어 제안을 통해 시장선도 제품개발에 적극 나서고 있다.

LG 임직원이라면 LG-LIFE를 통해 누구나 참여할 수 있는 아이디어 제안 프로그램은 크게 세 가지로 나뉜다. 고객의 삶을 바꿀 수 있는 시장선도 제품 아이디어를 직접 제안하고 시제품 개발을 통해 타당성을 검증해 보는 도전 프로그램인 퓨처 챌린저(Future Challenger), 해당 사업부에서 임직원의 집단지성을 빌려 제품이나 사업의 개선사항 등을 모으는 Big Questions(주제제안), 시장선도를 위해 시도해야 할 아이디어를 자유롭게 제안하는 LG Dots(자유제안) 등이 바로 그것이다. LG Dots에는 하루에도 수십 건에 이르는 다양하고 자유로운 아이디어가 쏟아지며, 이 아이디어들은 다양한 직군과 직급으로 구성된 사

아이디어 컨설턴트들이 논의를 통해 임직원의 아이디어를 구체화하고 있다.

내 아이디어 컨설턴트들에게 매달 평가를 받고 사업화 단계까지 보완된다. 실제로 대리급 직원의 아이디어 제안으로 매직 미러(Magic Mirror)라는 제품이 출시되었는데, 매직 미러는 거울이 고객의 피부타입을 측정해 결과를 보여주고 현재 상태에 맞는 맞춤형 피부관리법과 미용제품까지 추천해 주는 제품이다.

2021년 LG전자는 사내 크라우드소싱 플랫폼인 'LG 아이디어팟'에서 임직원들을 대상으로 초경량 노트북 'LG그램'을 업그레이드하기 위한 아이디어 공모전을 실시했다. LG전자는 우수한 아이디어를 제안한 임직원 가운데 1등을 선정해 200만 원 상당의 LG그램16 노트북을, 2등에게는 그램14를 부상으로 제공했다.

자료원: 중앙일보, 2021.02.08; 매일경제, 2016.01.29.

마케팅 Highlight

삼성전자 소비자가전 부문의 높은 마케팅성과를 주도한 비스포크 냉장고의 개발비결

2020년 삼성전자 소비자가전(CE) 부문은 매출 48조1700억 원, 영업이익 3조5600억 원을 거뒀다. 영업이익만 놓고 보면 LG전자의 TV · 가전사업부(3조3200억 원)와 월풀(1조8800억 원)을 제쳤다. 업계에선 맞춤형 가전 브랜드인 비스포크를 일등공신으로 꼽는다. 비스포크 기획자인 양혜순 삼성전자 생활가전사업부 소비자경험팀장(상무)은 비스포크 냉장고의 성공사례에 대해 다음과 같이 설명했다.

– 비스포크 냉장고 판매량은.

"국내 냉장고 교체주기는 평균 10년이다. 이전까지 1년에 수십만 대 팔면 성공이라고 했다. 비스포크는 2019년 6월 출시해 2020년 12월까지 19개월 만에 75만 대를 넘게 출하했다. 이례적인 기록이다."

– '인테리어 가전'이라는 영역을 개척했다. 발상의 출발점이 궁금하다.

"(웃으면서) 이삿짐 정리다. 비스포크를 준비하던 2019년 초 마침 이사를 했다. 새 집을 꾸미느라 인테리어에 대한 관심이 늘었다. 그런데 난감한 문제가 생겼다. 벽지나 바닥재 · 타일 · 가구까지도 취향껏 바꿀 수 있는데 가전제품에서 막혔다. 특히 주방에서 '갑툭튀(갑자기 튀어나온)'한 냉장고가 거슬렸다. 이때 고민한 결과물이 '키친핏'이다."

'iF 디자인 어워드 2020'에서 금상을 받은 삼성 비스포크 냉장고.

– 키친핏은 정확히 어떤 건가?

"키친핏은 냉장고장(수납공간)과 냉장고를 일체화한 개념이다. 맞춤 사이즈라 언뜻 보면 빌트인 옷장 같다. 여기에 냉장고 도어 패널의 색상과 소재를 소비자가 직접 고를 수 있고, 추후 교체도 가능하게 했다. 그러자 '나만의 취향을 표현하는 가전'으로 입소문을 탔다."

– 비스포크 라인 중에 큐브 냉장고 같은 신제품도 눈에 띈다.

"직원 설문조사를 통해 아이디어를 얻었다. '아버지와 술장고(주류를 많이 넣어둔다는 의미)를 공유하고 싶지 않다', '화장품 전용 냉장고가 필요하다'는 의견이 나왔다. 이때 공기청정기가 눈에 들어왔는데, 이 속을 비워 냉장고로 바꾸면 예쁘겠다 싶었다."

– 반응은 어떤가?

"내부에서부터 호응이 왔다. 20 · 30대 직원들은 출시 전부터 '없으면 불편할 거 같다'고 하더라. 마케팅 방식을 바꿨다. 큐브 냉장고는 TV광고 대신 젊은 층이 선호하는 크라우드 펀딩을 통해 유통했다. 일주일간 2억6000만 원을 모아 목표액 620%를 달성했다."

– 경쟁사와 차별화 전략은?

"비스포크는 인테리어 가전이 아니라 라이프 스타일 가전이다. 또한 비스포크의 미래는 스마트 가전이다. 하드웨어에 인공지능(AI) · 사물인터넷(IoT) 등을 결합해 더 편리하게 진화할 것이다."

자료원: 중앙일보, 2021.02.04.

둘째, 기업은 소비자조사를 통해 발견된 소비자욕구, 고객의 불만 등을 분석하여 신제품 아이디어를 구할 수 있다. 삼성전자는 "냉동실에 고기를 보관하면 하얗게 얼음이 끼고, 수분이 다 빠져 퍽퍽해요"라는 소비자 불만을 해결하기 위해 냉장고 온도를 일정하게 유지하는 미세 정온(定溫) 기술을 적용해 온도편차에 따른 식재료의 손상을 최소화한 '셰프컬렉션' 냉장고를 출시했다.

마케터는 소비자들이 제품을 구매하고 사용하는 과정을 직접 관찰하거나, 표적집단면접법 등을 통

빅데이터 · 블록체인 주제로 삼성전자와 서울대가 공동주최한 해커톤 행사

하여 신제품아이디어를 얻을 수 있다. 표적집단면접법(focus group interview)을 이용하여 조사자는 참가자들에게 제품사용방법, 제품구매시점, 각 제품에 대한 선호도 등을 이야기하도록 유도한다. IBM과 같은 컴퓨터 회사들은 최고경영자들이 1년에 최소한 30일 정도 주요 고객들과 접촉을 가지거나 고객만족조사 또는 기타 각종 마케팅조사를 통해 신제품아이디어를 수집한다. 삼성전자, LG전자 등도 주부모니터제를 통하여 소비자로부터 신제품아이디어를 수집하고 있다.

셋째, 기업은 중간상이나 부품공급업자들이 제공하는 경쟁기업정보, 고객불만, 신소재 등의 정보를 신제품개발에 활용할 수 있다.

넷째, 기업은 경쟁제품을 구입하여 이를 분석하거나 경쟁사의 성공요인과 개발전략을 분석함으로써 신제품아이디어를 도출할 수 있다. 만약 기업이 산업 내 시장선도자라면 혁신제품개발을 선점하거나 경쟁사의 신제품보다 향상된 제품을 개발하여 기존 시장지위를 방어해야 한다. 예를 들어, 현대자동차는 최고급 세단브랜드 제네시스를 개발하는 과정에서 벤츠, BMW, 아우디 등의 경쟁제품들을 분석하여 이들의 장점을 신제품 개발과정에 반영하였다.

다섯째, 최근 들어 기업들은 크라우드소싱 또는 열린 혁신(open-innovation)을 통해 신제품 아이디어를 수집하고 있다. 크라우드소싱(crowdsourcing)은 소비자, 직원, 독립 과학자와 연구자, 일반 대중에 이르기까지 폭넓은 인적 커뮤니티를 신제품 혁신과정에 초대하는 것이다. 이 아이디어의 요점은 제품, 서비스, 웹사이트 또는 마케팅활동을 향상시키는 데 있어 한 명보다는 두 명, 또는 2천 명이나 2만 명이 더 낫다는 것이다. 예를 들어, 삼성전자는 외부로부터 신제품 개발 아이디어를 얻기 위해 서울대와 함께 해커톤 행사를 개최했다. 해커톤은 각 팀이 1~3일 짧은 기간 동안 아이디어를 기획하고 구체화한 시제품 단계의 결과물을 서로 평가하고 시상하는 대회로서, 구글과 페이스북 등 실리콘밸리의 정보기술(IT) 기업이 직원들의 혁신적인 아이디어를 제품화하기 위해 시작했다. 서울대 학생과 삼성전자 직원들은 팀을 구성하고 디자이너와 개발자, 기획자 등으로 역할을 나눠 해커톤 참가를 위한 준비를 한다. 삼성전자는 2013년부터 삼성전자 직원만을 대상으로 해커톤을 하다가 더 많은 신제품아이디어를 얻기 위해 2017년 참가대상을 서울대 학부생으로 확대했다

산업재의 경우 R&D부서나 공급업자의 제안들에서 신제품아이디어를 주로 수집하는 반면, 소비재의 경우에는 경쟁사 제품의 분석이나 고객욕구의 조사 등을 통해 수집되는 경우가 많다.

3.2 아이디어 선별(Idea Screening)

마케터는 여러 아이디어 원천들로부터 수집된 신제품아이디어들 중 소수의 최적 아이디어만을 선별

하여야 한다. 개발과정의 후반단계로 진행될수록 더 많은 비용이 소요되므로 초기단계에서 가능성이 있는 아이디어만을 선별하는 것이 중요하다. 그러나 아이디어 선별단계에서 기업은 성공할 가능성이 낮은 제품아이디어를 계속 진행시키거나 성공할 가능성이 높은 신제품아이디어를 기각하는 오류를 범하지 않도록 유의해야 한다. 가령, 일본에서 가장 큰 소비재 회사 가운데 하나인 가오(Kao)는 신제품위원회를 운영하고 있는데, 이 위원회는 다음과 같은 질문을 토대로 유용한 신제품아이디어를 선별한다. 이 제품이 진짜로 소비자와 사회에게 유용한가? 우리 회사에 도움을 주는 제품인가? 우리 회사의 목적과 전략에 잘 부합하는가? 이 제품을 성공적으로 만들 수 있는 인적, 기술적 자원을 확보하고 있는가?

아이디어 선별의 목표는 성공할 가능성이 낮은 제품아이디어를 제거하고 최선의 아이디어만을 선택하는 것이다. 이러한 목표를 달성하기 위해 많은 기업들이 신제품아이디어를 선별하기 위한 잘 설계된 시스템을 개발하려고 한다. 마케팅관리자는 신제품아이디어들을 평가·선별하는 방법의 하나로 **제품특성분석**(product profile analysis)을 이용할 수 있다. 제품특성분석에서는 먼저 신제품평가에 사용될 기준들을 결정하고 각 제품아이디어들이 이러한 기준들에 얼마나 부합되는지를 판단하기 위한 점검표(checklist)를 작성한다. 예컨대, 기업이 원하는 제품유형과 부합되는가, 기존의 유통경로를 이용할 수 있는가, 시장의 규모는 충분한지 등의 기준에 대해 각 신제품아이디어를 평가해서 가능성이 없는 아이디어를 제거한다.

어린이용 블록 제조회사 레고는 아이들이 싫증을 내지 않도록 새로운 제품을 꾸준히 시장에 내놓아야 한다. 그러나 변화무쌍한 아이들의 취향을 정확히 분석하기란 쉬운 일이 아니다. 그래서 레고는 다음과 같은 몇 가지 원칙을 정해놓고 그 기준에 맞춰 새로운 제품을 개발한다. 첫째, 제품만 봐도 레고가 만든 것인지 알아볼 수 있는가? 둘째, 어린이들이 놀면서 배울 점이 있는가? 셋째, 경쟁사보다 우수한 품질인가? 넷째, 아이들이 가지고 놀 수 있도록 부모들이 주저하지 않고 허락할 수 있는가? 다섯째, 아이들의 창의성을 자극할 수 있는가?

표 9-1 은 신제품아이디어를 평가하기 위한 점검표의 한 예이다

표 9-1 신제품아이디어 평가표

신제품 성공요인	상대적 중요도	신제품아이디어와	아이디어 평점
마케팅전략	.20	0.8	.160
마케팅경험	.20	0.9	.180
재무자원	.15	0.7	.105
유통경로	.15	0.8	.120
생산능력	.10	0.8	.080
R&D	.10	0.7	.070
(부품)구매	.10	0.5	.050
합 계	1.00	147	.765

아이디어에 대한 평가 척도: .00~0.49 빈약함, .50~.75 보통임, .76~1.00 우수함, 최소수용점수: .70

이 표에서 각 신제품아이디어와 성공요인과의 적합도는 0.0에서 1.0 사이의 척도를 이용하여 평가한다. 각 아이디어의 평점은 각 신제품 성공요인의 상대적 중요도와 적합도를 곱한 후 이들을 합산한 값이다. 표 9-1에서 특정 아이디어의 총평점은 .765이며, 이는 기업이 설정한 기준과 비교할 때 적절한 제품아이디어로 판단된다.

기업이 개발할 제품의 특성이나 기업의 특성에 따라 평가기준과 이의 상대적 중요도가 달라진다. 참고로 표 9-2는 광택제 전문생산회사인 Johnson Wax사의 신제품아이디어 평가기준을, 그리고 표 9-3은 국내 한 소비용품제조회사의 신제품아이디어 평가표의 예를 보여주고 있다.

표 9-2 Johnson Wax사의 신제품아이디어 선별기준

제품기준	마케팅기준	재무적 기준
안전도 환경에의 영향 기존 기술과의 적합도 부가가치 정도 소비자 이용면에서의 현저한 향상 패키징의 용이성 자산화 가능 정도 브랜드확장 가능성 노동집약도 제품수명주기 연장 정도	마케팅능력 활용가능성 기존 영업사원 활용가능성 광고의 비중 해외로의 확장기회 기존 유통망 이용 업계에서의 선도적 지위가능성 시장성장력	수익잠재력 이익-위험비율 운전자본 소요량 자본투입량 긍정적 현금흐름에 소요되는 시간

표 9-3 국내 한 소비용품 회사의 신제품 아이디어 평가표

	평가요소	가중치	점수(5점척도)	가중평가치
전략	• 기업이미지 일치성/기여도 • 중장기 계획과의 부합성 • 법적 제약성 • 수익성			
기술	• 기술개발 어려움 정도 • 기술개발기간/개발비 • 기술응용성/축적효과 • 원료확보 용이성			
마케팅	• 타 제품과의 충돌 여부 • 제품의 수명 정도 • 판매능력 • 광고, 판촉능력 • 경쟁상황 • 시장성 • 차별성 • 매출 기여도			

	평가요소	가중치	점수(5점척도)	가중평가치
생산	• 생산인력 • 시설비(신규투자 여부) • 생산기술 • 원자재조달			

3.3 제품콘셉트의 개발 및 테스트 (Development and Test of Product Concept)

매력적인 제품아이디어는 제품콘셉트로 구체화되어야 한다. 제품아이디어, 제품콘셉트, 제품이미지에 대해 개념적 혼동이 있으므로 이들 간의 차이를 언급할 필요가 있다. **제품아이디어**는 제품으로 개발되어 시장에 내놓을 만한 것으로 생각되는 아이디어를 말하며, **제품콘셉트**은 소비자들이 사용하는 용어에 기반하여 제품아이디어를 구체화시킨 것이다. **제품이미지**는 실제의 또는 가상의 제품에 대해 소비자들이 형성한 전반적 지각(인상)을 말하다.

이하에서는 무공해 전기자동차를 개발하려는 현대자동차의 예를 가지고 기업들이 **제품콘셉트**을 개발하고 테스트하는 과정에 대해 설명하기로 한다.

(1) 제품콘셉트의 개발

현대자동차는 자동차의 환경오염에 대한 정부규제의 강화에 따라 무공해연료전지를 이용한 전기자동차를 개발하여 상업화하려는 계획을 수립하고 있다. 무공해연료전지시스템(fuel-cell system)은 메탄올 연료에 의해 공급되는 수소에 의해 작동되며 단지 물만이 부산물로 산출된다. 이 시스템은 연료효율성이 가솔린엔진에 비해 더 높고 기존의 가솔린-전기 복합 자동차보다 환경보호차원에서 더 우위를 갖는다.

현대자동차의 과업목표는 이와 같은 새로운 형태의 승용차에 대한 제품콘셉트 대안들을 개발한 다음 고객의 관점에서 어떤 대안이 더 매력적인지를 파악하려는 것이다. 개발팀은 조사를 통해 다음과 같은 세 가지 제품콘셉트 대안으로 압축하였다.

- **제품콘셉트 1**: 집 근처에서 주로 사용하기 위한 가족용 세컨카(second car)로서 적정수준의 가격대를 가진 소형차(second family subcompact car)로 장을 보거나 친구를 방문하는 데 적합하다.
- **제품콘셉트 2**: 어느 정도의 운영비가 드는 스포츠형 소형차로서 젊은 층에 소구될 수 있다(sporty compact car).

- **제품콘셉트 3**: 실용적이면서 오염 정도가 낮은 운송수단을 선호하는 친환경적 소비자에게 소구될 수 있는 저렴한 가격대의 환경보호 소형차(green subcompact car).

(2) 제품콘셉트의 테스트

현대자동차는 목표소비자집단을 대상으로 세 가지 대안의 신제품콘셉트에 대한 테스트를 실시하였다. 각 제품콘셉트은 테스트에 참여하는 소비자들이 각 콘셉트의 특징을 쉽게 이해할 수 있도록 재구성되었다. 가령, 제품콘셉트 3은 다음과 같은 구체적 설명으로 제시되었다.

> "효율적이고, 운전하기 재미있고, 연료전지로 작동되는 전기 소형차이며 4개의 좌석을 가지고 있다. 메탄올로 작동되는 이 같은 최첨단 승용차는 환경오염을 전혀 유발하지 않으면서 실용적이고 신뢰할 만한 운송수단이다. 이 승용차는 시속 900마일을 달리며, 배터리 충전 전기승용차와 달리 재충전이 필요없으며, 가격대는 풀옵션으로 3,000만 원이다."

어떤 콘셉트테스트의 경우에는 글로 서술되거나 또는 그림으로 된 콘셉트대안을 소비자들에게 제시하는 것으로 충분할 수 있다. 그러나 콘셉트를 실물 형태로 보다 구체적으로 제시한다면, 콘셉트테스트의 신뢰성이 향상될 수 있을 것이다. 이에 따라 일부 기업들은 소비자들에게 보다 현실감 있게 느껴질 수 있는 제품콘셉트을 개발하기 위한 혁신적 방법을 강구하고 있다. 가령, 어떤 기업들은 제품콘셉트을 개발하기 위해 가상현실을 활용하고 있다. 즉 컴퓨터와 감각인식도구(가령, 장갑이나 고글(goggles)형 안경)를 사용하는 가상현실프로그램은 현실감을 느끼도록 시뮬레이션한 것이다. 부엌가구시스템을 개발하는 디자이너는 가상현실프로그램을 활용함으로써 소비자들이 자사제품으로 부엌을 재구성했을 경우에 부엌의 모습은 어떻고 부엌에서의 업무가 어떻게 수행될 수 있는지를 파악하는 데 도움을 줄 수 있다. 마찬가지로 미용사들은 새로운 헤어스타일이 소비자들에게 어떤 모습을 줄지를 그들에게 보여주기 위해 가상현실을 활용하고 있다. 가상현실(AI)의 활용이 아직 초보단계에 있지만, 활용의 빈도가 점차 늘어나고 있다.

제품콘셉트에 노출된 소비자들은 표 9-4 와 같은 질문에 응답하는 방식으로 콘셉트에 대한 자신의 반응에 대해 응답하게 된다. 기업은 소비자들의 응답을 토대로 어떤 콘셉트대안이 가장 매력적인지를 결정할 수 있다. 예를 들어, 소비자의 구매의도를 묻는 설문항목에서 응답자의 10%가 반드시 구매하겠다고 답했고 5%의 응답자가 아마 구매할 것이라고 말했다면, 기업은 이들의 응답을 토대로 전체 목표소비자들로부터 예상되는 추정판매량을 계산해 볼 수 있다. 그러나 이러한 추정치는 불확실성이 매우 높은데, 그 이유는 소비자들이 항상 자신이 진술한 구매의도에 따라 행동하는 것이 아니기 때문이다.

많은 기업들이 통상적으로 신제품을 실제로 개발하기에 앞서 소비자들을 상대로 제품콘셉트를 테스트하고 있다. 가령, 미국 Richard Saunders사의 Acu-Poll 조사시스템은 매달 35개의 제품콘셉트에 대한 테스트를 전국적으로 대표성을 가진 100명의 식료품점 쇼핑객을 대상으로 실시하고 있는데, 응답자들은 우수한 콘셉트(pure gold) 또는 매력적이지 않은 콘셉트(fool's gold) 등으로 콘셉트대안에 대한 평가를 내린다. 가령, Nabisco의 Oreo Chocolate Cones라는 콘셉트는 소비자들로부터 A+의 평가를 받았는데, 이는 콘셉트가 매력적인 것으로 생각되어 시용구매를 해보거나 구매할 것임을 의미하는 것이다.

표 9-4 연료전지로 작동되는 전기승용차의 제품콘셉트 대안들을 테스트하기 위한 질문항목들

1. 연료전지로 작동되는 전기승용차라는 개념을 이해하십니까?
2. 제품콘셉트가 제시하는 차의 성능에 대해 믿음이 가십니까?
3. 전통적인 승용차와 비교할 때 연료전지로 작동되는 전기승용차의 주요 장점은 무엇이라고 생각합니까?
4. 배터리로 작동되는 전기승용차와 비교할 때 상대적 장점은 무엇입니까?
5. 승용차의 특징이 어떻게 개선되어야 한다고 생각하십니까?
6. 어떤 용도에서 연료전지로 작동되는 전기승용차를 전통적인 승용차보다 더 선호합니까?
7. 차의 적정가격은 얼마라 생각하십니까?
8. 이러한 형태의 승용차에 대한 구매결정에 당신 이외에 누가 참여할 것으로 생각하십니까?
9. 이러한 콘셉트의 승용차를 구매하시겠습니까?(반드시 구매, 아마 구매, 아마 비구매, 반드시 비구매)

3.4 마케팅전략의 개발

현대자동차가 연료전지로 작동되는 전기승용차의 제품콘셉트들 가운데 제품콘셉트 3이 가장 바람직하다는 것을 확인하였다면, 다음 단계는 마케팅전략의 개발이다. 마케팅전략 개발은 이러한 콘셉트의 승용차를 출시하기 위한 초기 마케팅전략을 설계하는 것이다.

마케팅전략 진술서는 크게 세 부분으로 구성된다.

마케팅전략의 첫 번째 부분은 ① 표적시장 ② 계획된 제품포지셔닝 ③ 출시 후 몇 년간의 판매량, 시장점유율, 이익목표 등에 대한 진술을 포함한다. 예를 들어 다음과 같이 서술될 수 있다.

> "표적시장은 젊고, 교육수준이 높으며, 소득수준이 중간이거나 높은 개별 소비자, 커플, 또는 소규모 가족으로서, 실용적이고 친환경적 운송수단을 선호하는 소비자층이다. 이 승용차는 가솔린-전기 하이브리드 승용차에 비해 경제적이고, 운전하기에 재미있고, 오염도가 낮으며, 정규적으로 재충전을 해야 하는 배터리기반 전기승용차에 비해 더 편리한 운송수단으로 포지션될 것이다. 기업은 판매 초년도에 10,000대의 판매와 손실의 규모를 150억 원 이내로 유지한다는 목표를 세운다. 2년차에 들어서, 15,000대의 판매와 250억 원의 이익을 실현하는 것을 목표로 한다."

마케팅전략 진술서의 두 번째 부분은 제품의 예상가격, 유통구조, 출시년도의 마케팅예산 등을 포함한다.

"연료전지로 작동되는 전기승용차는 빨간색, 흰색, 푸른색의 세 가지 색상으로 판매되며 에어컨과 파워드라이브는 선택사양으로 공급될 것이다. 승용차의 판매가격은 3,000만 원으로 책정되었으며, 매달 100대 이상을 판매한 영업대리점에 대해 추가판매당 판매가격의 5%를 인센티브로 제공한다. 광고예산은 300억 원으로 책정될 것이며 전국광고와 지역광고에 대한 비중은 60:40으로 구성될 것이다. 광고는 승용차를 타는 재미와 낮은 배기가스를 강조하는 메시지를 담을 것이다. 출시 당해 연도에는 마케팅조사에 1억 원의 비용을 투입하여 승용차를 구매하는 고객의 특성과 그들의 만족수준을 파악할 것이다."

마케팅전략 진술서의 세 번째 부분은 중장기 매출 및 이익목표와 마케팅믹스전략을 다룬다.

"현대자동차는 전체 자동차시장에서 3%의 점유율 달성과 15%의 세후 투자수익률 실현을 장기적 목표로 삼는다. 이러한 장기적 목표를 달성하기 위해, 제품의 품질수준을 처음부터 높게 잡고 이를 계속 향상시키려고 한다. 시장상황이 허락하면 매년 10%씩 증가될 것이다. 출시년도 이후 마케팅조사예산은 6,000만 원으로 축소될 것이다."

현대자동차의 전기차브랜드 아이오닉 일렉트릭

실제로 2021년 현대자동차는 친환경 전용차종 브랜드 아이오닉의 전기차 모델 아이오닉 일렉트릭을 국내에 출시하면서 예비 소비자들의 평가를 받은 후 구체적인 마케팅믹스프로그그램을 수립했다. 아이오닉 일렉트릭은 한 번 충전으로 429㎞를 달릴 수 있으며, 최고 출력은 136마력, 최고 속도는 시속 185㎞이다. 가격은 5000만 원대로, 정부 및 지방자치단체 보조금을 받으면 4000만 원대에 구입할 수 있도록 책정했다. 그리고 아이오닉 일렉트릭의 예상 판매목표를 연 26,000대로 추정했다.

3.5 사업성 분석

제품콘셉트와 마케팅전략에 대한 결정이 완료되면, 마케터는 신제품의 사업매력도(충분한 매출과 이익을 실현할 수 있는지)에 대해 평가하는 단계로 넘어간다. 사업성 분석은 신제품의 예상판매량, 원가, 이익 등이 기업의 목표를 충족시키는지를 검토하는 것이다. 만약 제품콘셉트와 마케팅전략이 사업성이 있는 것으로 판단되면, 제품개발단계로 들어간다. 기업은 유사한 제품의 과거 판매기록을 살펴보거나 고객과 전문가의 의견을 묻기 위한 서베이를 실시하여 이를 토대로 예상판매량을 추정하며, 시장의 불확실성을 고려하여 최소예상판매량과 최대예상판매량을 함께 추정한다. 이러한 예상판매량을 토대로 예상비용(마케팅비용, R&D비용 생산비용, 재무비용 등)과 이익이 추정된다. 기업은 이러한 판매량 및 비용자료를 사용하여 신제품의 재무적 매력도를 분석한다.

3.6 시제품 개발(Product Development)

만약 글로 서술되거나 그림으로 표현되거나 모형의 형태로 개발된 제품콘셉트가 사업성분석을 통과하게 되면, 시제품개발의 단계로 넘어간다. 제품개발단계에서 R&D 부서는 제품콘셉트를 토대로 실물의 제품을 제작하게 된다. 시제품개발단계는 대규모의 투자비가 요구되는 시점이며, 제품아이디어가 작동가능한 제품으로 전환될 수 있는지가 결정된다. R&D부서는 제품콘셉트를 토대로 몇 개의 실물제품을 개발·테스트하게 되는데, 그들은 소비자의 관심과 만족을 얻으면서 저비용으로 신속한 생산이 가능한 시제품(prototype)을 설계하려고 한다. 만족스러운 시제품의 개발은 수일, 수주, 수개월, 때에 따라 수년의 시간이 소요된다.

P&G는 매년 4,000~5,000개의 신제품 개발·테스트에 1억 달러 이상의 비용을 지출하는데, 샴푸병을 집어드는 동작과 같은 인간공학에서부터 여성소비자들이 비누거품물에 손을 담그고 일을 할 수 있는 가능한 시간에 이르기까지 다양한 테스트를 실시한다. 특정한 날짜에 소비자들은 표적집단면접이 이루어지는 장소에 참가하여 때묻은 세탁물을 P&G 연구원들이 세탁해 보도록 하고, 아기에게 기저귀제품을 채우거나 개발 중인 크림을 얼굴에 발라보기도 한다. 삼성전자는 내구성 있는 스마트폰을 만들기 위해 실험실에서 엄격한 시제품 성능테스트를 실시한다. 경기도 수원시 삼성전자 디지털시티(수원 사업장) 내 1000여 평 규모 파일럿 센터는 300명 이상이 장비 수백 개를 사용해 낙하 내구성을 포함해 테스트 공정 30개 이상을 진행한다. 이곳에서는 수십 회에서 수백 회씩 휴대전화를 계속 바

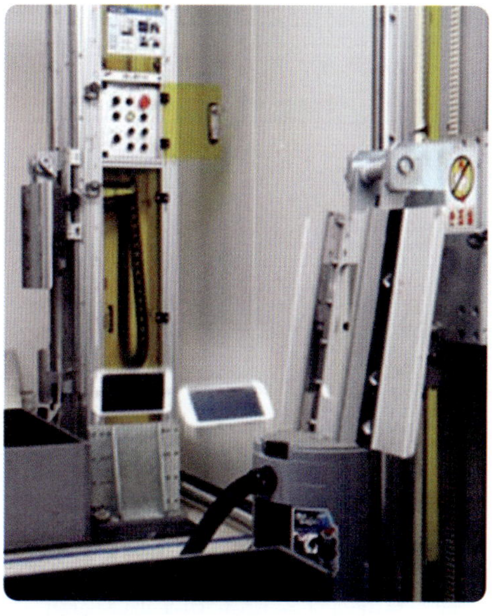

휴대전화를 일정 높이에서 바닥에 떨어뜨려 낙하 내구성을 실험하는 삼성전자의 파일럿센터

닥으로 투하하는 낙하 내구성(耐久性) 테스트를 실시한다. 그리고 온도·습도 테스트실에서는 휴대전화를 다양한 온도와 습도 조건에 드러낸 뒤 이상 없이 작동하는지를 실험한다. 휴대전화를 꺼놓은 상태에선 영하 40℃ 조건에서, 켠 상태에선 영하 20℃에서 몇 시간씩 놓아뒀다가 나중에 꺼내 정상작동되는지를 점검하는 것이다. 비가 시간당 수십mL씩 많이 오는 상황에서도 통화나 인터넷이 제대로 작동하는지를 실험하는 방도 있다. 삼성전자에서 기획하는 모든 휴대전화는 파일럿 센터 내 수십 개 실험실로 나누어 진행하는 각종 실험을 모두 통과해야만 생산할 수 있다. 만약 시제품이 내구성 테스트에서 불합격하면 즉각 설계에 재반영되고, 양산 모델에도 이상이 있을 땐 즉시 생산현장에 문제점이 피드백된다.

시제품은 필수적인 기능적 특성을 갖추어야 하며 의도된 심리적 특성이 소비자들에게 전달되어야 한다. 예를 들어, 연료전지로 작동되는 전기승용차는 소비자의 눈에 잘 만들어졌고, 편안하며, 안전하다고 비춰져야 한다. 경영자들은 소비자들이 잘 만들어졌다는 결정을 내리는 데 영향을 주는 요소들이 무엇인지를 파악해야 한다. 어떤 소비자들은 닫을 때 견고한 느낌을 주는 소리를 내는 문을 생각할 수도 있고, 충돌테스트에서 잘 견디는 것을 생각할 수도 있을 것이다. 기업은 소비자들이 시운전을 통해 승용차의 속성들을 평가하도록 하는 소비자테스트를 실시할 수 있다.

3.7 테스트마케팅(Test Marketing)

개발된 신제품을 표적시장에 출시하기 앞서 테스트마케팅에 의하여 소규모 실제시장에 신제품을 도입하고 소비자의 반응과 매출가능성을 조사할 필요가 있다. 마케터는 시험시장에서의 소비자반응 결과를 토대로 표적시장에의 출시 여부를 결정한다. 만약 제품이나 마케팅프로그램의 수정을 필요로 하면 제품개발단계로 다시 돌아간다.

신제품을 테스트할 시험시장은 다음과 같은 특성을 갖는 것이 바람직하다. ① 나이, 소득, 직업 등의 인구통계적 특성에서 표적시장을 충분히 대표할 수 있는 지역이 선정되어야 한다. ② 시험시장 내의 경쟁제품들이 전국 시장에서의 실제 경쟁상태를 충분히 반영하는 지역이 선정되어야 한다. 만약 경쟁제품들의 판매력이 취약한 지역을 시험시장으로 선정하여 제품을 도입할 경우, 매출액이 실제보다 높게 나타날 수 있다. 마케터는 전국적 매출액을 예측하기 위해서 반복구매가 이루어질 정도의 충분한 기간 동안 시험시장에 제품을 유통시켜야 한다. ③ 시험시장이 경쟁사의 영향으로부터 격리되어야만 마케터는 신제품의 유통과 매체 노출을 통제할 수 있고 경쟁사의 방해를 예방할 수 있으므로 보다 효과적인 시험결과를 얻게 될 것이다.

테스트마케팅은 많은 비용과 시간이 소요된다. 기업이 시험시장에서 너무 오랜 기간 동안 테스트마케팅을 수행할 경우, 신제품개발 정보가 경쟁사에 누출될 가능성이 높아진다. 경쟁사는 자사의 신제품이 전국 시장에 출시되기 전에 빨리 모방제품을 개발하여 먼저 전국 시장을 선점하게 될 것이다. 이와 같이 테스트마케팅은 위험을 수반하지만 철저한 테스트마케팅 없이 전국 시장에 신제품을 도입하여 입게 될 비용과 비교한다면 그렇게 많은 비용이라고는 볼 수 없다. 그러나 기업은 신제품시장에 대한 경험을 가지고 있어 성공에 대한 확신을 가지거나 제품개발 및 시장도입비용이 크지 않을 경우, 테스트마케팅을 생략하고 바로 전국 시장에 진출할 수 있다.

실제로 소비용품 기업들의 테스트마케팅 활용빈도가 최근 들어 감소하고 있다. 많은 경우 기업들은 단순한 라인확장이나 경쟁제품을 모방한 제품에 대해서는 테스트마케팅을 실시하지 않는다. 그러나 제품이나 마케팅프로그램의 성공 여부에 대한 확신이 없을 경우에는 기업은 상당 규모의 테스트마케팅을 실시할 수 있다. 예를 들어, 한국맥도날드는 커피전문점 맥카페를 국내에 들여오기 전에 대구에 위치한 맥도날드 매장에서 국내시장 성공가능성을 보기 위해 테스트마케팅을 실시했다. 커피전문점 맥카페는 국내 맥도날드 매장에서 운영 중인 맥카페와는 전혀 다른 개념이다. 맥도날드 매장 안에 설치된 맥카페는 커피, 음료와 아이스크림 등을 구매하려는 고객들의 쇼핑 편의성을 높이기 위해 별도로 작은 공간을 설치해 둔 곳인 반면 커피전문점 맥카페는 커피와 케이크 등을 판매하며 내부 인테리어 역시 맥도날드라는 느낌이 들지 않을 정도로 전형적인 커피전문점 모습을 띠고 있다. 이곳에서 사용하는 커피는 맥도날드에서 판매하는 커피와는 다른 고급원두를 로스팅한 제품이다. 한국맥도날드는 대구 테스트 매장에서 커피 외에 케이크 7종을 판매하고 바리스타가 상주하며 직접 로스팅한 커피를 고객들에게 제공하면서 고객반응을 조사했다.

테스트마케팅은 상당한 비용을 필요로 하지만, 전국 시장에서 중요한 실수를 저지름으로 인해 발생되는 비용과 비교하면 그렇게 크지 않을 수 있다. 예를 들어, 과거 미국 McDonald's는 지역체인점을 통해 통상적으로 실시했던 테스트과정을 거치지 않고 저지방 버거제품인 McLean Deluxe를 전국 시장에 곧바로 출시하는 실수를 저지름으로써 큰 비용손실을 경험하였다.

소비재기업들은 테스트마케팅을 실시하는 데 있어 전통적 시험시장법, 통제시험시장법, 모의시험시장법 중의 하나를 선택할 수 있다.

전통적 시험시장법(traditional test market)은 전체 표적시장을 대표할 수 있는 몇 개의 지역을 선정하여 그 지역 내 소매상들의 협조를 받아 신제품을 진열공간에 진열하고, 표적시장에 사용될 광고 및 판촉 캠페인과 유사한 캠페인을 실시한 후, 소비자의 반응 및 판매성과를 조사하는 방법이다. 전통적 시험시장법은 조사에 많은 시간과 비용이 소요되고, 자사제품이 표적시장에 도입되기 전에 경쟁사들에게 노출되어 이들이 방어전략을 수립할 시간을 줄 수 있다는 결점이 있다.

우리나라의 경우 시장규모가 작고 지리적으로 협소하기 때문에 미국과 같이 대규모의 시험시장(일반적으로 미국기업들이 이용하는 시험시장법은 300만 달러 정도의 비용에 6~12개월의 기간이 소요됨)이 실시되는 경우는 별로 없다. 이러한 문제점에도 불구하고 전통적 시험시장법은 여전히 테스트마케팅의 한 방법으로 널리 사용되고 있다. 그러나 최근에는 소규모의 소비자집단을 대상으로 하는 시험시장이나 보다 비용이 저렴하고 실시기간이 짧은 통제시험시장법이나 모의시험시장법으로 전환하는 기업들이 늘어나고 있다.

통제시험시장법(controlled test market)은 **미니시장시험법**(mini-market test)이라고도 하는데, 마케팅조사회사가 시험시장으로 사용되는 지역들 내에 소매점포들로 구성된 패널을 유지하면서, 이들을 이용하여 테스트마케팅을 실시한다. 테스트마케팅에 참여하는 소매점포들은 그 대가로 일정 수수료를 받는다. 즉, 신제품을 개발한 기업이 테스트마케팅을 실시할 지역과 제품을 진열할 점포수를 지정하면, 조사회사는 해당 점포들에게 신제품을 공급하고 신제품의 진열위치, 구매시점광고, 가격 등을 계획에 의해 통제한 후 매출액 추이를 조사한다. 통제시험시장법은 신제품개발회사의 영업사원이 아니라 조사회사가 유통과정을 직접 통제하기 때문에 중간상의 반응에 관한 정보가 정확하지 않을 수 있다는 한계가 있다.

모의시험시장법(simulated test markets)은 **사전시험시장법**(pre-test markets)이라고도 불리는데, 실험에 참가한 소비자들에게 신제품을 포함한 여러 제품들의 광고를 보여준 후, 실험에 참가한 대가로 받은 소정의 금액으로 실험을 위해 설치된 가상의 점포(또는 실제 점포)에서 실제로 제품을 구매하도록 하는 방법이다. 모의시험시장법의 목적은 실험실 상황하에서 제품에 대한 인지도, 시용구매, 반복구매를 측정함으로써 시험시장에서 얻은 것과 동일한 수준의 예측력과 관련정보를 획득하고자 하는 것이다. 실험에 참가한 소비자들이 구매한 신제품과 경쟁사제품의 구매량을 기록하여, 소비자의 시용구매 및 신제품광고의 효과 등을 조사한다. 또한 신제품을 구매한 또는 구매하지 않은 이유도 조사한다. 구매된 제품을 가정에서 사용하도록 한 후, 전화면접을 이용해 제품에 대한 태도, 만족도, 재구매의도 등을 조사한다. 모의시험시장방법은 저렴하고도 신속하게 소비자반응을 예측할 수 있는 장점이 있지만, 실험점포에서 조사가 이루어지기 때문에 중간상의 신제품에 대한 반응을 알기가 어려우며 자료의 신뢰성에서 한계가 있다.

3.8 상업화(Commercialization)

미국시장의 경우 시험시장에서 시험마케팅을 실시한 신제품들 중 절반 정도만이 전국 시장에 출시된다고 한다. 이러한 결과는 체계적인 신제품개발과정의 도입, 성공가능성이 높은 신제품아이디어에 대한 집중적 투자 등에서 기인한다. 아직까지 시장조사, 신제품개발과정 등이 체계적이지 못한 우리나라의 경우, 신제품 실패율에 대한 정확한 조사자료는 없지만 이보다 훨씬 높을 것이다.

전국 시장에 동시에 신제품을 도입할 경우 생산과 마케팅에 상당한 투자가 따르기 때문에, 마케터는 전국 시장에 동시에 시판할 것인가 또는 지역에 따라 단계적 도입(roll out)을 할 것인지를 신중히 고려해야 한다. 전국 동시시판 혹은 지역별 단계적 시판의 채택은 그 기업의 경쟁력과 위험수용 정도에 의해

결정된다. 위험을 최소화하기 위해 많은 기업들이 경쟁이 가장 약한 지역부터 출시하는 등의 단계적 시장도입전략을 채택하고 있다. 가령, 한국에 지사를 둔 글로벌 식품업체들이 신제품을 한국시장에 먼저 출시하고 반응을 분석한 뒤 해외로 확장하는 사례가 늘고 있다. 보통 신제품 반응은 본사에서 먼저 살펴본 뒤 수출지역을 넓혀가는 게 일반적이지만, 변화가 빠르고 트렌드에 민감한 한국시장을 주요 거점으로 삼아 테스트마켓으로 활용하고 있다. 농심 켈로그의 '스페셜K 고구마 & 바나나'는 원래 고구마를 좋아하는 한국인들을 타깃으로 한국에 단독 출시된 제품이었지만 이후 해외에서 많은 관심을 받아 대만 등에 수출됐다. 한국에 처음으로 출시된 첵스초코, 통곡물 현미 등도 한국시장에 먼저 출시되어 한국소비자들의 반응을 살핀 후 중국, 대만 등에 수출됐다.

04 신제품개발관리(Managing New-Product Development)

신제품개발은 단순히 신제품아이디어를 찾고, 신제품을 개발/출시하는 일련의 활동만을 의미하는 것은 아니다. 기업은 성공적인 신제품개발을 위해 소비자중심적이고, 팀에 기반을 둔 신제품 개발노력을 필요로 한다.

첫째, 신제품개발은 고객 중심적이어야 한다. 신제품아이디어를 찾고 신제품을 개발할 때, 기업들은 회사 내 R&D 부서의 기술적 연구에 지나치게 의존하는 경향이 있다. 그러나 성공적인 신제품개발은 고객이 필요로 하는 것과 고객이 원하는 가치를 철저하게 이해하는 것에서 출발한다.

예를 들어, 소비자 패키지용품 산업의 신제품 성공률은 15~20퍼센트 정도밖에 되지 않는데, P&G의 성공률은 50퍼센트를 넘어선다. P&G의 전 최고경영자인 A.G Lafley에 의하면, 이 같은 성공의 가장 중요한 요소는 소비자의 욕구를 이해하는 것이다. P&G는 Living It(고객과 함께 살아보기) 프로젝트를 채택해, 소비자욕구에 기반한 신제품아이디어를 생각해 내기 위해 직원들로 하여금 소비자들과 함께 며칠동안 지내도록 한다. 또한 P&G 직원들은 Working It(현장에서 일해보기)라는 프로그램을 통해 매장에서 시간을 보내기도 한다. 오늘날의 혁신적 기업들은 연구소 밖으로 나와 고객욕구를 충족시킬 참신한 방안을 찾기 위해 고객들과 접촉한다. 고객중심적 신제품개발은 고객을 이해하고 신제품개발과정에 그들을 관여시키는 것으로 시작해서 끝을 맺는다.

둘째, 좋은 신제품개발이란 기업 전체, 부서 상호 간의 노력을 필요로 한다. 대다수 기업들은 아이디어 창출로부터 출발하여 상품화로 끝맺는 신제품개발 순서에 맞추어 신제품개발과정을 조직한다. 이런 **순차적 제품개발**(sequential product development) 방식 아래에서는 회사 내의 각각의 부서가 개별적으로 일을 진행시키고, 한 부서는 신제품개발과정에서 다음 단계를 맡고 있는 다른 부서로 자신이 수행한

마케팅 Highlight

실리콘밸리에 혁신거점을 두고 자유로운 조직문화와 신속한 제품개발을 추구하는 전자회사 파나소닉

파나소닉이 실리콘밸리에 세운 혁신거점 'Panasonic β(베타)'에서 직원들이 자유롭게 의견을 나누고 있다.

2017년 파나소닉은 미국 실리콘밸리에서 새로운 실험을 시작했다. 애플 등 글로벌 IT기업들이 즐비한 미국 쿠퍼티노에 파나소닉의 혁신거점인 파나소닉 베타(Panasonic β)를 설립하고 기존 파나소닉의 틀에서 벗어나 새로운 신제품개발 전략에 도전하고 있다.

파나소닉이 일본에서 멀리 떨어진 실리콘밸리에 별도의 혁신조직을 둔 이유는 뭘까. 바바 이노베이션 본부장은 "실리콘밸리는 수십억 명의 세계인에게 막대한 영향을 끼치는 모든 기술이 집약된 곳이다. 이러한 심장부에 거점을 두고 다양한 기술 트렌드와 사고방식을 흡수하면서 제품개발에 임하는 것이 파나소닉 혁신에 꼭 필요하다"고 강조했다.

파나소닉 β는 제품개발방법부터 기존 파나소닉 방식과 다르다. 파나소닉 β는 세탁기 · TV 등 37개 사업부로 운영되고 있는 파나소닉 조직틀에서 자유롭다. 정해진 방식으로 회의를 진행하고 상부 결재를 먼저 받아야 하는 제약도 없다. 이곳에서는 소파에 앉아 수시로 직원 간에 자유로운 의견교환이 이뤄짐과 동시에 디자이너가 그 자리에서 나온 아이디어를 컴퓨터로 직접 그래픽화한다. 소수 인원이 신제품아이디어를 내고 시제품 제작, 제품화까지 한꺼번에 진행하면서 기능뿐만 아니라 소프트웨어 · 디자인 등 종합역량을 키워간다. 이런 과정에서 직원들의 자유로운 발상과 스피드를 우선시한다. 1호 프로젝트인 '홈엑스(HOME X)'는 4개월 만에 약 1300건의 아이디어가 쏟아졌고, 그중 시제품 제작에 80여 건이 넘겨져 최종 3건의 아이디어가 제품에 반영됐다.

파나소닉이 제품개발의 스피드를 강조하는 데는 과거 뼈아픈 경험이 있기 때문이다. 미국 아이로봇사가 2002년 발매해 큰 히트를 기록한 로봇청소기 룸바는 파나소닉이 먼저 시제품을 만들었다. 그러나 실제로 제품을 출시한 건 13년이 지난 2015년이었다. 그사이 룸바의 점유율은 70%에 이르렀고, 파나소닉 제품은 모방상품으로 전락하고 말았다.

조직의 구성도 자유롭다. β에 상주하는 직원은 일본 본사에서 3개월 주기로 파견되는 30~40명 정도의 기술자와 소프트웨어 개발자, 디자이너들로 구성된다. 이 멤버들이 단기간에 실리콘밸리 스타일의 제품화 사이클을 경험한 다음, 일본으로 돌아가 동료들에게 β의 개발기법을 전수하는 역할을 맡는다. 설립 6개월 만에 1000개 이상 아이디어의 씨앗이 뿌려졌다. 제품개발과 제작에 회사 윗선 눈치를 봐야 하는 시스템에서 벗어나 자유로운 토론 후 제품을 먼저 제작해 본다. 제품제작도 수백 개 단위 소량주문을 받아 제품을 만들어 판매해 보고 더 좋은 제품으로 개량해 나가는 방식을 취했다.

파나소닉은 2018년 10월 파나소닉 β의 1호 제품인 주거공간용 서비스 '홈엑스'를 일본에서 출시했다. 주택용 조명 스위치 분야에서 파나소닉의 일본시장 점유율은 80% 이상을 차지하는데, '홈엑스'는 이를 활용해 조명과 인터폰, 냉난방, 온수 등을 자동 조절하는 통합 플랫폼이다. 파나소닉은 이어 11월에는 '홈엑스 디스플레이'를 장착한 도시형 IoT(사물인터넷) 주택 '카사트 어번(Casart Urban)' 판매도 시작했다. 무선 인터넷과 센서를 탑재해 벽에 설치한 터치스크린형 디스플레이 하나만 있으면 각 가전제품의 리모컨 없이도 가전기구와 조명의 조절, 문단속 등을 할 수 있는 편리한 주택 플랫폼이다. 예컨대 아침 기상시간에 기상하기 좋도록 방의 조명을 최적 파장으로 조절하거나, 요리를 할 때 레시피를 화면에서 선택하면 조리기계가 자동으로 제어되는 구조다.

자료원:조선 위클리비즈, 2019.02.15.

개발업무를 넘기면 자신의 일이 완성된다. 그러나 이러한 신제품개발과정은 진행속도가 매우 느릴 수 있다. 단계적 제품개발방법은 빨리 변화하고 경쟁이 치열한 오늘날의 시장환경에서는 신제품 실패, 시장선도적 포지션의 추락 등을 초래할 수 있다.

신제품을 시장에 좀 더 빨리 내놓기 위해, 최근 들어 일부 기업들은 **팀 기반의 신제품 개발방식**(team-based new-product development)을 도입하고 있다. 이 접근법에서는 회사 내 여러 부서들이 복합기능팀(cross-functional teams)의 구성원이 되어 서로 긴밀히 협조하며 때때로 시간을 절약하고 효율성을 높이기 위해 제품개발과정에서 두 가지 이상의 단계들이 동시에 진행되기도 한다. 신제품을 이 부서에서 저 부서로 넘기는 것이 아니라, 다양한 부서의 사람들이 팀을 구성하여 신제품개발의 처음부터 끝까지 공동으로 작업한다. 가령, IBM은 2012년 이후 제품개발 프로세스를 전면 개편하고 있다. 시장을 거쳐 제품콘셉트를 잡고 이를 토대로 신제품을 개발/출시하는 신제품개발방식으로는 시장의 빠른 변화를 따라 잡을 수 있다고 판단한 것이다. 이에 따라 시장조사과정을 없애는 대신 디자이너를 대폭 보강해 이들이 현장에서 직접 제품콘셉트를 정하고 신제품개발자들과 협업하도록 하고 있다.

갈수록 제품수명주기가 짧아지는 등 산업이 급박하게 변화하는 현실에서, 고객 중심의 접근법과 팀 중심의 신제품개발을 모두 갖춘 기업은 올바른 신제품을 시장에 보다 신속하게 내놓음으로써 경쟁적 우위를 점할 수 있다.

05 신제품수용과 확산

소비자는 신제품에 노출되었을 때 바로 구매에 들어가는 것은 아니다. 소비자는 최초로 신제품 또는 혁신에 노출되는 순간부터 최종구매에 도달할 때까지 여러 단계의 심리적 과정을 거치게 된다. 이러한 심리적 과정을 수용과정(adoption process)이라고 한다. 한편 신제품이 표적시장 소비자들에게 확산되는 과정을 신제품확산이라고 한다. 본 절에서는 신제품의 수용과 확산에 관련된 내용을 설명한다.

5.1 수용과정모델

전통적인 수용과정모델에 의하면 소비자는 최종적으로 신제품을 수용하기까지 인지, 관심, 평가, 시용, 수용의 다섯 단계를 거친다.

- **인지(Awareness)**: 소비자는 광고 또는 구전에 의하여 신제품에 대한 정보를 처음으로 접하게 된다. 이 단계에서는 추가적인 제품정보를 탐색할 만큼 그 제품에 대한 충분한 관심을 보이지 않는다.
- **관심(Interest)**: 소비자는 신제품 광고나 구전에 반복 노출됨에 따라, 제품에 대한 관심을 보이게 된다. 이에 따라 신제품이 어떠한 혜택을 제공하는지에 대한 추가적인 정보를 탐색한다.
- **평가(Evaluation)**: 소비자는 신제품을 구매할 가치가 있는지, 그리고 신제품이 자신의 욕구를 어느 정도 충족시켜 줄 것인지를 판단하게 되며, 이러한 판단에 의해 신제품에 대한 태도를 형성하고 시용구매의 여부를 결정한다. 만약 시용할 가치가 없다고 판단되면 제품구매를 포기할 것이다.
- **시용구매(Trial)**: 신제품 구매 시, 소비자는 구매에 수반되는 위험을 인식하기 때문에 신제품의 성능에 대한 확신이 설 때까지 시용구매를 하게 된다.
- **수용(Adoption)**: 시용구매된 신제품을 사용하여 얻은 경험을 토대로 그 제품을 다시 평가하게 된다. 만약 신제품에 대해 긍정적인 평가(만족)를 하게 되면 그 제품을 수용하게 될 것이며(정규적으로 구매를 한다), 신제품에 부정적인 평가(불만족)를 하게 되면 앞으로 제품을 수용하지 않기로 결정하게 될 것이다.

5.2 신제품수용자의 유형

소비자들이 신제품을 수용하더라도 모두 같은 시점에서 신제품을 수용하지는 않는다. 예를 들어, 스마트폰이 처음 출시되었을 때 어떤 소비자는 남보다 먼저 수용하지만 다른 소비자는 그보다 훨씬 나중에 수용한다. 만약 특정시점에서 신제품을 수용할 가능성이 가장 높은 소비자를 알 수 있다면, 마케터는 그들을 표적시장으로 하여 집중적인 마케팅노력을 투입할 수 있을 것이다.

그림 9-3 에서는 소비자가 신제품을 수용하는 시점에 따라 이들을 5개의 수용자 범주(adopter categories)로 나누고 각 범주에 해당하는 수용자의 수를 정규분포의 비율에 따라 할당하고 있다. 즉, 신제품 도입 초기에는 소수의 소비자만이 구매하며, 점차 수용자의 수가 증가함에 따라 전체 수용자의 수는 증가하지만 어느 시점을 지나면 수용자의 증가율이 감소하기 시작한다. 신제품 도입 초기에 제품을 수용하는 소비자를 **혁신소비자**(innovators)라고 하며, 이러한 혁신소비자는 전체 수용자의 약 2.5%를 점유한다. 혁신소비자 다음으로 구매하는 소비자집단을 **조기수용자**(early adopters)라고 하며, 전체 수용자의 약 13.5%를 차지한다. 조기수용자 다음으로 수용하는 대부분의 일반 소비자집단을 **조기다수자**(early majority)와 **후기다수자**(late majority)라고 부르며, 각각 전체 수용자의 약 34%씩을 각각 점유한다. 가장 나중에 수용하는 소비자집단을 **최후수용자**(laggards)라고 하는데, 이들은 전체 수용자의 약 16%를 차지한다.

각각의 수용자 범주는 특성에서 다음과 같은 차이가 있다. 혁신소비자들은 모험적이기(venturesome) 때문에 신제품수용에 수반되는 위험을 기꺼이 감수하려는 성향이 있다. 조기수용자는 소속집단의 존경을 받는 자들로서, 그들은 사회에서 의견선도자의 역할을 한다. 휴대폰 전화기를 처음으로 구매한 사람들은 대체로 이 제품에 대한 혁신소비자나 조기수용자에 해당한다. 한편 조기다수자는 신중한(deliberate) 반면, 후기다수자는 신제품 수용에 의심이 많은(skeptical) 자들로서 많은 사람들이 신제품을 수용한 후에야 구입하는 경향이 있다. 최후수용자는 전통에 얽매인 소비자들로서 변화를 거부하며 전

그림 9-3 수용시점에 따른 수용자의 분류

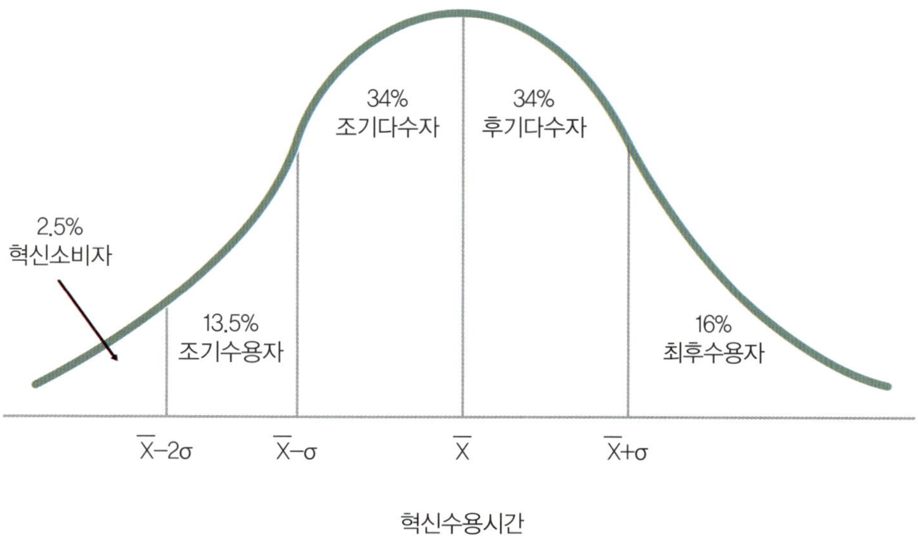

통에 집착한다. 따라서 신제품이 대다수의 소비자에 의해 수용되어야만 그 제품을 구매하게 된다. 예를 들어, 스마트폰 수용을 거부하는 소비자들이 이에 해당한다. 과거 KT는 3G 통신서비스가 전면적으로 실시되었음에도 불구하고 구형 2G 핸드폰(피쳐 폰)을 계속 사용하는 고객들의 3G 서비스로의 전환을 유도하기 위해 최신 3G 스마트폰 무료제공, 기존 2G 번호를 기존 요금제 수준으로 사용가능, 가입비 및 유심카드 무료 등의 다양한 혜택을 제공했다.

5.3 S자형의 확산곡선(Diffusion Curve)

정규분포에 따라 신제품수용자의 유형을 나눈다는 것은 시간의 경과에 따라 신제품의 잠재소비자들에게 확산되는 과정이 그림 9-4와 같이 S자형을 가짐을 시사한다. 즉, 신제품이 출시된 후 처음에는 소수의 혁신소비자들에 의하여 느린 속도로 수용되다가 점차 조기수용자가 제품을 구매함에 따라 급속한 시장확산이 이루어진다. 조기다수자와 후기다수자의 신제품 수용이 계속 이루어짐에 따라 수용자의 수는 계속 증가하지만 증가율은 점차로 감소한다. 만약 신제품 확산곡선(diffusion curve)의 정확한 형태를 추정할 수 있다면, 시간의 경과에 따른 매출액 예측과 마케팅계획 수립에 활용될 수 있을 것이다.

그림 9-4 S자형의 확산곡선

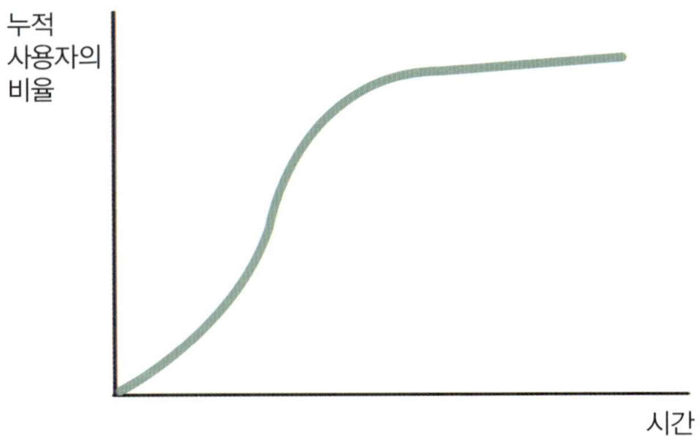

06 제품수명주기와 단계별 마케팅전략

제품시장은 끊임없이 변하고 있다. 시장변화에 적절히 대응하여 오랜 기간 동안 시장에 남아 있는 제품이 있는 반면, 시장변화에 신속히 대응하지 못하거나 시장변화의 방향을 잘못 판단하여 단시일 내에 시장에서 사라지는 제품도 있다. 예를 들어, 진로소주, 다시다, 코카콜라, 새우깡 등은 국내시장에 소개된 지 몇 십년이 지난 오늘까지 장수하지만, 맥콜처럼 시장 도입 후 몇 년간 급속한 성장을 하다가 바로 쇠퇴기에 들어서는 제품도 있다.

마케터는 신제품을 출시한 후 소비자들에게 빠른 시간 내에 수용된 후 오랜 기간 동안 소비자에 의해 선택되기를 원한다. 그러나 소비자요인, 기술적 요인, 혹은 경쟁요인 등으로 인해 마케터가 기대한 만큼 장기간 제품수명을 유지하는 상표는 그렇게 많지 않다.

신제품이 시장에 나온 후의 진화과정을 설명하는 데 유용한 분석틀이 바로 **제품수명주기**(PLC: Product Life Cycle) 개념이다. 제품수명주기 이론에 의하면 생물의 성장과정과 마찬가지로 제품도 시장에 처음으로 진입하여 판매량이 급성장하다가 성숙기를 거쳐 시장에서 사라지게 된다는 것이다. 제품수명주기이론은 도입기에서 쇠퇴기까지의 자연스러운 제품진화과정을 보여주며 각 단계에서의 마케팅전략적 시사점을 제공한다는 점에서 유용하다. 물론 많은 제품들이 반드시 이러한 형태로 진화되는 것은 아니다. 신제품은 도입 직후 바로 성장단계로 갈 수 있으며, 쇠퇴기 후 재도약기를 맞이할 수도 있는 것이다.

본 절에서는 제품수명주기의 형태와 수명주기 분석에 적절한 제품수준에 대하여 살펴본 후 제품수명주기의 단계별 특징과 마케팅전략에 대하여 설명한다. 마지막으로 제품수명주기의 전략적 시사점을 다루기로 한다.

6.1 제품수명주기의 형태

제품수명주기는 다양한 형태를 가질 수 있지만 전형적인 제품수명주기는 S자형을 가진다. S자형의 제품수명주기에 의하면 제품은 판매량 변화에 따라 도입기, 성장기, 성숙기, 쇠퇴기의 4단계를 거치며 제품단위당 평균이익은 제품수명주기 단계가 진행됨에 따라 증가하다가 점차 감소하게 된다. 전형적인 제품수명주기의 형태는 그림 9-5와 같다.

그러나 모든 제품들의 수명주기 형태가 S자형인 것은 아니다. 어떤 제품은 시장에 도입된 후 바로 사라지지만, 매우 오랫동안 성숙기에 머물러 있는 제품도 있다. 또 다른 제품은 새로운 용도 혹은 사용자를 개발하거나 기존고객의 소비량을 증대시킴으로써 제품수명이 계속 연장되기도 한다. 제품수명주기는 이와 같이 다양한 형태를 가질 수 있지만, S자형 외에 흔히 볼 수 있는 제품수명주기의 형태는 주기-재주기형과 연속성장형의 제품수명주기곡선이다(그림 9-6 참조).

그림 9-5 전형적인 제품수명주기 형태

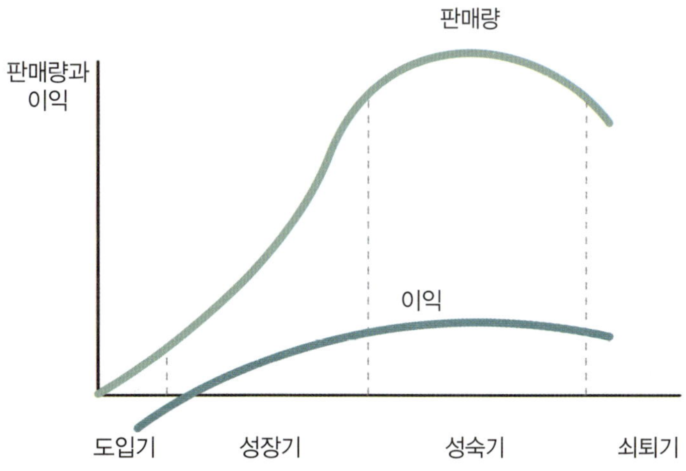

그림 9-6 특수한 제품수명주기 형태

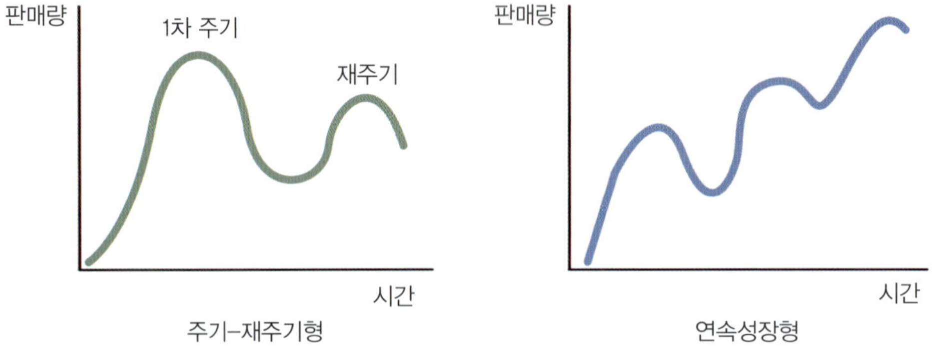

주기-재주기형(cycle-recycle pattern)의 제품수명주기는 제품이 쇠퇴기에 접어들었다가 촉진활동의 강화나 재포지셔닝에 의해 다시 한 번 성장기를 맞는 경우를 말한다. 많은 일상 생활용품들이 이러한 형태의 수명주기곡선을 가진다. **연속성장형**(scalloped pattern)의 수명주기곡선은 새로운 제품특성이나 용도, 사용자 등을 계속 발견함으로써 수명주기가 연속적으로 이어지는 것이다. 예를 들어, Johnson & Johnson사의 베이비샴푸는 유아용 샴푸에서 부드러운 머리를 원하는 성인용 샴푸로 사용자층을 확대함으로써 매출액이 증대하였으며, Du Pont사의 나일론 제품의 경우 낙하산, 양말, 셔츠, 카펫 등의 새로운 용도를 계속 개발함으로써 연속적인 매출액 성장을 이룩하였다. 물먹는 하마도 습기 제거가 필요한 용도(옷장, 신발장 등)를 계속 개발함으로써 연속적인 성장을 이루는 데 성공했다.

6.2 제품수명주기의 분석수준

제품수명주기는 여러 제품수준에서 분석될 수 있으므로, 마케터는 마케팅전략 수립 시 적절한 제품수준의 선택을 고려해야 할 것이다. 제품수명주기는 제품군, 제품형태 및 브랜드 수준에서 분석될 수 있다.

첫째, 제품군(product class)에서의 제품수명주기(예를 들어, 맥주, 전화기, 세탁기의 수명주기)는 매우 오랜 기간 지속된다. 여러 제품군들의 판매량이 성숙기에서 오랫동안 지속되는 경우가 많은데 이는 계속적인 신제품개발, 인구증가 등이 그 요인이다. 둘째, 제품형태(product type)에서의 제품수명주기(예를 들어, 비열처리맥주, 무선전화기, 자동세탁기의 수명주기)는 일반적으로 전형적인 S자형 제품수명주기를 가진다. 뒤에서 설명될 제품수명주기 단계별 특징과 전략은 제품형태수준에서의 제품수명주기를 전제로 하여 설명된다. 셋째, 브랜드(brand)수준에서의 제품수명주기(예를 들어, OB라거, 롯데 자일리톨, LG그램 노트북)는 제품군이나 제품형태에 적용된 제품수명주기보다 짧다. 특정 브랜드의 수명주기는 자사와 경쟁제품의 마케팅 전략에 의해 즉각적인 영향을 받아 매우 불규칙한 수명주기곡선을 가진다. 한국에서 7-Up 같은 브랜드는 매우 짧은 수명주기를 거치는가 하면 진로소주, 새우깡 같은 브랜드는 수십 년 동안 계속해서 성숙기를 지속하고 있다.

6.3 제품수명주기 단계별 특징과 마케팅전략

(1) 도입기(Introduction Stage)

① 도입기의 특징

신제품이 시장에 출시된 후 소비자들과 중간상들의 반응을 유도하기까지 상당한 시간이 소요되므로 도입기는 일반적으로 판매량이 매우 적다. 판매량은 낮은 반면, 중간상들을 설득하고 소비자에게 제품의 특징을 교육시키기 위해 유통비와 촉진비가 많이 소요되므로 이익은 없거나 적자가 발생한다. 경쟁사는 없거나 소수의 경쟁자만이 있다. 일반적으로 도입기의 제품가격은 높은데 그 이유는 적은 생산량으로 인해 규모의 경제를 실현하지 못하고, 높은 제품개발비용, 초기시설투자비용, 촉진비용 등을 조기에 회수하고자 하기 때문이다. 이러한 예로 4칙연산 기능만을 갖춘 휴대용계산기가 도입 시 600달러를 넘었으며, 간단한 마이크로웨이브오븐이 도입기에 1,000달러 이상의 고가에 판매되었다.

신제품이 얼마나 빠른 시간 내에 잠재소비자들에게 확산되어 시장에서 성공을 거두느냐 하는 것은 신제품 자체의 특성에 달려 있다. 신제품의 특성은 신제품 확산율과 확산속도에 영향을 미치게 되는데 제품의 특성에 따라 어떤 제품은 아주 짧은 시간 내에 수용되는 반면, 어떤 제품은 시장에서 수용되는 데 상당한 시간이 걸린다. 신제품의 성공에 영향을 미치는 중요한 제품특성으로 다음의 5가지를 들 수 있다.

- **상대적 이점(Relative Advantage)**: 신제품이 기존의 제품보다 소비자에게 얼마나 더 큰 이점을 제공하는가이다. 일반적으로 신제품의 상대적 이점이 클수록 더욱더 빨리 수용될 것이다. 치과의사협회의 추천을 받은 최초의 불소치약인 Crest치약이나 운동 후 빠른 시간에 수분흡수를 가능하게 하는 게토레이 등이 그 예이다.
- **단순성(Simplicity)**: 신제품을 이해하고 사용하는 데 있어 상대적으로 용이한 정도로서, 사용하기 용이한 신제품일수록 빠른 시간 내에 확산된다. 예를 들어, 개인용 컴퓨터는 복잡하기 때문에 소비자 시장에 침투하는 데 비교적 시간이 걸렸다.
- **커뮤니케이션 가능성(Communicability)**: 신제품의 특성이 잠재소비자에게 용이하게 전달될 수 있는 정도이다. 예를 들어, 자동차, 전화, TV 등과 같은 신제품은 복잡하지만 제품의 특성과 편익(benefits)을 쉽게 전달할 수 있기 때문에 소비자들에게 빠르게 수용되었다. 그러나 에너지 절약 내구용품 등과 같이 제품의 편익을 단시일 내에 쉽게 파악할 수 없는 제품은 시장에서의 확산에 오랜 시간이 걸린다.
- **부합성(Compatibility)**: 신제품이 잠재소비자의 기존신념과 관습에 부합되는 정도이다. 예를 들어,

회교국가에서는 서구에서 개발된 많은 신제품이 문화적 가치체계나 관습 등과 양립되지 않기 때문에 확신에 꽤 오랜 시간이 걸린다. 게토레이, 팸퍼스 일회용 기저귀 등은 기존소비자의 사용패턴과 부합되기 때문에 쉽게 수용된다.

- **시용가능성(Trialability)**: 소비자가 수용하기 전에 적은 양으로 사용할 수 있는 정도이다. 예를 들어, 죽염 치약, 팸퍼스 일회용 기저귀 등은 소비자들이 쉽게 사용해 볼 수 있기 때문에 확산이 빨리 이루어지는 반면, 내구재 등은 구매 전에 완전히 사용해 보기가 쉽지 않으므로 확산에 상당한 시간이 걸리게 된다.

② 도입기의 마케팅전략

도입기의 마케팅목표와 마케팅전략은 높은 제품인지도와 시용구매 창출을 통한 브랜드구축(brand establishment)에 맞추어야 한다. 제품 도입기에는 유통경로를 확보하여 소비자들이 자사제품을 쉽게 구매할 수 있도록 하고, 소비자의 시용구매를 유도하여야 한다.

도입기의 제품전략은 고급제품에 대한 수요가 형성되어 있지 않으므로 기본적인 형태의 제품(basic version)을 생산하고, 품질이나 원가 면에서 기존제품보다 경쟁우위를 갖도록 하는 데 초점을 맞추어야 한다. 도입기 촉진전략은 광고전략과 판매촉진전략으로 나누어진다. 광고전략의 목표는 혁신소비자들(innovators)에게 자사제품의 편익을 알림으로써 제품 및 브랜드인지도를 구축하는 것이다. 도입기의 판매촉진전략에서는 중간상 판촉(수량할인, 소매광고에 대한 지원금 등)을 제공하여 자사제품의 진열을 유도하고, 소비자 판촉(무료샘플, 쿠폰제공 등)을 실시하여 혁신소비자층의 시용구매를 촉진한다. 도입기의 유통전략에서는 자사제품을 대량으로 취급할 수 있는 소수의 중간상들을 선별하여 이들에게 적극적인 지원을 함으로써 유통망을 구축하여 나간다.

서울우유는 신제품 「지방을 줄여서 더 담백한 슬라이스」치즈와 「GoodNight」우유를 도입하면서 자사제품이 제공하는 편익을 알림으로써 브랜드인지도를 구축하려고 한다.

도입기의 가격전략은 경쟁자의 수가 적고 제품단위당

표 9-5 제품수명주기 단계별 특징과 전략적 시사점

〈특 징〉

특징 \ 단계	도입기	성장기	성숙기	쇠퇴기
판매량	적음	고성장	저성장	쇠퇴
원가	높음	도입기보다 낮음	낮음	낮음
이익	–	점점 높아짐	높음(감소 시작)	더 낮아짐
고객	혁신층	조기수용자	중기다수자	보수층
경쟁자	소수	증가	다수(감소 시작)	감소

〈전 략〉

특징 \ 단계	도입기	성장기	성숙기	쇠퇴기
마케팅 목표	제품인지와 시용구매의 창출	시장점유율 확대	기존 점유율 유지	마케팅 지출 축소
제품	기본형태의 제품제공	품질개선 및 서비스 향상, 품질보증의 도입	브랜드, 모델의 다양화	경쟁력 없는 제품 단계적 철수
가격	고가격(혹은 저가격)	시장침투가격(저가격)	경쟁사 대응의 방어적 가격	저가격
유통경로	선택적 유통	집중적 유통	집중적 유통	선택적 유통
광고	조기구매자와 중간상의 제품인지도 구축	일반소비자층의 인지도와 관심의 제고	브랜드 간의 차이와 제품편익 강조	핵심고객의 유지만을 위한 최소한의 광고
판매촉진	시용구매를 유도하기 위한 강력한 판매촉진 시행	수요의 급성장에 따라 판매촉진의 비중이 감소	자사브랜드로의 브랜드 전환을 유도하기 위한 판매촉진의 증대	최저수준으로 감소

생산 및 마케팅비용이 높기 때문에 고소득층을 상대로 초기 고가격 정책(skimming pricing)을 사용하는 것이 일반적이며, 가격결정방법에는 생산원가에 높은 이익을 더하여 제품가격을 정하는 원가가산법(cost-plus)이 효과적이다. 그러나 경쟁사의 시장진입 가능성이 높고 경험곡선효과를 크게 기대할 수 있을 때는 저가격전략(penetration pricing)을 채택하여 초기에 시장점유율을 높여야 할 것이다.

(2) 성장기(Growth Stage)

① 성장기의 특징

신제품이 소비자의 욕구를 충족시켜 다수 소비자에게 급속히 수용되면 성장단계로 들어서게 된다. 제품원가는 생산량의 급격한 증가에 따라 도입기보다 급격하게 하락하게 된다. 성장기에서의 지속적인 판매량 성장은 단위당 유통비와 촉진비를 하락시켜 이익이 점점 늘어나게 되며 대체로 성장 후기(혹은 성숙 초기)에 최대의 이익이 실현된다. 판매량 성장과 이익의 확대에 따라 새로운 경쟁자들이 새로운 특

징을 추가한 모방제품을 가지고 시장에 진입하게 되며, 이에 따라 시장은 더욱 성장한다. 동원참치가 참치시장의 주도적 브랜드로 오랜 기간 시장을 지배하였으나, 사조산업이 참치시장에 진출하여 두 기업이 경쟁적으로 막대한 촉진비를 투입함에 따라 일반소비자들의 참치통조림에 대한 인지도가 늘어났다. 이에 따라 참치통조림시장은 급속한 시장성장기에 들어설 수 있었다.

성장기에 제품을 구매하는 소비자층을 조기수용자(early adopters)라고 하는데 이들에 의한 긍정적 구전(word-of-mouth effect)은 시장확대의 성공요인이 된다. 즉, 신제품을 구매한 조기수용자가 내린 좋은 평가가 온라인이나 오프라인을 통해 확산되면, 이는 다른 소비자들의 구매를 촉진시키는 것이다.

② 성장기의 마케팅전략

성장기제품의 마케팅목표는 브랜드강화(brand reinforcement)를 통해 시장점유율을 급속히 확대시키는 것(market penetration strategy)이다. 즉, 브랜드의 포지션을 더욱 강화시켜, 기존소비자의 반복구매를 유도하고 새로운 소비자의 구매를 유도한다. 성장기에 시장점유율 확대전략을 채택하는 중요 이유는 성장기에는 시장점유율의 획득이 비교적 쉽기 때문이다. 왜냐하면 첫째, 최초 구매자들은 브랜드충성도가 아직 형성되어 있지 않으므로 이들을 유인하기가 성숙단계보다 쉬우며 둘째, 경쟁사들은 그들의 매출액이 만족할 만한 정도로 성장하는 한, 타기업에 의한 시장점유율 잠식에 대해 공격적인 대응을 하지 않기 때문이다. 시장점유율 확대전략의 논리적 근거는 성장기에 확보된 시장점유율은 시간이 지나 성숙기에도 계속 유지되어 수익으로 실현된다는 가정에 토대를 두고 있다. 즉, 한 번 획득한 고객은 상대적으로 유지하기가 쉽고 이를 기반으로 새로운 고객을 보다 많이 확보할 수 있다는 것이다.

그러나 이러한 가정은 몇 가지 문제점을 가지고 있음에 유의할 필요가 있다.

첫째, 일시적으로 시장점유율이 증가한다 하더라도, 이러한 점유율 향상이 지속적 경쟁우위(sustainable competitive advantage)에서 나온 것이 아니면 계속적으로 높은 시장점유율을 유지하기 어렵다. 즉, 점유율의 증대가 품질력 혹은 새로운 유통경로의 창출이 아닌 중간상에 대한 촉진, 단기적인 가격정책 등의 결과에 의해 얻어진 것이라면 이를 계속 유지하기가 어려울 것이다. 과거 미샤는 가격파괴전략을 기반으로 저가 화장품시장에 성공적으로 진입했으나 제품특성의 차별화보다는 단순히 가격이 저렴하다는 것에 너무 의존함으로써 후발진입자인 더페이스샵, 스킨푸드 등과의 경쟁에서 밀리게 되었다. 둘째, 시장이 성장함에 따라 핵심성공요인도 변할 수 있다. 예를 들어, 소비재에서는 촉진과 유통경로 확보가 도입기와 성장기의 핵심성공요인이지만, 성숙기에는 서비스지원과 제조기술이 핵심성공요인으로 작용한다. 셋째, 경쟁사의 대응이 예상보다 강력할 수 있다. 잘 알려져 있지 않던 기업들이 예상치 않게 시장에 진입할 수 있으며, 시장진입장벽이 낮을 경우 많은 경쟁기업들이 새로이 시장에 진입할 수 있다. 넷째, 제품시장 규모가 커짐에 따라 전체 시장이 제품, 유통경로, 서비스면에서 전문화된 소규모 세분시장으로 나누어지게 된다. 결국 기업은 점점 작은 규모의 세분시장에서 경쟁하게 되는 것이다.

시장점유율 확대전략을 실행하기 위한 구체적인 마케팅믹스프로그램을 살펴보기로 한다. 제품전략의 일환으로 마케팅관리자는 품질을 향상시키고 새로운 특성과 서비스를 추가한다. 성장기의 가격전략은 초과수요가 존재하기 때문에 고가격정책을 계속 유지할 수 있지만, 경쟁사보다 시장점유율을 먼저 확보하기 위해서는 저가격전략을 채택하는 것이 바람직하기도 하다. 왜냐하면 고가격에 의한 높은 이윤의 획득은 경쟁업자들의 시장진입을 촉진하게 되어 오히려 이윤을 떨어뜨리는 결과를 초래하며, 저가격정책을 택한 경쟁업자들이 조기에 경험곡선의 이점을 누리게 되어 지속적인 경쟁우위를 확보하게 되기 때문이다.

저가격전략을 채택할 경우의 이점은 다음과 같다. 첫째, 저가격전략의 채택은 매출액을 증가시켜 조기에 경험곡선의 이점을 실현할 수 있기 때문에 높은 시장점유율을 확보할 수 있다. 둘째, 잠재적 경쟁업자들의 시장진입 의도를 사전에 봉쇄할 수 있다. 즉, 저가격전략은 경쟁업자들이 얻을 수 있는 이윤의 폭을 떨어뜨리게 되므로 경쟁업자들에게 시장진입장벽을 형성하게 된다.

유통전략에서는 자사제품을 취급하는 점포의 수를 대폭 확대하는 집중적 유통(intensive distribution) 전략을 추구한다. 즉, 기존의 유통업자와의 관계를 견고히 하면서 매출실적이 취약한 지역에 자사제품을 취급하는 점포를 추가하여 점포의 수를 대폭 확대한다.

도입기의 촉진전략은 소비자의 브랜드인지도를 구축하고 시용구매를 유도하는 것이 주목적이지만, 성장기의 촉진전략 중 광고전략의 주목표는 제품성능에 대한 구체적 정보를 제공하고, 일반소비자의 자사제품에 대한 인지 및 관심을 증대시키는 것이다. 판매촉진전략에서는 일반수비자층의 시용구매를 확대하기 위해 판매촉진비가 계속 지출되지만, 매출액에서 판매촉진비기 차지하는 비율은 다른 수명주기단계와 비교할 때 상당히 낮다. 동원참치가 참치시장의 주도적 상표로 오랜 기간 동안 시장을 지배하였으나, 사조산업이 참치시장에 진출하여 두 기업이 경쟁적으로 막대한 촉진비를 투입함에 따라 일반소비자들의 참치통조림에 대한 인지도가 늘어났다. 이에 따라 참치통조림시장은 급속한 시장성장기에 들어설 수 있었다.

(3) 성숙기(Maturity Stage)

① 성숙기의 특징

높은 판매량 성장을 계속하던 제품이 어느 시점에서 판매량 성장률이 둔화되기 시작하는데, 이때가 제품의 성숙기이다. 마케터는 제품이 제품수명주기상 성숙기에 진입하였는지를 판단하기 위해 산업전체 판매량과 수익률의 변화추세를 파악할 필요가 있다. 예를 들어, 소주시장이 과거 20년 동안 매년 15% 이상의 성장을 한 후, 최근 몇 년 동안 연속적으로 연 4%의 완만한 성장률을 보였다면 이는 제품이 성숙기에 들어선 것으로 해석할 수 있다. 물론 판매량 성장률의 감소가 불황과 같은 일시적인 외부요인에 의한 것인지 또는 계절적 요인에 의한 것인지를 분석할 필요가 있다.

성숙기는 도입기나 성장기보다 상당히 오랜 기간 동안 지속되는 것이 보통이며, 많은 제품들이 성숙기에 위치하고 있는 경우가 많다. 제품의 표준화와 대량생산으로 인해 제품원가가 다른 수명주기단계보다 가장 낮다. 제품가격의 인하와 함께 판매촉진비와 광고비도 늘어나게 됨에 따라 이익은 성장기보다 하락하게 된다. 최초구매자 수의 감소에 따라 판매량 성장률이 둔화됨에 따라 기업 간에 격심한 경쟁이 발생된다. 따라서 경쟁력이 약한 기업들은 시장에서 도태되며 경쟁력이 강한 기업들만이 살아 남게 되어, 경쟁자 수가 감소하기 시작한다.

② 성숙기의 마케팅전략

성숙기의 마케팅목표는 기존의 시장점유율을 방어하면서 적정이윤을 계속 유지하는 것이다. 기존의 시장점유율을 유지하기 위해서 마케터는 적극적인 브랜드재활성화(brand revitalization)전략이 필요하다. 브랜드재활성화를 위한 방법으로 ⓐ 시장확대(market expansion)전략, ⓑ 제품수정(product modification)전략, ⓒ 브랜드 재포지셔닝(repositioning)전략 등이 있다.

시장확대전략은 신규사용자 혹은 새로운 제품용도를 개발하거나 기존고객의 제품사용빈도(또는 사용량)를 늘림으로써 매출액을 늘리는 것이다. Johnson & Johnson사는 성숙기에 들어선 베이비샴푸를 자주 머리를 감으면서 부드러운 머릿결을 원하는 성인층이 사용할 수 있는 샴푸로 전환시켜 신규사용자를 늘렸다. 오랫동안 빵을 만드는 데 들어가는 소다로 사용된 Arm & Hammer는 냉장고의 악취 제거, 싱크대의 냄새 제거, 수영장의 냄새 제거, 치약재료 등 다양한 용도를 새로이 개발함으로써 엄청난 매출액 증대를 실현하였다. 한편 많은 기업들이 고객의 제품사용빈도나 사용량을 늘림으로써 매출액을 증가시키기도 한다. 샴푸제조업자들은 소비자들에게 자주 머리를 감도록 유인하며, 조미료, 양념제품 제조업자들은 다양한 요리법을 개발하여 사용빈도를 높이도록 한다. 치약이나 구강청결제품 제조업자는 하루에 여러 번 입안을 깨끗이 하도록 하는 광고전략을 수행한다. 한편 맥주회사는 라이트맥주가 도수와 칼로리가 낮기 때문에 다른 맥주와는 달리 취하지 않는다는 점을 강조하여 더 많은 맥주를 마시도록 유도한다. 사용량을 증가시키기 위해 기업들은 저가격을 책정

성숙기 시장에서의 시장확대전략의 예 : 베이킹 소다 브랜드 Arm & Hammer는 냉장고의 악취제거, 씽크대의 냄새제거, 수영장의 냄새제거, 치약재료 등 다양한 제품용도의 개발을 통해 성숙기 시장에서 지속적인 매출성장을 추구한다.

마케팅 Highlight

제품형태 수명주기 곡선에서 성숙기 후반에 들어선 커피믹스 시장에 대응해 커피 전문점 메뉴제품의 개발을 통해 매출성장을 추구하는 인스턴트커피 제조업체

한국야쿠르트는 2016년 11월 초 스틱에 담은 액상형 콜드브루 레드를 출시했다. 겨울철을 앞두고 커피시장의 유행을 이끌었던 콜드브루 커피를 따뜻하게 마실 수 있도록 한 제품이다. 남양유업은 이에 앞서 카페라테 믹스제품인 남양 루카스나인 라테를 내놨다.

인스턴트커피 제조업체들이 아메리카노 제품에 이어 카페라테, 콜드브루 등 커피전문점 메뉴를 잇따라 신제품으로 내놓고 있다. 커피시장이 고급화되고 원두커피를 즐기는 사람이 급증하는 반면 커피믹스 등 인스턴트 커피시장은 위축되고 있기 때문이다.

커피전문점 메뉴를 처음 제품화한 기업은 동서식품이었다. 동서는 2011년 아메리카노를 제품화한 카누를 출시했고, 남양유업의 루카스나인 등 비슷한 제품이 잇따라 출시됐다. 인스턴트 원두커피는 성공적이었다. 2011년 200억 원 규모였던 시장이 2016년 1800억 원으로 9배로 늘어났다.

가능성을 본 인스턴트커피 제조업체들은 커피제품의 메뉴를 다양화하고 있다. 커피믹스 시장 1위인 동서식품은 2017년 초 카누를 활용한 카페라테를 출시했다.

인스턴트커피 제조업체들이 이처럼 다양한 신제품을 내놓는 것은 인스턴트 커피믹스시장이 성숙기 후반으로 들어섬에 따라 커피전문점 수요를 끌어오지 않으면 살아남을 수 없다는 절박함 때문이다.

인스턴트 커피의 장점은 가격이 싸다는 것이다. 가령, 남양 루카스나인 라테의 가격은 스틱 하나당 380원으로 커피전문점 라테의 10분의 1도 안 된다. 맛은 아직 커피전문점 제품과 차이가 있기 때문에 업체들이 가장 신경쓰고 연구하는 부분이다. 동서는 소비자가 선호하는 원두커피 맛을 찾기 위해 매년 원두 배합 등을 다르게 해 제품을 선보인다. 남양유업은 좀 더 진한 카페라테 맛을 원하는 소비자를 위해 '더블샷 라떼'를 출시했다. 인스턴트 커피 제조업체 마케터들의 목표는 커피전문점 메뉴를 저렴한 가격에 편리하게 마실 수 있는 제품개발을 통해 커피전문점을 찾는 소비자 중 일부를 인스턴트 커피 고객으로 전환시키는 것이다.

하거나 판촉물을 제공하기도 한다.

제품수정전략은 기존제품의 품질, 특징, 스타일 등을 변화시켜 수요를 증가시키는 것이다. 과거 두산주류(현 롯데칠성음료)의 '처음처럼'이 젊은 세대의 입맛에 맞는 낮은 도수의 소주를 출시했을 때, 이에 대응하여 시장선도브랜드였던 진로 참이슬도 이들의 입맛에 맞춘 낮은 도수의 소주인 fresh를 새로이 출시했다. 다른 예로 기존의 수퍼타이 가루세탁세제에 효소를 첨가한 신제품을 시장에 내놓거나, 기존의 (LG불소)치약에 민트향을 추가한 신제품을 개발하여 새로운 고객을 유치하거나 기존고객의 소비량을 증대시키는 노력도 제품수정전략의 하나이다.

브랜드 재포지셔닝전략은 새로운 세분시장을 겨냥하여 브랜드의 소구점을 변경시키는 방법이다. 마케터는 제품의 특성을 변화시킴으로써 브랜드 재포지션을 하거나, 특성의 변화 없이 단지 광고 메시지를 변화시켜 브랜드 재포지션을 할 수 있다. 코란도는 원래 험한 길이나 공사장에서 이용될 수 있는 지프차로 포지션되었으나 소비자 기호의 변화에 맞춰 출퇴근용 승용차 또는 야성적인 라이프 스타일을 반영하는 도시형 승용차로 재포지션하였다.

성숙기 제품을 재활성화(revitalize)하기 위하여 위에서 언급한 전략 이외에도 다음과 같은 마케팅믹스 전략을 이용할 수 있다. 성숙기의 가격전략은 경쟁사와의 가격경쟁이 치열한 시점이므로 경쟁사의 가격이 자사제품 가격결정의 기준이 되며, 다른 수명주기단계보다 제품가격을 낮게 한다. 유통전략에서는 광범위한 유통망을 구축하여 제품의 유통을 더욱 강화하여야만 기존의 시장점유율을 유지할 수 있다. 광고전략에서는 제품특성 면에서 제품들 간에 차이가 없으므로 이미지를 이용한 브랜드 차별화 또는 소비자편익을 이용한 브랜드 차별화를 추구한다. 성숙기에는 판매촉진에 대한 지출이 다시 증대되는데, 이는 경쟁사 제품의 고객을 자사브랜드로 전환시키기 위한 노력의 일환이다.

(4) 쇠퇴기(Decline Stage)

① 쇠퇴기의 특징

한때 시장에서 성공을 거두었던 많은 제품들도 소비자취향의 변화나 기술진보에 의한 대체품의 출현으로 점차 쇠퇴하게 된다. 예를 들어, 다이얼식 전화기는 터치식 전화기로 대체되면서 쇠퇴기를 맞이했고, 터치식 전화기는 다시 무선전화기로 대체됨으로써 쇠퇴기를 맞이했다.

제품이 수명주기상 쇠퇴기에 들어서면 절대판매량이 감소하기 시작한다. 제품원가는 불필요한 비용의 절감으로 인해 낮다. 수요의 격감에 따라 제품판매를 위해 저가격을 유지해야 하므로 일반적으로 이익이 매우 낮다. 경쟁력이 없는 대부분의 기업들이 시장에서 철수하기 때문에 경쟁자 수는 더욱 감소한다.

② 쇠퇴기의 마케팅전략

쇠퇴기의 마케팅목표는 투자를 줄이고 현금흐름을 증가시키는 것이다. 그러나 대부분의 경쟁자들이 시장에서 철수하고 시장에 남아 있는 기업들도 신규투자를 하지 않기 때문에, 이 시장에 잔류하여 투자를 강화할 경우 높은 수익을 올릴 수도 있다. 구체적 대안으로 쇠퇴기에 들어선 전체 시장 중에서 부분적으로 판매량이 증가하는 성장 세분시장에 집중하거나 비교적 저렴한 가격으로 경쟁사들을 인수·합병하는 방법을 통해 높은 수익을 올릴 수 있다. 예를 들어, 미국 내 인스턴트 커피의 전체 매출액은 감소하고 있지만, 스타벅스 커피전문점의 성공에 따라 프리미엄 원두커피의 판매량은 오히려 증가하고 있다.

쇠퇴기 제품의 마케팅믹스전략을 살펴보면 매출액이 저조한 품목들을 제거하며 최소한의 이익을 유지하는 수준에서 저가격을 택한다. 유통전략에서는 선택적 유통전략을 채택한다. 즉, 매출실적이 저조하거나 불량채권을 가진 취약한 중간상들을 제거함으로써 적정 수의 점포만을 유지한다. 자사브랜드를 특히 선호하는 고객(loyal customers)에 대해 자사브랜드를 상기시키는 수준에서 최소한의 광고만을 하며 판매촉진비용도 줄인다.

참고문헌

1. Philip Kotler and Gary Armstrong, Principles of Marketing, 16th ed., Pearson, 2016.
2. Philip Kotler, 안광호, Gary Armstrong, 마케팅 입문, Pearson, 2013.
3. George S. Day, Analysis for Strategic Market Decisions, West Publishing Company, 1986, pp. 105–107.
4. George S. Day, "The Product Life Cycle: Analysis and Application Issues,"Journal of Marketing, Fall 1981, pp. 60–67.
5. William L. Moore, "Concept Testing," Journal of Business Research, Vol. 10, 1982, pp. 279–294.
6. Glen L. Urban and John R. Hauser, Design and Marketing of New Product, 2nd ed., Englewood Cliffs, NJ: Prentice–Hall, 1993.

생각해 볼 문제

1. 아이디어 심사는 신제품아이디어의 수를 적절한 수준으로 줄이는 것이다. 이를 위해 고려되어야 할 원칙은 무엇인가?
2. 다이슨 창업자 제임스 다이슨은 신제품 아이디어를 얻기 위해 굳이 소비자 조사를 실시할 필요가 없다고 주장한다. 그의 이러한 주장은 고객의 욕구를 발견하여 이를 충족시켜야 한다는 마케팅콘셉트와 상치되는가? 그리고 이에 대한 이유는?
3. 새로운 스낵제품의 테스트마케팅을 실시할 도시를 선택할 때 고려해야 할 요인들은 무엇인가?
4. 제품수명주기의 단계별로 촉진(광고 및 판촉)의 역할과 이의 중요성을 설명하시오.
5. 당신이 성숙기에 들어선 샴푸제품의 마케팅관리자라고 가정하자. 자사브랜드의 시장지위를 유지 · 확대하기 위한 마케팅전략에 대해 생각해 보시오.

CHAPTER

10

가격관리

1. 가격의 의미와 중요성
2. 가격결정을 위한 고려요인들
3. 가격의 결정과 조정
4. 신제품에 대한 가격결정전략
5. 가격변경

학습목표

1. 이익, 매출 등 마케팅성과를 실현하는 데 있어 가격의 중요성에 대해 이해한다.
2. 고객가치지각과 기업원가를 포함해 가격결정에 영향을 미치는 기업 내 · 외부 주요 요인들에 대해 살펴본다.
3. 기업이 실제로 제품가격을 결정하는 데 활용하는 가격결정방법인 원가중심적인 가격결정, 소비자중심의 가격결정, 경쟁제품중심의 가격결정에 대해 설명한다.
4. 제품믹스로부터 최대의 이익을 거두기 위해 기업이 고려하는 주요 가격결정들을 살펴본다. 구체적으로 제품계열에 대한 가격결정, 사양제품에 대한 가격결정, 종속제품에 대한 가격결정, 묶음제품에 대한 가격결정 등에 대해 설명한다.
5. 신제품에 대한 주요 가격결정전략과 고객 및 상황의 변화에 따라 어떻게 가격을 조정하는지에 대해 설명한다.

10장 가격관리

이 장에서는 또 다른 주요 마케팅믹스 도구인 가격에 대해 살펴볼 것이다. 가격은 기업이 고객을 위해 가치를 창출한 대가로 받는 것이다. 효과적인 제품개발, 촉진, 유통 등 다른 마케팅믹스활동들을 통해 고객가치를 창출하는 데 성공하더라도 기업은 창출된 가치의 일부를 가격을 통해 가져와 이익을 창출해야 한다.

도입사례를 통해 경쟁이 치열한 제품시장에서 수익창출에서 가격결정의 중요성에 대해 살펴보기로 한다. 코로나 사태로 인한 경제불황에도 명품브랜드들은 계속 제품가격을 인상하고 있으며, 이에 따라 매출상승과 판매량증가 등 높은 마케팅성과를 거두고 있다. 도입사례는 명품브랜드들이 아무리 가격을 인상해도 제품을 구매하기 위해 고객들이 매장 앞에서 줄을 서는, 그리고 비싸기 때문에 구매하는 이유에 대해 살펴본다.

도입 사례

비싸기 때문에 구매하는 소비자 심리를 이용해 지속적으로 가격을 인상하는 명품브랜드

2010년 2850달러(약 320만 원), 2013년 4400달러(약 493만 원), 2017년 5300달러(약 593만 원), 2020년 12월 6800달러(약 761만 원). 이는 프랑스 럭셔리 브랜드 샤넬(Chanel)의 '클래식 미디엄백' 글로벌 평균가격으로, 만 10년 만에 2.4배가 됐다. 한 해도 거르지 않고 매년 수차례 가격인상을 거듭했다. 샤넬은 2020년에도 5월과 11월 두 차례 걸쳐 주요상품의 가격을 인상했다. 매년 치솟는 상품가격에도 샤넬매장 앞 대기줄은 점점 더 길어진다. 인기상품을 먼저 구매하기 위해 매장 문이 열리기도 전에 수십 명이 줄을 서 있는 모습은 흔한 풍경이 됐다. 가격을 올려도 수요가 늘어나니 샤넬과 LVMH, 에르메스(Hermes) 등 주요 럭셔리 브랜드 기업의 실적과 주가는 계속 상승세다.

최근 럭셔리 브랜드들은 경쟁적으로 제품가격을 인상하고 있다. 샤넬에 이어 루이비통(Louis Vuitton)도 지난 1년간 세 차례 '네오노에(NéoNoé) MM 핸드백의 가격을 올렸고, 구찌(Gucci)와 디오르(Dior)는 지난 1년 새 주요 제품가격을 한두 차례 10~30%씩 인상했다.

가격이 오르면 수요가 줄어드는 것이 일반적이다. 하지만 명품수요는 줄기는커녕 오히려 증가세다. 2020년 3분기 루이비통 브랜드를 소유한 LVMH의 매출은 2019년 같은 기간 대비 12% 늘었고, 에르메스의 매출도 6.9% 늘었다. 신종 코로나 사태로 인한 경기침체의 영향을 받지 않은 것이다.

경제전문가들은 이에 대해 "명품시장은 더 이상 일반적인 제품시장의 논리로 설명하기 어렵다"고 말한다. 최근 명품시장을 특징짓는 핵심 키워드는 중산층이 최고급 명품의 주요 소비자로 등장한 '트레이딩 업(trading up)' 현상이다. 이 새로운 (중산층) 명품 소비자들은 과거와 달리 중고(리세일) 가격을 꼼꼼히 살피는 등 (명품구매에) '소비'가 아닌 '투자' 논리를 적용하고 있다. 즉 명품시장이 주식이나 부동산 같은 자산시장처럼 굴러가기 시작했다는 것이다.

명품시장이 작동하는 메커니즘을 주식시장이나 부동산시장처럼 생각하면 소비자(구매자)와 공급자(럭셔리 브랜드 기업), 명품가격 간의 관계를 쉽게 설명할 수 있다. 먼저 소비자 입장에서 보면, 가격이 올라도 앞으로 더 비싸질 것으로 예상되므로 수요는 오히려 더 늘어난다. 공급자 입장에서는 가격이 계속 오를 것이란 기대가 있어야 수요가 늘어날 것이므로, 가격을 계속 올릴 수밖에 없다. 이때 공급량을 늘리면 희소성이 떨어져 가격하락 요인이 되므로 공급량도 조절하게 된다. 부동산과 주식시장에서 벌어지는 상황과 매우 흡사하다.

명품시장이 자산시장을 닮게 된 이유로는 2가지를 들 수 있다. 우선 명품을 바라보는 대중의 시각이 달라졌다. 가

코로나 사태로 인한 사회적 거리 두기 속에서도 전 세계 명품매장 앞은 쇼핑객들로 붐빈다. 서울 강남의 한 샤넬매장 앞에는 가격인상 소식을 들은 고객들이 대거 몰려들어 수십 미터 이상 줄을 서기도 했다.

방, 신발 등 일부 소비재를 살 때 가성비 좋은 제품이 아닌, 어떻게든 돈을 모아 최고 제품을 사겠다는 심리가 그 어느 때보다 강해졌다. 이는 인터넷 등을 통해 쉽게 명품에 대한 정보를 얻을 수 있게 되면서 누구나 명품의 가치를 향유하고자 하는 잠재소비자가 된 것과 관련이 크다. 소셜미디어 등 이를 과시할 수 있는 수단도 흔해졌다.

또 다른 원인은 중고 명품시장의 성장이다. 중고시장은 보유한 명품을 손쉽게 현금화할 수 있도록 해주는 수단이다. 주식과 부동산시장처럼, 구매자들이 나중에 되팔 수 있는 유동성을 제공해 주는 것이다. 높은 수요에 힘입어 중고가격이 쉽게 떨어지지 않고, 일부 품목은 상승하는 현상까지 보이면서 명품구매를 투자시하는 경향은 더욱 강화됐다. 온라인 중고품 거래 플랫폼을 운영하는 번개장터에 따르면 샤넬 클래식 플랩백, 롤렉스 서브마리너, 에르메스 버킨백, 롤렉스 데이토나 등 판매가격이 자주 오르는 제품의 중고가는 신품 가격의 90% 이상 값에 형성되고 있다. 상품가치가 유지되는 명품의 특징이 2차 리세일(resale · 중고 재판매) 시장의 구매자들에게 매력적 요소로 작용했으며, 리세일 시장의 성장이 (명품의) 구매 수요를 촉진시켰다. 딜로이트는 2018년 162억 달러였던 럭셔리 브랜드의 2차(중고) 시장이 연평균 15.5%씩 성장해 2026년엔 685억 달러 규모에 달할 것으로 전망했다. 전 세계의 희귀 명품을 사고팔 수 있는 사이트 '스탁엑스', 주요 명품 150만 개의 전 세계 판매가를 확인해 알려주는 사이트 '트렌비' 등은 명품에 관심이 많은 국내 · 외 소비자들에게 인기 서비스로 자리 잡았다.

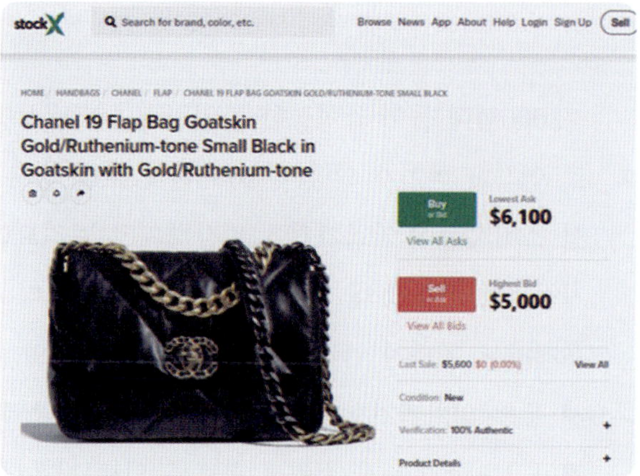

중고 명품 거래 사이트 스탁엑스(StockX)에 나온 샤넬 플랩백. 주식처럼 매도가(Sell)와 매수가(Buy)를 제시해 가격이 일치하면 거래가 이뤄진다.

명품의 가격인상 추세는 계속될까. 일단 시장환경은 우호적이다. 명품시장은 실물경기 침체와 상관없이 호황을 맞고 있다. 탄탄한 수요를 바탕으로 중고 명품가격도 계속 높게 유지될 가능성이 높다. 주요 럭셔리 브랜드 입장에서는 가격인상 요인이 더 많은 셈이다. 이들은 장기적으로 제품가격을 높게 유지하기 위해 새로운 소비자를 개발하는 데 적극적이다. LVMH는 고객층을 넓히기 위해 립스틱, 필기구 등 100만 원 미만의 제품을 내놓고, 에르메스는 2020년 초 67달러(약 7만5000원)짜리 립스틱을 출시했다. K팝 걸그룹 블랙핑크의 제니와 지수를 자사제품 광고모델로 쓴 럭셔리 브랜드도 있다. 소비력이 부족한 젊은 세대까지 명품 소비자로 끌어들이기 위한 전략이다.

온라인 채널과 인스타그램, 오프라인 카페 등 판매채널을 다양화하는 노력도 기울인다. 과거의 신비화 브랜드전략에서 벗어나, 디자이너가 인스타그램에 직접 디자인 철학과 배경에 대한 글을 남기며 젊은 잠재소비자들에게 호소한다.

샤넬 브랜드가 노출된 옷과 홍보 풍선을 든 블랙핑크 제니.
/제니 인스타그램 @jennierubyjane

자료원: 조선 위클리비즈 Mint, 2021.2.5.

2000년대 들어 급성장한 할인점과 인터넷쇼핑몰의 확산은 국내 기업들이 가격을 중요한 전략적 도구로 인식한 계기가 되었다. 2008년 글로벌 금융위기, 2020년 코로나19 사태로 인한 경기침체를 겪으면서 소비자들이 제품가격에 민감해지고 가격요인이 기업의 마케팅성과에 직접적인 영향을 미치게 되자 기업들의 가격에 대한 관심은 그 어느 때보다 높아졌다. 기업들은 서로에게 부정적인 마케팅성과만을 초래하는 지나친 가격경쟁보다는 제품특성의 차별화, 브랜드이미지 구축, 효과적인 마케팅커뮤니케이션 등의 비가격경쟁을 통하여 경쟁우위를 추구해야 함을 인식하지만, 실제 기업경영에 있어서는 단기적인 시장점유율과 수익성 확보를 위해 더욱더 가격정책에 의존하고 있다. 그러나 가격의 중요성에도 불구하고 많은 기업들이 가격결정 문제를 잘 다루지 못하고 있다. 이 장에서 우리는 가격이 무엇인지에 대한 질문에서 시작한다. 그리고 세 가지 주요 가격결정전략인 고객가치기반 가격결정, 원가기반 가격결정, 그리고 경쟁기반 가격결정에 대해 살펴본 다음, 신제품 가격결정, 제품믹스 가격결정, 가격의 조정과 변경전략 등에 대해 설명한다.

01 가격의 의미와 중요성

1.1 가격의 의미

등록금, 이자, 집세, 차비, 통행료, 진료비. 이들은 모두 어떤 제품이나 서비스에 대해 소비자가 지불하는 가격의 다른 명칭들이다. 학교교육을 받기 위해 등록금을 납부하며, 은행차입금에 대해 이자를 지불하고, 주거공간을 빌리는 대가로 집세를 내며, 교통수단에 의한 장소이동서비스에 대해 버스요금 또는 택시요금을 지불한다. 또한 고속도로를 이용하는 대가로 통행료를 지불하며, 의사의 진료에 대해 환자들은 진료비를 낸다. 이상과 같이 가격이란 모든 제품이나 서비스를 소유 또는 사용하는 대가로 지불해야 하는 금전적 가치를 포괄하는 개념이다.

경제학적 측면에서 가격은 제품이나 서비스의 가치를 화폐단위로 나타낸 것 또는 이러한 제품이나 서비스를 소유·사용하기 위해 지불해야 하는 화폐의 양으로 정의된다. 마케팅관리자에게 있어 적정한 제품가격을 결정하는 일은 어려운 과제인데, 이는 제품브랜드의 가치를 평가하는 것이 간단하지 않기 때문이다. 예를 들어, 같은 회사에서 생산한 동일한 냉장고라 하더라도 롯데백화점에서의 판매가격과 용산전자상가에서의 판매가격은 상당한 차이가 난다. 백화점에서 냉장고를 구매하는 소비자는 쇼핑의 편리함, 문제발생 시 즉각적인 처리 혹은 교환, 제품선택에 소요되는 시간의 절약 등과 같은 서비스를 제공받기 때문에 할인점에 비해 높은 가격을 지불한다. 그러나 이러한 추가적 서비스에 대해 특별한 가치를 부여하지 않는 소비자들은 전자상가에서 싸게 제품을 구매함으로써 추가적 서비스를 저렴한 가격으로 대체하려고 할 것이다. 이상의 예에서 보는 바와 같이 마케터가 가격결정에 있어 당면하는 어려움 중의 하나는 동일한 제품에 대해 소비자들이 주관적으로 부여하는 가치가 상이하다는 것이다.

다양화되는 소비자 욕구를 충족시키기 위해 기업들은 다양한 제품을 출시한다. 가령, 현대자동차와 기아자동차는 각각 다양한 차종을 생산하며 각 모델을 매년 조금씩 변화시킨다. 또한 하나의 모델 내에서도 변속기의 종류(수동, 자동), 에어컨 설치 여부, 파워핸들 등 선택사양에 따라 다양한 제품이 생산되며, 각각에 대해 서로 다른 가격이 책정된다.

이상에서 설명한 제품들은 비교적 가격결정이 용이한 제품에 관한 것이다. 서비스제품에 대한 가격결정은 더욱 어려운데, 이는 지각된 품질에 기반한 가치평가가 유형제품에 비해 소비자와 판매자의 주관적 판단에 의해 주로 이루어지기 때문이다. 가격결정의 이러한 어려움에도 불구하고 가격은 전략적으로, 그리고 기업의 수익을 실현하는 데 있어 중요한 의사결정 영역이기 때문에, 합리적인 가격정책 수립을 위한 노력이 요구된다.

1.2 가격결정의 중요성

전통적으로 기업경영에 있어서 가격의 중요성은 마케팅믹스 변수들 중에서 유일하게 수익을 실현시키는 변수라는 점에서 찾을 수 있다. 즉, "이익=수익−비용=(단위당 가격×판매량)−비용"이라는 공식에서, 제품, 유통, 촉진과 같은 다른 마케팅믹스 변수들은 모두 비용유발 요인인 데 비해 가격은 수익에 직접적인 영향을 미치며, 궁극적으로 기업의 이익을 결정하는 요인이다. 그럼에도 불구하고 많은 기업들이 물가상승률을 고려해 지난 해보다 몇 % 정도 가격을 인상하거나, 경쟁자들이 몇 % 정도 올리니까 우리도 그와 비슷한 수준으로 올리는 식으로 비체계적인 가격결정을 실시하고 있다.

그러나 2008년 글로벌 경기침체와 2020년 코로나19 사태 이후 국내 소비자들이 가격에 민감해지고 기업들이 재고관리와 매출증대를 위해 가격할인을 적극 활용하면서 가격결정의 전략적 중요성이 더욱 커지고 있다. 권장소비자가격이 철폐되고 제조업체들이 최종소비가격을 통제할 수 없게 되면서 점포 간 가격경쟁이 심화되고 있는 것도 또 다른 이유이다. 주유소에 따라 리터당 휘발유가격이 상당한 차이가 나는 것이 한 예이다. 이러한 변화에 따라 소비자들은 가격에 민감하게 반응하며, 가격경쟁은 더욱 가속화될 것이다.

소비자들이 브랜드를 선택하는 과정에서 가격을 중요한 고려요인으로 인식함에 따라 기업은 브랜드관리에 많은 어려움을 겪고 있다. 경쟁브랜드들의 가격할인에 대해 브랜드담당자는 매출하락을 막기 위해 유사한 가격으로 대응할 수밖에 없기 때문이다. 이렇게 가격중심의 시장경쟁을 추구하면 브랜드 가치 증대를 위한 장기적 마케팅노력을 실행하기 어려워진다.

이하에서는 체계적인 가격 의사결정을 내리기 위해 고려해야 할 요인들을 살펴본 후 구체적인 가격 결정방법에 대해 설명하기로 한다.

02 가격결정을 위한 고려요인들

기업의 입장에서 볼 때 제품가격은 이익이 보장되지 않을 정도로 지나치게 낮아서도 안 되고 수요가 없을 정도로 너무 높아서도 안 된다. 이렇게 볼 때 제품원가는 가격의 하한선이 되고 제품에 대한 소비자들의 지각된 가치(perceived value)는 가격의 상한선이 될 것이다. 마케터는 이러한 양극단의 가격 사이에서 최적가격을 결정하기 위해 제품원가와 지각된 가치, 그리고 경쟁제품의 가격과 기업 내·외부 요인들을 고려해야 한다. 그림 10-1은 제품가격결정 시 고려해야 할 요인들을 보여준다.

그림 10-1 가격결정 시 고려요인

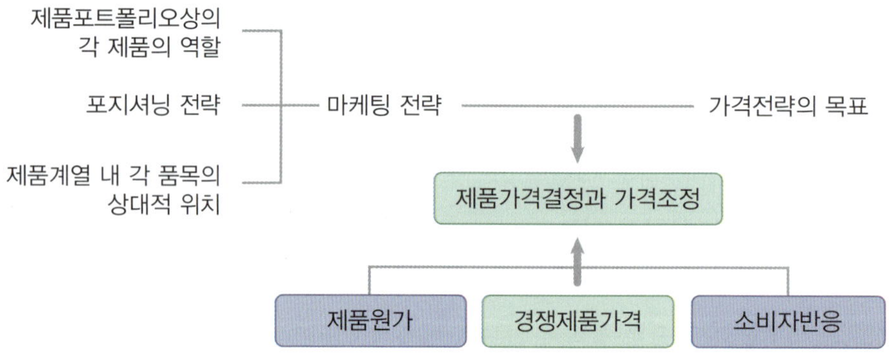

가격결정은 먼저 기업의 마케팅전략을 토대로 이루어진다. 즉, 표적시장의 선정과 포지셔닝전략, 회사 내 제품포트폴리오상에서 각 제품에게 주어진 역할(가령, 주력 제품브랜드인가 혹은 주력브랜드를 방어하기 위한 투사형 제품브랜드인가 등)에 따라 제품가격의 기본방향이 결정된다. 이와 함께 마케터는 기업이 추구하는 마케팅목표도 고려해야 한다. 즉, 기업이 이익의 극대화, 매출의 극대화, 품질에서의 선도적 지위 추구, 생존 등의 마케팅목표들 중 어느 것을 지향하느냐에 따라 제품가격결정의 지침이 달라지게 된다.

마케팅전략과 기업목표뿐 아니라 가격결정의 직접적 영향요인인 수요, 제품원가구조, 경쟁제품 가격도 고려해야 한다. 마케터는 가격에 대한 소비자 반응을 파악하기 위해 수요의 가격탄력성을 추정하고, 제품의 원가구조를 분석해 목표이익을 달성하는 데 필요한 매출수준을 파악해야 한다. 그리고 경쟁자 가격에 대한 대응방안도 고려해야 한다. 즉, 경쟁제품과 자사제품의 품질을 비교하여 경쟁제품보다 가격을 높게 할 것인지, 낮게 할 것인지를 결정해야 한다.

마케팅전략과 가격결정의 직접적 영향요인들에 대한 분석을 통해 제품 가격대에 대한 윤곽이 잡히면, 마케터는 업계나 자사에서 실제로 활용하는 가격결정방법을 사용해 제품가격을 책정한다. 기업들은 원가와 마진을 이용한 가격결정방법, 소비자의 지각된 가치에 기반한 가격결정방법 등과 같은 실무적 가격결정방법을 이용하여 가격을 결정하고 있다. 끝으로 결정된 제품가격은 판매지역까지의 운송비, 그리고 세일과 같은 판촉 등에 따라 다소 조정된다.

이하에서는 기업의 마케팅전략, 마케팅목표, 그리고 가격결정에 영향을 미치는 직접적 요인들을 먼저 설명하고, 실무적 가격결정방법과 가격조정방법을 차례로 살펴보기로 한다.

2.1 마케팅전략의 검토

기업은 제품가격을 결정하는 데 있어 전반적인 마케팅전략을 고려해야 한다. 마케팅전략의 구성요소 중에서 가격결정에 중요한 영향을 미치는 것에는 제품포트폴리오상에서 각 제품이 갖는 전략적 역할, 제품포지셔닝전략, 제품계열 내에서의 각 품목들의 상대적 위치 등이 있다.

(1) 제품포트폴리오상에서 각 제품의 전략적 역할

일반적으로 기업은 여러 개의 제품을 판매하며 각 제품별로 상이한 역할을 부여한다. 따라서 개별제품에 대한 가격결정은 그 제품에 대해 요구되는 전략적 역할을 반영해야 한다. 예를 들어, 5장 기업전략에서 다루었던 BCG 성장률-점유율 매트릭스에서 별(Star)제품에 대해서는 단기적 이익의 극대화보다는 시장점유율의 지속적 유지(혹은 확대)를 목표로 가격이 결정되어야 한다. 자금젖소(Cash Cow) 제품은 다른 제품에 대한 자금지원의 역할이 요구된다. 따라서 현재의 시장점유율을 유지하는 수준에서 최소한의 마케팅비용을 지출하면서 이익을 극대화시킬 수 있도록 가격결정이 이루어져야 한다. 시장전망이 밝은 문제아(Problem Child) 제품에 대해서는 단기적 이익을 실현하는 것보다는 장기적 관점에서 지원이 이루어져야 한다. 따라서 장기적으로 높은 시장점유율 확보를 위해 단기적 손실을 감수하더라도 저가격정책으로(특히, 경험곡선효과가 크게 기대되는 경우) 시장점유율을 늘리는 것을 고려할 수 있다. 이에 반해 전망이 어두워 기업이 더 이상 지원하지 않기로 결정한 문제아 제품이나 개(Dog) 제품은 수확전략(harvest strategy)에 따라 단기적 이익을 극대화하는 방향으로 가격결정이 이루어질 수 있다.

(2) 제품포지셔닝맵상에서의 제품의 위치

마케터는 제품포지셔닝맵상에서 경쟁제품과 비교해 자사제품이 차지하는 위치를 고려해 이에 상응

동서식품 카누와 스타벅스 비아는 서로 다른 제품포지션을 추구하고 있다. 동서식품의 카누는 스타벅스의 비아와 품질이 유사하지만 스타벅스 비아 가격에 비해 1/3 수준으로 판매하는 반면 스타벅스 비아는 인스턴트커피 시장에서 매우 비싼 가격으로 슈퍼프리미엄 커피카테고리를 공략하고 있다.

한 가격을 책정해야 한다. 제품포지션은 자사제품이 경쟁제품에 비하여 소비자의 마음속에 차지하고 있는 상대적 위치라고 설명했다(6장 마케팅전략 참조). 가령, 동서식품 카누와 스타벅스 비아의 제품포지션은 서로 다르다. 동서식품의 카누는 원두를 미세분쇄로 갈아 스타벅스의 비아와 품질이 유사하지만 개당 320원으로 스타벅스 비아 가격의 1/3 수준에도 미치지 못하는 가격으로 판매한다. 커피전문점에서 판매하는 커피에 비교하면 1/10 수준에 불과하다. 반면 스타벅스 비아는 개당 1067원으로 인스턴트커피 시장에서 슈퍼프리미엄 커피카테고리를 공략하고 있다.

그림 10-2는 소비자가 중요하게 생각하는 속성인 가격과 품질을 토대로 경쟁브랜드들의 상대적 위치를 나타낸 포지셔닝맵의 한 예이다. 일반적으로 대부분의 제품들은 포지셔닝맵상에서 45도 선상에 위치한다. 즉, 품질이 좋아지면 그에 따라 가격도 올라가는 것이다. 그러나 실제로 소비자들의 가격과 품질 수준에 대한 요구는 다양하게 나타난다. 그러므로 마케터는 가격과 품질의 가능한 여러 조합들 중에서 표적소비자의 욕구를 충족시키면서 경쟁우위를 가질 수 있는 대안을 선택하고 이를 제품가격에 반영해야 한다.

그림 10-2 품질과 가격에 기반한 제품포지셔닝 맵

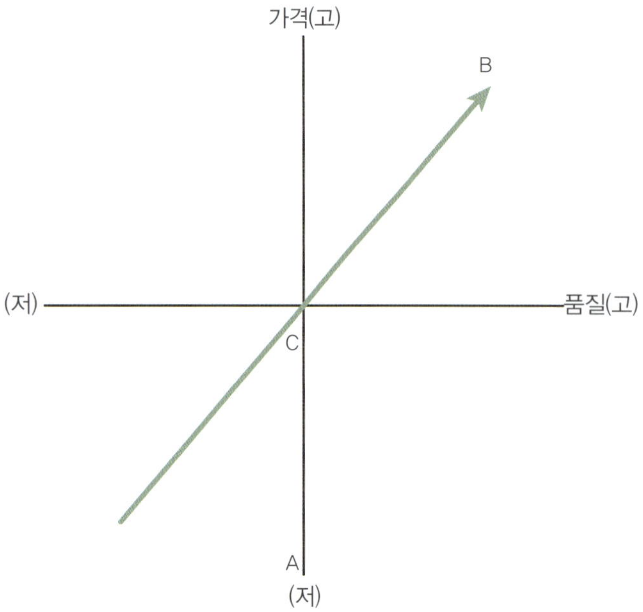

예를 들어, 기아자동차는 경차인 모닝을 경제적이면서 품질이 괜찮은 차(포지션맵상의 A)로 포지션했다. 이와 반대로 마케터는 포지션맵상의

우측상단(B)을 겨냥하기도 한다. 예를 들어, 제네시스G90, K9, 벤츠 등은 포지션맵상에서 최고급 포지션을 지향하고 있다.

한편 기업은 중가시장을 겨냥한 제품포지션(포지셔닝맵상의 C)을 추구할 수 있는데, 현대자동차의 아반떼 등이 그 예이다. 이와 같이 포지셔닝맵상에서 마케터가 설정한 제품포지션이 제품가격의 결정에 중요한 영향을 미치며 가격결정의 기본적 지침을 제공한다.

현대자동차는 아반떼 신모델을 출시하면서 중형차의 성능을 갖고 있음을 강조하고 이에 맞는 가격을 책정하였다

(3) 제품군 내에서 각 제품의 상대적 위치

다양한 소비자 욕구를 만족시키기 위해서 기업들은 동일 제품군(혹은 제품계열) 내에 다양한 종류의 제품들을 시장에 내놓게 된다. 예를 들어, 현대자동차는 소형차에서 최고급차까지 다양한 제품을 동시에 판매한다. 이 경우 문제가 되는 것은 제품들 간에 표적소비자와 제품품질에서 차이가 나므로 각 제품의 가격은 이러한 차이를 충분히 반영할 수 있도록 결정되어야 한다는 것이다. 다시 말해 쏘나타의 가격대와 아반테의 가격대에 명확한 차이를 두어 자사 브랜드 간 시장잠식을 줄이는 가격전략이 필요한 것이다. 마케터는 신제품 가격을 기존제품보다 높게 책정함과 동시에 기존제품과 포지셔닝맵상에서 가능하면 멀리 떨어지도록 마케팅커뮤니케이션 노력을 수행함으로써 자사브랜드 간에 시장잠식이 일어나는 것을 줄일 수 있도록 해야 한다.

2.2 마케팅목표

마케터는 가격결정 시 마케팅목표를 고려해야 한다. 기업의 마케팅목표가 명확할수록 가격결정은 보다 쉽게 이루어질 수 있는데, 대표적인 마케팅목표들에는 단기이익의 극대화, 시장점유율의 극대화, 최상의 제품품질의 추구, 시장에서의 생존 등이 있다.

(1) 단기이익의 극대화

현대 기업경영에서 이익 극대화는 사회적 비난을 받을 수 있지만 현실적으로 많은 기업들이 추구하는 기업목표이다. 이익 극대화를 목표로 가격결정을 하는 기업은 여러 가격대안별로 수요와 비용을 추정한 다음 단기이익을 극대화하는 가격을 선택하게 된다. 이 경우 각각의 가격대안에 대한 수요와 비용을 추정해야 하는데, 실제로 기업이 수요와 비용 함수를 정확하게 추정하는 일은 매우 어려운 과제이다. 이에 따라 마케터는 과거 경험을 바탕으로 가격결정을 하게 되는데, 예를 들면 연말이 다가오면 많은 기업들이 이번 영업연도의 판매 및 이익목표를 실현하기 위해 가격인하를 통해 재고를 정리하고 매출을 높이려고 한다.

(2) 매출 또는 시장점유율의 극대화

많은 기업들은 마케팅목표를 매출액 또는 시장점유율의 극대화에 두는데, 이를 위해 저가격으로 시장 내 점유율을 높이는 시장침투(market penetration) 전략을 채택한다. 이러한 전략을 사용하는 이론적 근거는 단기적으로는 저가격으로 인해 이익이 감소하지만, 판매증대와 누적생산량의 증가로 단위당 원가가 급속히 하락함으로써 장기적으로 이익이 오히려 커질 수 있다는 데 있다.

이러한 전략을 채택하여 성공한 대표적 기업으로 삼성전자를 들 수 있다. 이 회사의 가격전략 중 하나는 경험곡선(experience curve)효과를 이용한 저원가, 저가격, 시장점유율 확대전략이다. **경험곡선효과**는 **그림 10-3**에서 보는 바와 같이 누적생산량(cummulative production)이 증가됨에 따라 단위당 원가가 일정비율로 하락하는 현상을 말한다. 경험곡선효과는 생산이 증가됨에 따라 규모의 경제(economy of scale)가 실현되며 종업원들의 숙련도가 높아지는 데 기인한다. 또한 누적생산량이 증가됨에 따라 원료구매에 있어서 효율성을 기할 수 있고 광고비와 유통비 등 마케팅비용도 하락한다. 삼성전자는 이러한 경험곡선상에서 현재의 원가수준인 A점이 아니라 향후의 원가수준인 B점을 예상하고 처음부터 저가격으로 제품을 판매한다. 이에 따라 판매량은 급속히 증대되고 빠른 시간 내에 B점을 통과하여 원가가 낮아짐에 따라 장기적으로 이익을 실현할 수 있다.

그림 10-3 경험곡선

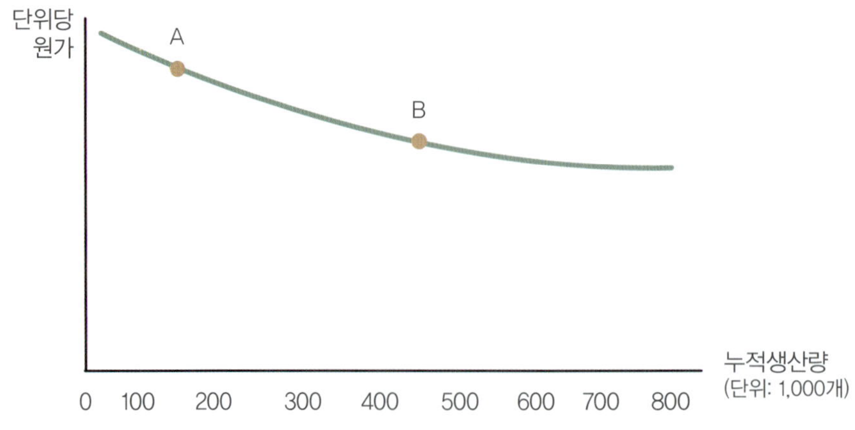

마케팅 Highlight

가성비폰에 기반한 시장침투 가격전략으로 글로벌 시장점유율을 높이려는 삼성전자와 애플

인도 구루그람의 앰비언스 몰 내 삼성체험매장에서 현지 소비자들이 삼성전자 스마트폰을 체험해 보고 있다.

삼성전자와 애플이 프리미엄 기능을 탑재한 중저가 스마트폰으로 공격적인 시장확대에 나서고 있다. 원래 이 시장은 글로벌 스마트폰 시장 2위까지 올랐던 중국 화웨이의 독무대였다. 하지만 화웨이의 스마트폰 사업이 2020년 미국의 무역제재로 회생이 불가능할 정도 타격을 입은 데다 LG전자까지 스마트폰 사업에서 철수하려고 함에 따라 중저가폰 시장의 매력도가 매우 높아진 것이다. 이에 따라 삼성전자는 성능을 대폭 강화한 중저가폰 갤럭시A 시리즈를, 애플은 50만 원대 중저가폰 신작을 출시하기로 했다. 샤오미 · 오포 · 비보 등 화웨이의 빈 자리를 노리는 중국업체들을 브랜드이미지와 가성비(가격 대비 성능)로 압도하겠다는 것이다.

삼성전자는 중저가폰 갤럭시A52와 갤럭시A71에 전략 스마트폰인 갤럭시S 시리즈에서 인기를 끌었던 기능을 대거 탑재한다. 가령, 갤럭시A52는 대화면인 6.5인치 OLED(유기발광다이오드) 디스플레이, 6400만 화소 후면 메인 카메라 등 4개의 카메라, 디스플레이 내장 지문인식 센서, 4500mAh(밀리암페어시) 용량 배터리가 탑재되고, 갤럭시A71은 6.7인치 OLED 디스플레이와 5000mAh 배터리가 들어간다. 두 모델 모두 방수 · 방진(IP67 등급) 기능이 적용된다. 그동안 삼성전자는 프리미엄폰의 차별성을 이유로 2018년 이후 갤럭시A 시리즈에는 방수 · 방진 기능을 제외해 왔었다. 갤A52와 A71은 이런 고사양에도 가격이 각각 50만 원대, 60만~70만 원대에 책정되었는데, 갤럭시S 시리즈의 절반 수준이다.

이에 맞서 애플도 2020년에 출시했던 중저가폰 '아이폰SE 2세대'의 후속인 '아이폰SE플러스'를 출시하는데, 가격은 아이폰SE2와 동일한 499달러(약 55만 원)에 책정되었다. 애플은 아이폰 시리즈와 달리, 중저가폰은 필요에 따라 비정기적으로 출시해 왔는데 2년 연속 출시한 것은 이번이 처음이다. 애플은 삼성과 달리 카메라 · 배터리 사양은 상대적으로 낮은 대신 스마트폰의 두뇌에 해당하는 모바일 칩셋은 프리미엄 모델인 아이폰12 시리즈와 같은 제품을 탑재했는데, 50만 원대 스마트폰이 190만 원(아이폰12프

삼성전자	중저가폰 강화하는 삼성전자와 애플	애플
갤럭시 A52·A72	출시 예정 제품	아이폰SE 플러스
50만원대·60만~70만원대	추정 출고가	499달러·약 55만원
3년 만에 중저가 제품에 방수·방진 기능 적용하고 대화면에 대용량 배터리 탑재	특징	2년 연속 중저가폰 출시. 프리미엄 기종인 아이폰12용 모바일 칩(AP) 탑재 전망

중저가폰을 강화하는 삼성전자와 애플

로맥스 출고가 기준)짜리 스마트폰과 같은 두뇌를 장착하는 것이다.

프리미엄 브랜드이미지를 유지하기 위해 노력해 온 삼성전자와 애플의 이 같은 가격전략은 화웨이의 빈자리를 차지해 시장점유율을 확대하는 데 그 목적이 있다. 갈수록 스마트폰 교체주기가 길어지면서 정체된 시장에 코로나 사태까지 겹치면서 스마트폰 업체들은 시장확대에 어려움을 겪고 있다. 이런 상황에서 매년 공격적인 마케팅과 다양한 라인업으로 시장점유율 10~15%를 가져가던 화웨이가 일순간에 타격을 입음에 따라 삼성전자와 애플에게 엄청난 규모의 신시장이 열리게 된 것이다. 그동안 화웨이는 삼성전자와 애플 프리미엄폰의 주요 기능을 베끼면서 가격은 낮게 책정하는 전략으로 시장점유율을 높여왔다. 삼성전자와 애플이 중저가폰의 성능을 높인 것은 결국 화웨이를 대체할 제품을 내놓겠다는 의도인 것이다. 화웨이가 사라진 이후 샤오미 · 오포 · 비보 등 중저가폰 위주의 제품을 판매하는 중국업체들의 점유율이 대폭 높아진 것도 삼성전자와 애플이 공격적으로 대응하는 한 원인이라는 분석도 나온다.

스마트폰 업계에서는 애플보다는 삼성전자가 더 다급한 입장이라고 본다. 삼성전자는 2020년 세계 스마트폰 시장에서 점유율 19%로 1위를 지켰지만, 애플(15%)과의 격차가 크게 줄었다. IT 업계의 한 관계자는 “삼성전자는 최근 프리미엄 제품인 갤럭시S21 시리즈 가격까지 대폭 낮출 정도로 시장점유율 유지에 사활을 걸고 있다. 중저가폰 시장에서 밀리면 1위 수성은 물론 스마트폰 사업 자체가 침체될 가능성이 높다”고 말했다.

자료원: 조선경제, 2021.02.23.

(3) 최고의 제품품질 추구

기업은 업계 내에서 최고 품질의 제품을 개발/판매하는 것을 마케팅목표로 삼을 수 있다. 이러한 경우에 연구개발, 신규 유통망 개척, 고객에 대한 마케팅커뮤니케이션 등에 대한 많은 투자로 인해 제품원가가 높아지며, 이에 따라 고가격을 책정하는 것이 일반적이다. 예를 들어, 렉서스는 고급승용차시장에서, LG 시그니처는 가전제품시장에서 최고의 품질을 추구하며 제품가격도 경쟁사들보다 높은 수준에서 책정된다.

(4) 생존(Survival)

무리한 시설투자로 인한 과잉재고 발생과 치열한 경쟁상황에 따른 판매촉진으로 기업들이 적정이익을 고려한 가격결정이 어려울 때 기업은 생존을 최우선 목표로 가격을 결정할 수 있다. 이러한 상황에서 기업은 이익의 창출보다는 기업생존을 위해 필요한 변동비와 고정비 일부를 회수하는 선까지 가격을 내리기도 한다. 2020년 코로나19 사태에 따른 경기침체로 인한 구매력 감소에 직면한 많은 국내기업들이 시장생존을 목표로 경쟁적으로 가격을 인하한 경우가 이에 해당된다.

2.3 소비자 반응의 검토

각 제품별로 가격정책의 목표가 결정되면 가격결정에 직접적 영향을 미치는 소비자 반응, 자사의 원가구조 및 경쟁제품의 가격을 검토해야 한다. 소비자는 자신이 원하는 가격수준보다 비싼 제품을 구매하지 않을 것이므로 기업은 가격책정에 있어 가격변화에 따른 소비자 반응(수요)을 우선적으로 검토해야 한다. 소비자의 제품에 대한 수요는 제품가격의 상한선을 결정한다는 점에서 중요하다.

그림 10-4 수요곡선의 예

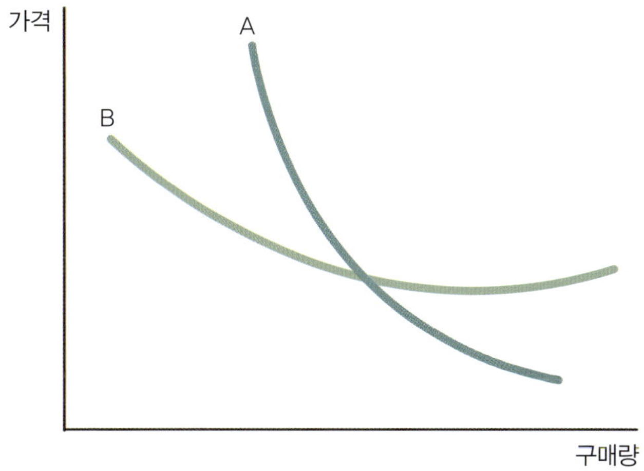

(1) 가격탄력성 분석

소비자의 가격에 대한 반응수준은 수요곡선과 이를 통해 얻어지는 수요의 가격탄력성을 이용해 파악될 수 있다. 수요곡선이란 제품가격과 소비자 구매량 간의 관계를 나타낸 것이다(그림 10-4 참조).

수요곡선 A는 수요의 가격탄력성(price elasticity)이 낮은 경우로서 가격의 증감에 따라 수요가 크게 변하지 않는다. 수욕곡선 B는 수요의 가격탄력성이 높은 경우로서 가격의 변화에 따라 수요가 매우 민감하게 변한다. 소비자의 가격에 대한 민감도를 반영하는 지표인 **수요의 가격탄력성**은 가격의 변화에 따른 소비자 수요의 변화로 정의된다.

$$\text{가격탄력성}(\varepsilon) = \frac{\text{수요의 변화치/원래수요}}{\text{가격의 변화치/원래가격}} = \frac{\text{수요의 변화율}(\%)}{\text{가격의 변화율}(\%)}$$

일반적으로 가격이 증가함에 따라 수요는 감소하는 경향이 있으므로, 수요의 가격탄력성은 음(−)의 값을 갖는다. 수요의 가격탄력성과 기업 매출액 간의 관계는 다음과 같다.

① 수요의 가격탄력성이 낮은 경우(즉, $-1<\varepsilon<0$)에는 기업이 가격을 인상하여도 수요의 감소율이 가격 인상률에 비해 작기 때문에 기업의 총매출액은 증가한다. 예를 들어, 제품가격을 2% 인상할 경우 수요가 1% 감소한다면, 탄력성은 −1/2이 되어 가격탄력성은 낮다. 이 경우 소비자의 가격민감도(가격탄력성)가 낮으므로 가격인상이 기업의 매출액을 증가시킨다.

다음은 수요의 가격탄력성이 낮을 것으로 판단되는 경우이다.

- 경쟁제품 혹은 대체품이 없거나 소수일 때
- 소비자가 제품가격이 높음을 인식하지 못할 때
- 자사제품이 경쟁제품과 비교해 독특한 제품특성을 가질 때
- 소비자의 구매습관 변화가 서서히 발생될 때: 가령, 사용자에게 편리한 컴퓨터 소프트웨어가 개발되더라도 기존의 소프트웨어에 익숙한 소비자는 단기간 내에 신제품으로의 전환이 어려울 것이다.
- 소비자들이 고가격을 고품질과 연관시켜 고가격제품을 기꺼이 구매하고자 할 때

② 수요의 가격탄력성이 큰 경우(즉, $\varepsilon<-1$)에는 가격 인상률에 비해 수요 감소율이 상대적으로 크기 때문에 매출은 감소하게 된다. 예를 들어, 제품가격을 2% 인상했을 때 수요가 6% 감소한다면, 그 제품에 대한 수요의 가격탄력성은 −3이다. 따라서 소비자의 가격민감도가 높으므로 가격을 인상할 경우 매출이 감소한다.

③ 수요의 가격탄력성이 양(+)인 경우에는 가격인상이 매출과 이익을 증대시킨다. 이러한 경우는 소비자가 가격을 품질의 척도로 인식해 고가격 제품이 품질이 우수할 것으로 지각할 때 발생된다.

실제로 기업은 가격변화에 따른 매출변화에 대한 과거자료를 검토하거나 실험실에서 소비자들에게 여러 가격대에서 제품구매의도를 물어봄으로써 제품의 가격탄력성을 추정할 수 있다. 국내시장에서 생활용품에 대한 가격탄력성을 측정한 결과 대개 −1에서 −5 수준으로 나타났지만 일부 제품에서 양

의 값을 보이는 브랜드들도 있는 것으로 나타났다.

가격탄력성은 고정된 것이 아니라 제품수명주기에 따라 변한다. 사이먼(Simon) 교수는 가격탄력성이 제품수명주기의 각 단계에서 어떻게 달라지는지를 알아보기 위해 35개 브랜드의 가격탄력성에 대한 실증연구를 했다. 그림 10-5는 세척제와 약품의 수명주기단계별 가격탄력성을 보여준다. 이 그림에서 보면 판매가 증가하는 도입기와 성장기에는 가격탄력성이 비교적 높고 성숙기에는 가장 낮은 값을 가지며, 판매가 감소하는 쇠퇴기에는 가격탄력성이 다시 증가한다. 도입기와 성장기는 성숙기에 비해 가격탄력성이 높으므로(소비자가 가격에 민감하므로), 높은 경험곡선효과가 기대될 경우 저가격을 책정함으로써 높은 수요와 시장점유율을 실현할 수 있다. 이에 반해 성숙기는 제품수명주기의 다른 단계에 비해 가격탄력성이 제일 낮으므로(소비자가 가격변화에 민감하지 않으므로) 가격에 의한 경쟁보다는 광고, 새로운 제품특성 추가에 의한 브랜드 차별화를 통해 비가격경쟁을 추구하는 것이 효과적이다.

그림 10-5 제품수명주기 단계별 가격탄력성의 변화

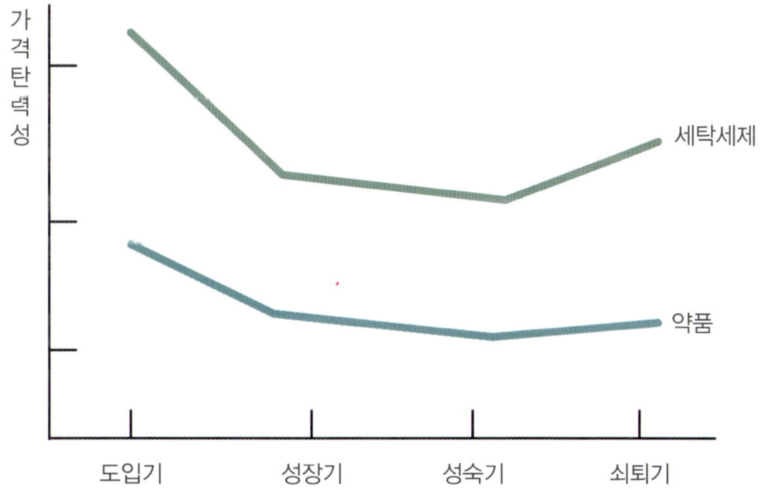

(2) 개별 소비자의 가격에 대한 심리적 반응 검토

앞서 살펴본 가격탄력성은 가격변화에 대한 전체 소비자의 반응이다. 따라서 마케터는 개별 소비자들이 책정된 가격을 어떻게 지각하는지에 대해서도 분석해야 한다. 일반적으로 소비자는 준거가격을 기준으로 가격이 싼지 혹은 비싼지를 판단한다.

① 준거가격

준거가격(reference price)이란 소비자들이 제품가격의 고·저를 평가할 때 비교기준으로 사용하는 가격이다. 소비자는 자주 구매하는 브랜드의 가격, 과거에 지불했던 가격, 유사제품의 평균가격 등을 이용하여 준거가격을 형성한다. 소비자는 어떤 제품의 시장가격이 자신의 준거가격보다 높으면 비싼 것으로 지각하고, 반대로 준거가격보다 낮으면 싸다고 지각할 것이다.

마케터는 고객들이 형성한 준거가격을 파악해 이를 가격결정에 활용해야 한다. 예를 들어 할인행사에서 가격할인을 기존가격과 함께 제시하는 것(예: 10,000원 → 7,000원)은 기존가격을 준거가격으로 사용하도록 유도함으로써 매출증대를 실현하려는 데 그 목적이 있다.

② 유보가격과 최저수용가격

유보가격(reservation price)이란 소비자가 어떤 제품에 대해 지불할 의사가 있는 최고가격을 말한다. 이에 따라 구매 전에 소비자가 생각하고 있었던 유보가격보다 제시된 제품가격이 높으면 소비자는 구매를 유보하게 된다. 유보가격도 준거가격과 마찬가지로 소비자의 과거 구매경험과 지각된 제품품질에 따라 브랜드·소비자 간에 차이가 있다. 반면 제품가격이 너무 싸면 소비자는 제품에 하자가 있는 것으로 판단하고 구매를 거부하게 되는데, 이러한 가격을 최저수용가격(lowest acceptable price)이라 한다. 일반적으로 소비자는 준거가격을 중심으로 유보가격과 최저수용가격 내에서 제품을 구매하는데, 최근 인터넷상에서 쉽게 접근할 수 있는 가격비교사이트는 소비자들의 준거가격 형성에 영향을 미친다.

2.4 제품원가구조의 분석

기업은 소비자의 가격에 대한 반응과 함께 자사제품의 원가수준을 검토해야 한다. 가격은 제품원가와 일정비율의 마진으로 구성되므로 제품의 원가구조는 가격결정에서 주요 고려요인이다.

기업은 제품판매를 통해 제품의 생산과 판매에 소요되는 비용을 회수하고 추가적으로 적정수준의 이윤을 확보해야 한다. 이에 따라 적정이윤을 포함한 제품원가는 가격의 하한선이 된다. 제품원가는 크게 두 가지 요소로 구성되는데, 제품의 재료비, 노무비, 로열티 등과 같이 판매량 증대에 따라 비례적으로 증가하는 변동비(variable cost)와 건물 또는 공장의 임대료, 본사직원들에 대한 고정월급, 광열비, 이자, 광고비 등과 같이 판매량에 영향을 받지 않는 고정비(fixed cost)가 그것이다. 변동비는 다시 직접재료비, 직접노무비, 제조간접비를 포함하는 제조원가와 판매원에 대한 인센티브나 판매경비 등으로 구성되는 마케팅비용으로 나누어진다. 최근 소비자들이 대형매장에서 판매하는 피자를 더 이상 선호하지 않게 됨에 따라 도미노피자, 미스터피자, 피자헛 등 피자 빅3 회사가 매출성장에 어려움을 겪고 있다. 피자전문점이 어려움을 겪고 있는 주요원인 중 하나는 높은 가격인데, 광고비와 매장 임대료 등 고정비가 가격에서 높은 비중을 차지하고 있어 가격을 낮추기 어렵기 때문이다.

기업은 매출과 원가구조 간의 관계를 분석하기 위해 손익분기분석(break-even analysis)을 주로 활용하는데, 이를 통해 가격, 원가, 그리고 판매량 간의 관계를 파악할 수 있다. 손익분기분석이란 주어진 고정비와 변동비 수준에서 생산과 판매에 들어간 투자비용을 회수하는 데(즉, 순이익이 0이 되는 데) 필요한 가격 및 매출수준을 추정하는 것이다. 손익분기분석을 수행하기 위해 먼저 손익분기점을 구해야 한다. **손익분기점**(break-even point)이란 수익과 비용이 일치하여 순이익이 0이 되는 판매량 또는 매출액을 말한다. 손익분기판매량은 다음과 같은 공식으로 구해질 수 있다.

$$\text{손익분기점(판매량)} = \frac{\text{고정비}}{\text{가격}-\text{단위당 변동비}}$$

그림 10-6에 나타난 바와 같이 손익분기분석은 주어진 고정비와 변동비 수준 및 가격수준하에서 이익이 0이 되는 데 필요한 매출수준을 알려준다. 예를 들어, 단위당 변동비를 6,000원, 고정비를 10,000,000원, 그리고 제품가격을 8,000원으로 결정했다면, 이익이 0이 되는 손익분기매출량(판매량)은 5,000개이다.

$$\text{손익분기매출량} = \frac{10,000,000\text{원}}{8,000\text{원}-6,000\text{원}} = 5,000\text{개}$$

그림 10-6 손익분기점 분석(Ⅰ)

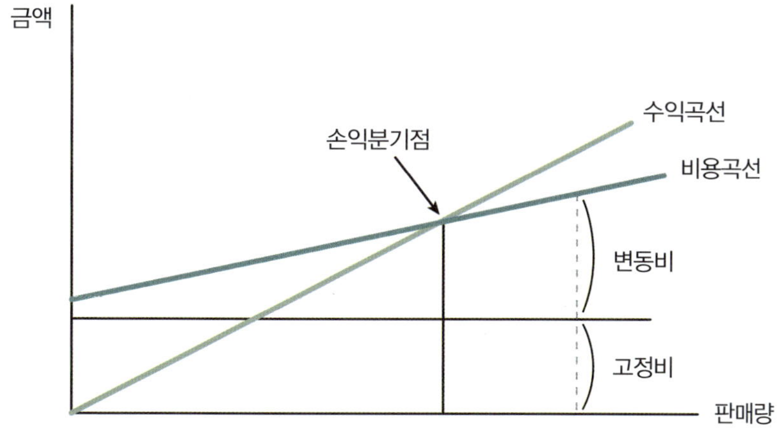

이 경우 마케팅관리자가 염두에 두어야 할 것은 손익분기매출량과 가격은 단지 기업이 실현하고자 하는 매출수준과 가격이므로 소비자들이 실제로 그 가격에서 손익분기 매출량만큼의 구매를 할 것인지에 대한 추가분석을 실시해야 한다. 가령, 위의 예에서 소비자가 8,000원의 제품가격에서 구매함으로써 5,000개의 손익분기매출량을 실현시켜 줄지를 파악하기 위해 수요곡선과 수요의 가격탄력성 자료를

토대로 손익분기매출이 실현가능한지를 검토해야 한다. 만약 이러한 매출실현이 불가능할 것으로 판단되면, 기업은 목표매출량을 수정하든지 혹은 그림 10-7에서 볼 수 있듯이 가격을 낮추어 예상되는 매출수준을 실현할 수 있도록 해야 한다. 즉, 수요분석결과 8,000원의 제품가격에서 5,000개의 손익분기매출량을 실현할 수 없다면, 제품가격을 낮추거나 목표매출량을 보다 낮게 책정해야 할 것이다.

이와 같이 원가구조와 손익분기점에 대한 분석은 소비자의 실제수요에 대한 분석과 병행하여 이루어질 경우에만 마케팅관리자 또는 회계담당자의 가격결정에 유용한 정보를 제공할 수 있다.

그림 10-7 손익분기점 분석(II)

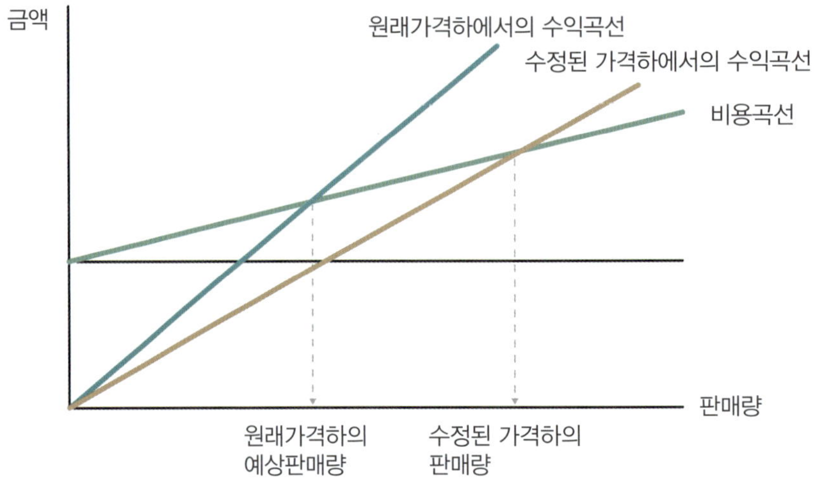

2.5 경쟁제품 가격의 검토

가격결정 시 고려해야 할 또 다른 요인은 경쟁구조와 경쟁자의 가격이다. 기업은 선발주자로 높은 시장점유율을 갖고 있는 경쟁브랜드를 공략하기 위해 저가격정책을 취하거나 고품질 이미지를 소비자들에게 주기 위해 고가격정책을 취할 수 있다. 마케터가 경쟁제품의 가격을 자사제품의 가격결정에 고려하는 데 있어 먼저 시장의 경쟁구조를 이해할 필요가 있다.

시장의 경쟁구조는 독점, 독점적 경쟁, 과점경쟁, 완전경쟁 등이 있다. 자유시장경제하에서 체신, 전력 등 공공산업을 제외하면 순수한 독점은 그리 흔하지 않다. 또한 소비재 산업이라고 하더라도 완전경쟁이나 이와 유사한 경쟁구조는 드물다. 따라서 여기서는 마케터가 실제 시장경쟁에서 흔히 접하게 되는 독점적 경쟁과 과점적 경쟁에서의 가격결정을 중심으로 살펴보기로 한다.

독점적 경쟁(monopolistic competition)은 시장 내에 여러 브랜드들이 경쟁하지만 제품차별화를 통해 특정 브랜드가 세분시장 내에서 선도적 위치를 구축한 경우를 말한다. 독점적 경쟁하에서는 차별점을 구축한 선도적 브랜드는 독특한 제품의 개발과 차별적 광고 등을 기반으로 경쟁 브랜드 대비 고가격을 취함으로써 많은 이익을 얻을 수 있다. 예를 들어, 경쟁이 치열한 고급청바지 시장에서 Guess는 아메리칸 고급패션청바지로, Diesel은 유럽풍 고급패션청바지로 차별화된 포지션을 구축해 프리미엄가격을 받는다.

과점적 경쟁(oligopolistic competition)은 소수의 경쟁자들이 시장의 대부분을 지배하는 경우를 말한다. 과점적 경쟁은 높은 투자비용, 제품개발에 대한 독점적 노하우, 그리고 유통경로의 선점 등과 같은 시장진입장벽으로 인해 새로운 기업들의 시장진출이 어렵기 때문에 발생한다. 대표적인 예로는 우리나라의 세제업계를 들 수 있는데, LG생활건강, 애경, CJ라이언의 3사가 전체 세제시장의 대부분을 차지한다. 맥주(Hite와 OB), 복사기(HP와 제록스), 라면(농심, 오뚜기, 팔도) 시장도 이에 해당한다. 이러한 시장경쟁 상황하에서는 기업은 경쟁회사와 비슷한 가격전략을 채택한다. 이는 한 경쟁회사가 제품가격을 변경시킬(가령, 인하할) 경우 소비자들이 곧바로 그 회사의 제품으로 전환(switching)할 가능성이 높기 때문이다.

가격결정을 위한 경쟁분석에 있어 또 하나 유의해야 할 점은 경쟁범위를 너무 좁게 잡아서는 안 된다는 것이다. 예를 들어, 서울-부산 간 우등고속버스 요금의 결정은 직접적인 경쟁상대인 타사의 우등고속버스 요금뿐만 아니라 일반 고속버스의 현행요금, KTX, 새마을호, 그리고 무궁화호 열차요금, 서울-부산 간 항공요금 등도 고려해 이루어져야 할 것이다.

마케팅 Highlight

영화 '포드 vs 페라리'로 본 독점적 경쟁시장 - 경주에선 페라리를 이겼지만 브랜드이미지에서 페라리를 넘지 못한 포드

"제임스 본드는 포드를 몰지 않습니다. 한물갔으니까요."

1960년대 미국 포드 본사, 마케팅 임원인 리 아이아코카(존 번탈 분)는 회장 헨리 포드 2세(트레이시 레츠 분) 앞에서 이렇게 프레젠테이션(PT)한다. 그는 "젊은 세대는 부모님이 운전하던 포드가 아닌, 빠르고 섹시한 페라리를 원한다"며 "카 레이싱(경주)을 시작해야 하는 이유"라고 선언한다. 헨리 포드 2세는 "한 달에 우리의 하루 생산량도 못 만드는 회사를 따라가야 하는 이유가 뭐냐"고 묻는다. 아이아코카가 답한다. "'차의 의미' 때문이죠. 포드 배지가 승리를 의미한다면 어떻게 될까요?" 헨리 포드 2세의 눈이 번뜩인다.

포드는 왜 페라리 인수에 나섰나

영화 '포드 vs 페라리'는 1960년대 자동차시장을 배경으로 두 기업 간 승부의 세계를 그린 영화다. 글로벌 자동차산업이 급성장하면서 카 레이싱 대회의 인기도 덩달아 하늘을 찌를 때였다. 1900년대 초 · 중반 호황을 뒤로한 채 내리막을 걷던 포드는 이미지 변신을 위해 카 레이싱에 뛰어든다.

이탈리아의 페라리는 카 레이싱 업계에서 독보적인 선두이자 글로벌 1위 스포츠카 생산업체였다. 1960~1965년 '지옥의 레이스'라고 불리던 '르망24'(24시간 연속 레이스) 우승을 한 번도 놓치지 않았다. 그러나 차 개발에 지나치게 많은 예산을 투입한 탓에 자금난을 겪고 있었다. 포드는 페라리와의 인수합병(M&A)을 시도한다. 주머니 사정이 어려운 페라리에도 매력적인 제안일 것이라고 판단했다. 그러나 창업자 엔초 페라리(레모 기론 분)는 협상장에서 아이아코카에게 독설을 퍼붓는다. "못생기고 작은 차를 만드는 큰 공장에 돌아가서 회장에게 전해라. 넌 헨리 포드가 아니라 '2세'이다"라고 헨리 포드 2세도 격분한다. "얼마가 들든 페라리를 박살내라"고 지시한다. 포드는 미국인 중 유일한 르망24 우승자였던 자동차 디자이너 캐롤 셸비(맷 데이먼 분)를 고용한다. 셸비는 지병 때문에 더 이상 차를 몰 수 없었다. 성격은 괴팍하지만 레이싱 실력만은 최고였던 자동차 정비공 켄 마일스(크리스천 베일 분)를 대신 불러들인다.

포드는 왜 굴욕을 감수하고 인수를 먼저 제안했을까. 페라리 같은 수준의 차를 직접 개발하기 위해 들여야 하는 시간과 비용을 아낄 수 있어서다. 기업은 M&A를 통해 자사에 없는 생산시설, 판로, 인력, 브랜드 등 경영 자원을 한번에 얻을 수 있다. 높은 진입장벽을 곧바로 넘을 수 있는 것이다. 특히 유행이 빠르게 변하는 산업에서 기업에 시간은 '금'이다. 페이스북이 2012년 10억 달러를 들여 인스타그램을 인수했던 것도 같은 맥락이다. 트렌드로 뜨고 있는 사진 · 해시태그 중심 서비스를 개발해 처음부터 시작하는 것보다 이미 성공단계에 진입한 회사를 사들이는 게 낫다고 판단했기 때문이다.

포드는 적지 않은 돈을 들여 인수에 나섰지만 실패한다. 카 레이싱에 대한 독자적 의사결정권을 보장하지 않았기 때문이다. 이탈리아 자동차 업체인 피아트가 포드 대신 페라리를 품는다. 포드는 페라리의 경영권 프리미엄을 높이는 '들러리' 역할만 선 것을 알게 된다.

차별화해야 사는 독점적 경쟁시장

셸비와 마일스는 '페라리보다 뛰어난 차'를 만들어야 했다. 더 가벼운 차체와 성능 좋은 엔진이 필요했다. 마일스는 차체 전체에 깃털을 붙여 달려보기도 하고, 자동차에 불이 붙는 사고를 당하면서도 의지를 꺾지 않았다. 밤낮없는 노력은 'GT40'라는 결과물을 내놨다. 포드의 첫 레이싱카이자 경쟁의 산물이었다. 두 기업은 왜 그렇게 치열한 대결을 벌였을까. 글로벌 자동차시장이 '차별화'하지 않으면 생존하기 어려운 시장, 즉 독점적 경쟁구조를 가진 시장이었기 때문이다. '독점적 경쟁시장'은 가격에 따라 수요가 탄력적으로 변하는 시장이다. 이 시장은 다수의 기업이 들어가 있고, 각 회사의 제품이 차별화되며, 기업의 진입과 퇴출이 어느 정도 자유로운 게 특징이다. 독점적 경쟁시장에서는 가격을 높이면 수요가 줄어든다. 그러나 제품의 차별화 수준이 높다면 수요는 크게 달라지지 않는다. 고가의 페라리는 레이싱 카 시장에서 확고한 브랜드 차별화를 구축해 마니아층을 확보하고 있다. 이런 시장에서 포드 같은 후발 진입자는 광고, 홍보 등을 통해 이미지를 차별화하는 전략도 추구해야 하지만 레이싱에서 페라리를 이기는 것은 포드의 명운을 건 마케팅 전략 중 하나이다.

경쟁은 내부에도 있었다. 포드의 또 다른 임원인 레오 비브(조시 루카스 분)는 마일스를 탐탁지 않아 한다. 그는 "포드는 신뢰를 의미하는데, 마일스는 그런 이미지가 아니다. '포드스러운' 드라이버가 필요하다"고 일침을 놓는다. 결국 포드는 다른 선수들로 팀을 꾸려 첫 레이스에 나선다. 그러나 이변 없이 페라리에 패한다. 마일스만큼 차를 다룰 줄 아는 사람이 없었기 때문이다. 헨리 포드 2세는 다시 셸비와 마일스에게 기회를 준다. 르망24 전에 열리는 '데이토나 레이스'에서 1등을 하는 것이 조건이었다. 마일스는 보란 듯이 기회를 잡아낸다. 비브가 꾸린 팀을 제치고 선두를 따낸다. 셸비-마일스를 포함해 포드 내 총 세 팀이 르망24에 공동 출전한다.

르망24에서 포드는 이변을 일으킨다. 마일스는 밤낮없이 달렸고 경쟁자인 페라리의 선수는 빗길에 미끄러져 탈락하고 만다. 1~3위는 모두 포드 팀, 그중 선두는 마일스였다. 포드는 영화에서처럼 1966년 실제 페라리를 제치고 르망24에서 1~3위를 차지한다. 역사적인 사건이었다. '포드'가 적힌 레이싱카 세 대가 결승선을 끊는 모습은 전 세계 신문 1면을 장식했다. 마일스는 그 뒤에도 셸비와 함께 자동차 개발 테스트를 하다가 불의의 사고로 도로 위에서 세상을 떠났다. 역사적인 기업의 승리 뒤에 역설적으로 경쟁을 포기한 개인이 있었다는 사실은 이 영화가 아니었다면 잘 알려지지 않았을지 모른다.

영화 '포드 vs 페라리'에서 포드는 페라리와의 열띤 경쟁 끝에 1966년 르망24에서 승리한다. 그러나 50여 년이 지난 현재 최고급 스포츠카 시장의 승자는 여전히 페라리이다. 페라리는 많은 이의 드림카이다. 값비싼 차를 받기 위한 장시간의 기다림도 마다하지 않는다. 사람들이 포드보다 페라리를 더 사고 싶어하는 이유는 남과 다르고 싶다는 심리 때문이다. 소비자들은 남들이 많이 사지 않는 제품에 더 끌리는데, 가격이 비싼 명품, 특정 제품의 한정판 모델, 하이엔드 제품 등이 이에 해당된다. 50년 전이나 지금이나 사람들이 포드보다 페라리에 더 끌리는 것은 이런 측면에서 보면 당연하다. 2019년 기준으로 페라리의 연간 판매대수는 약 1만 대로 포드(550만 대)의 500분의 1이 채 되지 않는다. 대량생산으로 가격을 낮춘 포드는 가성비가 좋지만 '누구나 탈 수 있는 차'라는 이미지가 강하다. 반면 페라리는 웬만한 샐러리맨 월급으로는 사기 어렵고, 인기모델은 구입하고도 1년여를 기다려야 받을 수 있다. '나만 탈 수 있는 차'의 조건에 이보다 부합하는 차는 얼마 없을 것이다.

자료원: 한경, 2020.05.23.

03 가격의 결정과 조정

지금까지 마케팅전략, 가격전략의 목표, 그리고 가격에 직접적인 영향을 미치는 요인인 소비자의 수요, 제품원가, 경쟁자 가격에 대해 살펴보았다. 본 절에서는 기업이 실제로 제품가격을 결정하는 데 이용하는 실무적 가격결정방법들과 정해진 가격을 필요에 따라 조정하는 상황에 대해 설명하기로 한다. 이와 함께 신제품에 대한 가격결정과 시장상황 변화에 따른 가격변경에 대해 살펴보기로 한다.

3.1 실무적 가격결정방법

기업이 실제로 제품가격을 결정하는 데 주로 활용하는 가격결정방법에는 원가 중심적 가격결정, 소비자 중심적 가격결정, 그리고 경쟁제품 중심적 가격결정이 있다.

(1) 원가 중심 가격결정방법(Cost-Based Pricing)

① 원가가산 가격결정방법(Cost-Plus Pricing)

원가가산 가격결정방법은 단위당 원가에 일정률의 마진을 더해 판매가를 결정하는 것이다. 예를 들어 원가구조가 다음과 같고, 판매가 대비 마진율(margin)이 20%라고 가정한다.

단위당 변동비 : 6,000원, 고정비 : 10,000,000원, 예상판매량 : 100,000개

원가가산법을 이용한 판매가격은 다음과 같은 식을 이용해 구할 수 있다.

$$\text{단위당 원가} = \text{단위당 변동비} + \frac{\text{고정비}}{\text{예상판매량}} = 6{,}000\text{원} + \frac{10{,}000{,}000\text{원}}{100{,}000\text{개}} = 7{,}000\text{원}$$

$$\text{단위 판매가} = \frac{\text{단위당 원가}}{(1-\text{마진율})} = \frac{7{,}000\text{원}}{(1-0.2)} = 8{,}750\text{원}$$

기업들은 원가가산 가격결정방법을 널리 활용하는데, 그 이유는 기업이 원가에 대한 내부자료를 갖고 있으며, 업계 관행에 의해 정해진 마진율을 이용할 경우 가격결정이 용이하기 때문이다. 또한 같은 산업 내의 모든 기업들이 업계의 관행으로 받아들여지는 마진율을 이용하여 가격을 결정하면 불필요

한 가격경쟁을 피할 수 있는 이점도 있다. 기업은 도매상, 소매상 등과 같은 다양한 중간상들을 이용하고 있기 때문에 최종 소비자가격은 그림 10-8에서와 같이 각 유통단계별로 원가가산방법을 적용한 결과로 얻어진다.

그림 10-8 유통단계별 원가가산 가격결정방법

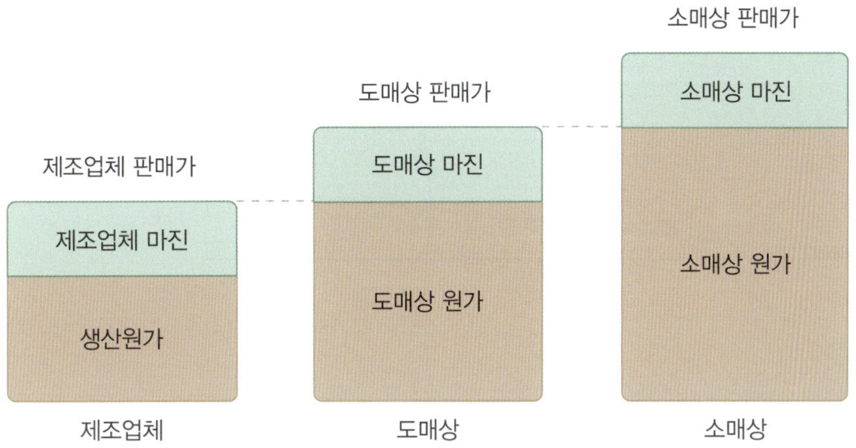

② 목표이익 가격결정방법(Target Profit Pricing)

목표이익 가격결정방법이란 기업이 설정한 목표이익을 실현할 수 있도록 매출수준과 제품가격을 결정하는 것으로, 앞에서 설명한 손익분기분석(breakeven analysis)을 이용한다. 목표이익 가격결정은 손익분기분석을 변형시킨 것으로 다음과 같은 공식으로 구해질 수 있다.

$$\text{목표판매량} = \frac{\text{고정비}+\text{목표이익}}{\text{가격}-\text{단위당 변동비}}$$

여기서 목표판매량과 목표이익이 정해지면 가격을 결정할 수 있다. 예를 들어, 기업의 목표판매량이 10,000개, 목표이익은 10,000,000원이며, 단위당 변동비는 6,000원, 고정비는 10,000,000원이라고 하자. 이 경우 가격은 다음과 같이 계산된다.

$$10{,}000 = \frac{10{,}000{,}000+10{,}000{,}000}{X-6{,}000}$$

$$X=8{,}000\text{원}$$

그림 10-9 는 고정비와 목표이익(10,000,000원)을 함께 실현하는 데 필요한 가격(8,000원)과 매출량 수준(10,000개)을 보여준다.

그림 10-9 목표이익 가격결정

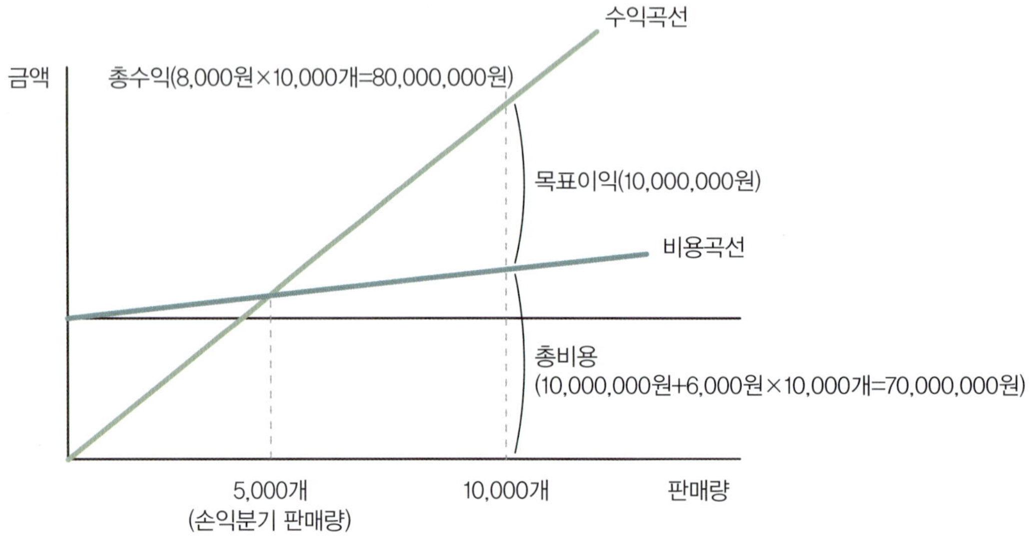

만약 목표이익(10,000,000원)을 고려한 제품가격(8,000원)에서 당초 기대한 판매량(10,000개)을 실현하기 어려울 것으로 판단되면, 목표이익을 수정해야 할 것이다.

원가 중심적 가격결정의 문제점은 소비자 반응을 고려하지 않고 기업이 자의적으로 가격을 결정한다는 것이다. 또 실제 판매량이 기대수준에 미치지 못할 경우 기업은 목표이익을 실현할 수 없다.

(2) 소비자 중심 가격결정방법(Buyer-Based Pricing)

최근 많은 기업들이 소비자 중심 가격결정방법을 도입하고 있는데, 가치 중심적 가격결정방법이 대표적 예이다. **가치 중심적 가격결정방법**(value-based pricing)이란 고객이 지각하는 제품의 가치에 맞춰 제품가격을 결정하는 것이다. 즉, 가치 중심적 가격결정법에서는 소비자들이 경쟁제품 대비 자사제품에 대해 어느 정도의 가치를 부여하는지를 조사해 이에 상응하는 제품가격을 책정한 다음 그러한 가치를 실현할 수 있도록 제품디자인과 생산원가를 계획하는 과정을 거친다. 반면 원가 중심적 가격결정방법은 제품을 만드는 데 소요되는 개발비용, 제조원가, 그리고 목표이익을 실현할 수 있는 수준에서 제품가격을 먼저 결정한 다음, 이 가격대의 제품이 소비자에게 충분한 가치를 제공한다는 것을 확신시키는 과정을 거친다(그림 10-10 참조).

그림 10-10 원가 중심의 가격결정방법과 소비자 중심의 가격결정방법

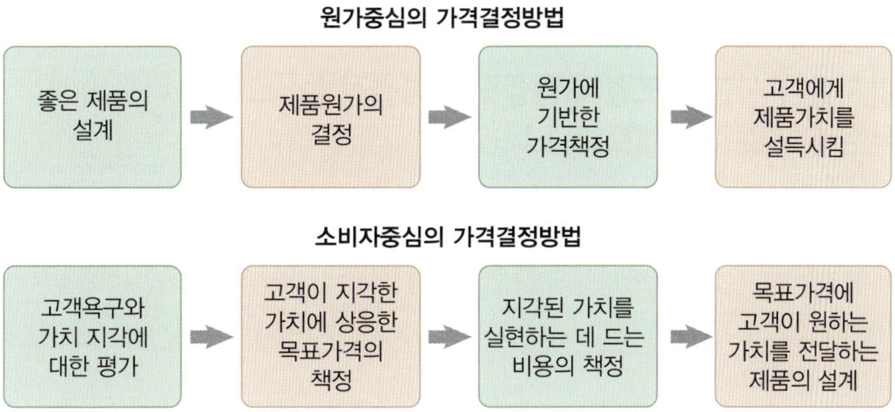

예를 들어, LG생활건강이 소비자가 지각하는 제품가치에 기반해 주방용세제 신제품의 가격을 결정한다고 하자. 이를 위해 가정주부들을 표본으로 선정하고, 시장선도브랜드와 자사 신제품의 브랜드를 가린 다음 두 제품의 성능을 속성별로 비교 평가하도록 했다. 제품성능에 대한 비교 평가는 가정유치 조사(Home Usage Test: 소비자들로 하여금 실험대상 제품을 가정에서 실제로 사용하게 한 다음 소비자반응을 측정하는 조사기법)를 통해 실시했다. 표 10-1은 소비자조사 결과를 바탕으로 얻어진 제품속성별 중요도와 브랜드별 속성평가 점수를 보여준다.

표 10-1 가치중심적 가격결정방법의 예

속성	중요도	속성평가(7점 척도)		속성별 가중평균점수	
		자사 신제품	시장선도브랜드	자사 신제품	시장선도상표
세척력	35	5.4	5.8	189	203
피부보호	30	5.5	4.9	165	147
향	15	4.8	5.7	72	86
환경보호	10	5.0	5.5	50	55
용기편리성	10	5.5	4.9	55	49
계	100			531	540

만약 시장선도브랜드의 가격이 1,656원이고 시장선도브랜드에 대한 속성평가점수의 합이 540점이라면, 속성평가점수 1점당 소비자들이 지불하는 가격(Y)은 3.067원으로 계산된다(540점×Y=1,656원, Y= 1,656/540=3.067원). 이에 따라 531점의 속성평가점수를 갖는 자사 신제품의 가격은 1,628원(즉, 531점×3.067=1,628원) 수준에서 결정될 수 있다.

마케팅 Highlight

고객가치를 무시한 제조업체 중심의 가격결정방식으로 스타트업에 경쟁우위를 빼앗긴 질레트와 소니

'절박한 질레트, 가격공세에 백기 들었다.'

영국계 글로벌 투자은행 바 클레이의 애널리스트 로렌 리버먼(Lauren Lieberman)이 내놓은 리서치 보고서 내용이다. 2017년 2월 프록터앤드갬블(P&G)이 자사 브랜드인 질레트의 면도기 가격을 최대 25% 내리기로 결정한 직후의 일이었다.

질레트의 프리미엄 가격전략은 마케팅 교과서의 단골사례였다. 질레트는 면도기와 면도날에 혁신적인 기능을 추가할 때마다 가격을 높여 받는 전략으로 글로벌 면도기 사장을 장악했다. 150년이 넘는 역사의 질레트가 가격을 내린 이유는 무엇일까.

2010년까지만 해도 질레트의 미국 남성 면도기 시장점유율은 70%가 넘었다. 하지만 그 후 6년 연속 질레트의 점유율은 하락했다. 시장분석기관 유로모니터(Euromonitor)에 따르면 2015년 59%였던 점유율은 2017년 50%까지 추락했다. P&G 측은 질레트 면도기 가격인하를 발표한 자리에서 '프리미엄에 지나치게 집중하는 전략'이 문제였다고 패인을 분석했다.

2005년 P&G에 인수된 이후 질레트는 GM이나 현대차 같은 완성차 업계의 마케팅 모델을 따랐다. 아반떼를 첫 차로 구입한 고객에게 다음 차로 소나타, 그 다음 차로 그랜저를 소개하듯이, 청소년기에 가장 저렴한 질레트 센서(면도날 개당 약 2달러)로 면도를 시작한 남성이 대학에 진학하면 센서 엑셀(약 2.5달러)을 쓰고, 취업하면 마하3(약 3달러), 승진하면 마하3터보(약 4달러) 모델로 업그레이드하게 만드는 식이었다. 그리고 매년 새로운 고가의 면도기 모델을 출시했다. 지속적으로 가격을 높였지만 판매량은 줄지 않았다. 글로벌 면도기 시장에서 질레트를 위협할 만한 경쟁자가 없었기 때문이다. 쉬크(Schick) 등 2~3위 면도기 업체들도 질레트를 따라 함께 가격을 올렸다. 소비자들은 어쩔 수 없이 가격을 수용했다.

남성 면도기 시장에서 압도적 1위 기업인 질레트의 시장점유율이 저가정책을 필두로 한 면도기 스타트업 공세에 밀려 2010년 이후 6년 연속 하락세를 기록했다.

가성비 따지는 '밀레니얼 세대'의 외면

질레트의 실적이 사상 최대를

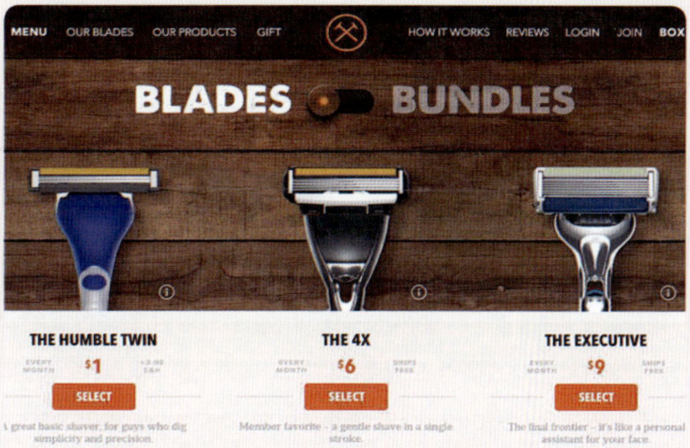

밀레니얼 세대를 겨냥한 염가형 면도기 배달 서비스 스타트업 '달러셰이브클럽'의 홈페이지 메인화면

기록한 2010년 이후 교체용 면도기 시장에서 질레트의 아성이 무너질 조짐이 보이기 시작했다. 스마트폰 보급률이 급격히 높아지고 아마존 등 온라인 시장이 보편화되면서 소비자들 사이에 인터넷을 통한 가격검색이 확산됐다. 컨설팅 기업 코터의 캐시 거시 부사장은 "소비자들은 제품가격을 가치에 비추어 더 따져보기 시작했다. 유명 축구선수를 광고모델로 동원한 마케팅과 화려한 브랜드만으로는 높은 가격을 지탱할 수 없게 됐다"고 분석했다.

이듬해 "요즘 면도기는 너무 비싸다"는 슬로건을 내건 면도날 배달 서비스 스타트업 '달러셰이브클럽'과 '해리스(Harry's)'가 등장했다. 마이클 더빈 달러셰이브클럽 대표는 "어차피 2주에 한 번은 면도날을 바꿔야 하는 교체형 면도기에 진동핸들과 플래시, 6중 날과 같은 것들이 왜 필요한가"라고 되물었다. 그는 질레트를 비롯한 면도기에 과도한 최첨단 기술이 투입되어 있고, 이는 면도하는 데 전혀 필요 없는 기능이라고 주장했다. 달레셰이브클럽은 한국 기업인 도루코와 공급계약을 맺고 면도날을 만들었다. 달러셰이브는 면도날 가격을 개당 20센트까지 낮췄다. 당시 질레트의 교체용 면도날 가격은 2~6달러, 쉬크의 같은 제품 가격은 2~2.7달러였다. '우리 면도날 완전 좋아(Our Blades are F**king Great)'는 달러셰이브클럽의 광고문구다.

해리스는 밀레니얼 세대를 겨냥해 합리적 가격의 프리미엄 제품으로 접근했다. 질레트와 똑같은 품질의 독일산 면도날을 저렴하게 수입했다고 홍보했고, 패션 브랜드 '톰브라운'과 협업을 통해 브랜드화 작업을 했다. 가격은 질레트의 절반 정도로 책정했다. 달러셰이브클럽과 해리스는 밀레니얼 세대의 돈을 쓸어 담았다. 달러셰이브클럽과 해리스의 미국 남성 면도기 시장 점유율은 2015년 7.2%에서 2017년 12.1%로 상승했다. 같은 기간 질레트 점유율은 60%에서 50%로 감소했다. 2017년 P&G의 라이벌인 유니레버는 달러셰이브클럽을 10억 달러(약 1조 원)에 인수했다.

위기를 느낀 질레트는 제품마케팅전략을 전면 수정했다. 중저가 모델인 마하3 모델의 면도날을 5년 만에 처음으로 업그레이드했다. 온라인 면도날 배달 서비스인 '질레트셰이브클럽'을 출시했다. 또 수염을 깎는 것이 아니라 기르는 사람을 겨냥한 신제품도 내놓았다. '웰컴백 캠페인'을 통해 오랜만에 질레트를 구입한 고객에게 무료로 면도날을 증정했다.

생산자 중심의 가격결정방식으로 실패를 거둔 또 다른 사례로 소니의 소형 가전브랜드 '퀄리아'를 들 수 있다. '화려한 고물덩어리'. 소니가 2003년 출시한 초프리미엄 소형 가전브랜드 '퀄리아'를 수식하는 단어다. 도요타의 렉서스를 벤치마크한 이 브랜드는 출범 당시 소니의 실적부진을 타개할 구세주로 기대를 모았다. 그러나 기대와 달리 성과는 형편없었다. 2003년부터 2006년까지 소형 디지털카메라, 프로젝터, TV, 오디오시스템 등의 제품이 퀄리아 브랜드를 달고 출시됐다. 그 3년 동안 10개 모델이 나온 후 단종됐다.

실패원인은 두 가지였는데, 똑같은 사양의 타사제품보다 10배가량 비싼 가격 그리고 기대에 미치지 못하는 성능 때문이었다. 퀄리아는 프리미엄을 표방한 화려한 외관과 달리 성능이 만족스럽지 못했다. 성능이 떨어지는 대표적인 모델로 디지털카메라 '퀄리아016'이 꼽힌다. 016 모델은 작은 크기가 장점으로, 같은 사양의 소니사이버샷(4만 엔)보다 9배 정도 비싼 38만 엔(약 380만 원)으로 가격이 책정됐다. 그러나 작은 크기 때문에 배터리 성능이 부족했고, 이 때문에 장시간 휴대가 힘들었다. MD플레이어인 017 모델은 본체 표면에 팔라듐을 도금해서 가격을 18만9000엔(약 189만 원)까지 높였지만 메모리 용량이 305MB에 불과했다. 소니의 차세대 포맷인 Hi-MD 용량이 1GB용량이었다. 천연가죽을 덧씌운 헤드폰인 010 모델의 경우, 가격은 26만2500엔(약 240만 원)으로 매우 비쌌으나, 정작 제품의 핵심부품인 진동판은 저가의 필립스 헤드폰과 동일한 것을 사용했다.

전자업계는 퀄리아 사례를 두고 '총체적 난국'이라고 표현했다. 퀄리아는 기획에서 판매까지 걸리는 기간이 두 달에 불과할 정도로 졸속이었고, 그러다 보니 시장조사 부족으로 소비자 요구와 동떨어진 제품만 나왔다. 비싼 가격과 멋진 디자인, 좋은 재질이면 고가이더라도 소비자들이 구매할 것이라고 믿은 소니 경영진의 패착이었다.

자료원: 이코노미조선, 274호, 2018.11.12.

표적고객이 지각하는 제품가치를 알기 위해 기업은 고객이 제품으로부터 기대하는 주요 편익과 각 편익에 대해 부여하는 가치를 파악해야 한다. 소비자가 자사제품의 가치를 높이 평가한다면, 자사제품의 원가에 상관없이 고가격을 책정할 수 있다. 예를 들어, 샤넬 No.5 향수나 Diesel 청바지가 비싼 가격에 판매되는 이유도 이들 제품의 원가가 얼마이든 상관없이 소비자들이 높은 가격을 지불할 만한 가치가 있다고 지각하기 때문이다.

만약 지각된 가치 이상으로 제품가격을 책정하면 고객으로부터 외면당할 것이며, 지각된 가치보다 낮게 제품가격을 정하면 판매량은 증가하지만 지각된 가치에 맞추어 가격을 책정했을 때보다 수익은 낮아질 것이다.

2008년 글로벌 금융위기와 2020년 코로나19로 인한 경기침체를 겪으면서 소비자들의 가격과 품질(즉, 제품가치)에 대한 태도에 많은 변화가 일어나고 있다. 이에 따라 많은 기업들이 새로운 마케팅환경에 맞추어 가격결정방식을 변경시키고 있다. 즉, 품질과 서비스를 유지하거나 향상시키면서 저렴한 가격의 제품을 제공함으로써 소비자가 자사제품에 대해 지각하는 가치를 극대화시키려 노력한다. 맥도날드, 패밀리레스토랑에서 도입한 저렴한 가격대의 메뉴나 할인점의 PB 제품들이 그 예이다. Apple사의 iPod는 가격을 낮추기보다는 고객들이 원하는 편익을 추가함으로써 지각된 가치를 높인 경우이다. 즉, 미국 내 20~40대 고객들이 쉽게 음악을 다운받아 음악을 들을 수 있게 해줌으로써 경쟁제품 대비 고가격의 제품이 충분한 가치가 있음을 설득하는 데 성공한 것이다.

(3) 경쟁제품 중심 가격결정법(Competition-Based Pricing)

경쟁제품 중심 가격결정법은 자사제품의 원가나 소비자 수요보다는 경쟁제품의 가격을 기준으로 자사제품의 가격을 결정하는 것이다. 이는 소비자들이 제품 구매과정에서 매장에서 판매되는 주요 브랜드들의 가격을 참고해 자사브랜드의 가치와 적정가격을 판단함을 고려한 것이다. 경쟁제품 중심 가격결정법의 대표적 유형으로는 **시장가격 중심의 가격결정방법**(going-rate pricing)과 **경쟁입찰에 의한 가격결정방법**(sealed-bid pricing)을 들 수 있다.

① 시장가격 중심의 가격결정방법

시장가격 중심의 가격결정방법은 주요 경쟁제품의 가격과 동일하게 또는 낮거나 높게 가격을 결정하는 것이다.

● 상대적 저가격정책

경쟁자보다 낮게 가격을 결정하는 것은 대개 시장점유율을 높이기 위한 공격적 마케팅전략의 일환으로 사용된다. 산업의 후발주자는 시장리더의 점유율을 잠식하기 위해 소비자에게 추가적 가치를 제공해야 하기 때문에 저가격으로 제품을 출시할 수 있다. 후발주자로 국제전화사업에 뛰어든 하나로통신(현재 SK브로드밴드)은 선도기업인 KT보다 저렴한 가격을 차별점으로 해 시장에 진출했으며, 이동통신사업에 후발주자로 진출한 KT나 LG유플러스도 시장선도기업인 SK텔레콤보다 저렴한 요금체계를 도입했다. 할인점이 저가격정책으로 유통시장을 잠식한 것도 상대적 저가격정책의 또 다른 예라 할 수 있다.

유명 연예인과 브랜드력을 바탕으로 경쟁브랜드 대비 고가격정책을 펼치고 있는 수입화장품

● **상대적 고가격정책**

경쟁제품보다 품질이 우수하거나 혹은 이들과 품질에서 별 차이가 없더라도 기업의 명성이 높거나 브랜드인지도가 높은 경우, 기업은 경쟁제품에 비해 높은 가격을 책정할 수 있다. 최근 국내시장에 다국적기업들이 진출하면서 국내제품들에 비해 상대적으로 고가격전략을 취하는 것을 자주 볼 수 있다. 경우에 따라 경쟁사와 동급의 제품을 고가로 책정함으로써 소비자들이 그 제품의 품질이 우수한 것으로 지각하도록 유도하기도 한다. 이와 같은 소비심리를 가격-품질 연상(price-quality association)이라고 하는데, 이는 소비자가 소비경험이 없어 제품품질을 정확히 파악하기 힘든 경우에 흔히 발생한다.

● **경쟁자와 비슷한 가격정책**

이는 과점적 경쟁과 같이 한 회사의 가격변화에 대해 소비자가 민감하게 반응하는 상황에서 경쟁자들과 비슷한 가격을 취하는 것이다. 예를 들어 동서식품의 맥심이나 맥심 모카골드는 한국네슬레의 테이스터스 초이스와 동일한 가격을 책정한다.

② 경쟁입찰에 의한 가격결정방법

이는 산업재시장에서 흔히 사용되는 가격결정방법으로, 기업이나 정부가 구매하는 제품(부품이나 원자재)이나 서비스(건설공사)의 가격은 경쟁입찰에 의해 결정된다. 입찰에서 낙찰되기 위해서 입찰에 참가한 기업은 경쟁사보다 낮은 가격을 제시해야 하므로 원가나 수요보다는 경쟁자의 가격을 정확히 예측하는 것이 중요하다. 경쟁입찰에 제시될 자사제품(혹은 서비스)의 가격은 기대이익(expected profit)에 근거하여 책정될 수 있는데, 기대이익은 입찰가격에서 비용을 차감하여 얻어진 이익에다 낙찰에 성공할 확률을 곱하여 얻어진다. 일반적으로 입찰가격이 높아지면 이익도 커지지만 경쟁사보다 낙찰될 확률은 낮아지게 된다. 따라서 경쟁사의 반응을 고려하여 각 입찰가격 대안별로 입찰에 성공할 확률을 정확히 추정하는 것이 가격결정에서 매우 중요하다. 경쟁입찰에 따른 가격결정과정의 예는 표 10-2와 같다.

표 10-2 경쟁입찰에 따른 가격결정

단위당 입찰가격(원)	비용	이익	입찰에 성공할 확률	기대이익
9,000	8,000	1,000	0.7	700
10,000	8,000	2,000	0.5	1,000
11,000	8,000	3,000	0.2	600
12,000	8,000	4,000	0.1	400

만약 제품단위당 입찰가격을 9,000원으로 정하면, 경쟁사보다 가격이 낮아 입찰에 성공할 확률은 높지만 이익은 높지 않아 기대이익은 700원이 된다. 이에 따라 기업은 10,000원, 11,000원, 12,000원으로

입찰가격을 정할 경우의 기대이익을 추가로 추정한 다음, 기대이익이 가장 높은 10,000원을 입찰가격으로 결정할 수 있다. 입찰기회가 제한된 중소규모의 기업이나 향후 지속적 거래를 위해 특정의 계약을 반드시 따야 하는 경우에는 이익이 적더라도 낙찰될 확률이 높은 입찰가격을 선택하기도 한다.

3.2 제품믹스에 대한 가격결정

지금까지 우리는 단일제품에 대한 가격결정방법을 설명하였다. 그러나 특정제품이 기업이 취급하는 전체 제품믹스의 한 부분을 구성하고 있다면, 마케터는 제품믹스 전체의 이익을 극대화할 수 있도록 각 제품에 대한 가격을 결정해야 한다. 제품믹스를 구성하는 특정제품에 대한 가격결정 문제는 제품계열에 대한 가격결정, 사양제품에 대한 가격결정, 종속제품에 대한 가격결정, 묶음제품에 대한 가격결정 등을 포함한다.

(1) 제품계열 가격결정

제품계열 가격결정(product line pricing)은 한 제품계열을 구성하는 여러 제품들 간에 어느 정도의 가격차이를 둘 것인가를 결정하는 데 초점이 맞춰진다. 각 제품에 대한 가격은 제품계열 내 다른 제품들의 제조원가와 판매가, 계열 내 각 제품들에 대한 소비자평가, 경쟁사 제품의 가격 등을 고려해 결정되어야 한다. 만일 여성복 의류회사가 저급품, 중급품, 고급품으로 나누어 이에 맞는 제품가격을 책정하려고 한다면, 마케터는 소비자들이 이러한 가격 차이를 제품품질의 차이로 지각하는지를 먼저 확인하고 제품별로 가격을 차별화해야 한다. 인텔사는 주력 브랜드인 Pentium 프로세서를 겨냥한 저가격의 경쟁제품들이 출시되자 저가브랜드인 Celeron 제품을 도입해 경쟁제품들에 대응했다.

(2) 사양제품 가격결정

사양제품 가격결정(optional-product pricing)은 주력제품과 함께 판매되는 각종 사양제품 혹은 액세서리에 부과되는 가격을 말한다. 예를 들어, 자동차를 구매하려는 소비자는 GPS, CD플레이어가 장착된 오디오, 선루프 등을 옵션으로 추가 구입할 수 있는데, 대체로 자동차회사는 기본제품에 대해서는 저가격을, 옵션으로 제공되는 품목에 대해서는 상대적으로 고마진의 제품가격을 책정하는 경향이 있다. 과거 미국의 자동차회사들은 광고에서는 저가격의 기본모델만을 보여주고 실제 전시장에는 여러 옵션제품들이 장착된 고가격의 자동차를 판매하는 가격전략을 채택한 반면, 일본 자동차회사들은 미국 회사들이 옵션으로 판매하는 제품들을 기본모형에 포함시켜 자동차가격을 책정하는 방식을 채택하여 좋은 반응을 얻었다. 최근에는 미국의 자동차회사들도 일본 자동차회사의 가격결정방식을 따르고 있다.

(3) 종속제품 가격결정

종속제품 가격결정(captive-product pricing)은 특정제품과 반드시 함께 사용되는 제품에 대해 부과되는 가격을 말한다. 면도기와 함께 사용되는 면도날이나 카메라에 넣는 필름 등은 종속제품의 예이다. 기본제품(가령, 면도기, 카메라 등)과 종속제품을 함께 생산·판매하는 제조업체는 기본제품에 대해서는 가격(혹은 이익)을 낮게 책정하고 종속제품에 대해서는 고가격(혹은 고마진)을 책정하는 가격전략을 흔히 사용한다. 예를 들어, Gillette(질레트)는 시장확대를 위해 면도기에 대해서는 저가격을 책정하지만 고가격에 면도날을 판매하여 높은 이익을 실현한다. 마찬가지로 프린터시장의 선도업체인 HP는 프린터제품에 대해서는 원가에 최소한의 마진만을 추가한 가격으로 판매하고 소모용품인 토너, 카트리지 등에 대해 고가격을 책정함으로써 수익을 실현한다.

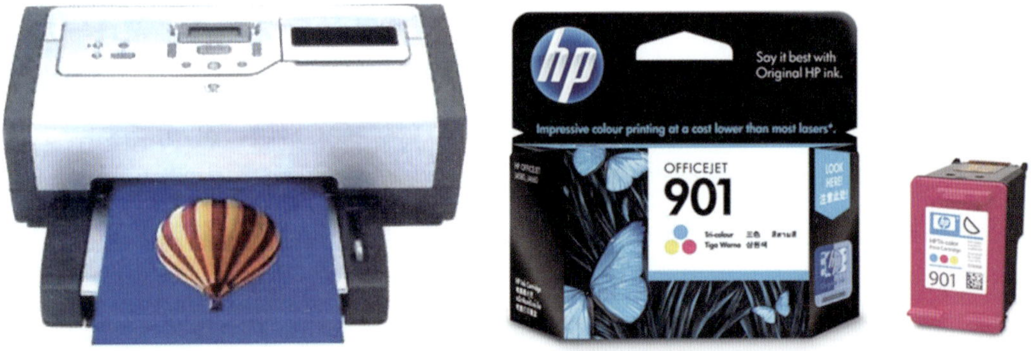

프린터시장의 선도업체인 HP는 프린터제품에 대해서는 저가격을 책정하고 소모용품인 토너, 카트리지 등에 대해서는 고가격을 책정한다.

(4) 묶음제품에 대한 가격결정

기업은 자사에서 판매하는 관련제품들을 함께 묶어 저렴한 가격으로 판매하기도 하는데, 이를 묶음제품 가격결정(product-bundle pricing)이라고 한다. 예를 들어 컴퓨터 판매 시 본체와 모니터, 프린터 등을 하나의 패키지로 만들어 특별가로 파는 경우가 이에 해당된다. 또 프로야구팀이 시즌입장권을 개별 티켓보다 훨씬 저렴하게 판매하거나, 특급호텔들이 방, 식사, 헬스클럽, 기타 부대시설을 패키지로 묶어서 저렴하게 판매하는 경우도 그 예이다.

마케팅 Highlight

묶음제품(스마트폰+통신요금)에 대한 가격결정: 비싼 통신비의 주요인은 비싼 스마트폰 가격인가?

최근 알뜰폰의 인기가 갑자기 높아졌다. 가입 문의가 크게 증가하고, 신규 가입자도 30% 이상 늘었다. 애플의 5G폰 '아이폰12 시리즈' 때문이라는 말이 나온다. 아이폰12는 가격이 95만~190만 원에 달하는 고가 폰이지만 통신 3사의 구매 보조금은 국산 스마트폰의 절반 수준인 20만 원대에 불과하다. 월 5만~13만 원의 비싼 5G 요금제를 써야 함에도 말이다.

그러자 일부 아이폰 팬들은 애플 매장이나 인터넷 쇼핑몰에서 제 가격에 폰을 구매하고, 통신서비스는 알뜰폰으로 가입하는 대안을 선택했다. 알뜰폰의 4G LTE 요금제는 월 2만~3만 원대에 불과하므로 요금을 많이 아껴 비싼 스마트폰 가격을 상쇄하는 합리적 방안을 찾아낸 것이다.

이러한 선택행동은 통신요금정책에 상당한 시사점을 제공한다. 저렴한 통신요금을 선택할 수 있는 대안은 많다. 알뜰폰으로 바꾸면 당장 통신요금을 크게 줄일 수 있다. 하지만 상당수 소비자가 그러지 못한다. 비싼 스마트폰을 구매하기 위해 수십만 원의 구매 보조금을 받고 '2년 약정'에 묶이기 때문이다. 나아가 단말기 할부금까지 포함해 매달 10만 원 가까운 돈을 내는 경우가 흔하다. 결국 비싼 스마트폰 가격이 높은 통신비 부담의 주요인인 셈이다.

아이폰12을 따로 구매하고 알뜰폰에 가입한 소비자들처럼, 스마트폰 값과 통신요금을 분리해 생각하면 소비자의 선택은 훨씬 자유로워질 수 있다. 그러면 통신회사들의 요금 · 가격경쟁도 치열해진다. 실제로 알뜰폰 가입자가 늘면서, 통신 3사는 아이폰12의 구매 보조금을 40만 원대로 올렸다.

정부는 통신요금을 강제로 낮추는 보편 요금제 도입을 고려하고 있다. 그러나 정책에 의해 아무리 요금을 낮춰도 스마트폰 가격을 못 잡으면 통신비 부담은 줄지 않는다는 것을 인식해야 한다.

자료원: 조선경제, 2020.12.10.

3.3 가격의 조정

이상의 방법에 의해 결정된 가격은 그대로 최종 소비자가격이 될 수 있지만, 경우에 따라 여러 가지 요인을 고려한 가격조정을 거쳐 최종적인 소비자가격이 확정되기도 한다. 마케팅관리자는 소비자심리와 수송비를 고려하거나 혹은 판매촉진을 위하여 가격할인을 함으로써 최종적인 소비자가격을 조정할 수 있다.

(1) 소비자 심리에 기반한 가격조정

소비자들이 가격에 대해 보이는 반응은 여러 가지 심리적 요인에 의해 영향을 받는다. 소비자들의 심리적 상태나 구매패턴을 감안해 최종 제품가격을 조정하는 방법을 **심리적 가격결정방법**(psychological pricing)이라고 하는데, 다음과 같은 방법들이 이용된다.

① 단수가격

단수가격정책(odd-pricing)은 제품가격을 100원, 1,000원 등과 같이 현재의 화폐단위에 맞게 책정하는 게 아니라 그보다 조금 낮춘 95원, 950원, 또는 990원 등으로 책정하는 것이다. 단수가격정책의 목적은 소비자들에게 제품가격이 정확한 계산에 의해 가장 낮게 책정되었다는 인식을 심어주기 위한 것이다. 이러한 방법을 통해서 기업은 소비자에 의해 지각된 가격이 실제 가격과 상당한 차이가 있는 것으로 느끼게 한다. 예를 들어, 승용차 아반떼의 가격이 995만 원이면 소비자는 900만 원대로 지각하여 1,000만 원으로 책정한 경우보다 낮은 가격대인 것으로 지각하게 만드는 것이다.

② 관습가격

관습가격정책(customary pricing)은 실제 제품의 원가가 상승되었음에도 불구하고 소비자들이 오랜 기간 동안 일정 금액으로 구매하였기 때문에 기업들이 동일한 가격대를 계속 유지하는 정책이다. 예를 들어, 소비자들은 오랜 기간 껌, 라면, 아이스크림 등의 제품에 대해 동일한 금액을 지불하여 왔기 때문에 이 금액으로부터의 가격변화가 소비자들에게는 상당한 가격인상으로 받아들여질 수 있다. 이 경우 기업들은 원가상승에도 불구하고 어쩔 수 없이 가격인상보다는 내용물의 양을 줄이는 방법을 채택하게 된다. 실제로 '초코파이는 100원'이라는 소비자들의 오래된 인식 때문에 동양제과에서 초코파이의 가격을 1996년 150원으로 인상하기까지 무려 20년간 동일한 가격을 유지해야 했다. 97년 롯데제과가 자일리톨껌을 처음 출시했을 때 기존제품들에 비해 매우 비싼 500원으로 가격을 책정했는데, 고기능성 제품이라는 강점에도 불구하고 시장에서의 초기반응은 부정적으로 나타났었다.

마케팅 Highlight

소비자 심리에 기반한 가격정책을 광고에 사용해 효과를 거둔 버거킹 햄버거 광고

사람들은 가격에는 예민하지만 숫자에는 둔감하다. 많은 기업이 사용하는 가격전략을 살펴보면 소비자들의 직관적인, 무의식적인 소비욕구를 자극하는 기법들이 숨어 있다. 대표적으로 햄버거 프랜차이즈들의 가격전략을 한 번 살펴보자. '단품 버거 하나에 3900원'이라는 가격정책은 거의 모든 햄버거 체인점에서 볼 수 있다. 뒤 세 자리 모두 0인 4000원보다 단지 100원이 더 적은 가격이지만 0의 개수를 줄여서 이것이 상품의 가치를 보다 더 정확하고 구체적으로 반영한 가격이라는 이미지를 주고, 맨 왼쪽의 숫자를 4에서 3으로 바꿈으로써 천 원 단위의 자릿수가 낮아지게 된다. 따라서 소비자들이 갖게 되는 '싸다'라는 느낌은 100원 차이보다 훨씬 클 것이다.

그런데 이러한 고전적 가격정책을 뒤흔든 것이 버거킹의 '사딸라' 광고다. 김영철 배우가 자신이 출연했던 드라마 '야인시대'의 대사를 패러디하면서 유머코드를 입힌 것인데, 특히 '$'라는 단위를 내세운 것이 눈에 띈다. 최근 우리나라에서는 리디노미네이션에 대한 논의가 공공연하게 나올 만큼 생활물가 수준에서 천 원 미만 단위의 실제 효용과 가치가 점점 떨어지고 있다. 이미 식당 메뉴판에 천 원 단위의 숫자만 표기해 놓아도 그리 낯설지가 않다. 예를 들어, 4000원짜리 커피를 4.0 혹은 4.-과 같이 표시하는 것이다. 비록 버거킹 광고에서는 '화폐개혁'을 통해 새로운 화폐단위를 제시하지는 않았지만 원화와 교환비율이 약 1000대 1에 가까운 미국 달러라는 잘 알려진 통화를 활용해 4000이 아닌 '4'라는 한 단위의 숫자로 가격을 표현하고 있다. 그런데 누구나 4달러가 한화로는 정확히 4000원이 아니라 4000원 하고도 몇백 원쯤 되리라는 것을 예상할 수 있을 것이다. 하지만 기업의 입장에서 한국에서 제품을 팔면서 4달러라고 홍보하게 되면 어쨌든 고객에게 전달되는 숫자는 '4($)' 하나이므로 실제 가격에서 추가될 몇 백 원까지 보여주지 않으면서도 4000원대라는 것을 자연스레 알릴 수 있는 것이다. 광고를 자세히 보면 몇 가지의 햄버거 세트를 각 4900원에 판매한다는 내용을 소개하고 있다. 이 광고는 또한 가격앵커효과(anchoring effect, 닻내림 효과)라는 행동경제학적 기법을 잘 활용하고 있는데, 앞서 말한 경쟁사들의 햄버거 단품 3900원의 홍보에 비해 1000원이 더 비싸지만 저항감을 줄여주는 무의식 마케팅의 성공사례로 볼 수 있다. 우선 김영철 배우가 단호하게 '사딸라'로 거래를 한 것으로 인식되기에 결코 비싼 가격으로 다가오지 않는다. 더 중요한 건 그다음이다. 세트메뉴가 4900원인데 여기에 "1000원 추가 시 더블 패티로 푸짐하게!"라는 문구를 보고 흔들리기 쉽다. 이미 선 제시된 4900원이 기준이 돼 1000원, 2000원대의 아이스크림이나 치킨 너겟 같은 다른 사이드 메뉴의 가격이 상대적으로 저렴해 보이기 때문에 소비자의 구매 결정을 더 쉽게 만든다.

한국 버거킹의 '사딸라 광고'를 미국의 버거킹의 광고와 비교해 보는 것도 흥미롭다. 지난 4월 버거킹은 미국 미주리주 세인트루이스에 위치한 버거킹에서 시범 출시된 임파서블푸즈(Impossible Foods)의 '임파서블 와퍼(the Impossible Whopper)'가 성공적인 시장테스트 결과를 얻어내 연내 미국 전역 버거킹

체인점에 공급될 예정이라고 발표했다. 임파서블푸즈는 실리콘밸리 태생의 식품회사로, 지속가능하며 건강한 먹거리 시장을 위해 식물성 원료를 기반으로 하는 육류 대체 식품을 개발하고 판매하는 회사다. 이번 버거킹과의 협업에서 나타난 '임파서블 와퍼'의 특징은 채식주의자가 먹을 수 있는 와퍼임을 표방하고 있지만 채식주의자들만을 공략하기 위한 것이 아니라는 점을 명백히 보여줬다. 임파서블 와퍼의 광고는 "100% Whopper, 0% Beef"를 내세우고 있다. 먼저 100% Whopper라는 문구는 기존에 가지고 있던 버거킹 와퍼의 시각적, 미각적 가치를 제품에 그대로 재현하고 있음을 뜻한다. 그런데 일반적으로 광고에서는 광고제품이 긍정적인 요소가 많고 부정적인 요소가 적음을 강조한다. 임파서블 와퍼 광고에서 0% Beef임을 제시하는 것은 소고기의 함량이 많은 것은 건강에 부정적인 것인데 그 수치가 0%이기 때문에 임파서블 와퍼가 건강에 매우 긍정적인 제품임을 주장하는 것이다.

임파서블 와퍼 광고

임파서블 와퍼에 대한 보도자료와 마케팅에 사용된 홍보 문구를 살펴보면 이 버거가 얼마나 기존 비프버거와 비슷한지를 묘사하고 있다는 점에 주목하게 된다. 임파서블 와퍼의 패티가 '소고기 패티에서 육즙이 흘러나오는 것처럼 붉은색의 즙을 머금고 있도록 했다'든가, '그릴에 구워진 소고기 패티의 표면과 유사하도록 시각적, 미각적 질감에도 신경을 썼다'는 부분 등이다. 채식주의자들이 추구하는 신념은 여러 가지가 있지만 그중의 하나는 식량자원으로서 동물들이 사육되고 도축되는 시스템에 대한 반대라는 것을 생각해 보면 이 식물성 와퍼가 굳이 소고기 패티와 비슷한 모양, 맛, 냄새와 육즙을 가진다고 홍보하는 것은 이들이 채식주의자들만을 겨냥한 시장만을 염두에 둔 것이 아니라는 걸 알게 된다. '건강에 안 좋은 패스트푸드'라는 한계를 넘어서기 위해 건강과 환경까지 고려하는 트렌드에 민감한 육식주의자들을 포용하기 위한 시도라는 생각이 든다. 버거킹의 임파서블 와퍼는 기존와퍼보다 1달러 더 높은 가격에 판매됐지만 소비자들은 거리낌 없이 구매했으며 시범출시 기간 동안 계획한 물량이 성공적으로 팔렸다. 사실 이 와퍼의 칼로리는 690으로 기존 와퍼보다 오히려 30칼로리가 더 높다. 트랜스 지방이 없다는 장점이 있지만 높은 칼로리 때문인지 버거킹은 이런 영양학적 정보들은 홍보에 활용하지 않았다. 단지 100%와 대비되는 0%라는 수치로 육류가 아님을 홍보하고 소비자들의 궁금증을 유발하는 전략을 취했다. 기존 와퍼와 똑같은 맛을 낸 덕분에 소비자들은 1달러를 더 내고 육식을 줄이고 지속가능한 식량자원을 구매한다는 최근의 건강 트렌드에 동참할 수 있는 기회를 얻게 됐다.

자료원: DBR, 2019. July, No. 276.

(2) 거리의 차이에 의한 가격조정

이는 급증하는 물류비에 의해 지역별로 수송비에 차이가 많이 나는 상황에서 수송비를 제조업자, 중간상, 최종소비자 중 누가 부담할 것인지를 고려하는 것으로서, 다음과 같은 방법들이 이용된다.

① 균일수송가격

균일수송가격(uniform delivered pricing)은 판매지역에 상관없이 모든 소비자에게 동일한 수송비를 부과하는 것으로서, 우리나라와 같이 국토가 넓지 않은 경우나 수송비가 가격에서 차지하는 비중이 낮은 경우에 주로 적용된다. 현재 우리나라의 경우 대부분의 소비재 제품가격에 적용된다.

② 지역별 가격

지역별 가격(zone pricing)은 전국을 몇 개의 지역으로 나누고 각 지역 안에서는 소비자들에게 동일한 수송비를 부과하는 방법으로 지역 간의 수송비 차이를 어느 정도 반영하면서 가격관리의 효율성도 동시에 취할 수 있는 장점이 있다.

③ FOB 가격

FOB(Free on Board) 가격은 균일 수송가격과는 정확히 반대되는 개념으로 모든 수송비를 고객이 부담하는 조건으로 가격을 설정하는 방법이다. 즉, 제조업체의 공장에서 화물을 적재하는 시점을 기준으로 가격을 책정하고 그 이후의 수송, 보험료 등을 고객이 직접 부담하도록 하는 것이다. 그러나 이 방법은 고객의 수가 많은 일반 소비재의 경우에는 적용이 어려우며, 거래 발생건수가 그리 많지 않은 산업재 혹은 제조업체와 중간상 간의 거래에 주로 이용된다.

(3) 판매촉진수단으로서의 가격조정

기업은 단기적으로 소비자의 구매를 증대시키기 위한 판매촉진전략의 일환으로 가격을 낮추거나 중간상들에 대한 유인책으로 가격을 조정하기도 한다.

① 소비자들을 대상으로 한 가격할인

- 유인가격(loss-leader): 이는 슈퍼마켓 등에서 잘 알려진 제품의 가격을 매우 저렴한 가격으로 판매함으로써 소비자들에게 그 점포의 가격수준이 매우 낮다는 이미지를 심어주기 위한 전략이다. 이러한 제품은 비록 그 제품 자체로서는 손실을 초래하지만 다른 제품들에 대한 추가적인 판매를 유도하는 미끼상품으로서의 역할을 수행하기 때문에 loss-leader라고 불린다.

유인가격의 예: 롯데마트는 초저가 와인을 미끼 상품으로 활용하여 고객을 매장으로 유인하려고 한다. 롯데마트는 스페인산 와인 '레알 푸엔테' 2종을 병당 4000원이 채 되지 않는 가격에 선보였다.

- **세일행사**(bargain sale): 이는 백화점 등에서 일정기간 동안 취급품목의 대부분을 할인가로 판매하는 것으로서 단기적인 매출증대와 높은 상품회전을 통한 재고감소의 효과를 거둘 수 있다. 그러나 너무 빈번한 세일은 소비자들로 하여금 정상가격에서의 구매를 연기하거나 제품품질을 의심하도록 만듦으로써 장기적으로 매출에 부정적 영향을 미친다.
- **계절할인**(seasonal discounts): 이는 제품판매에 있어 계절성이 있는 경우 비수기에 제품을 구매하는 고객에게 할인혜택을 주는 것으로서, 이를 통해 제조업자는 비수기 동안에도 적정수준의 조업도를 유지할 수 있어 자금흐름이나 제품수급상에 혜택을 얻게 된다. 여행사에서 소비자들을 대상으로 성수기와 비성수기의 관광요금을 차별적으로 책정하는 것은 계절할인의 일종이다.
- **보상판매**(trade-in allowances): 이는 소비자가 자사제품을 구매하면서 중고품을 가져오는 경우 판매가의 일부를 삭감해 주는 것으로 기존제품에 대한 대체수요를 유도하기 위해 활용된다. PC나 휴대폰 판매 시 많이 이용되는 보상판매제도를 그 예로 들 수 있다.

② 중간상에 대한 가격할인

제조업자는 제품판매를 원활히 하기 위해 중간상들에게 다음과 같은 다양한 할인정책을 시행한다.

- **현금할인**(cash discounts): 제조업체와 중간상 간의 거래는 대부분 현금구매가 아닌 어음 등을 이용한 외상거래에 의해 이루어지는데, 이는 물량이 많은 제조업자에게 자금압박의 요인이 되기도 한다. 이를 해결하기 위해 중간상이 제품을 현금으로 구매한 경우 또는 대금지급을 일찍 하는 경우 제조업자는 판매대금의 일부를 할인해 준다. 가령, '30일 만기, 10일 이내 대금 지불 시 2% 할인' 조건은 30일 이내에 제품가를 지불해야 하지만 중간상이 대금을 10일 이내로 앞당겨 지불하면 제품가의 2% 할인을 해주는 것을 말한다.
- **거래할인**(trade discounts): 이는 중간상이 제조업자가 수행하는 업무의 일부를 대행할 경우(예를 들면 중간상이 운송, 보관, 또는 주요 거래선에 대한 영업활동 등을 수행할 경우) 이에 대한 보상으로 제조업자가 그 경비를 일부 부담하는 것이다.
- **촉진공제**(promotional allowances): 이는 중간상이 제조업자를 위해 지역 내 광고를 하거나 판촉행사를 실시할 경우 중간상들에 대한 보상으로 가격에서 일부 금액을 공제하는 것이다.

04 신제품에 대한 가격결정전략

기업의 가격전략에서 특히 중요하고 어려운 문제는 신제품을 출시할 경우의 가격결정방법이다. 신제품을 개발한 기업이 고려할 수 있는 가격전략은 크게 초기고가격전략과 시장침투가격전략으로 구분된다.

초기고가격전략(market-skimming pricing)은 처음에는 고가격을 책정하였다가 시간이 지남에 따라 가격을 내리는 것이다. 즉, 초기에는 많은 단기이익을 창출하기 위해 가격민감도가 가장 낮은 고소득 또는 혁신적(innovative) 소비자층을 상대로 고가격을 책정했다가 이들의 구매가 감소하기 시작하면 가격에 민감한 일반 소비자층을 표적으로 가격을 인하하여 단계적으로 이익을 극대화하는 것이다. 애플은 초기고가격전략을 자주 활용하는 기업들 중 하나이다. 애플이 아이폰을 처음 출시했을 때 초기가격은 599달러에 달했다. 6개월 후 애플은 신규 구매자를 끌어들이기 위해 8GB모델에 대해서는 399달러, 16GB 모델에 대해서는 499달러로 가격을 인하했다. 1년 이내에 애플은 다시 각각의 모델에 대해 199달러와 299달러로 인하함으로써 여러 세분시장으로부터 최대한의 수입을 이끌어 내었다.

① 고가격에도 상당수의 소비자가 그 제품을 구매하고자 할 때
② 제품가격이 비싸면 제품품질도 높을 것으로 소비자가 지각할 때
③ 고가격으로 단위당 높은 초기 생산비용을 감당해야 할 때
④ 초기고가격에도 불구하고 당분간 경쟁사의 시장진입이 어려울 때

시장침투가격전략(market-penetration pricing)은 신제품 가격을 낮게 책정해 신속히 시장수요를 확산하려고 하는 것이다. 시장침투가격전략은 단기적으로 이익을 희생하는 것을 감수할 수 있을 때 가능하다. 시장침투가격전략은 다음과 같은 상황에서 적절한 전략이다.

① 소비자들이 가격에 민감하고 낮은 가격으로 빠른 시장성장이 가능할 때
② 생산량이 누적될수록 제조원가와 유통비용이 빨리 하락될 때(경험곡선효과가 클 때)
③ 저가격전략이 경쟁사들의 시장 진입을 방지할 수 있을 때

05 가격변경

기업은 자사제품의 가격을 결정한 후 경쟁상황이나 시장상황이 변함에 따라 제품가격을 인하하거나

인상하기도 한다.

(1) 가격인하

기업은 강력한 경쟁자가 시장에 진입해 시장점유율을 잠식당하거나 또는 과잉생산으로 재고를 조정해야 하는 경우 제품가격을 인하하게 된다. 예를 들면, 신규 휴대폰 제조업체의 시장참여로 과잉공급에 직면한 기존 휴대폰 제조업체들은 가격인하를 통해 이에 대응할 수 있다. 경쟁이나 생산적 요인 때문이 아니더라도 시장수요 증대를 위하여 가격을 인하하기도 한다. 가령 삼성전자나 LG전자가 중국이나 인도시장을 개척하기 위하여 저가의 휴대폰을 개발하는 경우가 이에 해당된다.

(2) 가격인상

기업은 주요 부품이나 원자재가격의 상승으로 기존제품의 가격을 인상하기도 한다. 휘발유나 석유화학제품의 가격은 원료 수입가격에 의해 큰 영향을 받는다. 그러므로 원료 수입가격이 급등하면 최종제품의 가격이 인상된다. 그러나 가격인상이 고객불만을 발생시킬 가능성이 높으므로 많은 기업들이 간접적인 방법으로 가격을 인상하기도 한다. 예를 들어, 제품의 함량을 줄이거나 저가의 원재료를 사용하여 원가를 줄이는 방법으로 간접적으로 가격을 인상하는 것 등이 그 예이다.

(3) 경쟁사 대응 가격변경

선발기업이 일정기간 동안 시장을 독점하여 높은 이익을 얻게 되면 후발 경쟁기업들이 저가격으로 시장에 진출하게 된다. 이때 선발기업이 선택할 수 있는 가격전략 대안은 ① 경쟁사 진입 전 가격인하, ② 경쟁사 진입 후 가격인하, ③ 기존가격 유지의 세 가지가 있다.

일반적으로 선발기업의 최적 가격전략은 독점기간 동안에 초기고가격전략을 사용하다가 경쟁사가 진입하기 전에 미리 가격을 인하하는 것이다. 이 전략은 초기독점기간 동안에 많은 단기이익을 거두고, 경쟁사가 진입하기 전에 가격을 인하해 시장에서의 기존 포지션을 강화함으로써 장기적 이익을 실현할 수 있다. 저가의 신규 경쟁제품에 대응하는 또 다른 방법은 우리 회사도 저가의 브랜드를 새로 출시하는 것인데, 대한항공에서 진에어를 출범시킨 것이 그 예이다.

참고 문헌

1. Philip Kotler and Gary Armstrong, Principles of Marketing, 16th ed., Pearson, 2016.
2. Philip Kotler, 안광호, Gary Armstrong, 마케팅 입문, Pearson, 2013.
3. 사라 맥스웰 (황선영 역), 가격차별의 경제학, 밀리언하우스, 2009.
4. Raju, Jagmohan, Z. John Zhang, Smart Pricing: How Google, Priceline, and Leading Businesses Use Pricing Innovation for Profitability, Pearson, 2010,
5. Nagle, Thomas T., Reed K. Holden, and Reed Holden, The Strategy and Tactics of Pricing : A Guide to Profitable Decision Making, Prentice Hall, 3rd ed., 2001.
6. Robert J. Dolan, How Do You Know When the Price is Right?, Harvard Business Review, September–October, 1995, pp. 174–183.

생각해 볼 문제

1. 제품, 유통, 촉진과 같은 마케팅믹스의 다른 구성요소들과 비교하여 가격은 기업의 이익창출에 어떤 점에서 중요한가?
2. 삼성전자는 국내 스마트폰시장에서 선도적인 지위를 구축하고 있다. 삼성전자의 가격결정의 목표는 무엇이며, 시장점유율에서의 선도적 지위를 유지하기 위한 가격전략은 무엇인가?
3. 수요의 가격탄력성은 무엇이며, 수요의 가격탄력성이 기업의 가격전략에 미치는 효과에 대해 이야기해 보시오.
4. 자동차를 구매하는 과정에서 가격 외 비용에는 어떤 것들이 있으며, 이를 줄여 고객가치를 높이는 방안에 대해 생각해 보시오.

CHAPTER

11

유통의 성격과 도 · 소매상 유형

1. 유통경로의 정의 및 중간상의 필요성
2. 유통경로의 유형
3. 소매상
4. 도매상

학습목표

1. 유통경로에서 중간상의 역할을 설명하고 유통경로의 주요유형에 대해 살펴본다.
2. 소매상의 주요유형을 소개하고 각 유형의 차별적 특징과 소매마케팅 시사점에 대해 설명한다.
3. 소매상의 마케팅전략에 대해 살펴본다.
4. 도매상의 주요유형과 마케팅의사결정에 대해 설명한다.

11장 유통의 성격과 도 · 소매상 유형

이 장에서는 유통경로상에서 중간상의 기능을 수행하는 두 가지 주요유형인 소매업과 도매업을 살펴본다. 우리는 매일 다양한 규모와 형태의 소매상들을 접하고 있기 때문에 백화점, 할인점 같은 소매업태에 대해 익숙하다. 그러나 소비자들이 볼 수 없는 곳에서 일하고 있는 여러 유형의 도매상에 관해서는 잘 알지 못할 것이다. 본 장에서는 서로 다른 종류의 소매상과 도매상의 특징, 그들이 내리는 마케팅의사결정, 그리고 미래추세에 대해 알아본다.

이 장의 도입사례는 신세계, 롯데 등 기존 유통 대기업, 쿠팡 등 이커머스업체, 네이버 등 IT기업 사이에 벌어지고 있는 유통대전을 살펴보는 것으로 시작한다. 도입사례를 통해 여러분은 오프라인 쇼핑에서 온라인 쇼핑으로 소비자들의 쇼핑행동방식이 넘어가는 유통 트렌드에 직면한 소매기업들이 차별적 경쟁우위를 구축/유지하기 위해, 그리고 소매시장에서 선도적 지위를 확보하기 위해 어떤 전략을 추구하는지를 학습하게 될 것이다.

도입 사례

475조 원 소매시장을 놓고 유통대전을 벌이는 기존 유통 대기업, 이커머스업체, IT기업들

쇼핑앱

유통업계에서 코로나19는 대전환의 계기가 됐다. 코로나19 발생 이후 온라인 쇼핑은 더욱 확산하고 오프라인 쇼핑은 위축했기 때문이다. 산업통상자원부에 따르면 2020년 오프라인 쇼핑의 매출이 유통업계 전체에서 차지하는 비중은 53.5%였다. 오프라인 쇼핑은 대형마트·백화점과 대형 슈퍼마켓(SSM) 등을 포함한다. 온라인 쇼핑의 매출 비중은 유통업계 전체의 46.5%였다. 쿠팡·위메프·티몬·11번가·인터파크·G마켓·옥션·이마트몰·신세계몰·롯데온 등이 온라인 쇼핑에 해당한다. 2020년 온라인 쇼핑의 매출액은 전년보다 18.4% 증가한 반면 오프라인 쇼핑의 매출액은 3.6% 줄면서 2년 연속 마이너스 성장을 기록했다. 문을 닫는 오프라인 매장도 늘고 있다. 롯데쇼핑은 2020년 114개 점포를 폐쇄했고 2021년에도 100곳을 폐쇄할 계획이다.

이에 따라 기존 유통대기업, 이커머스업체, IT기업들 간에 475조 원(2020년 말 기준)대로 추정되는 국내 소매시장 쟁탈전이 갈수록 뜨거워지고 있다. 연 매출 13조 원대의 대형 유통사로 성장한 쿠팡이 도화선을 당겼다. 쿠팡이 더 큰 투자를 벼르며 실탄확보 차원에서 미국 뉴욕증시 상장에 나서면서다. 그동안 쿠팡의 성장세를 지켜봤던 롯데·신세계·현대백화점 등 기존 유통 대기업은 물론 네이버·카카오 같은 정보기술(IT)업계 거인들의 행보도 빨라지고 있다.

쿠팡은 미국 뉴욕증시 상장에 성공할 경우 얻게 될 자금으로 유통 경쟁력 강화를 넘어 인근 산업군으로까지의 진출을 노린다. 이미 누적적자가 4조5500억 원에 달하기 때문에 유통업에서 얻는 이익만으론 원하는 만큼의 위상을 구축하기 어렵다. 사실 온라인 유통업에서도 1등이라고 말하긴 어렵다. 쿠팡이 뉴욕상장 신고서를 통해 한국의 유통, 식료품, 음식배달, 여행시장 등으로 사업영역을 확장하겠다고 적시한 이유다.

쿠팡이 미국 증권거래위원회에 제출한 상장 신고서에 담긴 쿠팡 주요사업을 소개하는 사진들

이커머스 업계의 숨은 강자로 여겨지던 카카오커머스도 그 모습을 드러내면서 강력한 시장선도자로 부상하고 있다. 2020년 카카오커머스의 거래액은 전년 대비 64% 성장해 6조 원에 육박했다. '선물하기'나 '메이커스' 서비스는 같은 기간 각각 52%, 60%씩 매출이 커졌고, 쇼핑하기의 톡스토어는 전년 대비 292%라는 괄목할 만한 성장세를 기록했다. 카카오커머스의 경우 거래 대부분이 '선물하기'를 통해 이뤄지는데, 별도의 물류 네트워크를 구축하지 않고도 상품권(바우처) 형태로 매출이 발생하는 구조다. 쿠팡 등과 달리 물류비가 거의 들지 않는다는 강점이 있다. 앞으로 카카오커머스는 명품 라인업을 강화하는데 전력을 기울이려고 한다. 현재도 275만 원인 입생로랑 모노그램 케이트백 가방을 '선물하기'를 통해 판매한다. 카카오커머스는 몽블랑, 샤넬 뷰티, 티파니처럼 대중들이 선호하는 명품 브랜드들의 입점을 계속 추진할 계획이다.

네이버와 신세계그룹은 연합전선을 구축했다. 2021년 1월 정용진 신세계그룹 부회장은 경기도 성남시의 네이버 본사에서 이해진 네이버 글로벌투자책임자(GIO)를 만나 구체적인 협력방안을 논의했다. 네이버는 현재 쿠팡을 넘어 국내 1위의 이커머스업체(2019년 기준 · 20조 원)로 올라섰다. 신세계 역시 이마트 등을 앞세워 오프라인에서의 역량을 다진 뒤 꾸준히 이커머스업계로의 확장을 노린다. 신세계그룹은 그룹 통합 온라인쇼핑몰 SSG닷컴의 IT 인프라와 160개에 달하는 이마트 매장을 결합해 신선식품 배송에서 1위를 굳히려고 한다. 하지만 신세계의 이커머스 대표주자인 SSG는 2020년 거래액 4조원을 넘겼을 뿐이다. 네이버 역시 거래액 기준 1위 업체이긴 하지만, 오픈마켓 형태의 영업방식이어서 제품소싱 등에 한계가 있다. 두 회사 간 전략적 제휴의 목적은 힘을 합쳐 서로의 약점을 보완하려는 데 있다. 여기에 네이버페이를 통한 간편결제라는 강력한 무기도 있다.

오프라인의 전통적 강자 롯데쇼핑의 고민도 깊다. 온라인 공간에서 이렇다 할 마케팅성과를 내지 못하고 있기 때문이다. 그룹 주력인 롯데그룹 유통BU(비즈니스 유닛)가 특히 그렇다. 하지만 롯데에는 탄탄한 물류 인프라가 있다. 쿠팡이 스스로 최대 강점이라고 꼽은 게 물류 인프라인데, 쿠팡은 전국 100여 곳에 물류거점을 마련했다. 하지만 연간 거래액이 약 50조 원인 롯데 유통BU는 이미 백화점(51곳)과 마트(113곳)를 합쳐 전국 160여 곳에 물류거점을 갖고 있다. 이에 따라 유통업계에서 "롯데가 갈 방향만 세우면 얼마든지 현재의 열세를 뒤집을 수 있을 것"으로 전망한다.

국내 유통시장의 재편은 이제부터 시작이다. 스마트폰 쇼핑에 익숙한 디지털 네이티브(원주민)들이 찾지 않는 오프라인 소매 매장의 쇠퇴는 불가피하다. 향후 소매업체들은 새로운 성공 방정식을 만들어 가야 지속성장이 가능할 것이다

자료원: 한경, 2021.05.14; 중앙일보, 2021.02.17; 2021.02.09.

제조업체가 중간상을 거치지 않고 소비자를 상대로 직접 판매한다면 제조업체 본연의 업무인 제품개발 및 생산활동에 전력투구를 할 수 없을 뿐 아니라 유통과정에서 발생하는 많은 비용을 직접 부담하게 된다. 제조업체는 제품생산에 전념하고 중간상을 활용하여 보다 효과적으로 제품을 유통시킴으로써 소비자는 보다 편리하게 그리고 저렴하게 제품을 구매할 수 있는 것이다. 본 장에서는 먼저 유통경로를 정의하고 유통경로에서 중간상의 필요성과 기능, 유통경로의 유형 등을 다룬 다음, 소매상과 도매상의 기능과 유형들에 대하여 설명하기로 한다.

01 유통경로의 정의 및 중간상의 필요성

유통경로(channels of distribution)는 "제품이나 서비스를 생산자로부터 최종 소비자에게 이동시키는 과정에 참여하는 기업과 개인들의 집합"으로 정의된다. 제조업체는 자사제품을 판매하는 데 있어 최적의 유통경로를 구성하기 위해 다양한 형태의 중간상들을 이용한다. 제조업체는 중간상의 이용으로 인해 마케팅활동에 대한 통제력이 상실될 수 있음에도 불구하고 왜 마케팅기능의 일부를 그들에게 위임하는 것일까? 그 이유는 중간상을 이용하여 얻는 혜택이 통제력 상실로 인한 비용보다 크기 때문일 것이다. 가령 롯데제과는 생산된 껌을 직접 소비자에게 판매하는 것보다 중간상을 이용하여 판매하는 것이 보다 효율적임을 알고 있다.

제조업체는 중간상을 이용함으로써 다음과 같은 이점을 얻을 수 있다.

첫째, 중간상은 제조업체와 소비자 간의 거래를 단순화시킨다. 제조업체는 중간상을 이용하여 거래

그림 11-1 중간상을 이용할 경우의 거래의 경제성

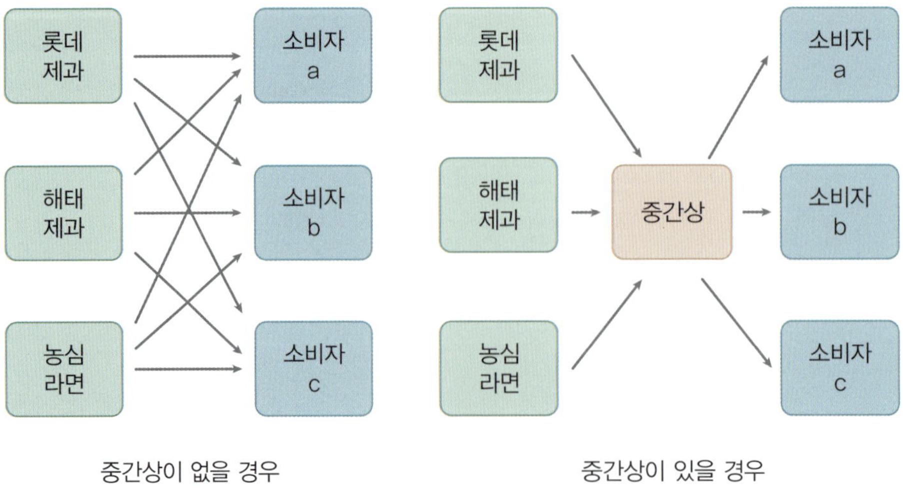

의 경제성을 달성할 수 있다. 그림 11-1 은 중간상을 이용하는 것이 왜 경제적인가를 보여준다. 이 그림에 의하면 중간상이 없는 경우 각 기업은 개별 소비자와 직접 거래를 해야 하므로 총 9번의 거래가 필요하다. 그러나 중간상이 개입될 경우는 제조업체와 소비자는 중간상을 통해 거래가 이루어지므로 총 거래수는 6번으로 감소한다. 따라서 제조업체와 소비자 사이에 중간상이 개입됨으로써 이들 간의 총거래수가 현저히 감소된다(최소거래수의 원칙).

둘째, 중간상은 제조업체와 소비자에게 시간효용(time utility), 장소효용(place utility) 및 소유효용(possession utility)을 제공한다. 제조업체가 중간상을 이용하면 추가적 비용이 발생되지만 이러한 유통비용의 증가는 중간상이 제공하는 3가지 효용에 의해 상쇄된다. **시간효용**은 소비자들이 원하는 시간에 제품을 구매할 수 있게 함으로써 발생되며, **장소효용**은 소비자들이 원하는 장소에서 손쉽게 제품을 구매할 수 있을 때 창출된다. **소유효용**은 최종소비자가 제품을 소유할 수 있도록 함으로써 창출된다.

중간상은 제조업체를 대신하여 거래기능(판매, 구매, 재고부담과 같은 위험부담), 물적유통기능(제품의 수송, 보관), 거래촉진기능(금융, 시장정보제공) 등의 마케팅기능을 수행함으로써 이러한 세 가지 효용을 창출한다. 물론 이러한 기능들을 제조업자가 직접 수행할 수 있지만 전문적 능력을 갖춘 중간상들이 대신 수행하는 것이 비용과 성과면에서 훨씬 효율적일 경우가 많다.

일반적으로 제조업체가 이러한 기능을 직접 수행한다면 제품원가와 가격이 증가될 것이다. 따라서 중간상이 마케팅기능을 대신 수행한 대가로 받는 수수료를 포함한 제품가격이 제조업체가 직접 유통에 참여하여 발생된 제품가격보다 낮다면 제조업자는 중간상을 이용해야 할 것이다.

02 유통경로의 유형

어떤 형태의 유통경로가 마케터에게 가장 큰 경쟁우위를 제공할까? 불행하게도 모든 제품과 시장에 통용될 이상적인 유통경로란 존재하지 않는다. 제조업체는 소비자의 욕구를 잘 충족시킬 수 있으면서 동시에 경로구성원을 적절히 통제하여 마케팅전략을 무리 없이 수행할 수 있는 형태의 유통경로를 원할 것이다. 그러나 제조업체가 선택할 수 있는 유통경로의 형태는 제품 및 소비자의 특성, 기업의 마케팅목표 및 가용자원에 따라 달라진다.

소비재 제조업체가 선택할 수 있는 유통경로의 형태는 크게 4가지로 분류될 수 있다(그림 11-2 참조). 그러나 실제로 유통경로를 구축할 때 한 가지 유형만 이용하는 것이 아니라 여러 유형을 함께 이용하는 경우가 많다. 제조업체의 입장에서 볼 때 제조업체와 소비자 사이에 많은 경로구성원(중간상)들이 개입될수록, 즉 경로길이가 길어질수록 제조업체의 통제력이 약해진다.

그림 11-2 유통경로의 유형

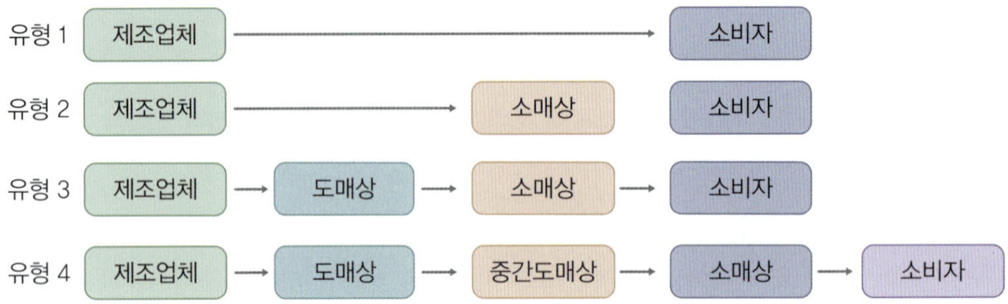

유통경로 유형 1은 **직접마케팅 경로**(direct-marketing channel)라고 불리는데, 제조업체가 중간상을 거치지 않고 직접 소비자에게 판매하는 형태이다. 예를 들어, 가정용 학습교재 판매회사 대교, 한국야쿠르트, 아모레퍼시픽 등은 가정방문판매를 통해 제품을 판매한다.

직접마케팅 경로의 예: 한국야쿠르트는 가정방문판매를 통해서 제품을 판매한다.

유통경로 유형 2는 제조업체와 소비자 사이에 소매상이 개입되는 경로형태이다. 즉, 소매상은 제조업체로부터 직접 제품을 공급받아 소비자에게 판매하게 된다. 많은 소비재들이 이러한 유통경로 유형을 가진다. 예를 들어, 가전제품, 가구, 구두 제조업체가 대리점을 통하여 자사제품을 판매하는 것이 이러한 유형의 한 예이다. 이러한 유통경로는 제조업체가 도매상의 기능(전국적인 창고, 물류, 및 관리기능)을 수행할 수 있어야 하므로 대개 대기업들이 이용하는 방식이다.

유통경로 유형 3은 제조업체와 최종소비자 사이의 유통과정에 도매상과 소매상이 참여하는 형태로서, 가장 전형적인 유통경로구조이다. 식품, 의약품 등의 제품을 생산하는 제조업체들이 이러한 유통경로를 이용한다.

유통경로 유형 4는 제조업체와 소매상 사이에 여러 유형의 도매상들이 개입되는 형태인데, 주로 생산자가 많은 1차상품(곡물류, 야채, 과일 등)의 유통과정에서 흔히 볼 수 있는 경로유형이다. 그림 11-3은 각 유통경로유형의 구체적 예를 보여준다.

그림 11-3 각 유통경로 유형의 구체적 예

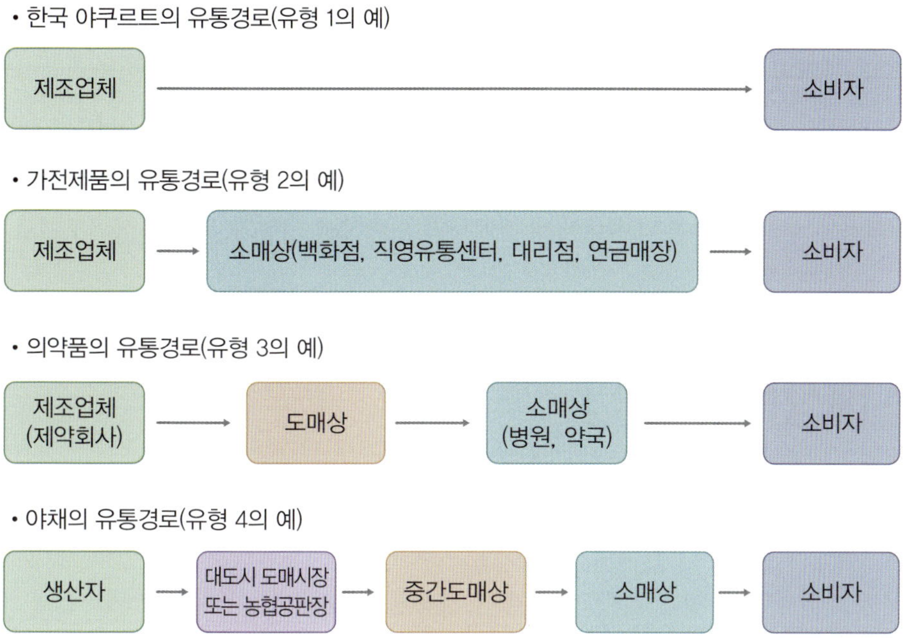

경쟁이 치열하지 않고 고객의 욕구가 다양화되지 않았을 때는 하나의 유통경로만으로 충분한 판매가 이루어졌다. 그러나 최근 고객욕구의 다양화에 의한 시장세분화 추세에 따라 각 세분시장에의 접근에 적절한 복수유통경로를 채택하는 기업들이 늘어나고 있다. 예를 들어, LG전자는 대리점을 통해 가전제품을 판매하기도 하고, 대형도매상, 백화점, 연금매장 등을 이용하기도 한다. 복수유통경로를 이용할 경우 제조업자는 매출을 증대시킬 수 있는 이점을 갖는다. 그러나 제조업체가 각 유통경로에 대해 차별적 가격을 책정하거나 유통경로 간에 동일고객 유치를 위한 과당경쟁 등이 발생할 경우, 경로구성원들 간에 갈등이 심화되어 경로구성원들의 이탈이 발생될 수 있다. 최근 저가로 제품공급을 요구하는 할인점과 전자상거래업체의 급성장에 따라 이러한 문제점은 앞으로 지속될 것으로 예상된다.

최근 디지털화와 온라인 유통서비스의 급성장에 따른 탈 중간상화 혹은 직거래(disintermediation)라는 새로운 유통방식은 기존의 오프라인 소매업체에게 상당한 위협이 되고 있다. **탈 중간상화**는 마케팅 채널에서 중간상의 단계를 없앤다는 의미이다. 과거 Dell 컴퓨터가 개인들에게 직접 PC를 판매하면서 전통적인 방식의 PC 유통채널에서 소매상을 제거한 것이 한 예이다. 좀 더 넓게 보면, 탈 중간상화는 직접마케팅을 통해 여러 단계의 유통경로를 제거함을 의미할 뿐만 아니라 새로운 형태의 중간상들이 전통적인 재판매업체를 대체하는 것도 포함한다. 온라인 음악 다운로드 서비스의 출현이 음반 유통 및 구매방식에서 혁명적인 변화를 가져온 것이 대표적인 예이다. 대다수 소비자들이 멜론, Apple의 iTunes 같은 온라인 음악 다운로드 서비스를 이용함에 따라 오프라인 음반매장이 사라졌고 CD,

DVD 같은 음반매체의 매출은 빠르게 하락했다. 탈 중간상화 혹은 직거래라는 새로운 방식의 직접마케팅 채널이 전통적인 유통채널을 대체하고 있는 주요이유는 고객들에게 더 나은 서비스를 제공할 수 있기 때문이다. 마케터들은 고객가치창출에 기여하는 혁신적인 유통채널의 출현에 적극적으로 대응할 필요가 있다. 그렇지 못한 기업들은 큰 물결에 휩쓸려 익사할 위험이 있기 때문이다.

이와 같은 유통경로 유형에서 보듯이 제조업체와 소비자를 연결하는 유통경로상에서 도매상과 소매상이 주요역할을 수행하고 있다. 다음에서는 소매상과 도매상의 기능과 유형을 살펴보기로 한다.

03 소매상(Retailer)

롯데나 신세계와 같은 대형백화점은 고객들이 자점포를 재방문하도록 하기 위해 다양한 이벤트와 넓은 휴식공간을 제공한다. 한편 값싸고 질 좋은 제품을 구매하기를 원하는 소비자들을 상대로 상설할인매장이나 할인점이 새롭게 등장하고 있다. 이와 같이 소비자의 욕구나 라이프 스타일의 변화에 따라 이를 충족시킬 수 있는 새로운 유통업태가 계속 출현하는 등 소매환경은 빠르게 변화하고 있다. 따라서 제조업체와 소매상들은 소매환경변화에 신속하게 적응하기 위해 새로운 형태의 소매상 출현을 주의 깊게 관찰해야 함은 물론 기존의 유통전략을 적절히 변경해 나가야 할 것이다. 이하에서는 소매상의 성격, 기능 및 유형에 대해 살펴보기로 한다.

3.1 소매상의 성격과 기능

소매상(retailer, retail institution)은 제품이나 서비스를 최종소비자에게 직접 판매하는 데 관련된 활동을 수행하는 상인이다. 소매상은 유통경로상의 마지막 단계에서 최종소비자와 직접 접촉을 한다는 점에서 제조업체의 판매성과에 큰 영향을 미친다.

소매상은 유통경로상에서 제조업체와 소비자를 위해 다음과 같은 기능을 수행한다.

첫째, 소매상은 제조업체의 제품을 소비자에게 판매하며 제품의 보관 및 운송 등을 담당하여 제조업자와 도매상의 마케팅활동을 지원한다.

둘째, 소매상은 다양한 상품구색을 갖추어, 소비자에게 선택의 폭을 넓혀주고 그들이 원하는 상표를 소량으로 구매할 수 있게 한다.

셋째, 소매상은 제조업체와 소비자에게 필요한 정보를 제공한다. 소매업체는 소매광고, 인적판매, 점포디스플레이를 통해 고객에게 제품의 특성, 할인판매 여부, 점포이용시간 등에 관한 정보를 제공하며, 제조업체에게는 매출액 변동, 고객의 욕구와 불만, 재고회전율에 관한 정보를 제공한다.

3.2 소매상의 유형

소매상의 유형은 매우 다양하며 소매환경의 변화에 따라 계속해서 새로운 형태의 소매상들이 출현하고 있다. 소매상의 유형은 여러 기준에 의해 분류될 수 있지만, 여기서는 소매업체가 점포를 소유하고 있는지의 여부에 따라 점포형 소매업(store retailing)과 무점포형 소매업(nonstore retailing)으로 나누어 설명하기로 한다.

(1) 점포형 소매업

점포형 소매업은 그 규모와 형태에 있어서 매우 다양하며, 새로운 소매업태가 계속 나타나고 있다. 점포형 소매업은 제공되는 서비스 수준, 상품구색의 폭과 깊이, 상대적 상품가격 등에 따라 다양한 점포형태로 분류될 수 있다. 표 11-1 은 이러한 분류기준에 따른 대표적인 소매상의 유형을 보여준다.

표 11-1 소매업체의 유형

서비스 수준	상품구색의 폭과 깊이	상대적 상품가격
셀프서비스 소매상	전문점	할인점
	백화점	양판점
한정서비스 소매상	슈퍼마켓	제조업체 상설할인매장
	편의점	회원제 도매클럽
완전서비스 소매상	슈퍼스토아	카탈로그점

① 서비스 수준

소매상들은 고객들에게 제공되는 서비스 수준에 따라 셀프서비스 소매상, 한정서비스 소매상, 그리고 완전서비스 소매상으로 나눌 수 있다. **셀프서비스 소매상**(self-service retailer)은 1930년대 미국의 대공황기간에 소비자들이 직접 매장에 가서 상품을 비교해 보고 선택함으로써 구매비용을 절약하려는 추세에 대응하기 위해 등장하였으며, 그 이후 급속도로 성장하였다. 셀프서비스 소매상에는 모든 할인소매업태(할인점, 상설할인매장, 회원제 도매클럽, 하이퍼마켓 등), 편의점, 슈퍼마켓 등이 포함된다.

한정서비스 소매상(limited-service retailer)은 고객들의 구매과정에 상당한 판매지원서비스를 제공하는 소매상을 말하는데, 고객들이 많은 정보를 필요로 하는 선매품(shopping goods)을 주로 취급하는 일반 백화점이 대표적인 예이다. **완전서비스 소매상**(full-service retailer)은 판매사원으로 하여금 고객이 여러 제품을 비교하여 선택하는 전체 구매과정을 돕도록 하며, 고객들이 구매과정에 많은 쇼핑노력을 기울

마케팅 Highlight

새로운 유통업태로 부상하는 다크 스토어

전자상거래와 배달 인프라를 활용하고 기존매장의 불을 끈 채, 최소한의 인력과 투자로 운영되는 이른바 '다크 스토어'가 코로나19로 인해 파괴된 기존상권의 빈 자리를 메우며 급성장하고 있다.

미국의 스포츠 · 아웃도어용품 판매업체인 '아카데미 스포츠앤아웃도어'는 2020년 신종 코로나 사태가 닥치자 250여 개 매장의 문을 닫아야 했다. 매출이 급감하면서 매장을 유지하면 할수록 적자가 늘었다. 위기에 몰린 이 회사가 찾은 대안은 매장을 창고처럼 바꾸고, 구매는 인터넷으로만 가능하게 하는 것이었다. 매장 앞 주차장은 픽업센터로 바꿨다. 고객은 더 이상 매장에서 직접 신발이나 옷을 고를 수 없었고, 집에서 온라인으로 주문한 뒤 매장 주차장에서 물건을 받아야 했다. 고육지책(苦肉之策)은 뜻밖의 대성공으로 이어졌다. 2020년 3분기 이 회사의 매출은 2019년 같은 기간 대비 20%가 늘어난 13억5000만 달러에 달했고, 순이익은 100% 늘어난 6억 달러였다. 매장운영을 위한 유지 · 관리비가 줄어들면서 비용이 대폭 절감됐다. 매장에서 직접 제품을 써보고 입어봐야 만족할 줄만 알았던 고객들은 빠르고 간편한 인터넷 쇼핑의 장점에 빠르게 적응했다. 신종 코로나를 피해 집에서 운동하는 홈트레이닝 수요가 폭발한 것도 도움이 됐다. 순식간에 코로나 피해기업에서 수혜기업으로 탈바꿈한 것이다.

최근 들어 전자상거래와 배달 인프라를 활용해 기존매장의 불을 끈 채, 최소한의 인력과 투자로 운영되는 이른바 '다크 스토어(dark store)'가 기존상권의 빈 자리를 메우며 급성장하고 있다. 매장 없이 창고만 있는 소매점인 셈이다. 다크 스토아는 늘어나는 온라인 주문수요를 맞추고 고객에게 빠르게 배달하기 위해 도심에서 운영하며 고객이 들어가 상품을 고를 수 없는 매장을 말하는데, 인건비와 인테리어 비용 같은 고정비를 줄일 수 있다.

미국 백화점 메이시스의 일부 매장 앞에선 온라인으로 주문한 물건을 주차장에서 건네주는 '길거리 픽업' 서비스를 운영하고 있다. 코로나 19 상황 속에서 소비자와 직원 간 접촉을 최소화하고, 동시에 백화점 재고 물건을 소모할 수 있는 방식이다.

코로나19로 매장방문이 줄고 온라인 주문이 늘면서 기존의 일반매장을 다크 스토어로 바꾸는 유통기업들이 늘어나고 있다. 백화점도 예외가 아니다. 백화점 체인 메이시스(Macy's)는 2020년 10월 미국 델라웨어주와 콜로라도주의 백화점을 다크 스토어로 전환했다. 일명 '픽업 및 온라인 주문처리센터'다. 코로나 사태로 개점휴업 상태인 백화점을 통째로 물류창고로 바꿔, 인터넷 주문에 적극적으로 대처하게 했다. 백화점은 애초에 입지가 좋은 도심에 짓는다. 소비자와 가까운 데서 배송이 출발하면, 더 빠르게 전달할 수 있다. 덕분에 메이시스의 '온라인 구매 후 매장 앞 픽업' 매출은 2020년 3분기 전체 매출의 30%까지 급증했다.

2020년 9월 고급 식료품 체인 홀푸드마켓이 미국 뉴욕 브루클린에 연 다크 스토어 매장. 온라인 주문만 받아 배송하는 일종의 물류창고로, 일반 소비자가 직접 들어와 쇼핑할 수 없다.

고급 식료품 매장으로 유명한 아마존의 홀푸드마켓도 2020년 9월 뉴욕 브루클린에 다크 스토어를 열었다. 홀푸드마켓의 상징 같은 샐러드 바나 계산대가 없고, 아예 매장 내에 손님이 들어오지도 않는다. 오직 온라인 주문만 받아 배송한다. 신종 코로나 이후 매장 방문보다 온라인으로 신선식품을 주문하는 수요가 3배 이상 급등하자, 기존 형식의 매장이 아닌 다크 스토어로 출점(出店)했다. 식품 신선도를 지키며 배송하려면 도심 내 다크 스토어가 유리할 수밖에 없다. 미 백화점 체인 노드스트롬, 대형마트 월마트와 타깃, 나이키 등도 비슷한 방식으로 매장을 전환할 계획이다.

다크 스토어 등 다크 이코노미 모델은 코로나19 사태 이전부터 이미 확산하고 있었다. 인터넷 쇼핑에 익숙해진 사람들이 점원과 대면해 상품정보를 얻고 물건을 구매하기보다 인터넷상의 제품정보나 후기에 의존해 주문하고, 제품을 배송받는 방식을 더 편리하게 여기기 시작했기 때문이다. 대면소통의 부담을 회피하고, 집에서 편하게 물건을 받는 편의를 추구하는 경향이 강해지며 일반매장 매출은 점점 감소하고, 온라인 매출이 이를 상쇄하는 현상이 나타나고 있었다. 신종 코로나 사태는 이러한 변화에 가속도를 붙였다.

자료원: 조선일보, 2021.01.11.

이는 전문품(카메라, 오디오제품)이나 고가의 제품(보석, 디자이너 의류)을 주로 취급한다. 또한 완전서비스 소매상은 자유로운 상품교환, 다양한 신용판매, 무료배달 등의 추가적인 서비스를 제공하므로 상품가격은 상당히 비싸다. 전문점이나 상류층 상대의 고급백화점이 그 대표적인 예이다.

② 상품구색의 폭과 깊이

점포형 소매상은 취급되는 상품구색의 폭과 깊이에 의해서도 분류될 수 있는데, 전문점, 백화점, 슈퍼마켓, 편의점, 드러그 스토어 등이 그 예이다.

● **전문점**(Specialty Store)

전문점(specialty store)은 취급되는 상품계열의 수(폭)는 한정되어 있으나(narrow product line), 각 계열 내에서 매우 다양한 상품구색(deep assortment)을 갖추고 있다. 2000년대 이후 소비자의 가처분소득이 증가되어 소비자의 욕구가 다양화 및 개성화됨에 따라 한정된 상품계열 내에서 깊은 상품구색을 갖춘 의류점, 가구점, 운동구점 등과 같은 다양한 형태의 전문점이 등장하게 되었고 현재 급속한 시장성장을 하고 있다. 가구전문매장인 한샘과 까사미아, 가전대리점 LG 베스트 샵, 스포츠용품 전문매장인 나이키, 아디다스, 언더아머 대리점 등이 전문점의 예이다. 소비자 라이프스타일의 변화와 맞벌이 부부의 증가에 따라 고품질의 제품, 편리한 위치, 친절한 서비스를 제공하는 전문점에 대한 수요가 계속 증대될 것이다.

전문점의 예: 언더아머 스포츠용품 전문매장

● **백화점**(Department Store)

백화점(department store)은 주로 의류, 가정용품, 잡화를 중심으로 다양한(폭넓은) 제품계열을 취급하며 각 제품계열은 전문구매자(specialist buyer)나 머천다이저에 의해 관리된다. 최초의 백화점은 1852년 프랑스 파리에 세워졌던 봉 마르셰(Bon Marche) 백화점이었다. 봉 마르셰 백화점은 그 당시만 해도 혁신적인 다음과 같은 경영방식을 도입하였다. 즉, (a) 낮은 마진과 빠른 재고회전, (b) 제품가격의 표시, (c) 고객이 구매부담 없이 직접 제품을 구경할 수 있게 함, (d) 자유로운 고객불만정책의 수용 등이었다.

외국의 유명 백화점에는 미국의 Bloomingdale, Macy, Marshall Field, 일본의 미쓰꼬시, 다카시마야, 소고 등이 있다. 미국의 도심 백화점은 1940년대까지 계속적인 성장을 하다가 제2차 세계대전 이후 소매점 수명주기상의 쇠퇴기에 들어서게 되었는데, 이는 동종 백화점 간의 경쟁 심화, 할인점·전문점과 같은 다른 유형의 소매업태와의 경쟁 격화, 교통혼잡 및 주차의 어려움으로 인한 소비자들의 시내쇼핑의 기피 등과 같은 이유 때문이다. 최근 코로나19 여파로 美 주요백화점들은 파산이 잇따르고 있다. 1902년 설립된 미국 백화점 체인 J.C. 페니가 2020년 5월 파산보호신청을 했고, 미국의 대표적인 고급 백화점 니먼 마커스도 미국 텍사스주 연방법원에 파산보호신청을 했다. 같은 이유로 해서 일본 백화점도 수명주기상의 쇠퇴기에 들어가고 있다. 이에 따라 상당수 백화점들은 할인점의 위협에 대처

마케팅 Highlight

글로벌 가구전문 할인점 이케아(IKEA)의 진출에 대응해 차별화를 추구하는 국내 가구전문점들

현대리바트는 서울 논현스타일숍의 한 개 층을 생활소품 전문 브랜드 리바트홈을 중심으로 꾸렸다.

글로벌 가구전문 할인점 이케아(IKEA)의 국내 진출에 대응해 국내 가구전문점들은 차별화를 추구하고 있다. 이케아는 합리적 가격과 세련미, 8600종이 넘는 제품군을 갖춘데다 단순히 가구를 파는 것이 아니라 공간별로 어울리는 가구와 소품의 조합을 제시하며 '라이프 스타일을 판다'는 새로운 소매 개념을 앞세웠다. 이에 대응해 국내 가구업체들은 차별화를 추구하고 있다. 현대백화점그룹의 가구 계열사인 현대리바트는 전등 · 발판 · 도마 · 쿠션 같은 생활소품 전문 브랜드 '리바트홈'을 론칭했다. 가구업계 1위인 한샘은 이케아의 상대적 약점을 집중적으로 노렸다. 이케아에서 물건을 살 경우 직접 실어 나르고 조립하는 수고를 해야 하는 소비자의 불만을 파악하고 배송과 조립을 모두 제공해 주고 있다. 또한 이케아 매장이 상대적으로 도심권 밖에 위치하고 있는 점에 착안해 도심에 큰 매장을 지어 소비자의 접근성을 키웠다. 에몬스는 이케아의 실용성에 맞서 고품격 전략을 추구하기로 했다. 그리고 타킷층을 40~50대에서 20~30대까지로 확장하기 위해 온라인 · 모바일 매장을 열었다. 젊은 층을 겨냥한 제품의 경우 세부장식을 단순화하는 방식으로 가격을 낮추고 고가 제품과 동일한 자재를 사용하고 있다. 이 회사의 가구콘셉트는 에코 프레스티지인데, 친환경 소재(Eco-friendly)를 사용한 명품(Prestige) 디자인의 가구라는 뜻이다.

갤러리아백화점 명품관은 고급패션백화점으로서의 점포이미지를 추구하고 있다.

하기 위해 특별할인매장을 상시운영하고 있으며, 다른 백화점들은 전문점과 경쟁하기 위해 부티크형의 고급백화점(가령, 갤러리아백화점 명품관)으로 포지셔닝하고 있다.

한국에서 최초의 백화점은 1930년 현 명동 신세계백화점 위치에 개점한 일본의 미쓰꼬시 백화점의 경성지점이었다. 우리나라 백화점은 1960년대 후반까지 부동산 임대업의 성격을 띤 임대백화점의 형태로 운영되었다. 그러나 1969년 4월 신세계백화점이 정찰제도 도입, 고객신용판매제 실시 등의 현대식 경영기법 도입과 함께 직영체제를 도입·구축함에 따라 백화점 성장의 새로운 전환기를 맞게 되었다. 그 후 1973년 미도파가 직영체제를 도입하고, 1979년 말 한양유통이 한양쇼핑센터를 서울 강남에 개설하였으며, 1979년 12월에 롯데쇼핑이 기존 백화점의 2배 이상의 규모로 명동에 백화점을 개설함에 따라 백화점 대형화 추세의 계기가 되었다. 우리나라 백화점들은 외국의 백화점처럼 자기책임하에 상품을 직매입·판매하는 것이 아니라, 백화점 매장을 코너별로 각기 다른 제조업체에 빌려주고 제조업체가 자기책임하에 판매한 부분에 대해 판매가격의 20~35%의 수수료를 징수하는 수수료매장 중심으로 운영되어 왔다. 그러나 최근 들어 백화점업계는 매장의 직영률을 높이기 위해 백화점이 자체개발한 유통업체브랜드(PB: private brand)의 판매비중을 늘리고 있다. 국내 백화점업계의 경우, 롯데백화점, 신세계백화점, 현대백화점이 매출규모와 점포 출점에서 압도적 우위를 보이면서 과점체제를 구축하고 있다. 국내 백화점업계도 미국, 일본의 경우와 마찬가지로 소매수명주기에서 성숙기의 후반으로 진입함에 따라 지속적인 성장에 어려움을 겪고 있다. 이에 따라 소수의 충성고객을 겨냥한 VIP마케팅, 서비스의 차별화, 전체 매출에서 명품 브랜드가 차지하는 비중의 확대, 백화점의 고급화(가령, 갤러리아 명품관, 롯데 명품관 등), 해외시장 진출 등을 통해 경쟁우위를 유지하려고 한다.

- **슈퍼마켓**(Supermarket)

슈퍼마켓(supermarket)은 저원가·저가격의 다양한 제품들을 낮은 마진으로 대량판매하는 점포이며, self-service가 특징이다. 슈퍼마켓은 대개 연쇄점(corporate chain)의 조직으로 운영된다. 편의품도 취급하지만 주로 식품이 주종을 이룬다.

미국의 슈퍼마켓은 1930년대 급속한 성장기를 맞게 되었는데, 성장배경에는 대공황 후 소비자들의

마케팅 Highlight

유수 해외 백화점들이 잇따라 파산하는 상황에서 한국 백화점은 건재한 이유

2022년 11월. 한 직장인이 지하철역에서 걸어서 5분 거리의 무인 편의점 아마존365 오픈 카페에서 업무를 보고 있다. 아마존365는 아마존이 2017년 8월 인수한 미국 슈퍼마켓 체인 홀푸드와 무인 편의점인 아마존고를 융합한 매장이다. 이곳은 마트와 편의점인 동시에 백화점, 레스토랑, 공유 사무실 등의 기능을 갖춘 장소로 진화했다. 직장인들은 이 공간에서 모든 걸 해결한다. 업무를 보고하고, 사람을 만나고, 커피를 마시고, 식사하고, 장을 보고, 옷을 입어보고, 택배를 찾는다.

《아마존의 미래전략 2022》란 책 서문에 등장하는 가상 시나리오다. 가까운 미래에 e커머스(전자상거래) 시장은 물론 오프라인 유통까지 모두 집어삼킨 '유통의 제왕' 아마존을 보여준다. 미국 유통업계에선 '아마존당했다(Amazonized)'란 말이 나왔다. 2019년, 2020년에 걸쳐 100년 역사의 백화점이 줄줄이 사업을 접었다. 2019년 바니스 뉴욕이 문을 닫았고, 2020년 고급 백화점 니먼마커스와 JC페니도 파산했다.

책이 내다본 미래는 가상 시나리오이긴 하지만 실현가능성이 전혀 없는 것은 아니다. 아마존은 연 회원제인 아마존 프라임을 기반으로 오프라인 유통사업을 확대해 무인점포, 식료품 매장, 서점 등 다양한 형태의 오프라인 매장 약 2000개를 열겠다는 계획을 내놨다.

한국에선 다른 상황이 펼쳐지고 있다. 한국에서도 전자상거래 시장은 급성장했다. 1996년 국내 최초의 온라인 쇼핑몰 인터파크가 문을 연 이후 23년 만인 2019년 국내 전자상거래 시장규모는 연간 100조 원을 훌쩍 넘겼다. 최근엔 쿠팡, 네이버쇼핑 등 신흥 강자가 위협적이다. 하지만 한국 백화점과 마트는 건재하다. JC페니처럼 파산하지도, 홀푸드처럼 인수되지도 않았다.

국내 백화점과 마트는 소비자를 관찰하고 발 빠르게 움직였다. 백화점들은 맛집을 들이고 체험형 매장을 확대했다. 스타필드, 파미에 스테이션 등 복합 쇼핑몰은 물론 아울렛 사업에도 진출했다. 해외 백화점들이 저가를 내세운 아울렛에 밀릴 때 국내 유통사들은 아울렛 사업에 직접 뛰어들어 시너지를 냈다. 놀거리와 즐길거리를 제공해 어떻게든 소비자를 매장으로 끌어들이고 익숙하게 만들었다. 이런 식으로 축적한 고객경험을 확산시켰다.

트렌드에 맞춰 온라인 쇼핑도 강화했다. 오프라인 매장 등 기존에 보유한 경쟁력을 연계해 시너지를 낼 방안을 찾았다. 이마트의 쓱 배송은 오전에 신선식품을 주문하면 오후에 집 앞까지 가져다준다. 기존에 보유한 전국 각지 신선식품의 대량소싱 능력과 물류창고 등이 있어 가능한 서비스다. 쓱 배송은 최근 신종 코로나바이러스 감염증(코로나19) 확산에 따른 위기 속에서 경쟁력을 입증했다. 2020년 출범한 롯데온라인쇼핑 통합 채널 롯데ON(롯데온)도 마찬가지다. 앱에서 롯데백화점 상품을 주문하면 집에서 가장 가까운 세븐일레븐 점포나 롯데마트 매장에서 가져갈 수 있다.

그러나 코로나19가 빠른 속도로 바꿔 놓을 소비시장의 미래가 두렵다고 유통업체 임원들은 얘기한다. 하지만 답은 나와 있다. 이미 알고 있다. 아마존 창업 당시 제프 베이조스가 냅킨에 적은 사업모델에도 있었던 핵심가치, 소비자다.

자료원: 전설리, 아마존이 두렵지 않은 이유, 한경, 2020.05.14.

프리미엄 슈퍼마켓의 예: 신세계그룹의 SSG푸드마켓 청담점

가격민감성, 자동차 소유의 확산에 따라 주거지 부근의 소형 잡화점을 이용할 필요성의 감소, 냉동기술 및 포장기술의 발달, 그리고 가정용 냉장고의 보급 등을 주원인으로 들 수 있다. 그러나 인구성장의 둔화와 편의점, 할인식품점 등의 등장에 따른 경쟁의 격화로 인해 최근 슈퍼마켓의 매출액 성장이 둔화되었다. 슈퍼마켓은 이에 대한 대응방안으로 전통적인 식품중심에서 마진이 높은 비식료 품목을 취급하고 매장면적을 더욱 대형화하고 있다. 이와 함께 즉석제조 베이커리 코너, 미식가용 식품, 신선한 생선과 야채, 조리된 포장식품 등의 제공을 통해 식품의 매출도 유지하려고 한다.

한국은 1964년 탄생된 한남체인이 최초의 슈퍼마켓이며, 1971년에 8개의 슈퍼마켓을 가맹점으로 하여 최초의 가맹점형 체인인 새마을 슈퍼체인이 설립되었으며, 1974년 정부가 연쇄화 사업자를 지정하면서 럭키슈퍼(현 GS슈퍼마켓), 해태슈퍼, 한화스토어 등 대형 슈퍼마켓체인(연쇄점)이 급속히 늘어나게 되었다.

1974년 럭키슈퍼로 출발한 GS슈퍼마켓은 당시 200평 규모의 대형매장을 선보이며 국내 슈퍼마켓시장을 개척했다. 경쟁업체였던 해태슈퍼와 한화스토어는 할인점과의 경쟁에서 밀려 점포 수를 줄여나가다 결국 롯데슈퍼와 이랜드에 매각되었다. GS슈퍼마켓은 오프라인과 온라인을 연계한 인터넷 슈퍼사업에도 성공적으로 진출했으며, 200평 내외의 중·소형 점포를 신선식품 전문슈퍼로 전환시키고 있다.

현재 기업형 슈퍼마켓(SSM) 시장에서는 롯데슈퍼, 홈플러스 익스프레스, 이마트 에브리데이, GS더프레시(GS슈퍼마켓) 등이 치열한 경쟁을 벌이고 있다. 이러한 업체 간 경쟁은 배송전쟁에서 잘 나타나고 있다. 가령, 2020년 GS리테일이 운영하는 기업형 슈퍼마켓 GS더프레시는 한 시간 배송서비스를 도입했는데, 오전 9시~오후 10시 전용 앱과 요기요/카카오톡 주문하기를 통해 상품을 주문하면 전국 직영/가맹 점포 중 가장 가까운 곳에서 한 시간 이내에 상품을 배송해 준다.

최근 기업형 슈퍼마켓업체들은 프리미엄 슈퍼마켓 시장 진출을 통해 수익성을 높이고 있다. 신세계그룹의 SSG푸드마켓이 선점하고 있는 고급 슈퍼마켓 시장에 롯데슈퍼는 기존의 '롯데슈퍼'라는 점포명 대신 '롯데 프리미엄푸드마켓'이라는 소매브랜드명을 사용해 진출했다. 롯데 프리미엄푸드마켓은 롯데슈퍼보다 더 업그레이드된 슈퍼마켓 이미지를 표현하기 위해 매장 인테리어를 백화점 수준으로 고급스럽게 하고 직원을 늘려 고객에게 더욱 편안한 쇼핑환경을 제공한다. 그리고 온라인에서 쉽게 구하기 힘든 유기농이나 친환경 제품 등 고급형 식재료를 대거 취급함으로써 소득수준이 높은 소비자를 겨냥하고 있다.

● **편의점**(convenience store)

편의점(convenience store)은 식료품 위주의 상품회전율이 높은 편의품을 주로 취급하는 셀프 서비스 방식의 소규모 점포이다. 편의점은 본사가 직영하거나 본사와 계약을 체결한 가맹점에 의해 운영된다. 편의점은 주로 주거지역이나 교통이 편리한 곳에 위치하고 있으며(입지의 편리성), 연중 무휴 24시간의 영업을 하며(시간의 편리성), 각 품목에 대해 소비자들이 신뢰할 수 있는 소수의 브랜드만을 취급하는(구색의 편리성) 특징을 가지고 있다.

편의점의 예

미국의 편의점은 1927년 South-Land사의 7-Eleven으로 시작되었다. 일본의 경우 1974년 미국 South-Land사와 기술제휴로 도쿄에 개점한 7-Eleven이 설립된 후 급성장하였다. 한국의 편의점은 동화산업이 1988년 세계 최대의 편의점 체인업체인 미국의 South-Land사(7-Eleven)와 기술제휴하여 코리아 세븐을 설립함으로써 시작되었다.

장기 저성장 추세를 보이는 국내 유통업계에서 편의점은 지속적인 성장세를 보이고 있다. 24시간 영업과 편리한 접근성이라는 강점에다 1~2인 가구의 증가와 소량구매 패턴의 확산이 더해졌기 때문이다. 국내 편의점 시장은 CU, GS25, 세븐일레븐에 의해 주도되고 있다. 편의점은 반경 500m 최근접 상권을 대상으로 하기 때문에 다양한 상품과 부가서비스가 결합된 지역 밀착형 유통거점으로 진화하고 있다. 가령, GS25는 이탈리아 고급원두커피인 라바짜커피, 베니건스 스파게티 등 GS25에서만 구입할 수 있는 독특한 상품의 개발과 우편 및 택배서비스, 티켓발권서비스 등의 서비스 상품의 개발을 통해 단순히 상품만을 판매하는 편의점이 아니라 생활편의를 제공하는 공간으로 전환하고 있다. 세븐일레븐은 드립커피를 판매하는 체험매장 '세븐카페'를 도입하고 편의점 안에서 입금까지 가능한 자동화기(ATM기)를 매장에 설치했다.

CU는 신한은행과 제휴를 맺고 디지털 키오스크를 통해 편의점에서 통장 · 카드를 발급받을 수 있는 금융서비스를 도입했다. 한 고객이 디지털 키오스크를 통해 바이오인증을 시도하고 있다

최근 고객 접근성이 좋은 편의점 특성을 활용해 편의점 업체들은 은행 및 증권사와의 제휴를 통해 은행창구처럼 업무를 볼 수 있는 미니뱅크 서비스도 도입하고 있다. 가령, 편의점 CU는 신한은행과의 제휴를 통해 영업지점 창구 수준의 은행업무가 가능한 디지털 키오스크를 점포 내에 설치했다. 디지털 키오스크는 핀테크 기술을 활용해 영업지점 창구에서 운영 중인 100여 개 금융서비스 업무를 지원한다. 고객은 이를 활용해 기존 영업지점에서 실명확인을 통해서만 가능했던 통장·체크카드 발급, 비밀번호 변경, 인터넷뱅킹 신청 등을 할 수 있고 생체인식 방식을 통해 카드 등을 소지하지 않아도 출금과 이체 등이 가능하다.

● **드러그 스토어**(Drug Store)

드러그 스토어(drug store)는 일반적으로 약품·식품·생활용품 등을 취급하는 일종의 잡화점을 말하며, 미국 월그린, 영국 부츠, 홍콩 왓슨스가 대표적이다. 한국의 경우 드러그 스토어는 화장품, 생활용품, 간단한 먹거리 같은 것을 판매하는데, 최근 쇼핑가·대학가를 중심으로 늘어나고 있다. 국내에는 CJ 올리브영이 1999년 처음으로 드러그 스토어 시장에 진출했고, 올리브 영, 왓슨스 등이 드러그 스토어의 대표적인 예이다. 외국과 달리 국내 드러그 스토어의 성장은 화장품 같은 뷰티제품이 견인하고 있다. 이처럼 한국의 드러그 스토어는 '약국을 바탕으로 한 잡화상' 개념인 외국과 달리 화장품 편집매장 성격이 강하다. 이에 따라 화장품을 기반으로 한 한국형 드러그 스토어는 젊은 소비자들의 호응을 얻고 있다. 할인점·슈퍼마켓보다는 고급스럽고 백화점보다는 저렴한 화장품을 판매하기 때문이다.

국내 드러그 스토어 업태의 시장선도자 CJ 올리브영

③ 상대적 가격

소매상들은 판매되는 상품의 가격에 의해서도 분류될 수 있다. 대부분의 소매상들은 표준적인 소매마진을 더한 상품가격을 제공하거나 고품질의 제품을 비싼 가격으로 판매하지만, 어떤 소매상들은 정상적인 품질의 제품을 저렴한 가격으로 판매하기도 한다. 이하에서는 다른 소매상보다 저렴한 가격으로 상품을 판매하는 소매업태인 할인점, 양판점, 제조업체 상설할인매장, 회원제 도매클럽, 대형할인전문점, 카탈로그점을 중심으로 설명하기로 한다.

● **할인점**(Discount Store)

할인점은 최근 가장 성장이 빠른 유통업태의 하나로 부상하고 있다. **할인점**이란 지가 및 임대료가 싼 지역에서 유명 제조업체브랜드를 일상적으로 낮은 가격으로 대량판매하는 점포를 말한다. 이런 점에서 재고품을 싸게 판매하는 상설 할인매장과 다르다. 할인점은 백화점이나 일반소매점보다 판매관리비, 광고비, 건물 인테리어에 들어가는 비용을 줄이고, 셀프서비스에 의해 인건비를 절감하며, 대량직매입으로 매입단가를 낮춤으로써, 파격적으로 낮은 가격에 제품을 판매할 수 있다. 또한 낱개 판매보다는 박스단위의 판매를 유도한다. 할인점은 제한된 고객서비스만을 제공하며 편의품보다는 내구재, 카메라, 스포츠용품, 보석 등의 전문품을 주로 취급한다.

미국에서는 1950년 Korvette가 할인점의 효시이며, K-Mart, Wal-Mart 등이 대표적인 할인점이다. 1960년대부터 유명 제조업체브랜드(national brand)를 매우 저렴하게 판매하는 할인점이 성장을 계속하여, Wal-Mart와 같은 기업은 미국 제1의 소매기업으로 성장하게 된다. 일본의 경우 미국의 종합 할인점과 달리 가전·완구 등 전문업종별 할인점이 시장점유율을 넓혀가며 독자적인 소매업태로 자리 잡았다. 일본의 경우 종합 할인점보다 전문업종별 할인점이 성장한 것은 미국에 비해 높은 땅값과 건축비, 머천다이징 능력의 부족 등에 기인한 것으로 보인다.

한국의 경우 1993년 신세계백화점이 국내 처음으로 종합 할인점인 E마트를 서울 창동에 개점하였다. E마트 창동점은 독자적인 한국형 할인점으로서, 선진국의 할인점과 달리 식품비중이 높으며 일반 소매점보다 평균 20~30% 낮은 가격에 판매하고 있다. 이처럼 할인판매가 가능한 것은 상품을 대량 직매입함으로써 구매원가를 낮추고 소수의 판매원을 고용하여 인건비를 절감하며 고객들로 하여금 낱개 판매보다는 박스나 묶음 판매로 구매하도록 유도하기 때문이다.

E마트의 성공에 영향을 받아 국내의 많은 대기업들이 할인점에 진출하였는데, 이는 할인점 시장의 급성장에 기여하였다. 홈플러스, 롯데마트, 갤러리아백화점의 한화마트(롯데쇼핑에 매각), GS유통의 GS마트(롯데쇼핑에 매각) 등이 그 예이다. 최근 들어 할인점들은 지속적 성장을 추구하기 위해 온라인 사업영역을 강화하고 있다. 가령, 홈플러스는 인터넷쇼핑몰 내에 기존의 식품부문 외에 유아동용품, 패션, 가전, 가구 등 비식품을 전문으로 취급하는 '스타일몰'을 추가로 열며 온라인쇼핑몰 확대전략을 추구하고 있다.

할인점의 예: 경기 고양시 이마트 풍산점

마케팅 Highlight

MZ세대를 끌어들이기 위해 라이브방송을 시작한 롯데마트

코로나19로 인한 쇼핑환경 변화와 온라인 소매업체의 급성장으로 위기에 놓인 대형마트가 라이브 커머스(실시간 방송판매)로 돌파구 찾기에 나섰다. 현재 10~30대인 MZ세대(1980~2000년대 초반 출생자)를 신규고객으로 끌어들이기 위해서다. 이들은 유튜브 같은 동영상 콘텐츠에 친숙하고 단순한 구매활동보다는 재미와 간접경험을 선호하는 게 특징이다.

코로나19로 인한 쇼핑환경 변화와 온라인 소매업체의 급성장으로 어려움에 처한 롯데마트는 라방(라이브방송)이라 불리는 라이브커머스를 도입했다. 새로운 소비주력으로 떠오르고 있는 MZ세대를 잡기 위해 판매채널을 다양화하고 의사소통도 강화하기 위해서다. 이들은 유튜브 같은 동영상 콘텐츠에 친숙하고 단순한 구매활동보다는 재미와 간접경험을 선호하는 게 특징이다. 2020년 8월 롯데마트는 10~30대인 MZ세대(1980년대 초~2000년대생을 뜻하는 밀레니얼(M)세대와 1990년대 중반~2000년대 초반 출생한 Z세대를 합성한 말) 소비자를 유치하기 위해 라이브커머스 전문 애플리케이션(앱)인 '그립'을 통해 라이브커머스를 시작했다. 롯데마트는 그립에서 자체브랜드(PB) 상품인 '마시고 바르는 콜라겐'을 시범판매한 결과 2000여 명이 방송을 지켜봤고, 방송 1시간 만에 주간 판매량을 달성했다. 롯데마트는 직매입 상품과 PB 상품을 중심으로 상품기획자가 직접 상품에 대한 질문에 실시간으로 답변하고 소통하는 라이브 방송을 하고, 마진을 최소화한 라이브커머스 전용 상품세트 등을 만들어 판매하려고 한다.

롯데마트가 진행한 자체브랜드 상품 '마시고 바르는 콜라겐'의 라이브 커머스 한 장면. 상품기획자가 출연해 상품개발과정에 대해 설명하고 있다.

롯데마트는 이 밖에도 롯데마트몰 앱을 이용해 매장에서 상품을 스캔해 주문 · 결제하고 집으로 배송을 받는 QR코드 쇼핑 도입과 카트 안에 설치된 리더기를 통해 계산대를 통과하지 않아도 카트 자체에서 결제가 가능한 스마트 카드 도입을 통해 MZ세대를 끌어들이기 위한 시도를 하고 있다. 나아가 MZ세대의 다양성, 문화, 가치관에 대한 이해도를 높이고 세대 간 소통 활성화를 위해 역멘토링 제도를 시행하고 있는데, 이는 신입사원이 임원들의 멘토가 돼 소셜네트워크서비스(SNS) 활용법부터 핫플레이스, 즐길거리 등 젊은 세대의 새로운 지식과 트렌드를 공유하는 제도이다.

자료원: 매경, 2020.08.28.

한편 세계 최대 글로벌 유통업체 Wal-Mart가 1998년 한국 할인점시장에 진출했지만 적자누적으로 2006년 철수했으며 신세계 이마트에 인수됐다. 월마트의 가장 큰 실패원인으로는 현지적응 실패를 들 수 있다. 창고형 할인점 방식을 고수해 한국 소비자들의 취향을 제대로 반영하지 못했고 점포 접근성도 다른 할인점에 비해 떨어졌다. 그리고 2000년대 초반 한국경기가 침체기에 들어섰을 때 신규점포를 늘리지 못하고 그 사이 한국 할인점이 공격적으로 매장을 늘려가 시장 주도권을 빼앗긴 것도 실패요인 중 하나이다.

할인점업체의 공격적인 점포출점으로 대형 할인점이 진출할 입지가 포화상태에 도달함에 따라, 최근 이들 업체는 점포규모를 축소시킨 슈퍼슈퍼마켓(SSM: Super Super Market)을 도입하고 있다. SSM은 식품, 생필품, 의류 등을 취급하는 축소된 할인점을 말하는데, 할인점과 슈퍼마켓을 결합한 소매형태이다.

● **양판점**(GMS: General Merchandising Store)

양판점은 식료품, 의류, 잡화 등의 다양한 상품계열을 중저가로 판매하는 실용품 중심의 종합점으로 흔히 중저가 백화점으로 불리기도 한다. 상품구색 및 매장운영 방식은 백화점과 유사하나 체인화를 통한 대량구매, 유통업체 브랜드의 개발, 기획상품 개발 등을 통해 가격면에서 백화점보다 저렴하다는 차이가 있다. 따라서 대중양판점은 백화점과 할인점의 중간형태로서 규모는 백화점, 운영은 할인점 형태를 유지하는 소매업체이다. 미국의 대표적인 양판점체인은 Sears, J. C. Penney, Montgomery Ward 이며, 이들은 1920년대부터 1960년대 중반까지 지속적인 성장을 보였다. 그러나 그 이후 할인점, 고급 백화점, 전문할인점의 성장으로 인한 업태 간 경쟁의 심화로 인해 경쟁력을 상실하고 있다. 매장 변신의 실패와 온라인 소매업체의 공세로 인해 양판점 시장의 선도자였던 Sears(시어즈)는 2018년 파산보호를 신청했다. 국내 최초의 GMS는 1988년 11월에 설립된 새나라 슈퍼백화점이며, 그 후 한양유통의 잠실점, 해태유통의 해태마트 등이 개점되었다. 그러나 점포운영과 제품구색의 미숙으로 인한 영업부진으로 새나라 슈퍼백화점, 해태마트 등은 다른 소매업태로 전환하는 등 업태로의 정착가능성이 매우 낮은 상황이다.

● **제조업체 상설할인매장**(Factory Outlet)

제조업체 상설할인매장은 다양한 재고품목들을 정상소매가격보다 30% 이상으로 저렴하게 판매하는 제조업체직영점을 말한다. 국내의 경우 제조업체 상설할인매장은 패션업체를 중심으로 활성화되고 있다. 미국의 경우 보통 수십 개의 상설할인매장들이 한 곳에 집결되어 하나의 제조업체 상설할인몰(factory outlet malls) 또는 할인소매센터(value-retail

제조업체 상설할인매장의 예

center)를 형성하고 있다. 미국의 할인매장들은 고급 의류브랜드들을 포함시킴으로써 점차 고급화되고 있으며, 이는 높은 운영비로 인해 상설할인매장보다 높은 판매가격을 책정할 수밖에 없는 백화점과 이들 간에 경로갈등을 유발시키는 계기가 되었다. 제조업체는 백화점에게는 신상품을 공급하고 자체 상설할인매장에는 시즌이 지난 재고상품과 기획상품을 공급함으로써 백화점의 불만에 대처하고 있다.

● **회원제 도매클럽**(Membership Wholesale Club)

회원제 도매클럽 혹은 **창고형 할인점**은 일정한 연회비를 내는 회원들에게만 정상적인 (유명)제조업체 상표들을 매우 저렴하게 판매하는 소매업태를 말하는데, 미국의 Costco, Sam's Club이 대표적인 예이다. 회원제 도매클럽은 실내장식이 거의 없는 창고형의 매장과 진열대에 상품을 상자채로 쌓아놓고 고객이 직접 고르게 하는 묶음 판매를 통해 운영비를 최소화한다. 취급상품은 가공식품, 잡화, 가정용품, 가구, 전자제품 등 그 범위가 제한되어 있으며, 상품회전율이 높은 상품과 유명브랜드만을 취급한다. 미국의 회원제 도매클럽은 1976년에 설립된 프라이스클럽에 이어 1983년 Wal-Mart가 샘즈클럽(Sam's Club)을 설립하였고, 이어서 코스트코(Costco)(1994년에 프라이스클럽과 합병하여 Price-Costco가 되었음), K-Mart의 자회사인 페이스(Pace) 등이 잇달아 진출하였다. 미국의 회원제 도매클럽은 식품부분을 보강하고 기존의 할인점보다 더 저렴한 가격으로 판매함으로써 1980년대에 걸쳐 크게 성장하였으나, 1990년대 이후 회원제 도매클럽 체인점들 간의 경쟁 심화와 슈퍼마켓의 효과적 대응에 의해 성장이 둔화되고 있다.

우리나라 회원제 도매클럽의 시초는 1994년에 신세계백화점이 미국의 프라이스 코스트코와의 기술제휴로 설립된 프라이스클럽(현 코스트코 홀세일)이다. 코스트코 홀세일은 국내 할인점시장에서 미국식 초기 할인점 모델(창고형, 회원제, 대량판매)을 고수하고 있다. 코스트코 홀세일은 다른 할인점에서는 구입할 수 없는 다양한 수입상품군을 갖춰 차별화를 추구하는데, 해외 직수입을 확대해 수입상품 비중을 30%대에서 50%대로 높이려고 한다. 최근 들어 창고형 할인점이 새로운 성장 유통업태로 재부상하고 있다. 주5일제가 정착되면서 주말에 교외로 '나들이 겸 쇼핑'하는 사람들이 크게 증가하고 물가급등으로 조금이라도 저렴한 곳에서 물품을 구입하려는 자영업자들이 증가했기 때문이다. 이에 따라 2010년대 들어 이마트, 롯데마트, 홈플러스 등 국내 할인점 업체들이 업태 다양화 추구의 일환으로 창고형 도매클럽에 경쟁적으로 진출하고 있는데, 이

회원제 도매클럽의 예

마케팅 Highlight

한국식 창고형 할인매장 이마트 트레이더스의 고속성장 비결: 코스트코와 상품 차별화, 그리고 대형마트보다 더 싸게

백화점, 대형마트, 기업형 슈퍼마켓 등 기존 유통채널들이 저성장을 보이는 상황에서 '한국식 창고형 할인점'을 내세운 이마트 트레이더스가 빠르게 성장하고 있다. 상품구색과 가격에서 기존 유통업체와 차별화를 이룬 것이 성공요인이다. 트레이더스는 대형마트보다 더 큰 묶음의 상품을 저렴하게 판매하는 창고형 할인점이며 지방 대도시에 10개 매장을 운영하고 있다. 트레이더스의 소매마케팅전략은 '상품에서는 코스트코와 차별화하고, 가격에선 대형마트보다 저렴하게'로 요약된다. 시장선도 창고형 할인점인 코스트코와 기존 대형마트의 성공모델을 따라가기보다는 새로운 차별화 포인트를 찾은 것이다.

국내에서 가장 인기 있는 창고형 할인점은 미국계 코스트코다. 서울 양재동에 있는 코스트코 양재점에선 1년에 약 5000억 원의 매출이 발생한다. 세계 코스트코 매장 중 1등 점포다. 주력상품인 생수, 화장지, 세제 등이 박스 단위로 팔려나간다. 2009년 시장조사를 하던 정용진 신세계그룹 부회장은 '후발주자인 트레이더스가 코스트코를 따라 해서는 승산이 없다'고 판단했다. 정 부회장은 이마트의 신선식품 유통역량에 주목했고, 코스트코에서는 구색 맞추기 수준인 신선식품을 전면에 내세우는 소매마케팅전략을 수립했다. 다음에서는 트레이더스의 핵심성공요인에 대해 자세히 살펴본다.

이마트 트레이더스는 정육 등 신선식품을 앞세워 다른 창고형 할인매장과 차별화에 성공했다. 경기 고양시 트레이더스 킨텍스점에서 소비자들이 쇼핑하고 있다.

(1) 코스트코와의 차별화

이마트 트레이더스의 상위 히트상품은 신선 정육상품이다. 2㎏ 단위로 판매하는 호주산 척아이롤, 500g~1㎏이 기본단위인 대량포장 냉장 삼겹살과 양념 소불고기 등이 그 예이다. 트레이더스는 가공식품과 공산품 위주인 코스트코와 경쟁하기 위해 전략적으로 신선식품군에 집중했다. 채소류도 코스트코보다 다양하게 판매한다. 트레이더스는 380~660㎡ 규모의 '쿨링존'에서 상품분류 단위를 기준으로 채소 100여 가지를 판매하고 있는데, 45~60개 수준인 코스트코보다 2배가량 많다. 회 등 해산물은 마스터가 직접 관리한다. 코스트코가 기계로 자른 광어회를 판매하는 것과 달리 트레이더스에서는 전문가가 회를 썰어 포장한다.

가공식품 분야에서는 한국인의 입맛에 맞는 제품을 판매하는 전략을 택했다. 코스트코에서 인기가 높은 짠맛이 강한 미국식 피자를 따라 하지 않고 짠맛을 줄인 '레프리노 치즈'를 사용한 피자를 내놨다. 소불고기, 빵, 만두 등 한국인이 좋아하는 즉석조리 식품도 판매하고 있다.

트레이더스가 코스트코를 면밀히 분석해 차별화 포인트를 찾을 수 있었던 것은 신세계그룹이 코스트코와 깊은 인연을 갖고 있었기 때문이다. 신세계그룹은 1994년 미국 프라이스와 기술제휴를 통해 창고형 할인매장인 프라이스클럽을 열었다. 신세계가 운영하던 프라이스클럽 5개 점포는 97년 외환위기 때 미국 본사에 넘어갔다가 프라이스가 코스트코에 인수되면서 현재의 코스트코가 됐다. 유통업계 관계자는 "신세계의 프라이스클럽을 인수하지 않았다면 코스트코가 한국에 직접 진출하기는 어려웠을 것이다. 이마트는 이후에도 점포 임대 등으로 관계를 유지하며 상대방을 가까이에서 분석한 것으로 안다"고 말했다.

(2) 이마트보다는 싸게

기존 대형마트와는 가격으로 차별화했다. 트레이더스 상품의 평균가격은 이마트에 비해 7~15%가량 싸다. 트레이더스가 낮은 가격을 유지할 수 있는 것은 판매상품 종류를 줄여 단일상품에 대한 바잉파워를 극대화하는 전략을 택했기 때문이다. 트레이더스의 상품 수는 4000가지 정도로, 최대 8만 개에 이르는 이마트의 5% 수준이다. 이마트에선 생수를 20가지 판매하지만 트레이더스는 7가지만 판매한다. 매장 인테리어를 최소화하고, 별도 작업 없이 진열하는 것도 가격을 낮춘 비결로 꼽힌다.

(3) 마트 안 오는 2030세대 공략

이마트는 트레이더스가 마트를 찾지 않는 젊은 소비자들을 끌어들이는 데 역점을 두고 있다. 트레이더스는 젊은 소비자를 사로잡기 위해 초저가 전략상품을 판매한다. 그리고 2030세대가 좋아할 만한 상품 위주로 로드쇼도 펼쳤다. 로드쇼는 일종의 팝업스토어인데, 상품만 판매하는 것이 아니라 다양한 체험기회를 제공하는 것이 특징이다. 모터보트, F1레이싱카, 할리데이비슨 오토바이, 샤오미 로드쇼 등이 한 예이다.

들은 코스트코와 같은 미국형 도매클럽과는 달리 회원제를 고수하지 않는다.

- **대형할인전문점**(category killer)

대형할인전문점의 예: 이케아 광명점

대형할인전문점(category killer; **카테고리 킬러**)은 전문점과 할인점을 결합한 형태로서 특정 제품계열 내에서 매우 다양한 상품구색을 갖추고 저렴한 가격으로 판매하는 소매업태를 말한다. 대표적인 카테고리 킬러에는 Best Buy, Circuit City(전자제품), Staples, Office Depot(사무용품), IKEA(가구) 등이 포함된다. 미국의 경우 대부분의 전문할인점들이 100개 이상의 대형점포를 가지고 있어 규모의 경제를 이용한 비용우위와 다양한 상품구색을 실현하고 있다. 이 업태는 불경기에 성장이 두드러지며, 경기에 상관없이 꾸준하게 성장하고 있다. 국내의 경우에도 사무용품 전문할인매장인 오피스디포(Office Depot)와 가구 전문할인매장 이케아 등 글로벌 대형할인전문점이 진출하고, 가전제품 전문할인점인 하이마트가 지속적인 성장을 보이는 등 대형할인전문점 시장이 확대되고 있다. 예를 들어, 세계 1위 가구전문 할인매장인 스웨덴 이케아의 국내진출은 한국가구업체의 대형화와 가구시장 확대에 긍정적 영향을 미쳤다. 경기도 광명에 첫 매장을 낸 이케아는 비싼 혼수품이 주류를 이루던 국내 가구시장에 세련된 북유럽 디자인의 가구와 생활용품을 합리적 가격에 선보여 인기를 끌었다. 이케아 진출의 영향으로 국내에서는 가구와 생활용품, 침구 같은 '집을 편안하게 꾸미는' 산업이 성장했다. 한샘·현대리바트 등 국내 선두업체들도 이케아 진출에 적극적으로 대응하는 과정에서 규모가 커졌다.

(2) 무점포형 소매업

소매업에 있어서의 전통적인 판매방식은 소비자가 이용하기 편리한 위치에 점포가 입지하여 직접 제품을 판매하는 것이었으나, 소비자의 편의성에 대한 욕구가 증대하고 각종 매체의 발달에 따른 정보화가 진전되면서 무점포판매가 새로운 유통경로로 주목을 받고 있다. 한국의 경우 신용카드회사들이 축적된 고객정보를 이용하여 무점포판매에 참여하고 있으며, 백화점도 점포판매의 보완수단으로서 우편판매 등 무점포판매방식을 강화하고 있다. 고객의 욕구가 다양해지고 소매업태 간 또는 업태 내의 경쟁이 날이 갈수록 심화됨에 따라 표적소비자의 욕구와 특성에 보다 부합되는 상품을 직접 판매하는 소매형태인 무점포 소매업이 급속한 성장을 보이고 있다. 중요한 무점포형 소매업에는 직접마케팅(direct marketing), 직접판매(direct selling), 자동판매기(automatic vending machine) 등이 있다.

마케팅 Highlight

가전제품 대형전문할인점 시장의 선도자인 롯데 하이마트가 온라인 시대에서 살아남는 법

롯데하이마트 메가스토어 잠실점

이커머스(전자상거래) 등 온라인 사업자들이 가전판매를 확대하면서 오프라인 기반 가전양판업체들이 위협받고 있다. 롯데하이마트는 오프라인 매장의 강점을 특화하면서도 온라인몰과 옴니스토어 등 판매채널 다양화로 경쟁력을 강화하고 있다.

가전유통계 강자인 롯데하이마트는 이커머스 성장에 대응해 판매채널 다변화에 힘쓰고 있다. 롯데하이마트 오프라인 매출비중은 2019년 기준 85%이며, 온라인 쇼핑몰 비중도 10%대에서 매년 증가하는 추세다. 쿠팡 · 위메프 · 티몬 등 이커머스 업체들이 가전제품 매출비중을 확대하면서 온라인 채널에서의 경쟁이 심화됐고, 롯데하이마트는 판매관리비의 증가와 온라인 채널의 외형을 확대한 결과다.

2020년 롯데하이마트는 오프라인 매장 특화의 일환으로 초대형 프리미엄 매장인 메가스토어를 출점하고 그 수를 확대하려고 한다. 체험형 · 휴식형 대형 매장인 메가스토어를 도입한 목적은 소비자들에게 온라인이 제공할 수 없는 기회를 제공하려는 데 있다. 소비자들은 제품을 현장에서 직접 다루어 볼 수 있고, 전시된 가전제품들 중심으로 한 인테리어 구성까지 염두에 두고 둘러볼 수 있다. 동시에 전국 460여 곳 직영매장 중 수익성이 안 좋은 매장들은 폐점하거나 통 · 폐합하기로 했다. 롯데하이마트는 점포 통 · 폐합과 메가스토어 구축을 통해 오프라인 매장 수익성을 개선하고 상권 내 핵심점포로 키우는 데 초점을 맞추고 있다.

다음으로 온 · 오프라인을 결합한 옴니채널전략을 통해 가격에 민감한 고객들을 확보하려고 한다. 이커머스의 장점은 가격경쟁력으로 클릭 몇 번으로 제품을 비교해 최저가로 구매할 수 있다. 그러나 대형 가전제품의 경우 온라인에서 살펴본 후 오프라인 매장에서 직접 살펴보는 구매자도 적지 않다. 롯데하이마트는 이 점을 적극 공략하기 위해 옴니채널 서비스 강화를 통해 온 · 오프라인 소비자에게 최선의 서비스를 제공하려고 한다. 대표적인 서비스 중 하나는 롯데하이마트 옴니스토어 매장에 설치된 옴니태블릿인데, 이 태블릿 안에 온 · 오프라인 채널과 다른 제3영역의 쇼핑공간을 구축했다. 옴니태블릿 안에는 온 · 오프라인 매장에 진열되지 않은 상품들을 포함해 25만 개 이상 상품들이 담겨 있다. 태블릿이 설치된 매장에 가야만 만날 수 있는 상품들로서, 오프라인 매장에 들렀지만 원하는 모델이 없거나 비싼 가격을 고민하는 소비자, 집으로 돌아가 이커머스 채널에서 최저가를 검색할 소비자들을 겨냥한 것이다. 2018년부터 시작한 옴니스토어는 2019년 12월 말 기준 42개 지점으로 확대됐다. 롯데하이마트 관계자는 "태블릿 안에 있는 제품을 구매하면 매장에 진열된 제품을 구매할 때보다 수익성은 다소 떨어지겠지만 소비자들이 온라인 경쟁업체로 넘어가는 것보다는 훨씬 나은 방법"이라고 설명했다.

롯데하이마트 옴니스토어 매장에 설치된 옴니태블릿 안에는 온·오프라인 매장에 진열되지 않은 상품들을 포함해 25만 개 이상 상품들이 담겨 있다.

나아가 롯데하이마트는 빠르고 편리한 배송을 제공하고, 이의 일환으로 계열사들을 배송서비스에 활용하고 있다. 가전제품의 경우는 배송뿐 아니라 설치서비스가 중요하다. 이에 따라 롯데하이마트는 소비자들이 배송·설치과정에서의 만족에 신경 쓰고 있다. 제품을 구매한 소비자가 원하는 날이나 당일에 전문인력들이 배송·설치해 준다. 일부 제품군에 대해선 2시간 배송(스마트퀵) 등을 시행 중이다. 온·오프라인 융합 옴니채널전략을 배송단계에서도 적용했다. 스마트픽 서비스는 롯데하이마트의 온·오프라인 매장과 계열사 간의 시너지를 적극 활용한 것이다. 고객들이 롯데하이마트, 롯데몰 등 온라인 쇼핑몰에서 상품을 주문한 후, 세븐일레븐이나 롯데하이마트 매장에서 픽업할 수 있다. 또한 오프라인 매장에서 원하는 품목의 재고가 없을 땐 다른 매장에서 제품을 픽업해 갈 수 있다

자료원: 중앙일보, 2021.05.17; 디지털데일리, 2020.03.23.

① 직접마케팅(Direct Marketing)

최근 들어 좁게 정의된 목표세분시장을 겨냥한 마케팅 또는 일대일 마케팅을 도입하는 기업들이 늘어남에 따라 직접마케팅이 기업의 핵심마케팅도구 또는 보완적 마케팅도구로 사용되고 있다. 직접 마케팅은 즉각적인 고객반응(가령, 주문이나 상품문의)을 유도하거나 지속적인 고객관계를 구축하려는 목적을 가지고 신중하게 선택된 개별 소비자들과 직접적인 커뮤니케이션을 하려는 노력을 말한다. 직접마케팅의 주요 유형들로는 우편(통신)판매(direct-mail and catalog marketing), 텔레마케팅, 텔레비전마케팅, e-마케팅 등이 있다.

● 우편판매

우편판매는 예상잠재고객에게 우편으로 보내진 광고물, 카탈로그를 이용하여 상품을 판매하는 방식이다. 미국의 대표적인 대중양판점(Mass Merchandiser)인 Montgomery Ward와 Sears는 1872년, 1886년에 각각 우편판매업으로 시작하였다. 한국도 1980년대에 들어 여성의 사회진출이 증가하여 점포 내에서의 쇼핑시간이 줄어들고, 점포의 혼잡과 교통체증을 피하려는 욕구가 증가함에 따라 백화점, 신용카드회사, 항공사, 통신판매 전문업체들이 통신판매 유통시장에 진출했다. 국내에서는 비씨카드, 국민카드, 오토(Otto) 등을 예로 들 수 있으며, 아시아나항공과 대한항공 등 항공사들도 스카이(항공)통신판매 서비스사업을 하고 있다.

● 텔레마케팅

텔레마케팅은 전화로 소비자에게 제품정보를 제공한 후 제품판매를 유도하거나 혹은 고객이 TV광고, 라디오 광고, 우편광고를 보고 수신자부담 전화번호(클로버 시스템)를 이용하여 주문을 하는 소매유형이다. 텔레마케팅은 기업이 일반소비자들과 기업고객들에게 전화를 통해 직접 제품과 서비스를 판매하는 **아웃바운드 텔레마케팅**(outbound telephone marketing)과 TV 및 인쇄물광고·직접우편·카탈로그에 기재된 주문전화를 통해 고객의 주문을 유도함으로써 판매가 이루어지는 **인바운드 텔레마케팅**(inbound telephone marketing)으로 나누어진다. 아웃바운드 텔레마케팅을 사용하는 기업들은 전문 교환수가 직접 예상고객들에게 제품정보를 제공하고 주문을 유도하거나 또는 자동화된 텔레마케팅 시스템을 이용하여 주문을 유도할 수도 있다. 자동화된 텔레마케팅 시스템은 자동다이얼 장치에 의해 자동으로 특정 고객의 전화번호를 돌린 후 제품정보를 들려주고 제품에 관심이 있는 고객은 주문을 할 수 있도록 한 장치이다. 인바운드 텔레마케팅을 사용하는 경우 기업들은 소비자들이 통화료의 부담 없이 손쉽게 주문이나 문의를 할 수 있도록 080서비스(수신자 부담 전화번호)를 도입한다. 미국의 대형 소매업체인 J. C. Penny사는 고객의 성명, 주소, 지금까지의 거래명세 등을 포함한 고객데이터베이스를 텔레마케팅에 활용했다. J. C. Penny는 미국 전역의 주문수주센터에 200~300명의 오퍼레이터를 두고, 고객으로부터 주문이나 제품에 관한 문의전화가 오면 오퍼레이터는 고객에 관한 정보와 문의제품에 관한 정보를 컴퓨터 단말기에 호출하여 이와 함께 컴퓨터 화면에 나타나는 대화순서에 따라 고객과 대화를 할 수 있는 시스템을 도입했다. 이 시스템을 통해 개별 고객에 맞는 판매나 조언을 할 수 있으며, 새로운 고객정보를 데이터베이스에 추가하여 그 후의 판매에 활용했다.

● 텔레비전마케팅

텔레비전마케팅은 TV광고를 통해 제품구매를 유도하는 소매방식인데, 크게 직접반응 텔레비전 광고와 홈쇼핑채널로 나누어진다. **직접반응 텔레비전 광고**(direct-response television advertising)는 60초 또는 120초의 비교적 긴 TV광고를 통해 제품특징을 자세히 소개하고 TV광고에 소개된 수신자부담 전화번

홈쇼핑의 예: GS홈쇼핑은 고객지향적인 머천다이징 정책으로 홈쇼핑 시장에서 선도적 지위를 구축했다.

호를 사용하여 주문을 유도하는 방식이다. 경우에 따라 TV시청자들은 한 제품의 소개에 30분 이상의 긴 시간을 할애하는 광고프로그램에 접하기도 하는데, 이를 **인포머셜**(informercial)이라고 한다. **홈쇼핑**(home shopping) **채널**은 상품과 서비스를 판매할 목적으로만 방영되는 TV프로그램 또는 TV채널을 말한다. 홈쇼핑 채널은 cable TV에 가입한 시청자들에게 cable TV를 통해 24시간 제품정보를 방영하며, 시청자들은 그들이 원하는 제품을 무료전화번호를 이용하여 주문하게 된다. 현재 국내에서는 GS홈쇼핑, CJ오쇼핑, 현대홈쇼핑, 롯데홈쇼핑, NS홈쇼핑 등이 홈쇼핑 채널을 운영하고 있다.

최근 들어 홈쇼핑 기업들은 타깃고객층의 다양화, 서비스 수준의 강화, 해외진출 등을 통해 지속적인 성장을 추구하고 있다. 그동안 주요 소비자 타깃이 아니었던 남성 고객 및 장년층을 공략하는 사례가 늘고 있다. 롯데홈쇼핑은 남성들이 선호하는 가전제품 판매, 장기 렌터카 모집 방송을 하는 등 남성고객집단을 확보하기 위해 노력하고, CJ오쇼핑도 은퇴 후 세대를 위한 맞춤 프로그램 '헤리티지 클럽'을 고정 편성하는 등의 노력을 통해 신규고객을 늘리려고 한다. 홈쇼핑업체는 상품에서의 차별화도 추구하고 있다. 현대홈쇼핑은 국내 여성복 매출 1위 한섬을 인수해 자체상품을 강화하려고 하며, CJ오쇼핑도 경쟁력 강화의 일환으로 패션사업을 확대하고 있는데, 베라왕, 국내·외 유명 디자이너들과 PB(자체 유통업체브랜드) 상품을 선보이고 패션 전문 온라인몰과 오프라인 편집매장 퍼스트룩 마켓을 오픈했다. 또한 홈쇼핑기업들은 서비스 강화를 통해 차별화를 추구하고 있다. 롯데홈쇼핑은 업계 최초로 전국 세븐일레븐 편의점 매장을 활용해 24시간 언제라도 반품이 가능하도록 했다. 나아가 직장인이나 맞벌이 부부를 배려해 야간시간대(저녁 6~11시) 반품 회수서비스도 도입했다. 한편 디지털 시대에 발맞춰 홈쇼핑업체는 스마트폰 전용 애플리케이션을 도입함으로써 보다 편리한 쇼핑이 가능하도록 하고 있다.

● **온라인 소매**(Online Retailing) **혹은 전자상거래**

디지털 시대에 들어서 사람들은 컴퓨터, 스마트폰, TV 등을 이용해 시간과 장소에 구애받지 않고 인터넷에 접속할 수 있게 되었다. 인터넷은 편리함, 제품정보 탐색과 구매의 속도, 가격, 제품정보, 서비스에 대한 고객의 생각을 근본적으로 바꾸어 놓았다. 그 결과 인터넷은 소매기업들이 고객을 위한 가

마케팅 Highlight

급성장하고 있는 모바일판 홈쇼핑 '라이브커머스'

방송인 현영이 쇼 호스트로 출연한 롯데백화점 라이브커머스 '100 라이브'.

"이사배님, 향수 한 번 뿌려봐 주세요."(방송 시청자)

"그럼요. 보이세요? 분사력이 정말 좋은데요."(메이크업 아티스트 이사배)

유튜브나 아프리카TV 동영상이 아니다. 네이버 앱에서 방송된 자라의 향수 판매 방송의 한 장면이다. 메이크업 아티스트 이사배씨와 모델 주우재씨가 영업시간이 끝난 자라 강남점에서 1시간 동안 생중계한 이 방송은 3만2000여 명이 봤고, '좋아요' 12만 개를 받았다.

코로나 사태로 언택트(비대면) 문화가 확산하면서 라이브커머스가 새로운 유통채널로 급성장하고 있다. 라이브커머스는 모바일 앱이나 인터넷을 통해 실시간으로 중계하며 TV 홈쇼핑처럼 물건을 파는 방송이다. 애초 라이브커머스는 동영상 친화적이고, 모바일 쇼핑이 익숙한 밀레니얼 세대를 중심으로 주목받았다. 여기에 코로나 사태로 비대면 소비문화가 부상하면서 폭발적인 성장의 계기를 맞았다. 오프라인 매장의 장기침체로 고민하던 대형 유통업체는 라이브커머스를 새로운 돌파구로 여기고 있고, 네이버 · 카카오 등 포털업체도 라이브커머스를 차세대 성장 동력으로 내세우고 있다. 구매자 입장에서는 기존 온라인 쇼핑과 달리 오프라인 매장을 방문한 것처럼 판매자와 실시간 소통을 함으로써 제품에 대한 신뢰도를 높일 수 있는 장점이 있다.

네이버는 2020년 3월부터 네이버쇼핑에 입점한 스마트스토어 판매자들에게 라이브커머스 기능을 지원하기 시작했다. 방송을 보는 시청자는 채팅 창 하단에 뜨는 구매링크로 바로 물건을 살 수 있다. 오프라인 시장의 대형 유통업체도 라이브커머스 시장에 뛰어들고 있다. 롯데백화점은 2019년 12월부터 하루에 두 번씩 백화점 매장에서 쇼 호스트와 인플루언서가 실시간으로 제품을 소개하고 판매하는 라이브 방송을 하고 있다. 현대백화점은 2020년 3월부터 네이버 라이브를 통해 백화점 상품을 실시간 영상으로 판매하는데, 남성복 브랜드 '지이크' 첫 방송 때 1시간 만에 한 달 매출의 30%에 달하는 1000만 원어치를 팔았다.

라이브커머스(live commerce): 판매자가 모바일 앱이나 인터넷을 통해 시청자와 실시간으로 소통하며 TV 홈쇼핑처럼 물건을 파는 방송. 판매자와 구매자가 실시간 쌍방향 소통을 할 수 있는 게 가장 큰 특징이다. 스마트폰만 있으면 별다른 장비가 없어도 누구나 방송할 수 있다. 유튜브처럼 영상이 계속 남아 방송 시간과 상관없이 쇼핑이 가능하다.

자료원: 이데일리, 2021.05.21; 조선일보, 2020.05.18.

치를 창출하고 그들과 관계를 형성하는 데 있어 완전히 새로운 길을 열어 놓았다.

인터넷은 온라인 소매라는 새로운 소매형태를 출현시켰는데, 온라인 소매 혹은 전자상거래는 인터넷이라는 가상공간(cyberspace)을 통해 기업과 소비자들 간에 상거래와 정보교환이 이루어지는 형태의 소매업태를 말한다. Amazon.com 같은 **온라인 전용 소매기업**(online-only retailers)뿐 아니라 전통적인 **오프라인 소매기업**(brick-and-mortar retailers)도 웹사이트, 모바일 앱, 소셜미디어를 이용해 온라인 소매사업을 수행하고 있다. 롯데닷컴, 인터파크, 신세계 온라인 쇼핑몰 SSG닷컴, G마켓, 마켓컬리, 그리고 네이버와 카카오 같은 플랫폼 사업자 등은 온라인 소매의 대표적인 예이다.

이제 오프라인 소매기업을 포함한 거의 모든 소매기업들이 온라인 판매채널 및 커뮤니케이션채널에 기반한 고객거래방식을 도입하기 시작했다. 그 결과 시장선도 소매기업들은 **온-오프 통합 소매기업**(click and mortar retailers)으로 변신해 유통시장에서 치열한 경쟁을 벌이고 있다. 이러한 소매융합(retail convergence)이 시사하는 바는 같은 상품을 같은 가격으로 같은 소비자에게 판매한다는 것이다. 예를 들어 소비자는 유명 가전제품을 백화점, 할인점, 전자제품 할인점, 온라인 사이트에서 구입할 수 있다. 즉, 모든 소매업태들이 동일한 소비자를 놓고 경쟁을 벌이게 된 것이다.

이에 따라 시장선도 소매기업들은 경쟁력 강화를 위해 옴니채널 구축에 역점을 두고 있다. **옴니채널**(omni-channel)은 소비자가 마치 하나의 매장을 이용하는 것처럼 느낄 수 있도록 온·오프라인 및 모바일 유통망을 융합하는 것이다. 예를 들어, 오프라인 소매시장의 선도자인 롯데는 통합 온라인 플랫폼인 롯데온에서 주문한 상품을 롯데백화점, 롯데마트, 편의점인 세븐일레븐 오프라인 매장에서 찾을 수 있는 롯데온 스마트픽 서비스를 도입했다. 롯데백화점은 '스마트 쿠폰북' 앱(응용프로그램)을 통해 다양한 쇼핑정보를 소비자에게 모바일로 제공한다. 그리고 온라인 소매시장의 선도자 중 하나인 쿠팡은 결제수단인 쿠페이, 애플리케이션(앱) 디자인, 사용자경험(UX) 등을 소비자 입장에서 설계해 사용편의성을 높이고 물류센터와 로켓배송시스템 구축을 통해 당일배송서비스를 제공함으로써 온라인과 오프라인 유통의 결합에 기반을 둔 경쟁우위를 구축했다.

마케팅 Highlight

디지털 유통혁신과 플랫폼을 표방하는 아마존과 오프라인 유통강자 간의 소매마케팅 전쟁

'구글, 애플, 월마트, 이베이, IBM, HP, MS.' 이들의 공통점은? 아마존을 경쟁기업으로 본다는 점이다. 구글, 애플은 IT 플랫폼을 두고 아마존과 싸운다. 월마트와 아마존은 온 · 오프라인 유통 패권 경쟁이 한

아마존은 계속해서 세상에 없던 서비스를 선보이고 있다. 무인점포 '아마존 고'와 드론 배송, 음성인식 스피커 '에코'

창이다. IBM과 HP는 클라우스 서버 시장에서 소위 '굴러온 돌'인 아마존 때문에 애를 먹는다. 요즘 IT 업계에서 회자되는 '아마조니피케이션(Amazonification · 아마존화)'이라는 용어가 있다. 업종 불문하고 아마존화 되고 있는 현상을 가리킨다. 아마존이 특정한 분야가 아닌 여러 영역에서 영향력을 발휘하고 있다는 데서 비롯된 용어다. 아마존을 가리켜 영역 파괴자, 산업 포식자로 부르는 것도 이 때문이다. 온라인 유통시장에서 고속성장을 보이고 있는 아마존은 이제 글로벌 오프라인 유통강자 월마트에게 큰 위협이 되고 있다. 미국의 블랙 프라이데이부터 성탄절까지 이어진 쇼핑 성수기에 아마존은 무려 10억 번에 걸쳐 상품가격을 변경했다. 품목당 하루에 최소 4~5차례 판매가격을 바꿔 미국의 치열한 유통경쟁의 단면을 보여준 것이다. 이에 대응해 월마트는 온라인으로 유통시장을 확대하면서 '온라인의 월마트'로 불리는 아마존과 치열한 가격전쟁을 벌이고 있다. 디지털 유통혁신을 표방하는 아마존과 오프라인 유통강자 월마트 간의 최저가를 둘러싼 싸움에 관심이 쏠린다. 10원 전쟁으로 불리는 가격경쟁은 유통의 미래, 그리고 국내 유통업체의 소매마케팅전략과 관련해 많은 것을 시사한다. 최종 승자가 어느 쪽이 될지도 관심사다.

최저가 경쟁 대신 빠른 가격변경으로 승부

흔히 최저가를 제시하는 게 더 많은 고객을 끌어들일 수 있기 때문에 중요하다고 말한다. 이런 이유에서 아마존은 저가전략을 펼치고 이를 통해 증가한 트래픽이 다른 분야의 매출로 이어진다고 생각하기 쉽다. 그러나 반드시 그렇지는 않다. 아마존이 상품가격 정책상 항상 최저가 판매를 추구하는 게 아니라는 것이다. 상품 판매율이 빠른 고회전 상품군의 경우 아마존은 낮은 가격을 선도하기보다 월마트의 최저가에 빠르게 대응하는 빠른 추격자(fast follower) 전략을 구사한다. 실제로 아마존이 최저가를 선도하는 상품군은 전체의 30%에 불과하다. 판매상품의 40%는 경쟁사 가격과 유사하거나 심지어 비싼 경우도 있다. 아마존 가격정책의 핵심은 동적 가격정책(dynamic pricing)이다. 월마트나 베스트바이와 같은 기존 오프라인 중심 유통업체는 이에 대응하기 어렵다. 상기한 10억 차례 상품가격 변경은 아마존이 이윤을 극대화하는 몇 가지 마케팅수단 중 하나다.

아마존이 월마트에 비해 성장이 빠른 이유는 가격경쟁이 아니라 웹사이트를 방문한 고객을 실제구매로 연결시키는 전환율 싸움에서 승리하기 때문이다. 소비자들은 월마트의 TV, 소형가전, 장난감 가격이 업계 최저임을 알면서도 아마존에서 더 많이, 더 자주 구매하는 것으로 나타났다. 소비자들은 아마존의 가격이 최저가가 아니라 하더라도 여전히 상당히 낮은 가격이라는 점을 믿고 있는 것이다. 여기에 아마존이 제공하는 구매의 편리성과 안정성을 고려해 아마존에서 지갑을 연 것이다.

데이터 기반 추천서비스 통해 오픈마켓 구현

흔히 디지털 유통의 장점은 무한 매대(endless shelf)라고 한다. 실제로 아마존은 대략 19개의 카테고리에 3억7000만 개의 상품을 판매한다. 반면 월마트는 재고관리 기준으로 약 13만 개 상품을 판다. 그러나 온라인 기업이 이렇게 많은 상품을 모두 매입해 판매하기는 어렵다. 재고관리는 더더욱 그렇다. 그런데도 아마존이 이렇게 다양한 상품구색을 갖출 수 있는 이유가 있다. 바로 오픈마켓 구조를 활용하기 때문이다. 아마존은 데이터에 기반한 추천서비스를 통해 최적의 상품을 제안하는 방식을 활용하는데, 판매된 물품의 50% 이상이 외부 벤더를 통해 이루어진 것이다. 외부 벤더 비중은 최근 2년간 배 이상 늘었다. 아마존은 외부 벤더 운영을 통해 구색과 상품취급액(GMV)을 늘리면서 직매입 대상 품목을 미리 시험하는 전략을 취하고 있다.

오프라인 경쟁사는 아마존의 막대한 상품구색에 대한 대책을 마련하는 데 애를 먹고 있다. 여러 대응전략 중 하나는 아마존을 따라하는 것이다. 미국 백화점 시어스도 플랫폼을 구축하고, 외부 벤더를 활용하고 있다. 그러나 마케팅성과는 여전히 미미하다. 이는 플랫폼의 존재 유무보다 실제로 고객을 끌어올 수 있는 가치체계 설계가 더 힘들다는 사실을 보여준다. 또한 직매입한 상품과의 충돌문제, 외부 벤더의 품질관리 등도 해결해야 할 과제이다. 두 번째 대책은 오프라인 보완형 모델이다. 대표적인 사례가 가전전문 대형 유통업체 베스트바이이다. 이 업체는 오프라인에 없는 구색을 보완하기 위해 외부 벤더를 선별적으로 활용한다. 또한 판매처리와 배송은 일본의 라쿠텐과 같은 다른 물류 전문회사와 협력해 해결한다. 월마트의 온라인 사업구조도 이와 비슷하지만 운영방식은 조금 다르다. 월마트 온라인 사업은 2030세대가 가진 특징을 수용하기 위해 이들이 원하는 상품을 선별적으로 온라인에서만 보완하는 롱테일(long tail)을 이용한다. 월마트는 오프라인과 온라인의 장점을 결합해 소비자를 만족시키겠다는 전략적 방향을 명확히 하고 현재 사업모델을 더욱 강화하는 정도에서 대응하고 있다.

빠른 배송으로 경쟁력 확보

아마존을 사용한 고객의 60%가 친구와 가족들에게 아마존을 쓰라고 추천할 정도로 아마존은 고객 편의성이 우수하다. 특히 배송 편의성은 아마존의 주요 경쟁원천이다. 배송영역의 전쟁은 무료배송에서 시작했지만, 빠른 배송, 더 나아가 고객경험을 개선하는 배송으로까지 이어지고 있다. 디지털 유통에서 가장 큰 격전지는 빠른 배송에 있다. 아마존은 더욱 빠른 배송을 위해 막대한 투자를 단행했다. 미국 전역에 배송창고를 짓고, 최근에는 임차 형식으로 10여 개 대도시 상권 인접지역에 소규모 물류창고를 확보했다.

오프라인 유통업체의 입장에서도 배송전쟁을 수행하기 위한 투자가 진행 중이나, 디지털 유통기업과는 투자영역이 다르게 진행되고 있다. 점포망이 매우 조밀하기 때문에 물류 배송센터 확충보다는 공급망 고도화에 투자를 집중하고 있다. 베스트바이의 경우 온라인 주문의 67%를 점포에서 배송하는데, 이 방식을 이용하면 일부 지역에서는 아마존보다 더 빠른 배송이 가능하다. 이러한 경우 온라인과 오프라인 상의 재고를 통합관리하는 등의 역량을 더 확보할 필요가 있다.

디지털 유통기업이나 기존 오프라인 유통기업 모두 배송비용을 어떻게 최적화하느냐의 문제가 있다. 빠른 배송역량구축은 매우 큰 투자를 요하고 그 결과가 사업 경제성에 미치는 영향이 크기 때문이다. 일단 자체 배송망과 택배망 활용 중에서 선택이 필요하다. 배송트럭의 회당 배송빈도와 규모가 일정 수준에 도달하기 전에는 택배망 활용이 더 효율적일 수 있다. 마진 구조가 높은 패션 잡화류는 택배망 사용이 더 효율적일 것이다. 그러나 마진이 낮은 신선제품은 더욱 정밀한 분석을 통해 수익성을 확보할 수 있는 배송모델을 구축해야 한다.

점포의 미래는 디지컬 모델-오프라인 매장과 온라인 장점의 결합

그렇다면 디지털 유통시대에서 점포는 어떤 전략적 역할을 수행해야 할까? 아마존 같은 디지털 유통기업이 오프라인 점포를 열고자 하는 이유는 무엇일까? 첫째, 디지털 분야의 성장에도 유통업체 판매의 85% 이상은 여전히 점포에서 이뤄진다는 점이다. 둘째, 물리적 점포는 소비자들이 쇼핑할 때 보고, 만지고, 시험해 볼 수 있는 욕구를 더 쉽게 충족시킨다는 점이다. 더구나 급히 물건이 필요할 경우 즉시 가져갈 수 있는 곳이 점포이기 때문에 이러한 욕구충족이 가능한 것이다. 셋째, 유통업체의 입장에서 점포에 들어온 고객은 무엇이든 하나는 구매하는 경우가 많다는 점이다.

디지털 시대에서는 소비자 입장에서 매장의 역할을 새롭게 정의해야 한다. 이는 결국 물건을 사는 행위(buying)와 쇼핑(shopping) 행위를 구분하고, 매장을 쇼핑을 위한 공간으로 개선해야 함을 의미한다. 오프라인 쇼핑에 대한 소비자의 욕구와 필요가 존재하는 한 디지털 유통의 성장에도 오프라인 점포는 계속 필요할 것이다. 최근 백화점이나 일부 할인점에서는 입점업체를 활용해 고객을 위해 엔터테인먼트 요소를 강화하고 있다. 오프라인 점포의 이러한 장점을 무시하지 못하기 때문에 디지털 유통기업들이 오프라인 매장에 선별적으로 투자하는 것이다. 결국 유통분야에서의 디지털화라는 것은 오프라인의 장점과 온라인의 장점을 결합시킨, 이른바 디지컬(Digical; Digital+Physical) 사업모델을 수립하고, 점포의 역할과 오퍼레이션을 재정의하는 것이 핵심이 될 것이다.

② 자동판매기(Automatic Vending Machine)

미국의 경우 1950년대 후반 주로 저가의 편의품을 판매하기 위해 도입된 후 널리 퍼지게 되었으며, 한국에서는 1980년대 이후 급성장하면서 무점포형 소매업의 하나로 자리 잡았다. 자동판매기는 점포를 통해 판매하기 어려운 장소와 시간에 제품을 24시간 구매할 수 있게 함으로써 소비자에게 편리함을 제공해 준다. 자동판매기는 담배, 음료, 스낵, 라면, 화장품, 서적, 레코드, 피자 등 다양한 편의품과 충동품을 주로 판매한다.

국내의 경우 자동판매기의 효시는 1975년 대한가족협회가 미국으로부터 남성용 피임기구인 '콘돔' 자동판매기를 도입한 것이 시초였다. 최근 들어 자동판매기의 수요가 증가한 이유는 편의성을 추구하는 소비자욕구의 증대와 점포의 임대료 상승, 그리고 치열한 시장경쟁에서 자체 판매망을 구축하려는 기업의 요구가 부합되었기 때문이었다. 대개의 자동판매기는 판매기 제조업체로부터 개인소비자나 판매망을 확보하려는 음료·식품회사가 구매하여 직접 운영하게 된다. 국내 자동판매기는 커피, 음료, 담배, 스낵, 기타 일상용품이 주류를 이루고 있지만, 일본, 미국에서는 다양한 자동판매기가 등장하고 있다. 예를 들어, 보석, 내의, 티셔츠, 비디오테이프 렌트용 자동판매기가 보급되고 있다.

마케팅 Highlight

진화하는 자판기

최저임금 인상 등 유통환경 변화에 따라 자판기 사업이 신(新)전성시대를 맞이했다. 저장 · 보관기술의 진화로 가공식품뿐 아니라 신선식품으로 품목도 확대됐다. 결제방식도 신용카드뿐 아니라 핸드페이(손바닥 정맥 결제), 비트코인 등으로 진화하고 있다.

① 미국 육류업체 애플스톤미트가 미 동부 스토리지에 있는 본사에 설치한 고기 자판기. ② 유니클로가 미 서부 할리우드버뱅크공항에 설치한 의류 자판기. ③ 파머스 프리지가 미국 시카고 노스슈어 대학병원 내 설치한 샐러드 자판기. ④ 배스킨라빈스가 서울 강남 브라운 청담 매장에 설치한 아이스크림 자판기

국내 자판기 사업은 1977년 롯데산업(롯데상사의 전신)이 일본 샤프로부터 커피 자판기 400대를 수입해 지하

싱가포르 부킷 메라에 중고차 판매업체 아우토반모터스가 설치한 자동차 자판기. 페라리·맥라렌 등 고급 스포츠카들이 투명 케이스 안에 들어 있다.

철에 설치하면서 시작됐다. 이후 음료수·과자 등으로 급성장했으나, 커피 전문점과 편의점 확산으로 점점 줄어들었다. 그러나 이 시장이 2017년부터 전년 대비 성장하고 있다. 자판기 도입에 가장 적극적인 곳은 한때 자판기의 대척점에 있었던 편의점 업계다. 이마트24도 자판기를 이용한 무인 편의점을 운영하고 있다.

화장품 업계도 자판기 사업이 가장 빠르게 성장하는 분야다. 화장품의 경우 매장 내 직원이 설명해 주는 걸 부담스러워하는 사람들이 많은 점도 영향을 줬다. 아모레퍼시픽은 이니스프리 제품을 구매할 수 있는 자판기형 매장인 그린라운지를 여의도역 등에서 운영 중이다. 화장품 편집숍 '시코르'를 운영하는 신세계백화점도 강남역점을 시작으로 전국에서 자판기를 운영 중이다. 냉장·냉동보관이 필요한 신선식품 자판기도 확산하고 있다. 배스킨라빈스는 24시간 운영하는 아이스크림 자판기를 한남점 등 6곳에서 운영 중이다.

미국·일본 등에서 자판기는 하나의 유통채널로 이미 자리 잡았다. 미국 내 자판기 시장 매출액은 70억 달러(약 7조8000억 원)에 달하는 것으로 추정하고 있다. 특히 옷과 화장품은 여행 시 급하게 필요한 사람들을 위해 공항을 중심으로 확산하고 있다. 화장품 브랜드 에씨·베네피트 등은 뉴욕공항 등에서 화장품 자판기를 운영하고 있다. 기내 반입이 가능한 적은 용량으로 구성된 것이 특징이다. 유니클로는 휴스턴공항 등에 옷을 판매하는 자판기를 설치했다. 인기제품인 히트텍 셔츠 등을 판매해 도착지의 날씨를 파악하지 못한 여행객을 겨냥했다. 이 외에도 모엣샹동은 최근 미국에서 자판기를 통한 샴페인 판매를 시작했으며, 싱가포르에서는 중고차 판매업체 아우토반모터스가 페라리 등을 판매하는 자동차 자판기를 설치해 화제가 되기도 했다.

자료원: 조선일보, 2018.09.01.

③ 직접판매(Direct Selling)

영업사원을 이용한 직접판매방식은 역사가 가장 오랜 무점포형 소매업이다. 무점포 직접판매방법의 대표적인 회사로는 화장품회사, 가정용 학습교재회사, 그리고 다단계판매회사를 들 수 있다.

방문판매원을 이용한 직접판매방식은 오랫동안 화장품의 주유통경로였다. 그러나 1980년대 후반 들어 화장품 전문점의 급속한 성장에 따라 방문판매원의 수는 지속적으로 감소하였다.

최근 들어 암웨이, 뉴스킨 등의 다국적 다단계판매회사들이 다단계판매방식과 무점포 직판시스템의 도입을 통해 성장하고 있다. **다단계판매방식**이란 상품을 사용해 보고 이에 만족한 소비자가 스스로의 의사로 판매원이 되어 주위 사람들에게 상품의 사용을 권하며, 이들이 다시 판매원으로 전환되는 과정이 반복됨으로써 상품의 판매범위가 넓어지는 무한 연쇄 소개판매의 유통기법이다.

마케팅 Highlight

불황 속에서 강력한 유통경로로 부상하고 있는 방문판매

경기불황의 장기화 속에 한물간 구식(舊式) 영업방식으로 간주되던 방문판매가 부활하고 있다. 방문판매가 주력인 화장품업체는 물론 홈쇼핑과 은행까지 방판에 가세하고 있고 기존업체들도 방문판매 조직을 강화하고 있다. 불경기로 구매력이 약해진 소비자들을 상대로 얼굴을 맞대고 설득하는 방문판매가 효력을 발휘한다고 판단한 것이다.

계좌 이동제 실시와 인터넷 전문은행 인가 등으로 무한 경쟁시대에 돌입한 은행권은 아웃도어세일즈(ODS)라는 방문판메에 주목하고 있다. 한국SC은행은 '찾아가는 뱅킹서비스'를 도입했다. 전국의 은행원이 태블릿 PC를 들고 고객이 원하는 곳으로 찾아가 예금 · 대출 · 카드 상품을 판매한다. 그리고 대형마트에 직원이 태블릿 PC를 들고 서 있는 모바일 점포도 운영하고 있다. 점포를 찾는 고객이 줄어 영업기회도 감소함에 따라 KB국민은행은 점포 밖에서 직원이 고객을 만나 스마트폰 앱으로 실명(實名) 인증을 하고 예금상품을 판매하는 KB 캠패드 서비스를 도입했다.

방문판매는 특히 단골고객을 확보해 안정적인 매출성장을 하는 데 유력한 수단이다. 한국야쿠르트(hy)가 1969년부터 운영하고 있는 야쿠르트 아줌마(최근 프레시 매니저로 호칭을 바꿈)는 현재 이 회사 매출의 95%에 기여하고 있다. 업계에서는 우유 · 발효유 업계가 전반적인 매출 악화를 겪고 있는 와중에 한국야쿠르트가 충격을 덜 받는 원동력으로 야쿠르트 아줌마의 판매능력을 꼽는다. 회사 측은 최근 판매력 강화를 위해 카드결제가 가능한 이동형 결제기와 이동이 편한 전동(電動) 카트기를 제공해 영업활동을 첨단화했다. 현재 한국야쿠르트 프레시 매니저는 발효유 제품에서 화장품, 밀키트에 이르기까지 다양한 품목들을 배달한다.

방문판매는 온라인 쇼핑이 제공하지 못하는 대면(對面)설명 서비스가 가능한 매우 효과적인 판매방식이기 때문에 불황이 깊어질수록 이를 활용하려는 기업이 늘어날 것으로 예상된다. 최근 코로나 19 사태로 식품업계에서 새벽배송이 트렌드로 떠오르고 식품 온라인 구매가 크게 증가하면서 방문판매가 다시 주목을 받고 있다.

자료원: 매일경제, 2021.04.11; 조선경제, 2015.12.15.

3.3 소매상 마케팅전략

최근 소비자의 가처분소득이 증가함에 따라 소비자의 욕구는 다양화 및 개성화의 추세를 보이며 소매점에 대한 소비자의 기대수준도 소비자집단에 따라 다양하게 나타나고 있다. 이에 따라 소매점들은 전체 시장 중 자점포에게 가장 큰 경쟁우위를 제공할 수 있는 세분시장을 표적시장으로 선정하고 그 세분시장 내 소비자들에게 경쟁점포보다 나은 소매믹스를 제공하는 마케팅전략적 접근을 도입하게 되었다.

이하에서는 소매마케팅의 주요 의사결정영역인 표적시장 선정과 소매점포믹스 결정에 대해 설명하기로 한다.

(1) 표적시장의 선정

소매업체는 표적시장을 정의하고 그 시장에서 (경쟁적) 포지션을 구축하는 방법을 탐색해야 한다. 즉 우리 점포는 고소득 소비자층과 가격민감 소비자층 중 어디에 초점을 맞출 것인가? 표적소비자층은 다양한 상품구색, 깊이 있는 상품구색, 편의성 혹은 저렴한 상품가격들 중 어느 것을 보다 중요하게 생각하는가? 등을 고려하여 잠재고객들을 세분화한 다음 이들 중 가장 매력적인 세분시장을 표적시장으로 선정해야 할 것이다. 시장에 대한 정의와 그 시장의 고객특성에 대한 파악이 이루어지지 못하면, 소매업자는 경쟁적 포지션을 구축하는 데 상용되는 수단들인 상품구색, 서비스, 상품가격, 광고, 실내장식 등에 대한 일관성 있는 의사결정을 내릴 수 없다.

너무나 많은 소매업체들이 표적시장과 경쟁적 포지션에 대한 명확한 정의를 내리지 못하고 있다. 그들은 모든 고객들에게 모든 것을 제공하려고 함으로써 어떤 고객들도 만족시키지 못하는 것이다. 이와 대조적으로 성공한 소매업체들은 표적시장을 명확히 정의하고 그 시장에서 강력한 포지션을 구축하고 있다.

소매업체는 자신의 마케팅노력이 표적고객들을 만족시키고 있는지를 확인하기 위해 정기적인 마케팅조사를 실시해야 한다. 그림 11-4는 부유한 소비자층을 표적으로 하는 한 소매점포가 시장조사를 실시한 결과 얻어진 기존의 점포이미지와 전략적 조치를 통해 변경시키고자 하는 새로운 점포이미지를 보여주고 있다.

이 점포의 기존이미지는 표적시장의 기대에 효과적으로 부응하지 못하므로, 이에 대한 전략적 조치가 요구된다. 즉, 마케터는 표적세분시장을 변경하거나 점선으로 표시된 방향으로 기존의 점포이미지를 보다 개선시켜야 할 것이다. 가령, 상품, 서비스 그리고 영업사원의 질을 향상시키고 상품가격을 높이는 것을 고려해 볼 수 있다. 일정한 기간이 경과한 후 고객조사를 다시 실시한 결과 기존의 점포이미지가 점선으로 표시된 위치로 이동되었다면, 그 점포는 표적시장의 기대와 조화를 이루는 포지션을 구축한 것으로 볼 수 있다.

그림 11-4 기존 점포이미지와 새로운 점포이미지 간의 비교

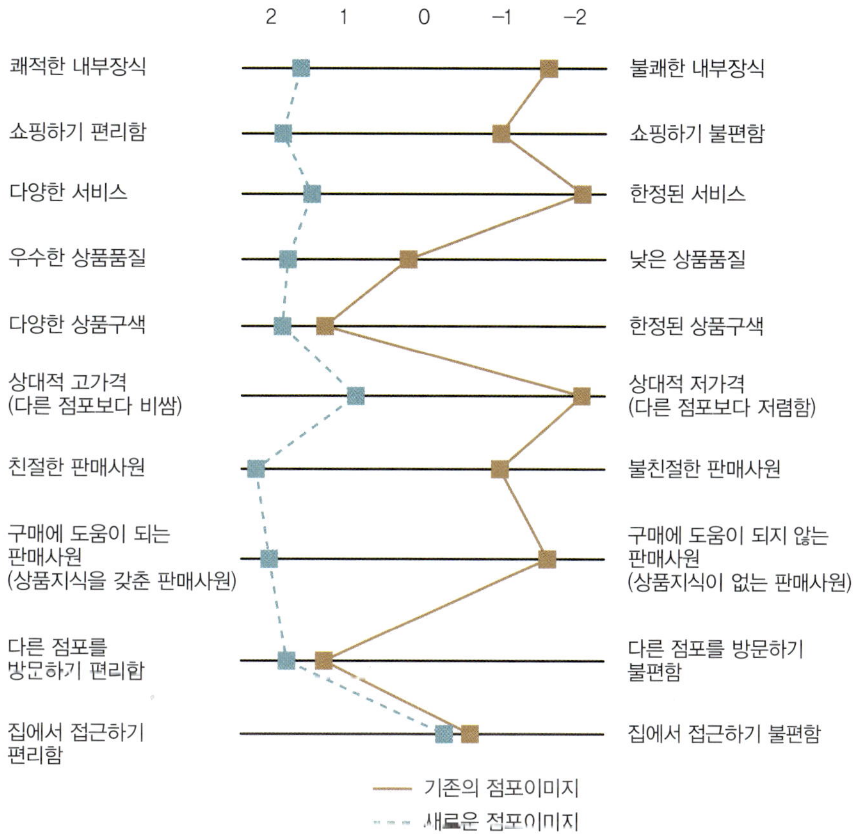

(2) 소매점포믹스에 대한 결정

표적시장과 그 시장에서의 우리 점포의 경쟁적 포지션이 설정되면, 마케터는 이를 실행하기 위해 소매점포믹스에 대한 결정을 내린다. 소매점포믹스 결정은 표적세분시장 내 소비자들의 욕구에 맞추어 소매점이 통제가능한 소매믹스 변수들의 최적조합을 찾아내는 과정이다. 결국 소매상이 운영하는 점포의 업태 혹은 전략적 방향은 입지, 상품구색 및 서비스, 가격, 촉진 등의 통제가능한 소매믹스 변수들에 대한 결정에 의해 구체화되는 것이다.

① 입지

소매업은 입지산업이라고 할 정도로 입지는 소매업 성공의 가장 중요한 요소 중의 하나이다. 상권의 범위는 소매점이 취급하는 제품이나 서비스의 성격, 상품구색, 가격뿐 아니라 점포 내 특성, 상점의 밀집 정도에 의해서도 영향을 받는다. 예를 들면, 점포가 편의품을 판매한다면 상권은 크지 않지만 전문품을 판매하는 점포의 상권은 매우 광범위할 것이다.

기업은 최종적인 점포입지 선정에 앞서 가능 후보지들을 평가한 후 이들 중 가장 유망한 상권을 가진 후보지를 선택한다. **상권**(trade area)이란 한 점포가 고객을 유인(흡인)할 수 있는 지역범위(geographic area)를 말한다. 점포에 대한 마케팅전략의 수립에 앞서 기업은 자사점포의 상권범위를 어디까지로 할 것인가를 먼저 결정해야 한다.

점포의 상권은 일반적으로 1차상권(primary trading area), 2차상권(secondary trading area), 한계상권(fringe trading area)으로 구성된다. **1차상권**은 전체 점포이용고객의 50~70%를 흡인하는 지역범위이다. 1차상권은 점포에서 가장 가까운 지역들을 포함하며 전체 상권 내에서 자사점포 이용고객들이 가장 밀집되어 있기 때문에 고객 1인당 매출액이 가장 높다. **2차상권**은 1차상권 외곽에 위치하며, 전체 점포이용고객의 20~25%를 흡인(포함)하는 지역범위이다. 2차상권 내의 고객은 1차상권의 고객들과 비교할 때 지역적으로 넓게 분산되어 있다. **한계상권**은 2차상권 외곽을 둘러싼 지역범위를 말하며, 1차상권과 2차상권에 포함되지 않은 나머지 고객들을 흡인하게 된다. 한계상권 내의 점포이용고객은 점포로부터 상당히 먼 거리에 위치하며, 고객들이 매우 광범위하게 분산되어 있다. 한계상권 내에 위치한 고객들은 1차상권 및 2차상권과 비교할 때 고객의 수와 이들의 구매빈도가 적기 때문에 점포매출액에서 차지하는 비중이 낮다.

② 상품구색(머천다이징)과 서비스에 대한 결정

소매업체는 상품과 관련하여 상품구색, 서비스믹스, 점포분위기 등과 같은 주요 의사결정을 내려야 한다.

소매업체의 상품구색은 표적소비자집단의 기대와 조화를 이루어야 한다. 소매업체는 상품구색의 폭(width)과 깊이(depth)를 결정해야 한다. 가령, 식당체인은 좁고 얕은 상품구색(설렁탕 전문), 좁고 깊은 상품구색(육우 전문), 넓고 얕은 상품구색(뷔페형), 혹은 넓고 깊은 상품구색(가족형 대형식당)을 제공할 수 있다. 상품구색에서 고려되어야 할 다른 요소는 상품의 질이다. 고객은 상품선택의 범위는 물론 제공되는 상품의 질의 범위에 대해서도 관심을 갖는다.

점포가 제공하는 상품구색과 품질의 수준이 어떠하든, 소매시장에는 유사한 구색과 품질을 제공하는 경쟁소매업체가 항상 존재한다. 그러므로 소매업체는 이들과 차별화할 수 있는 다른 수단들을 강구해야 한다. 가령, 소매업체는 다음과 같은 상품차별화전략을 고려할 수 있다. 첫째, 다른 경쟁업체들이 취급하지 않는 상품을 제공한다(가령, 자체 유통업체 브랜드의 개발이나 특정 유명제조업체 브랜드의 독점적 취급). 둘째, 소매업체는 화제성의 머천다이징 이벤트를 기획한다. 백화점은 특정 상품들에 대한 쇼를 기획하는 등 고객의 관심을 끄는 이벤트를 자주 실시한다. 또 다른 방법으로는 깜짝기획상품전을 개최할 수 있다(가령, 과잉재고나 회사정리상품들에 대한 초염가판매행사 등의 실시). 셋째, 소매업체는 매우 세분화된 특정 고객집단을 표적으로 한 상품구색의 제공을 통해 차별화를 추구할 수 있다. 가령, 미국의 Lane Bryant

는 거대한 체구의 여성고객들을 표적으로 의류를 판매하며, Brookstone은 진귀한 아이디어상품들을 취급한다(성인용 장난감가게로 볼 수 있음).

소매업체는 고객들에게 제공할 서비스믹스(services mix)에 대한 결정도 내려야 한다. 전통적인 구멍가게(mom and pop grocery stores)는 슈퍼마켓이 무시하는 서비스인 가정으로의 상품배달, 신용공여, 고객과의 대화 등을 제공한다. 서비스믹스는 비가격경쟁을 통한 점포차별화에서 활용될 수 있는 중요한 수단이다.

점포분위기(store atmosphere)는 상품의 매력도를 높이는 또 다른 요소이다. **점포분위기**는 긍정적인 정서적 반응이 유발되도록 점포구매환경을 설계하려는 노력을 말한다. 각 점포는 고객의 쇼핑을 편리하게 혹은 불편하게 만드는 점포레이아웃(layout)을 가진다. 어떤 점포는 산만하게, 그리고 또 다른 점포는 쾌적하게 느껴질 수 있다. 고객들은 편안하면서 쾌적한 느낌을 주는 점포를 보다 애호할 것이다. 점포는 표적고객과 어울리고 고객의 구매를 유도할 수 있는 계획된 분위기를 창출해야 한다. 가령, 은행은 조용하고, 신뢰성이 있도록 느껴져야 되며, 클럽은 조명이 번쩍이고, 시끄러우며, 역동적이어야 한다. 점차 많은 소매업체들이 표적시장과 어울리는 쇼핑환경을 연출하기 위해 노력하고 있다. 캐주얼 의류를 판매하는 Gap 같은 의류체인점은 흥분을 불러일으키는 분위기를 연출한다.

마케팅 Highlight

스마트 쇼핑 서비스 도입을 통해 점포차별화를 추구하는 할인점

서울 성수동에 있는 이마트 성수점. 주부 김정연 씨(35)가 손잡이 부분에 7인치짜리 모니터가 장착된 쇼핑카트를 앞세운 채 매장에 들어섰다. 이마트 멤버십카드를 모니터에 갖다 대자 '김정연님, 환영합니다'란 문구가 뜬다.

이제 본격적인 쇼핑에 나설 차례이다. 맥주, 분유, 라면 등 구매할 품목은 스마트폰에 깔아놓은 이마트 스마트카트 애플리케이션(앱 · 응용프로그램)에 있는 '오늘의 쇼핑 리스트'에 미리 등록해 놓았다. 맥주 매대를 지나치자 모니터에 'ㅇㅇ맥주 덤 행사 중', 'xx 맥주 5% 할인쿠폰 발행 완료' 등의 메시지가 잇따라 나왔다. 맥주를 사자 이번엔 '안주로 오징어, 쥐포는 어떨습니까. 지금 1+1 행사 중입니다'란 글과 함께 건어물 코너로 가는 길을 보여준다.

이마트가 도입한 디지털 기반 쇼핑카트는 위치인식 및 실시간 정보수신이 가능한 태블릿PC를 장착해 해당 코너에서 진행하는 쇼핑정보와 할인정보 등을 알려주는 스마트 쇼핑을 구현했다.

스마트 카트 사용법은 의외로 간단하다. 스마트폰에 내장된 이마트 멤버십카드나 기존 플라스틱 멤버십카드를 카트에 장착된 태블릿PC에 갖다대면 인증절차가 끝난다. 멤버십카드가 없다면 주민등록번호를 입력하면 된다. 인증을 마친 뒤 평소대로 매장을 돌면 그때그때 해당 코너에서 진행하는 할인정보부터 신상품 정보, 추천상품 정보, 기존 구매상품에 대한 연관상품 안내, 할인쿠폰 수령, 포인트 적립에 이르기까지 각종 정보와 서비스가 실시간으로 제공된다.

이마트는 스마트 카트를 통해 수집된 구매패턴을 분석해 고객이 보다 편하게 쇼핑할 수 있도록 상품진열과 매장환경을 바꿔 나갈려고 한다. 그리고 스마트카트에 구입한 물건을 담을 때 태블릿PC를 통해 결제도 함께 이뤄지는 셀프 체크-아웃 기능을 추가하려고 한다.

이마트는 손잡이 부분에 7인치짜리 태블릿PC가 장착된 스마트 카트를 선보였는데, 이 카트는 코너별 할인정보와 추천상품 정보 등을 실시간으로 모니터에 제공한다.

③ 가격결정

소매업체의 가격정책은 점포포지션을 결정하는 중요한 요인으로, 표적시장, 상품 및 서비스구색, 경쟁점포를 고려하여 결정되어야 한다. 모든 소매업체들이 높은 마진과 대량판매를 실현하기를 기대하지만, 이들을 동시에 만족시키는 것은 현실적으로 매우 어렵다. 대부분의 소매업체들은 고마진·낮은 상품판매량(가령, 전문점)을 추구하거나 혹은 저마진·대량판매(가령, 할인점)를 추구하게 된다. 갤러리아 명품관의 샤넬은 코트 한 벌을 500만 원 이상의 고가격에 판매함으로써 소량판매로 높은 마진을 추구한다. 이에 반해 유니클로는 적정품질의 의류를 저가격으로 판매함으로써 저마진·대량판매의 영업방식을 추구한다.

그림 11-5 마진과 회전율에 따른 소매상 유형

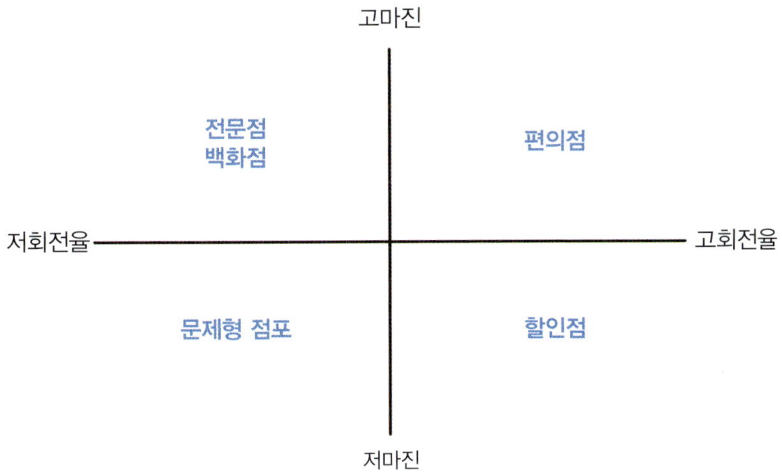

소매상이 원하는 상품가격은 두 가지 중요한 재무적 목표인 마진과 회전율에 대한 결정으로부터 영향을 받는다. 여기서 마진이란 소매점이 상품을 판매함으로써 얻을 수 있는 이익의 크기를 의미하며, 회선율이란 일징기간 동안 평균제고가 판매되는 횟수를 말한다.

전통적 소매업태와 근대적 소매업태의 운영방식은 그들이 추구하는 재무적 목표에 의해 설명될 수 있다. 전통적 소매업태는 일반적으로 고마진, 저회전율, 다양한 고객서비스 등의 특징을 갖는 반면, 근대적 소매업태는 저마진, 고회전율, 최소한의 고객서비스 등을 주요 특징으로 한다. 소매시장 내에는 두 가지 기본적 유형의 소매업태들이 공존하지만, 최근의 지배적 추세는 저마진, 고회전율, 최소한의 고객서비스를 토대로 규모의 경제를 실현함으로써 점포효율성을 극대화하는 것이다. 이러한 추세는 일상생활용품을 취급하는 소매업계에서 특히 두드러지는데, 창고형 도매클럽, 슈퍼스토어, 전문할인점, 할인점 등 점포효율성을 강조하는 업태들이 급성장하고 있는 것이 그 예이다. 그림 11-5 는 유형의 소매업태를 마진과 회전율이라는 두 가지 재무적 차원으로 설명하고 있다. 최근에 급성장하는 저마진-고회전율 소매점은 운영효율성을 극대화하고, 이로부터 발생된 원가절감의 많은 부분을 고객들에게 전가한다. 즉, 원가절감의 많은 부분이 고객서비스 수준의 감소(제한된 상품구색, 불편한 입지, self-service, 현금구매, 무배달 등)를 통해 고객들에게 이전되는 것이다. 그림 11-5 에서 저마진-저회전율의 점포도 현실적으로 존재할 수 있다. 즉, 소매시장 내의 치열한 가격경쟁으로 저마진을 추구하지만, 불리한 점포입지, 경영능력의 부족, 자본부족 등으로 인해 대량판매(즉, 높은 회전율의 상품판매)를 실현할 수 없는 경우이다. 그러나 이러한 유형의 소매점은 경쟁열위로 인해 소매시장에서 생존하기 어려울 것이다.

④ 촉진(Promotion)

표적고객의 구매를 유발하기 위해 소매상은 제조업체와 마찬가지로 광고, 인적판매, 판매촉진, PR 등의 촉진믹스를 이용한다. 소매업자는 촉진목적에 따라 각각의 촉진수단의 상대적 중요성이 달라짐을 인식하여야 한다. 소매상의 촉진목적은 그림 11-6과 같이 크게 장기적인 것과 단기적인 것으로 구분할 수 있다. 장기성과를 개선하기 위해서는 점포이미지와 점포포지션의 개선과 고객서비스의 확대가 이루어져야 하므로 이미지광고, PR과 인적판매의 강화 등이 중요하다. 소매점포의 단기적 영업성과를 개선하기 위해서는 새로운 고객을 유인하거나 기존고객의 구매량(혹은 구매빈도)을 증가시켜야 하므로 소매광고와 판촉이 주요한 촉진수단으로 사용된다.

그림 11-6 소매상의 촉진목적

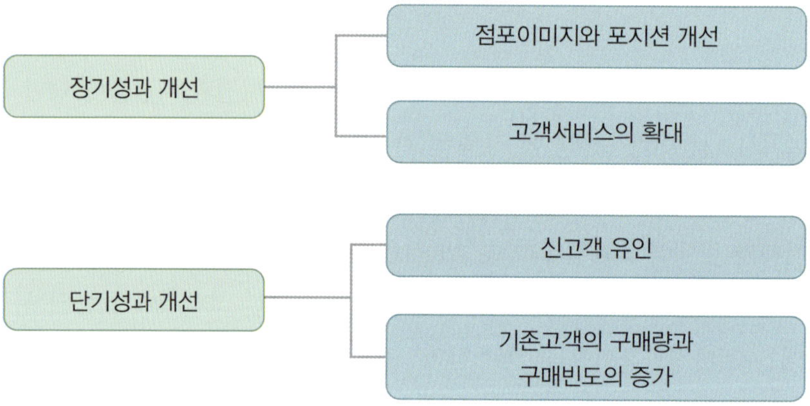

04 도매상(Wholesaler)

도매상(wholesaler, wholesale institution)이란 제품을 구입하여 소매상, 다른 도매상, 산업재 생산자에게 재판매하는 개인이나 조직체를 의미한다. 따라서 도매상은 최종소비자와는 원칙적으로 거래를 하지 않으며, 거래를 하더라도 그 비중이 매우 적다. 도매상에는 매우 다양한 유형이 있으나 일반적으로 상인도매상(merchant wholesaler), 대리도매상(agent wholesaler), 제조업체 직영 영업점(manufacturer's sales branches and sales offices)의 세 가지 유형으로 대별된다.

4.1 상인도매상(Merchant Wholesaler)

상인도매상은 자신들이 취급하는 제품의 소유권을 가지며 제조업체와 소매상과는 독립된 사업체이다. 상인도매상은 크게 완전기능도매상(full-function or service wholesaler)과 한정기능도매상(limited-function or service wholesaler)으로 나누어진다. **완전기능도매상**은 재고유지, 신용제공, 배달, 촉진 등 다양한 마케팅기능을 제공하며, 취급되는 상품계열의 폭과 길이에 따라 일반도매상(general merchandise wholesalers), 단일계열취급 도매상(single-line wholesalers), 전문도매상(specialty wholesaler)으로 구분된다. **한정기능도매상**은 일부 마케팅기능만을 수행하는 도매상으로, 현금판매도매상, 직송도매상, 트럭도매상, 선반도매상 등 다양한 형태의 도매상들이 있다. **현금판매도매상**(cash-and-carry wholesaler)은 회전이 빠른 한정된 계열의 제품만을 현금으로 소매상에게 판매하며 배달서비스를 제공하지 않는다. **직송도매상**(drop shipper)은 제품을 재고로 가지고 있지 않으며, 고객에게 직접 배달을 하지 않는다. 직송도매상은 고객으로부터 주문을 받으면 조건에 맞는 제조업체를 선정해 제조업체가 직접 제품을 운송하도록 한다. 그러나 주문 후 배달까지 제품의 소유권을 가지고 제조업체와 고객을 위해 위험을 부담하게 된다. 주로 석탄, 목재, 중장비, 화학자재 등 부피가 큰 제품을 취급하고 있다. **트럭도매상**(truck jobber)은 트럭에 제품을 싣고 다니며 판매하기 때문에 고객에게 편의성을 제공한다. 판매와 배달을 결합한 도매상 형태이며, 우유, 과일 등 부패성이 높거나, 캔디, 담배, 스낵 등 회전성이 높은 제품을 주로 취급한다. **선반도매상**(rack jobber)은 잡화점이나 슈퍼마켓에 비식품류 분야를 공급하는 도매상으로서 주로 미용관련 제품, 잡지, 레코드 등을 취급한다. 선반도매상은 이러한 상품들을 점포 내에 진열하고 제품의 가격을 정하는 등의 서비스를 제공하므로 소매상들의 재고유지 및 제품관리 부담을 덜어준다. 이러한 선반도매상의 출현은 슈퍼마켓이 주로 식료품만을 취급하다가 비식료품을 추가하는 과정에서 부족한 경험과 지식을 보완해 줄 도매상의 필요성에 의해 발생되었다.

4.2 대리도매상(Agent Wholesaler)

대리도매상은 제품의 소유권을 가지지 않고 마케팅기능만을 수행하여 제조업체와 고객 간의 거래를 용이하게 한다. 대리도매상은 마케팅서비스 기능을 제공한 대가로 수수료를 받는다.

대리도매상은 크게 브로커(거간, 중개인)와 대리인으로 나누어진다. **브로커**(broker)는 구매자와 판매자 간의 상품매매가 원활히 이루어지도록 중개기능을 수행한다. 즉, 구매자와 판매자의 요구조건, 가격수준 등에 관한 정보를 이들에게 제공하여 거래가 이루어지도록 연결한다. 브로커는 판매자와 구매자 양쪽으로부터 수수료를 받는다. 부동산, 보험 및 증권, 식료품 등의 분야에서 흔히 볼 수 있다. **대리인**(agent)은 구매자와 판매자 중 한쪽을 대표하며, 이들과 지속적인 관계를 유지한다. 대리인에는 제조업체 대리인, 판매대리인, 구매대리인, 수수료상인 등의 유형이 있다. 제조업체 대리인(manufacturer's agent, manufacturer's representatives)은 제조업체와의 계약에 의해 특정 지역 내에서 제조업체 생산제품들을 판매한다. 영업사원에 대한 비용을 충당하기 위해 비경쟁관계에 있는 제조업체들의 제품도 취급한다. 기계, 자동차부품 등의 산업용품이나 의류, 카메라 등에서 흔히 볼 수 있다. 판매대리인(selling agent)은 제조업체의 제품에 대한 마케팅활동을 대신 수행한다는 점에서 제조업체 대리인과 유사하지만, 석탄, 직물, 목재, 금속제품업체에서 흔히 이용되는 도매상을 말한다. 구매대리인(purchasing agent)은 구매자와 장기적인 관계를 유지하면서, 구매자를 대신하여 제품구매, 검사, 창고보관 등의 기능을 수행하고, 구매자에게 제품을 운송한다. 수수료상인(commission merchant)은 생산자가 위탁한 제품을 보관 및 운송하며, 구매자에게 판매한 대가로 생산자로부터 수수료를 받는다. 주로 농산물시장에서 이용되는 대리도매상이 대표적인 예이다.

4.3 제조업체 직영 영업점(Manufacturer's sales branches and sales offices)

제조업체 직영 영업점은 제조업체가 소유·운영하는 도매상이다. 제조업체 직영 영업점은 자신들이 직접 재고를 보유하여 소매점, 기타 도매상들에게 판매한다. 제조업체 직영 영업점은 독립도매상이 고객들에게 기술적 지원을 할 능력이 없거나 재고관리와 판촉활동을 직접 통제하고자 할 때 이용된다. 자동차정비, 농기구, 자동차, 건설자재 분야에서 흔히 볼 수 있다.

참고 문헌

1. 안광호 · 한상린 · 조재운, 유통원론 제4판, 학현사, 2020.
2. 임영균 · 안광호 · 김상용, 유통관리, 학현사, 2014.
3. Philip Kotler and Gary Armstrong, Principles of Marketing, 16th ed., Pearson, 2016.
4. Philip Kotler, 안광호, Gary Armstrong, 마케팅 입문, Pearson, 2013.
5. Martin Christopher, Logistics and Supply Chain Management, Pitman Publishing, 1992.
6. Louis W. Stern and Adel I. El-Ansary, Marketing Channels, 4th ed., Englewood Cliffs, NJ: Prentice Hall, 1992.

생각해 볼 문제

1. 제조업체가 직접 고객들과 거래하지 않고 중간상을 이용함으로써 얻을 수 있는 이점은 무엇인가?
2. 그동안 높은 성장을 보여왔던 국내백화점의 매출성장이 최근 들어 둔화되고 있다. 그 이유는 무엇이며, 이에 대한 국내백화점의 대응전략은 무엇인가?
3. 소매업체들 간의 가격경쟁이 갈수록 치열해지고 있다. 이에 따라 상대적으로 상품가격을 강조하는 새로운 소매업태들이 계속 출현하고 있다. 이들의 유형에 대해 설명하고, 이들이 경쟁에서의 우위를 확보하는 데 있어 핵심성공요인은 무엇인지에 대해 생각해 보시오.
4. 최근 들어 무점포형 소매업의 한 형태인 전자상거래 혹은 온라인 쇼핑몰이 급성장하고 있으며 많은 제조업체 · 유통업체들의 관심대상이 되고 있다. 오프라인 소매업체가 온라인마케팅을 도입하려고 할 때 고려해야 할 요인에 대해 생각해 보시오.
5. 파리 바게트, 파리 크라상 등을 소유한 SPC가 새로운 형태의 고급 훼밀리 레스토랑을 출점시킬 것을 고려하고 있다고 생각하자. 이를 위해 SPC가 고려해야 할 소매마케팅전략에 대해 논의해 보시오.

CHAPTER

12

유통경로관리

1. 공급체인과 가치전달 네트워크
2. 유통경로의 설계과정
3. 경로갈등의 관리
4. 유통경로의 계열화
5. 물적유통

학습목표

1. 기업이 왜 공급체인과 가치전달 네트워크 관점에서 유통경로를 관리해야 하는지에 대해 설명한다.
2. 제조업체가 유통경로를 어떻게 설계하는지에 대해 살펴본다.
3. 경로구성원들 간에 갈등이 발생했을 때 이를 어떻게 관리해야 하는지를 설명한다.
4. 경로구성원들이 공통의 경로목표를 실현하기 위해 어떻게 경로활동을 조직화하고 협력하는지 설명한다.
5. 통합적 물적유통(로지스틱스) 관리의 중요성과 개별 물류활동에 대한 관리에 대해 살펴본다.

12장 유통경로관리

이 장에서는 또 다른 마케팅믹스 도구인 유통(distribution)을 살펴보기로 한다. 고객을 위해 가치를 창출하고 고객관계를 구축하려는 노력은 기업 단독으로 이루어질 수 없다. 대다수 기업은 공급망(supply chain)과 마케팅경로(marketing channel)의 한 구성원일 뿐이다. 그러므로 개별 기업의 성공은 자신이 마케팅활동을 얼마나 잘 수행하느냐 뿐만 아니라 전체 마케팅 채널이 경쟁사의 채널에 비해 얼마나 우수한 경쟁력을 갖느냐에 달려 있다. 따라서 기업이 경쟁우위를 갖기 위해서는 최종고객에 대한 관계관리뿐 아니라 전체 마케팅 채널의 다른 구성원들, 즉 파트너들에 대한 관계관리도 잘 수행해야 한다.

이 장은 덴마크의 글로벌 완구 브랜드 레고가 오프라인과 온라인 매장을 효과적으로 결합한 옴니 유통전략을 통해 중국 완구시장을 공략해 나가는 과정을 사례를 통해 살펴보는 것으로 시작한다.

도입 사례

오프라인 매장과 온라인 매장을 결합한 옴니 유통전략을 통해 중국 완구시장 공략에 박차를 가하는 레고 그룹

중국 베이징 왕푸징 거리에 있는 레고 매장 앞을 사람들이 걸어가고 있다.

중국 베이징의 대표적 쇼핑가로 꼽히는 왕푸징 거리에 덴마크 완구 브랜드 '레고' 매장이 자리를 잡았다. 이 매장은 미국 명품 보석브랜드 티파니와 이탈리아 명품 패션브랜드 프라다 매장 사이에 위치하고 있다. 이 매장 안에는 각종 고궁과 유적, 판다와 용 등 중국의 상징을 레고 블록으로 구현한 모형으로 가득 찼다. 이 매장은 중국 현지문화와 레고제품을 결합해 호평을 받는다.

신종 코로나 바이러스 감염증(코로나19) 사태와 온라인 시장 경쟁 심화 등 이중고를 겪으며 완구업계가 실적악화를 겪고 있지만 레고그룹은 중국 오프라인 매장을 확대하기 위해 공격적으로 나서고 있다. 레고그룹은 2032년이면 전 세계 어린이 20억 명 가운데 3분의 2가 중국을 비롯한 동아시아 어린이일 것으로 판단하고, 시장선점을 위해 현지 오프라인 영역 확대에 나서고 있다. 레고는 2021년 안에 중국 85개 도시에 300개 매장을 확보한다는 계획을 세웠는데, 이는 2019년 초 중국 매장의 2배에 달하는 수치다.

레고그룹은 지역별 매출을 공개하지 않았지만, 중국은 레고그룹의 주요시장 가운데 한 곳으로 성장했다. 하지만 현재 중국의 부모들은 어린 시절 레고를 가지고 놀았던 세대가 아니다. 이 때문에 중국에서 어린이는 물론 부모들이 레고를 직접 체험할 수 있는 공간, 그리고 레고라는 브랜드를 알리는 공간으로서 오프라인 매장의 전략적 중요성이 크다.

레고그룹의 중국 오프라인 유통시장 확장계획에는 테마파크인 '레고랜드'도 포함되는데, 2023년 개장을 목표로 중국 남부 쓰촨성에 중국 최초, 세계 최대 규모의 레고랜드를 건설 중이다. 중국 레고랜드에는 다른 나라 레고랜드에서는 볼 수 없는 특별한 놀이기구와 에펠탑, 자유의 여신상 등과 같은 세계적인 랜드마크, 만리장성과 같은 중국명소를 레고 블록으로 구현할 계획이다.

언택트(비대면)가 뉴노멀이 된 상황에서 레고그룹은 오프라인 매장을 온라인 구매로 유인하는 공간으로도 활용하려고 한다. 레고그룹은 중국 온라인 판매를 늘리기 위해 추가할인, 특별할인, 멤버십 프로그램 등 각종 혜택을 제공한다. 그 덕에 레고그룹의 중국 온라인 시장 영향력은 완구업체 가운데 독보적이다. 2020년 5월에는 중국 고전문학 서유기를 모티브로 한 상품 출시행사의 하나로 '라방(실시간 라이브 스트리밍)'을 진행했는데, 무려 1000만 명 이상이 시청했다. 중국 전자상거래 플랫폼 티몰에서 레고그룹의 팔로어는 390만 명으로 업계 최고수준이다. 실적에서도 드러난다. 전자상거래 및 마케팅 회사 WPIC에 따르면 2020년 11월까지 1년간 레고그룹의 티몰 매출은 46억 위안(약 7673억 원)에 달했다.

중국에서 레고그룹의 골칫거리였던 '짝퉁 레고' 문제가 해결단계에 접어들면서 레고그룹의 중국시장 내 영토확장에 한층 더 탄력이 붙고 있다. 중국에서는 구디, 지에고, 레핀과 같은 레고 모방품 브랜드가 수두룩했다. 레고그룹은 이 브랜드들을 대상으로 법정소송을 벌인 끝에 2020년 9월 승소판결을 받았다. 당시 상하이 법원은 레핀 브랜드 관계자 등 9명에게 6년 이하의 징역과 9000만 위안(약 150억 원)의 벌금을 선고했다. 레고와 유사한 브랜드명과 로고를 사용한 레핀 브랜드는 그간 짝퉁 레고 425만 박스를 판매했는데, 불법 수익액 규모가 무려 3억3000만 위안(약 550억원)에 달했다. 상하이 법원은 "이러한 범죄는 매우 심각하고 사회에 엄청난 해악을 끼친다. 짝퉁 완구가 이미 시장에 퍼져 기업의 지식재산권을 침해하고 명성과 경제적 이익에 손실을 입히고 시장질서를 어지럽힌다"라고 봤다. 레고그룹은 해당 판결을 계기로 중국 짝퉁 레고 소탕에 더욱 박차를 가하려고 한다.

중국의 높은 교육열도 레고 판매에 긍정적인 요인으로 작용하고 있다. 중국의 치열한 교육 시스템에 대비할 목적으로 자녀에게 레고를 선물하는 중국 부모들이 많은 것이다. 중국 부모들은 자녀들이 레고 블록을 가지고 놀면 손근육과 창의력을 발달시킬 수 있다고 생각한다.

레고그룹은 코로나19 사태에도 2020년 상반기 상당한 실적 개선세를 보였다. 판매량과 영업이익이 모두 두 자릿수 성장률을 기록했는데, 2019년 상반기와 비교해 레고그룹의 2020년 상반기 판매는 14% 늘었고, 매출은 7% 증가한 39억 덴마크크로네(약 6983억 원)를 기록했다. 영업이익은 11% 뛰어 수익성도 개선했다. 지역별로 미국, 서유럽, 아시아, 중국에서 두 자릿수 판매 증가세를 보였다. 시리즈별로는 테크닉, 스타워즈, 클래식, 디즈니 프린세스, 해리포터, 스피드 챔피언스 등이 골고루 판매 상위권에 들었다.

레고그룹은 전자상거래 시스템과 제품혁신을 위한 장기적 관점의 투자가 효과를 발휘하기 시작한 것으로 보고 있다. 특히 레고그룹이 리뉴얼한 전자상거래 플랫폼 '레고닷컴(lego.com)'의 2020년 상반기 접속자 수는 1억 명으로 전년도 같은 기간의 2배 이상이었다. 레고 그룹의 최고경영자(CEO) 닐스 B. 크리스티안센은 "우리는 강력한 제품군으로 모든 연령대의 소비자를 유인할 수 있었고, 경쟁력을 강화한 전자상거래 플랫폼과 민첩한 글로벌 공급망 운영 덕에 온라인 수요를 소화할 수 있었다. 오프라인 매장 파트너사와 협력해 온라인으로 많은 고객을 끌어들일 수 있었다. 전자상거래 경쟁력을 강화하고 고객에게 환상적인 오프라인 경험을 제공하기 위한 투자를 계속할 것이다"고 말했다.

자료원: 이코노미조선, 378호, 2021.01.06.

할인점 등장에 따른 제조업체와 유통업체 간의 경로갈등은 국내의 경우도 예외는 아니다. 이마트, 홈플러스 같은 할인점의 등장과 성장은 제조업체와 유통업체 간에 제품공급가격을 둘러싸고 심한 갈등을 유발하는 계기가 되었다. 할인점보다 비싸게 팔 수밖에 없는 제조업체 대리점과 백화점들은 할인점에 제품을 공급하는 제조업체들에게 불만을 토로하였고, 판매가격 결정권을 고수하려는 제조업체들은 할인점에 대한 제품공급을 중단하는 사태로까지 발전되었다.

유통경로는 서로 다른 기업들이 공통의 목표를 달성하기 위해 결합된 시스템으로 볼 수 있다. 따라서 각 경로구성원은 다른 경로구성원들에 의존하고 있는 것이다. 예를 들어, 르노삼성자동차는 소비자의 욕구를 충족시키는 자동차를 생산하여 SM5 딜러들에게 공급할 수 있어야 하며, SM5 딜러는 소비자들이 SM5를 구매하도록 적극적인 판매활동과 애프터서비스 등을 수행하여야 한다. 또한 특정 SM5 딜러가 최선의 판매노력을 하더라도 다른 딜러들이 르노삼성자동차의 이미지를 저해하는 행동을 한다면, 경로 전체의 경영성과에 부정적 영향을 미치게 되는 것이다. 따라서 SM5의 매출성과는 르노삼성자동차의 유통경로 구성원들이 현대자동차나 기아자동차 등 다른 경쟁 자동차회사들의 경로구성원들과의 경쟁에서 어느 정도의 우위를 확보하느냐에 달려 있다. 유통경로에 대한 결정은 다음과 같은 이유에서 마케터에게 중요한 의사결정 문제의 하나이다.

첫째, 기업의 경로결정은 다른 마케팅믹스 요소들에 영향을 미친다. 기업이 직영점과 중간상 중 어느 것을 이용할 것인가의 문제와 중간상을 이용할 경우 고급전문점과 대중상품 취급점 중 어느 것을 선택하느냐에 따라 판매원의 질과 교육, 광고의 유형, 제품의 가격 등이 달라지게 된다. 둘째, 유통경로의 결정은 경로구성원들과의 장기적 관계를 설정하는 것이다. 유통경로의 구성원들과의 계약이 한 번 이루어지면, 시장환경이 변화하더라도 구성원을 바꾸거나 경로유형을 변경하기가 쉽지 않다. 그러므로 마케터는 유통경로를 설계할 때 현재의 여건을 고려하는 것은 물론 미래의 소비자 기호 및 유통환경 변화도 신중하게 고려하여야 할 것이다.

본 장에서는 유통경로 설계과정과 경로구성원들에 대한 갈등관리를 설명한 후 유통경로구조의 새로운 추세인 유통경로계열화를 다루기로 한다. 이와 함께 유통비용 중 높은 비중을 차지하는 물류비용을 절감하기 위한 물적유통관리에 대해 살펴본다.

01 공급체인과 가치전달 네트워크

고객들이 우수한 제품을 쉽게 구매할 수 있도록 하기 위해 제조업체는 최종고객과의 관계구축뿐만 아니라 공급체인을 구성하는 핵심 공급업체 및 유통업체들과의 관계구축을 필요로 한다.

제조업체 입장에서 보면 공급체인은 **후방거래파트너**(upstream partner)와 **전방거래파트너**(downstream partner)로 구성된다. 후방거래파트너들은 제품 혹은 서비스의 생산에 필요한 원료, 부품, 정보, 금융 등을 공급하는 기업들의 집합체이며, 전방거래파트너들은 생산된 제품 혹은 서비스를 고객들에게 전달하는 모든 유형의 유통업체들, 즉 유통경로를 말한다. 한 기업의 공급체인은 고객에게 탁월한 가치를 제공할 수 있도록 설계되어야 한다. 개별 기업의 성공은 그 기업의 경영성과뿐 아니라 자신이 속한 공급체인이 경쟁사에 비해 갖는 경쟁력에 의해 결정된다.

인터넷의 등장에 따라 기업들 간의 관계형성 구조가 더욱 복잡해지고 있다. 예를 들어, 현대자동차는 여러 개의 공급체인을 관리하며, 많은 B2B 웹사이트를 후원하고 이를 통해 구매거래를 수행하기도 한다. 오늘날의 많은 대기업들은 공급체인의 개념을 더욱 확대시켜 가치전달 네트워크를 구축하는 방향으로 나아가고 있다.

가치전달 네트워크(value delivering network)는 전체거래시스템의 성과를 향상시키기 위해 파트너관계를 형성한 제조업체, 공급업체, 유통업체, 고객들의 집합체이다. 예를 들어, 스마트폰 제조업체 애플은 반도체부품, 플라스틱 케이스, LCD 디스플레이, 액세서리의 공급업체 및 조립업체, 오프라인·온라인상의 유통업체, 스마트폰 운영체계를 위해 수천 개 이상의 응용프로그램을 개발한 프로그램개발 협력업체 등과 같이 엄청난 수의 거래파트너들과의 거래를 관리한다. 이와 같이 다양한 유형의 파트너들과의 거래관계가 효과적으로 이루어져야만 애플의 최종고객들에게 삼성전자, LG전자 등 경쟁사보다 더 우수한 가치를 제공할 수 있다.

본 장은 가치전달 네트워크상의 전방구성원(downstream partner)인 유통업체를 중심으로 설명하지만 기업들은 유통업체가 전체 가치네트워크상의 일부분에 불과하다는 것을 인식해야 한다. 즉 고객에게 가치를 제공하기 위해서 기업은 전방구성원인 유통업체들뿐 아니라 후방구성원들인 공급업체들의 협력이 필요한 것이다. 예를 들어, KB국민은행은 고객들에게 우수한 금융서비스를 제공하기 위해 ATMs, 거래내역서 출력을 위한 종이, 컴퓨터 등과 같은 설비와 소모품을 구매한다. 또한 고객에게 금융서비스를 제공하고 고객의 거래정보를 얻기 위해, KB국민은행은 은행 지점, 웹사이트, 수천 개의 ATMs 등으로 구성된 유통경로를 유지한다.

점점 더 많은 기업들이 후방거래활동과 전방거래활동에 직접 참여하거나 영향력을 행사하고 있다. 즉 단순히 유통업체에 대한 관리로부터 전체 가치네트워크의 관리로 그 범위를 확대하고 있는 것이다.

최근 기업 내부에 존재하는 공급망 관리체계에 모바일(Mobile) 기반의 기술이 결합해 M-SCM이라는 혁신적인 비즈니스 프로세스가 각광을 받고 있다. 공급망관리에서 중요한 수요예측, 재고관리, 판매/주문관리 등이 모바일 환경과 결합해 점차 Real-time SCM 환경을 만들어가고 있으며, 이는 기업의 핵심 경쟁력으로 자리 잡고 있다. M-SCM을 통해 실시간으로 주문, 생산, 판매 현황을 조회할 수 있을 뿐만 아니라, 유통채널과의 SCM 데이터베이스 공유를 통해 소비량을 보다 정확하게 예측할 수 있게 됐다. 유통채널은 재고 및 물량 공급에 대한 정확한 정보를 통해 판매전략을 수립할 수 있고, 제조사는 판매정보를 통해 정확한 생산 및 구매계획을 수립할 수 있다. 이와 같은 내·외부 데이터베이스 통합은 SCM 가치사슬 전반에 걸쳐 나타나고 있으며, 클라우드 컴퓨팅(Cloud Computing) 환경이 확장됨에 따라 점차 가속화하고 있다.

02 유통경로의 설계과정

최근 많은 기업들이 시장지위를 유지하기 위해 신제품들을 경쟁적으로 출시함에 따라 소매점의 제한된 진열공간에 자사제품을 진열하는 것이 갈수록 어려워지고 있다. 이러한 상황에서 제조업체는 자사제품의 유통과정에 대한 통제력과 고객의 구매편의성을 높이기 위해 유통경로를 보다 체계적으로 설계할 필요성이 갈수록 높아지고 있다.

본 절에서는 먼저 제조업체가 유통경로를 설계하기 위한 과정(그림 12-1 참조)을 제시하고 각 단계에서 분석되어야 할 요인들을 다루기로 한다.

그림 12-1 유통경로 설계과정

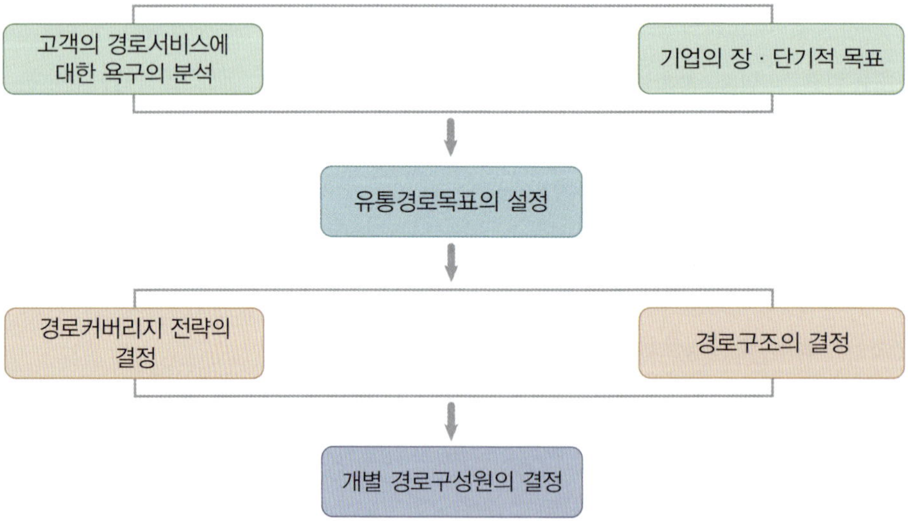

2.1 경로서비스에 대한 고객욕구의 분석

먼저 마케터는 표적시장 소비자들이 유통경로 구성원으로부터 제공받기를 원하는 서비스수준을 조사하여야 한다. 소비자들이 구매과정에서 기대하는 경로서비스로는 입지의 편의성, 최소구매단위의 크기, 대기시간, 제품의 다양성 등을 들 수 있다. 만약 표적소비자들이 보다 편리한 입지, 작은 최소구매단위, 짧은 대기시간, 다양한 상품구색을 선호한다면, 마케터는 이러한 고객욕구를 충족시킬 수 있는 유통경로를 설계해야 할 것이다. 그러나 기업이 표적고객들에게 그들이 원하는 경로서비스를 모두 제공한다는 것은 불가능하거나 비현실적일 수 있다. 왜냐하면 제조업체나 유통경로 구성원이 소비자가 원하는 수준의 서비스를 제공할 자원이나 기술을 보유하고 있지 못할 수 있으며, 높은 수준의 경로서비스는 높은 유통비용, 곧 높은 제품가격을 의미하기 때문이다. 최근 들어 제품가격이 저렴하다면 낮은 경로서비스 수준을 기꺼이 감수하려고 하는 고객들이 증가하고 있는데, 최근 할인점과 온라인 채널의 급성장은 이러한 소비자 추세에서 비롯된 것이다. 유통경로 설계자는 고객이 원하는 경로서비스의 제공과 이에 따른 유통비용(제품가격)의 상승을 비교하여 적정수준의 경로서비스를 결정해야 한다.

한편 원하는 서비스수준이 각기 다른 둘 이상의 세분시장을 표적세분시장으로 결정하였다면, 마케터는 각 세분시장의 욕구를 효과적으로 충족시키기 위해 복수유통경로를 계획하는 것이 바람직할 수 있다. 2000년대 들어 소비자욕구가 다양화·개성화되는 추세에 따라 시장세분화가 더욱 가속화되고 있고 오프라인, 온라인, 모바일 채널 등 다양한 유통채널 대안들이 등장하고 있다. 이에 대응하여 많은 제조업체들이 복수의 표적세분시장들을 상대로 마케팅활동을 수행하며, 각 세분시장에 맞는 복수의 유통경로를 구축하고 있다.

2.2 유통경로 목표의 설정

경로서비스에 대한 고객욕구의 분석과 함께 마케터는 유통경로 목표를 설정하여야 한다. 마케터가 자사제품을 유통시키는 것은 결국 기업의 장·단기적 목표를 달성하기 위한 것이다. 유통경로설계자는 유통경로 목표를 설정할 때 소비자들이 원하는 서비스수준과 아울러 기업의 장·단기적 목표(투자수익률, 시장점유율, 매출액성장률 등)를 고려하여야 한다.

경로목표는 효과적인 경로관리를 위해 가능한 한 계량적으로 서술되어야 한다. 예를 들어, 한 식품제조업체가 고품질의 냉동즉석식품을 새로 개발하여 다음과 같은 경로목표를 설정하였다고 하자: "본사는 직장여성들 중 60%가 5분 이내의 운전으로 신제품을 구매할 수 있도록 유통경로를 구축할 계획이며, 이러한 목표를 신제품 출시 후 12개월 이내에 달성하고자 한다." 이 식품제조업체가 설정한 경로목표는 표적시장 소비자들이 원하는 서비스 수준(편리한 위치에서 즉시 구매가능함)을 반영하고 있을 뿐 아니라 단기간 내에 신제품을 시장에 유통시키려는 기업의 성장목표도 구체적으로 표현하고 있음을 알 수 있다.

2.3 경로커버리지와 경로구조(경로길이)의 결정

(1) 경로커버리지 전략의 결정

마케터는 유통경로 목표를 달성하기 위해 얼마나 많은 점포들이 필요하며, 각 점포는 어느 정도의 경로서비스를 제공해야 할지를 결정해야 한다. **경로(시장)커버리지** 또는 **유통집중도**(distribution intensity)는 특정지역에서 자사제품을 취급하는 점포의 수를 말하며, 제조업자가 선택할 수 있는 경로커버리지 전략에는 집중적 유통, 선택적 유통 및 전속적 유통이 있다.

집중적 유통(intensive distribution)은 가능한 한 많은 점포들이 자사제품을 취급하도록 하는 경로전략이다. 고객들이 자주 구매하며 구매 시 최소의 노력을 원하는 편의품들을 생산하는 기업들은 집중적 유통전략을 택하는 경우가 많다. 비누, 껌, 캔디, 휘발유, 세제, 문구류 등이 그 예이다. 한편 일정한 지역에서 한 점포가 자사제품을 독점적으로 취급하도록 하는 전략을 **전속적 유통**(exclusive distribution)이라고 한다. 기업이 이러한 유형의 경로커버리지 전략을 채택하는 이유로는 ① 점포입지의 편리성이 고객에게 중요한 경로서비스 요인이 아니므로 고객들이 기꺼이 제품구매에 많은 쇼핑노력을 투입하고자 하고, ② 제조업자와 유통업자들 간의 강한 유대관계(partnership)를 통해 자사제품에 대한 적극적인 판매노력을 유도할 수 있기 때문이다. 자동차, 주요 내구재, 명품브랜드 등의 제품을 생산하는 기업들은 전속적 유통전략을 채택하고 있다.

전속적 유통의 예: 샤넬(서울 청담동 매장)은 일정한 지역에서 한 점포가 자사제품을 독점적으로 취급하도록 한다.

선택적 유통의 예: 가구전문점은 특정 지역 내에 자격을 갖춘 소수의 중간상들에게 자사제품을 취급하도록 한다.

선택적 유통(selective distribution)은 집중적 유통과 전속적 유통의 중간형태를 띠는 경로커버리지 전략이다. 즉, 특정 지역 내에 자사제품을 적극적으로 취급하기를 원하는 중간상들 중 일정자격을 갖춘 소수의 중간상들에게 자사제품을 취급하도록 한다. 기업은 중간상들에게 적극적인 마케팅지원을 약속함으로써 충분한 시장커버리지가 이루어지도록 해야 할 것이다. 이는 가구, 화장품, 스포츠용품, 의류 등의 유통에 자주 이용되는 전략이다.

경로커버리지 전략을 선택하는 데 있어 마케터는 다음과 같은 요인들을 고려해야 한다.

첫째, 고객들이 자사제품을 어떤 유형의 제품으로 지각하는지를 조사하여야 한다. 제품의 유형(편의품, 선매품, 전문품)에 따라 고객의 구매(쇼핑)행동이 달라질 수 있는데, 대체로 편의품은 집중적 유통전략을, 선매품은 선택적 유통전략을, 전문품은 전속적 유통전략을 고려해 볼 수 있다.

둘째, 경로커버리지 전략은 제조업체가 경로상에서 수행될 마케팅기능을 어느 정도 통제하고자 하는가에 의해 좌우되기도 한다. 집중적 유통전략을 채택하는 제조업체는 제품의 판매과정에 대한 통제를 상당부분 포기해야 하며, 통제를 증대시킬 수 있는 유일한 방안은 각 경로구성원을 위한 마케팅계획 수립, 각 점포의 머천다이징 지도 등을 통해 중간상들에 대한 협력과 지원을 보다 강화하는 것이다. 반면에 전속적 유통경로 전략을 사용하는 제조업자는 마케팅기능을 의도한 대로 통제할 수 있다. 즉, 구성원들 간의 합의에 의해 각 경로구성원들이 수행해야 할 마케팅기능(취급제품, 책임 판매지역, 재고수준, 판매목표량, 촉진활동 등)을 명시함으로써 그들의 경로활동에 대한 통제를 극대화할 수 있다.

(2) 경로구조(경로길이) 결정

제조업체는 경로목표를 달성하기 위하여 경로길이, 즉 어떤 유형의 중간상들을 경로구성원으로 포함시켜야 하는지를 결정해야 한다. 제조업체는 상황에 따라 중간상들을 배제하고 자신이 고객들과 직접 거래하는 길이가 짧은 경로구조를 선택할 수도 있고 제품의 유통과정에 많은 유형의 중간상(도·소매상)들을 참여시킴으로써 경로길이가 매우 긴 경로구조를 선택할 수도 있다. 제조업체가 경로길이를 결정할 때는 다음과 같은 요인들을 고려하여야 한다(표 12-1 참조).

표 12-1 경로구조결정 시의 고려요인

요인	긴 유통경로 구조	짧은 유통경로구조
• 시장요인		
시장규모	소규모	대규모
지리적 분산정도	높음	낮음
구매빈도	낮음	높음
평균 주문단위	소량	대량

요인	긴 유통경로 구조	짧은 유통경로구조
• 제품요인		
용량	소규모	대규모
부패가능성	낮음	높음
단위당 가치	낮음	높음
제품표준화	높음	낮음
제품계열의 폭	좁음	넓음
제품계열의 깊이	얕음	깊음
기술적 복잡성	낮음	높음
• 기업요인		
규모	소규모	대규모
재무능력	약함	강함
관리경험	적음	많음
통제욕구	낮음	강함
• 경로구성원 요인		
이용가능성	이용가능	이용불가능
마케팅기능 수행 의지	높음	낮음
수행될 서비스 수	적음	많음
수행될 서비스 질	낮음	높음
경로구성원 이용의 비용	낮음	높음

① 시장요인

표적시장 고객의 특성은 유통경로 길이에 영향을 미친다. 예를 들어, 표적시장의 규모가 크고 지리적으로 시장이 집중될수록 제조업체는 직접마케팅경로를 택하게 될 것이다(즉, 마케팅경로의 길이가 짧아질 것이다).

② 제품요인

제품특성도 경로길이에 영향을 미치게 된다. 신선도를 유지해야 하는 부패성 제품과 선적거리와 물량공급의 횟수를 최소화해야 하는 대용량제품(bulky products)의 경우는 짧은 유통경로가 바람직하다. 또한 판매에 전문적 기술을 필요로 하는 복잡한 제품의 경우도 고객에게 정확한 제품정보를 제공하는데 효과적인 직접마케팅경로를 선택할 가능성이 높다. 다양한 제품계열을 생산하는 기업은 각 제품계열에 대한 경로구성원들을 구축할 경우 많은 유통비용이 든다. 따라서 유통비용을 줄이기 위해 직접마케팅경로를 채택할 가능성이 높다.

③ 기업요인

기업의 재무적 능력, 중간상과의 거래경험, 마케팅 수행능력, 제품의 유통과정에 대한 통제욕구 등과 같은 기업특성들도 경로구조 선택에 영향을 미친다. 즉, 기업이 충분한 재무적 능력이 있고, 스스로 마케팅기능을 수행할 능력이 있으며, 유통과정에서 수행될 마케팅기능을 통제하고자 하는 욕구가 강할수록 경로길이를 단축하는 직접마케팅경로를 택할 것이다.

④ 경로구성원 요인

제조업체는 경로구조 선택 시 다음과 같은 요인들을 고려해야 한다.

첫째, 필요한 마케팅기능을 수행할 수 있는 중간상의 이용가능성(availability)이다. 필요한 마케팅기능을 수행할 수 있는 중간상들을 구할 수 없거나, 있더라도 이를 수행할 의지가 없는 경우에 제조업체는 직접마케팅경로를 구축할 수밖에 없다.

둘째, 경로구성원들이 제공해야 할 서비스의 수와 질을 고려해야 한다. 즉, 소비자는 중간상이 제공하는 신용제공, 배달, 품질보증, 판매원의 서비스, 보수 등에 대한 기대를 가진다. 제조업체는 중간상이 제공해야 할 서비스 수가 많거나 서비스의 품질이 제품판매에 중요하다면 직접마케팅경로를 선택할 것이다.

셋째, 각 경로구성원들과의 거래에서 발생되는 상대적 비용도 고려해야 한다. 예들 들어, 손수건, 지갑, 양말 등 불특정 다수의 고객들에게 소량으로 판매되는 제품을 제조하는 제조업체는 대형도매상과 직접 거래하고 대형도매상들이 다수의 소형점포들과 거래하는 것이 자사제품을 취급하고자 하는 각 소매점포들과 개별거래하는 것보다 비용의 경제성을 실현할 수 있다. 따라서 경로길이가 긴 경로구조를 선택할 것이다.

2.4 개별 경로구성원의 결정

시장커버리지와 경로길이에 대한 결정이 이루어지면, 마케터는 경로구성원으로 포함될 개별 중간상들을 선택하게 된다. 중간상을 선정할 수 있는 능력은 기업에 따라 다르다. 예를 들어, Toyota는 렉서스(Lexus) 라인을 미국에 처음으로 출시했을 때 새로운 딜러를 확보하는 데 별 어려움을 겪지 않았으며, 오히려 수많은 딜러 후보자를 거절해야 했다. 그러나 충분한 자격을 갖춘 중간상을 확보하기 위해 상당한 노력을 기울여야 하는 제조업체도 있다. 예를 들어, 시계 제조업체 Timex(타이맥스)가 일반 보석상을 통해 자사의 저가시계를 판매하려 했을 때, 대부분의 보석상들이 취급하려 하지 않았기 때문에 양판점을 통해 판매해야 했다. 중소 제조업체의 경우에도 자사제품을 취급할 소매점을 확보하기 어렵다.

경로구성원 후보들을 평가하기 위해 흔히 사용되는 평가기준들에는 ① 신용능력, ② 영업사원의 규모, ③ 판매능력, ④ 취급하는 제품의 종류, ⑤ 명성, ⑥ 수익성과 성장잠재력 등이 있다. 신용능력은 중간상의 대금지불능력을 말하는데 가장 중요한 평가기준의 하나이다. 또한 중간상이 보유하고 있는 영업사원의 수, 판매능력은 푸쉬전략을 사용하는 제조업체에게 매우 중요한 기준이 된다. 제조업체는 자사제품의 이미지를 유지하기 위해 경쟁사의 제품을 취급하는 중간상보다는 호환성이 있거나 보완적인 제품을 취급하는 중간상을 선호하게 된다. 마지막으로 제조업체는 취급하는 품목의 품질이나 고객에 대한 서비스에서 명성이 높거나 수익성과 매출액 성장이 높은 중간상과 거래하기를 원한다.

03 경로갈등의 관리

유통경로는 서로 다른 목표를 가진 경로구성원들로 구성되어 있으며, 개별 구성원들의 목표를 달성하기 위해 다른 경로구성원들의 노력을 필요로 한다. 이와 같이 경로구성원들은 상호 의존적 관계이지만 실제에 있어서는 자신의 경영에 다른 구성원들이 간섭하는 것을 배제하려고 한다. 즉, 경로구성원들은 자신들의 이익을 극대화하고자 하며 경로상에서 자신과 직접 거래되는 경로구성원과의 관계에만 주로 관심을 가진다.

한 제조업체의 유통경로의 성공 여부는 다른 경쟁업체의 유통경로보다 얼마나 경쟁우위를 확보하느냐에 달려 있다. 즉, 경로 전체의 목표를 달성하기 위해 경로구성원들이 어느 정도 협조하느냐가 유통경로 전체 및 개별 경로구성원들의 성과를 좌우한다. 그러나 경로구성원들이 이와 같은 거시적 관점을 가지는 경우가 많지 않다. 따라서 각 구성원들의 목표와 그들이 수행해야 할 역할(과업)에 대해 서로 의견 불일치가 발생될 때, 제조업체는 경로 전체의 목표를 달성할 수 있도록 각 구성원의 목표와 역할을 조절하는 등의 경로갈등을 관리하여야 한다.

3.1 경로갈등의 유형

경로구성원 간의 의견 불일치는 각 경로구성원들이 수행해야 할 과업을 수행하지 않을 때 발생되며, 이로 인해 경로갈등이 야기된다. 경로갈등(channel conflict)은 크게 수평적 갈등과 수직적 갈등으로 나누어진다. **수평적 갈등**(horizontal conflict)이란 유통경로상의 동일한 수준(단계)에 있는 경로구성원들 간의 갈등을 말한다. 예를 들어, 서울 영등포지역의 가전제품 대리점이 자신의 판매지역을 넘어 부천이나 안양지역의 소비자에게 영업을 한다면, 해당지역 대리점들 간에 갈등을 유발할 것이다. **수직적 갈등**(vertical conflict)이란 유통경로상의 서로 다른 단계(수준)에 있는 구성원들 간의 갈등을 말하며, 수평적 경로갈등보다 더 빈번하게 발생되는 경로갈등 유형이다. 예를 들어, 과거 (주)모닝글로리의 제품을 취급하는 문구소매상들은 모닝글로리가 제조업체이면서 직영점을 운영하여 유통까지 직접 관장함을 비난

마케팅 Highlight

직접유통경로와 간접유통로 간의 화장품가격 차별화로 인해 경로갈등을 겪은 아모레퍼시픽

서울 상도동의 아모레퍼시픽그룹 계열 화장품 브랜드 '이니스프리' 가맹점 매장에서 2만4000원에 파는 세럼이 쿠팡에선 40% 저렴한 1만4430원에 판매되고 있었다. 매장가격 6000원인 파우더는 4160원이었다.

가맹점들은 온 · 오프라인 공급가격를 다르게 책정하는 아모레퍼시픽의 이중가격정책으로 어려움을 겪고 있다고 강하게 반발했다. 제조업체들이 구매력이 큰 거래처에 납품가를 낮춰주는 것은 흔히 있는 일이다. 하지만 이 같은 가격차별이 사업파트너인 가맹점들이 수용할 수 없을 정도로 크고 상시적으로 이뤄진다면, 이는 이중가격(동일 상품에 대하여 두 가지 이상의 가격을 매기는 것)에 해당한다. 가맹점주들은 2019년 11월 '아모레퍼시픽 본사의 가격정책이 불공정 거래행위에 해당한다'며 공정거래위원회에 신고했다.

서울 강남의 아모레퍼시픽 '아리따움' 매장에서는 간혹 들어온 손님들이 핸드크림 · 립스틱 등 테스트용 제품을 발라보고는 발길을 돌렸다. 매장 직원은 "나중에 인터넷 판매가를 알게 된 고객들이 찾아와 사기꾼이라고 언성을 높인 적도 여러 번"이라고 말했다. 가맹점들은 본사로부터 남성 화장품인 '오딧세이 2종 세트(판매가 5만5000원)'를 3만2500원에 공급받았지만, 똑같은 제품이 온라인에선 1만8750원에 판매되었다. 이 때문에 가맹점주들이 이 제품을 본사가 아닌 인터넷에서 구입해 판매하는 촌극까지 벌어졌다. 한 점주는 "사업파트너인 가맹점에 대한 배신"이라고 주장했다.

아모레퍼시픽 이니스프리 가맹점에서 2만5000원에 판매하는 화장품이 쿠팡에서 39% 저렴한 1만5250원에 판매되고 있다. 아모레퍼시픽 본사로부터 로드샵 가맹점들이 쿠팡 등 이커머스 업체보다 제품을 비싸게 공급받으면서, 가격 경쟁력을 잃고 판매에 어려움을 겪고 있다고 강하게 반발했다.

다른 화장품 브랜드의 경우 본사가 아닌 개인 판매자가 온라인몰에서 싼 값에 제품을 파는 경우는 있지만, 아

이니스프리 가맹점주들은 "본사의 이중가격정책으로 오프라인 매장은 온라인 판매를 위한 테스트 매장으로 전락했다"고 주장한다.

모레퍼시픽은 본사가 직접 온라인몰을 통해 제품을 대폭 할인해 판매한다. 아모레퍼시픽이 이렇게 온라인 가격을 극단적으로 낮추는 것은 위기감 때문이다. 화장품 업계 관계자는 "아모레퍼시픽이 경쟁업체에 밀리면서 온라인에서 시장 점유율 높이기에 사활을 걸었다"고 말했다. 아모레퍼시픽 측은 "유통업체별 공급가를 공개할 순 없지만, 큰 차이는 없다. 개별 온라인 쇼핑몰이 손해를 감수하고 판매한 것으로 보인다"고 말한다.

본사 측의 이중가격정책으로 온라인으로 고객들이 빠져나가면서 아모레퍼시픽 로드숍 매장은 판매에 큰 어려움을 겪고 있다. 2018년 말 2257개였던 아모레퍼시픽 3개 브랜드 가맹점 가운데 661곳(29.3%)이 문을 닫았다. 점주들은 매장을 접고 싶지만, 이것도 여의치 않다. 본사에서 인테리어 비용을 지원받고 개점했는데 3년 안에 폐점하면 위약금을 물어야 한다.

아모레퍼시픽 측은 가맹점주와 상생하겠다고 말한다. 이의 일환으로 아모레퍼시픽 직영 온라인몰에서 구매한 소비자가 단골매장을 지정하면, 그 매출이 해당 매장으로 잡히는 시스템을 운영 중이다. 하지만 이 시스템을 이용하는 고객은 소수에 불과하다. 가맹점을 위한 상생노력은 경쟁업체인 LG생활건강과도 대비된다. LG생활건강의 경우, 직영 온라인몰 매출을 모두 오프라인 매장을 운영하는 가맹점주들에게 넘겨주고 있다. 또 쿠팡 등 다른 온라인 쇼핑몰에는 직접 진출하지 않고 있다.

자료원: 조선경제, 2020.01.13.

하고 직영점 폐쇄를 요구하였다. 또한 소비자가격은 타사보다 높으면서 소매상마진은 적게 책정하고 있다고 주장하면서 불매 결의대회를 가졌다. 다른 예로 미국의 KFC가맹점들은 KFC의 전통적 메뉴인 후라이드 치킨보다 그릴드 치킨과 샌드위치에 역점을 두는 회사의 결정에 반발하면서 경로갈등을 겪었다. KFC는 건강을 염려하는 소비자들을 끌어들이기 위해 튀긴 것보다는 그릴에 구운 닭요리 등 건강

지향적 메뉴를 기반으로 브랜드 재포지셔닝을 추구했다. 그러나 KFC 가맹점들은 KFC가 갖고 있던 미국 남부식 후라이드 치킨이라는 브랜드 유산을 포기하는 것은 소비자를 혼란시키고 판매를 하락시킬 것으로 우려해 마케팅캠페인 중지 소송을 하는 등 강하게 반발함으로써 경로갈등이 발생했다.

3.2 경로갈등과 경로성과 간의 관계

경로구성원들 간의 갈등은 경로성과(channel performance)에 긍정적 혹은 부정적 영향을 미칠 수 있다. 경로갈등이 경로성과에 미치는 영향에 따라 세 가지로 분류될 수 있다.

첫째, 경로갈등은 경로성과에 부정적인 영향을 미칠 수 있는데, 이를 **역기능적 갈등**(dysfunctional conflict)이라고 한다. 역기능적 경로갈등은 구성원들 간의 협조를 저해하게 된다. 즉, 갈등이 발생되면 경로구성원은 다른 구성원들에 의해 효율적으로 수행되던 마케팅기능을 자신이 직접 수행함에 따라, 업무의 중복이 발생되는 등 경로업무의 비효율성이 증대된다. 또한 경로상에서 발생되는 정보를 자신이 독점하려는 기회주의적 행동이 발생된다.

둘째, 경로갈등으로 인하여 경로 내의 문제를 발견하고 이를 해결함으로써 경로성과의 향상을 가져오기도 하는데, 이를 **순기능적 갈등**(functional conflict)이라고 한다.

셋째, 경로갈등이 경로성과에 영향을 미치지 않는 경우도 있는데, 이를 중립적 갈등(neutral conflict)이라고 한다. 중립적 갈등은 경로구성원들 간의 상호의존 정도가 매우 높아, 발생된 분쟁이 경로성과에 부정적인 영향을 미쳐서는 안 된다는 공동의 인식이 형성된 경우에 발생된다.

그림 12-2는 경로갈등과 경로성과 간의 관계를 보여준다. C_0과 C_1 사이의 중립적 경로갈등은 경로성과 수준에 전혀 영향을 미치지 않으며, C_1과 C_2 사이에서는 경로구성원들이 서로 협력하여 갈등을 해소하려는 노력을 함으로써 순기능적 갈등을 나타낸다. 그러나 갈등수준이 C_2 이상이 되면 서로 간의 반목이 심해져 역기능적 갈등이 발생된다.

그림 12-2 경로갈등과 경로성과

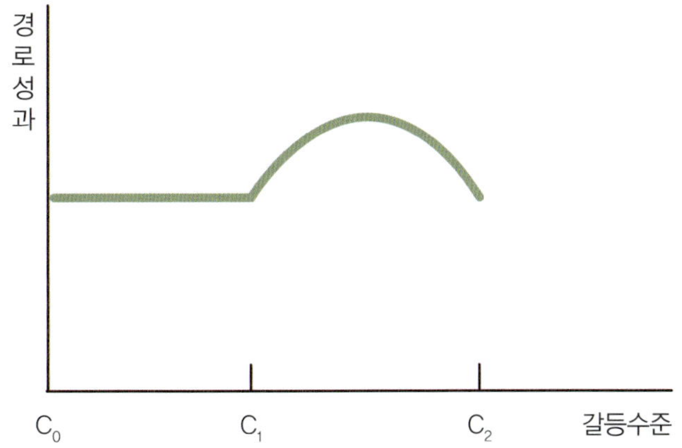

3.3 갈등해결방안

기업은 경로갈등을 해결하기 위해 다음과 같은 방법들을 사용할 수 있다.

첫째, 기업은 거래 쌍방의 개별적 목표가 아닌 상위목표를 설정함으로써 경로갈등을 해결할 수 있다. 이 방법은 경로구성원 간에 어느 정도 공존의식과 일체감이 형성되어 있는 경우에 효과적이므로 주로 기업형 경로, 계약형 경로, 관리형 경로와 같은 수직적 마케팅시스템에서 효과적이다. 두 번째는 중재(mediation) 혹은 재정(arbitration)의 방법을 이용하는 것으로, 이는 제3자가 내리는 결정을 거래쌍방이 의무적으로 수용하도록 하는 것이다. 가령, 정부기관(예를 들어, 공정거래위원회)은 제3자로서 제조업체와 소매상 간의 거래에 있어 발생하는 갈등문제(예를 들어, 재판매가격 유지)를 해결하는 과정에 관여한다.

셋째, 인력교환 등을 통해 거래상대방과의 상호작용을 증가시킴으로써 갈등을 해결한다. 인력교환은 경로의사결정에 거래 쌍방이 자신 혹은 자신의 대표를 선임하여 참여하는 방법(공식적 방법)과 어느 일방(예를 들어, 제조업체)의 의사결정에 거래상대방(예를 들어, 딜러들)이 자문위원회 등을 통해 간접적으로 참여하는 방법이 있을 수 있다.

넷째, 협상(bargaining)을 통해 갈등을 해결한다. 이 방법은 의존도가 낮은 유통경로형태에서 갈등해결을 위해 활용된다. 갈등해결에 있어 힘의 행사만으로는 갈등을 해결하기 어려울 것이므로 힘의 행사와 함께 양보도 해야 한다. 협상을 통해 합의점에 이르기 위해서는 상대방으로 하여금 더 이상의 양보가 불가능하다는 인식을 가지게 하는 것이 중요하다. 이러한 인식은 상호신뢰가 조성되어 있는 경우에 가능하다.

04 유통경로의 계열화

제조업체는 서로 다른 목표와 기대를 가진 경로구성원들을 조정·통제하고 갈등이 발생할 때 이를 관리할 수 있는 경로리더십(channel leadership)이 필요하다. 그러나 서로 독립적인 경로구성원들로 구성된 전통적 마케팅경로의 경우 제조업체가 리더십을 행사하는 것이 용이하지 않을 뿐만 아니라 경로구성원에 맞는 역할을 부여할 수 있는 공식적인 권한도 없다. 이러한 전통적 마케팅에 대한 대안으로서 수직적 마케팅시스템(vertical marketing system)이 출현하였다(그림 12-3 참조). 본 절에서는 전통적 마케팅경로와 수직적 마케팅시스템의 여러 유형들의 특성을 설명한다. 끝으로 최근 많은 기업들이 활용하고 있는 수평적 마케팅시스템을 소개한다.

그림 12-3 전통적 마케팅경로와 수직적 마케팅시스템의 비교

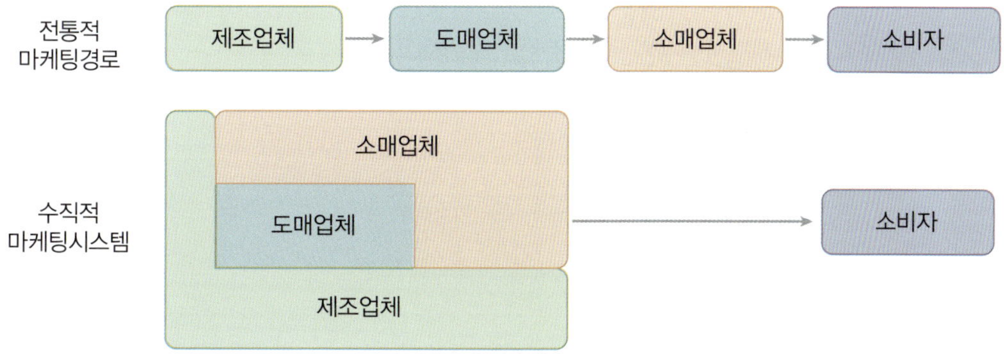

4.1 전통적 마케팅경로(Conventional Marketing Channel)

전통적 마케팅경로는 상호 독립적인 경로구성원들(예를 들어, 제조업체, 도매상, 소매상)로 구성된다. 경로구성원들은 각자의 이익을 추구하며, 다른 경로구성원들의 성과에 별 관심을 두지 않는다. 제조업체는 경로구성원들에 대한 통제력을 갖고 있지 않을 뿐 아니라 경로갈등을 해소할 공식적 기구가 존재하지 않으므로 경로구성원들 간의 조정은 리더십과 사전계획보다는 협상과정을 통해 이루어진다. 그 결과 전통적 마케팅경로는 빈번한 갈등과 낮은 경로성과를 초래할 가능성이 높다. 전통적 마케팅경로에서 경로구성원들은 경로 전체의 목표달성에 관심이 없기 때문에, 만약 제조업체가 경로목표의 달성을 위해 경로구성원들의 기능을 조정·통제하려는 노력을 강화한다면 경로구성원들은 이에 대해 강한 반발을 할 가능성이 높다.

4.2 수직적 마케팅시스템(VMS: Vertical Marketing System)

기업들은 전통적 마케팅경로의 대안으로 경로구성원들의 활동을 효과적으로 관리할 수 있는 수직적 마케팅시스템(VMS)을 도입하게 되었고, 이는 가장 빠른 성장을 하고 있는 유통경로의 유형이다.

수직적 마케팅시스템은 중앙(본부)에서 계획된 프로그램에 의해 경로구성원들을 전문적으로 관리·통제하는 네트워크 형태의 경로조직이다. VMS는 생산에서 소비까지의 마케팅흐름을 통합·조정하여 규모의 경제를 달성할 수 있도록 설계된 유통경로 형태이다. 따라서 VMS의 주요한 특징의 하나는 중앙집중화된 파워에 의해 경로구성원들을 조정·통제하고 경로갈등을 관리한다는 점이다.

VMS는 경로구성원들에 대한 소유권의 정도(강도)에 따라 기업형 VMS(corporate VMS), 계약형 VMS(contractual VMS), 관리형 VMS(administered VMS)로 나누어진다. 수직적 통합의 정도가 약한 관리

형 VMS에서 매우 강한 기업형 VMS로 갈수록 경로구성원들에 대한 통제력이 증가하지만 더 많은 투자를 필요로 하며 유통환경 변화에 대응하는 유연성이 약해진다.

그림 12-4 는 수직적 마케팅시스템의 주요유형을 보여주고 있다.

그림 12-4 수직적 마케팅시스템의 중요유형들

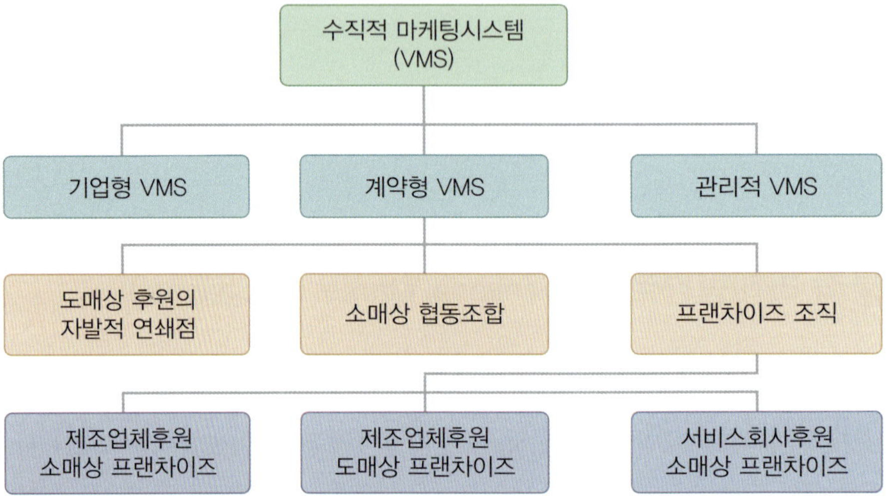

(1) 기업형 VMS(Corporate VMS)

기업형 VMS는 한 기업이 다른 경로구성원들을 법적으로 소유·관리하는 경로유형이다. 제조업체가 도·소매상들을 소유하는 전방통합(forward integration), 소매상들이 그들에게 제품을 공급하는 제조업체를 소유하는 후방통합(backward integration)이 기업형 VMS의 전형적인 형태이다. 제조업체는 자사제품의 유통을 전담할 도·소매점을 100% 소유한 유통망을 형성하거나 또는 주식의 일부를 취득함으로써 부분적인 수직적 통합을 채택할 수 있다. 미국의 Sears 백화점이 판매하는 상품의 50% 이상은 자신이 일부 지분을 갖고 있거나 소유권을 갖고 있는 거래기업들로부터 구매된 상품들이 차지한다.

스페인의 의류체인인 Zara는 전체 유통체인에 대한 직접통제를 통해 글로벌 패션소매기업으로 성장했다. Zara의 핵심성공요인 가운데 하나는 디자인, 생산, 자사소유의 세계적 유통망에 이르기까지 공급체인의 거의 모든 측면을 직접통제한 것이다. Zara는 생산에 많은 시간이 소요되는 외부공급업체와의 거래를 지양하였는데, 완성품의 40%를 자체개발된 원단을 사용하여 생산하고, 완성품의 반 이상을 자체생산설비로 생산하였다. 새로운 스타일의 개발은 실시간 판매자료의 지원을 받아 Zara 자체의 디자인센터에 의해 이루어진다. 새로운 디자인은 Zara 내 생산센터에 넘겨지며, 생산된 의류는 전 세계 Zara소매점에 직접 공급된다. 이러한 통합된 공급체인관리를 통해 Zara는 시간절약, 창고소유의 배제, 낮은 재고량 유지 등을 실현할 수 있었다. Zara는 효과적인 수직통합을 통해 국제패션시장에서 Gap,

Benetton, 스웨덴의 H&M 등과 같은 경쟁업체에 비해 더 신속하고, 유연하며, 효율적인 경영을 실현할 수 있었던 것이다.

Zara는 신규라인의 개발에서 생산에 이르는 과정을 3주 만에 완료할 수 있기 때문에 MTV에서 본 새로운 스타일의 패션을 1개월 이내에 Zara점포에 신속하게 공급할 수 있는데, 이는 업계평균기간인 9개월에 비해 엄청나게 짧은 기간이다. Zara는 저원가운영을 통해 매우 저렴한 가격으로 멋있는 대중의류를 시장에 공급한다. Zara가 공급하는 구입가능한 가격대의 스타일리쉬한 의류는 많은 매니아 고객층을 유인하며 급속한 매출성장의 원동력이 되었다.

(2) 계약형 VMS(Contractual VMS)

계약형 VMS는 경로구성원들이 각자가 수행해야 할 기능들을 계약에 의해 합의함으로써 공식적인 경로관계를 형성하는 경로시스템을 말한다. 계약적 VMS는 도매상후원의 자발적 연쇄점(wholesaler-sponsored voluntary chain), 소매상 협동조합(retailer cooperative), 프랜차이즈 조직(franchise system)의 세 가지 유형으로 나누어진다.

① 도매상후원 자발적 연쇄점

도매상후원 자발적 연쇄점(wholesale-sponsored voluntary chain)은 독립적인 소매상들이 대형도매상을 중심으로 수직통합된 형태이다. 연쇄점 구성원들은 공동구매와 공동의 촉진(promotion)노력에 의해 규모의 경제성을 얻을 수 있으므로 대규모의 회사형 연쇄점과 가격경쟁이 가능하다.

미국에서 가장 널리 알려진 도매상후원의 임의연쇄점은 IGA(Independent Grocers Alliance)이다. IGA는 식품소매분야에서 가장 규모가 큰 도매상후원의 임의연쇄점이며, IGA를 공동 소유하는 33개의 도매상 중 가장 규모가 큰 것이 Fleming과 Wetterau 등이다. 도매상들은 공동광고, 중간상 상표개발 등을 통해 IGA에 가입한 독립소매상을 지원함으로써, Safeway, Kroger 등의 대형 슈퍼마켓 체인과 효율적으로 경쟁할 수 있게 된다. 2011년 롯데슈퍼는 볼런터리 체인점인 하모니마트를 인수했는데, 하모니마트는 가맹본부가 상품만 공급하고 점주의 경영 독립성을 100% 보장해 주는 느슨한 형태의 가맹방식으로 운영되고 있다.

② 소매상 협동조합

중소 소매상들이 도매기능을 가진 공동소유의 조직체(협회)를 결성하기도 하는데, 이를 **소매상 협동조합**(retailer cooperative)이라고 한다. 소매상 협동조합은 조합원을 위해 공동구매 및 촉진활동을 수행함으로써 규모의 경제를 달성할 수 있다. 전국 중소상인 연쇄점협회나 한국슈퍼마켓 협동조합 등은 소매상조합의 예이다.

앞에서 설명한 도매상후원의 자발적 연쇄점과 소매상 협동조합은 소유형태의 차이 이외는 운영에 있어서 유사한 점이 많다. 가입소매점들은 상당량의 상품들을 중앙(본부)으로부터 구입하여야 하며, 표준화된 소매광고와 운영방식 등에 따라야 한다. 가입소매점들은 공동광고비를 분담하며 같은 상호하에 점포를 운영한다. 이와 같은 운영의 표준화는 규모의 경제를 가능하게 한다. 미국의 도매상후원의 자발적 연쇄점과 소매상 협동조합은 1930년대에 급속히 성장했던 기업형 체인점(corporate chain)의 강력한 구매력에 대처하기 위해 소형점포들 간에 형성되었으나 점차 공동소매광고, 공동머천다이징, 공동 종업원교육 등 광범위한 마케팅프로그램까지 개발하게 되었다. 일반적으로 도매상후원의 연쇄점이 소매상 협동조합보다 경쟁상의 이점이 있다. 이는 도매상후원 연쇄점의 경우 도매상들이 전문지식과 시장파워를 이용하여 유통경로 구성원들의 리더가 될 수 있는 반면, 소매상 협동조합에 있어서는 파워가 구성원들에게 분산되어 있기 때문에 구성원들 간에 마케팅경로 기능들을 조정하기가 쉽지 않기 때문이다.

③ 프랜차이즈 조직

프랜차이즈 조직(franchise organization)은 프랜차이즈 본부(franchiser)가 계약에 의해 가맹점(franchisee)에게 일정기간 동안 특정 지역 내에서 자신들의 상표, 상호, 기업운영방식 등을 사용하여 제품을 판매할 수 있는 권한을 허가해 주며, 가맹점은 이에 대한 대가로 본부에 초기 가입비와 매출액에 대한 일정비율의 로열티(royalty)를 지급하는 유통업태로 정의된다. 법적 계약에 의해 프랜차이즈 본부는 가맹점포에게 제품을 판매하거나 설비를 임대 또는 판매할 수 있다. 예를 들어, 맥도날드는 모든 가맹점들이 본부가 지정한 공급업자로부터 구매하기를 요구하며, 본부가 건물과 점포설계에 대한 명세를 규정할 뿐 아니라 가맹점들이 준수해야 할 품질기준을 제시한다.

프랜차이즈 조직은 수직적 마케팅시스템의 여러 유형들 중 최근 가장 급속한 성장을 보이는 경로유형의 하나이다. 미국의 경우 프랜차이즈에 의한 매출액이 총 소매매출액의 33% 정도를 점유하고 있다. 우리나라의 프랜차이즈는 1979년에 등장한 난다랑과 롯데리아가 최초이며, 국내 프랜차이즈 조직은 전체 프랜차이즈 조직의 2/3 이상을 차지하고 있는 패스트푸드점에 의해 주도되고 있다.

제조업체 후원 소매상 프랜차이즈의 예: 혼다자동차는 딜러와의 프랜차이즈 계약에 의해 자사제품을 판매할 수 있는 권리를 허락해 준다.

프랜차이즈 조직은 크게 세 가지 유형으로 나누어진다.

첫 번째는 **제조업체 후원 소매상 프랜차**

이즈 시스템(manufacturers-sponsored retailer franchise system)인데, 미국의 자동차 딜러, 주유소 가맹점 등이 대표적인 예이다. 미국의 자동차회사들은 딜러들에게 자사자동차를 판매할 수 있는 권리를 허가하며, 딜러들은 자동차회사가 요구하는 판매, 서비스 조건을 준수하는 형태의 프랜차이즈 조직을 운영하고 있다.

두 번째는 **제조업체 후원 도매상 프랜차이즈 시스템**(manufacturers-sponsored wholesaler franchise system)이며, 대표적인 예는 코카콜라, 펩시콜라 등 콜라회사이다. 예를 들어, 미국의 코카콜라사는 bottler라고 불리는 도매상들과 프랜차이즈 계약을 맺고 이들에게 콜라 원액을 공급한다. 도매상(보틀러)들은 콜라 원액을 탄산음료로 만들어 이들에게 할당된 각 지역내에서 독점판매하고 있다. 한국에도 한국코카콜라㈜와 한국코카콜라보틀링㈜이 설립되어 있다. 코카콜라는 원액과 시럽을 생산해 보틀러에게 공급하고, 보틀러는 이 원액과 시럽에 물과 탄산가스 등을 넣어 콜라 완제품을 만들어 국내시장에 판매한다. 코카콜라가 일반소비자를 상대로 하는 것과 달리 코카콜라보틀링은 도·소매 유통을 상대로 마케팅을 수행한다.

제조업체 후원 도매상 프랜차이즈의 예: 코카콜라사는 도매상들과 프랜차이즈 계약을 맺고 이들에게 콜라 원액을 공급한다.

세 번째는 **서비스회사 후원 소매상 프랜차이즈 시스템**(service firm-sponsored retailer franchise system)인데, 이는 본사가 가맹점에 운영과 관련된 서비스를 제공하는 제도로서 매우 다양한 형태의 프랜차이즈 조직이 있다. 대표적인 예로는 자동차대여업(Hertz, Avis), 패스트푸드점 체인(맥도날드, 롯데리아, 피자헛, 파리바게뜨), 호텔체인(Holiday Inn, 쉐라톤, 하이얏트) 등이 있다.

(3) 관리적 VMS(Administered VMS)

관리적 VMS는 경로구성원들의 마케팅활동이 소유권이나 계약에 의하지 않으면서 어느 한 경로구성원(경로리더)의 규모와 파워에 의해 조정되는 경로유형이다. 시장점유율이 높은 제조업체들은 중간상들의 매장관리와 머천다이징 계획을 지원함으로써 자사브랜드에 대한 진열공간확보, 판촉행사 등과 관련하여 이들로부터 적극적인 협조를 얻을 수 있다. 예를 들어 삼성전자, 농심, P&G 등은 점포 디스플레이, 진열공간, 판촉, 가격정책 등에 관한 협상에서 유통업체들로부터 유리한 조건을 확보할 수 있다. 또한 이마트, 롯데백화점, 교보문고 등의 대형소매업체들은 자신들이 판매하는 상품을 공급하는 제조업체들에게 강한 영향력을 행사할 수 있다.

마케팅 Highlight

글로벌 프랜차이즈 생존전략 - 전 세계 1위 맥도날드마저 "변해야 산다"

글로벌 프랜차이즈 1위 맥도날드는 가맹점 비중의 확대와 인력 구조조정, 조직개편, 메뉴와 서비스 개선 등을 추진하고 있다.

프랜차이즈 전문 포털 프랜차이즈다이렉트가 발표한 '2019년 100대 글로벌 프랜차이즈 기업(2019 Top 100 Global Franchises)' 순위에서 맥도날드가 1위를 차지했다. 2년 연속 1위다. 하지만 맥도날드의 매출은 수년째 떨어지고 있다. 2016년 245억 달러(약 29조1500억 원)로 전년보다 3% 줄더니 2017년 7%에 이어 2018년에는 8%로 감소 폭이 커졌다. 시장경쟁 심화와 인건비 증가 그리고 건강한 음식을 찾는 소비자의 증가 등이 원인으로 꼽힌다.

시장여건이 악화하는 상황에도 맥도널드가 1위 자리를 지킬 수 있었던 것은 과감하게 변화를 시도했기 때문이다. 맥도날드는 2015년부터 가맹점 비중 확대와 인력 구조조정, 경영진 교체 및 조직개편, 메뉴와 서비스 개선 등을 추진했으며, 지금도 변화는 계속되고 있다.

1955년 설립된 맥도날드는 업계에 가장 큰 영향을 끼친 프랜차이즈로 꼽힌다. 식자재 준비부터 조리 · 포장 · 판매 · 서비스에 이르는 매장 운영의 전 과정에 대한 매뉴얼을 개발하고 전 세계 매장에 적용하는 이른바 '맥도날드 시스템'은 많은 프랜차이즈가 벤치마킹하면서 프랜차이즈 업계의 표본으로 자리 잡았다. 하지만 최근 '변해야 산다'고 외치는 맥도날드의 움직임은 프랜차이즈 업계 전반에 파장을 일으키고 있다. 패스트푸드와 피자, 아이스크림 그리고 편의점 등 업종을 가리지 않고 글로벌 프랜차이즈들은 변화를 시도하고 있다. 업종별 글로벌 대표 프랜차이즈를 중심으로 새 고객을 끌어들이기 위한 전략대안 세 가지를 분석했다.

전략 1. 신시장을 찾아라

맥도날드에 이은 패스트푸드 프랜차이즈 이인자 버거킹은 '신시장' 브라질 공략에 집중하고 있다. 올해 들어 브라질에서 3~4일마다 매장 1곳을 열었으며, 연말까지 매장을 1000호까지 늘린다는 계획을 세웠다. 미국 태생 멕시코 음식 프랜차이즈 타코벨도 해외로 눈을 돌리고 있다. 전 세계 타코벨 매장은 7000호에 달하지만, 미국을 제외하면 약 400호에 불과하다. 타코벨은 2022년까지 미국을 제외한 해외 매장을 1000호까지 늘릴 예정이다. 글로벌 최대 샌드위치 프랜차이즈 서브웨이 역시 지난 5월 해외 시장 확대 전략을 논의하면서, 한국을 비롯해 중국 · 사우디아라비아 · 인도 · 독일에서 집중적으로 매장을 늘리기로 했다.

미국 패스트푸드 프랜차이즈의 탈(脫)미국 현상이 두드러진 원인은 경쟁과열, 인건비 부담, 웰빙 식문화 확대 등 맥도날드 부진의 이유와 교집합이 많다. 또한 주요 고객층인 저소득층의 소비여력이 악화하고 이민자 수가 감소했기 때문이라는 분석도 있다.

전략 2. 스마트해져라

도미노는 미국에서 매장을 더 늘리기로 했다. 올해부터 앞으로 8년간 미국 매장 2000호를 더 연다는 계획인데, 이는 현재 미국 매장 수의 3분의 1에 달하는 규모다. 과거 수년간 매장 확대에 소극적이었던 도미노의 변화는 디지털 기술 전략의 성공이 있어 가능했다. 매장 수를 급격히 늘리는 '요새화' 전략은 디지털 기술 전략과 시너지를 발휘할 수 있기 때문이다. 도미노는 2017년 미국에서 피자헛보다 더 많은 피자를 팔았는데 주문 중 65%는 직접 방문이나 전화가 아닌 디지털 주문이었다. 도미노의 디지털 기술 도입으로 고객들은 이전보다 빠르고 간편하게 피자를 주문할 수 있게 됐는데, 매장이 더 늘어나면 이전보다 빨리 따끈한 피자를 배달받을 수 있다.

전략 3. 새 옷을 입어라

도넛 프랜차이즈의 대명사 던킨도너츠는 올해부터 브랜드명에서 도너츠를 뺐다. 브랜드명에서 '도너츠'를 뺐지만, 매장 진열대는 여전히 도넛이 가득 차 있다. 던킨은 고객이 만족할 수 있는 다양한 도넛 신메뉴 개발을 계속하겠다고 했다. 던킨은 개명 이유를 "브랜드명의 단순화와 현대화를 위해서"라고 밝혔다. 업계에서는 던킨이 가파르게 성장하는 커피 등 음료시장에서 브랜드 정체성을 강화하기 위해 70년 가까이 써온 이름까지 바꾸며 혁신했다는 평가가 나왔다.

배스킨라빈스는 이름이 아닌 매장을 확 바꿨다. 2018년 연말 캘리포니아 프레즈노에 'moment'라고 이름 붙인 콘셉트의 매장을 열었다. 이 매장엔 새로운 형태의 아이스크림 제품 진열대와 디지털 메뉴 보드, 지역특색이 반영된 벽화 디자인 등이 적용됐다. 배스킨라빈스는 올해부터 미국 전역으로 moment 콘셉트 매장을 확대 · 적용하고 있다.

자료원: 이코노미조선, 327호, 2019.12.09.

4.3 수평적 마케팅시스템

수평적 마케팅시스템의 예: 제주도 지방개발공사는 삼다수의 생산을, 광동제약은 삼다수의 유통을 맡음으로써 생수시장에서 선도적 브랜드가 되었다.

수평적 마케팅시스템(Horizontal Marketing System)은 같은 경로수준에 위치한 기업들이 협력해 자본, 생산, 마케팅기능 등에서 각 기업이 갖고 있는 경쟁우위를 공유하는 것을 말하는데, 이를 공생적 마케팅(symbiotic marketing) 혹은 공동마케팅이라고도 한다. 즉, 기업은 자사의 장점과 타사 장점을 결합하여 시너지효과를 얻음으로써 불필요한 과당경쟁과 자원의 비효율적인 사용을 피하려는 것이다. 수평적 마케팅시스템은 한 기업과 경쟁업체 간의 협조 또는 비경쟁업체와의 협력에 의해 구축될 수 있다.

유통과정에서 제조업체들 간의 협력체제 구축은 글로벌시장에서 상당한 효과를 거둘 수 있다. 예를 들어, 글로벌 판매망을 가지고 있는 Nestlé는 General Mills와 협조체제를 구축하고, 북미 이외의 해외시장에서 General Mills사의 시리얼 브랜드를 공동으로 판매한다. 그리고 Coca-Cola는 Nestlé와의 합작투자를 통해 세계시장에서 커피(가령, 네스카페), 차(가령, 네스티) 등의 캔음료를 판매하고 있는데, 이는 청량음료의 마케팅과 유통에서 Coke가 갖고 있는 세계시장에서의 경험과 Nestlé가 보유하고 있는 Nescafé, Nestea의 강력한 브랜드파워를 결합한 것이다.

05 물적유통

고객의 욕구를 충족시켜 줄 수 있는 제품을 생산할 체제를 구축했다고 하더라도 소비자가 원하는 장소에서 원하는 시간에 구입할 수 있도록 하기 위해서는 설계된 유통경로를 따라 제품이 정상적으로 유통되어야 한다. 그러나 차량의 급격한 증가에 따른 도로 정체와 다품종 소량생산 추세에 의한 운송효율의 저하로 인해 제조업체의 물류비용은 빠르게 늘어나고 있다. 이러한 이유로 인해 물류비용의 절

마케팅 Highlight

수평적 마케팅시스템(공동마케팅) 도입을 통해 편의점 맥주시장에서 큰 인기를 얻은 곰표 수제맥주

'곰표 맥주' 돌풍 이유는… 네 박자 맞았다

유통	편의점 CU
제조	수제맥주 세븐브로이
브랜드	'곰표' 대한제분
정부	주세법 개정

CU 수제맥주 매출 톱5

1위	곰표 밀맥주
2위	제주펠롱에일캔
3위	퇴근길필스너캔
4위	인생에일캔
5위	생활맥주레드라거

*기간=6월 1~6일

"곰 그려진 맥주 주세요~"

곰표 수제맥주가 수평적 마케팅시스템 구축(공동마케팅)을 통해 편의점 맥주시장에서 큰 인기를 얻었다. 편의점 CU의 유통망, 수제맥주 회사 세븐브로이의 맥주 맛, 밀가루 회사 대한제분의 곰표 브랜드가 갖고 있는 긍정적 브랜드이미지가 결합되어 성공을 거둔 것이다.

편의점 CU가 2020년 5월 대한제분과의 협업을 통해 출시한 곰표 밀맥주는 일주일에 30만 개를 돌파했다. 테라, 카스, 하이트 등 주요 맥주 브랜드의 판매량이 주 60만 개, 가장 잘 팔리는 수제맥주 브랜드가 주 5만 개 수준임을 감안하면 곰표 밀맥주의 높은 인기를 반영한다.

곰표 밀맥주는 전국에 1만4000개 점포를 갖춘 CU 편의점, 소맥분 제조회사 대한제분, 수제맥주 제조사 세븐브로이가 협력해 개발되었다. 편의점 업계 최초 컬래버레이션 수제맥주다.

곰표 밀맥주가 성공을 거둔 주요이유 중 하나는 2030세대에게 즐거움과 재미를 주고 40대 이상 소비자에게는 그동안 잊혔던 곰표 밀가루에 대한 향수를 불러일으킨 것이다. 맥주캔에는 대한제분의 백곰 마스코트인 '표곰'과 곰표 밀가루 특유의 복고풍

곰표 밀맥주가 큰 인기를 끌면서 또 다른 협업제품인 곰표 팝콘, 곰표 나쵸 오리지날 등도 편의점 CU의 유통망을 통해 판매되었다.

서체, 패키지 디자인을 그대로 옮겨왔는데, 이에 기반한 레트로 감성의 유발이 수제맥주에 관심이 낮았던 4050세대를 수제맥주시장으로 끌어들였다. 세븐브로이는 국내 1호 수제맥주 면허기업인데, CU가 2017년 업계 최초로 국산 수제맥주를 선보일 때 소개한 맥주도 세븐브로이의 강서맥주, 달서맥주다. 곰표 밀맥주는 밀가루 브랜드 곰표의 핵심 브랜드 연상 중 하나인 밀가루와 관련시켜 수제 밀맥주(wheat beer)로 제품콘셉트를 잡았고, 금색 빛깔, 부드러운 거품과 함께 밀향을 은은한 복숭아 향이 감싸는 맛이 특징이다. 국산 수제맥주의 세금을 낮춘 정부의 주세법 개정도 국산 수제맥주 활성화에 도움이 되었다.

자료원: 매경, 2020.06.10.

감은 원가우위 확보의 주요원천이 되고 있다. 본 절에는 물류의 개념, 주요영역, 기능 등을 설명하고, 물적유통시스템을 구축하기 위해 내려야 할 주요 의사결정에 대해 살펴보기로 한다.

5.1 물적유통(Physical Distribution)의 개념

물적유통관리 또는 **로지스틱스**(logistics)는 원재료와 부품의 공급단계에서부터 생산단계를 거쳐 최종소비자에게까지 물리적 재화가 전달되는 과정을 관리하는 과정을 말한다. 미국의 물류관리협회(The Council of Logistics Management)는 물적유통관리를 "원자재, 재공품, 완제품 및 정보를 발생지점에서 소비지점까지 효율적이고 효과적으로 흐르도록 계획, 실시, 통제하는 과정"으로 정의하고 있는데, 이 정의는 수송, 창고 및 보관, 공장위치 선정, 재고관리, 주문처리, 유통정보관리, 원자재 조달, 부품지원, 폐품처리, 포장, 반품처리, 수요예측 등 다양한 물류활동들을 포함한다. 요약하면 물적유통관리는 조달, 생산, 판매활동에 수반되는 물적흐름을 효율적으로 관리하는 과정이다.

5.2 물적유통의 영역과 기능

물적유통관리에 대한 정의에서 살펴보았듯이 물적유통은 원자재의 조달에서부터 생산단계를 거쳐 최종소비자에게 제품이 전달되는 과정이다. 이에 따라 물적유통은 조달, 생산, 판매과정에서의 물적흐름을 관리하는, 즉 조달물류, 생산물류, 판매물류 등 세 영역을 포함하는 것으로 볼 수 있다(그림 12-5 참조).

그림 12-5 물적유통의 영역

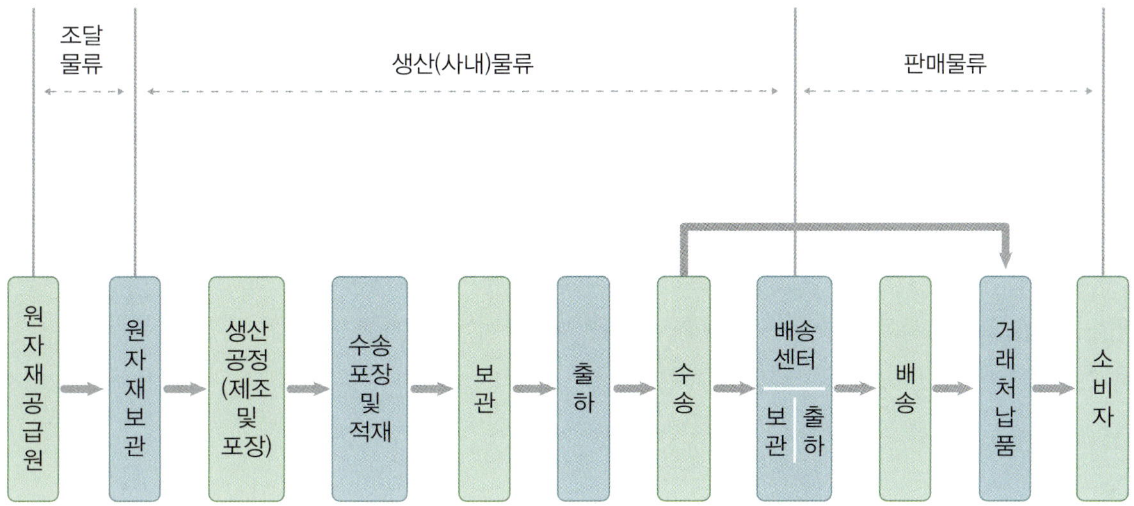

조달물류는 주문을 받은 협력업체들이 원자재를 포장하여 제조업체의 자재창고까지 수송 및 배송을 하고, 입고된 원자재를 자재창고에서 보관 및 재고관리를 하는 단계까지를 말한다. 생산물류는 자재창고에서의 출고로부터 생산공정으로의 운반, 생산공정에서의 하역, 그리고 창고에의 입고까지의 과정을 말한다. 생산물류에서는 운반 및 하역이 자동화와 창고의 자동화가 관리의 초점이 된다. 판매물류는 제품이 소비자에게로 전달될 때까지의 수송 및 배송활동으로서, 창고로부터 제품의 출고, 배송센터까지의 수송, 배송센터로부터 각 대리점이나 고객에게 배송되는 작업 등을 포함한다.

5.3 물적유통관리

물류관리자는 목표로 하는 고객서비스 수준을 최소의 총물류비로 달성할 수 있도록 물적유통 목표를 설정하고 이를 달성하기 위한 개별 물류활동을 관리해야 한다.

(1) 물적유통관리의 목표

물적유통관리자는 고객서비스 향상과 물류비용의 최소화라는 두 가지 상반된 목표를 함께 고려해야 한다. 고객서비스의 향상은 필연적으로 물류비용의 증대를 수반하게 되므로 기업은 서비스 향상과 물류비 절감 중에서 어느 부분에 더 중점을 둘 것인가를 결정해야 한다. 또한 물류시스템을 구성하는 물류활동들로부터 발생되는 총물류비용을 최소화하려는 시스템적 접근이 필요하다.

① 물류관련 고객서비스 목표

제조업체는 고객이 요구하는 물류서비스 수준을 파악하여 경쟁사보다 나은 물류서비스를 제공해야 한다. 물적유통과 관련해 제조업체가 고려해야 할 주요 고객서비스 요소들에는 재고 이용가능성, 서비스 제공능력, 서비스의 질 등이 있다. 제조업체는 각 구성요소에 대해 고객이 원하는 서비스 수준과 실제 제공되는 서비스 수준을 비교하여 보다 나은 고객서비스를 제공할 수 있도록 관리하여야 한다.

- **재고 이용가능성**(Inventory Availability)

기업은 충분한 적정재고를 보유하여 고객이 주문을 할 때 즉시에 공급을 할 수 있어야 한다. 재고 이용가능성은 주문충족률(order-fill rate) 같은 기준을 사용하여 그 성과를 측정할 수 있다. 주문충족률은 고객의 주문량 중 선적된 것의 비율로 측정되는데, 고객이 100개의 상자를 주문하여 97상자만이 선적되었으면 주문충족률은 97%이다.

- **서비스 제공능력**(Service Capability)

서비스 제공능력은 주문처리속도, 주문주기 일관성, 서비스의 유연성 등을 포함한다. 주문처리속도는 고객이 거래처에 대해 기대하는 주문처리시간이다. 기업은 고객이 기대하는 고객서비스 속도와 주문주기를 구성하는 활동들(주문, 주문처리, 수송, 배달 등)을 수행하는 데 걸리는 총시간을 비교하여 고객서비스 속도를 개선해야 한다. 주문주기 일관성(order-cycle consistency)은 매 주문마다 발생되는 주문주기들이 기업이 목표로 한 주문주기 이행시간과 어느 정도 차이가 나는지를 나타낸다. 물류관리자는 전체 주문주기 이행시간의 일관성을 유지할 수 있도록 주문주기를 구성하는 각 활동의 수행시간을 잘 관리하여야 한다. 서비스의 유연성(flexibility)은 고객의 특별한 서비스 요구에 기업이 대응할 수 있는 능력이다. 예를 들어, 주요부품을 전담하여 공급하는 특정 배송센터(창고)에서 재고가 소진되었을 때 즉각적으로 다른 배송센터로부터 부품을 고객에게 공급할 수 있어야 할 것이다.

제조업체는 자사의 주문처리속도, 주문주기 일관성, 고객서비스의 유연성 등을 조사하여, 고객의 요구를 얼마나 잘 충족시키는지를 정기적으로 평가할 필요가 있다.

- **서비스 질**(Service Quality)

서비스 질은 주문관련 작업들을 오류 없이 수행할 수 있는 능력을 말한다. 예를 들면 선적된 제품이 손상 없이 고객에게 배달된다거나, invoice가 정확하게 작성되거나, 반품을 신속하게 처리하거나, 예상되지 않은 문제의 발생을 신속하게 해결하는 것 등이 이에 해당한다.

② 물류비용 최소화 목표

물적유통관리의 목표 중 다른 한 가지는 물류비용의 최소화이다. 물류비용은 크게 수송관련 비용과 재고관련 비용으로 나눌 수 있다. 문제는 이들 두 물류비용 범주들 간에 상충관계(trade-off)가 발생된다는 것이다. 즉, 소수의 대형창고에 재고량을 집중화하여 재고관련 비용을 절감하면, 분산된 고객들에게 배달하는 데 드는 수송비가 증대된다. 따라서 수송관련 비용과 재고관련 비용을 합한 총물류비용이 최소화되도록 이들 간의 상충관계를 조정하는 것이 최선의 해결책이다. 수송관련 비용과 재고관련 비용에 관한 설명을 먼저 하고 총비용 최소화문제를 다루기로 한다.

물류관련 고객서비스에서의 차별적 우위 구축을 통한 고객충성도 확보: 소비자가 주문한 물건을 미국 '구글 익스프레스' 직원이 집까지 배달해 주는 모습. 구글은 15달러 이상 상품을 주문하면 다음날까지 제품을 배송해 주는 구글 익스프레스 서비스를 내놓는 등 고객이 원하는 물품 등을 원하는 시간에 즉각 제공하는 '온디맨드' 서비스가 미국에서 확산되고 있다. 한국의 쿠팡도 쿠팡맨을 이용해 이와 비슷한 고객서비스를 제공한다.

● **수송관련 물류비용**(Transportation Cost)

수송비는 제조업자와 고객이 지리적으로 다른 곳에 입지했을 때 자연적으로 발생된다. 수송비에 영향을 주는 두 가지 경제요인은 선적제품의 양(size of shipment)과 수송거리이다. 먼저 선적제품의 양은 규모의 경제와 관련되므로 선적제품의 양이 많을수록 목적지까지의 단위당 수송비가 낮아진다. 예를 들어, 5,000Kg의 적재량이 2,500Kg의 적재량보다 같은 거리까지의 단위당 수송비가 저렴하다. 수송비 결정의 다른 요인은 수송거리이다. 일반적으로 수송거리가 길수록 단위거리당 수송비는 낮아진다.

요약하면 선적제품의 부피가 크고 수송거리가 멀수록 단위거리 및 단위제품당 수송비가 낮아진다. 따라서 수송비만을 고려했을 때 대용량의 화물은 장거리수송을 하고 소량선적화물의 수송거리는 짧게 하는 배송시스템을 구축하면, 최소의 수송비를 실현하게 된다. 그러나 수송비와 함께 재고비가 물류비에 미치는 영향도 함께 고려하여야 최소의 총물류비를 실현하게 된다.

● **재고관련 비용**(Inventory Cost)

재고비는 시간과 관련해서 발생되는 비용이다. 모든 기업은 가능한 최소의 재고를 유지하려고 할 것이다. 그러나 제조업자는 고객서비스를 저해하지 않는 한도 내에서 최소재고량을 유지하도록 하여야 한다.

재고량 결정을 위해 기업은 다음 요인들을 고려해야 한다: (a) 재고비 관련항목의 파악, (b) 고객서비스 정책의 결정, (c) 재고의 지리적 분산 정도의 결정.

먼저 재고관련 비용은 크게 재고유지비용(저장, 보험, 재고의 진부화)과 주문관련비용(주문처리, 기록의 보관)으로 나누어지는데, 판매증대에 의해 빨리 재고를 감소시킬 수 있는 물류시스템을 구축하는 것이 재고비 감소의 관건이 된다. 한편 재고량은 고객서비스 정책과도 밀접한 관련이 있는데, 만약 고객에게 최고의 서비스를 제공하는 것이 기업의 목표라면, 기업은 각 배송센터에 많은 양의 재고를 유지해야 할 것이다. 재고량 결정과 관련해서 마지막으로 고려해야 할 요인은 재고의 지리적 분산 정도이다. 제조업체는 소수의 배송센터에 재고량을 집중화하여, 최소의 재고비용을 유지하기를 원한다. 그러나 이와 같은 재고비 감소만을 고려한 물류시스템의 구축은 수송비의 증대를 초래하게 된다.

● **총비용 최소화**(Total Cost Minimization)

앞에서 설명한 바와 같이 수송비와 재고비는 상충관계에 있으므로 기업은 고객서비스 목표를 달성하면서 총물류비용을 최소화하는 물류시스템을 구축해야 하는 것이다. 그림 12-6은 총물류비용, 재고비, 수송비 간의 관계를 보여준다. 그림의 종축은 총물류비용을 나타내며, 횡축은 창고 수를 표시한다.

그림 12-6 총물류비용 분석

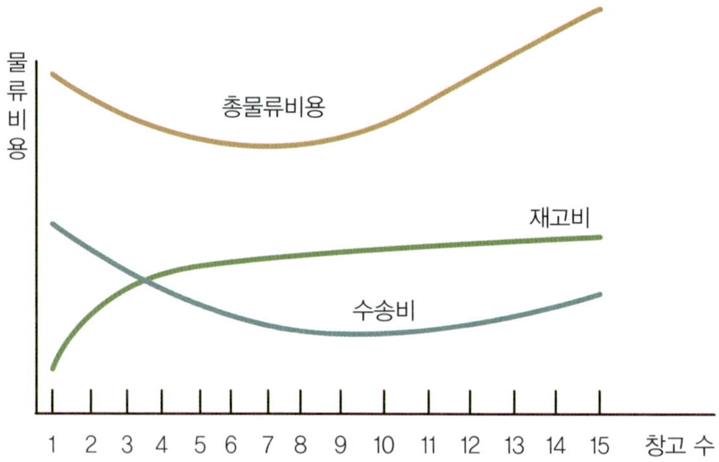

수송비용곡선은 창고 수가 늘어남에 따라 수송비가 감소하다가 창고 수가 적정수준을 넘어서면 수송비가 다시 증가함을 보여준다. 한편 재고비는 수송비와 완전히 다른 곡선형태를 가진다. 창고의 수가 늘어남에 따라 평균재고비용은 체감률로 증가하게 된다. 즉, 총재고비는 창고 수가 계속 늘어남에 따라 완만하게 증가한다. 총물류비용 곡선을 보면 최소의 총물류비용을 실현하는 물류(배송)시스템은 결코 수송비를 최소화하거나 재고비를 최소화하는 지점에서 실현되지 않음을 알 수 있다.

이와 같이 물류비용 항목 간의 상충관계를 고려할 때 최근 많은 기업들이 총물류비용을 최소화하는 통합물류시스템을 구축하려는 노력은 당연한 추세라 할 것이다.

(2) 개별 물류활동의 관리

물류활동은 크게 창고관리, 재고관리, 수송관리, 로지스틱스 정보관리 등으로 나누어지는데 물류관리자는 각 물류활동과 관련한 일상적인 의사결정을 한다.

① 창고관리(Warehousing)

생산주기와 소비주기는 서로 일치하지 않는 경우가 많으므로 기업들은 판매가 이루어질 때까지 제품을 보관해야 한다. 예를 들어, LG전자는 1년 내내 에어컨 생산설비를 가동해야 하며 생산된 에어컨을 여름철의 성수기를 대비해 창고에 보관해야 한다. 보관기능은 생산량·생산시점과 소비량·소비시점 간의 차이를 해소시킴으로써 고객이 구매하려는 시점에 원활한 제품공급이 이루어지도록 한다.

기업은 생산된 제품의 보관에 필요한 창고의 수와 유형, 그리고 창고의 입지를 결정해야 한다. 기업은 제품의 보관을 위해 저장창고(storage warehouses) 또는 유통(물류)센터(distribution centers)를 이용할 수 있다. 저장창고는 중장기에 걸쳐 제품을 저장하는 데 그 목적이 있는 반면 유통센터는 제품의 저장보다는 제품의 이동을 주목적으로 하여 설계된다. 유통센터는 그 규모가 크고 자동화된 창고인데, 여러 공장과 부품공급업체로부터 운송된 상품을 수취하고, 주문을 받아 이를 효율적으로 처리하고, 주문된 상품을 고객에게 가능한 한 신속하게 전달하는 데 그 목적을 둔다. 미국의 건축자재 및 인테리어용품 전문 소매점인 Home Depot(홈디포)는 고도로 기계화된 물류센터 RDC(Rapid Deployment Centers)를 운영하는데, 이 물류센터는 미 전역의 2,200개 이상의 Home Depot 매장에 매일 필요한 제품을 공급한다. RDC는 제품을 저장하지는 않으며, 공급자로부터 받은 제품을 처리하여 Home Depot 개별 매장에 효율적으로 전달하는 "pass-through"센터의 역할을 수행한다. 제품이 센터에 도착해서 다시 매장으로 전달되기까지 최대 72시간이 걸린다. Home Depot는 RDC 물류센터 운영을 통해 빠르고 정확하게 각 매장이 필요로 하는 상품을 배달함으로써 고객들이 원하는 제품들을 적시에 확보할 수 있도록 함과 동시에 재고량과 재고비용을 줄일 수 있었다.

최근들어 창고관리는 급격한 기술변화를 경험하고 있다. 구식의 자재처리방법을 사용하는 다층구조로 된 옛날 창고들은 소수의 인력만을 요구하며 컴퓨터로 통제되는 최신의 자재처리 시스템을 갖춘 단층구조의 자동화창고로 대체되고 있다. 컴퓨터와 스캐너는 주문을 읽고 리프트 트럭, 로봇들로 하여금 주문된 상품을 취합하도록 지시하며, 취합된 상품을 선적 도크(docks)로 이동시키고, 송장을 발행하는 작업을 수행한다. 예를 들어, Wal-Mart는 미국 내와 해외에 대형유통센터 네트워크를 구축하고 각 점포에 공급되는 상품의 상당부분을 자체 유통센터들 중 하나에서 배송되도록 함으로써 재고관리에 관한 완벽한 통제를 하고 있다. 한 유통센터는 평균적으로 165개의 Wal-Mart 점포들이 매일 필요로 하는 상품들을 공급할 수 있는 대규모 창고공간을 확보하고 있다. 레이저 스캐너는 11마일에 이르는 컨베이어 벨트를 따라 이동하는 하루 190,000개의 상품박스의 흐름을 지시·통제하며, 1,000명의 작업자들이 하루 500대의 트럭에 상품을 싣거나 내린다.

② 재고관리(Inventory Management)

재고관리 또한 고객만족에 영향을 주는 요인이다. 재고관리자는 너무 적지도 않고 너무 많지도 않는 즉, 적정수준에서 재고를 유지해야 한다. 너무 적은 재고는 고객이 원하는 시점에 제품을 공급하지 못하는 위험을 수반한다. 이를 해결하기 위해 기업은 상당한 비용이 드는 긴급선적이나 긴급생산을 해야 할 필요도 있을 수 있다. 너무 많은 재고의 유지는 필요 이상의 재고유지비와 재고상품의 진부화를 발생시킬 수 있다. 따라서 기업은 과다재고를 유지하는 비용과 이로 인한 매출과 이익의 증가 간에 균형이 이루어지도록 재고관리를 해야 할 것이다.

많은 기업들이 적시(just-in-time) 로지스틱스시스템의 도입을 통해 재고량과 이와 관련된 비용을 대폭 줄이고 있다. **적시 로지스틱스시스템**을 채택한 제조업체와 소매업체들은 몇일 분에 불과한 매우 적은 양의 부품 또는 상품 재고만을 유지한다. 예를 들어, 적시 로지스틱스시스템을 성공적으로 도입한 Dell 컴퓨터는 단지 5일 분의 재고량만을 유지하는 반면 경쟁업체들은 40일에서 60일에 해당되는 재고량을 유지한다. 새로운 재고는 필요한 시점에 정확히 공급되기 때문에 기존의 재고가 사용될 때까지 재고로 저장될 필요가 없다. 적시시스템이 성공적으로 운영되기 위해서는 정확한 예측과 신속하고, 잦은 빈도의, 유연성 있는 배달체계의 구축을 통해 새로운 재고가 필요한 시점에 바로 공급될 수 있도록 해야 한다. 그러나 적시시스템의 도입은 재고유지비와 재고처리비의 상당한 절감을 실현시킨다.

Walmart, P&G, Kraft, IBM, HP 같은 글로벌 초우량 기업들은 재고관리를 더욱 효율적으로 만드는 새로운 방법을 끊임없이 모색하고 있다. 2장에서 소개한 RFID(전자태그) 또는 "스마트 태그" 기술의 도입이 그 한 예이다. 제품에 내장되거나 제품에 함께 포장될 수 있는 조그만 송신 칩인 RFID는 현재 제품이 공급체인상에서 정확히 어디에 위치하고 있는지를 언제나 알 수 있도록 한다.

스마트 기술의 발전에 힘입어 머지않은 미래에 재고처리가 완전 자동화될지도 모른다. 한 제품이 공급체인상의 어디에 위치하고 있는지를 항시 정확히 알 수 있는 시대의 도래를 상상해 보라. 또는 재주문시점을 알려주고 공급업체에게 자동으로 주문을 하는 기능을 수행하는 스마트 진열대(smart shelves)의 출현을 상상해 보라. 이러한 상상은 스마트 태그의 도입으로 현실화될 수 있다. 기업은 smart tag 기술을 사용하여 수백만 개의 일상제품들에다 지능, 신분증, 인터넷 연결장치 등을 주입시킬 수 있다. 상품들은 서로 커뮤니케이션하거나 소매업체·부품공급업체·소비자들과 인터넷을 통해 의사소통하는 능력을 갖게 될 수 있다. 이에 따라 글로벌 공급체인은 직접적이고 실시간으로 발생되는 수요와 공급의 네트워크가 될 것이다. 즉 스마트 제품(smart products)은 전체 공급체인(공급체인은 제품원가의 거의 75%를 발생시킴)을 지능을 갖춘, 그리고 자동화된 체계로 만들 수 있다. 지구상의 어디에 위치한 제품들도 인터넷으로 연결되도록 함으로써 제조업체와 소매업체들은 이를 통해 소비자 트렌드에서부터 도난경보에 이르기까지 수많은 유형의 정보들에 접할 수 있다. 이러한 상황의 실현은 기업들로 하여금 소비자 수요를 효과적으로 충족시키면서 동시에 엄청난 비용절감을 실현할 수 있게 만들 것이다.

③ 수송관리

기업이 선택할 수 있는 중요한 수송수단으로는 철도, 트럭, 해상운송, 파이프라인, 항공의 다섯 가지가 있으며, 디지털 제품을 위한 대안으로 인터넷이 고려될 수 있다.

표 12-2 수송수단의 상대적 특성

수송수단의 특성	철도	트럭	해상수송	파이프 라인	항공
속도(speed)	3	2	4	5	1
이용의 용이도(availability)	2	1	4	5	3
신뢰도(dependability)	3	2	4	1	5
수용능력(capability)	2	3	1	5	4
이용빈도(frequency)	2	5	1	3	4
단위당비용(cost per ton/mile)	3	4	2	1	5

*숫자는 각 특성별로 순위를 나타냄

철도는 오랫동안 널리 사용되어 온 수송수단이었으나 전체 수송에서 차지하는 비중이 점차 감소하고 있다. 그러나 트럭(육로)수송의 심한 적체현상으로 재활성화될 가능성이 있다. 철도는 석탄, 목재, 농산물 등 부피가 큰 화물을 저렴하게 수송하는 데 효과적이다.

트럭은 기업들이 가장 많이 이용하는 수송수단이다. 신속하고 다양한 서비스를 비교적 저렴하게 제공받을 수 있는 이점이 있으며, 대부분의 소비재 수송에 트럭이 이용된다. 해상수송은 광물, 원유, 곡물 등을 수송하는 데 경제적이지만 가장 속도가 느린 수송수단이다. 파이프라인은 가스, 원유, 화학물을 장거리 수송하는 데 가장 효율적인 수송수단이지만, 일부 제품들만이 파이프라인을 통해 수송된다는 점에서 서비스제공 범위가 매우 제한되어 있다. 항공수송의 가장 큰 이점은 신속한 서비스이지만 단위거리당 가장 비용이 높은 수송수단이다. 따라서 부피가 작지만 가치가 매우 높으며 신속한 고객서비스를 필요로 하는 제품에 가장 적절한 수송수단이다. 표 12-2는 다섯 가지 수송수단의 상대적 특징을 보여준다.

인터넷은 생산자가 만든 디지털 제품을 소비자에게 위성, 케이블, 전화선, 무선신호 등으로 전달한다. 소프트웨어업체, 언론매체, 음반기업, 교육기관 등은 인터넷을 통해 디지털 제품을 수송한다.

그러나 최근 화물수송에서의 컨테이너화 추세에 따라 두 가지 이상의 수송수단을 함께 이용하는 **복합수송**(intermodel transportation)을 도입하는 기업들이 늘어나고 있다. 예를 들어, 피기백(piggy back)은 철도와 트럭을 함께 사용하는 수송방식을 말하며, 피쉬백(fish back)은 해상수송과 트럭을 함께 사용하는 방식이며, 트레인십(trainship)은 해상수송과 철도를, 에어트럭(airtruck)은 항공과 트럭을 결합해 사용하는 것을 나타내는 것이다. 이와 같은 복합수송은 하나의 수송방법으로는 제공할 수 없는 이점을 제공한다. 예를 들어 피기백은 트럭만을 이용했을 때보다 저렴할 뿐만 아니라 좀 더 유연성 있고, 편리하다.

④ 로지스틱스 정보관리(Logistics Information Management)

기업들은 정보를 기반으로 공급체인을 관리한다. 유통경로상의 거래파트너들은 정보를 공유하고 상호이익이 되는 로지스틱 결정을 내리기 위해 상호연계되어 있는 경우가 많다. 로지스틱스 관점에서 볼 때 고객의 주문, 대금청구, 재고수준, 고객관련 자료 등과 같은 정보들의 흐름은 경로성과와 밀접하게 관련되어 있다.

정보의 공유와 관리는 우편, 전화, 영업사원, 인터넷, 또는 컴퓨터를 통한 기업 간 정보교환시스템인 EDI(electronic data interchange) 등의 다양한 방법에 의해 이루어질 수 있다. 예를 들어, Wal-Mart는 리테일 링크 판매데이터 시스템(Retail Link sales data system)을 통해 100,000여 개에 달하는 공급업체들과 EDI로 연결된다. 신규 공급업체가 EDI를 갖추고 있지 않으면, Wal-Mart는 그들에게 필요한 소프트웨어를 찾고 적용하는 작업을 함께 한다.

어떤 경우에는 기업고객들은 공급업체들 스스로가 주문을 결정하고 배달일정을 계획해 주도록 그들에게 요청한다. 가령, Wal-Mart, Home Depot 등과 같은 대형 소매업체들은 **공급업체에 의해 관리되는 재고시스템**(VMI system: vendor-managed inventory system) 또는 **지속적 재고 보충시스템**(continuous inventory replenishment system)의 도입을 통해 P&G, Black&Decker 등과 같은 주요 상품공급업체들과 긴밀한 협력관계를 구축하고 있다. VMI를 사용함으로써 기업고객은 판매 및 현 재고수준에 관한 실시간 자료를 공급업체와 공유할 수 있다. 이에 따라 상품공급업체들은 재고와 배달관리에 대한 전적인 책임을 진다. 일부 소매업체들은 재고비와 배송비를 공급업체들에게 이전시키는 단계로까지 발전하고 있다. 이러한 시스템의 도입은 구매자와 판매자 간의 긴밀한 협력을 필요로 한다.

마케팅 Highlight

빅데이터에 기반한 주문예측 등 로지스틱스 정보시스템 구축을 통해 2시간 내 배달을 실현하려는 쿠팡

오후 1시 경기 고양시에 사는 주부 홍모(31)씨는 기저귀가 떨어지자 소셜커머스 업체 쿠팡의 홈페이지에서 기저귀를 주문했다. 홍씨의 주문정보는 일산 근교에 있는 쿠팡 대형 물류센터 대신 일산 내 배송 거점지인 일명 '캠프'로 전송됐다. 캠프에는 지역 고객의 주문을 예측해 수량별 상자 포장이 끝난 기저귀가 준비돼 있었다. 캠프에서 출발한 배송직원 쿠팡맨이 홍씨의 현관을 노크한 시각은 오후 2시 30분으로, 홍씨가 구매버튼을 클릭한 지 1시간 반 만이었다.

쿠팡은 주문 후 2시간 내에 배송을 완료하는 2시간 배송서비스를 전국으로 확대하려고 하는데 그 배경에는 로지스틱스 정보관리 도입이 있다.

쿠팡의 주요 사업내용을 소개하는 이미지

쿠팡은 고객이 주문하기 전에 전국에 구축된 자체 물류센터에 미리 물품을 사놓는 직매입 방식을 채택하고 있다. 쿠팡은 자체 물류센터에서 배송 거점지인 캠프를 거쳐 고객에게 바로 향한다. 기저귀 · 분유 · 생수 등 빠른 배송이 중요한 일부 생필품은 캠프에 포장이 완료된 물품을 미리 쌓아둬 소요시간을 더 단축한다. 빅데이터를 활용해 수량별로 주문을 예측하기 때문에 가능한 일이다.

고객주문 정보는 보통 경기 · 대구 등 전국에 퍼져 있는 대형 물류센터로 전송되고, 이곳에서 매일 자정쯤까지 주문받은 물품들을 직원들이 새벽 내내 포장한다. 물류센터 크기는 평균 축구장 5.3개(약 3만 9190㎡)만 하다. 이곳에서 몇 시간 만에 작업을 마치기 위해 주문이 많은 물건은 포장 작업장 가까이 이동시킨다.

물류센터에서 배송상자를 각각 1400여 개씩 담고 출발한 대형트럭은 전국 수십 군데에 퍼져 있는 캠프로 흩어진다. 캠프 소속 직원들은 대형트럭에서 상자를 꺼내 쿠팡맨이 탈 1t짜리 트럭에 100~120개씩 분배해 싣는다. 여기에는 약속된 기호체계가 있다. 예를 들어 물품상자의 송장(送狀)에 알파벳 'A'가 인쇄돼 있으면 배송지 위치를 고려할 때 이 상자를 먼저 배송하는 게 효율적이라는 뜻이다. 'A상자'들은 트럭 화물칸 문에서 가장 가까운 곳에 싣는다. 그다음 B, C, D의 알파벳 순(順)으로 각각 맞춰 싣는다. 쿠팡맨들은 오전 8시 배송 거점지 '캠프'로 출근하면 배송트럭 안팎에 쌓인 물품 상자들을 트럭에 싣는다. 오전 9시가 되면 전국 수십 곳의 캠프에서 쿠팡맨들이 트럭을 타고 출발한다.

문제점은 대형 물류센터 구축, 많은 수의 쿠팡맨 채용 등에 엄청난 초기 투자비용이 들어간다는 것이다.

자료원: 중앙일보, 2021.03.12.

5.4 최근의 로지스틱스 추세: 통합적 로지스틱스관리와 제3자 로지스틱스

(1) 통합적 로지스틱스관리

최근 들어 통합적 로지스틱스관리라는 개념을 도입하는 기업들이 늘어나고 있다. **통합적 로지스틱스관리**는 기업 내 모든 구성원들과 마케팅채널을 구성하는 모든 기업들의 팀워크(teamwork)를 통해 보다 나은 고객서비스와 유통비용 절감을 실현하려는 노력을 말한다. 기업 내부의 여러 기능부서들은 기업 자체의 로지스틱스 성과를 최대화하기 위해 합심해야 한다. 또한 기업은 전체 유통시스템의 성과를 극대화하기 위해 자체 로지스틱스시스템과 공급업체·고객의 것을 통합해야 한다.

① 기업 내부 관련부서들 간의 팀워크(Cross-Functional Teamwork)

대부분의 기업에서 다양한 로지스틱스 활동들에 대한 책임은 마케팅, 영업, 재무, 생산, 구매 등 서로 다른 기능부서들에 분산되어 있다. 이에 따라 각 기능부서는 다른 기능부서의 활동을 별로 고려하지 않고 자신들의 로지스틱스 성과를 최적화하는 데 주력을 하는 것이 일반적이다. 그러나 수송, 재고, 창고관리, 주문처리 등의 로지스틱활동들은 서로 연결되어 있다. 예를 들어, 낮은 재고수준은 재고유지비를 줄일 수 있지만 고객서비스 수준의 저하와 품절·특별생산·값비싼 긴급선적 등으로 인한 비용상승을 발생시킬 수 있다. 이와 같이 물적유통 활동들은 서로 상충관계(trade-offs)를 가지기 때문에 서로 다른 기능부서들이 내리는 결정들은 우수한 전체 로지스틱스성과를 실현하기 위해 상호 조정되어야 한다.

따라서 통합적 공급체인관리는 기업 내의 모든 로지스틱스 결정들 간에 조화를 이루도록 하는 데 그 목적이 있다. 기능부서들 간의 긴밀한 협조체제는 몇 가지 방법으로 실현될 수 있다. 한 방법은 서로 다른 물류활동을 책임지고 있는 관리자들로 구성된 로지스틱스위원회를 공식기구로 도입하는 것이다. 다른 방법은 각 기능부서의 로지스틱스활동들을 조정하는 경영자를 조직체계상에 도입하는 것이다. 예를 들어, P&G는 공급체인 관리자(supply chain managers)의 도입을 통해 각 제품범주에서 발생되는 모든 공급체인 활동들을 관리하도록 한다. 많은 기업들이 여러 기능부서들을 총괄하는 로지스틱스 임원을 갖고 있다. 또 다른 방법은 Oracle 등과 같은 소프트웨어 개발업체들이 판매하는 정교한 공급체인관리 시스템을 도입하는 것이다.

기업이 명심해야 할 사실은 적절한 비용으로 높은 고객만족을 실현하기 위해 로지스틱스 및 마케팅 활동들을 조정해야 한다는 것이다.

② 기업 외부 채널구성원들과의 로지스틱스 파트너십 구축

기업들은 자체 로지스틱스를 향상시키는 노력뿐 아니라 전체 유통흐름을 향상시키기 위해 다른 채널

구성원들과 협력체제를 구축하는 노력도 함께 추구해야 한다. 유통경로의 구성원들은 고객만족과 고객가치를 전달하는 과정에서 서로 밀접하게 연계되어 있다. 한 기업의 유통체계는 다른 기업의 공급체계에 해당된다. 따라서 유통경로의 각 구성원들의 성공은 전체 공급체인의 성과에 달려 있다. 예를 들어, Wal-Mart는 자신이 속해 있는 전체 공급체인(수천 개의 상품공급업체, 운송업체, 창고, 유통서비스 제공업체로 구성됨)이 최고의 효율성을 실현할 수 있어야만 할인점 시장에서 최저가격을 실현할 수 있을 것이다.

일부 현명한 기업들은 고객서비스 향상과 유통비 절감을 위해 자체 로지스틱전략을 조정할 뿐 아니라 공급업체 및 고객들과 강한 파트너십을 형성한다. 많은 기업들이 기업 내 기능부서들의 활동과 기업들 간의 거래활동을 조정하는 팀조직체제(cross-functional, cross-company teams)를 도입하고 있다. 예를 들어, P&G는 미국 Arkansas주에 위치한 Wal-Mart 본사에서 근무하는 100명 정도의 파견사원들을 갖고 있다. P&G의 파견사원들은 유통시스템에서 발생되는 비용들을 절감시키는 방법들을 찾기 위해 Wal-Mart의 관련부서와 공동작업을 수행한다. 이러한 공동작업은 P&G와 Wal-Mart 모두에게 혜택을 줄 뿐 아니라 최종고객들에게도 혜택을 제공한다.

다른 기업들은 프로젝트의 공유를 통해 파트너십을 형성하기도 한다. 예를 들어, 많은 대형 소매업체들이 점포 내 마케팅 프로그램의 개발·실시와 관련하여 상품공급업체들과 긴밀한 공동작업을 수행한다. Home Depot는 주요 공급업체들이 새로운 머천다이징 프로그램의 효과를 테스트하기 위한 장소로서 자신의 점포를 활용하도록 허용한다. 공급업체들은 Home Depot의 점포에 머물면서 자사제품이 어떻게 팔리는지를 관찰한다. 이러한 조사결과를 토대로 Home Depot와 그 점포의 고객에게 맞도록 조정된 머천다이징프로그램을 개발한다.

요점은 모든 공급체인 구성원들이 최종소비자들을 위해 합심해야 한다는 것이다. 즉 부품공급업체, 제조업체, 도매상, 소매상 모두가 협력함으로써 최종고객에게 가치를 제공하는 방식과 이러한 가치를 포장하는 방식에서 차별화할 수 있어야 한다.

(2) 제3자 로지스틱스(Third-Party Logistics)

대부분의 기업들은 스스로 로지스틱스기능을 수행한다. 그러나 자체 로지스틱스활동의 일부 또는 전부를 UPS Worldwide Logistics, Fedex Logistics, Ryder system, Emory Global Logistic 등의 **제3자 로지스틱스**(third-party logistics: 3PL) 제공자(providers)에게 아웃소싱을 주는 기업들이 늘어나고 있다. 이와 같은 통합물류 기업들은 고객의 상품이 최종시장에 도달하는 데 필요한 물류활동의 일부 또는 전부를 수행한다. 예를 들어, Emory의 Global Logistics 사업부서는 고객들에게 공급체인관리, 고객화된 정보기술, 재고관리, 창고기능 수행, 수송관리, 고객서비스, 화물감사와 통제 등과 같은 여러 로지스틱스활동들에 대한 통합서비스를 제공한다. Emory 웹사이트는 자사의 전문인력들이 원자재의 조달에서부터 완성품을 점포에 전달하는 활동에 이르기까지 고객의 전체 공급체인을 설계하고 관리할 능력을 갖고 있다고 자신의 기업을 소개한다.

기업들이 제3자 로지스틱스 회사를 활용하는 이유는 다음과 같다. 첫째, 제품을 최종시장에 전달하는 기능을 전문적으로 수행하기 때문에 제3자 로지스틱 기업은 상대적으로 저렴한 비용으로 그 과업을 효율적으로 수행할 수 있다. 한 연구에 따르면 로지스틱스활동의 아웃소싱이 15~30%의 원가절감을 실현하는 것으로 나타난다. 둘째, 로지스틱스의 아웃소싱은 기업들로 하여금 핵심사업에 더 전력을 하게 만든다. 셋째, 제3자 로지스틱스 제공자들이 복잡해지는 물류환경을 더 잘 이해한다. 통합 로지스틱스 기업의 이러한 이점은 글로벌 시장으로 그 범위를 확장하려는 기업들에게 특히 도움이 될 수 있다. 예를 들어, 전 유럽에 자사제품을 공급하려는 기업들은 패키징 기준, 트럭의 크기와 중량의 제한, 소음규제, 배기오염규제 등의 로지스틱스에 영향을 미치는 수많은 환경적 제약요인들을 해결해야 한다. 따라서 로지스틱스 활동의 아웃소싱을 통해, 기업은 자체 유통시스템의 구축에 따른 비용, 시간지체, 실패위험 등의 발생을 피하면서 완벽한 전체 유럽 유통시스템을 실현할 수 있다.

참고 문헌

1. 안광호 · 한상린 · 조재운, 유통원론 제4판, 학현사, 2020.
2. 임영균 · 안광호 · 김상용, 유통관리, 학현사, 2014.
3. Philip Kotler and Gary Armstrong, Principles of Marketing, 16th ed., Pearson, 2016.
4. Philip Kotler, 안광호, Gary Armstrong, 마케팅 입문, Pearson, 2013.
5. Martin Christopher, Logistics and Supply Chain Management, Pitman Publishing, 1992.
6. Philip Kotler and Gary Armstrong, Principles of Marketing, Englewood Cliffs, NJ: Prentice-Hall, 1994.
7. Louis W. Stern and Adel I. El-Ansary, Marketing Channels, 4th ed., Englewood Cliffs, NJ: Prentice-Hall, 1992.

생각해 볼 문제

1. 경로커버리지전략에는 어떤 것이 있으며, 각 전략을 선택하는 데 있어 고려되어야 할 요인은 무엇인가?
2. 제조업체는 고객들과 직접 거래하거나 혹은 제품의 유통과정에 많은 유형의 중간상들을 참여시킬 수 있다. 경로길이에 영향을 미치는 요인들을 제시하고, 이들이 기업의 경로길이 결정에 어떠한 영향을 미치는지를 설명해 보시오.
3. 경로구성원들 간의 갈등은 경로성과에 부정적인 영향을 미친다는 주장에 대해 토의해 보고, 경로갈등을 해결하기 위한 방안에 대해 생각해 보시오.
4. 수직적 마케팅시스템이 성장하게 된 배경에 대해 설명하고, 수직적 마케팅시스템의 유형과 그 특징에 대해 논의해 보시오.
5. 도매상 후원의 자발적 연쇄점과 소매상 협동조합을 정의하고, 이들이 등장하게 된 배경과 도매상후원의 연쇄점이 소매상 협동조합보다 유리하다는 주장에 대해 생각해 보시오.
6. 물류관리의 목표에 대해 설명하고, 최근 들어 통합물류시스템 도입에 대한 관심이 증가되고 있는 이유에 대해 논의해 보시오.

CHAPTER

13

마케팅커뮤니케이션 과정과 광고

1. 촉진믹스(마케팅커뮤니케이션 믹스)
2. 커뮤니케이션과정 모형
3. 디지털시대의 마케팅커뮤니케이션 모형과 통합적 마케팅커뮤니케이션
4. 광고관리

학습목표

1. 고객가치를 전달하기 위한 다섯 가지 주요 촉진도구들을 소개하고 기업과 소비자 간에 메시지를 주고받는 마케팅커뮤니케이션 과정을 이해한다.
2. 디지털 시대에 마케팅커뮤니케이션 환경이 어떻게 변화하고 있으며, 통합적 마케팅 커뮤니케이션이 왜 필요한지에 대해 살펴본다.
3. 광고 캠페인을 개발하는 데 관련된 주요 의사결정들을 설명한다.

13장 마케팅커뮤니케이션 과정과 광고

기업은 탁월한 고객가치를 만들어 내는 것에서 한 걸음 더 나아가 촉진활동을 통해 표적고객들에게 그 가치를 분명하고 설득적으로 전달해야 한다. 이 장에서는 주요 촉진도구 중 하나인 광고에 대해 자세하게 살펴본다. 그리고 다음 장에서는 또 다른 주요 촉진도구인 판매촉진, PR, 그리고 인적판매를 다루게 될 것이다.

우리는 '광고가 브랜드 간 차이를 만들어 내는가?'라는 본질적인 질문을 독자들에게 던져 본다. 나이키는 그렇다고 생각할 수 있다. 경쟁제품 광고들이 넘쳐나고 경쟁이 치열한 글로벌 스포츠용품 시장에서 'Just Do It' 슬로건에 잘 나타난 브랜드아이덴티티를 일관성 있게 전달해 온 나이키 마케팅커뮤니케이션 캠페인이 브랜드가치 창출과 판매증대에 얼마나 도움이 될 수 있는지를 도입사례를 통해 살펴보기로 한다.

오랜기간 브랜드아이덴티티를 일관성 있게 전달해 온 나이키 마케팅커뮤니케이션 캠페인

필립 코틀러 미 노스웨스턴대 켈로그경영대학원 석좌교수는 브랜드가 사회적 이슈에 목소리를 내며 행동하는 존재가 된 현상을 브랜드 액티비즘(Brand Activism, 브랜드 행동주의)으로 개념화했다. 코틀러는 "브랜드 액티비즘이란 공공선(公共善)을 증진시키고자 사회적 책임을 수행하겠다는 기업의 선언"이라고 정의했다.

인종차별 반대 광고 캠페인을 일관성 있게 전개하고 있는 나이키가 브랜드 액티비즘의 대표적인 사례이다. 나이키는 예전부터 사회적 약자(장애인, 여성, 유색인종 등)를 응원하는 광고캠페인을 진행해 왔다.

글로벌 스포츠 브랜드 나이키가 2020년 11월 27일 나이키재팬 유튜브 계정에 공개한 광고영상이 큰 화제를 불러일으켰다. '계속해서 움직여라. 자신을. 미래를'이라는 제목의 2분 1초짜리 광고영상으로 일본 학교에서 괴롭힘을 당하는 10대 소녀 축구선수 세 명이 주인공이다. 영상 설명란에는 '선수의 리얼한 체험에 근거한 이야기. 3명의 축구소녀가 스포츠를 통해 일상의 고뇌와 갈등을 극복하고 자신의 미래를 움직여 나간다. 당신은 우리를 멈추게 할 수 없다'고 쓰여 있다. 광고영상의 주요내용은 동급생들의 따가운 시선을 받으며 괴롭힘(이지메)을 당하는 세 명의 소녀가 스포츠를 통해 차별을 극복해 나간다는 스토리인데, 재일 한국인, 흑인 혼혈 학생, 그리고 따돌림당하는 일본 학생이 주인공이다.

나이키 영상에 등장하는 한국인 소녀는 일본 효고현 아마가사키시에 있는 재일조선중급학교(중학교)에 다니는 실제 인물이다. 나이키 광고영상에선 소녀가 일본 학교에 다니면서 차별을 받는 것으로 그려진다. 특히 영상 중반에 재일조선학교의 교복으로 알려진 흰색 저고리에 검정 치마를 입고 걸어가는 소녀의 모습을 일본 중년 남성들이 차가운 시선으로 쳐다보는 장면이 등장한다. 광고는 마지막에 '야마모토(YAMAMOTO)'라는 일본식 성 위에 '김(KIM)'이라는 이름을 덧댄 소녀가 당당하게 걸어가는 모습을 보여주면서 차별을 적극적으로 극복해 간다는 메시지를 담았다.

2020년 11월 나이키 재팬 유튜브 계정에 선보인 나이키 광고의 한 장면으로 일본사회의 민감한 이슈인 사회적 차별을 광고주제로 내세웠다.

나이키 광고는 일본 학교에서 괴롭힘을 당하는 세 명의 축구소녀가 주인공으로 등장하는데, 스포츠를 통해 차별을 극복해 나간다는 메시지를 담았다.

광고 동영상은 공개된 지 1주일 만에 1000만이 넘는 조회 수를 기록했고 댓글은 6만 건을 넘겼다. 유튜브의 해당 영상에 대한 '좋아요'와 '싫어요'는 각각 9만4000과 7만(유튜브 2021년 1월 12일 기준)을 기록해 일본사회를 양분시켰다. '싫어요' 쪽은 "반일 좌익기업 나이키"라거나 "일본을 지나치게 차별사회로 묘사했다" 등의 댓글을 달았으며, "#나이키불매, #나이키는 일본인에게 사죄하라, #나이키의 인상조작에 항의한다" 등 해시태그를 통해 나이키 불매운동 조짐까지 보였다. 이에 대해 나이키재팬은 "나이키는 목소리를 높여 모든 사람에 대한 포섭, 경의, 공평한 대응을 호소해 나갈 것이다. 광고를 통해 차별을 극복하고 일어나라는 메시지를 전달하고 싶었다"고 밝혔다. 나이키재팬 시니어 마케팅 디렉터 바바라 기네씨는 "나이키는 오랫동안 소수파 목소리에 귀를 기울이고 지지하며 나이키의 가치관에 맞는 대의를 위해 의견을 피력해 왔다. 스포츠에는 보다 나은 세계가 어떤 것인지를 보여주고 사람들을 화합해 각각의 커뮤니티에서 행동을 촉구하는 힘이 있다"고 설명했다.

2020년 5월 나이키는 미국에서 벌어진 조지 플루이드 사건에 대해 '이번만은 하지 마라'라는 제목의 영상으로 인종차별 반대 목소리를 냈다. 사진 나이키 공식 인스타그램

그동안 나이키는 광고를 통해 사회적 차별에 반대하는 목소리를 꾸준히 내왔다. 2020년 5월에는 미국에서 조지 플로이드 사건이 발생한 이후 '이번만은 하지 마(Don't do it)'라는 인종차별 반대 영상 광고캠페인을 공개했다. 흑인 남성이 백인 경찰의 강압적 진압으로 숨진 사건에 대해 인종차별 반대에 앞장설 것을 촉구하는 내용이다.

2018년 '저스트 두 잇' 30주년 기념 광고캠페인에서도 인종차별에 대한 항의표시로 무릎꿇기 시위를 벌인 미식축구(NFL) 선수 콜린 캐퍼닉을 광고모델로 등장시켰다. 캐퍼닉은 미국 경찰의 흑인과잉진압이 논란이 된 2016년, 경기 시작 전 국가제창을 거부하고 기립 대신 무릎을 꿇는 퍼포먼스를 시작한 인물이다. 공권력에 대한 항의를 직접적으로 표현한 캐퍼닉의 '무릎 꿇기'는 당시 소속팀 샌프란시스코 포티나이너스(49ers)와 NFL을 넘어 프로야구, 프로농구로 확산했다. '저스트 두 잇' 30주년 기념 광고캠페인에는 캐퍼닉을 비롯해 테니스의 서리나 윌리엄스, 농구의 르브론 제임스, 풋볼의 오델 베컴 주니어, 휠체어 농구의 메건 블렁크 등 유명 스포츠 선수들이 다수 등장한다. 이 쟁쟁한 스타들 가운데 이 캠페인의 메인 광고모델이 된 건 캐퍼닉으로, 캠페인의 각종 옥외광고와 지면광고에 등장했다. 나이키가 캐퍼닉의 사진과 함께 사용한 광고문구는 "모든 걸 희생해야 하더라도 신념을 가져라(Believe in something. Even if it means sacrificing everything.)"다.

콜린 캐퍼닉의 광고 이미지가 공개되자 온라인에서는 둘로 편이 갈려 설전이 벌어졌다. 캐퍼닉을 비난하는 소비자들은 나이키 제품을 불태우는 영상을 사회관계망서비스(SNS)에 올리며 불매운동을 벌였다. 이처럼 미국 내에서 이 캠페인에 반발하는 사람들이 적지 않았다지만, 이 캠페인은 나이키 팬들에게 가장 나이키다운 모습을 보여주었으며 브랜드에 대한 존경심을 더욱 강화하는 역할을 했다.

나이키는 일관성 있는 인종차별 반대 광고캠페인을 통해 소비자로부터 더 많은 사랑을 받게 됐고 브랜드 진정성은 더욱 뚜렷해졌다. 나이키 같이 브랜드 액티비즘을 추구하는 브랜드의 광고캠페인은 진정성이 요구된다. 진정성을 추구하는 광고캠페인은 무엇보다 꾸미지 않고 자연스러운 목소리를 내야 한다. 자신의 브랜드를 깊게 들여다보며 핵심가치를 찾아내야 한다. 그다음, 사회에 발신하고 싶은 메시지를 정립하고 최소 2~3년간 꾸준하게 해당 메시지에 따른 브랜드 행동을 실천해야 한다.

풋볼 선수 콜린 캐퍼닉이 광고모델로 등장한 나이키(Nike) 광고 이미지

자료원: DBR, 315호, 2021 February; 이코노미스트, 1569호, 2021.01.25; 중앙일보, 2020.12.03.

기업의 마케팅노력은 질 좋은 제품의 개발, 소비자가 원하는 가격, 고객이 쉽게 이용할 수 있는 유통경로만으로는 충분하지 않다. 설정된 마케팅목표를 달성하기 위해서는 자사제품을 알리고 구매하도록 설득하는 노력인 촉진(마케팅커뮤니케이션)활동이 뒷받침되어야 한다.

01 촉진믹스(마케팅커뮤니케이션 믹스)

마케팅커뮤니케이션 믹스(marketing communication mix) 또는 **촉진믹스**(promotion mix)는 고객가치를 설득력 있게 커뮤니케이션하고 고객관계를 구축하기 위해 사용되는 광고, 공중관계, 인적판매, 판매촉진, 그리고 다이렉트 마케팅 같은 촉진도구들의 조합을 말한다. 다섯 가지 주요 촉진도구들에 대한 정의는 다음과 같다.

- 광고(advertising): 공개된 후원자가 비용을 지불하고 아이디어, 재화, 서비스를 비인적 방식으로 제시하고 촉진하는 것
- 판매촉진(sales promotion): 제품이나 서비스의 판매를 촉진시키기 위해 단기적으로 제공하는 인센티브
- 인적판매(personal selling): 매출을 일으키고 고객관계를 구축하기 위해 회사의 영업사원에 의해 이루어지는 대면 프레젠테이션
- 공중관계(public relations: PR): 공정적 퍼블리시티의 창출, 좋은 기업 이미지 구축, 그리고 부정적 루머, 이야기, 이벤트에 대한 대처 등을 통해 다양한 공중들과 좋은 관계를 유지하는 활동

그림 13-1 촉진믹스

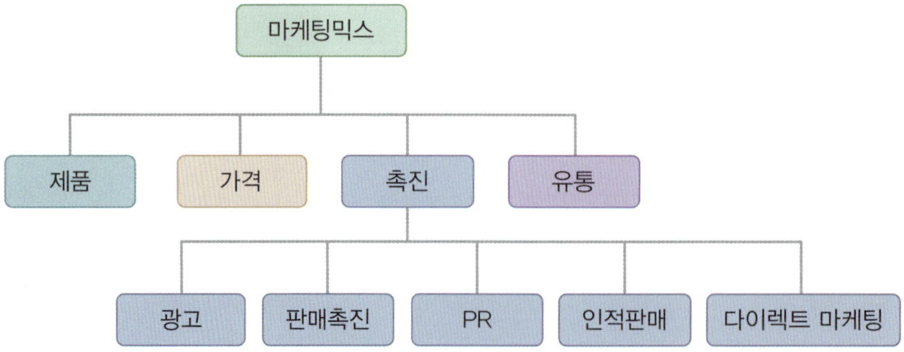

- 다이렉트 마케팅(direct marketing): 즉각적인 반응을 이끌어 내고 지속적인 고객관계를 만들어 나가기 위해 신중하게 선정된 개별고객들과 직접적인 접속을 시도하는 활동

위에서 설명한 각 촉진믹스 유형은 고객들과 의사소통하기 위해 사용되는 여러 가지 구체적인 촉진도구들을 포함한다. 예를 들어, 광고는 방송, 인쇄, 인터넷, 옥외, 그리고 다른 매체들을 포함한다. 판매촉진은 할인, 쿠폰, 진열, 그리고 실연 등을 포함한다. 인적판매는 판매 설명회, 트레이드 쇼, 인센티브 프로그램 등을, 공중관계는 보도자료(press releases), 후원, 특별이벤트, 그리고 웹페이지 등을 포함한다. 그리고 다이렉트 마케팅은 카탈로그, 텔레마케팅, 키오스크, 인터넷, 모바일마케팅 등을 포함한다.

나아가 마케팅커뮤니케이션은 위에서 언급한 촉진도구 그 이상의 것을 포함한다. 제품디자인, 가격, 패키지의 모양과 색상, 제품을 판매하는 매장 등도 구매자에게 무엇인가를 전달한다. 따라서 최대의 커뮤니케이션 효과를 얻기 위해 마케터는 촉진도구뿐 아니라 제품, 가격, 유통을 포함한 모든 마케팅믹스를 조정해야 한다.

좋은 마케팅커뮤니케이션 프로그램의 개발은 소비자의 설득적 메시지에 대한 소비자 지각과정인 커뮤니케이션과정을 이해하는 것에서 출발한다.

02 커뮤니케이션과정 모형(Communication Process Model)

커뮤니케이션이란 발신자와 수신자 간에 메시지를 주고받는 과정이다. 마케터는 효과적으로 메시지를 전달하기 위해 커뮤니케이션이 어떻게 이루어지는지를 이해할 필요가 있다. 커뮤니케이션과정은 그림 13-2 에서 볼 수 있듯이 9개의 요소로 구성된다.

먼저 커뮤니케이션의 참여자로서, 정보의 발신자(sender)와

그림 13-2 커뮤니케이션과정 모형

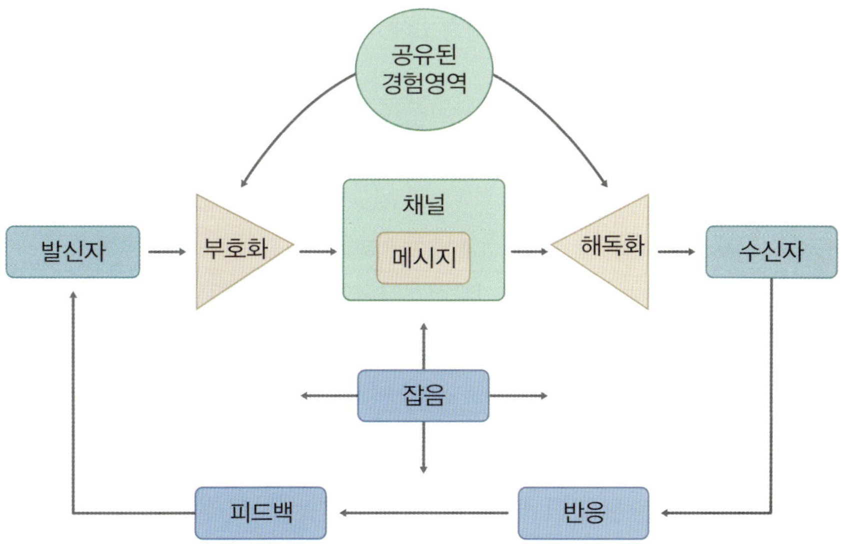

수신자(receiver)가 있다. 발신자가 보내는 메시지(message)는 커뮤니케이션 채널(channel)을 통하여 수신자에게 전달된다. 그리고 커뮤니케이션 참여자들은 메시지를 주고받는 과정에서 ① 발신자가 자신의 전달의도를 상징적인 형태로 표현하는 부호화(encoding), ② 부호화된 메시지를 수신자가 자신의 경험에 근거하여 이해하는 해독화(decoding), ③ 해독된 메시지를 토대로 수신자가 보이는 반응(response), ④ 이러한 반응이 발신자에게 전달되는 피드백(feedback)이 수반된다.

커뮤니케이션과정의 또 다른 구성요소인 잡음(noise)은 커뮤니케이션과정에서 발신자의 의도와 관계없이 발생하여 효과적인 메시지전달을 방해하는 요소들을 말한다. 예를 들어, 인기 TV드라마나 개그콘서트의 특정 내용을 광고물에 이용한 패러디 광고(parody advertising)에 노출된 수신자가 그 프로그램을 시청한 적이 없어 기업(발신자)의 의도와 다르게 광고메시지를 이해하는 경우가 이에 해당된다.

메시지가 효과적이기 위해서는 발신자의 부호화 과정은 수신자의 해석과정과 조화를 이루어야 한다. 가장 좋은 메시지는 수신자에게 익숙한 단어와 상징들로 구성된 것이다. 발신자의 경험영역과 수신자의 경험영역이 더 많이 중복될수록 메시지는 더 효과적일 가능성이 높다. 그러나 마케팅 커뮤니케이션 담당자의 경험영역과 소비자의 경험영역은 서로 다를 수 있다. 예를 들어, 시골에서 성장한 광고 카피라이터가 부유한 사업가와 같은 자신과 다른 사회경제적 배경을 가진 고객을 겨냥한 광고를 만들어야 할 수 있다. 그러나 표적고객이 누구인지에 상관없이 마케팅 커뮤니케이터는 효과적인 커뮤니케이션이 이루어질 수 있도록 고객의 경험영역을 이해하기 위해 노력해야 한다.

커뮤니케이션 과정모형은 좋은 커뮤니케이션이 이루어지기 위해 요구되는 주요요인이 무엇인지를 보여준다. 발신자는 그들이 도달하기를 원하는 표적청중이 누구인지와 그들로부터 기대하는 반응이 무엇인지를 알아야 한다. 그리고 표적청중이 메시지를 어떻게 해석하는지를 감안하여 메시지를 부호화해야 한다. 그들은 표적청중에게 도달될 미디어를 통해 메시지를 보내야 하고, 메시지에 대한 청중의 반응을 평가할 수 있는 피드백 채널을 개발해야 한다.

다음에서는 각 구성요소에 대하여 자세히 살펴보기로 한다.

2.1 발신자와 부호화

발신자(sender)는 커뮤니케이션과정에서 메시지를 전달하는 주체를 말하는데, **정보원천**(source)이라고도 한다. 발신자는 커뮤니케이션의 대상이 되는 제품이나 서비스의 제공자인 기업, 판매원 혹은 광고에 등장하는 광고모델(spokesperson)이 될 수 있다. 광고모델 같은 발신자의 특성은 수신자의 해독화와 반응 등 커뮤니케이션 효과에 영향을 미친다. 따라서 기업은 수신자인 표적청중(target audience)의 특성, 그리고 제품이나 서비스의 특성에 어울리는 특성을 가진 광고모델을 선정할 필요가 있다. 이에 대해서는 본 장의 4절 광고관리에서 다시 자세히 살펴보기로 한다.

심볼에 의한 부호화를 이용한 광고: 아우디 승용차광고는 비누와 바나나 껍질 등의 심볼을 이용해 아우디승용차가 미끄럼 방지 기능이 우수하다는 메시지를 전달한다.

부호화(encoding)란 발신자가 전달하려고 하는 내용을 단어, 상징, 그림 등을 이용하여 상징적인 형태로 표현하는 것을 말한다. 유명한 마케팅전문가인 알 리스(Al Ries)와 잭 트라우트(Jack Trout)는 집중의 법칙(The Law of Focus)을 제안하면서 잠재고객의 기억 속에 핵심개념을 한 단어로 심어야 한다고 주장했다.[1] 가령, 천연 조미료 다시다는 고객의 기억 속에 '고향의 맛'이라는 핵심개념을 확실하게 심어주려고 했다. 정보의 홍수 속에 살아가는 소비자들이 장황하고 긴 메시지를 받아들이도록 유도하는 것은 어려운 일이다. 그러므로 기업은 부호화 과정에서 제품의 핵심개념을 강력하면서 상징적으로 표현하는 노력을 해야 한다. 비누와 바나나 껍질이라는 심볼을 이용하여 4륜구동의 미끄러짐 방지 기능을 잘 부각시키고 있는 아우디 승용차광고는 효과적인 부호화의 예이다.

2.2 메시지

사람들의 뇌리에 박힐 강력한 메시지를 만들어 내는 것은 마케터들이 바라는 것이다. 정치권에서 자주 언급되는 "권력이 혀끝에서 나온다"는 말은 바로 효과적인 메시지의 강력한 힘을 시사하는 것이다.

시즐(sizzle)광고는 비언어적 수단을 사용해 광고메시지를 개발한다.

메시지는 부호화되어 수신자에게 전달되는 정보를 말하는데, 언어적/비언어적, 시각적/청

1) Al Ries and Jack Trout, The 22 Immutable Laws of Marketing, Harper Collins Publishers, New York, 1993.

각적 수단의 결합을 통해 개발된다. 시각적/청각적 수단을 동원한 시즐(sizzle)광고는 비언어적 메시지에 기반한 광고물의 예이다. 가령, 후루룩~ 후루룩~ 하아~' 하며 국수 마시는 장면을 보여주는 국수광고나, '치익~' 하는 맥주병 따는 소리와 흘러넘치는 흰 거품을 보여주는 맥주광고는 시즐광고에 해당한다.

발신자인 기업은 수신자인 표적청중의 긍정적 반응을 이끌어 내기 위해 효과적인 메시지를 개발해야 한다. 이상적인 메시지는 주의를 끌고(Attention), 관심을 지속시키고(Interest), 욕망을 자극하고(Desire), 행동을 유도하는(Action)(AIDA 모형으로 알려짐) 것이어야 한다. 실제로 소비자들을 인지에서부터 구매까지 모든 과정을 거치게 하는 메시지는 거의 없지만, AIDA 모형은 좋은 메시지가 갖추어야 할 바람직한 특징이 무엇인지를 제안한다.

마케터는 커뮤니케이션 목표, 표적청중, 사용할 매체의 특성을 고려하여 메시지를 제작하여야 한다. 가령, 브랜드인지도를 높이는 것이 커뮤니케이션 목표라면 브랜드명이 부각되어야 하며, 브랜드 성능에 대한 믿음을 구축하는 것이 커뮤니케이션 목표라면 구체적인 제품속성에서의 우수성을 강조해야 한다.

또한 같은 커뮤니케이션 목표를 달성하기 위해 메시지를 개발하더라도 방송매체 혹은 인쇄매체인지에 따라 그 내용이나 전달되는 방식이 달라야 한다. 인쇄광고에서 커뮤니케이션 담당자는 헤드라인, 카피(본문), 그림(illustration), 그리고 색상을 정해야 한다. 청중의 주의를 끌기 위하여 광고주들은 진기함과 대조, 눈길을 끄는 그림과 헤드라인, 독특한 구성, 메시지의 크기와 위치, 그리고 색상, 모양 및 움직임 등을 이용할 수 있다. 만약 라디오광고를 통해 메시지를 전달한다면, 커뮤니케이션 담당자는 효과적인 단어, 소리, 음성을 선정해야 한다. 은행서비스를 촉진하기 위한 라디오광고에서 사용되는 소리는 iPod을 촉진하기 위한 라디오광고에서 사용되는 것과 달라야 한다.

만일 메시지가 TV광고를 통해 또는 직접대면을 통해 전달된다면 이러한 요소들뿐 아니라 신체언어(body language)도 고려해 메시지형태가 계획되어야 한다. 메시지를 전달하는 사람의 얼굴표정, 제스처, 의상, 자세, 헤어스타일 등 모든 것을 세심하게 준비해야 한다. 만약 제품이나 패키지를 통해 메시지를 전달한다면, 커뮤니케이션 담당자는 질감, 향기, 색상, 크기 및 모양 등에 신경을 써야 한다. 예를 들어, 색상만으로도 브랜드메시지에 대한 인지도를 높일 수 있다. 한 조사연구에 의하면 색상이 브랜드 인지도를 80%까지 높일 수 있다고 제안하는데, 오뚜기(노랑), McDoanld's(노랑과 빨강), 삼성전자(파랑), Coca-Cola(빨강과 흰색) 등을 생각하면 이해가 될 것이다. 따라서 효과적인 마케팅커뮤니케이션을 설계함에 있어 마케터는 색상 및 외관상 중요하게 보이지 않는 세부적인 요소 등을 신중하게 고려해야 한다.

2.3 커뮤니케이션 채널

마케터는 메시지를 전달할 커뮤니케이션 채널을 선정해야 하는데, 크게 커뮤니케이션 채널은 대면적 커뮤니케이션 채널과 비대면적 커뮤니케이션 채널의 두 가지 유형으로 나누어진다.

대면적 커뮤니케이션 채널(personal communication channel)에서는 두 명 또는 그 이상의 사람들이 서로 직접 의사소통한다. 이들은 대면을 통해, 전화상으로, 우편이나 이메일을 통해 또는 인터넷 채팅을 통해 의사소통한다. 대면적 커뮤니케이션 채널은 사적인 의사전달과 피드백이 가능하기 때문에 효과적이다.

어떤 대면적 커뮤니케이션 채널은 회사에 의해 직접 통제된다. 예를 들어, 회사 영업사원은 거래처와 접촉한다. 그러나 제품에 대한 대면적 커뮤니케이션은 회사에 의해 직접 통제되지 않는 채널을 통해 구매자에게 도달될 수 있다. 이러한 채널은 구매자에게 의견을 표시하는 독립적인 전문가(브랜드옹호 소비자, 블로그 같은 온라인 구매가이드 등)를 포함한다. 또는 이러한 채널은 표적구매자와 말을 나누는 이웃, 친구, 가족구성원, 동료들일 수도 있다. 구전을 통한 영향력행사(word-of-mouth influence)로 알려져 있는 이 채널은 많은 제품영역에서 무시하지 못할 영향을 미친다.

대면적 영향은 가격이 비싸고, 위험하며, 가시성이 높은 제품의 경우 더 중요하다. 요즘 들어 기존 사용자들이 제품에 대하여 이야기하는 것을 들어보기 전에 값비싼 제품을 사는 사람은 거의 없으며, 동료나 친구의 추천이 구매에 큰 영향을 미친다. 고객리뷰는 Amazon의 주요 성공요인이다. 상당수 고객들이 다른 고객들의 서평이나 '이 책을 산 사람들이 구매한 또 다른 책들'이란 섹션을 보고 Amazon에서 책을 구입한다.

기업들은 대면적 커뮤니케이션 채널이 자신들을 지지하도록 만들기 위하여 여러 가지 노력을 할 수 있다. 예를 들어, 기업들은 자사브랜드에 대한 의견선도자(opinion leader: 주변사람들이 의견을 구하는 사람)를 창출할 수 있는데, 이는 영향력 행사자에게 매력적인 조건으로 제품을 공급하거나 혹은 그들을 교육시켜 다른 사람들에게 정보를 제공할 수 있게 함으로써 이루어진다. **버즈 마케팅**(buzz marketing)은 의견선도자들을 양성해 이들로 하여금 제품이나 서비스에 대한 정보를 온라인 커뮤니티 내 다른 사람들에게 퍼트리게 만든다. P&G는 신제품을 출시할 때 버즈마케팅을 효과적으로 활용한다. P&G는 50만 명의 엄마로 구성된 Vocalpoint라는 대규모 버즈 마케팅도구를 만들어 냈다. Vocalpoint는 마당발 엄마(connectors)를 고용하는데, 그들은 방대한 친구 네트워크를 갖고 있고, 수다에 선천적인 재능을 갖고 있는 사람이다. 그들은 P&G 브랜드 제품에 대한 구전을 만들어 낸다.

비대면적 커뮤니케이션 채널(non-personal communication channel)은 개인적인 접촉이나 피드백이 없이 메시지가 전달되는 미디어이다. 이에는 주요 미디어, 분위기(atmospheres), 이벤트 등이 포함된다. 주요 미디어는 인쇄매체(신문, 잡지, 직접우편), 방송매체(라디오, TV), 전시미디어(옥외광고, 사인, 포스터), 그리고 온라인 미디어(이메일, 기업웹사이트, 온라인소셜네트워크)를 포함한다. 분위기는 제품구매의도를 창출하거나 혹은 강화시켜 주는 기획된 환경을 말한다. 따라서 변호사 사무실과 은행은 고객들이 신뢰감을 갖거나 높은 서비스품질을 제공할 것으로 지각할 수 있도록 설계된다. 이벤트는 표적청중에게 메시지를 전달하기 위해 연출된 행사이다. 예를 들어, 공중관계를 담당하는 부서는 기자회견, 개점행사, 쇼와 전시, 행사투어(public tour), 기타 이벤트를 준비한다.

비대면적 커뮤니케이션은 구매자들에게 직접적인 영향을 미친다. 뿐만 아니라 매스미디어를 통한 메시지 전달은 종종 인적 커뮤니케이션을 유도함으로써 간접적으로 구매자에게 영향을 미친다. 메시지는 처음에 TV, 잡지 및 기타 대중미디어에서 의견선도자(opinion leader)로 전달된 다음, 다시 의견선도자에서 다른 사람으로 전달된다. 따라서 의견선도자는 대중미디어와 청중 사이에 위치하며, 미디어에 덜 노출되는 사람들에게 메시지를 전달한다. 흥미롭게도 마케터들은 종종 소비자 추천이나 구전을 통한 증언(word-of-mouse testimonial) 등을 광고물과 다른 촉진활동에 삽입함으로써 대면적 커뮤니케이션을 대체하거나 활성화시키기 위해 비대면적 커뮤니케이션 채널을 활용한다.

2.4 수신자와 해독화

수신자(receiver)는 발신자가 메시지를 전달하려고 하는 대상으로서, 표적청중(target audience)을 말한다. **표적청중**은 **표적고객**과는 다른 개념인데, 전자는 커뮤니케이션의 대상을, 그리고 후자는 자사제품의 구매를 설득할 대상을 말한다. 대체로 표적고객은 표적청중과 일치하지만, 때로는 일치하지 않을 수 있다. 예를 들어, 고가의 사치품인 경우 표적고객과 표적청중이 일치하지 않을 수 있다. 마케터는 구매력을 가진 고소득층을 표적고객으로 삼지만 많은 사람들에게 그 제품의 가치를 인식시키기 위해 일반소비자들을 표적청중으로 하여 광고를 수행할 수 있다. BMW와 같이 고급 승용차 광고를 일간지에 게재하는 경우가 한 예이다.

해독화(decoding)는 수신자가 발신자로부터 전달된 메시지에 의미를 부여하고 이를 해석하는 과정이다. 커뮤니케이션이 성공을 거두기 위한 필요조건 중 하나는 발신자가 의도한 대로 수신자가 메시지를 해석하는 것이다. 수신자의 해독화와 발신자의 부호화가 서로 일치하기 위해서는 발신자와 수신자의 경험영역 간에 공감대(common ground)가 존재해야 한다. 예를 들어, 라디오 광고에서 영어식 발음으로 브랜드명을 표현할 경우 영어의 청취능력이 떨어지는 표적청중은 어떤 브랜드 광고인지 모를 수 있다. 그리고 상징(symbol)을 이용해 메시지를 개발할 경우 기업은 소비자들이 상징의 의미를 잘 알고 있는지 확인할 필요가 있다. 예컨대, 기린이 청력이 뛰어난 동물이라는 것을 모르는 소비자에게 기린을 심볼로 이용하여 승용차의 정숙성을 알리고자 한다면, 그 커뮤니케이션 메시지는 실패할 가능성이 높을 것이다.

2.5 잡음(Noise)

잡음은 효과적인 커뮤니케이션을 방해하는 모든 요인을 말한다. 커뮤니케이션 과정에는 마케터가 예상하지 못하는 상당한 양의 잡음이 존재하는데, 수신자(표적청중)는 다음과 같은 이유로 인해 기업이 의도한 대로 메시지를 받아들이지 못할 수 있다.

(1) 선택적 주의(Selective Attention)

소비자들은 수많은 메시지들 중 두드러져 보이거나 관심영역과 일치하는 일부 메시지에만 주의를 기울인다.

(2) 선택적 왜곡(Selective Distortion)

소비자는 자신이 원하는 메시지만을 듣거나 보기 위해 노출된 메시지를 주관적으로 해석할 수 있다. 소비자는 기존 신념체계 및 태도를 유지하기 위해 이와 일치하는 메시지만을 받아들이려고 하는 경향이 있다. 이에 따라 기존 신념체계와 태도를 유지하기 위해 메시지에 없는 내용들을 새로이 추가하거나 메시지의 일부를 누락시켜 받아들인다. 마케터는 선택적 왜곡을 극복하기 위해 간단하고 명확하면서 관심을 불러일으키는 메시지를 반복적으로 제공해야 한다.

(3) 선택적 회상(Selective Recall)

소비자들은 처리된 메시지들 가운데 일부만을 기억에 저장한다. 제공된 메시지가 소비자의 기억에 영구히 저장되고 필요할 경우에 인출되기 위해서는 메시지 처리과정에서 충분한 양의 리허설(rehearsal)이 이루어져야 하는데, 리허설이란 소비자가 제공된 메시지에 대해 마음속으로 반복연습하는 것을 말한다.

2.6 반응(Response)

마케터는 수신자인 표적청중들로부터 기대하는 반응을 결정해야 한다. 많은 경우 기업은 즉각적인 구매반응을 원할 것이다. 그러나 구매는 단계적인 의사결정과정을 거친 후에야 이루어진다. 따라서 마케팅 커뮤니케이션 담당자는 표적청중이 지금 의사결정과정에서 어디에 위치하고 있고, 어떤 단계로 이동시켜야 할지를 알 필요가 있다. 표적청중은 최종적으로 구매에 도달하기 위해 여

제품지식 형성에 도움을 주기 위한 테팔 프라이팬 광고물

섯 단계의 **구매준비단계**(buyer-readiness stage) 혹은 반응단계를 거치는데, 이 단계는 인지(awareness), 지식(knowledge), 호감(liking), 선호(preference), 확신(conviction), 그리고 구매(purchase)로 구성된다(그림 13-3 참조).

그림 13-3 구매준비단계(반응단계)

인지 → 지식 → 호감 → 선호 → 확신 → 구매

표적시장 고객들은 자사제품을 전혀 모르거나, 자사제품의 이름 정도만을 알거나, 또는 자사제품의 특징에 대해 조금 알고 있을 수 있다. 현대차가 준대형 SUV 팰리세이드를 새로 출시하는 경우를 예로 들어 설명해 보자. 이 경우 소비자들은 팰리세이드에 대해 전혀 알지 못하므로(즉, 무인지 단계), 마케팅 담당자는 먼저 팰리세이드 모델에 대한 브랜드인지와 제품지식을 구축하는 데 초점을 맞추어야 한다.

만약 표적고객들이 자사제품에 대하여 알고 있다면, 다음으로 그들은 이를 토대로 긍정적 태도와 구매확신을 형성하는 단계로 넘어간다. 표적고객들이 현대 팰리세이드의 특징에 대해 이미 알고 있다면, 팰리세이드 마케터는 그 다음 단계로 소비자들이 신차에 대해 좋은 감정을 갖도록 하고 싶을 것이다. 이 단계는 호감(SUV에 대한 긍정적인 감정), 선호(다른 SUV 차 대신 팰리세이드를 더 좋아함), 그리고 확신(팰리세이드가 자신에게 최고의 SUV 차라고 믿음)을 포함한다.

현대차의 팰리세이드 마케터는 긍정적 태도와 확신을 창출하기 위해 촉진도구들의 조합을 사용할 수 있다. 이 단계의 광고는 성능에 대한 높은 기대감과 브랜드와의 정서적 관계를 구축하는 데 도움을 주는 것에 초점을 맞춘다. 인쇄광고와 TV광고는 팰리세이드의 디자인과 주요특성들이 표적고객의 욕구 및 라이프 스타일과 일치함을 보여줌으로써 그들이 성능에 대한 높은 기대감과 확신을 갖게 한다. 보도자료와 다른 공중관계 활동들은 팰리세이드 모델에 대한 구전이 확산되는 데 도움을 주는 것에 역점을 둔다. 웹사이트는 잠재구매자들에게 기술적인 사양, 제품특성과 옵션, 안전도 평가결과, 가격에 대한 구체적인 정보를 제공한다. 그리고 딜러들은 구매자들에게 옵션, 가격 대비 가치, 그리고 판매 후 서비스에 대해 설명한다.

마지막으로, 표적시장의 일부 소비자들은 자사제품에 대해 확신을 갖고 있지만, 아직 구매할 준비가 되어 있지 않을 수 있다. 팰리세이드 잠재구매자들은 더 많은 정보탐색을 하기 위해 혹은 경기가 좋아질 때까지 등의 이유로 구매를 연기하기로 결정할 수 있다. 커뮤니케이션 담당자는 이러한 소비자들이 마지막 단계, 즉 구매에 도달하도록 이끌어야 한다. 이를 위한 활동에는 특별 촉진가격, 리베이트 또는 프리미엄 등이 포함된다. 딜러들은 선별된 고객들에게 전화를 하거나 편지를 쓰거나 이메일을 보내 그들이 쇼룸을 방문하도록 초대할 수 있다. 팰리세이드 웹사이트에서는 지역별 현대차 매장에서 시험운전을 신청하기만 하면 일정액 상당의 상품권을 제공한다.

물론 마케팅 커뮤니케이션만으로 팰리세이드에 대한 긍정적인 감정과 구매를 만들어 낼 수 있는 것은 아니다. 승용차 자체가 실제로 고객에게 우월한 가치를 제공해야 한다. 탁월한 마케팅 커뮤니케이션은 품질이 떨어지는 제품의 사망을 가속화시킬 수 있다. 더 빨리 잠재구매자들이 형편없는 제품에 대해 알게 될수록, 그들은 더 빨리 제품의 결함을 인지하게 된다. 따라서 좋은 마케팅 커뮤니케이션은 말과 행동의 일치가 요구된다.

메시지에 대해 소비자가 보이는 단계적 반응이 주는 마케팅 시사점은 기업이 커뮤니케이션 목표를 설정하고 이를 토대로 커뮤니케이션 효과를 측정하는 데 유용한 지침이 될 수 있다는 것이다. 가령, 기업은 커뮤니케이션의 목표를 인지단계에 영향을 미치는 것(가령, 브랜드인지도 구축)으로 설정하고, 커뮤니케이션 활동 전과 후에 브랜드인지도에서 변화가 있었는지를 조사해 커뮤니케이션 효과를 측정할 수 있다.

2.7 피드백(Feedback)

발신자는 발신자의 반응을 수집해야 하는데, 이를 **피드백**(feedback)이라고 한다. 메시지를 수신자인 표적청중에게 전달한 다음, 기업은 메시지가 표적청중에 미친 효과를 조사해야 한다. 이러한 효과조사에는 표적청중들이 메지지를 기억하는지, 이를 몇 번이나 보았는지, 어떤 점을 기억하고 있는지, 메시지에 대하여 어떻게 느끼고 있는지, 그리고 제품과 회사에 대한 이전 태도와 현재의 태도를 물어보는 것을 포함한다. 마케팅커뮤니케이션 담당자는 또한 얼마나 많은 사람들이 제품을 구매했는지, 그 제품에 대해 얼마나 많은 사람들에게 이야기했는지, 그 제품을 취급하는 매장을 방문했는지 등과 같은 메시지로 인해 유발된 행동도 측정해야 한다.

마케팅커뮤니케이션 활동에 대한 피드백은 촉진 프로그램이나 제품제안 자체를 변경할 필요성이 있다는 정보를 제공할 수 있다. 예를 들어, 롯데백화점은 지역 소비자들에게 매장, 제공되는 서비스 및 머천다이징 이벤트를 알리기 위해 TV와 신문광고를 이용한다. 이러한 마케팅커뮤니케이션 활동의 효과를 점검하기 위해 피드백 조사를 실시한 결과 해당 지역 내 모든 쇼핑객의 80%가 광고를 본 것을 기억하고 광고에서 언급한 상품과 세일을 인지하고 있다고 가정해 보자. 이들 중 60%가 지난 한 달간 롯데백화점 매장을 방문한 경험이 있지만, 20%만이 쇼핑경험에 만족했다. 이러한 조사결과는 촉진활동이 메시지에 대한 인지도를 창출하기는 했지만, 롯데백화점 매장이 소비자들이 기대하는 만족을 주지 못했다는 것을 시사한다. 따라서 롯데백화점은 성공적인 마케팅커뮤니케이션 프로그램을 계속 유지하면서 매장 내에서의 쇼핑경험을 개선할 필요가 있다.

마케터는 피드백을 통해 커뮤니케이션 활동의 성과를 평가하며, 그 결과를 차기의 커뮤니케이션 전략을 수립하는 데 기초자료로 활용한다. 커뮤니케이션과정에 대한 평가에서 마케터가 유의해야 할 점은 성과평가가 커뮤니케이션 목표에 근거하여 이루어져야 한다는 것이다. 많은 기업이 마케팅커뮤니케이션의 목표를 브랜드인지도 제고로 설정하고 매출이나 시장점유율 같은 시장성과지표를 토대로 커뮤니케이션 성과를 평가하는 오류를 범한다.

03 디지털시대의 마케팅커뮤니케이션 모형과 통합적 마케팅커뮤니케이션

지난 수십년간 마케터들은 다수의 고객들에게 매우 표준화된 제품을 판매하는 대량마케팅을 수행해 왔다. 그 과정에서 그들은 대량마케팅 전략을 지원하는 데 효과적인 대중매체 커뮤니케이션 기법들을 개발해 왔다. 많은 대기업들은 지금도 한 가지 광고로 수백만 명 이상의 고객들에게 도달하기 위해 TV, 잡지 또는 다른 매스미디어 광고에 수십에서 수백억 원을 투자한다. 그러나 오늘날 마케팅관리자들은 새로운 마케팅커뮤니케이션 현실에 직면하고 있다. 급변하는 마케팅커뮤니케이션 환경은 마케터들에게 기회와 위협을 동시에 가져다 준다.

3.1 디지털시대의 새로운 마케팅커뮤니케이션 모형

최근 마케팅커뮤니케이션 환경에서 다음과 같은 변화가 일어나고 있다. 첫째, 소비자들이 수동적 정보수용자에서 능동적 정보창출자로 변하고 있다. 디지털 및 무선시대에서 소비자들은 더 좋은 정보를 갖추고 커뮤니케이션 과정에서 더 많은 파워를 갖게 되었다. 소비자들은 기업들이 제공하는 정보에만 의존하지 않고 스스로 정보를 찾기 위해 인터넷과 다른 디지털 기술들을 이용할 수 있다. 더 나아가 소비자들은 다른 소비자들과 브랜드관련 정보들을 교환하거나 스스로 마케팅 메시지를 만들어 온라인상에 확산시킬 수 있게 되었다.

둘째, 기업이 추구하는 마케팅전략이 대량 마케팅에서 마이크로 마케팅으로 변하고 있다. 대중시장이 갈수록 분화됨에 따라 마케터들은 더 이상 대량 마케팅(mass marketing)에 의존하지 않고 있다. 그들은 보다 좁게 정의된 소규모 시장(micromarkets)의 고객들과 더 긴밀한 관계를 구축하기 위해 표적화된 마케팅 프로그램을 개발하는 방향으로 전환하고 있다. 정보기술의 엄청난 발전은 세분화 마케팅으로의 전환을 가속화시키고 있는데, 이제 마케터들은 고객에 관한 세세한 정보를 모을 수 있고, 빅데이터 분석을 통해 고객의 욕구를 보다 면밀하게 검토할 수 있으며, 좁게 정의된 표적고객집단에 맞추어 가치를 제안할 수 있다.

마지막으로, 커뮤니케이션 기술의 엄청난 발전은 기업이 고객들과 의사소통하는 방식에서 큰 변화를 가져다주고 있다. 디지털시대는 스마트폰, 아이패드에서부터 온라인 세계(이메일, 브랜드 웹사이트, 소셜네트워크, 블로그 등), 위성 및 케이블 TV시스템에 이르기까지 새로운 정보 및 커뮤니케이션 도구들을 양산하고 있다. 이러한 수많은 정보/커뮤니케이션 도구들의 등장은 마케팅커뮤니케이션 활동에 큰 영향을 미쳤다. 대량 마케팅이 대중매체 커뮤니케이션시대를 열었듯이, 다양한 디지털 미디어들의 등장은 새로운 마케팅커뮤니케이션 모형을 출현시켰다.

네트워크, TV, 잡지, 신문, 그리고 다른 매스미디어들이 여전히 중요한 커뮤니케이션 도구로 남아 있지만, 이러한 마케팅커뮤니케이션 환경의 변화로 인해 이들의 지배력은 감소하고 있다. 이에 따라 기업들은 마케팅 커뮤니케이션 활동에서 **매스미디어**(broadcasting)의 비중을 줄이고 **전문화된 미디어**(narrowcasting)의 비중을 늘리고 있다. 마케터들은 보다 개별화되고 상호작용적인 마케팅메시지를 보다 작은 규모의 고객 세분시장에 도달하도록 하기 위해 전문화되고 표적화된 미디어들을 매체대안으로 추가하고 있다. 기업이 고려할 수 있는 새로운 미디어는 전문 케이블TV 채널, 온라인 동영상에서부터 인터넷 카탈로그, 이메일, 블로그, 모바일폰 콘텐츠, 온라인 소셜네트워크 등에 이르기까지 광범위하다.

많은 광고산업 전문가들은 기존의 대중매체 기반 커뮤니케이션 모형은 진부화된 모형이 될 것으로 예측한다. 마케터들은 마케팅예산의 많은 부분을 30초짜리 TV광고와 대중잡지광고 같은 주요 대중매체 대신 디지털 미디어에 할애하고 있다. TV가 여전히 주요 광고매체로 자리잡고 있지만, 인터넷이나 다른 디지털 미디어에 대한 광고비 지출이 빠르게 늘어나고 있다.

디지털에 기반한 새로운 마케팅커뮤니케이션 세계가 등장함에 따라, 마케터들은 고객들의 주의를 끌어 강제로 메시지를 주입시키는 과거 커뮤니케이션 방식을 사용하는 대신 보다 규모가 작은 소비자들을 대상으로 보다 상호작용적이고 그들의 관여수준을 높이는 커뮤니케이션 방식을 도입하고 있다. 가령, 요즈음의 TV시청 관행에 대해 한 번 생각해 보라. 소비자들은 자신이 원하는 프로그램을 TV뿐 아니라 랩탑, 스마트폰 등을 통해 시청할 수 있다. 그리고 그들은 원하는 시간과 장소에서 프로그램을 광고와 함께 혹은 광고 없이 시청할 수 있다. 또한 어떤 프로그램, 광고물, 그리고 동영상은 인터넷에서만 시청될 수 있도록 제작되고 있다.

디지털시대에 들어서 이제 마케터는 마케팅커뮤니케이션 캠페인을 설계함에 있어 폭넓은 촉진도구와 미디어 중에서 선택할 수 있다. 신규 소비용품 브랜드의 인지도를 구축하고 기존브랜드를 계속 기억시키도록 하는 데 있어 신문, TV, 잡지 등 전통적 미디어들이 여전히 중요한 역할을 한다. 나아가 디지털 미디어는 상대적으로 유연성이 높고 타깃고객에 맞추어 개인화된 커뮤니케이션을 할 수 있게 한다. 따라서 디지털시대의 새로운 마케팅커뮤니케이션 모형은 전통적 매스미디어를 보다 생동감 있고 타깃고객에 맞추어 개인화할 수 있는 디지털 미디어와 적절히 결합한 형태가 될 것이다. 이러한 상황에서 마케터가 직면한 도전적 과제는 일관성 있고 통일된 브랜드메시지를 전달하기 위해 여러 촉진도구, 전통적 매스미디어, 디지털 미디어를 효과적으로 통합하는 것이다. 전통적 매스미디어 혹은 디지털 미디어 중 어느 것을 사용하든 핵심은 브랜드메시지를 가장 잘 커뮤니케이션하고 고객의 브랜드경험을 강화시켜 주는 미디어 조합을 찾아내는 것이다.

3.2 통합적 마케팅커뮤니케이션 도입의 필요성

오늘날 소비자들은 광범위한 정보원천들로부터 제공되는 상업적 메시지에 둘러싸여 있다. 서로 다른 원천들로부터 나오는 상충되는 메시지는 기업이미지, 브랜드 포지션, 그리고 고객관계를 혼란스럽게 만드는 결과를 낳을 수 있다.

기업들이 다양한 커뮤니케이션 채널들을 통합하는 데 실패하는 사례가 빈번하게 발생하며, 그 결과 소비자들에게 전달되는 메시지들은 뒤범벅이 된다. 가령, 매스미디어 광고들은 고품격 브랜드이미지를 이야기하고, 가격판촉행사는 가격이 저렴하다는 시그널을 보내고, 제품포장의 라벨은 제품의 실용적 혜택에 관한 정보를 전달한다. 나아가 회사의 웹사이트, 이메일, 페이스북 페이지, 유튜브에 올린 동영상은 또 다른 어떤 것(가령, 고객관계 지향적 메시지)을 전달한다. 나아가 이러한 커뮤니케이션활동들은 종종 회사 내 서로 다른 부서들에 의해 수행된다. 광고 메시지는 광고부서 또는 광고 대행사에서 기획되고 실행에 옮겨지고, 인적판매 커뮤니케이션은 영업관리팀에서 개발된다. 공중관계, 판매촉진 이벤트, 온라인 마케팅, 그리고 다른 마케팅커뮤니케이션 유형들은 또 다른 담당자들이 책임진다. 문제는 소비자들이 이들을 구분하지 않고 한 회사의 커뮤니케이션활동으로 받아들인다는 것이다. 서로 다른 부서에서 만들어진 마케팅커뮤니케이션들이 뒤섞여 소비자들에게 전달됨에 따라 그들은 일관성 있고 명확한 브랜드이미지를 갖지 못하게 된다.

이에 따라 오늘날 **통합적 마케팅커뮤니케이션**(integrated marketing communication: IMC) 개념을 중요하게 생각하고 마케팅프로그램 개발에 이러한 개념을 반영하려고 하는 기업이 늘어나고 있다. 통합적 마케팅커뮤니케이션은 표적청중을 규명하고 기업이 원하는 청중의 반응을 얻기 위해 잘 조정된 촉진프로그램을 개발하는 것을 말한다. 전통적으로 기업은 마케팅커뮤니케이션을 실행함에 있어 브랜드인지도, 브랜드이미지 또는 선호도 형성에 초점을 맞추는 경향이 있었는데, 이러한 커뮤니케이션 접근방식은 지나치게 근시안적이다. 따라서 오늘날 마케터들은 장기간에 걸쳐 고객관계를 관리하는 과정으로 커뮤니케이션의 관점을 바꾸고 있다. IMC는 기업과 그 기업의 제품들이 고객과 사회가 당면한 문제를 해결하는 데 어떤 도움을 줄 수 있는지를 보여줌으로써 강력한 고객관계를 구축하는 데 그 목표를 두어야 한다. 그림 13-4에 제시되었듯이 기업은 IMC 개념을 토대로 분명하고, 일관성 있고, 설득력 있는 브랜드메시지를 전달하기 위해 다양한 커뮤니케이션 채널 대안들을 신중하게 통합해야 한다.

IMC를 추구하는 기업은 고객이 기업과 제품 브랜드에 노출되는 모든 접점들(contact points)을 고려해 마케팅커뮤니케이션 프로그램을 개발한다. 따라서 마케터는 표적고객들이 기업 및 자사브랜드와 만날 수 있는 모든 가능한 접점들을 검토하는 것에서부터 시작한다. 예를 들어, 주방용품을 구매하려는 소비자는 다른 사람들과 이야기하고, TV광고를 보고, 신문과 잡지의 기사와 광고를 읽고, 여러 웹사이트를 방문하고, 그리고 하나 혹은 그 이상의 매장에서 주방용품을 둘러볼 수 있다. TV광고, 신문광고, 매장 디스플레이, 옥외 전광판 등 각각의 **브랜드 접점**(brand contact)은 고객에게 긍정적, 부정적 혹은 중립적 메시지를 전달할 것이다. 마케터는 일관성 있고 긍정적인 메시지를 전달할 수 있도록 각 브랜드 접점들을 신중하게 선택/결합해야 한다.

그림 13-4 통합적 마케팅 커뮤니케이션

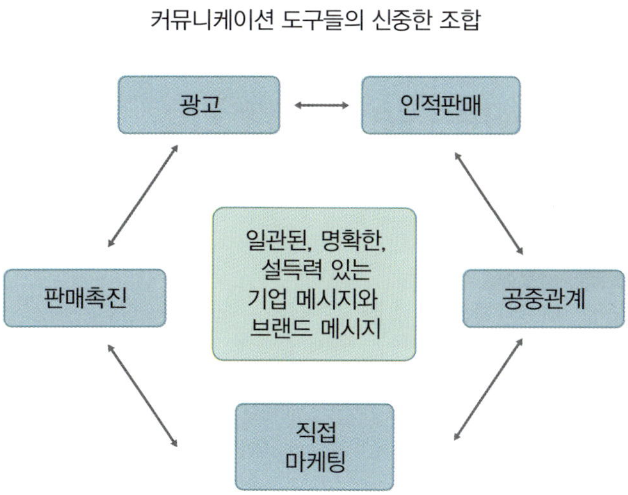

IMC는 회사의 모든 메시지들과 이미지들을 묶어 준다. 기업이 실행하는 TV광고와 인쇄광고, 이메일과 인적판매 커뮤니케이션은 서로 동일한 메시지, 모습, 그리고 느낌을 가져야 한다. 그리고 PR자료들도 웹사이트, 온라인 소셜네트워크, 혹은 모바일 마케팅과 동일한 이미지를 전달해야 한다. 서로 다른 미디어들은 소비자들의 관심을 끌고, 그들에게 정보를 제공하고, 설득하는 데 있어 차별적 역할을 수행하는데, 이러한 역할들은 전반적인 마케팅 커뮤니케이션 계획하에 신중하게 조정되어야 한다.

통합적 마케팅커뮤니케이션 노력의 성공적 예로 프리미엄 아이스크림 제조업체 하겐다즈를 들 수 있다. 하겐다즈는 '하겐다즈는 꿀벌을 사랑합니다(Hagen-Daz loves honey bees)' 마케팅커뮤니케이션 캠페인을 도입해 긍정적인 소비자반응을 이끌어 내는 데 성공했다. 이 캠페인은 브랜드와 고객 모두에게 주요한 이슈에 초점을 맞추고 있는데, 이는 바로 꿀벌 개체의 생존을 위협하는 원인을 알 수 없는 벌집붕괴 현상이었다. 꿀벌은 우리가 먹는 자연식품의 $\frac{1}{3}$과 하겐다즈 아이스크림에 사용되는 천연향의 40퍼센트 가량에 수분(受粉: 가루받이)한다. 따라서 '하겐다즈는 꿀벌을 사랑합니다'라는 광고메시지는 이 제품브랜드에게 적절한 것이었다. 그러나 꿀벌을 돕겠다는 메시지보다 더 중요한 것은 하겐다즈가 이러한 메시지를 전달하는 방식이었다. 하겐다즈는 단순히 광고물을 개발/집행하는 것에서 한 걸음 더 나아가, 공익적 주제와 조화되도록 다양한 미디어대안을 잘 결합시킨 통합적 마케팅커뮤니케이션 캠페인을 개발했다. 이 캠페인은 방송광고와 인쇄광고를 통해 "꿀벌들이 죽어가고 있고, 우리는 자연성분 중 많은 것을 그들로부터 얻는다. 이들을 살려내자"라고 호소하면서 광고에 노출된 청중들로 하여금 helpthe honeybees.com 웹사이트를 방문하도록 유도했다. 웹사이트를 방문한 청중들은 문제의 심각성

하겐다즈의 '하겐다즈는 꿀벌을 사랑합니다(Hagen-Daz loves honey bees)' 마케팅커뮤니케이션 캠페인

과 이를 해결하기 위해 도울 수 있는 방법 등을 배우게 된다. 웹사이트는 '꿀벌이 없는 세상을 상상해 보세요'라는 헤드라인을 보여주고 벌집붕괴 현상을 설명한다. 그리고 하겐다즈 아이스크림 한 통을 구매해(구매액의 일정부분이 기부금으로 사용됨) 꿀벌을 살리고 꿀벌이 좋아하는 정원을 가꾸도록 제안한다. 꿀벌에 관한 더 많은 구전을 만들기 위해 하겐다즈는 전국에 있는 지역농부들에게 Vanilla Honey Bee 아이스크림과 야생화 씨앗의 무료샘플을 배포했고, 지역커뮤니티 그룹과 학교에서 진행되는 프로젝트와 기금모금에도 후원을 했다. 이 캠페인은 또한 트위터, 페이스북 등 소셜네트워크도 활용했다. 다양한 커뮤니케이션 도구들을 조화롭게 잘 결합한 이 캠페인은 하겐다즈의 차별적인 브랜드메시지를 성공적으로 전달했으며, 브랜드인지도, 브랜드이미지, 그리고 매출을 상당히 증가시켰다.

3.3 구체적인 촉진믹스의 결정

회사가 직면하는 어려운 마케팅의사결정들 중 하나는 광고와 판촉 등에 얼마나 많은 비용을 지출할 것인가이다. 백화점업계의 거물인 John Wanamaker는 "나는 광고비의 반은 낭비되고 있는 것을 알지만, 어떤 것이 낭비되는지를 모른다. 나는 광고를 위해 2백만 불을 썼지만, 예산의 반이면 충분했는지 또는 두 배는 너무 많은 것인지 모르겠다."고 말한 바 있다. 따라서 산업이나 기업에 따라 촉진예산 규모가 매우 다르다는 것은 놀랄 일이 아니다.

통합적 마케팅커뮤니케이션 개념은 기업이 여러 촉진도구들을 신중하여 결합해 조화된 촉진믹스로 만들어야 한다고 제안한다. 그러나 기업은 어떤 촉진도구 믹스를 사용해야 할까?

마케터들은 푸시 촉진(push promotion) 또는 풀 촉진(pull promotion)이라는 두 가지 기본적인 촉진믹스 전략 중에서 하나를 선택할 수 있다. 그림 13-5는 두 전략을 비교해 보여준다. 어떤 촉진도구에 더 큰 비중을 두어 촉진예산을 할당할 것인지는 푸시 또는 풀 전략에 따라 달라진다. **푸시 촉진전략**은 마케팅채널을 통해 최종소비자들에게 제품을 밀어내는 것이다. 제조업체는 유통경로 구성원들이 자사제품을 취급하고 최종소비자들에게 이를 촉진하도록 유도하기 위해, 촉진활동(주로 인적판매와 중간상 판촉)을 주로 유통경로구성원들을 대상으로 수행한다. 예를 들어 중소 제약회사들은 TV광고 등을 통해 최종 소비자들에게 자사제품을 촉진하는 데 마케팅노력을 기울이는 대신 영업사원을 이용해 약국 등이 자사제품을 소비자들에 적극적으로 판매하도록 유도한다. **풀 촉진전략**을 사용하는 제조업체는 소비자들의 제품구매를 유도하기 위해 촉진활동(광고와 소비자 판촉)을 주로 최종소비자들을 겨냥하여 수행한다. 예를 들어, 동서식품 맥심 모카골드 커피믹스는 타깃 소비자들의 브랜드선호를 창출하고 매장에서 자사브랜드 구매를 유도하기 위해 TV광고 및 인쇄광고, 브랜드 웹사이트, 다양한 소비자 판촉을 집중적으로 실시했다. 만일 풀 전략이 효과적이면, 소비자들은 소매상들에게 그 브랜드를 요구하고, 그에 따라 소매상들은 다시 제조업체인 동서식품에게 맥심 모카골드 커피믹스를 요구할 것이다. 따라서 풀 전략이 사용되면, 소비자수요가 유통경로를 따라 제품이 이동하도록 끌어당긴다.

일부 산업재 회사들은 푸시 전략만 사용하고, 일부 직접마케팅 회사는 풀 전략만 사용한다. 그러나 대부분의 대기업들은 이 두 전략을 적절히 조합하여 사용한다. 예를 들어, 동서식품은 브랜드선호를 창출하고 자사제품을 취급하는 점포로 고객을 끌어들이기 위해 매스미디어 광고와 소비자판촉을 사용함과 동시에, 유통경로를 통하여 제품을 밀어내기 위하여(즉, 구매시점에 자사제품이 매장 진열대에 충분히 진열되도록 하기 위해) 자사 및 유통업체의 판매사원, 그리고 중간상을 대상으로 한 판촉을 실시한다. 최근 들어 소비재 기업들은 촉진믹스에서 푸시 전략의 비중을 높이고 풀 전략의 비중을 낮추고 있다. 이러한 추세는 그동안 구축해 온 브랜드자산을 희생시키고 단기적인 매출만을 증가시키는 결과를 초래할 수 있다.

그림 13-5 푸시 촉진전략과 풀 촉진전략

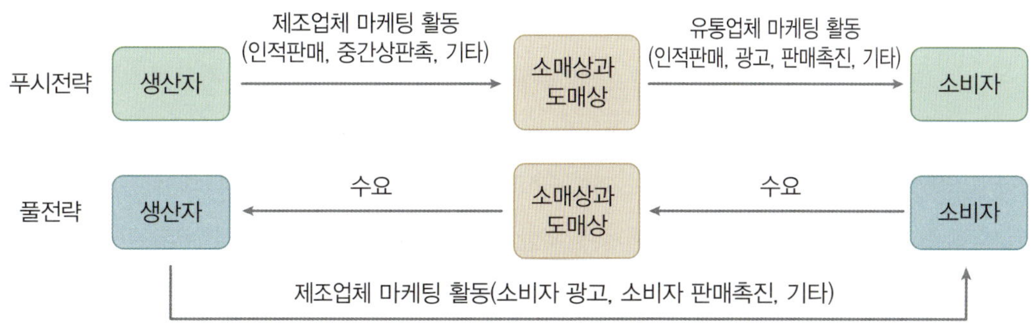

회사들은 촉진믹스 전략을 설계할 때, 제품과 시장의 유형, 제품수명주기를 포함한 많은 요인들을 고려한다. 예를 들어, 서로 다른 촉진도구들의 상대적 중요성은 소비재시장 혹은 산업재시장이냐에 따라 다르다. BtoC(business to consumer) 회사들은 통상적으로 풀 전략을 더 많이 사용하는데, 광고, 판매촉진, 인적판매, 공중관계의 순으로 촉진예산을 사용한다. 반면, BtoB(business to business) 회사들은 푸시 전략을 많이 사용하는데, 인적판매에 가장 많은 촉진예산을 쓰고, 이어서 판매촉진, 광고, 그리고 공중관계의 순으로 자금을 쓴다. 제품이 고가이거나 위험을 수반하는 경우 또는 판매자들의 수가 작고 그 규모가 큰 경우에도 인적판매가 많이 사용된다. 각 촉진도구들의 효과는 또한 제품수명주기에 따라 다르다. 도입기에는 광고와 공중관계가 높은 인지도를 확보하기에 적합하고, 판매촉진은 제품의 조기구매를 촉진하는 데 유용하다. 인적판매는 유통경로구성원들이 자사제품을 취급하도록 유도하기 위해 사용된다. 성장기엔 많은 인센티브를 제공하지 않더라도 소비자들이 구매하기 때문에 판매촉진의 비중이 감소되는 반면, 광고와 공중관계의 강력한 영향력은 지속된다. 성숙기엔 판매촉진이 다시 광고에 비해 상대적으로 중요해진다. 구매자들은 제품을 이미 잘 알고 있기 때문에, 광고는 단지 소비자들로 하여금 자사제품을 상기시키기 위해 필요하다. 쇠퇴기엔 제품에 대한 최소한의 상기수준을 유지하기 위해 광고가 필요하며, 공중관계는 활용되지 않고, 영업사원은 제품에 약간의 관심만을 기울인다. 그러나 판매촉진은 판매를 유지하기 위해 적극적으로 수행될 수 있다.

04 광고관리(Advertising Management)

4.1 광고의 개념과 역할

광고(advertising)는 메시지를 전달하는 주체(광고주)가 자신의 비용을 들여 비인적매체를 이용하여 제품, 서비스, 아이디어 등이 구매되도록 정보를 제공하는 등의 촉진활동이라고 정의될 수 있다. 대중매체 광고는 대량 전달성, 즉 짧은 시간에 많은 사람들에게 정보를 전달할 수 있다는 특징 때문에 많은 기업들이 선호하는 촉진수단이다. 이러한 대량 전달성으로 인해 상대적으로 비용이 저렴하다는 점도 광고가 갖는 또 다른 장점이다.

그러나 기업들의 경쟁적인 광고활동으로 인한 광고혼잡현상과 소비자의 정보선택성은 광고목표를 달성하는 데 장애가 되고 있다. 또한 대중매체에 의한 광고의 정보전달능력은 제한적이어서 기업이 전달하고자 하는 제품정보를 충분히 깊이 있게 전달하는 데 한계가 있다. 또한 소비자가 광고를 통해 전달받는 정보에 대해 부여하는 낮은 신뢰도도 광고가 갖는 또 하나의 한계이다. 제3장 소비자 행동분석에서도 언급되었듯이 광고는 정보원천 중에서 제품사용과 같은 직접적인 경험, 친지 등의 주변사람으로부터의 구전정보, 그리고 정부나 언론과 같은 중립적인 원천에 비해 소비자가 상대적으로 낮게 신뢰하는 정보원천이다. 따라서 광고만을 통해 소비자의 구매를 설득하는 데는 한계가 있다.

이러한 장점과 한계를 함께 갖고 있는 광고는 특정 제품이나 서비스의 인지도를 높이는 것에서부터 제품속성 정보의 제공을 통해 제품관련 지식을 형성하도록 하는 정보전달의 역할, 나아가서는 긍정적인 태도와 구매의도가 형성되도록 하는 설득의 역할 등을 수행한다. 예를 들어, 신제품 출시 등을 알리는 고지광고는 정보전달의 역할을 수행하며, 체인점 모집광고와 같이 직접적인 주문이나 문의를 유도하는 직접반응광고(direct response advertising)는 설득적 기능을 수행한다.

이러한 역할을 수행하는 광고가 효과적이고 효율적이기 위해서는 앞서 설명한 커뮤니케이션과정에 대한 이해가 필수적이다. 이러한 이해를 바탕으로 한 체계적인 광고전략의 수립과 집행이 성공적인 광고를 위한 충분조건이 될 것이다. 광고전략의 체계적인 수립절차는 그림 13-6 과 같이 정리될 수 있다.

4.2 광고전략의 수립절차

마케팅 관리자는 광고프로그램을 개발할 때 4가지 주요 의사결정을 내려야 하는데, 광고목표의 설정, 광고예산의 결정, 광고개발과 실행(메시지 관련 의사결정과 미디어 관련 의사결정), 그리고 광고캠페인의 평가 등이 그것이다(그림 13-6 참조).

그림 13-6 광고와 관련된 주요 의사결정

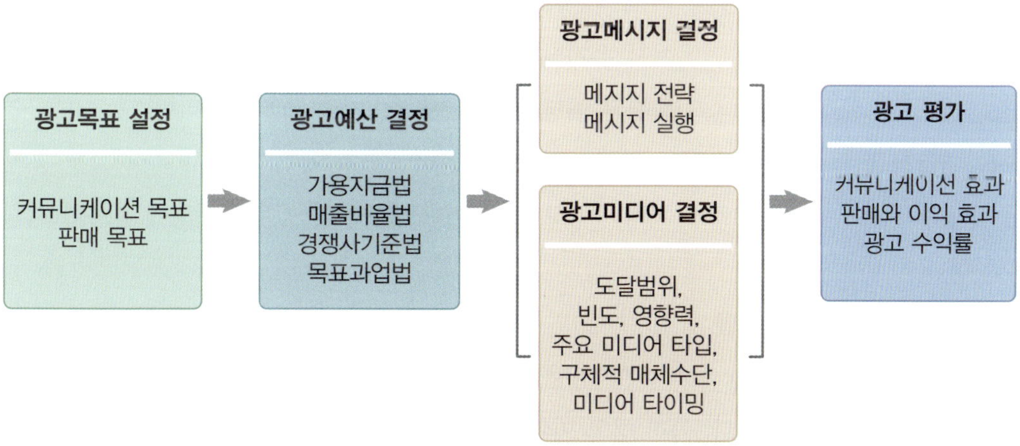

(1) 광고목표(Advertising Objective)의 설정

광고프로그램 개발의 첫 번째 단계는 광고목표를 설정하는 것이다. 광고목표의 설정은 마케팅전략 수립단계에서 결정된 표적시장 선정, 제품포지셔닝, 마케팅믹스 프로그램을 기반으로 이루어지는데, 이들은 광고가 전체 마케팅프로그램에서 수행해야 할 역할을 정의한다. 전반적인 광고목표는 표적청중에게 고객가치를 잘 전달함으로써 브랜드-고객관계 구축에 도움을 주는 데 있다.

광고목표는 크게 매출이나 시장점유율 증대 같은 **시장성과지표**(market performance index)를 사용하는 것과 높은 브랜드인지도, 긍정적 브랜드태도, 브랜드선호도 구축 등 **커뮤니케이션 지표**(communication

설득형 광고의 예: 남양유업은 아기전문회사이기 때문에 아기 건강에 좋은 유제품을 생산한다고 엄마에게 설득한다.

index)를 사용하는 것으로 나눌 수 있다. 매출목표와 커뮤니케이션 목표 중 어느 것을 광고목표로 사용할 것인가의 문제는 오랫동안 논란의 대상이 되어 왔다. 광고의 궁극적 목적이 소비자들로 하여금 자사제품이나 서비스를 구매하도록 유도하는 것으로 본다면 시장성과를 높이는 것이 바람직한 광고목표일 수 있다. 그러나 매출증대와 같은 시장성과지표는 광고의 궁극적 지향점이고 측정하기 쉽고 객관적이라는 점에서 유용한 광고목표이기는 하지만, 다음과 같은 한계가 있다.

첫째, 다른 마케팅활동이 매출에 미치는 효과를 제외한 광고만의 순수한 매출효과를 측정하는 것이 어렵다. 둘째, 광고가 매출에 미치는 효과는 곧바로 나타나지 않는다. 냉장고, TV 같은 고관여 제품의 경우에는 광고를 통한 브랜드인지와 선호가 형성된 후 구매까지 이르는 데 상당한 기간이 경과될 수 있다. 셋째, 광고의 효과는 그 광고가 집행된 시기에만 국한되지 않고 장기간에 걸쳐서 유지되는 이월효과(carryover effect)를 갖는다. 따라서 광고가 집행된 해당기간의 순수한 매출효과를 분리한다는 것은 쉽지 않다. 넷째, 매출목표는 광고전략수립을 위한 유용한 길잡이가 되지 못한다. 매출은 광고를 통해 얻게 될 최종적인 결과만을 나타내므로 구체적인 광고크리에이티브 개발이나 매체 선정에 유용한 지침을 제공하지 못한다.

앞에서 설명한 반응계층모형을 통해 살펴보았듯이 광고의 주요 역할이 구매에 이르기까지 소비자가 거치는 심리적 과정(psychological process)에 영향을 미치는 것이라고 본다면, 광고목표는 커뮤니케이션 지표로 측정되고 결정되어야 한다. 특히 광고 이외의 촉진믹스요소(판매촉진, 인적판매, PR)와 기타 마케팅믹스요소(제품, 가격, 유통)도 매출에 영향을 미치므로 매출증대에 대한 기여보다는 커뮤니케이션 효과의 창출을 광고목표로 삼는 것이 보다 합리적일 수 있다. 따라서 본서는 **광고목표**(advertising objective)를 특정의 표적청중에게 주어진 기간 동안 성취해야 할 구체적인 커뮤니케이션 과업으로 정의한다.

커뮤니케이션 과업 관점에서 광고목표를 정하면, 광고의 주요역할은 즉각적인 구매행동의 유발보다는 브랜드에 대한 인지와 지식형성, 호의적 브랜드태도의 형성, 그리고 구매의도 창출 등 단계적인 소비자반응을 창출하는 데 있다. 앞에서 설명한 반응계층모형(response hierarchy model)은 커뮤니케이션 목표를 광고목표로 삼는 것의 이론적 토대가 된다. 예를 들어, 커뮤니케이션 목표의 관점에서 신제품에 대한 광고목표를 수립하는 상황을 생각해 보자. 광고캠페인의 첫 번째 목표는 브랜드에 대한 인지(awareness)를 형성/제고하는 것이고, 그 다음 단계는 제품속성에 대한 정보를 잘 전달하여 제품지식을 형성하는 것이 될 것이다. 그 다음 단계는 이를 토대로 긍정적인 브랜드태도를 형성하도록 고객을 설득하는 것이고, 마지막으로 자사제품에 대한 구매의도가 창출되도록 하는 것이다. 이를 도식화하면 그림 13-7 과 같다.

한편 광고목표는 광고가 수행해야 할 주요역할에 따라 정보전달형, 설득형, 상기형으로 구분될 수 있다. 표 13-1 은 세 가지 광고목표 유형이 추구하는 구체적인 하위목표들을 정리한 것이다.

그림 13-7 반응계층모형에 기반한 커뮤니케이션 목표

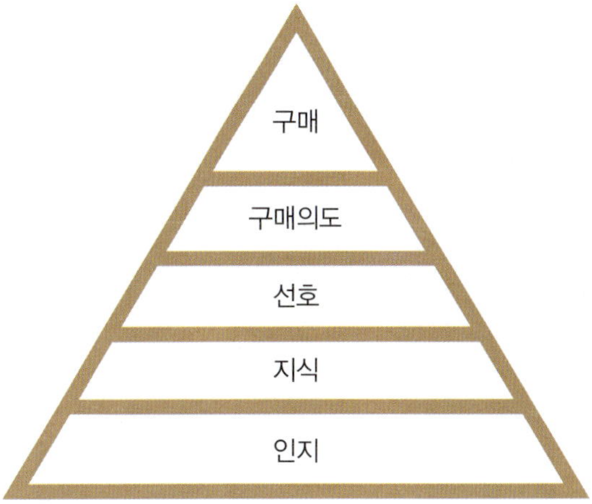

표 13-1 구체적인 광고목표에 기반한 광고유형

정보전달형 광고	
• 고객가치의 전달 • 브랜드이미지와 기업이미지 구축 • 시장에 신제품 소개 • 제품기능에 대한 설명 • 제품의 새로운 용도의 제안	• 가격변동에 관한 정보 제공 • 이용가능한 서비스와 고객지원 정보 제공 • 그릇된 인상을 바로잡음
설득형 광고	
• 브랜드 선호도 구축 • 자사브랜드로의 전환 유도 • 제품속성에 관한 소비자지각의 변화	• 소비자가 지금 구매하도록 설득함 • 소비자가 구매권유 전화를 받도록 유도함 • 소비자가 다른 사람들에게 브랜드에 대해 이야기 하도록 설득함
상기형 광고	
• 고객관계 유지 • 고객에게 가까운 미래에 자사제품이 필요할지 모른다고 상기시켜 줌	• 소비자에게 제품을 살 수 있는 장소를 상기시킴 • 비수기에도 소비자가 브랜드를 인지하도록 함

정보전달형 광고(informative advertising)는 새로운 제품군을 소개할 때 가장 많이 사용된다. 이 경우 목표는 일차적 수요(primary demand)를 만드는 데 있다. 따라서 OLED TV의 초기 생산자들은 먼저 소비자들에게 신제품의 높은 화상품질과 화면 사이즈 등의 혜택을 알려야 한다.

설득형 광고(persuasive advertising)는 경쟁이 치열해질수록 더 중요해진다. 여기서 회사의 목표는 경쟁제품이 아니라 자사제품을 선호하는 선택적 수요(selective demand)를 확보하는 데 있다. 예를 들어, OLED TV 시장이 일단 형성되었다면, LG전자는 소비자들에게 자사브랜드가 다른 경쟁브랜드들에 비해 가격대비 최고의 품질을 제공한다는 것을 설득하려 할 것이다.

정보전달형 광고의 예

어떤 설득형 광고는 비교광고의 형태를 띠기도 하는데, **비교광고**(comparative advertising)는 한 브랜드를 다른 경쟁브랜드와 직접적으로 또는 간접적으로 비교하는 것이다. 비교광고는 청량음료, 맥주, 진통제에서 컴퓨터, 스마트폰, 자동차대여, 신용카드에 이르기까지 여러 제품에서 사용되고 있으며, 주로 후발브랜드에 의해 많이 활용된다. 예를 들어, 고전적인 비교광고 캠페인에서, 렌트카 업체 Avis는 자신을 시장선도자인 Hertz에 비교하여 "우리는 (업계 2위이기 때문에) 더 열심히 한다(We try harder)"고 주장했다. 던킨 도너츠는 자사커피와 스타벅스 커피를 비교하는 광고캠페인을 전개했는데, 전국적으로 진행된 커피맛에 관한 블라인드 테스트에서 더 많은 미국인들이 스타벅스보다 던킨 도너츠 커피를 선호했다는 것을 보여준다.

글로벌 가전업체인 삼성전자와 LG전자의 치열한 시장경쟁은 비교광고로 이어지고 있다. LG전자는 TV광고에서 '백 라이트 없이 스스로 빛나는 건 OLED TV 뿐입니다'라는 메시지를 통해 삼성전자의 QLED TV를 간접적으로 비판하고 있다. 삼성전자도 비교광고를 통해 자사제품이 LG전자 제품보다 더 우수하다고 주장한다. 2019년 삼성전자는 유튜브에 2건의 비교광고 영상을 올렸다. 2분 40초 분량의 '삼성 에어드레서 성능 비교실험' 영상에서는 삼성과 LG의 의류관리기 성능을 비교하는 실험을 했다. 삼성전자의 바람을 통해 먼지를 제거하는 방식이 옷을 흔들어 먼지를 제거하는 LG 방식보다 좋다는 내용이다. 이와 함께 올린 2분 10초 분량의 '의류케어 가전 속까지 확인해 보셨나요?' 영상에서는 LG전자라고 드러내지는 않았지만 LG의 의류건조기·관리기·세탁기의 단점을 지적했다.

LG전자는 비교광고를 통해 삼성전자의 QLED TV를 간접적으로 비판하고 있다.

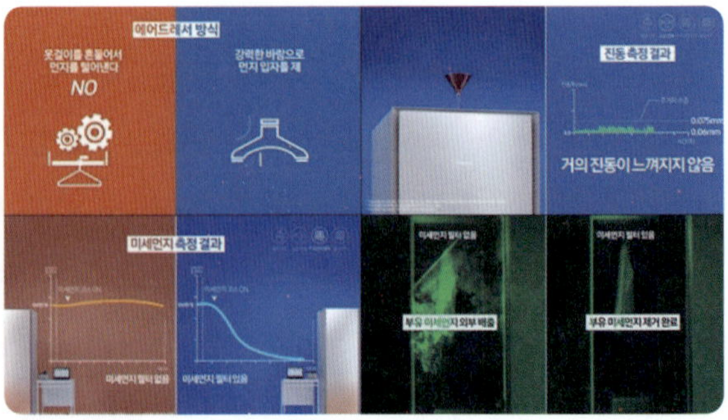

삼성전자는 비교광고를 통해 자사제품이 LG전자 제품보다 더 우수하다고 주장한다.

그러나 광고주들은 신중하게 비교광고를 사용해야 한다. 그러한 광고들은 경쟁사의 공격적인 대응을 가져와 소모적인 광고전쟁을 불러일으킬 수 있기 때문이다. 그리고 화가 난 경쟁사들은 거짓광고에 대한 소송을 제기하기도 한다.

상기형 광고(reminder advertising)는 성숙기 제품에서 많이 사용되는데, 고객관계를 유지시키고, 고객들이 자사제품을 계속 생각하도록 만드는 데 도움을 준다. 이미 높은 브랜드인지도를 구축한 코카콜라, 카스맥주, 하이트맥주, 신라면 등이 TV광고를 계속 실시하는 것은 소비자에게 제품정보를 제공하고 단기적으로 소비자 구매를 설득하는 데 목적이 있기보다는 구축된 자사브랜드와의 호의적 관계를 계속 유지하는 데 그 목적이 있다.

상기형 광고의 예: 인기 영화배우 송강호와 유해진이 광고모델로 출연한 신라면 광고는 “라면은 역시 신라면이네~”라는 메시지와 소비자들에게 오랜동안 친숙한 노랫말인 “사나이 울리는 농심~ 신~라면!” 징글을 사용함으로써 높은 브랜드인지도와 시장선도적 지위를 유지하려고 한다.

요약하면, 커뮤니케이션 과업의 관점에서 본 광고의 목표는 구매과정단계를 따라서 소비자들을 이동시키는 것이다. 어떤 광고는 소비자들의 즉각적인 구매를 유도하도록 설계되기도 한다. 예를 들어, 직접반응 TV광고는 고객들에게 서둘러 전화를 걸어 주문하라고 촉구하고, 주말 세일을 알리는 이마트 신문삽입광고는 매장방문을 유도한다. 그러나 대다수 광고들은 장기적인 고객관계를 구축하거나 강화하는 데 주로 초점을 맞춘다. 예를 들어, 잘 알려진 운동선수가 “Just do it”이라고 이야기하는 Nike TV광고는 즉각적인 판매를 유도하려 하기보다는 고객들이 Nike브랜드에 대해 생각하고 느끼는 방식을 변화시키는 데 그 목적이 있다.

(2) 광고예산의 결정

광고목표를 결정하면, 기업은 그 다음 단계로 제품별 광고예산을 설정한다. 광고예산의 규모는 산업에 따라서 혹은 경쟁상황과 같은 시장상황에 따라서 다르다. 예를 들어, 식음료, 약품, 화장품 등은 광고탄력성(광고비 지출이 1% 변화할 때 매출의 변화율)이 큰 제품군으로서 매출에서 광고비가 차지하는 비중이 높으며, 국내 이동통신 시장이나 휴대폰 시장 등은 치열한 경쟁상황으로 인하여 많은 광고가 집행되고 있다. 또한 개별기업의 재무상태나 경영자의 경영방침 등 기업 내 여건에 따라서도 광고예산은 매년 달라진다.

광고예산의 결정은 중요한 광고의사결정의 하나인데, 광고예산이 너무 낮게 책정되면 기대한 광고목표를 실현할 수 없으며(즉, 광고효과가 발생되지 않으며), 과다한 광고비 지출은 이익을 감소시킨다. 이러한 중요성에도 불구하고 기업들이 최적의 광고예산을 결정하기는 쉽지 않다. 광고예산결정의 어려움은 광고비와 매출 간의 관계를 객관적으로 규명하기 어렵다는 사실에 기인한다. 이하에서는 기업들이 실제로 많이 사용하는 광고예산 결정방법(ad budgeting methods)을 살펴보기로 한다.

많은 기업들은 실무적 경험을 통해 개발된 광고예산 책정방법을 주로 이용하는데, 가용자금법(affordable method), 임의할당법(arbitrary allocation), 매출액 비율법(percentage of sales), 경쟁사 기준법(competitive parity), 목표과업법(objective and task method) 등이 대표적이다.

- **가용자금법**: 가용자금법(affordable method)이란 기업이 보다 중요하다고 판단하는 경영활동에 우선적으로 예산을 배정하고 여유자금의 범위 내에서 광고예산을 책정하는 방법을 말한다. 이 방법은 재정적으로 기업에 부담을 주지 않는다는 장점을 가지고 있지만, 광고예산을 책정하는 데 있어 논리적 근거가 없다는 문제점을 갖기 때문에 광고예산이 매우 낮게 책정되거나 필요 이상으로 높게 책정될 수 있다. 이 방법은 소규모 기업에서 많이 사용되지만 때로는 마케팅 지향적이지 않은 대기업에서도 사용된다.
- **임의할당법**: 임의할당법(arbitrary allocation)은 단순히 경영자의 느낌이나 판단에 근거하여 광고예산을 책정하는 방식이다. 이 방법은 가용자금법이 가지고 있는 재무적인 논리마저 없는 가장 불합리한 광고예산 결정방법이다.
- **매출액 비율법**: 매출액 비율법(percentage of sales)은 광고예산의 수립방법 중 가장 많이 사용되는 것으로서 전년도 매출액이나 내년도 예상매출액에 일정비율(광고비의 매출액 점유비율)을 곱하여 광고예산이 책정된다. 매출액 비율법은 다음과 같은 장점을 갖는다. 첫째, 방법 자체가 단순하여 실행하기가 쉽다. 둘째, 기업의 매출이 급변하지 않으면 비교적 안정적으로 광고예산을 집행할 수 있다. 셋째, 매출액의 일정비율만을 광고예산으로 집행하므로 재무적 안정성을 유지할 수 있다.

  그러나 매출액 비율법은 다음과 같은 한계를 가지고 있다. 첫째, 개념적으로 인과관계가 뒤바뀌었다는 문제점을 갖는다. 즉, 광고비가 매출에 영향을 미치는 것이 아니라 매출에 의해서 광고비가 책정된다는 것은 비논리적이다. 둘째, 광고비의 매출점유율은 업계의 표준비율이나 개별기업이 과거부터 적용하여 온 내부적 비율을 이용하기 때문에 시장경쟁상황이나 마케팅전략의 변화 등에 따른 광고예산의 탄력적 운용이 어렵다.

  매출액 비율법이 갖는 이러한 문제점들은 광고예산 책정에 중대한 문제를 야기한다. 예를 들어, 충성고객들이 주구매자이면서 이들의 매출이 크거나 이미 시장기반이 확보된 브랜드의 경우에 매출액 비율법은 과다한 광고예산 집행을 초래하며 반대로 현재의 매출은 작지만 성장가능성이 있는 브랜드는 낮게 책정된 광고예산으로 인하여 시장기회를 잃을 수도 있다. 또한 경쟁사의 강화된 마케팅활동에 의해 매출이 감소할 때 해당기업의 광고비는 더욱 낮게 책정되어서 회복할 수 없는 상황에 빠질 수도 있다. 이러한 문제점을 극복하기 위하여 매출액 비율법을 사용하는 많은 기업들은 경쟁사 기준법을 병행하여 사용하기도 한다.

- **경쟁사 기준법**: **경쟁사 기준법**(competitive parity)은 경쟁사의 광고예산에 근거하여 자사의 광고예산을 책정하는 방법이다. 이 방법은 경쟁사와 비슷한 수준에서 광고비가 책정되어 지나친 광고전쟁을 피하면서 시장의 안정을 가져올 수 있지만, 기업마다의 고유한 특성들이 고려되지 않으며 처해 있는 마케팅환경이 기업마다 다를 수 있다는 점이 감안되지 않는다는 단점이 있다. 또한 경쟁사의 광고예산도 과거의 집행자료에 근거할 수밖에 없다는 점도 또 다른 한계이다.
- **목표과업법**: **목표과업법**(objective and task method)은 광고가 달성하여야 하는 목표를 먼저 설정하고 이를 성취하기 위한 광고활동을 결정한 다음 각 활동에 소요되는 비용을 산출하여 이들의 총합으로 광고예산을 책정하는 것이다. 예를 들어, 표적시장에서의 자사브랜드의 인지율을 10% 증대시키는 것이 광고목표라고 하자. 이를 달성하기 위해서 표적고객이 주로 시청하는 TV 프로의 시청률을 살펴보고 잡지들에 대한 구독률 등을 고려하여 광고매체를 선정하고, 몇 회 정도의 노출이 필요한가를 판단하여 매체집행 비용을 산출하여 광고예산을 책정하는 경우가 이에 해당된다. 목표과업의 장점은 위에서 살펴본 하향식 접근법들이 경영자의 판단에 주로 의존하기 때문에 광고예산과 광고목표 및 광고전략이 서로 연계되지 못하는 문제점을 개선하는 데 있다. 그러나 광고목표 달성에 필요한 구체적인 광고과업과 각 과업별 소요비용을 정확히 산출하는 것이 현실적으로 쉽지 않다.

(3) 광고물 개발

광고예산이 책정되면 구체적인 광고실행계획에 들어간다. 광고실행은 광고물의 제작과 매체집행으로 구성된다. 광고물의 개발은 크리에이티브(creative)팀에 의해 이루어지며, 광고가 잠재고객의 시선을 끌고 이들에게 강하게 다가가려면 창의성(creativity)이 요구된다.

이하에서는 광고물을 개발하는 데 고려되어야 할 요소들인 광고모델의 결정, 메시지구조의 결정, 광고메시지 소구방식 등에 대해 살펴보기로 한다.

1) 정보원천으로서의 광고모델(Endorser)

스포츠 스타와 스타 연예인들이 광고모델로서 갖는 영향력은 잘 알려져 있으며, 실제로 많은 국내 광고주들은 유명인(celebrity)을 광고모델로 선호한다. 유명인 모델은 광고에 대한 주의유발의 정도가 높고 호의적인 브랜드태도 형성에 도움을 주지만, 이들에 대한 광고주들의 맹목적인 선호는 겹치기 광고출연에 대한 소비자들의 식상함과 광고모델의 이미지와 제품 간의 부조화로 인한 부정적인 소비자반응 등을 초래할 수 있다.

따라서 기업은 광고모델의 특성이 자사제품의 특성이나 이미지와 조화를 이루는지를 고려하여 광고모델을 선정해야 한다. 정보원천으로서의 광고모델이 가져야 할 바람직한 특성으로는 신뢰성과 매력성을 들 수 있다.

① 정보원천의 신뢰성(Source Credibility)

정보원천의 신뢰성은 그 정보원천의 전문성(expertise)과 진실성(trustworthiness)에서 비롯된다. 전문성은 메시지 전달자가 광고되는 제품이나 서비스와 관련하여 가지고 있는 지식이나 경험의 정도를 말하며, 진실성은 메시지 전달자가 얼마나 객관적이고 정직한지에 대한 소비자의 인식을 말한다. 소비자는 메시지 전달자가 광고되는 제품과 관련하여 충분한 지식을 가지고 있거나 혹은 객관적이고 정직한 의견을 전달한다고 지각하면, 그 정보원천을 신뢰할 만한 사람으로 판단해 그가 전달하는 메시지를 받아들일 가능성이 높아진다. 예를 들어, 치과의사가 칫솔이나 무설탕 껌의 광고모델로, 유명한 소설가가 만년필 광고모델로 등장하는 경우는 광고모델의 전문성에 기반해 메시지 수용가능성을 높이는 것이라면, 기업의 사장이나 은행의 은행장, 광고제품을 사용한 경험이 있는 일반소비자 등이 직접 출연하는 광고는 광고모델의 진실성에 기반해 메시지 수용가능성을 높이려는 시도이다.

신뢰도가 높은 정보원천에 의해 제공되는 메시지는 수용될 가능성이 높지만 모든 소비자가 항상 그러한 것은 아니다. 예를 들어, 광고된 제품에 대한 수신자의 기존태도가 부정적인 경우는 그 반대의 경우에 비해 정보원천의 신뢰성이 메시지수용에 미치는 효과가 상대적으로 낮다.

② 정보원천의 매력성(Source Attractiveness)

정보원천의 매력성을 결정하는 요인으로는 유사성(similarity), 친숙성(familiarity) 그리고 호감성(likability) 등이 있다. 유사성은 소비자가 정보원천을 자신과 비슷하다고 생각하는 정도를 말하고, 친숙성은 정보원천에 낯이 익은 정도를 말하며, 호감성은 정보원천에 대하여 갖는 호감의 정도를 말한다. 여기서 호감성은 정보원천의 신체적 매력도 포함하는 개념이다. 유명연예인은 매력적인 정보원천의 대표적인 예이다. 기업들이 유명연예인을 광고모델로 기용하는 빅모델 전략을 사용해 효과를 거두는 경우를 종종 볼 수 있는데, 이는 소비자들이 자신이 좋아하는 유명연예인들이 애용하는 제품을 같이 사용함으로써 그들과 같아질 수 있다는 동기(identification)에 기인하였다고 볼 수 있다.

영화나 TV 스타, 인기가수, 운동선수와 같은 유명인(celebrity) 광고모델은 소비자의 시선을 끄는 힘이 강하고 광고되는 제품에 호의적인 태도를 형성하는 데 도움을 주지만, 소비자의 주의가 제품이 아닌 유명인 자체에 집중되거나, 유명인이 여러 광고에 중복 출연해 자사브랜드의 정체성(identity)이 상실되거나 스캔들로 인한 신뢰성 상실로 광고제품 이미지에 부정적 영향을 미치는 등의 위험을 야기할 수 있다.

한편 정보원천의 매력성 차원 중에서 유사성과 친숙성도 광고모델 선정 시 흔히 고려되는 정보원천의 특징이다. 예를 들어, 증언식광고(testimonial advertising)나 일상생활의 일면을 보여주는 형태의 광고(slice-of-life advertising)에서는 소비자가 자신과 유사하다고 느끼는 정보원천에 더 매력을 느끼기 때문에 일반인이 주로 등장한다. 미니멀리즘을 추구하는 일본 라이프 스타일 브랜드 무인양품은 유명연예인 대신 깔끔한 외모의 일반인을 광고모델로 활용한다. 또한 몰래카메라(hidden camera)를 이용한 광고에서도 정보원천의 신뢰도를 높이기 위하여 유명인이 아닌 일반인이 주로 등장하는 것도 비슷한 맥락에서 이해될 수 있다.

영화나 TV 스타, 유명가수, 운동선수와 같은 유명인(celebrity) 광고모델은 소비자의 시선을 끄는 힘이 강하고 광고되는 제품에 호의적인 태도를 형성하는 데 도움을 준다.

결론적으로 정보원천으로서의 광고모델은 광고제품의 특징 및 표적소비자의 특성과 조화될(match up) 경우에 효과를 거둘 수 있다. 단순히 육체적으로 매력적인 장식용 광고모델(decorative model)은 광고에 대한 주의유발이나 재인(recognition) 등에는 긍정적 영향을 줄 수 있지만 광고메시지의 회상에는 별로 도움이 되지 않을 수 있다.

2) 광고메시지의 구조(Message Structure)

메시지구조는 전달할 메시지를 어떻게 구성하느냐에 관한 문제로서, 핵심내용의 제시순서, 결론도출 여부, 메시지의 주장 측면 및 언어적·비언어적 메시지 등을 고려하여 결정한다.

① 핵심내용의 제시순서(Order of Presentation)

광고메시지의 핵심내용을 광고물의 어디에 제시하느냐에 따라 효과가 달라지는데, 처음에 제시하는 것과 마지막에 제시하는 것이 중간에 위치시키는 것에 비해 효과적이다. 즉, 첫인상과 같이 처음에 제시된 정보가 상대적으로 큰 주목을 받을 수 있기 때문에, 그리고 나중에 제시된 정보는 가장 최근에 노출되어 기억에 더 잘 남기 때문에 효과적인 것이다.

메시지의 핵심내용을 어디에 두느냐는 광고되는 제품에 대해 고객이 갖고 있는 기존의 태도와 관여수준에 영향을 받는다. 만일 고객이 광고제품에 대해 부정적인 태도를 가지고 있다면 핵심메시지를 처음에 제시하는 것이 보다 효과적이다. 왜냐하면 처음에 제시함으로써 소비자가 광고제품에 대해 부정적인 생각을 떠올릴 가능성(이를 반박주장이라고 함)을 사전에 줄일 수 있기 때문이다. 반면에 표적청중이 광고되는 제품에 대해서 호의적인 태도를 갖고 있을 경우에는 핵심내용을 마지막에 두는 것이 극적 효과를 거둘 수 있어 효과적이다. 그리고 소비자가 광고되는 제품에 높게 관여되어 있다면(관심을 가지고 있다면) 핵심내용을 마지막에 두는 것이 효과적인데, 소비자가 광고메시지를 처리할 동기부여가 충분히 되어 있기 때문이다.

② 결론도출 여부(Conclusion Drawing)

메시지가 표적청중에게 명확한 결론을 제시할 것인지 아니면 스스로 결론을 내리도록 할 것인지에 대한 문제이다. 일반적으로 명확한 결론을 제시하는 것이 소비자의 이해를 쉽게 할 수 있다는 점에서 보다 효과적이다. 그러나 표적청중의 특성이나 제품유형 및 광고목적의 장·단기성 등에 따라 달라질 수 있다. 예를 들어, 표적청중의 교육수준이 높을수록 스스로 결론을 내리도록 하는 것이 더욱 효과적이며, 제품이 복잡하면 표적청중의 교육수준이 높더라도 결론을 제시하는 것이 효과적이다. 판촉고지 광고와 같이 목적이 즉각적인 행동의 유발이라면 명확한 결론의 제시가, 그리고 차별적 브랜드이미지 구축 등 장기적인 효과의 달성이 목적이라면 스스로 결론을 내리도록 유도하는 것이 효과적인 것으로 알려져 있다.

③ 메시지의 주장 측면(Message Sidedness)

메시지의 주장 측면은 메시지에서 긍정적인 측면만을 전달하느냐, 긍정적·부정적 측면을 모두 포함하느냐와 관련된 결정이다. 긍정적 측면만을 제시하는 것을 **일면적 메시지**(one-sided message)라 하고, 장점과 단점 모두를 제시하는 것을 **양면적 메시지**(two-sided message)라 한다. 대부분의 광고는 일면적 메시지를 사용하지만 상황에 따라서는 양면적 메시지가 더 효과적일 수 있다. 예를 들어, 자동차 렌트회사인 AVIS는 "우리는 2등입니다. 그래서 더 열심히 노력합니다(We are No.2, we try harder)"라는 메시지를 이용하여 시장선도자인 Hertz보다 더 열심히 노력한다는 것을 효과적으로 전달하였다.

경찰들이 대형 승용차들 대신 폭스바겐의 소형 승용차 모델 Polo 뒤에 숨어 총격전을 벌이는 장면을 보여주는 이 광고물은 작지만 단단하다는 양면적 메시지를 유머러스하게 소구하고 있다.

양면적 메시지는 광고되는 제품의 긍정적인 측면을 강조하고 부각시키기 위해 부정적 측면을 활용할 때 효과적이다. 예를 들어, 기업은 자사제품이 다소 비싸다는 것을 인정하면서 품질이 매우 우수하기 때문에 장기적 구입가격 이상의 혜택을 누릴 수 있다고 주장할 수 있다. 중요한 것은 표적고객에게 있어 긍정적인 제품속성(가령, 우수한 제품품질)이 부정적인 속성(비싼 가격)에 비해 더 중요해야 한다는 사실이다. 또한 부정적인 정보의 제시가 소비자로 하여금 정보원천(광고주)의 정직성에 대한 신뢰를 높여서 전체적인 메시지에 대한 신뢰를 높여줄 수 있어야 한다.

④ 비언어적 메시지(Nonverbal Message)

시각적 메시지 만으로 제품정보를 전달하는 광고의 예

비언어적(시각적·청각적) 메시지도 광고물의 중요한 요소이다. 일반적으로 소비자가 언어적 정보를 처리할 때 관련된 시각적 정보를 제공하면 정보처리가 보다 효과적으로 이루어진다. 또한 특정의 제품정보는 언어적 메시지보다 시각적 정보를 이용하여 제시하는 것이 더 설득적이다. 예를 들어, 스키 리조트의 전경을 화면 가득히 보여주는 것이 어떠한 언어적 표현보다 겨울레저를 위한 매력적인 장소임을 강렬하게 전달할 수 있으며, 햄버거에 들어가는 야채(상추, 토마토 등)의 싱싱함도 언어적 정보보다는 시각적 정보가 훨씬 효과적으로 전달한다.

광고에서 청각적 정보도 매우 유용하게 이용된다. 배경음악에 의해 창출되는 소비자의 긍정적 감정이 광고되는 제품으로 전이되어 소비자의 호의적 브랜드태도 형성에 영향을 미친다. 맥주나 청량음료의 라디오 광고에서 시원함을 전달하기 위하여 병뚜껑을 따는 소리를 이용하는 것도 이미 소비자에게 학습되어 있는 청각정보를 유발하는 경우이며, 첩보영화의 한 장면과 같이 구형 타자기가 한자한자 글자를 치는 소리와 함께 정보가 제시되는 기법도 이미 학습된 시각적·청각적 정보를 기억 속에서 불러내어 광고물에 대한 주의를 유발하고 중요한 제품정보가 제시되는 듯한 느낌을 갖도록 하는 것의 한 예이다.

이와 같이 비언어적 메시지는 언어적 메시지의 효과를 강화하기 위하여 또는 그 자체로서 특정의 제품정보를 전달하는 도구로서 효과적으로 사용될 수 있다. 그러나 비언어적 메시지는 언어적 메시지에 비하여 발신자가 갖는 통제력이 떨어지기 때문에 의도한 바와 다르게 정보처리될 수 있다. 특히 발신자와 수신자 사이의 공통영역이 없을 경우 수신자는 발신자가 의도하지 않는 방향으로 광고메시지를 해석할 가능성이 높기 때문에 주의가 요구된다.

3) 메시지 소구(Message Appeal)

이성적 소구의 예: 우수한 제품성능을 강조한 다이슨 청소기 광고

이는 전달할 메시지를 어떻게 제시하느냐의 문제이다. 마케터는 원하는 청중반응을 얻어내기 위해 메시지의 소구방향을 찾아내야 하는데, 대표적인 소구방법에는 이성적, 감성적, 그리고 도덕적 소구의 세 가지가 있다. **이성적 소구**(rational appeals)는 제품을 구매하면 소비자가 원하는 편익을 얻을 수 있다는 메시지를 사용하는 것이다. 대체로 이성적 메시지는 제품품질, 경제성, 가치, 또는 성능에 대한 내용을 담는다.

정서적 소구(emotional appeals)는 구매를 억제하거나 촉진할 수 있는 부정적 또는 긍정적 감정들을 유발하는 메시지를 사용하는 것이다. 정서적 소구방식의 대표적인 유형에는 공포소구, 유머소구 등이 있다. **공포소구**(fear appeal)는 두려움, 죄책감, 부끄러움 등의 부정적 정서를 유발하는 메시지를 사용해 어떠한 행동(양치질, 구충제 먹기, 화재보험 가입 등)을 하게 하거나 혹은 하지 말아야 할 일들(흡연, 과음, 과식 등)을 그만두도록 유도하는 것이다. 공포소구에서 고려해야 하는 요인 중의 하나는 위협의 수준이다. 위협의 정도와 메시지효과 간에는 역U형의 관계를 갖는데, 위협의 정도가 증가할수록 효과적이지만 어느 수준을 넘어서면 오히려 효과가 감소할 수 있다는 것이다. 따라서 마케터는 공포소구를 활용하는 데 있어 소비자에게 동기부여가 되는 적정수준의 위협수준을 찾기 위한 노력을 기울여야 한다. **유머소구**(humor appeal)는 긍정적인 무드유발을 통해 광고 자체에 대한 태도, 나아가 광고되는 제품에 대한 태도에 긍정적인 영향을 미치기 위한 의도로 사용된다. 그러나 재미있게 느껴지는 내용이 연령에 따라 또는 성별이나 교육수준에 따라 다를 수 있으므로 유머소구를 사용할 때 이를 고려할 필요가 있다.

공포소구 광고의 예

유머광고의 예: 잘 숨어 있다고 생각하고 도둑이 웃는 순간 트리덴트 화이트를 씹은 덕택에 하얘진 치아가 드러난다는 유머러스한 내용을 담고 있다.

도덕적 소구(moral appeals)는 청중들로 하여금 어떤 행동이 옳은지를 생각하게 하는 메시지를 사용하는 것이다. 이러한 접근방법은 '불우이웃을 돕자', '자연환경을 보호하자' 등의 사회적으로 바람직한 내용을 주로 다루어 청중들로 하여금 이를 지지하도록 만든다. 폭스바겐은 '음주운전하지 마세요(Don't drink and drive)'라는 공익광고캠페인을 전개했다. 이 광고에서는 소화전과 쓰레기통이 덩그러니 놓여 있다. 그러나 광고사진에서 물체의 그림자를 잘 살펴보면 사람의 모습을 볼 수 있다. 그림자로 사람의 형상을 표현함으로써 음주운전이 순간적으로 판단력을 흐리게 할 수 있다(사람을 쓰레기통으로 잘못 봄)는 것을 상징적으로 보여주고 있다.

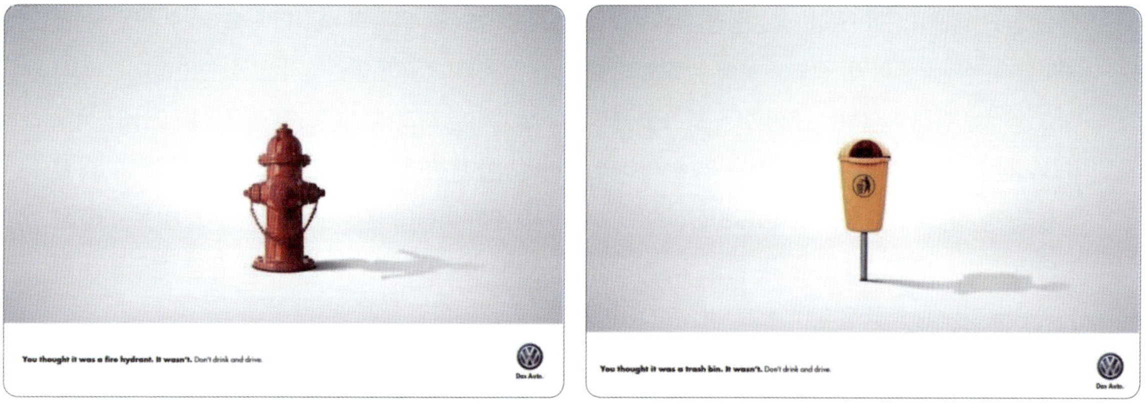

도덕적 소구에 기반한 광고의 예: 폭스바겐의 음주운전하지 마세요(Don't drink and drive) 광고캠페인

마케팅 Highlight

정서적 소구를 사용해 성공한 광고의 예: 제일기획이 만든 삼성생명 '마음편한 인생금융' 광고편

"도대체 어떤 브랜드인지 칭찬해."

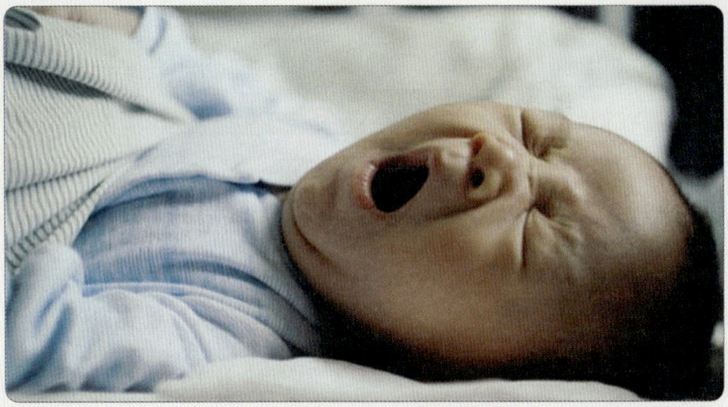

제일기획이 제작해 유튜브를 통해 공개한 삼성생명 광고 '마음 편한 인생금융'의 한 장면

2020년 11월 27일 유튜브에 공개된 자율감각 쾌락반응(ASMR) 광고가 인기를 얻었다. 유튜브 '당신께 전하는 마음 편한 선물'이라는 계정에 올라온 30초짜리 4개 ASMR 영상은 2주 만에 조회 수 131만 회를 기록했다. 발소리, 바람소리, 하품소리 등으로 시청자들에게 힐링을 선물하는 영상이다. "영상미 너무 좋다", "이거 공짜로 봐도 되나요" 등 댓글이 달리는 등 퀄리티가 높은 ASMR 콘텐츠에 다수의 시청자들이 긍정적인 반응을 보였다. 그런데 어떤 회사의 광고인지는 영상에 나오지 않는다.

2주가 지난 뒤 영상의 정체가 공개됐다. 삼성생명의 공식 유튜브 채널에 선공개된 4개 영상에 삼성생명 브랜드를 노출한 풀버전이 올라왔다. 이 영상들은 제일기획이 제작한 삼성생명 브랜드 광고영상 '마음 편한 인생금융' 편이었다. 삼성생명 유튜브에 올라온 영상도 공개된 지 4일 만에 조회 수 38만 회를 돌파했다. 삼성생명이 이 광고를 통해 강조하려 했던 것은 '보험이 있어 불안하지 않을 편안함'이란 메시지를 영상을 통해 전달하는 것이었다. 광고를 제작한 제일기획은 화려한 영상미와 빠른 템포의 배경음악(BGM)을 활용하는 대신 광고를 보는 30초 만이라도 소비자들이 편안함을 가질 수 있도록 제작했다고 설명했다. 총 4편으로 제작된 이 광고는 잔잔한 BGM과 나뭇잎이 바람에 흔들리는 소리, 흙을 밟는 소리 등 자연의 소리, 그리고 대나무숲 등 자연 속을 산책하는 장면, 단풍이 절정에 이른 가을 풍경, 동물들과 아기가 하품하는 모습 등을 담아냄으로써 광고를 편안함으로 채웠다.

자료원: 매경, 2020.12.11.

(4) 미디어전략(Media Strategy)의 수립

아무리 크리에이티브팀이 광고콘셉트를 토대로 창의적인 광고물을 제작하더라도 표적청중이 광고물에 충분한 노출(exposure)이 이루어지도록 효과적인 미디어전략을 개발/실행하지 않으면 소기의 광고효과를 거둘 수 없다.

광고미디어에 대한 주요 의사결정에는 1) 도달범위(reach), 도달횟수(frequency), 그리고 임팩트(impact)에 대한 결정, 2) 주요 미디어유형(media types) 선정, 3) 구체적인 미디어 수단 혹은 도구(media vehicles) 선정, 4) 미디어타이밍(매체스케줄링) 결정 등이 포함된다.

1) 도달범위, 도달횟수 및 임팩트의 결정

미디어를 선정하기 위해, 광고주는 먼저 광고목표를 달성하는 데 필요한 도달범위와 도달횟수를 결정해야 한다. 도달범위와 도달빈도는 특정의 광고가 얼마나 많은 사람에게 얼마나 반복적으로 노출되었는가를 측정하는 지표이다. **도달범위**(reach)는 주어진 기간 동안 표적청중 가운데 광고캠페인에 노출되는 사람들의 비율이다. 예를 들어, 광고주가 광고캠페인 시작 후 3개월 동안 표적시장의 70%에게 메시지를 노출시키고자 할 수 있다. **도달횟수**(frequency)는 표적시장 내 사람들이 메시지에 노출되는 평균횟수이다. 예를 들어, 광고주는 3번의 평균도달횟수를 원할 수 있다. 도달범위는 특정광고에 노출된 청중의 수를 말하지만, 광고의 노출률을 정확히 측정하는 것이 어렵기 때문에 실무적으로는 TV의 시청률이나 신문의 구독률(실질적으로는 발행부수) 등을 이용하여 도달범위를 추정한다. 도달빈도는 방송매체의 경우에는 일정기간 동안 방영한 광고횟수로, 인쇄광고는 광고게재 빈도 등을 이용하여 추정된다.

광고주는 특정 수준의 도달범위(가령, 목표시장의 70%)와 특정의 평균도달횟수(가령, 3회의 평균도달횟수)를 함께 원할 수 있다. 광고효과를 거두기 위해서는 도달범위와 도달빈도 모두를 높이는 것이 바람직하다. 문제는 한정된 광고예산으로 도달범위와 도달빈도를 동시에 증대시키기 어렵다는 것이다. 왜냐하면 도달범위를 확대하려면 시청자가 중복되지 않는 여러 매체의 프로그램에서 광고를 실행해야 하는 반면, 도달빈도를 증가시키려면 특정 매체의 프로그램에서 반복적으로 광고를 해야 하기 때문이다. 따라서 마케터는 주어진 광고예산 범위 내에서 도달범위와 도달빈도 중 어느 것에 더 치중해 매체를 선정할지를 결정해야 한다. 예를 들어, 광고목표가 브랜드인지도 증대인 경우와 구매의도 형성인 경우를 비교하면 후자의 경우가 청중을 설득하는 데 필요한 광고노출 빈도가 더 커야 할 것이다. 따라서 구매의도 형성이 목적인 광고의 경우에는 도달빈도(청중 1인당 더 많은 빈도의 광고노출)에 더 많은 비중이 주어지는 매체계획을 수립해야 한다.

광고주들은 매체계획을 수립할 때 **총접촉률**(GRP: Gross Rating Points)이라는 개념을 활용한다. 이는 도달범위에 도달빈도를 곱한 값으로, 특정 광고캠페인에 노출된 청중들의 총접촉률을 의미한다.

총접촉률(GRP) = 도달범위 × 도달빈도

예컨대, 광고캠페인이 5번 집행되었을 때 소비자가 광고메시지에 노출될 빈도는 0번에서부터 5번까지 나타날 수 있다. 이때, 0, 1, 2, 3, 4 그리고 5회 광고메시지에 노출된 소비자의 비율이 각각 20%, 30%, 30%, 12%, 6%, 2%로 나타났을 경우, 도달범위는 80%(30%+30%+12%+6%+2%)가 되며 총접촉률은 1×30, 2×30, 3×12, 4×6, 5×2의 합으로써 160이다. 따라서 평균도달빈도는 2회(160/80)이다.

광고주는 또한 미디어 영향력(impact)도 결정해야 하는데, 이는 특정 미디어를 통해 노출되는 메시지의 질적 가치이다. 예를 들어, 한 잡지(예: 월간조선)에 실린 동일한 메시지는 다른 잡지(예: 여성중앙)에 비해 더 신뢰성이 있을 수 있다. 증거를 보여줄 필요가 있는 제품을 위해서는 TV광고가 라디오광고보다 영향력에서 더 효과적일 수 있다. 왜냐하면 TV는 시각과 청각을 모두 활용할 수 있기 때문이다. 소비자들이 디자인이나 제품특성들에 대해 자신들의 아이디어를 제공하는 제품들은 직접우편보다 웹사이트가 더 효과적일 수 있다.

일반적으로 광고주는 단순히 청중들에게 도달하는 것보다 고객들을 참여시킬 수 있는 매체를 선호한다. 매체유형에 상관없이 그 미디어에서 방영되는 광고물이 표적청중들과 얼마나 관련성이 있는지가 얼마나 많은 사람들에게 도달되는가보다 훨씬 더 중요하다.

이에 따라 조사회사 Neilsen은 최근 들어 **시청자의 TV매체 몰입수준**(media engagement)을 측정하기 시작했는데, 문제는 대부분의 매체에서 이러한 측정자료를 얻기가 힘들다는 것이다. 전통적으로 사용되어 온 매체노출 측정지표는 시청률, 구독률, 청취자 수, 클릭률 등과 같은 것들이다. 그러나 소비자의 매체몰입은 소비자 내부에서 일어난다. TV 앞에 앉아 특정 프로그램을 시청하는 사람들이 눈동자를 반짝이며 그 프로그램에 얼마나 몰입하는지를 측정하지 않고 단순히 그 프로그램을 시청하는 사람들의 눈동자만을 세는 것만으로는 충분하지 않다. 마케터들은 보다 광범위한 고객-브랜드관계의 일부분으로서 고객들이 자사광고물 및 브랜드아이디어와 어떻게 연결되어 있는지 알 필요가 있다. 몰입된 소비자(engaged consumers)는 브랜드메시지에 따라 행동하고 브랜드메시지를 다른 사람들과 공유할 가능성이 높다. 따라서 코카콜라 같은 기업들은 단순히 특정 매체에 게재된 **광고물에 대한 소비자 주목수준**(consumer impressions), 즉 얼마나 많은 사람들이 광고물을 보거나, 듣거나, 읽었는지를 측정하기보다는 코멘트, 좋고 싫음, 사진 혹은 동영상 올리기, 자신의 네트워크에 연결된 친구들에게 콘텐츠 보내기 등과 같은 소비자 표현의 수준(consumer expression)도 추적하고 있다. 오늘날 광고주에 비해 파워가 강해진 소비자들은 종종 기업보다 브랜드메시지를 더 많이 만들어 낸다. 소비자의 몰입수준을 높여줌으로써 기업은 특정 미디어에 비용을 지불하고 광고를 게재하는 대신 YouTube 클립, Groupons, 트위터 등을 통한 온라인 구전이라는 무료미디어를 얻을 수 있다. 예를 들어 YouTube상에서 코카콜라와 관련된 콘텐츠 중 일부는 코카콜라에 의해 만들어지지만, 나머지 대다수의 콘텐츠는 몰입된 소비자들에 의해 무료로 창출된 것이다.

2) 주요 매체유형(Media Types)의 선정

주요 광고매체 유형은 TV, 라디오 같은 방송매체, 인쇄매체, 옥외매체, 교통매체 등의 전통적인 매체와 인터넷과 스마트폰 등 디지털 미디어로 구분된다.

TV가 광고매체로서 가지는 가장 큰 특징은 시각적 요소와 청각적 요소를 동시에 활용할 수 있다는 것이다. 또한 신문이나 잡지 등의 인쇄매체와 달리 소비자에게 강제적 노출이 가능하다는 것도 TV가 갖는 장점이다. 물론 광고혼잡현상(advertising clutter)으로 인해 많은 TV광고가 소비자의 선택적 정보처리에 의해 주의조차 유발하지 못하고 사라지고 있기는 하지만, 기타 매체유형에 비해서는 상대적으로 소비자의 자발적 노출에 의존하는 정도가 낮다. 그러나 TV는 광고비가 비싸고 특정의 소비자집단에게만 선별적으로 노출시키는 표적청중의 선별성(selectivity)이 낮으며 상황변화에 따라 광고물의 변경을 가능하게 하는 적응성(flexibility)이 낮다는 단점을 갖고 있다. 이러한 공중파 TV의 한계는 영화채널, 바둑채널, 골프채널 등 케이블 TV의 활성화에 따라 어느 정도 개선되고 있다.

라디오는 TV보다 오랜 역사를 갖는 광고매체이다. TV가 광고매체로 등장하면서 경쟁력을 많이 상실했지만 차에서 보내는 시간이 늘어나는 등 상황변화에 따라 광고매체로서의 기능을 다시 찾아가고 있다. 라디오 광고는 광고비용이 저렴하고 표적청중에 대한 선별성에서 TV보다 우월하다. 즉, 라디오는 프로그램마다, 그리고 방송국별로 청중의 특성이 차별화되어 있다. 또한 라디오 광고는 쉽게 변경할 수 있는 등 적응성에서 장점을 갖는다. 그러나 라디오는 청중의 분포가 제한적이고 청각효과만을 이용하기 때문에 크리에이티브 개발에서 한계를 갖는다.

신문은 전통적으로 광고비중이 매우 큰 매체였지만, 최근 들어 젊은 세대들이 스마트폰 등 디지털 매체를 이용해 정보탐색을 하는 추세를 보임에 따라 광고매체로서의 비중이 빠르게 감소하고 있다. 신문은 신뢰도가 높은 매체이기 때문에 제품정보전달 형식의 이성적 소구에 적합하다. 그러나 구독자의 선별성이 낮고 광고노출의 수명이 짧으며 인쇄의 질이 낮아서 효과적인 크리에이티브를 개발하는 데는 한계가 있다.

최근 인터넷이 광고매체로서 큰 영향력을 보이고 있다. 이에 따라 인터넷의 효율성 및 광고효과를 측정하는 것이 중요해지고 있다. 온라인 매체의 폭발적 성장과 함께 케이블 TV와 위성TV 시스템들도 크게 성장하고 있다. 이들은 스포츠, 뉴스, 예술, 집수리와 정원 가꾸기, 요리, 여행, 역사 등과 같이 특정 주제를 전문적으로 다루는 프로그램을 운영한다. 광고주들은 무차별적인 산발탄 방식(shotgun)을 사용하는 네트워크 방송(broadcasting) 대신 특정 세분시장을 대상으로 소총(rifle in)을 겨누는 케이블 TV와 같은 유선방송(narrowcasting)의 이점을 활용할 수 있다.

광고주들은 다양한 매체유형들 중에서 선택할 수 있지만, 각 매체유형은 장점과 단점을 갖고 있다. 매체기획 관리자들은 광고메시지를 표적고객에게 효과적이고 효율적으로 전달할 수 있는 매체유형을 선택하기 원한다. 따라서 각 매체의 영향력(impact), 메시지 효과성, 그리고 비용을 고려해야 한다.

표 13-2 주요 매체유형의 특징

미디어	장점	단점
TV	우수한 대량시장 커버리지; 단위노출당 적은 비용; 시각, 청각 및 동작의 결합; 오감에 호소	높은 절대비용; 높은 광고혼잡; 짧은 시간동안의 노출; 낮은 청중 선별력
신문	유연성, 적시성; 지역시장 커버리지; 폭넓은 수용성; 높은 신뢰성	짧은 수명; 낮은 재생품질; 낮은 독자회람가능성
직접우편	높은 청중선별력; 유연성; 동일 미디어 내에서 광고 경쟁이 없음; 개별화가 가능함	상대적으로 높은 단위노출당 비용; 스팸메일 이미지
잡지	높은 지리적 및 인구통계학적 선별력; 신뢰와 권위; 고품질의 재생; 긴 수명과 우수한 독자회람가능성	광고구매시점과 광고게재시점 간의 긴 간격; 높은 비용; 게재위치가 보장되지 않음
라디오	우수한 지역적 수용성; 높은 지리적 및 인구통계학적 선별력; 낮은 비용	청각으로 제한됨, 짧은 노출기간; 낮은 주의 유발력; 분화된(fragmented) 청중
옥외	유연성; 높은 반복 노출; 낮은 비용; 낮은 메시지 경쟁; 위치 선택가능성의 우수성	낮은 청중선별력; 크리에이티브의 제한
인터넷	높은 선별력; 적은 비용; 즉시성; 상호작용 가능성	인구통계학적 측면에서의 청중 불균형; 상대적으로 작은 영향력(impact); 청중이 노출을 통제함

그리고 광고주는 어떤 매체유형 믹스가 최적인지를 정기적으로 재검토해야 한다. 오랫동안 TV와 잡지는 광고주의 매체믹스에서 우위를 점해 왔고, 상대적으로 다른 매체들은 무시되어 왔다. 그러나 최근 들어 매체믹스가 변화되고 있다. TV, 신문, 잡지 등 대중매체의 비용이 상승하고 이를 이용하는 청중이 줄어들고 있으며, 새로운 디지털 미디어가 등장함에 따라 광고주들은 고객들에게 도달할 새로운 매체믹스를 추구하고 있다. 그들은 전통적인 대중매체를 보완하기 위해 보다 전문화되고 표적화 수준이 높은 매체들을 추가하고 있는데, 이들은 비용이 저렴하고, 표적청중에 효과적으로 도달할 수 있으며, 고객들의 몰입을 끌어낼 수 있다.

이에 따라 광고주들은 더 저렴한 비용으로 보다 표적화된 방식으로 고객에게 접근할 수 있는 다양한 매체대안들을 활용하기 시작했다. 요즈음 어디에서 무엇을 하든 소비자들은 새로운 유형의 광고들을 접할 수 있다. 가령, 매장에서 쇼핑을 하는 동안 쇼핑카트에 부착된 광고판에서 Pampers 기저귀를 할인가격으로 구매하라는 광고에 노출되며, 야구장 전광판은 카스맥주광고를 보여주고, GPS 위치추적기와 연결된 택시와 버스들은 해당 지역의 매장이나 식당을 선전하는 광고물을 계속 보여준다. 마케터

입장에서 보면 이러한 매체들은 광고비용을 절약시켜 주고, 선정된 표적고객이 거주하고, 쇼핑하고, 일하고, 노는 곳에서 그들과 접촉할 수 있게 해 준다. 혁신적인 마케터들은 소비자가 머무는 모든 장소를 공략하고 있다.

마케팅 Highlight

LG 올레드 TV의 압도적 화질을 보여주기 위해 강남 테헤란로에 초대형 옥외광고를 설치한 LG전자

서울 강남 한복판인 삼성역 사거리를 지나면 누구나 LG 올레드 TV를 볼 수 있다. 스스로 빛을 내는 유기발광다이오드(OLED · 올레드) 소자로 패널을 제작한 LG의 올레드 TV는 기존 액정(LCD) TV보다 더 얇게 TV를 만들 수 있다. 백라이트가 필요 없기 때문이다.

서울 삼성동 그랜드 인터컨티넨탈 서울 파르나스호텔 건물 외벽에 설치된 LG 올레드 TV 초대형 옥외 광고.

LG전자는 서울 삼성동 '그랜드 인터컨티넨탈 서울 파르나스' 호텔 건물의 외벽에 LG 올레드 TV 초대형 옥외광고를 설치했다. 뒷면에 있는 조명을 활용한 광고판(라이트박스) 형태로 가로 13m, 세로 50m, 전체면적은 650㎡(약 197평)인데, 65인치 TV를 약 510개 모아놓은 크기다. 국내에 설치된 라이트박스형 옥외광고물 가운데 가장 크다. LG전자는 "맹수의 날카로운 이미지를 활용해 LG 올레드 TV의 압도적 화질을 소개하는 데 초점을 맞추었다.

서울 삼성동 그랜드 인터컨티넨탈 서울 파르나스호텔 인근 두 곳에 걸린 LG 올레드 TV 초대형 옥외 광고.

초대형 옥외광고판이 걸린 서울 삼성동 코엑스 부근의 일일 유동 차량은 8만 대 이상이다. 인근 지하철역인 2호선 삼성역의 하루 이용객은 12만 명에 달한다. 파르나스 호텔 건물 바로 옆에는 현대백화점 코엑스점이 있고, 영동대로 맞은편에는 현대차의 글로벌비즈니스센터(GBC)가 착공될 옛 한국전력 사옥 부지가 있다.

서울 삼성동 코엑스 지역은 4년 전인 2016년에는 국내에서 최초로 '옥외광고물자유표시구역'으로 지정됐다. 미국 뉴욕처럼 대형 옥외광고판이 여러 개 배치돼 있어 '한국판 타임스스퀘어'로 불릴 정도다. LG전자는 2020년 4월 파르나스 호텔 인근에 대형 LED 사이니지를 설치하기도 했다. 가로 12m, 세로 21.8m 크기 전광판 형태로 국내에선 유일하게 앞 · 뒷면을 모두 활용할 수 있는 형태다. 현재 LG 올레드 TV뿐 아니라 롯데카드, 넷플릭스, 아르마니 등 국내 · 외 기업의 광고가 상영되고 있다.

LG전자 브랜드커뮤니케이션담당자는 "국내 최대규모 옥외광고로 LG 올레드 TV의 생생한 화질을 표현하는 데 역점을 두었다. 차별화된 옥외광고를 통해 고객에게 LG 올레드 TV의 프리미엄 이미지를 전달하고, 색다른 광고를 보는 즐거움까지도 선사할 것이다"고 말했다.

자료원: 중앙일보, 2020.10.05.

매체유형 선정에 영향을 미치는 또 다른 주요추세는 한 번에 하나 이상의 미디어를 동시에 사용하는 사람들, 즉 **다매체 사용자들**(media multitaskers)의 증가이다. 예를 들어, TV를 보면서 스마트폰으로 Facebook에 글을 올리고, 친구에게 문자메시지를 보내고, Google에서 제품정보를 계속 탐색하는 사람을 주위에서 보는 것은 이제 흔한 일이 되었다. 대다수 다매체 사용자들은 TV보다는 인터넷에 주로 집중하며, 온라인에서 보고 있는 것들은 그들이 시청하는 TV프로그램이나 광고물과 전혀 관련이 없다.

다매체 사용의 증가추세에도 불구하고 TV는 여전히 효과적인 광고매체이다. 그러나 이러한 매체소비양상의 변화에 맞추어 기업도 TV광고에 대한 접근방식을 달리해야 한다. 즉, TV광고를 단순히 거실에 놓인 TV(브라운관)를 통해 내보내지는 광고물이라는 시각에서 벗어나 다양한 매체와의 접점이라는 보다 광범위한 관점에서 바라보아야 한다는 것이다. 현대 소비자들은 하루일과 중 대부분의 시간을 스마트폰과 함께 한다. 이들은 TV 앞에 앉아 있더라도 한 손에는 휴대폰을, 그리고 다른 한 손에는 아이패드를 보며 다양한 매체를 동시에 소비한다. 이와 같은 변화된 매체소비양식에 따라 기업은 TV광고를 개발할 때 기존의 TV매체뿐 아니라 유튜브 영상광고, 옥외 영상광고, IPTV 광고, 매장 내 영상광고 등 다른 영상매체도 고려해야 한다. 요즘 소비자들은 TV광고를 보는 도중에 손에 쥐고 있는 스마트폰이나 태블릿 PC로 TV광고에 대한 자신의 생각을 트윗하거나 TV광고가 흥미가 있으면 검색을 하는 경우가 흔하기 때문이다. 따라서 기업은 TV광고를 집행하면서 소셜미디어와 검색미디어를 통해서도 소비자들과 쌍방향 커뮤니케이션을 해야만 가장 효과적이면서 효율적인 브랜드노출과 브랜드-고객 관계형성을 실현할 수 있다.

스포티파이의 'Thanks 2016. It's been weird' 옥외광고 캠페인은 다매체 사용자들을 겨냥해 브랜드

마케팅 Highlight

브랜드노출과 브랜드-고객 관계형성에 도움을 준 스포티파이의 'Thanks 2016. It's been weird' 캠페인

음악공유 스트리밍 플랫폼 스포티파이(Spotify)는 한 해가 저물어가는 2016년의 마지막 날, "Thanks 2016. It's been weird(안녕, 2016년. 올해는 정말 특별했어요)"라는 주의를 끄는 옥외광고를 11개 국가의 8000여 개 장소에서 집행했다. 예를 들어, 런던 거리에 게재한 옥외광고에는 "브렉시트 투표당일 'It's the end of the world as we know it(알다시피 오늘은 세상의 종말이다)'를 듣고 있던 3749명의 사람들에게. 힘내세요!"라고, 뉴욕 브로드웨이 거리의 옥외광고에는 "뮤지컬 해밀턴의 사운드트랙을 5376번 들은 분께. 우리 티켓 좀 구해줄 수 있을까요?"라고 실은 식이다.

스포티파이는 사용자 1억 명의 청취 데이터를 분석한 후 그중 가장 특이한 164개의 스토리를 선정해 스토리의 주인공이 사는 곳에서 그들에게 연말카드 형식의 옥외광고를 걸었다. 나아가 옥외광고에 그치지 않고 사용자별로 개인화를 통해 그들이 음악을 듣는 시간과 즐겨 듣는 장르, 특이한 음악의 개수 등을 보여줘 구체적인 커뮤니케이션을 시도했다. 이 캠페인은 약 66만9000회 이상 소셜플랫폼에 공유되고 BBC, USA투데이, 피치포크(Pitchfork) 등이 약 1500회 이상 보도하는 등 매우 성공적인 캠페인으로 자리매김했다.

스포티파이의 'Thanks 2016. It's been weird' 옥외광고 캠페인은 브랜드노출과 브랜드-고객 관계형성에 기여했다.

자료원: DBR, No. 266, 2019 February.

노출과 브랜드-고객 관계형성을 잘 실현하는 데 성공한 예이다. 이 사례는 브랜드 커뮤니케이션 활동을 통해 브랜드정체성을 알리는 것이 고객의 강한 결속력을 끌어낼 수 있음을 보여준다.

3) 특정 매체도구(Media Vehicles)의 선정

매체기획자는 이제 최선의 매체도구를 선정해야 하는데, **매체도구**(media vehicles)는 매체유형 내의 구체적 매체를 말한다. 예를 들어, TV 도구에는 SBS 8시 뉴스, 개그콘서트 등이 있고, 잡지 도구에는 월간조선, 신동아, 뉴스위크, 보그, 여성중앙 등이 있다.

매체기획자들은 광고를 실행할 매체도구를 선정하기 위해 각 매체도구의 CPM을 고려하는데, CPM(Cost per Mille)은 1000명의 청중에게 광고를 노출시키는 데 드는 비용을 말한다. 광고관리자는 매체도구별로 1000명에게 도달하는 데 드는 광고비용을 계산한 후 표적청중에게 도달하는 데 드는 광고비용이 적은 매체도구를 선택하려고 한다. 예를 들어, 전면 4색 컬러광고를 Newsweek 전국판에 게재하려면 16,800,000원이 소요되고, 이 잡지의 구독자 수는 15만 명이다. 따라서 1000명에게 이 광고가 도달되는 데 드는 비용은 112,000원 된다. 같은 광고가 Business Week에 게재되는 데 13,950,000원밖에 소요되지 않을 수 있지만 90,000명에게만 도달되어 1000명 노출당 비용은 155,000원이 될 수 있다. 매체 기획자는 각 잡지의 1000명 노출당 비용을 평가하고 표적고객에게 도달하는 비용이 상대적으로 적은 잡지를 선호하게 된다. 최근 들어 온라인 광고의 비중이 커짐에 따라 온라인 광고매체를 선정함에 있어 CPM(Cost per Mille) 대신 CPC(Cost per Click) 혹은 PPC(Pay per Click) 형태의 광고비용 지불방식을 고려하는데, CPC는 웹페이지에 나타난 광고를 본 사용자가 이를 클릭해 광고주가 원하는 사이트로 이동했을 경우에만 비용을 지불하는 방식으로, 비용대비 광고효과를 보다 정확히 측정할 수 있는 장점이 있다. 따라서 온라인 광고매체를 선택함에 있어 광고주는 CPM 방식보다는 CPC 방식을 선호한다.

매체기획자는 또한 각 미디어별로 광고제작비용도 고려해야 한다. 신문광고는 제작비용이 별로 들지 않는 반면 TV광고는 제작하는 데 많은 비용이 든다. 온라인 광고는 제작하는 데 비용이 적게 들지만, 웹전용 동영상이나 광고 시리즈를 만들면 비용은 증가할 수 있다. 소비자가 제작한 Frito-Lay의 Dotoris(칩제품) 슈퍼볼 광고는 만드는 데 12.79달러가 들었는데, 비용의 대부분이 광고에서 사용된 Dotoris 가방에 지출되었다. 이는 전문적인 광고 제작자들에게 하나의 교훈이 될 수 있다.

구체적인 매체도구를 선정함에 있어 매체기획자는 매체비용과 매체효과성 관련요인들 간에 균형을 유지해야 한다. 첫째, 기획자는 각 매체도구의 청중수준(audience quality)을 평가해야 한다. 예를 들어, Huggies 1회용 기저귀광고의 경우 B&B HOUSE(임신, 출산, 육아전문지)의 노출가치는 매우 높은 반면, Gentlemen's Quarterly(GQ: 남성전문잡지)는 노출가치가 낮다. 둘째, 매체기획자는 청중의 몰입수준(audience engagement)을 고려해야 한다. 예를 들어, 일반적으로 Vogue 잡지의 구독자들은 Newsweek 구독자보다 광고에 더 많은 주의를 기울인다. 셋째, 매체기획자는 매체도구들의 편집수준(editorial quality)을 평가해야 한다. Time이나 매일경제신문은 경제관련 콘텐츠에서 일간스포츠에 비해 신뢰할 만하고 권위가 있다.

4) 매체타이밍의 결정

광고주는 매체전략의 일환으로 광고에 대한 연간 일정계획(스케줄링)을 결정해야 한다. 제품의 매출이 12월에 피크에 이르고, 3월에 떨어진다고 가정해 보자. 회사는 계절적 패턴에 따라 또는 계절적 패턴과는 반대방향으로 광고량을 조절하거나 혹은 연간 동일하게 할 수 있다. 예를 들어, 현대자동차 쏘나타는 연간 고르게 광고비를 지출하는 반면 LG에어컨 휘센은 여름 전후에 집중적으로 광고를 하고, P&G의 Vicks NyQuil(종합감기약)은 겨울이나 감기시즌에 주로 광고를 실시한다. 그리고 Hallmark는 발렌타인데이나 크리스마스 등 주요 축제일 전에 카드를 광고한다.

광고주는 광고의 스케줄링 패턴을 선택해야 하는데, 크게 지속형 스케줄링과 맥박형 스케줄링으로 나눌 수 있다. **지속형**(continuity)은 주어진 기간 동안 동일하게 광고비를 배분하는 것을 말한다. **맥박형**(pulsing)은 주어진 기간 동안 균등하지 않게 광고비를 배분하는 것이다. 따라서 52개의 광고를 매주 하나씩 집행하는 지속형 전략을 선택할 수도 있고 몇 번에 나누어 집중적으로 집행하는 맥박형 전략을 선택할 수도 있다. 맥박형 광고스케줄링을 이용하는 배경은 브랜드인지도를 구축하기 위해 짧은 기간 동안 광고를 집중적으로 집행함으로써 그 효과가 다음 기간에 이월될 수 있도록 하는 것이다. 맥박형 광고스케줄링전략을 선호하는 마케터는 적은 비용으로 지속형 스케줄링과 동일한 효과를 얻을 수 있다고 생각한다. 그러나 다른 매체기획자들은 맥박형 스케줄링이 최소한의 브랜드인지도를 확보할 수 있지만, 광고커뮤니케이션의 깊이를 희생시킨다고 생각한다.

(5) 광고효과의 측정

광고가 집행되면 광고관리자는 그 효과를 측정해 집행된 광고프로그램을 평가하고 미래의 광고 의사결정을 위한 기초자료로 활용해야 한다. 광고의 효과성(advertising effectiveness)과 **광고투자에 대한 수익률**은 특히 경제적 불황인 시기에 주요 이슈가 되고 있다. 경제 불황기에 조금이라도 더 지출을 줄이기 위해 고심하는 상황에서 최고경영자들은 마케팅 관리자들에게 "우리가 광고에 적정 금액을 쓰고 있는지를 어떻게 알 수 있는가?"와 "광고비 투자를 통해 얻는 수익률은 얼마인가?"를 질문하고 이에 대한 적절한 답을 기대한다.

광고주들은 커뮤니케이션 효과와 매출 및 이익 증대효과라는 두 가지 유형의 광고효과를 정기적으로 측정해야 한다. 광고효과는 측정의 시점에 따라 사전측정과 사후측정으로 구분된다. 사전측정이란 개발 중인 광고물이 소기의 광고목표를 달성할 수 있겠는지를 집행하기 전에 점검하는 것을 말하고, 사후측정은 광고캠페인을 집행한 후에 그 결과를 평가하는 것이다.

광고주는 특정 광고나 광고캠페인의 커뮤니케이션효과를 측정함으로써 광고물과 광고미디어가 광고메시지를 잘 전달하고 있는지를 확인할 수 있다. 각 광고물들은 광고집행 전후에 평가될 수 있다. 광고가 집행되기 전에, 광고주는 이를 소비자에게 보여주고, 그들이 이 광고를 얼마나 좋아하는지를 물어보거나 메시지회상 혹은 브랜드태도변화를 측정할 수 있다. 그리고 광고가 집행된 후, 광고주는 광고가 소비자의 광고메시지 회상 혹은 브랜드인지도, 브랜드지식, 그리고 브랜드선호도에 어떤 영향을 미쳤는지를 측정할 수 있다. 개별광고물 집행 전후에 이루어지는 커뮤니케이션 효과 측정은 전체 광고캠페인에 대해서도 이루어질 수 있다.

광고주들은 광고물들과 광고캠페인의 커뮤니케이션 효과에 대해서는 비교적 잘 측정해 왔다. 그러나 광고가 매출 및 이익에 미치는 효과는 상대적으로 측정하기가 더 어렵다. 예를 들어, 브랜드인지도를 20% 올려주고 브랜드선호도를 10% 올려준 광고캠페인이 어느 정도의 매출과 이익을 가져다주었는지를 측정하기란 쉽지 않다. 매출과 이익은 광고 이외에 제품특성, 가격, 구입용이성 등과 같은 여러 마케팅믹스 요인들에 의해 영향을 받기 때문이다. 광고가 매출 및 이익에 미치는 효과를 측정하는 한 가지 방법은 과거의 매출 및 이익자료와 과거의 광고비를 비교하는 것이다. 다른 방법은 실험을 통해 매출효과를 측정하는 것이다. 예를 들어, 서로 다른 광고비 지출수준의 효과를 비교하기 위해, 코카콜라는 시장에 따라 광고비를 달리한 후, 그에 따른 매출 및 이익의 차이를 측정했다. 기업은 광고비 지출 이외에 광고물 혹은 미디어를 달리한, 보다 복잡한 실험을 설계할 수 있다.

그러나 많은 요인들(일부는 통제가능하고 일부는 통제불가능함)이 광고효과에 영향을 미치기 때문에, 광고비 지출의 효과를 정확히 측정하는 것은 아직까지 해결하지 못한 과제로 남아 있다. 예를 들어, 대형 광고주들은 슈퍼볼(프로미식축구 결승전) TV광고에 많은 비용을 지출하는 것이 충분한 투자가치가 있는 것으로 인식하지만 실제로 이를 측정하거나 증명하지 못하고 있다. 다양한 시도를 하고 있지만 여전히 마케터들은 광고에 대한 소비자 반응과 매출 및 이익 간의 관계를 측정하는 완전한 계량모델을 갖고 있지 않다. 따라서 마케터들은 광고성과를 평가할 때 종종 계량적 분석과 주관적 판단에 함께 의존한다.

4.3 광고조직

우리나라에서 광고를 많이 하는 기업은 주로 전자, 통신, 화장품, 자동차, 식품 등의 업종에 속해 있다. 그러나 매출액에 대비한 광고비를 본다면 전자나 자동차회사들보다는 아모레퍼시픽, LG생활건강 같은 화장품/생활용품회사와 동서식품, 농심 등의 식품회사들의 매출액 대비 광고비의 비율(advertising /sales ratio)이 더 높다고 할 수 있다.

기업마다 광고업무를 수행하는 방법에서 차이를 보인다. 소규모 회사에서는 영업부서의 직원이 광고업무를 취급하기도 한다. 대규모 회사들은 마케팅 혹은 광고 부서를 운영하는데, 이 부서의 임무는 담당직원으로 하여금 광고예산을 설정하고, 광고회사와 함께 일하며, 광고회사에 의하여 수행되지 않은 광고관련 일들을 취급하는 것이다. 대부분의 대기업들은 외부의 광고회사를 이용하는데, 이는 그들이 여러 가지 장점을 갖기 때문이다.

일반적으로 광고의 개발과 광고캠페인의 관리는 **광고회사**(advertising agency)가 주도적인 역할을 수행한다. 대규모 광고회사들은 광고주를 위해 광고캠페인의 모든 단계(마케팅전략의 기획, 광고캠페인의 개발, 광고의 제작, 매체기획, 그리고 광고캠페인의 평가 등)를 처리할 수 있는 전문인력과 풍부한 자원을 갖추고 있다. 광고회사는 대개 4개의 부서로 이루어지는데, 광고의 제작을 담당하는 크리에이티브팀(creative team),

매체의 선정과 매체계획을 담당하는 매체팀(media team), 표적고객의 특성과 욕구를 연구하는 조사팀(research team), 대행업체의 영업활동을 담당하는 영업팀(business team)이 그것이다. 광고회사는 광고주로부터 위임을 받아서 광고와 관련된 제반업무를 대행해 주는데, 상당히 유능한 자체 광고팀을 갖고 있는 광고주들조차 광고회사를 활용하고 있다. 그 이유는 광고회사가 광고관련 제반업무를 광고주보다 더 효과적으로 처리할 수 있는 다양한 전문가집단을 확보하고 있을 뿐만 아니라 다양한 광고주들과 일하고 다양한 상황에서 광고업무를 처리한 풍부한 경험과 함께 광고주의 문제점을 해결하는 데 있어 외부인의 관점을 제공하기 때문이다. 그리고 광고회사는 매체비용의 일부를 수수료로 받아 그것을 주된 수입원으로 삼고 있기 때문에 광고주들이 직접 광고관련 제반업무를 수행하는 것보다 광고회사를 활용하는 것이 비용상으로 더 저렴할 수 있기 때문이다. 우리나라에는 제일기획, 이노션, HS애드 등의 대형 광고회사를 포함해 약 2백 개에 이르는 광고회사가 영업을 하고 있다.

마케팅 Highlight

광고회사의 미래모습은? - 광고주에 맞춤형 컨설팅을 제공하고 디지털마케팅 역량을 강화하는 데 전사적 노력을 기울이는 제일기획

최근 한국의 대표적 광고회사인 제일기획은 자신을 마케팅 솔루션 회사라고 소개한다. 단순히 광고 아이디어만 제시하는 것이 아니라 브랜드 마케팅과 관련된 모든 솔루션을 제공한다는 얘기다. 광고제작과 홍보를 주로 취급하던 광고회사들이 제품전략과 이벤트마케팅에 대한 종합컨설팅으로 영역을 넓혀가고 있다. 광고업계에 이런 변화가 생긴 건 소셜네트워크서비스(SNS)의 등장이 주요한 원인으로 꼽힌다. 광고주들은 광고업체를 거치지 않고 페이스북 등 디지털 매체와 직접 거래할 수 있게 됐다. 여기에 정보기술(IT)업체와 컨설팅업체들까지 광고시장에 뛰어들며 경쟁은 더 치열해졌다. 업종 간 장벽이 허물어지면서 경쟁에서 살아남기 위해 광고업체들이 광고주의 문제를 직접 해결해 주기 시작했다는 설명이다.

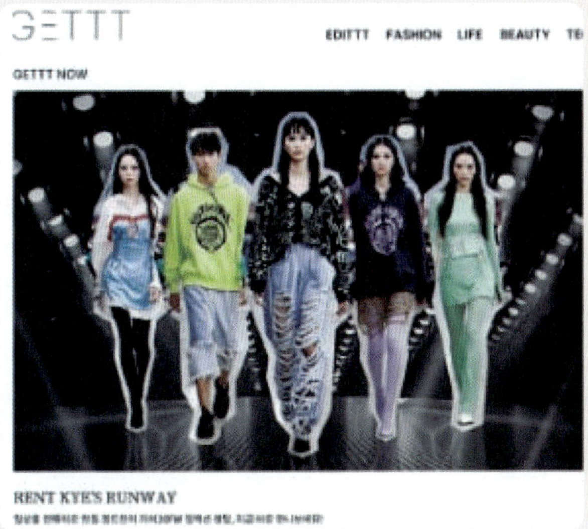

체험 기반 전자상거래 플랫폼 '겟트' 메인 화면.

한국의 1위 광고회사 제일기획은 광고주의 광고를 제작해 매체에 내보내는 광고회사의 전통적인 사업영역을 넘어 새로운 성장동력을 찾으려고 한다.

2020년 11월 광고업계 1위 기업인 제일기획이 전자상거래 플랫폼인 겟트(GETTT)를 오픈했다. 패션, 뷰티, 정보기술(IT) 제품 등이 주력 상품이다. 입고, 사용해 보고 구매할 수 있는 대여(렌털) 서비스를 차별화 포인트로 내세우고 있다. "온라인몰을 통해 수익을 올리는 것도 있지만 궁극적인 목표는 e커머스(전자상거래)시장에서 디지털마케팅 등 컨설팅 역량을 강화하기 위한 행보"라는 게 회사 측 설명이다.

'체험 기반 라이프 스타일 전자상거래 플랫폼'은 제일기획이 정의한 겟트의 콘셉트다. 단순히 물건을 구매하는 온라인몰이 아니라 소비자의 체험을 중요시하는 플랫폼을 지향한다. 제일기획 관계자는 "겟트는 다른 온라인 쇼핑몰과 달리 대여(렌털)서비스를 추가한 신개념 전자상거래 서비스"라고 설명했다. 렌털 서비스를 이용하면 겟트에 입점해 있는 의류, 인테리어, 뷰티용품, IT 제품 등 50여 개사 950여 개 품목의 상품을 1주일간 사용해 볼 수 있다. 쓰다가 마음에 들면 할인된 가격에 곧바로 구매도 가능하다. 렌털 횟수가 잦을수록 할인폭도 크다.

제일기획은 '렌털'이라는 전에 없던 차별화된 서비스를 통해 온라인 쇼핑몰로서도 주목받을 수 있을 것으로 기대하고 있다. 제일기획 관계자는 "자체 조사 결과 많은 소비자가 '한 번 써보고 구매할 수는 없을까', '나한테 어울리는 스타일일까' 등을 온라인으로 쇼핑할 때 고민하는 것으로 나타났다"고 설명했다. 중소형 콘텐츠 업체들도 주요 타깃 고객이다. 다양한 의상이나 소품을 저렴하게 빌리고 싶어 하는 제작자들의 수요를 잡기 위해서다.

제일기획은 2020년 2월 전자상거래업, 중고판매업 등을 신사업으로 추가했다. 겟트뿐만 아니라 또 다른 유통채널을 만들 수 있다는 의미다. 제일기획 관계자는 "겟트의 궁극적인 목표는 광고주들을 위한 디지털 마케팅 역량을 쌓기 위한 것"이라고 말했다. 디지털 마케팅은 요즘 광고업계의 생존 '키워드'다. 제일기획이 전자상거래업에 뛰어든 것도 경쟁에서 살아남기 위해서다. 패션, IT 기기 플랫폼에 소비자들이 모이면 여기에서 쌓이는 데이터를 활용해 광고주들에게 맞춤형 마케팅을 할 수 있다는 게 제일기획의 설명이다. 제일기획은 2019년 12월 이미 '제삼기획'이라는 온라인 쇼핑몰을 만들었다. 제삼기획이 일종의 테스트 차원이었다면 겟트는 제일기획이 디지털 마케팅을 미래 성장동력으로 삼고 있음을 보여주는 본격적인 행보다. 국내 광고시장에서 디지털마케팅이 차지하는 비중은 2018년 37.5%에서 2020년 44.5%로 확대될 전망이다. 한 광고업계 관계자는 "세계적으로 광고주들은 효율적인 비용으로 마케팅 솔루션을 제공하는 광고회사를 더욱 선호하고 있다"며 "광고회사들은 데이터와 테크 경쟁력을 강화해 컨설팅 기반의 마케팅 솔루션 회사로 변신할 수밖에 없는 상황"이라고 지적했다. 제일기획은 데이터 축적에 필요한 체험형 서비스를 강화하기 위해 매주 선별된 브랜드들의 신제품과 추천상품을 일정 기간 무료로 써볼 수 있는 코너를 마련했다. 첫 번째 상품은 즉석카메라 '인스탁스 미니90'이 선정됐다. 의류를 구매하는 소비자들은 '집에서 입어보기' 서비스를 이용할 수도 있다. 겟트에서 7만 원 이상 결제 시 발급되는 바우처를 이용하면 의류를 집에서 입어보고 바로 구매하거나 무료 반품할 수 있다.

자료원: 한경, 2020.11.10; 2016.06.22.

참고 문헌

1. Philip Kotler and Gary Armstrong, Principles of Marketing, 16th ed., Pearson, 2016.
2. Philip Kotler, 안광호, Gary Armstrong, 마케팅 입문, Pearson, 2013.
3. 안광호, 이유재, 유창조, 광고관리 제4판, 학현사, 2020.
4. George E. Belch and Michael A. Belch, Introduction to Advertising and Promotion, 9th ed., Irwin, 2011.
5. Solomon Dutka, DAGMA, 2nd ed.(First Edition by Russell Colley), NTC Business Books, 1995.
6. Larry Percy and John R. Rossiter, Advertising Strategy, Praeger, 1980.
7. Don E. Shultz, Stanley I. Tannenbaum, and Robert F. Lauterborn, The New Marketing Paradigm: Integrated Marketing Communications, NTC Publishing Group, 1996.

생각해 볼 문제

1. 마케팅커뮤니케이션 과정에 대하여 설명하시오.
2. 마케팅메시지에 노출된 수신자가 보이는 반응과정에 대한 모형 중 반응계층모형을 설명하고 이 모형에서 관여도의 의미에 대하여 설명하시오.
3. 광고전략의 수립에서 광고목표의 의미와 역할에 대하여 설명하시오.
4. 광고목표의 설정기준으로서 매출목표와 커뮤니케이션 목표를 비교설명하시오.
   그리고 어떤 광고목표가 바람직한지와 그 이유는 무엇인지 토의해 보시오.
5. 전통적 매체와 디지털미디어의 유형을 제시하고 특정 제품을 선정해 광고캠페인을 전개함에 있어 두 유형의 매체를 어떻게 통합적으로 사용해야 하는지 토의해 보시오.
6. 매체선정의 기준이 되는 도달범위와 도달빈도를 설명하고, 각 기준이 상대적으로 더 중요할 수 있는 상황에 대해 생각해 보시오.

CHAPTER

14

판매촉진 · PR · 인적판매

학습목표

1. 판매촉진의 목표와 주요 판매촉진도구들을 설명하고, 판촉캠페인이 개발되는 과정에 대해 살펴본다.
2. 다양한 공중들과 우호적인 관계를 구축하기 위해 공중관계(public relation: PR)를 어떻게 관리하는지 살펴본다.
3. 고객가치를 창출하고 고객관계를 구축함에 있어 영업사원의 역할을 설명한다.
4. 영업관리에서 주요 의사결정들을 제시하고 이에 대해 설명한다.
5. 인적판매과정을 살펴보고 인적판매에서 고객솔루션과 고객관계 지향성이 왜 중요한지에 대해 설명한다.

14장 판매촉진 · PR · 인적판매

13장에서 촉진믹스의 한 요소인 광고에 대해 학습했다. 이 장에서는 또 다른 촉진믹스 요소들인 판매촉진, PR, 인적판매에 대해 살펴볼 것이다.

네스카페 돌체구스토는 좋은 커피로 소비자들의 아침습관을 바꾸려는 의도로 모닝 캠페인을 전개했다. 모닝 캠페인은 캡슐커피머신 할인과 온라인 이벤트 등 다양한 판촉도구들을 포함함으로써 판촉기간 동안 소비자들이 돌체구스토 캡슐커피머신과 캡슐커피를 구매하도록 유도했다. 도입사례에서는 네스카페 돌체구스토가 브랜드이미지를 강화하고 브랜드충성도를 구축하기 위해 어떻게 '모닝 캠페인'을 계획하고 실행에 옮겼는지를 살펴본다.

도입
사례

좋은 커피로 아침습관을 바꾸라는 '모닝 캠페인' 실행을 통해 브랜드이미지 강화와 판매량 증대를 실현하려는 네스카페 돌체구스토

네스카페 돌체구스토는 캡슐커피머신 할인과 온라인 이벤트 등 다양한 프로모션을 포함한 모닝 캠페인을 실시했다.

2020년 캡슐커피 대표 브랜드 네스카페 돌체구스토는 브랜드이미지 강화와 판매량 증대를 위해 한 잔의 커피로 아침일상을 바꾸는 '모닝 캠페인'을 실시했다. 이를 위해 캡슐커피머신을 최대 47%까지 할인하는 판촉 및 온라인 이벤트도 함께 진행했다.

맞벌이가정이 늘어나고 늘 시간에 쫓기는 현대인들은 나만의 시간에 대한 갈증이 늘어나고 있다. 네스카페 돌체구스토는 1분 만에 완성되는 편리한 추출시스템과 원두의 신선함을 지켜주는 스마트 캡슐을 바탕으로 소비자들이 좋은 커피를 편리하게 즐길 수 있도록 돕는다. 이러한 제품특성을 살려 네스카페 돌체구스토는 좋은 커피를 마시는 나만의 아침시간을 통해 일상이 보다 활기차게 변화하도록 격려하는 '모닝 캠페인'을 도입했다.

네스카페 돌체구스토는 모닝 캠페인의 일환으로 2월 1일부터 두 달간 피콜로XS 등 주요 커피머신을 할인된 가격으로 판매했다. 또한 캠페인 기간 동안 온 · 오프라인을 통해 네스카페 돌체구스토 커피머신과 함께 스타벅스 커피의 맛과 향을 그대로 담은 스타벅스 앳홈 캡슐을 구매하는 고객에게는 특별 제작한 스타벅스 머그컵(1만5000원 상당)을 증정했다. 할인 프로모션은 3월 31일까지 네스카페 돌체구스토 공식 홈페이지를 비롯해 이마트, 홈플러스 등 전국 대형 마트와 하이마트, 각종 온라인몰 등에서 진행되었다.

이와 더불어 네스카페 돌체구스토는 일상을 변화시키는 아침습관 형성을 촉진하는 '굿모닝 루틴 릴레이' 인스타그램 이벤트도 함께 실시했다. 누구나 참여할 수 있는 아이스 버킷 챌린지 형식의 릴레이 이벤트로서 모닝커피, 요가, 독서, 브런치 등 자신만의 아침습관을 인증하는 사진이나 영상을 인스타그램 스토리에 소개하고 네스카페 돌체구스토 GIF스티커로 장식한 후 친구를 지명해 태그 후 공유하는 방식이다. 릴레이에 참여하는 전체 인원이 많을수록 제공되는 경품 역시 보다 풍성하게 제공되었다. '굿모닝 루틴 릴레이' 인스타그램 이벤트는 2월 3일부터 3월 16일까지 진행되었으며 10명의 당첨자에게는 네스카페 돌체구스토 커피머신 및 캡슐이 증정되었다.

네스카페 돌체구스토는 모닝 캠페인을 통해 현대인들, 특히 밀레니얼 세대에게 복잡한 일상 속에서 삶의 밸런스를 유지하는 것이 중요한 가치임을 부각시키고, 이의 일환으로 매일 아침 네스카페 돌체구스토가 선사하는 신선한 아로마의 커피와 1분 만에 완성되는 편리한 시스템, 카페 못지않은 다양한 종류의 커피들로 나만의 특별하고 활기찬 시간을 경험하라는 메시지를 전달하려고 했다.

자료원: http://www.nestle.co.kr; 뉴스와이어, 2020.01.31.

촉진믹스의 한 요소로서 광고가 차지하는 비중과 역할이 여전히 높지만, 판매촉진이나 PR, 그리고 인적판매와 같은 다른 촉진활동이 촉진믹스에 차지하는 비중이 갈수록 증대되는 경향을 보이고 있다. 예를 들어, 최근 들어 여러 소비재시장에서 가격할인이나 경품제공 등과 같은 판매촉진(sales promotion) 예산이 광고예산보다 많은 것으로 나타나고, 많은 기업들이 기업이미지 관리에 있어 PR활동을 주요수단으로 인식하게 되었다. 그리고 화장품, 보험상품 같은 산업의 경우에는 인적판매가 촉진에서 차지하는 비중이 매우 높다.

13장에서 촉진믹스의 한 요소인 광고에 대해 배웠다. 이 장에서는 판매촉진, 인적판매, 홍보 등 다른 촉진믹스 요소들을 살펴볼 것이다. 판매촉진은 제품이나 서비스의 구매를 조장하기 위해 제공되는 단기적인 인센티브들이다. 인적판매는 대면적 접촉을 이용하는 마케팅커뮤니케이션 도구로서, 영업사원은 고객 및 가망고객들과의 상호작용을 통해 관계를 구축하고 구매를 유도한다. 공중관계는 소비자들과 일반공중들로부터 미디어, 투자자, 기부자, 정부공공기관에 이르기까지 다양한 회사관계자들과 우호적인 관계를 구축하기 위한 수단이다. 이 장에서 다루는 판매촉진, 인적판매, 홍보 등의 촉진믹스 요소는 설정된 브랜드포지션과 조화되도록 광고 등 다른 촉진믹스 요소와 통합되어야 한다는 것을 기억하기 바란다.

01 판매촉진(Sales Promotion)

1.1 판매촉진의 의의

판매촉진 혹은 **판촉**(sales promotion)은 소비자들이 자사제품을 즉각적으로 구매하도록 유도하기 위해 제공되는 다양한 인센티브들을 말한다. 판매촉진은 제조업체, 유통업체, 소매업체, 비영리단체 등 대부분의 조직체들에 의해 사용되며, 최종고객(소비자 판촉), 소매상과 도매상(중간상 판촉), 기업고객(사업체 판촉), 그리고 영업사원들(영업사원 판촉)을 표적으로 삼는다.

판매촉진의 예는 우리 주변에 널려 있다. 당신이 애독하는 잡지나 신문은 강력하면서 즉각적인 소비자반응을 자극하는 판촉물로 가득 채워져 있다. 가령, 동네 롯데슈퍼는 진열대 입구에 정상가 23,990원짜리 CJ 비트세제를 59% 할인해 9,900원에, 그리고 1.5리터 칠성사이다 2병과 펩시콜라 1병을 묶어 3,900원에 판매한다는 사인물을 부착해 고객의 구매를 자극한다. 판매촉진은 단기적인 매출증대를 위해 수행된다는 점에서 기타 촉진활동들과 구별된다. 예컨대, 광고가 주로 브랜드인지도 구축과 브랜드이미지 창출, 그리고 긍정적인 브랜드태도형성 등에 영향을 미치기 위해 수행되는 반면, 가격할인이나 경품제공 같은 판매촉진은 구매를 직접적으로 유도하기 위해 수행된다. 광고가 제품이나 서비스를 사야 할 이유를 제시한다면, 판매촉진은 지금 사야 할 이유를 제안하는 것이다. 그러나 인적판매와 광고는 종종 다른 촉진도구인 판매촉진과 긴밀하게 보조를 맞추어 수행된다.

근래에 와서 판매촉진 예산의 절대액과 촉진믹스에서 차지하는 상대적인 비중이 지속적으로 증가하고 있다. 다음과 같은 요인들이 판매촉진의 급속한 성장에 영향을 주었는데, 특히 소비용품 시장에서 그러하다. 첫째, 시장정체기에 마케팅관리자들은 매출을 증가시켜야 한다는 압박감을 과거에 비해 더 많이 느끼며 판촉을 단기적 매출을 높이는 데 효과적인 도구로 생각한다. 둘째, 기업 간 경쟁이 갈수록 치열해지고, 경쟁브랜드 간에 성능과 품질에서 차별화가 이루어지지 않고 있다. 이에 따라 경쟁사들은 자사 제공물을 차별화하고 구매를 설득하기 위해 판매촉진을 더 많이 사용하고 있다. 셋째, 광고비용의 증가, 매체혼잡도의 증대, 그리고 법적 규제 등으로 인해 대중매체 광고의 효율성이 계속 감소하고 있다. 넷째, 소비자들이 가격판촉에 더 민감해짐에 따라(deal oriented) 대형 소매업체들은 제조업체에게 더 많은 가격할인을 요구하고 있다.

그러나 판매촉진 비용의 증가는 광고혼잡과 유사한 판촉혼잡(promotion clutter)을 초래하고 있다. 경쟁적인 판촉활동으로 인해 특정 기업의 판촉이 구매에 미치는 효과가 약화되고 있는 것이다. 제조업체들은 이러한 판촉혼잡을 극복할 창의적인 판촉방안을 강구하고 있는데, 주의를 끄는 구매시점 진열, 인터넷이나 모바일 폰 같은 상호작용 미디어를 통한 판촉물 제공 등이 그 예이다.

이하에서는 판매촉진 유형과 주요 판촉도구들에 대해 설명하기로 한다.

1.2 판매촉진 유형과 목적

판매촉진은 그 대상에 따라 소비자 판촉, 중간상 판촉, 사업체 판촉, 영업사원 판촉으로 나누어진다. 기업은 소비자를 대상으로 수행하는 판촉활동인 **소비자 판촉**(consumer promotion)을 수행하는데, 이는 빠른 시간 내에 소비자 구매가 이루어지도록 촉진하고, 고객의 브랜드 관여수준을 강화시키는 데 그 목적이 있다. 그리고 기업은 소매상을 포함한 유통업체를 대상으로 한 판촉활동인 **중간상 판촉**(trade promotion)도 수행하는데, 이는 소매상들이 자사의 신제품을 취급하고, 더 많은 재고를 유지하도록 하고, 앞당겨 구매하고, 자사제품에 대해 더 넓은 진열공간을 할애하도록 유도하는 데 그 목적이 있다. 나아가 마케터는 기업고객들을 대상으로 한 **사업체 판촉**(business promotions)을 수행하기도 하는데, 이는 자사제품에 대한 기업고객의 관심과 구매를 자극하고, 채택한 기업고객에게 보상을 제공하고, 기업고객의 영업사원에게 판매동기를 부여하는 데 그 목적이 있다. 기업은 자사 영업사원을 대상으로 한 판촉활동인 **영업사원 판촉**(sales force promotion)도 수행하는데, 이는 기존제품 및 신제품을 더 많이 판매하도록 자사 영업사원을 독려하거나 그들로 하여금 신규 거래처를 개발하도록 유도하는 데 그 목적이 있다.

판매촉진은 광고, 인적판매 또는 다른 촉진믹스 도구들과 함께 사용되는 것이 일반적이다. 대체로 소비자 판촉 정보는 광고를 통해 소비자들에게 제공되는데, 소비자를 흥분시키고 끌어당기는 힘을 광고물에 추가할 수 있다. 그리고 중간상 판촉과 영업사원 판촉은 회사의 인적판매과정을 지원한다.

경기가 어려워지면 기업들은 소비자 구매를 촉진하기 위해 상당한 가격할인을 실시하려는 유혹을 받는다. 그러나 일반적으로 가격할인 판촉은 단기적인 매출증대나 경쟁사 고객의 일시적인 브랜드전환을 만들어 내는 것으로 끝날 수 있다. 따라서 마케터는 단기적인 효과만을 내는 가격할인 판촉보다는 소비자 관심과 흥분을 유발하고 장기적인 소비자관계를 구축하는 데 도움을 주는 판촉도구들을 선별해 사용할 필요가 있다. 최근 많은 기업들이 도입하고 있는 "우량고객우대 마케팅 프로그램(frequency marketing program)"과 충성고객 우대 VIP카드(loyalty card)가 이에 해당한다. 호텔, 슈퍼마켓, 항공사를 포함한 많은 기업들이 고객들(숙박객/구매자/승객 등)로 하여금 자사상품을 계속 이용하도록 하기 위해 구매고객들에게 보상을 제공하는 **고객충성 프로그램**(customer loyalty program)을 운영하고 있으며, 이제 거의 모든 유형의 기업들이 이러한 보상(reward)프로그램을 제공한다. 이러한 형태의 판촉프로그램은 가격 인센티브와 부가가치 제공을 통해 고객충성도를 구축하는 데 초점을 맞춘다. Starbucks가 그 한 예이다. Starbucks는 최근의 경기하락과 패스트푸드 경쟁업체들의 보다 저렴한 고급커피 출시로 인해 지속적인 매출증가를 실현하는 데 어려움을 겪었다. Starbucks는 커피가격을 인하하거나 혹은 판촉을 통한 가격할인을 선택할 수 있었다. 그러나 가격할인은 장기적으로 Starbucks가 추구하는 프리미엄 브랜드포지셔닝에 부정적 영향을 줄 수 있다. 따라서 Starbucks는 가격을 인하하는 대신 왜 자사커피가 더 비싼 가격을 받을 만한지에 대해 고객에게 이야기하는 광고를 실시했다. '가격이 저렴한 커피제품에 유의하세요. 싼 가격은 이유가 있습니다(It comes with a price)'라는 헤드라인과 함께 공정무역 원두의 구매, 주 20시간 이상 근무하는 종업원들에 대한 헬스케어 제공 등 Starbucks가 경쟁사들과 다른 점을 담은 광고메시지를 전달했다. 이와 함께 고객의 브랜드충성도를 구축하기 위해 My Starbucks Rewards라는 명칭의 단골고객 보상프로그램을 실시했다. Dunkin' Donuts, McDonald's 등 상대적으로 가격이 저렴한 경쟁브랜드들과 싸우기 위해, 그리고 고객들의 충성도를 유지하기 위해 Starbucks는 커피 구매횟수에 따라 무료커피, 한정판 프리미엄 상품 등 다양한

Starbucks는 고객의 브랜드충성도를 구축하기 위해 My Starbucks Rewards 프로그램을 실시했다.

혜택을 제공하는 보상프로그램을 도입한 것이다. 이러한 특전은 상당한 가격인하나 가격 판촉활동 없이 고객충성도를 증가시켰다.

1.3 주요 판매촉진 도구들

마케터는 판매촉진 유형과 그 목적에 따라 다양한 판촉도구들을 사용할 수 있다. 다음에서는 소비자, 중간상, 그리고 사업체 판촉도구에 대해 설명하기로 한다.

(1) 소비자 판촉도구들

소비자 판촉(consumer promotion)에 사용되는 도구는 샘플, 쿠폰, 현금 환불, 프리미엄, 구매시점 진열에서 콘테스트, 추첨, 이벤트 후원에 이르기까지 매우 다양하다.

샘플링(sampling) 혹은 **견본품**(product sampling)은 무료로 제품을 배포하는 판매촉진방법으로, 대체로 실제 제품을 소량으로 포장하여 무료로 소비자에게 제공한다. 샘플링은 이전에 사용해 보지 못한 소비자를 대상으로 제품을 구매하도록 유도하는 것이 목적이다. 그래서 샘플링은 신제품에 적합한 판매촉진 수단이다. 일반적으로 샘플은 무료로 제공되지만 샘플을 만드는 데 들어간 비용을 일부 상쇄하기 위해 약간의 비용을 고객에게 부담시키기도 한다. 샘플은 우편, 매장 등을 통해 배포되거나, 다른 제품에 부착되거나, 혹은 광고나 이메일에 포함될 수 있다. 때에 따라 서로 다른 제품과 서비스를 함께 촉진하기 위해 몇 가지 샘플을 결합한 샘플패키지(sample package)를 사용하기도 한다.

쿠폰(coupon)은 명시된 제품을 구매할 때 구매자들에게 할인을 제공해 준다는 증빙서이다. 쿠폰은 신제품에 대한 초기구매를 촉진하거나 성숙기에 들어선 브랜드의 판매를 자극할 수 있다. 쿠폰혼잡으로 인해 종이쿠폰 상환율은 지속적으로 감소해 왔지만 전자쿠폰 도입에 따라 소비자들의 쿠폰이용이 다시 활성화되고 있다. 이에 따라 기업들은 쿠폰을 나누어줄 새로운 방안들을 개발하고 있는데, 슈퍼마켓 진열대의 자동발급기, 판매시점 쿠폰프린터, 온라인/모바일 쿠폰 프로그램 등이 그 예이다.

최근 모바일 쿠폰은 위치기반서비스(LBS), 소셜네트워크서비스(SNS) 등과 결합함으로써 모바일 쿠폰 서비스가 더욱 진화하고 있다. 모바일 쿠폰이 위치기반서비스(LBS), 소셜네트워크서비스(SNS) 같은 다양한 서비스와 결합함으로써 단독으로는 발행하기 어려운 쿠폰을 구글 등 소셜네트워크 서비스가 대신 배포해 주고, 개인 맞춤형 쿠폰 발송도 가능해졌다. 제품이나 서비스를 구매할 때 할인을 받거나, 지불한 금액 일부를 전자티켓 형태로 전송받아 사용하는 모바일 쿠폰은 국내 통신사들이 2006년 처음 도입했지만 초기에는 크게 각광받지 못했다. 하지만 모바일 쿠폰이 다양한 플랫폼과 연계되면서 모바일 쿠폰의 사용빈도가 빠르게 늘어가고 있다. 즉, 독자서비스 형태로 운영돼 왔던 모바일 쿠폰이 최근 들어 SNS, 지도, 검색서비스와 결합하는 방향으로 진화하고, 특히 사용자들에게 개인화된 쿠폰을 제공하기 위한 각종 제휴가 활발하게 이루어짐에 따라 사용빈도가 크게 증가한 것이다. 대표적인 사례가 구글이다. 구글은 고객별로 적합한 쿠폰을 제공할 수 있는 디지털 쿠폰 솔루션인 재버스를 개발했는데, 고객들은 이를 이용해 직접 소매점의 웹사이트에 방문한 후 할인쿠폰을 확인한 후 다운받아 저장할 수 있다. 페이스북도 기존 플랫폼의 강점을 활용한 모바일 쿠폰 서비스를 시작했는데, 페이스북에 가입한 뒤 기업페이지를 만들어 400명 이상 구독자를 가입시킨 사업자가 대상이다. 페이스북을 쓰는 스마트폰 사용자가 이 업소 가까이 있으면 관련 정보가 뜨고 할인쿠폰을 받을 수 있다. 쿠폰을 사용한 사람은 페이스북에 관련자료가 남아 친구들에게 자동으로 홍보된다.

디지털 쿠폰은 소비자와 기업 모두에게 이득이 된다. 소비자들은 종이쿠폰을 찾아 오려내거나 웹쿠폰을 인쇄해 점포에 들를 때 이를 갖고 갈 필요가 없다. 마케터에게는 모바일 쿠폰은 보다 정확한 타깃팅을 가능하게 하고 종이쿠폰을 인쇄/유통시키는 비용을 없앨 수 있는 이점을 제공한다. 종이쿠폰의 평균 회수율이 1% 미만인 반면 디지털 쿠폰의 회수율은 20%에 이를 만큼 매우 높다.

현금환불(cash refunds) 혹은 **리베이트**(rebates)는 제품 구매가격의 일부분을 소비자에게 돌려주는 형태의 판매촉진이다. 현금환불은 소비자가 특정 제품을 구입하고 일정 시간이 지나면 일정 금액을 환불해 주는 형태로 이루어진다. 최근 국내에서는 온라인 강의업계를 중심으로 조건부 리펀드 행사를 진행하는 사례가 종종 등장하고 있다. 한 예로, 대표적 어학교육기관인 해커스는 수강생들이 온라인 강의를 수강한 후, 영어시험에서 특정 점수 이상을 달성하면 수강료 전액을 환급해 주는 행사를 진행하였다. 리베이트는 구매에 따른 가격할인의 형태로 이루어지며, 보통은 구매 후 즉시 일정 금액을 돌려주는 형태로 이루어진다. 소비자들은 구매와 동시에 가격할인이 이루어진다고 생각하는 경우가 많지만, 리베이트를 받기 위해서는 제품에 부착된 스티커나 쿠폰 등을 소지하여 해당 제품을 구매했다는 증거를 제시해야 한다. LG전자는 그룹 창립 70주년을 기념해 대규모 판촉행사를 실시했는데, 이의 일환으로 행사기간 동안 올레드 TV, 디오스 냉장고, 트윈워시 세탁기, 휘센 에어컨, 그램 PC 등을 구입한 고객들에는 품목당 1000명에 한해 최대 30만 원의 현금을 되돌려 주었다.

가격할인 패키지(price packs) 또는 **가격할인 판촉**(cents-off deals)은 소비자들에게 제품의 정상가격에

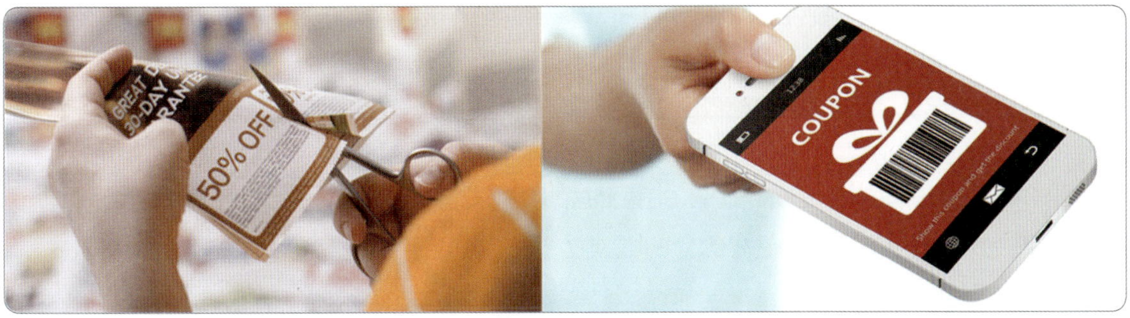

쿠폰 사용행태의 변화: 종이에 인쇄된 형태로 발급되는 전통적 쿠폰은 소비자들이 오려서 보관했다가 사용해야 했지만, 모바일을 통해 발급되는 전자쿠폰은 즉시 다운받아 바로 제시할 수 있다.

가격할인 판촉(cents-off deals)의 예: 버거킹은 소비자들에게 프리미엄 와퍼 햄버거를 정상가격에서 할인된 가격으로 제공하는 판촉행사를 실시했다.

서 할인을 제공하는 것이다. 제조회사는 라벨이나 패키지에 직접 할인된 가격을 표시한다. 가격 패키지는 한 제품을 할인된 가격으로 판매하거나(예: 제품 하나의 가격에 두 개를 주는 것) 또는 관련된 제품(예: 치약과 칫솔)을 묶어서 가격을 할인할 수 있다. 가격할인 패키지는 단기적으로 매출을 증대시키는 데 있어 쿠폰보다 효과적일 수 있다.

일반적으로 국내 주요 유통·제조기업들은 제품재고를 처리하고 목표매출을 달성하기 위해 12월 한달 동안 대규모 가격할인행사를 실시한다. 가령, 이마트가 12월에 겨울의류 500여 종을 최대 30% 할인해 주는 '겨울의류 창고 대방출전'을 열거나 홈플러스가 일정 품목들에 대해 최대 50%의 할인 이벤트를 실시하는 것이 그 한 예이다.

광고용 판촉물(advertising specialties) 혹은 판촉용 제품(promotional products)은 기업 이름, 로고, 혹은 메시지를 담아 고객들에게 선물로 주는 유용한 물건들이다. 전형적인 아이템에는 티셔츠 및 기타 의상들, 볼펜, 커피 머그잔, 캘린더, 열쇠고리, 마우스 패드, 성냥, 휴대용 가방, 골프 공, 모자 등이 있다. 이러한 품목들은 브랜드인지도를 높이는 데 효과적일 수 있다. 좋은 광고판촉물들은 일정 기간 고객의 곁에 머물면서 의식하지 못한 상태에서 브랜드명이 그들의 기억에 각인된다.

마케팅 Highlight

기존고객 유지와 경쟁자 고객 유인을 위해 가격할인 판촉에 전력을 기울이는 이동통신 브랜드들 - 공짜폰 판촉마케팅

서울 성동구의 한 스마트폰 판매점에서 가게 문을 여는 직원이 '0원'이라고 큼지막하게 써 붙인 입간판을 줄지어 내놓았다. 주변 이동통신 매장 상당수도 이른바 '공짜'를 내세우고 있었다. 삼성전자가 2월에 출시한 스마트폰 갤럭시 S20을 '0원'에 준다는 곳도 눈에 띄었다. 이 매장의 직원은 "통신사를 갈아타는 '번호이동'을 하면 갤 S20도 공짜로 해 드릴 수 있다"고 했다.

코로나 바이러스 확산으로 얼어붙었던 이동통신시장에서 이른바 '0원폰'이 넘쳐나고 있다. 매출악화로 폐업위기에 몰린 이동통신 대리점들이 공격적인 영업에 뛰어들고, 스마트폰 제조사와 통신사도 마케팅 비용을 늘리면서 벌어지는 일이다. 서울 테크노마트와 용산 등 유명 전자상가뿐만 아니라 인터넷과 골목 휴대폰 판매점에서도 0원폰이 흔해졌다. 판매점에선 "최신 스마트폰이라도 돈 주고 개통하면 바보"라는 말까지 나온다.

갤럭시 S20과 애플의 아이폰 11은 물론 LG전자의 LG벨벳까지 0원폰 대열에 합류했다. 온라인 쇼핑몰 옥션과 쿠팡에 갤럭시 S20을 검색하니 할부 원금 '0원', '1원'을 내세운 공짜폰이 쭉 올라왔다. 일부 오프라인 판매점은 사은품을 쌓아놓고 "공짜폰 개통하고 사은품도 받아가시라"고 홍보하기도 했다. 차량 거치대, 충전기, USB 메모리 외에 최근에는 공기청정기와 빔프로젝터, 드론까지 사은품으로 등장했다.

한 이동통신 매장에서 갤럭시노트10(왼쪽부터), 갤럭시 S10 5G, LG V50, 아이폰11, 갤럭시 S20 등 인기 스마트폰을 모두 '0원'에 살 수 있다고 홍보하고 있다.

대리판매점들은 크게 두 가지 방식으로 고객들에게 0원폰을 판매한다. 첫째는 지원금과 할인혜택을 토대로 한 0원폰 제공이다. 매달 스마트폰 할부금을 통신요금 할인과 제휴카드 할인, 중고폰 반납 할인 등으로 상쇄해 0원으로 만든다. 가령, 출고가 90만 원인 LG벨벳은 2년간 사용 뒤 반납 조건으로 45만 원을 할인받은 다음, 월 7만5000원짜리 5G 요금제에 가입하면 2년간 요금 약 45만 원을 할인받아 기기값을 상쇄해 0원이 된다. 둘째는 이른바 불법 보조금을 동원하는 방식이다. 가령, 갤럭시 S20은 출고가 125만 원에서 최대 공시 지원금(42만~50만 원 · 통신회사가 합법적으로 주는 구매 보조금)을 받고, 여기에 대리 · 판매점의 추가 지원금으로 6만3000~7만5000원을 또 할인해 가격을 절반으로 낮춘다. 여기에 8만 원 이상 5G 고가 요금제를 6개월~1년 유지하는 조건으로 60만~70만 원대의 불법 보조금을 추가해 기계값을 상쇄한다. 이런 불법 보조금은 유통담당 대리점과 판매상이 박리다매 전략을 구사하는 과정에서 나오는 것으로 알려졌다. 통신회사 대리점은 스마트폰을 팔고 매달 받는 판매수수료(고객 통신요금의 5~7%)로, 스마트폰 판매점은 통신회사 대리점에서 할당받은 휴대폰을 모두 팔면 받는 판매장려금(리베이트)으로 수익을 내고, 60만~70만 원에 달하는 불법 보조금을 충당한다.

서울 용산의 한 스마트폰 판매상은 "결국 요즘처럼 판매점 간 경쟁이 치열해질 때는 제값 받고 적게 팔기보다, 편법이라도 많이 팔아 수수료 · 장려금을 챙기는 쪽이 더 이익이다"고 말한다. 60만~70만 원씩 불법 지원금을 줘도 남는 장사라는 것이다. 업계에서는 "코로나 확산으로 2~4월 영업을 망친 대형 유통 대리점이 강력한 영업 드라이브를 걸고, 이를 스마트폰 제조사와 이동통신사가 지원하면서 0원폰이 등장했다"고 말한다. 실제로 갤럭시 S20은 출시 당시 최대 공시지원금이 10만~24만 원에 불과했으나 5월 들어 42만~50만 원으로 크게 뛰었다. 삼성전자가 갤럭시 S20의 판매를 늘리기 위해 강력한 판촉마케팅에 나서면서부터다. SK텔레콤과 KT, LG유플러스 등 통신사도 대리점에 주는 판매 장려금을 꾸준히 높이고 있는 것으로 알려졌다. 강력한 단속에 나서던 정부도 이번엔 소극적이다. 서울 강북구의 한 휴대폰 판매점 대표는 "코로나 때문에 망하게 생겼는데 보조금 단속이 문제냐. 장사 못해 망하는 게 더 무섭다"고 했다

자료원: 조선경제, 2020.05.14.

서울 이마트 영등포점에서 소비자가 동서식품과 남양유업 간에 치열한 판촉경쟁이 펼쳐지고 있는 커피믹스 코너에서 제품을 고르고 있다.

프리미엄(사은품)의 예: 프리미엄(사은품)은 충동구매를 유발할 만큼의 가치를 제공할 수 있어야만 효과적이다. 따라서 판촉도구로서의 사은품의 효과는 그 독특함과 유인가치에 달려 있다.

프리미엄(premiums) 혹은 **사은품**은 제품의 구매를 유도하기 위해 무료 혹은 낮은 비용으로 제공되는 상품이다. 프리미엄은 패키지 안에 포함되거나(in-pack), 패키지 밖에 따로 준비되거나(on-pack) 또는 우편으로 전달될 수 있다. 예를 들어, McDonald's는 Happy Meals 구매자에게 영화 Avatar, My Little Pony, Kung Fu Panda 등에 등장하는 캐릭터 장난감을 프리미엄으로 제공해 왔다. McDonald's는 Happy Meals을 좋아하는 어린 소비자들의 취향을 파악하고 그들이 즐거워할 수 있는 경험을 제공하는 판촉활동을 수행한 것이다.

마케팅 Highlight

프리미엄 판촉마케팅(굿즈 마케팅)으로 행사기간 동안 높은 매출증가 효과를 거둔 스타벅스

"새벽 5시 반부터 줄 서서 스타벅스 핑크 서머레디백 겨우 받았습니다."

"임영웅 스티커를 샀는데 커피가 왔네요. 스티커가 아까워서 커피를 뜯지도 못하겠어요."

유통업계에서 굿즈 마케팅 경쟁이 뜨겁다. '굿즈'는 이벤트 기간 동안 고객에게 증정하는 한정판 사은품을 말한다. 기업은 매력적인 굿즈를 미끼로 내세워 제품구입을 유도한다. 매년 겨울 스타벅스가 진행하는 다이어리 이벤트가 가장 잘 알려진 굿즈 마케팅 사례 중 하나다. 스타벅스 음료를 여러 잔 마신 고객에 한해 다이어리를 선물로 주는 방식이다.

요즘은 주객이 뒤바뀐 모습이다. 많이 구입한 보상으로 굿즈를 얻는 것이 아니라 굿즈를 얻기 위해 제품을 구매하는 양상을 보인다. 그만큼 굿즈 인기가 폭발적이다. 굿즈를 받기 위해 몰린 고객들로 가게 앞

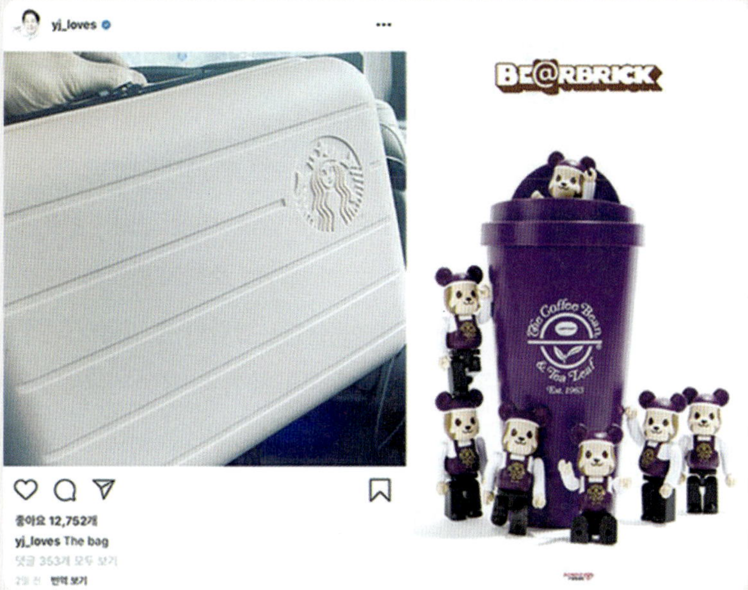

굿즈 마케팅을 매출증대 수단으로 활용하는 기업들이 늘어나고 있다. 스타벅스 '서머레디백'은 정용진 신세계 부회장이 SNS에 득템 후기를 올릴 정도로 인기가 뜨거웠다. 커피빈이 내놓은 베어브릭 굿즈는 아트토이 마니아들에게 열광적인 지지를 받았다.

에는 새벽부터 장사진이 펼쳐진다. 밤카페를 비롯한 각종 인터넷 커뮤니티에서는 온 가족을 총동원해 간신히 득템에 성공한 후기가 줄을 잇는다.

최근 굿즈 마케팅 경쟁이 가장 치열한 곳은 커피전문점 시장이다. 스타벅스의 서머레디백이 그 한 예이다. 서머레디백은 스타벅스에서 사은품으로 만든 다용도 가방인데, 미션 음료 3잔을 포함해 총 17잔 음료를 먹으면 받을 수 있다. 언뜻 보기에는 흔한 캐리어 가방과 별다를 것 없어 보이지만 인기는 엄청나다. 행사 초기인 5월 말에 준비한 물량은 행사 시작과 함께 모두 동났다. 이후부터는 매장마다 새벽부터 사람이 몰리는 진풍경이 펼쳐졌다.

매일유업은 자사 커피 브랜드 바리스타룰스의 모델 임영웅 씨를 활용한 '임영웅 굿즈'를 공개했다. 임영웅 씨 사진이 들어간 텀블러, 미니 선풍기, 포토카드 등을 판촉상품으로 내놓고 7월 19일까지 매주 1회 추첨을 진행해 1000여 명의 당첨자에게 임영웅 굿즈를 제공한다.

기업들이 돈 받고 팔지 못하는 판촉제품에 큰 비용을 들이면서까지 '굿즈'를 만드는 이유는 높은 브랜드홍보 효과 때문이다. 다른 일회성 광고보다 브랜드 노출시간이 훨씬 긴 덕분에 비용 대비 효율이 높다. 소장가치가 높은 한정판 굿즈를 구매한 고객은 상품과 브랜드를 특별하게 인식하며, 이는 곧 브랜드에 대한 호감도 상승으로 이어진다. 그리고 소비자를 끌어모으는 효과도 뛰어나다. 구매하기 힘들거나 갖기 힘든 물건일수록 소비자들의 소유욕구가 커진다. 이 제품을 꼭 사야겠다는 생각에 오랜 시간 줄을 서는 일도 마다하지 않는다. 한정판 굿즈가 있는 가게는 자연스럽게 사람이 몰리게 되는 것이다.

자료원: 조선일보, 2021.05.14; 매경이코노미, 2020.07.08.

구매시점 판촉(point-of-purchase promotions)은 구매시점에 고객들에게 제공하는 특별진열이나 시연 등의 판매촉진방법을 말한다. 최근 방문한 이마트, GS슈퍼마켓을 생각해 보자. 여러분은 매장 통로에 설치된 특별 진열대, 촉진용 사인, 또는 음식의 무료시식을 권하는 사람을 보았을 것이다. 제조업체들은 판촉용 진열대, 사인, 포스터 등의 POP 용품을 점포 내에 설치해 TV, 인쇄, 온라인 광고에 포함된 광고모델과 메시지를 상기시키려고 한다.

콘테스트와 추첨은 소비자들에게 운이나 약간의 추가적 노력에 의해 현금, 여행, 상품 등과 같은 혜택을 받을 수 있는 기회를 제공하는 판매촉진방법이다. **콘테스트**(contest)는 소비자들에게 신청서(징글, 퀴즈문제 등에 대한 답, 제안 등)를 제출할 것을 요구하고, 심사단이 신청서를 평가하여 가장 우수한 것을 선정한다. 콘테스트는 해당 제품을 구매했다는 증거 혹은 사업자가 요구하는 참여형식의 설문지나 고객카드를 작성해야 한다. **추첨**(sweepstakes)은 소비자들로부터 이름을 받아 상금을 주기 위한 추첨을 한다. 추첨식 복권은 단지 우연에 의해 추첨자가 결정되며 참여조건으로 구매를 증명할 필요는 없다. 구매증명이 필요 없기 때문에 더 많은 소비자가 참여할 수 있다는 장점이 있다. SK플래닛이 운영하는 11번가는 '프리딜(free deal)'이라는 추첨행사를 진행한 적이 있는데, 매일 낮 12시 30분과 오후 6시에 응모행사를 벌인 후 추첨을 통해 스타벅스 아이스 아메리카노, 베스킨라빈스 아이스크림 쿠폰을 선물로 제공했다. 콘테스트나 추첨은 특정 브랜드에 대한 소비자를 확보할 목적으로 활용될 수 있다는 데 큰 장점이 있다. 사업자들은 신청카드를 통해 소비자에 대한 데이터를 수집할 기회를 가질 수 있다.

마지막으로 마케터는 **이벤트마케팅**(event marketing) 혹은 **이벤트후원**(event sponsorship)을 통해 브랜드를 촉진시킬 수 있다. 기업은 자체적으로 브랜드마케팅 이벤트를 개발하거나 혹은 다른 사람들에 의해 개발된 이벤트에 단독 혹은 공동 후원자로 참여할 수 있다. 이벤트는 브랜드투어, 페스티벌, 재회(reunion), 마라톤, 콘서트, 혹은 다른 후원행사 등을 포함한다. 이벤트마케팅은 그 규모가 크고 가장 빠르게 성장하는 판촉영역이다. 삼성전자는 2009년 이후 스마트폰 등 주요 신제품에 대한 론칭쇼(이벤트 마케팅)인 '삼성 모바일 언팩(Samsung Mobile Unpacked)'을 통해 짧은 기간 동안 글로벌 신제품인지도를 구축했다.

페이스북 서비스를 개설하면서 콘테스트 같은 판촉행사를 실시한 산토리 맥주

이벤트마케팅은 비용이 많이 드는 TV광고에 비해 상대적으로 비용이 적게 드는 대안일 수 있다. 효과적인 이벤트마케팅은 해당 이벤트와 후원기업을 브랜드 가치제안과 연결시켜 준다. 이벤트마케팅 가운데 대표적인 것이 스포츠이다. 기업들이 적극적으로 이벤트마케팅을 전개하는 대표적인 스포츠 영역 중 하나가 월드컵이다. 국제축구연맹(FIFA)과의 계약에 따라 204개국 250개 채널을 통해 생중계되는 월드컵 무대에서 기업들은 자사 브랜드를 알리기 위해 경쟁한다. 월드컵 공식 파트너 기업인 현대·기아자동차, 아디다스, 코카콜라, 에미레이트항공, 비자카드, 소니 등은 국제축구연맹(FIFA) 공식 파트너 권리를 갖고 마케팅 활동을 벌인다. 이들은 FIFA는 물론 FIFA와 관련된 사업에서 독점적 마케팅 권한을 갖는다. 마케팅 권리에 대한 대가로 이들이 매년 FIFA에 지급하는 금액은 3억7000만 달러(약 3800억 원)에 달한다. 이들이 천문학적인 금액을 내는 이유는 그만큼 수익이 보장되기 때문이다. 가령, 1999년부터 계속 월드컵 공식 파트너 계약을 맺어온 현대·기아차는 FIFA와의 공식 파트너십 계약을 2022년까지 연장하며 월드컵 특수를 기반으로 글로벌 브랜드인지도 및 브랜드이미지 강화를 기대하고 있다.

이벤트마케팅 가운데 대표적인 것이 스포츠이다. 현대 · 기아차는 브라질 월드컵에서 쓰일 공식 의전 · 운영차량으로 에쿠스와 K7 등 승용차와 승합차 1700여 대를 대회조직위원회에 제공했다.

마케팅 Highlight

바르셀로나 올림픽 남자농구 시상식에서 마이클 조던 몸에 리복 로고 대신 성조기를 걸치게 만든 나이키의 브랜드 파워

1992년 바르셀로나 올림픽에서 남자농구 금메달을 딴 미국 국가대표팀 선수들은 성조기를 어깨에 걸치고 시상식에 등장했다. 당시 미국은 1988년 서울 올림픽 준결승전에서 소련에 패한 수모를 갚기 위해 마이클 조던, 래리 버드, 매직 존슨, 찰스 바클리 등 당대 최고선수로 드림팀을 꾸려 바르셀로나 올림픽에 참가했다. 많은 미국인이 여덟 경기 내내 작전 타임조차 부르지 않고 가뿐히 정상을 차지한 드림팀의 실력에 한 차례 감탄하고, 미 프로농구(NBA) 스타들이 성조기를 품고 시상대에 오르는 장면에 또 한 번 감동했다.

그런데 이 아름다운 애국 드라마 뒤에는 나이키와 리복 간의 숨 막히는 '돈의 전쟁'이 숨어 있었다. 바르셀로나 올림픽 때 미국 농구 국가대표팀의 공식 스폰서는 리복이었다. 따라서 드림팀 선수들은 리복 로고가 새겨진 의상을 입고 시상식에 나서야 했다. 문제는 조던 등 일부 선수가 나이키와 후원계약을 한 상태였다는 점이다. 나이키는 후원선수의 경쟁사 제품 착용을 금지했다. 선수들은 고심 끝에 성조기로 리복 로고를 가리고 메달을 받는 데 합의했다.

농구황제 마이클 조던(가운데)이 1992년 바르셀로나 올림픽 남자농구에서 금메달을 딴 후 어깨에 성조기를 걸친 상태로 시상대에 오르고 있다.

이처럼 NBA도 NFL(미 프로풋볼리그) · MLB(미 프로야구)와 마찬가지로 거의 모든 부분에서 글로벌 기업들이 지출하는 엄청난 규모의 스포츠마케팅 비용의 지배를 받는다. 스포츠용품 브랜드는 인기선수들이 후원하는 상품을 출시해 수익을 내고, 선수는 스폰서의 든든한 지원 덕에 막대한 부를 쌓는다. 구단은 경기장 첨단화와 명칭권 판매 등으로 흑자를 실현하려고 하고, NBA 사무국 역시 각 팀의 경기력을 높여 관중 유입을 유도하는 동시에 중계권 · 광고 · 기념품 등을 팔아 매출을 올린다.

NBA를 둘러싼 머니게임은 기업의 각종 후원활동에서 가장 잘 나타난다. 미 경제 전문지 '포브스'가 발표한 르브론 제임스(LA 레이커스)의 2019~2020시즌 수입규모를 보자. 그는 2019~2020시즌에만 9240만 달러(약 1078억 원)를 벌어 6년째 리그 최다 수입 선수 자리를 지켰다. 제임스의 연봉은 3740만 달러로 스테픈 커리(골든스테이트 워리어스 · 4020만 달러)보다 적다. 그러나 나이키 · 코카콜라 · 월마트 · 리모와 등 후원기업들이 5500만 달러를 지출한 덕분에 총수입에서는 커리(총수입 8520만 달러)를 2위로 밀어내고 1위를 차지할 수 있었다. 제임스 하든(휴스턴 로키츠), 야니스 아데토쿤보(밀워키 벅스), 카와이 레너드(LA 클리퍼스) 등 다른 유명 NBA 선수도 여러 기업과 후원관계를 맺고 있다. 이 중 하든은 지난 2015년 아디다스와 향후 13년간 총 2억 달러에 이르는 스폰서 계약을 했다. 소비자들은 세계적인 스포츠 선수가 시합에서 보여주는 열정과 페어플레이 정신뿐 아니라 그가 타는 차, 먹는 음식 등에도 열광한다. 따라서 기업에게 있어 스포츠 후원은 소비자와 소통할 수 있는 최고의 도구 중 하나이다. 기업들이 운동선수 한 사람을 후원하는 데 천문학적인 돈을 지출하는 이유는 소비자들이 유명선수와 관련된 브랜드를 훨씬 빨리 인지하기 때문이다. 나이키와 농구황제 조던의 만남이 대표적인 예다. 이들이 선보인 조던 브랜드는 1990년대 이전까지 아디다스 · 푸마 등 독일회사보다 인지도가 낮았던 나이키를 단숨에 세계 최고의 스포츠 브랜드로 끌어올렸다. 조던 브랜드는 그가 은퇴한 이후로도 높은 인기를 유지하고 있다.

자료원: 이코노미조선, 322호, 2019.11.04.

(2) 중간상 판촉도구

제조회사들은 최종고객들에 비해 소매상이나 도매상들에게 더 많은 판촉비용을 사용한다. **중간상 판촉**(trade promotion)은 재판매업자들이 자사제품을 취급하고, 진열공간을 제공하고, 소매광고를 통하여 자사제품을 촉진하고, 자사제품을 고객에게 적극적으로 판매하도록 유도하기 위해 실시된다. 넘쳐나는 신제품으로 인해 갈수록 소매점포의 진열공간이 부족하기 때문에, 제조회사들은 자사제품을 위한 진열공간을 확보/유지하기 위해 소매상이나 도매상에게 가격할인 제공, 공제, 반품 보장, 무료제품 제공 등의 판촉활동을 수행한다.

제조업체들은 중간상 판촉을 수행하기 위해 여러 가지 중간상 판촉도구들을 사용한다. 제조업체는 콘테스트, 프리미엄, 진열 등과 같이 소비자를 대상으로 사용되는 판촉도구들을 중간상 판촉으로 사용할 수 있다. 지정된 기간 동안 구매한 상품에 대해 정가에서 일정비율을 할인해 줄 수 있다(가격할인(price-off), 송장가격 할인(off-invoice) 또는 정가할인(off-list)으로 불림). 제조회사는 또한 소매상이 자사제품을 부각시켜 주는 소매마케팅을 수행한 보상으로 공제(거래건당 일정비율을 할인해 줌)를 제공할 수 있는데, 소매상이 자사제품을 광고해 준 대가로 보상을 제공하는 광고공제(advertising allowance)와 소매상이 특별진열을 제공해 준 것에 대해 보상해 주는 진열공제 등이 이에 해당한다.

제조업체는 특정 수량을 구매하거나 또는 특정 유형의 자사제품을 부각시켜 준 유통업체에게 무료제품(무료로 상품을 추가 제공함)을 제공할 수도 있다. 제조회사는 딜러 혹은 딜러의 영업사원들에게 현금이나 선물 등과 같은 푸시 지원금(push money)을 제공할 수 있다. 제조회사는 소매상에게 회사의 이름이 새겨진 광고판촉물(specialty advertising items: 펜, 캘린더, 성냥, 메모 패드, 휴대용 백 등)을 무료로 제공할 수 있다.

(3) 사업체 판촉도구

기업들은 사업체 고객들을 대상으로 한 판촉활동에도 많은 비용을 지출한다. **사업체 판촉**(business promotion)은 기업고객들을 대상으로 사전에 거래를 조성시키고 자사제품 구매를 자극하거나, 그들에게 보상을 제공하고, 기업고객의 영업사원에게 판매동기를 부여하기 위해 사용된다. 사업체 판촉은 소비자 판촉이나 중간상 판촉을 위해 사용되는 도구들 중 대부분을 포함한다. 이하에서는 또 다른 주요 사업체 판촉도구들인 켄벤션 및 트레이드 쇼와 판매 콘테스트에 대해 자세히 살펴보기로 한다.

많은 기업과 협회(trade associations)들은 그들의 제품을 촉진하기 위해 컨벤션 및 트레이드 쇼를 개최한다. 기업고객들에게 제품을 판매하는 회사들은 트레이드 쇼(전시회)에서 자사제품을 보여준다. 컨벤션을 통해 판매업자들은 새로운 판매기회를 찾고, 고객과 접촉하고, 신제품을 소개하고, 새로운 고객을 만나고, 기존고객에게 더 많이 판매하며, 간행물과 시청각 자료를 이용해 고객을 교육시킬 수 있는 기회를 확보할 수 있다. 또한 트레이드 쇼는 회사로 하여금 영업사원을 통해 접촉하기 어려운 가망고객들을 만나는 데 도움을 준다.

어떤 트레이드 쇼는 규모가 매우 크다. 예를 들어, 매년 1월 초에 세계 최대의 전자제품 전시회인 'CES(Consumer Electronics Show)'가 미국 라스베이거스 컨벤션센터에서 개최되는데, 삼성전자·LG전자·소니·파나소닉·인텔·퀄컴·화웨이 등 글로벌 전자제품 제조업체들이 신제품을 소개하기 위해 참가한다. 전시장의 규모는 축구장 30개 정도에 해당하는 면적 22만㎡(약 6만6000평)에 이른다. 전시회 기간 동안 전 세계에서 바이어(Buyer·물건을 대량으로 구매해 판매하는 유통점이나 판매상)와 관람객이 모여든다

판매콘테스트(sales contest)는 특정기간 동안 판매성과를 높이기 위한 동기를 부여하기 위해 영업사원이나 딜러들 간에 벌어지는 경연을 말한다. 판매콘테스트는 포상여행, 현금공여, 혹은 다른 형태의 포상 등을 통해 우수한 성과를 낸 사람들에게 동기를 부여하고 이를 인정해 준다. 판매콘테스트는 측정 가능하고 달성가능한 목표(예: 신규 거래처의 확보, 거래가 끊긴 고객과의 재거래 유도, 혹은 거래처 수익성의 증가 등)와 연계될 때 가장 효과적이다.

1.4 판매촉진의 효과와 한계

(1) 판매촉진의 효과

판매촉진은 즉각적인 매출증대를 주목적으로 한다. 따라서 판매촉진의 효과는 그림 14-1 과 같이 판매촉진 활동 중에 매출증가로 나타난다. 그러나 일반적으로 판매촉진이 끝난 직후에는 오히려 판촉 실시 전보다 낮은 매출수준을 보이다가 일정시간이 경과하면서 판촉 실시 전의 매출수준(A)으로 회복하거나 그보다 증대된 수준(B)을 유지한다. 예를 들어, 백화점의 판촉활동에 의한 매출의 변화를 살펴보면, 바겐세일기간 중에 매출이 증가하고 세일기간이 끝난 직후에는 오히려 매출이 감소하며 일정시간이 지난 후에 평소의 매출수준으로 회복되는 것이 일반적인 현상이다.

그림 14-1 판매촉진의 효과

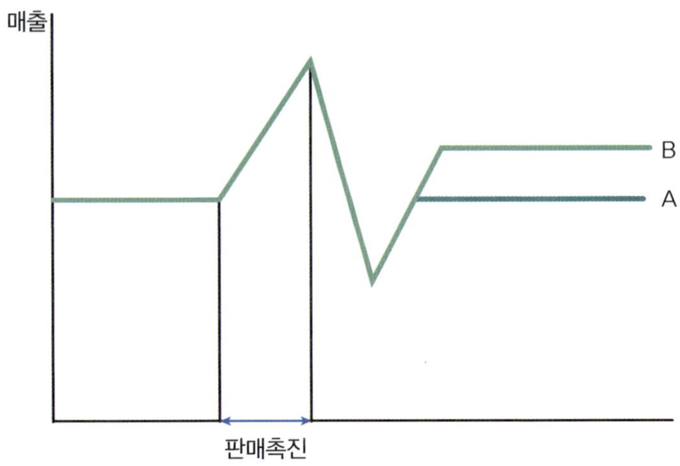

판매촉진에 의한 매출증대는 크게 브랜드전환(brand switching)과 구매가속화(purchase acceleration) 등의 요인에 의해 발생된다. **브랜드전환**이란 판매촉진이 없었다면 다른 브랜드를 구매하였을 소비자가 판매촉진이 실행 중인 브랜드를 구매하게 되는 것이다. 예

를 들어, 테이스터스 초이스 커피를 구매하려던 소비자가 맥심커피의 머그잔을 주는 판매촉진 때문에 맥심브랜드를 구매하게 되는 경우이다. 이러한 브랜드전환은 제품품질 수준의 표준화에 따라 특정브랜드에 대한 고객충성도가 감소하면서 많은 제품군에서 흔히 발생한다. 브랜드전환은 브랜드들 사이에 비대칭적으로 발생한다. 다시 말해서 프리미엄 브랜드가 판매촉진을 실행하여 중·저가 브랜드의 매출을 잠식하는 것이 중·저가 브랜드의 판매촉진이 프리미엄 브랜드의 매출을 잠식하는 것보다 훨씬 크다는 것이다. 예를 들어, 유명브랜드 의류가 판매촉진을 실행하면 중·저가 의류를 구매하던 소비자가 유명브랜드의 의류를 구매할 가능성이 높지만 유명브랜드를 구매하려던 소비자가 판매촉진 때문에 중·저가 의류를 구매할 가능성은 상대적으로 낮다. 판매촉진에 따른 **구매가속화**는 두 가지 현상으로 나타난다. 먼저 평소 구매량보다 많은 양을 한꺼번에 구매하는 **재고쌓기**(stockpiling) 현상이다. 보너스 팩(bonus pack)과 같은 판매촉진은 소비자로 하여금 평소의 구매량보다 많은 양의 구매를 발생시킨다. 두 번째 현상은 **구매시점의 앞당김**(forward buying) 현상이다. 예를 들어, 집에 커피가 아직은 남아 있지만 선호하는 브랜드가 판매촉진 중이면 소비자는 그 기회에 미리 구매를 하기도 한다.

그림 14-1에 제시되었듯이 판매촉진 직후에는 오히려 매출이 감소하는 현상이 나타나는데, 이러한 매출감소의 원인은 앞에서 설명한 구매의 가속화 때문이다. 즉, 재고쌓기와 구매시점의 앞당김 현상으로 해당제품군에 대한 구매가 미리 이루어졌기 때문에 당분간은 수요가 줄어들기 때문이다. 백화점의 바겐세일 등에서 이러한 현상은 쉽게 발견된다. 그러나 식음료와 같이 판매촉진에 의해서 사용량 자체가 늘어날 수 있는 제품군의 경우에는 일반적인 경우보다 빨리 판매촉진 실시 이전의 판매수준으로 회복되기도 한다.

판매촉진이 매출에 미치는 긍정적 효과는 그 지속성에서 한계가 있다. 판매촉진은 즉각적인 매출증대를 목적으로 제공되는 추가적인 인센티브이다. 따라서 판매촉진기간이 끝나면 이러한 인센티브도 함께 사라져 소비자의 구매욕구를 더 이상 자극하지 못하게 된다. 이러한 점에서 마케팅관리자는 판매촉진 프로그램을 개발함에 있어 **소비자프랜차이즈 지향적 판매촉진**(consumer-franchise building sales promotions)과 **비소비자프랜차이즈 지향적 판매촉진**(nonfranchise-building sales promotions)을 구분해 관리할 필요가 있다. 소비자프랜차이즈 지향적 판매촉진은 상용고객 우대제도(frequent flyer programs)와 같이 소비자로 하여금 일시적인 구매가 아니라 반복적인 구매를 유도하는 판매촉진 활동인 반면 비소비자프랜차이즈 지향적 판매촉진은 즉각적인 판매증대만을 목적으로 제공되는 인센티브들이다. 판매촉진 효과의 지속성과 브랜드이미지 구축 등을 고려할 때 소비자프랜차이즈 지향적 판매촉진이 더 바람직하다. 예컨대, 과거 대다수 주유소들이 장갑, 화장지 등을 제공하는 비소비자프랜차이즈 지향적 판매촉진을 주로 수행했지만, 최근 들어 정유회사와 주유소는 포인트 제도에 기반한 소비자프랜차이즈 지향적 판촉을 도입하고 있다.

(2) 판매촉진의 한계

판매촉진이 마케팅커뮤니케이션활동에서 차지하는 비중이 갈수록 증가하고 있지만, 맹목적인 사용은 기업에게 부정적인 결과를 초래할 수 있다. 판매촉진의 지나친 활용이 갖는 문제점은 구축된 브랜드자산에 부정적인 영향을 미친다는 것이다. 브랜드자산이란 소비자가 특정브랜드에 대해 호의적인 태도와 강한 애착을 갖기 때문에 발생하는 무형의 가치이다. 판매촉진에 대해 비판적인 시각을 가진 사람들은 판매촉진이 추가적인 인센티브 제공을 통해 제품을 구매하도록 만들기 때문에 호의적인 혹은 고급 브랜드이미지 형성 같은 브랜드자산 구축을 방해한다고 주장한다. 이러한 한계를 극복하기 위한 방안은 소비자프랜차이즈 지향적 판매촉진 기법을 사용하는 것이다.

판매촉진의 빈번한 사용이 가져올 수 있는 또 다른 문제점은 소비자의 가격 민감성 증대이다. 즉, 가격할인을 동반하는 판매촉진 기법들의 빈번한 사용은 소비자들로 하여금 가격을 기준으로 구매를 결정하도록 만든다. 예를 들어, 백화점에서 바겐세일을 너무 자주 실시하면 많은 소비자들이 바겐세일 기간에만 집중적으로 구매하게 된다. 이러한 현상이 나타나는 것은 소비자의 가격민감성이 증대되었기 때문이다. 따라서 마케터는 판매촉진 관리에 있어서 가격할인의 크기와 빈도를 적절하게 조절해야 한다. 특히, 중간상 판매촉진은 비판의 대상이 되어 왔다. 중간상에게 제공되는 각종 지원금이나 수량할인 등의 혜택이 소비자에게 돌아가는 것이 아니라 중간상들의 수익성 제고에 국한되기 때문이다. 이러한 한계에도 불구하고 중간상 판매촉진이 지속적으로 증가하는 것은 유통업체의 교섭력이 점점 더 커지고 있기 때문이다.

많은 기업이 판매촉진을 사용하는 또 다른 이유는 "경쟁사가 하기 때문에 나도 어쩔 수 없이 한다"는 죄수의 딜레마(prisoner's dilemma) 때문이다. 즉, 다수의 기업들은 판매촉진이 마진을 줄이기 때문에 될 수 있으면 사용하지 않으려 하지만, 경쟁사가 실행하여 자사의 소비자를 빼앗아 가면 이러한 상황을 반전시키기 위하여 때로는 더 큰 인센티브를 제공하는 판매촉진을 실행하게 되고, 경쟁사가 다시 이에 대응하는 방식의 악순환이 반복되기 때문이라는 것이다.

1.5 판매촉진 프로그램의 개발

마케터들은 판매촉진 프로그램을 설계함에 있어 사용될 판촉유형을 선정하는 것 외에도 몇 가지 의사결정을 내려야 한다. 첫째, 마케터들은 더 많은 판매반응을 유도하기 위해 제공될 인센티브의 크기를 결정해야 한다. 판촉이 성공을 거두기 위해서는 최소한의 인센티브는 필수적이고, 더 많은 인센티브는 더 많은 판매반응을 이끌어 낼 수 있다.

둘째, 마케터는 판촉에 참여할 수 있는 조건을 결정해야 한다. 인센티브는 모든 사람에게 제공될 수

마케팅 Highlight

공연티켓 가격할인 판촉, 고객충성 프로그램, 이벤트 후원을 결합한 통합적 판촉프로그램인 '더 모멘트'를 실시한 신한카드

카드업계 1위 신한카드가 '더 모멘트'라는 후원브랜드를 내걸고 공연 사업에 뛰어들었다. 젊은층뿐 아니라 장년층에서도 공연관람 수요가 늘어나면서 이들을 회원으로 유치하겠다는 것이다.

신한카드는 '신한카드 더 모멘트' 후원마케팅을 실시했는데, '더 모멘트'는 '고객에게 감동의 순간을 선물한다'는 의미를 담고 있다. 신한카드는 후원마케팅의 일환으로 블루스퀘어와 스폰서십을 맺었다. 2021년 2월 21일 서울 한남동 뮤지컬 공연장인 블루스퀘어에서 열리는 '신한카드 더 모멘트-뮤지컬 위키드' 공연에서는 신한카드 고객을 대상으로 2회차 공연에 1+1 예매 이벤트를 진행했다. 이 위키드 공연은 신한카드 홈페이지나 신한페이판 앱의 이벤트 페이지에서 9일 오전 10시부터 예매할 수 있도록 했다. 이벤트에 참여하지 못한 카드회원에게는 인터파크 티켓에서 신한카드로 위키드 공연 예매 시 결제액의 5%를 할인해 주었다. 신한카드 관계자는 "'신한카드 더 모멘트'를 통해 기억에 남을 특별한 순간을 고객들에게 선물하고 싶은 신한카드의 마음이 잘 전달되기 바란다"고 말했다. 신한카드는 30억 원 이상을 블루스퀘어 공연 후원금으로 지출해 2021년 한 해 동안 10회 이상의 공연을 기획 중"이라고 밝혔다. 나아가 서울 역삼동 LG아트센터 공연도 후원하려고 한다. 그동안 카드업계에서는 문화콘텐츠에 공식 브랜드를 걸고 후원한 기업은 현대카드가 유일하다. 현대카드는 2007년부터 슈퍼콘서트라는 이름으로 해외 뮤지션을 초청해 대규모 콘서트를 열고 있다.

자료원: 한경, 2021.02.09.

빙그레는 핼러윈데이를 겨냥해 한정판 호박고구마맛우유를 할로윈데이 당일까지 판매하는 판촉행사를 실시했다.

도 있고, 또는 선별된 그룹에게만 제공될 수도 있다.

셋째, 마케터들은 판촉프로그램 자체를 어떻게 촉진시키고 유통시킬 것인지를 결정해야 한다. 가령, 2,000원짜리 쿠폰은 패키지에 포함시키거나 매장에서, 인터넷을 통해, 또는 광고물 전단지를 이용해 배포될 수 있다. 각 유통방법에 따라 도달범위와 비용수준이 달라진다. 마케터들은 전반적인 촉진캠페인 개념을 개발/실행함에 있어 복수의 판촉매체를 결합해 사용한다.

넷째, 판촉의 기간(length of promotion)도 중요하다. 만일 판매촉진기간이 너무 짧으면, 많은 가망고객들이 이 프로그램을 접하지 못해 구매하지 않을 수 있다. 만일 판촉기간이 너무 길면, 이 프로그램은 고객들의 즉각적인 행동을 유도할 수 있는 힘을 잃어버릴 수 있다. 가령, 빙그레는 10월의 마지막 날 핼러윈데이를 겨냥해 바나나맛우유를 변형한 '단지가 궁금해 시리즈'의 하나로 한정판 호박고구마맛우유를 할로윈데이 당일까지 판매하는 판촉행사를 실시했다.

다섯째, 판촉프로그램에 대한 평가도 중요하다. 많은 마케터들이 마케팅 활동에 대한 투자 수익률을 평가하려고 하는 것처럼, 판매촉진에 대한 투자수익률을 측정하기 위해서도 노력해야 한다. 가장 일반적인 평가방법은 판매촉진 실행 전, 중, 후의 매출을 비교하는 것이다. 마케터들은 스스로에게 다음과 같은 질문을 해야 한다: 이 판촉프로그램은 새로운 고객을 유치했는가? 또는 기존고객으로부터 더 많은 구매를 유도했는가? 이러한 신규고객 확보와 기존고객의 구매증대를 계속 유지할 수 있는가? 판촉을 통해 얻은 장기적 고객관계와 매출증대가 투입된 비용을 정당화시키는가?

요약하면 마케터는 판매촉진 목표를 정의하고, 가장 우수한 판촉도구들을 선정하고, 판매촉진 프로그램을 설계하고, 이를 실행에 옮기며, 그 결과를 평가해야 한다. 더 나아가 판매촉진은 전반적인 통합적 마케팅커뮤니케이션 프로그램 내에서 다른 촉진믹스 도구들과 신중하게 조정되어야 한다.

02 공중관계(PR: Public Relations)

2.1 PR의 정의와 역할

기업이 마케팅커뮤니케이션 활동을 하는 데 사용하는 또 다른 주요 촉진도구 중 하나는 PR이다. 공중관계(Public Relation: PR)는 다양한 공중들과 우호적인 관계(goodwill)를 구축하기 위해 수행되는 마케팅 커뮤니케이션 활동이다. PR이라는 용어는 다양한 상황에서 사용되고 있다. 예를 들어, 자기 자랑이 심한 사람을 일컬어 "자기 PR이 심하다"라고도 하며, 중국집에서 성냥 등 판촉물을 주택가에 전달하는 활동을 가리켜 "PR 나간다"라는 표현을 쓴다. 심지어 PR은 "피할 것은 피하고 알릴 것은 알리는 행위"라고 시사적으로 정의되기도 한다.

전통적으로 PR은 특정제품을 촉진시키거나 구매행동에 직접적인 영향을 미치기 위해 수행되기보다는 기업에 대한 호의(goodwill) 구축을 목적으로 실시되었다. 따라서 기업의 PR활동은 마케팅부서와는 독립된 PR부서에 의해 실행되는 경향이 있다.

그러나 최근 들어 마케팅지향적 기업들은 PR을 통합적 마케팅프로그램(integrated marketing program)의 한 구성요소로서 관리하고 있는데, 마케팅목표를 지원하기 위하여 설계된 기업의 PR활동을 마케팅 PR(MPR : marketing public relations)이라고 부르기도 한다. PR활동이 광고, 판매촉진, 인적판매 등의 다른 촉진믹스 요소와 통합되어 수행되면, 호의 구축이라는 본질적인 목표 이외에도 브랜드인지도 제고, 브랜드에 대한 호의적 태도형성, 그리고 구매행동의 촉진 등 커뮤니케이션 과정의 각 단계에 긍정적인 영향을 미칠 수 있다.

PR부서는 다음과 같은 기능을 수행한다.

- 언론관계: 사람, 제품 혹은 서비스에 대한 주의를 끌어내기 위해 뉴스 미디어에 기사성이 있는 정보를 개발하여 제공하는 것
- 제품 퍼블리시티(publicity): 특정 제품에 관한 정보를 발표하는 것
- 커뮤니티 관계(public affairs): 전국적인 또는 지역적인 커뮤니티 관계를 구축하고 유지하는 것
- 로비활동: 입법과 규제에 영향을 미치기 위하여 입법관계자나 정부관료와의 관계를 구축하고 유지하는 것. 정부의 규제나 공공기관의 평가가 제품의 생산비용이나 시장성공에 결정적 요인이 될 수 있는데, 미니버스 형태의 레저용 차(recreational vehicle)가 고속도로에서 버스 전용차선을 이용할 수 있는 경우와 그렇지 않은 경우의 제품수요를 생각해 보면 쉽게 이해될 수 있다.
- 투자자관계: 주주나 금융계 종사자들과 관계를 유지하는 것. 미국 등지에서는 오래전부터 주주와 투자자들을 대상으로 한 PR이 실시되어 왔는데, 이를 특별히 IR(Investors Relations)이라고 한다. 주주와 투자자를 대상으로 한 PR활동은 기업에 대한 재무적 평가와 주가에 영향을 미칠 수 있는데, 기업의 연간 기업보고서나 투자설명회 등이 IR의 주요수단으로 이용된다.
- 후원조성(development): 재정적 또는 자발적 지지를 얻기 위해 기부자 혹은 비영리단체의 회원들과 협력하는 것이다.

삼성전자는 Unpacked 홍보플랫폼을 활용해 글로벌 신제품 론칭 행사를 실시한다.

PR은 제품, 사람, 장소, 아이디어, 활동, 조직 또는 국가 등 다양한 주체를 촉진시키기 위해 사용된다. 기업들은 소비자, 투자자, 미디어, 그리고 커뮤니티와 우호적인 관계를 구축하기 위해 PR을 사용한다. 기업들은 문화, 스포츠 등 다양한 PR 및 마케팅커뮤니케이션 플랫폼을 만들어 기업의 홍보활동에 활용하고 있다. 삼성카드는 서울 이태원의 문화공연장인 블루 스퀘어(Blue Square)의 네이밍 스폰서(naming sponsor)로 참여해 삼성 카드홀을 만들고, 이를 각종 공연에 고객을 초청하는 홍보수단으로 활용하고 있다. 현대카드는 슈퍼 콘서트 시리즈를 통해 비욘세, 레이디 가가, 일 디보 등 유명 뮤지션을 초청한 것은 물론 김연아 아이스 쇼, 손연제 체조 쇼, 나달-페더러 테니스 경기 등 스포츠 분야 정상급 선수들 간의 슈퍼매치를 시리즈로 개최해 오고 있다. 동아제약 박카스국토대장정, 글로벌 챌린저 등도 장기적으로 전개된 기업이미지 홍보캠페인 성격의 PR 플랫폼 구축사례라고 할 수 있다.

제품에 대한 홍보나 마케팅커뮤니케이션 활동의 기반이 될 홍보플랫폼 구축은 긍정적 기업/제품브랜드 이미지를 형성하고 일관성 있는 마케팅커뮤니케이션 캠페인을 수행하는 역할을 할 수 있다. 삼성전자의 스마트폰 신제품 론칭을 위한 홍보플랫폼인 'Samsung Mobile Unpacked'가 그 한 예이다. 삼성전자는 전략 스마트폰 제품에 대한 마케팅커뮤니케이션 및 홍보활동을 집중적으로 하기 위해 Samsung Mobile Unpacked(이하 Unpacked)와 Samsung Mobile Live(이하 SML) 같은 신제품 론칭을 위한 홍보플랫폼을 개발했다. Unpacked는 갤럭시 노트, 갤럭시 S 등 삼성의 플래그십 제품을 론칭하는데 활용될 마케팅커뮤니케이션/홍보 플랫폼이며, SML은 신제품 론칭 후 소비자들이 새로운 핸드폰을 경험해 볼 수 있도록 주요 도심이나 백화점, 쇼핑몰 이벤트 공간 등에 마련된 핸드폰 전시 체험공간이다. Unpacked 플랫폼을 활용한 글로벌 신제품 론칭 행사는 본사에서 주도하며 전 세계 주요 언론사, 딜러들을 초청한다. 그리고 사전 티저, 기자회견, 제품전시 등의 홍보수단들도 함께 사용된다. 이 같은 홍보플랫폼은 글로벌 신제품 론칭을 위한 홍보활동의 설계와 실행방식에서 일관성을 유지할 수 있게 한다.

국가들도 더 많은 관광객, 외국 투자자, 그리고 국제적 후원을 이끌어내기 위해 PR을 사용한다. 뉴

마케팅 Highlight

PR의 일환으로 #OptOutside라는 공공캠페인을 전개해 긍정적 브랜드 이미지를 구축한 REI

미국 아웃도어 브랜드 REI는 2005년부터 연중 최대의 매출을 올릴 수 있는 특별 판매기간인 추수감사절~블랙프라이데이 기간에 문을 닫았다. 매장문을 닫고, 온라인 판매도 중단하며, 직원들에게 휴가를 준다. 캠페인의 이름은 #Opt Outside다. 이 캠페인은 매출을 늘릴 수 있는 기회를 과감하게 포기하면서 친구나 가족과 함께 '야외로 나가라'는 메시지를 전달하고 있다. 이 캠페인은 TV, 옥외광고, SNS를 통해 자신들의 브랜드 목적을 실천적인 방식으로, 그러면서도 매우 독창적으로 전개한다.

REI가 전개하는 이 캠페인은 브랜드철학에 그 기반을 두고 있다. REI는 매년 수익의 70%를 아웃도어 커뮤니티에 돌려주고 있으며 275개의 비영리단체 및 정부기관과 함께 휴일에 야외로 나가자는 사회적 운동을 전개하고 있다.

REI: #OptOutside 캠페인

자료원: DBR, 2019, no.266.

욕 시는 "I love New York!"이라는 도시 PR 및 마케팅커뮤니케이션 캠페인을 도입함으로써 지저분하고 범죄가 들끓는 도시라는 부정적 이미지를 개선했고, 그 결과 수천만 명의 관광객을 끌어들일 수 있었다. 최근 한국관광공사는 'Feel the Rhythm of KOREA' 캠페인을 전개해 유튜브 등 SNS에서 총 조회수 5억 이상을 기록하면서 외국인들로부터 큰 인기를 끌었다. 한국관광공사의 'Feel the Rhythm of KOREA' 캠페

한국관광공사 홍보 캠페인 '한국의 리듬을 느껴보세요!(Feel the Rhythm of Korea)'의 한 장면

인은 포스트 코로나를 대비해 제작되었는데, 지금 당장 해외 관광객의 한국방문은 어렵지만 한국 관광브랜드의 매력을 지속적으로 알려 코로나19 이후의 방한을 유도하기 위한 것이 목적이었다. 2020년 7월 30일 한국관광공사의 공식 유튜브 채널인 'Imagine your Korea' 에 캠페인이 첫 게시된 이래 'Feel the Rhythm of KOREA'(한국의 리듬을 느껴보세요!) 영상에 대한 국내·외 반응은 폭발적이었다. 그리고 영상 속에서 신명나는 가락의 주인공 얼터너티브 팝 밴드 '이날치'와 중독성 있는 춤사위를 선보인 현대무용 그룹 '앰비규어스 댄스 컴퍼니'는 국민적 스타가 됐다.

2.2 PR의 효과

PR은 광고보다 상대적으로 저렴한 비용으로 공중의 브랜드인지도를 구축/증대하는 데 영향을 미칠 수 있다. PR을 잘 활용하면 기업은 비용을 크게 들이지 않고 미디어의 지면이나 시간을 확보할 수 있다. 이를 위해 PR 담당자는 관심을 끌 만한 기업 혹은 자사제품 관련 정보와 이벤트를 개발/관리한다. 만일 회사가 재미있는 이야기나 이벤트를 개발할 수 있다면, 여러 미디어가 이를 기사로 활용할 것이고, 그 결과 수십억 원 이상을 지출한 광고와 동일한 효과를 무료로 얻을 수 있다. 그리고 미디어들이 실은 자사관련 기사들은 광고보다 더 신뢰성이 높다.

나아가 PR은 때때로 극적인 마케팅커뮤니케이션 효과를 거둘 수 있다. 애플의 iPad 런칭은 성공적인 신제품 출시행사 중의 하나이다. iPad 런칭 당시 애플은 사전 출시광고를 실시하는 대신 PR을 적극적으로 활용했다. 회사는 사전 제품평가를 유도하기 위해 iPad를 배포하고, 온라인 및 오프라인을 통해 iPad를 소개하는 토막뉴스를 제공하고, 팬들에게 수천 개의 iPad 앱을 온라인에서 살펴볼 기회를 제공하는 등의 홍보활동을 벌임으로써 제품시판 몇 달 전부터 구전을 만들어 냈다. 제품을 시판하는 시점에 회사는 TV 시트콤 Modern Family, TV 토크 쇼, 이벤트를 통해 iPad를 소개함으로써 그 열기를 고조시켰다. 이러한 공중관계 만으로도 iPad 런칭은 극도의 소비자 흥분감, 미디어 취재열기, 그리고 시판 당일 소매점 밖에 늘어선 긴 줄 등을 만들어 냈다.

PR의 잠재적 장점에도 불구하고 공중관계는 때때로 마케팅과 분리된 커뮤니케이션 활동으로 취급되어 왔다. PR부서는 통상적으로 회사의 본사에 위치하거나 PR대행사에 의해 관리되기 때문이다. PR 담당자는 주주, 종업원, 입법관계자, 언론 등 다양한 이해관계자들과 접촉하는 데 업무의 상당부분을 할애하기 때문에 제품마케팅 목표를 지원하기 위한 마케팅 PR 프로그램에 적극적으로 참여하지 못할 수 있다. 나아가 마케팅관리자와 공중관계 책임자는 자신의 주요역할에 대해 상반된 생각을 가질 수 있다. 상당수의 PR 담당자들은 자신의 임무를 이해관계자들과의 의사소통으로 생각하는 반면 마케팅관리자들은 공중관계가 브랜드구축, 판매와 이익, 그리고 고객관계 창출에 미치는 영향에 더 많은 관심을 두는 경향이 있다.

아모레퍼시픽은 유방건강에 관한 유용한 정보를 제공하고, 조기검진의 중요성을 알리기 위해 매년 핑크리본 사랑마라톤 대회를 개최하고 있다.

그러나 이러한 상황은 변하고 있다. 여전히 PR이 회사의 전체 마케팅예산 중에서 작은 비중을 차지하고 있지만, 브랜드인지도와 이미지를 구축하는 데 효과적인 커뮤니케이션도구가 될 수 있다. 그리고 디지털시대에 들어서 광고와 PR의 구분이 갈수록 흐려지고 있다. 예를 들어, 브랜드 웹사이트, 블로그, 온라인 소셜 네트워크, 온라인 브랜드 동영상은 광고활동일까 혹은 PR활동일까? 아마 두 가지 다일 것이다. 핵심은 브랜드와 고객관계를 구축하는 데 도움을 주기 위해 광고와 PR은 통합적 마케팅 커뮤니케이션 프로그램 안에서 서로 조화를 이루어야 한다는 것이다. 아모레퍼시픽은 여성이 건강한 세상을 만들기 위한 홍보행사인 핑크리본 캠페인을 광고 및 판촉과 결합시킨 통합적 마케팅커뮤니케이션을 통해 고객관계와 긍정적 기업이미지를 구축하는 데 성공했다. 아모레퍼시픽은 국내 최초로 유방건강 비영리 공익재단인 한국유방건강재단을 설립하고 유방건강 의식향상을 위한 홍보활동인 핑크리본 캠페인을 전개했다. '핑크리본 사랑마라톤'은 핑크리본캠페인의 주요 프로그램들 중 하나이다. 이 대회는 유방건강에 관한 유용한 정보를 제공하고 조기검진의 중요성을 알리기 위한 목적으로 매년 개최되고 있다. 마라톤 행사에 뒤이어 한 달 동안 헤라, 아리따움 등 각 브랜드 매장을 통해 핑크리본 캠페인과 관련된 판촉행사를 진행한다. 가령, 헤라는 핑크리본 에디션 제품을 기획, 판매해 수익금의 3%를 한국유방재단에 기부한다. 그리고 아모레퍼시픽 핑크리본캠페인의 일반인 홍보대사 "핑크 제너레이션(Pink Generation)"은 한국유방건강재단이 후원하는 유방 자가검진 교육과정을 수료하고 명예강사로 임명된 다음 핑크리본의 의미를 알리는 역할을 수행한다.

마케팅 Highlight

수소차의 친환경성을 홍보하기 위한 수소캠페인을 통해 긍정적 기업이미지를 구축하려는 현대차

제2의 테슬라로 주목받아 온 수소차 기업 니콜라가 수소트럭 시연동영상의 조작논란으로 기업가치가 급락한 상황에서 수소트럭 양산화로 세계 최고의 수소차 기술을 입증한 현대차가 수소차 시장에서 시장 선점과 시장개척자로서의 우위가 공고해질 가능성이 높아졌다. 이에 따라 현대차는 글로벌 시장을 겨냥해 다양한 형태의 수소캠페인을 전개하기로 했다.

BTS와 함께 한 '친환경 수소' 글로벌 캠페인

현대자동차와 글로벌 수소캠페인을 벌이고 있는 방탄소년단(BTS)과 현대차의 수소전기차 '넥쏘'

2020년 4월 현대자동차는 인기그룹 방탄소년단(BTS)과 함께 진행 중인 '글로벌 수소캠페인'의 특별영상을 선보였다. 이 영상은 '아름다운 대자연의 소중한 언어들'이란 주제로 제작됐다. '아름다운 대자연을 다음 세대에 물려주기 위해서는 지속가능성이 중요하다'는 내용을 담아 BTS 멤버들이 자연과 어우러지는 모습을 연출했다. 에메랄드빛 바다, 순백, 하늘색, 태양, 투명한 빗방울, 별, 숲 등 자연이 선사하는 일상 속의 소중한 언어들을 강조했다. 영상 끝부분에는 물 이외에는 오염물질을 배출하지 않는 현대차의 수소전기차 넥쏘(NEXO)가 등장해 현대차가 지향하는 수소와 더 나은 미래에 대한 비전을 전했다. 이 영상은 이날 오전 6시 현대차 월드와이드 유튜브 채널에서 처음 공개됐으며 TV, 인터넷 등 여러 경로로 노출되었다

"스고이~" 도쿄 한복판에 등장한 넥쏘

일본 도쿄 시부야구 다이칸야마의 복합문화공간 '쓰타야 티사이트' 외부 전시장에 현대자동차의 수소전기차인 넥쏘가 전시돼 있다. 넥쏘가 배출하는 물과 에너지를 실내정원에 연결해 친환경 자동차 이미지를 보여주고 있다.

2020년 9월 16일 일본 도쿄 시부야구 다이칸야마의 복합문화공간 '쓰타야 티사이트' 외부 전시장 앞에는 아침부터 긴 줄이 늘어섰다. 이날부터 22일까지 열리는 현대자동차의 수소전기차인 넥쏘 전시회를 보기 위해 몰려든 사람들이었다. 현대차가 1월부터 방탄소년단(BTS)과 공동으로 벌인 '글로벌 수소캠페인'의 일환이다. 6월 일본어 트위터 계정을 개설하고 SNS를 통해 행사소식을 알렸을 뿐인데도 첫날 전시에만 700여 명이 몰렸다. 전시회 참석자들은 현대차가 현장에서 진행하는 SNS용 홍보영상 제작장면을 지켜보고 BTS와 협업한 기념품도 받아갔다. 현대차가 일본에서 직접 넥쏘를 선보인 것은 처음이다. 지금까지는 일본 유튜버와 자동차 전문가 등 소수에게만 공개해 왔다.

수소차를 구경하러 온 한 중년 여성은 "현대차와 BTS 둘 다 잘 안다. 쓰타야의 트위터에서 행사소식을 접하고 달려왔다"고 말했다. 쓰타야 티사이트는 서점체인인 일본 쓰타야서점이 고급 주택가인 다이칸야마에 2012년 문을 연 플래그십 스토어다. 책뿐 아니라 생활용품, 갤러리, 전시회, 식당과 카페 등이 결합한 복합문화공간으로 젊은 층을 중심으로 하루 1만~2만 명이 찾는 도쿄의 관광명소가 됐다. 현대차가 복합문화공간을 넥쏘 전시공간으로 고른 건 수소전기차의 친환경성을 알리기 위해서다. 행사의 주제도 넥쏘와 실내정원(테라리움)을 결합한 '넥쏘 테라리움'으로 잡았는데, 넥쏘가 배출하는 순수한 물과 에너지를 실내정원으로 연결해 자연과 기술의 공생을 표현했다. 현대차 관계자는 "쓰타야 티사이트를 주로 찾는 젊은 층에게 넥쏘의 기술력과 현대차 브랜드를 자연스럽게 알리는 계기가 될 것"이라고 말했다.

자료원: 동아일보, 2020.04.23; 한경, 2020.09.17; 한경, 2020.09.10.

2.3 주요 PR도구들

PR관리자는 홍보활동을 수행하는 데 다양한 PR도구들을 사용한다. 가장 중요한 도구들 중 하나가 **언론보도**(press release)이다. 기업의 PR담당자는 회사, 제품 혹은 사람들에 대한 호의적인 기삿거리를 찾거나 만들어 언론기관에 제공한다. 뉴스거리는 자연스럽게 생기기도 하고, PR담당자가 뉴스거리를 만들기 위한 이벤트나 활동을 개발하기도 한다. 소비자들은 언론매체에 기사화된 기업정보에 대해 높은 신뢰도를 부여하기 때문에 PR효과가 크다. 따라서 PR담당자는 표적청중과 기자들의 흥미를 끌 수 있는 정보를 개발하고 정보의 전달방법(press kit 등)도 경쟁사와 차별화함으로써 매체가 자사에 대한 정보를 기사로 채택할 수 있도록 해야 한다.

자주 활용되는 또 다른 PR도구는 **특별 이벤트**인데, 회견, 개막행사, 불꽃놀이, 레이저쇼, 풍선기구 설치, 매체설명회, 교육프로그램 등이 이에 해당한다. 가령, PR담당자는 기업 혹은 제품에 대한 공중의 주의를 끌 수 있는 특별 이벤트를 개최할 수 있는데, 자동차회사에서 실행하는 신차 출시 기념회나 투자자를 대상으로 하는 투자설명회 등이 이에 해당된다. 기업은 특별이벤트를 직접 기획하지 않고 후원하는 방법을 활용하기도 하는데, 전람회, 음악회, 운동경기 등의 후원이 이에 해당한다.

홍보자료(written materials)도 표적청중에 도달하고 이들에게 영향을 미치는 데 유용한 또 다른 PR도구이다. 이러한 자료에는 연례 보고서, 안내책자, 기사, 회사 뉴스레터와 잡지 등이 포함된다. 최근 들어 DVDs, 온라인 동영상 등과 같은 시청각 자료(audivisual materials)를 활용하는 빈도가 늘어나고 있다. 그리고 CI 자료들(로고, 문구류, 안내책자, 사인(간판), 명함, 빌딩, 직원 유니폼, 회사의 차와 트럭 등)도 공중이 기업아이덴티티를 인지하는 데 유용한 PR도구가 될 수 있다.

마지막으로 **공중서비스 활동**(public service activities)에 자금과 시간을 기부하는 것도 공중과의 우호적인 관계(public goodwill)를 형성하는 데 유용한 도구이다.

한편 최근 들어 유튜브, 페이스북, 트위터와 같은 소셜네트워크, 기업 웹사이트, 블로그 등이 PR활동의 주요채널로 부상하고 있다. 공중관계의 주요강점인 이야기를 전하고 사람들 간에 대화를 촉발시키는 능력은 소셜네트워크 같은 온라인 미디어의 본질과 잘 들어맞는다. 가수 싸이의 강남스타일 노래가 글로벌 음악시장에서 큰 성공을 거두는 데 기여한 요인들 중 하나는 웹 기반의 PR활동이다. 강남스타일 동영상은 유튜브를 통해 큰 인기를 끌게 되었는데, CNN이 이 동영상을 뉴스로 다루고 타임지에 기사화되면서 '이 주일의 어휘(Vocabulary of the Week)'로 강남스타일이 선정되기도 했다. 또 LA타임즈, 뉴욕타임즈 등 언론매체들이 보도를 하기 시작했고, 싸이가 다저스 스타디움에 나타난 장면이 언론에 공개되기도 했다. 강남스타일을 미국 내에 확산시키는 데 결정적인 역할을 한 것은 세계적 팝스타 저스틴 비버를 발굴한 스쿠터 브라운과의 홍보계약이다. 스쿠터 브라운의 PR노력으로 MTV 시상식, NBC 엘렌 드제너러스 쇼의 브리티니 스피어스 편, 엘렌쇼 등에의 출연, NBC 투데이 공연 등 미국의 전국 네트워크 방송에 싸이가 출연한 것은 미국 내 차트 순위나 인기도의

강남스타일에 대한 체계적인 PR활동으로 단기간 내에 글로벌 스타가 된 가수 싸이

급상승, 그리고 미국 이외의 나라들로 확산되는 데 결정적 계기가 했다.

회사의 웹사이트도 좋은 PR수단이 될 수 있다. 소비자와 다른 공중들은 정보와 오락을 얻기 위해 사이트를 방문한다. 또한 웹사이트는 위기상황에 대처하는 데도 유용한 PR채널이 될 수 있다. 예를 들어, 코카콜라의 자회사 Odwalla가 판매하던 사과주스 병들 중 일부가 E. coli 박테리아를 함유하고 있다는 것이 발견되었을 때, Odwalla은 곧바로 제품을 리콜하기 시작했다. Odwalla는 3시간 만에 웹사이트를 구축하고, 사이트에 이러한 사태의 발생과 Odwalla의 대응에 관한 정보를 올려놓았다. 회사 내 담당자들은 Odwalla에 대해 이야기하는 온라인 뉴스그룹들을 찾아 회사 사이트와 링크시켰다.

다른 촉진도구들에 대한 설계 및 실행과정과 마찬가지로 PR관리자는 PR목표를 세우고, 표적청중에 맞는 PR메시지와 도구들을 선택한 다음, PR계획을 실행에 옮기고, 그 결과를 평가해야 한다. 그리고 PR관리자는 PR활동이 통합적 마케팅커뮤니케이션 프로그램의 구성요소인 다른 촉진활동들과 조화를 이루어야 함에 유의해야 한다.

마케팅 Highlight

자사제품을 소재로 홍보콘텐츠를 만들어 자연스럽게 표적청중들에게 제품 브랜드를 각인시키는 홍보전략을 추구하는 기업들

현대백화점그룹의 패션 브랜드 한섬이 자체 제작한 웹드라마 '핸드메이드 러브'가 유튜브 누적 조회 수 300만 뷰를 돌파하며 인기를 끌었다. 드라마가 방영된 2020년 말부터 2021년 1월 사이에 한섬 매출은 전년도 같은 기간보다 2배 이상 뛰었다. 온라인 패션유통기업 무신사는 자체 방송채널 '무신사 TV'에서 2021년 초부터 한국과 영국을 오가며 제작한 패션 다큐멘터리를 방영했다. 기아자동차는 CJ ENM과 손잡고 기아자동차의 플래그십 세단 'THE K9'를 홍보하는 인물 다큐를 만들었다.

의류회사가 드라마를, 자동차 메이커가 다큐멘터리를 만들기 시작했다. 자사제품을 소재나 주제로 활용해 콘텐츠를 만들어 소비자에게 자연스럽게 각인시키는 홍보전략이다. 핸드메이드 러브의 경우, 주인공을 재단사로 설정하고 '옷이 사람을 위로한다'는 메시지를 통해 한섬의 의류제품을 알리고 있다. 기업이 영화나 드라마, 웹툰 등 콘텐츠를 직접 제작해 자사상품을 홍보하고 판매까지 하는 '콘텐츠 커머스'가 등장한 것이다.

홍보활동의 한 유형인 콘텐츠 커머스는 최근 들어 본격적으로 등장하기 시작했다. 2019년 방영된 tvN 드라마 '로맨스는 별책부록'이 효시 격이었다. 유통

2020년 12월부터 유튜브에서 방영돼 인기를 얻은 웹드라마 '핸드메이드러브'(사진 위)의 한 장면. 재단사를 주인공으로 내세운 이 웹드라마는 패션기업 한섬에서 만들었다. 배우와 마네킹에 입혀진 옷은 모두 한섬 브랜드다. 기아가 CJ ENM과 함께 만든 인물 다큐멘터리 '내가 가는 길은'(사진 아래)에서 백희나 동화작가가 기아 K9을 탄 채 설경을 스케치하고 있다.

회사(CJ오쇼핑)와 콘텐츠 플랫폼(tvN)을 소유한 CJ ENM이 출연배우들에게 CJ오쇼핑 패션 브랜드의 의상을 입게 한 뒤 드라마와 같은 이름의 기획전을 열어 의상을 판매한 것이다. CJ오쇼핑은 이 행사 하나로 50억 원이 넘는 매출을 기록했다.

패션분야에서 시작한 콘텐츠 커머스는 다른 업종으로 확산했다. 기아는 CJ ENM과 제작한 인물 다큐멘터리 '내가 가는 길은' 두 편을 각각 2020년 12월과 2021년 1월 유튜브에 공개했다. 동화작가 백희나 편에선 백작가가 새 작품 작업을 하기 위해 기아의 K9을 타고 함백산 만항재 설원을 주행하고, 차 안에서 설경을 그린다. 콘텐츠 커머스의 홍보효과에 대해선 긍정적인 평가가 나오고 있다. '핸드메이드 러브' 방영 기간 한섬의 온라인 매출은 전년도 같은 기간보다 105% 늘었다. 특히 20~30대의 구매액이 149%나 증가했다.

지금까지 특정 브랜드 제품이 드라마나 영화에 등장하는 방식은 주로 PPL이었다. PPL은 드라마 · 영화 제작사가 만들기로 한 콘텐츠에 협찬 형태로 제품이 등장한다. 제품을 위해서 만든 콘텐츠가 아니기 때문에 이야기나 영상 흐름과 맞지 않아 논란이 되는 경우가 적잖았다. PPL 형태의 홍보는 2020년 유튜브에서 뒷광고 논란까지 빚었다. 광고비를 받고도 밝히지 않았다는 것이다. 반면 애초에 제품을 내세운 콘텐츠 커머스는 대놓고 광고 · 홍보하는 걸 선호한다고 해서 앞광고라고도 불린다. 콘텐츠 커머스는 최근 유통업계에서 유행하는 라이브 커머스와 타깃 소비자층이 다르다. 판매자가 실시간으로 소비자와 교류하며 제품을 소개하고 판매하는 라이브 커머스는 특정 제품을 사야겠다고 마음먹은 목적형 소비자들이 찾는 반면 콘텐츠 커머스는 콘텐츠를 보다가 마음에 드는 상품을 사게 되는 발견형 소비자가 타깃이다.

자료원: 조선경제, 2021.02.19.

03 인적판매(Personal Selling)

여러분에게 영업사원 하면 어떤 이미지가 떠오르는지를 질문하면, 아마도 원하지 않는 상품을 사도록록 설득하는, 화술이 뛰어난 사람을 연상할 것이다. 그러나 고객지향적 마케팅을 추구하는 대다수 기업의 영업사원들은 고객들의 욕구를 충족시키는 데 도움을 주고 수익성 있는 고객관계를 구축하기 위해 노력한다. 현대자동차는 국내시장에서 빠르게 점유율을 넓혀 가는 수입차 브랜드에 대응하고 최상위층 소비자들의 눈높이를 이해하기 위해 영업사원들을 대상으로 명품브랜드 매장의 접객 노하우를 배우는 영업교육을 실시했다. 한국야쿠르트는 야쿠르트 아줌마를 기반으로 고객지향적 영업활동을 벌임으로써 강력한 고객관계과 고객충성도를 구축하는 데 성공했다.

마케팅 Highlight

영업사원인 야쿠르트 아줌마를 기반으로 고객지향적 영업활동을 벌이고 있는 한국야쿠르트(hy)

농협 한우 · 돼지고기, 채소, 본죽 즉석죽, 종가집 김치, 팜투베이비 냉장 이유식.

요즘 야쿠르트 아줌마들이 몰고 다니는 전동카트 안에는 야쿠르트뿐 아니라 이런 음식이 들어 있다. 야쿠르트가 전동카트를 활용해 배달(판매) 품목을 늘려가고 있다. 냉장기능을 갖춘 전동카트가 신선식품 배송의 인프라가 되고 있는 셈이다. 야쿠르트가 전국에 1만 대 가까이 돌아다니는 전동카트를 활용해 신선식품 배송시장의 복병으로 등장했다는 평가도 나온다.

2021년 기업명을 hy로 변경한 한국야쿠르트는 2019년 초 야쿠르트 아줌마의 공식명칭을 '프레시 매니저'로 바꿨는데, 신선식품 배달시장을 적극 공략하겠다는 의지가 담겨 있다. 2019년 10월 초에는 신선식품 온라인몰 '하이프레시' 모바일 앱(응용프로그램)을 개편했는데, 이 개편을 통해 다른 회사의 제품을 대폭 확충했다. 고기와 채소, 죽, 김치 등이 그 예다. 사조 김, 롯데제과 오트밀 등을 판매하다가 상품종류를 크게 늘리며 신선식품 배송 시장에 본격적으로 도전장을 냈다.

한국야쿠르트는 이미 2017년 밀키트와 반찬 등 자체 제작한 신선식품을 배송하는 '잇츠온' 브랜드로 배송실험을 했다. 안정적인 배송시스템인 것으로 검증되면서 다른 회사들이 "우리 것도 팔아달라"고 제안하기 시작했다. 현재 타사제품 수는 50개에 이르며, 야쿠르트 자체 상품을 포함하면 전동카트에 실린 품목은 212개나 늘었다. 일부 품목은 신선식품 배송 시장의 주요 플레이어인 마켓컬리, 쿠팡프레시, SSG닷컴, 헬로네이처 등이 취급하는 것과 겹친다. 업계 관계자는 "새벽이라는 시간대에만 초점이 맞춰져 있는 마켓컬리 등과 달리 야쿠르트의 배송시간은 새벽부터 오후 늦게까지 원하는 배송시간대를 선택할 수 있는 게 강점이다"고 말했다.

한국야쿠르트 하이프레시 배송망의 또 다른 강점은 주문한 물건을 택배기사가 아니라 야쿠르트 아줌마가 집까지 가져다준다는 점이다. 2014년 도입한 전동카트(코코)는 냉장시설을 갖추고 있어 콜드체인 차량을 대신하는데, 전국에 9500대가 보급돼 있다. 1만1000명이 유니폼을 입고 일하는 야쿠르트 아줌마는 숫자로 보면 쿠팡에서 로켓배송을 담당하는 쿠팡맨(5000여 명)의 두 배가 넘는다. 물류업체들에 취약지역으로 꼽히는 도서 벽지 산간은 물론 울릉도까지 뻗어 있다.

신선식품 배송의 필수시설인 물류센터도 갖추고 있다. 2017년 경기 용인에 완공한 '신갈통합물류센터'는 자사제품은 물론 타사 신선식품까지 모두 보관할 수 있다. 한국야쿠르트 관계자는 "프레시 매니저는 집 근처 구역을 오래 영업하면서 동네 정보를 모두 꿰고 있는 지역 전문가들이다. 소비자와 직접 만나며 쌓은 경험이나 피드백을 한국야쿠르트의 제품개발과 마케팅에도 전달하는 중요한 인적 자산"이라고 말했다.

한국야쿠르트는 성장하는 신선식품 배송시장에서 자리잡기 위해 24시간 배송체계를 구축할 계획이다. 그 일환으로 저녁 배송 서비스 '하이프레시 고(Go)'를 도입했는데, 오후 6시부터 11시까지 배송하며 서울 강남, 서초, 송파 등 3개 구를 대상으로 한 시범 서비스다. 주간에 배송하는 정규배송과 저녁배송을 합쳐 24시간 배송체계를 갖추기 위한 초기 단계다. 회사 관계자는 "야쿠르트 배송을 통해 쌓은 정기배송 노하우를 신선식품에도 적용하는 과정"이라고 설명했다.

자료원: 한경, 2021.03.29; 2019.10.29.

인적판매는 대인 간 상호작용적이 이루어지는 촉진믹스도구이다. 회사의 영업사원은 고객과의 개인적인 상호작용을 통해 고객가치를 창출하고 의사소통한다.

기업들은 기업고객 그리고 최종고객에게 제품과 서비스를 판매하기 위해 영업사원을 이용한다. 그러나 영업활동은 기업 이외의 다른 유형의 조직체에서도 수행된다. 예를 들어, 대학들은 신입생을 모집하기 위해 모집전담 직원을 고용하고, 교회는 새로운 신자를 끌어들이기 위하여 신도위원회를 활용한다. 박물관과 예술관련 기관들은 기부자를 확보하고 기금을 모으기 위하여 모금전문가를 고용한다. 이하에서는 인적판매의 역할, 영업사원관리를 위한 의사결정, 인적판매과정 등에 대해 자세히 살펴보기로 한다.

3.1 인적판매의 본질

인적판매(personal selling) 활동을 수행하는 영업사원은 가장 오래된 직업 중의 하나이다. 사람들은 영업사원에 대해 고정관념을 갖고 있는데, 이들 중 일부는 부정적인 것이다. 영업사원 하면 상품구매를 강요하고 상품을 팔기 위해 끊임없이 떠들어대는 사람을 떠올린다. 사람들에게 '세일즈맨' 하면 떠오르는 단어를 조사해 보면 '강요하는, 가식적으로 상냥한, 외향적인, 넉살 좋은, 거짓된, 교묘하게 속이는' 같은 단어가 가장 많이 언급된다고 한다. 그러나 대다수 영업사원은 이와 같은 부정적인 고정관념과 거리가 멀다. 대부분의 영업사원은 고객을 위해 가치를 부가하고 장기적 고객관계를 유지하기 위해 노력하는, 잘 교육을 받고 잘 훈련된 전문가들이다. 그들은 고객의 이야기를 경청하고, 고객욕구를 평가하고, 고객문제를 해결하기 위해 노력을 한다. 가령, 현대중공업의 디젤기관차 사업을 생각해보자. 200만 달러짜리 첨단 기관차를 판매하기 위해서는 능수능란한 말솜씨와 따뜻한 미소 그 이상의 노력이 요구된다. 따라서 현대중공업 영업사원은 기업 내 전문가들로 구성된 팀을 지휘하는데, 이들 모두는 대형 고객의 욕구를 충족시킬 방안을 찾는 데 헌신한다. 첫 번째 판매제안에서부터 판매가 성사될 때까지 수년의 시간이 걸릴 수 있다. 현대중공업이 직면한 도전적 과제는 탁월한 성능의 제품과 고객과의 긴밀한 협업을 기반으로 하루 이틀, 나아가 수년에 걸쳐 그들과 파트너십을 구축함으로써 거래를 이끌어내는 것이다.

영업사원(salesperson)은 다양한 범위의 직위를 포함한다. 한 극단적인 경우 영업사원은 카운터 뒤에서 있는 백화점 판매사원과 같이 단순한 주문수주자(order taker)일 수 있다. 다른 극단적인 경우는 주문창출자(order getter)인데, 이는 가전기기, 산업장비, 항공기, 보험, 정보기술서비스 등과 같이 제품과 서비스를 판매하기 위해 창의적인 영업기술과 관계구축 노력이 요구되는 직위이다.

3.2 인적판매의 역할

인적판매는 대면적인 촉진믹스 도구로서, 고객과 영업사원 간의 양 방향적이고 개인적인 의사소통을 수반한다. 이러한 의사소통은 직접대면을 통해 전화, 비디오, 웹 콘퍼런스를 통해, 또는 다른 의사소통 수단을 통해 이루어진다. 인적판매를 수행하는 영업사원은 고객의 문제를 제대로 파악하기 위해 다양한 방법으로 고객을 탐색하고, 이를 바탕으로 각 고객의 개별적 욕구에 맞추어 마케팅 제공물이나 설명회 방식을 변경한다.

인적판매의 역할은 기업에 따라 다르다. 어떤 기업은 영업사원 없이 온라인이나 카탈로그를 통해서만 판매하는 경우도 있고, 제조업체대리인, 판매대리인(sales agents), 또는 브로커를 통해서 판매하는 경우도 있다. 그러나 대다수 회사들에게 있어 영업사원은 판매과정에서 중요한 역할을 수행한다. IBM

이나 두산중공업과 같이 산업용 제품이나 서비스를 판매하는 회사의 경우 영업사원은 기업고객과 직접 만나 영업활동을 수행한다. CJ제일제당, LG생활건강, 나이키와 같은 소비재 회사의 경우 영업사원은 자사제품을 취급하는 도소매업체들이 자사제품을 취급하고 적극적으로 판매하도록 설득/지원하는 임무를 수행한다. 이들은 도매상과 중간상의 자사제품에 대한 적극적 지원을 이끌어 내기 위하여 노력하고, 그들이 자사제품을 보다 효과적으로 판매할 수 있는 방안을 찾는 데 도움을 준다.

영업사원은 회사와 고객 사이에서 중요한 연결고리 역할을 한다. 많은 경우 영업사원은 구매자와 판매자 모두의 이익을 위해 활동한다. 그들은 새로운 고객을 발굴하고, 자사제품에 대해 설명하고, 고객의 이의제기에 답해주고, 가격과 조건을 협상하고, 그리고 계약을 종결시키는 일련의 과정을 통하여 제품판매를 성사시킨다. 제품판매를 성사시키기 위해 노력하는 것 이외에 영업사원은 고객에게 서비스를 제공하고, 시장조사와 인텔리전스(일상적인 마케팅정보 수집) 업무를 수행한다. 이와 동시에 영업사원은 거래고객의 대변인 역할도 수행하는데, 그는 회사 내에서 고객의 관심사를 대변하고 구매자-판매자 관계를 관리한다. 영업사원은 자사의 제품과 활동에 대한 고객의 관심사를 파악하여, 이를 해당 내부 직원들에게 전달해 준다. 이들은 고객의 욕구를 파악하고, 더 큰 고객가치를 개발하기 위해 회사 내 마케팅 부서 및 다른 관련부서의 직원들과 함께 일한다.

사실 많은 고객들에게 있어 영업사원은 바로 기업이다. 즉 영업사원은 고객들이 그 기업에 대해 눈으로 직접 확인할 수 있는 대상이다. 따라서 고객들은 영업사원들이 판매하는 기업과 제품뿐 아니라 영업사원에 대해 충성도를 보일 수 있다. 영업사원과 고객 간의 강력한 관계구축은 기업/제품과의 강력한 관계구축을 이끌어 낼 것이다. 역으로 형편없는 영업사원-고객 관계구축은 기업 및 제품과의 관계구축을 형편없게 만들 것이다. 따라서 영업사원은 그 무엇보다 고객솔루션에 초점을 맞추어야 한다. 사실 고객솔루션에 역점을 두는 것은 영업사원뿐 아니라 조직 전체가 염두에 두어야 하는 것이다. 최근 포스코가 고객솔루션에 토대를 둔 영업 및 마케팅활동을 강화하기로 한 것이 한 예이다. 글로벌 철강수요 급감과 공급과잉으로 어려움을 겪고 있는 포스코는 무리한 사업다각화 및 투자를 줄이고 주력사업인 철강, 에너지, 소재 분야의 경쟁력을 높이는 데 집중하기로 했다. 포스코는 철강사업 경쟁력 강화의 일환으로 고객솔루션 기반 마케팅을 도입했는데, 이는 기술과 영업지원을 통해 고객이 필요로 하는 솔루션을 제공하는 것을 말한다. 가령, 용접, 가공이 어려운 고부가가치강을 파는 경우 용접/가공기술을 같이 제공하는 것이 이에 해당한다. 이를 위해 포스코는 기술/연구인력을 마케팅 조직에 배치한 철강솔루션센터를 설치했다. 그리고 국내·외 주요거점에 기술서비스센터를 구축해 솔루션 제공을 원하는 고객사의 요구에 즉시 대응했다.

영업사원이 고객솔루션개발을 통해 고객가치를 창출하기 위해서는 마케팅 부서와의 긴밀한 협력이 무엇보다 중요하다. 그러나 불행하게도 일부 기업들은 여전히 마케팅과 영업을 서로 다른 별개의 기능으로 취급한다. 이러한 일이 일어나면, 마케팅과 영업기능은 분리되어 서로 조화를 이루지 못하는 경우가 종종 발생한다. 일이 잘못되면, 마케터들(마케팅 기획자, 브랜드 관리자, 마케팅조사원)은 영업사원이 잘 기획된 전략을 서투르게 집행했다고 비난한다. 영업팀은 역으로 마케터들이 고객들과 시장현장에 대해 잘 이해하지 못한다고 비난한다. 요약하면, 두 집단 모두 상대방의 공헌에 대해 충분한 가치를 부여하지 않는다. 이러한 갈등이 해소되지 않으면, 마케팅과 영업의 단절은 고객관계와 기업성과에 부정적 영향을 미칠 수 있다.

기업은 마케팅과 영업이 긴밀하게 함께 일할 수 있도록 돕기 위해 여러 가지 조치를 취할 수 있다. 기업은 기본적인 수준에서, 마케팅-영업 공동회의를 마련하거나 언제 누구와 만나 의사소통해야 하는지를 문서화함으로써 이 두 집단 사이의 의사소통을 증가시킬 수 있다. 이러한 조치는 영업사원과 마케터가 함께 일할 기회를 만들어 줄 수 있다. 브랜드관리자와 시장조사자는 영업사원의 거래처 방문에 동행하거나 영업계획 회의에 참석할 수 있다. 그 반대로 영업사원도 마케팅계획 회의에 참석해 현장에서 습득한 고객지식을 마케터들과 공유할 수 있다. 기업은 또한 영업팀과 마케팅팀을 위한 공동목표와 공동 보상시스템을 만들거나 마케팅-영업 관계관리자(marketing-sales liaisons)를 지명할 수 있다. 마케팅 부서의 직원 중에서 선정된 마케팅-영업 관계관리자는 영업사원과 함께 지내면서 마케팅팀과 영업팀의 프로그램과 노력을 조정하는 것을 돕는다.

3.3 영업관리

영업관리(salesforce management)는 영업활동을 분석, 기획, 실행, 그리고 통제하는 과정으로 정의된다. 이는 영업구조와 영업사원 규모의 설계, 영업사원의 모집, 선발, 훈련, 보상, 감독, 그리고 평가를 포함한다. 영업관리에서 주요 의사결정은 그림 14-2에 정리되어 있다.

그림 14-2 영업관리의 주요 단계들

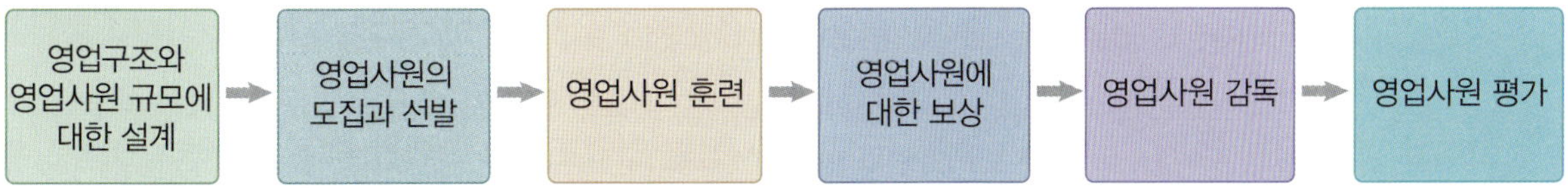

(1) 영업구조와 영업사원 규모의 설계

영업관리자들은 영업전략과 관련된 여러 가지 이슈들에 직면한다. 영업사원과 그들이 수행해야 할 과업들을 어떻게 구성해야 할까? 영업사원의 규모는 어느 정도 되어야 할까? 영업사원은 혼자서 판매해야 할까 아니면 다른 사람들과 함께 팀으로 일해야 할까? 그들은 현장을 방문해 판매해야 할까 아니면 전화나 웹을 통해 판매해야 할까? 이하에서는 영업전략의 두 가지 주요이슈인 영업구조 설계와 영업사원 규모의 결정에 대해 자세히 살펴보기로 한다.

① 영업구조

기업은 다양한 방식으로 영업구조를 설계할 수 있다. 만일 회사가 한 가지 제품라인만을 갖고 여러 곳에 위치하고 있는 고객들로 구성된 특정 산업을 대상으로 판매하는 경우, 회사는 지역별 영업조직구조를 사용하면 된다. 그러나 많은 제품들을 여러 유형의 고객들에게 판매할 경우, 회사는 제품별 영업조직, 고객별 영업조직 또는 이들을 결합한 영업조직 등을 고려할 수 있다.

지역별 영업조직(territorial salesforce structure)은 영업사원을 각 판매지역에 전속적으로 할당하고, 그 지역에 있는 모든 고객들에게 회사의 모든 제품이나 서비스를 판매하는 형태이다. 이 조직은 각 영업사원의 임무와 책임을 명확하게 규정해 주며, 해당지역 고객과의 관계를 개발하려는 영업사원 욕구를 증가시켜 판매효율성을 개선시켜 준다. 그리고 각 영업사원은 할당된 지역 내에서 영업활동을 하기 때문에 여행경비가 상대적으로 적게 든다.

취급하는 제품의 수가 많고 그 제품이 복잡한 경우, 기업은 특정 제품라인만을 전담해서 판매하는 영업사원들로 구성된 **제품별 영업조직**(product salesforce structure)을 채택한다. 예를 들어, GE의 주요사업들은 각각 여러 제품/서비스 부서(divisions)들로 구성되며, 각 제품/서비스 부서는 서로 다른 영업사원을 갖고 있다. 가령, GE Infrastructure사업은 항공, 에너지, 운송, 수자원처리 관련 제품과 기술을 거느리고 있으며, 각 제품영역별로 서로 다른 영업사원을 갖고 있다. 그리고 GE Healthcare사업 내에도 진단 이미징, 생명과학, 통합IT 관련 제품과 서비스를 각각 담당하는 영업사원들을 고용한다. GE와 같이 대규모 복합기업은 다양한 제품/서비스 포트폴리오를 담당하는 수 십 개의 독립된 영업조직을 갖고 있다. 만약 한 대형고객이 자사의 서로 다른 제품들을 구매한다면 제품별 영업조직은 문제가 될 수 있다. 가령 같은 시간대에 GE 내 서로 다른 영업조직의 영업사원들이 동일의 대형 헬스케어 고객을 동시에 방문하는 일이 발생할 수 있다. 이로 인해 발생되는 비용은 개별제품에 대한 더 나은 제품지식과 그 제품에 더많이 신경을 쓰게 됨으로 인해 얻게 될 편익과 비교되어야 한다.

고객별 영업조직(customer salesforce structure) 혹은 **시장별 영업조직**은 고객별 혹은 업종별(산업별)로 영업사원을 구성하는 것이다. 기업은 서로 다른 산업별로 주요 거래처 혹은 일반 거래처를 담당할 별개의 영업조직을 구성해 기존고객 유지 혹은 신규고객 확보 등의 역할을 부여할 수 있다. 많은 회사들이 규모가 큰 산업재 고객의 욕구를 충족시키기 위해 특별 전담영업조직을 갖추기도 한다. 예를 들어, 삼성전자 같은 내구재 생산기업은 롯데하이마트, 신세계백화점, 이마트 등과 같은 대형 소매고객을 각각 전담하는 별개의 영업팀을 도입한다. 각각의 영업팀은 대형 소매업체 고객의 구매팀과 협력해 일한다.

회사가 광범위한 지역에 걸쳐 다양한 고객유형들에게 다양한 제품을 판매하는 경우, 종종 몇 가지 유형의 영업조직을 결합한 복합 영업조직(complex salesforce structure)을 채택한다. 영업사원들은 담당 고객과 지역별로, 담당 제품과 지역별로, 담당 제품과 고객별로, 또는 담당 제품, 고객, 지역별로 전담해 영업활동을 수행할 수 있다.

한 가지 영업조직 구조가 모든 회사들과 상황에 최선이 될 수 없다. 각 회사는 고객들의 욕구를 가장 잘 맞출 수 있고 회사의 전반적 마케팅 전략에 적합한 영업조직구조를 선택해야 한다. 좋은 영업조직구조가 마케팅 활동의 성공과 실패를 좌우하므로 기업은 정기적으로 영업조직을 점검하여 회사와 고객들의 욕구를 잘 맞추고 있는지를 확인해야 한다. 시간이 지나가면서 영업조직은 필요 이상으로 복잡해지고, 효율성이 떨어지며, 고객의 욕구에 신속히 반응하지 못할 수 있기 때문이다.

② 영업사원의 규모

영업구조를 설계한 다음 기업은 영업사원 규모를 결정해야 한다. 영업사원 규모는 몇 명의 직원에서부터 수만 명에 이르기까지 다양하다. 영업사원은 회사 내에서 가장 생산적이면서 가장 값비싼 자산 가운데 하나이다. 따라서 영업사원의 수를 늘리면 매출과 비용이 함께 올라가게 된다.

많은 기업들이 영업사원의 규모를 정하기 위해 **작업량 접근방식**(workload approach) 같은 모형을 이용한다. 이 방식을 이용할 경우 기업은 먼저 거래처를 유지하는 데 필요한 업무량과 관련된 요인들(거래처 규모, 거래처 명성, 또는 기타 요인들)에 따라 거래처들을 몇 개의 집단으로 구분한다. 그 다음 회사는 각 거래처 집단별로 바람직한 방문횟수를 바탕으로 필요한 영업사원의 수를 정한다.

예를 들어, 회사는 다음과 같은 과정을 통해 영업사원 규모를 결정할 수 있다. 우리 회사가 1,000개의 A형 거래처와 2,000개의 B형 거래처를 갖고 있다고 가정하자. A형 거래처는 매년 36번의 방문을 필요로 하고, B형 거래처는 매년 12번의 방문을 필요로 한다. 이 경우 영업사원의 작업량(workload)은 60,000번(1000×36+2000×12)이 된다. 한 명의 영업사원이 한 해에 평균 1,000번 정도 거래처를 방문할 수 있다면, 우리 회사는 60(60,000/1000)명 정도의 영업사원을 확보해야 한다.

(2) 영업사원의 모집과 선발

영업조직 운영의 핵심은 좋은 영업사원의 모집과 선발에 있다. 평균적인 영업사원과 최고 영업사원의 성과 차이는 엄청나다. 전형적인 영업조직에서 영업사원의 상위 30%가 매출의 60%를 담당한다. 따라서 신중한 영업사원 선발을 통해 기업은 영업성과를 상당히 높일 수 있다. 잘못된 영업사원 선발은 영업성과에서의 차이를 초래할 뿐만 아니라, 이직에 따른 기업손실을 초래한다. 한 영업사원이 회사를 그만두면, 새로운 영업사원을 선발하고 훈련시키는 데 들어가는 비용(영업사원 이직에 따른 매출상실로 인한 기회비용도 추가되어야 함)은 상당히 높을 수 있다. 또한 새로운 영업사원으로 구성된 영업조직은 생산성이 낮고, 이직은 주요고객과의 거래관계에 악영향을 미친다.

우수한 영업사원은 스스로 동기부여가 된다. 즉, 그들은 남보다 뛰어나고자 하는 끊임없는 욕망을 갖고 있다. 일부 영업사원들은 돈, 인정에 대한 욕구, 또는 경쟁에서 이기는 데서 오는 만족감에 의해 동기부여된다. 그리고 탁월한 영업사원은 주어진 과업을 완수하는 데 필요한 기술과 지식을 갖추고 있다. 그리고 그 무엇보다 중요한 것은 최고의 영업사원은 탁월한 고객문제 해결자이며 관계구축자라는 것이다. 영업담당 임원들에게 최고의 영업사원이 갖추어야 할 조건을 들라고 하면, 훌륭한 경청자, 남들과 공감하는, 참을성이 있는, 배려하는, 잘 반응하는 등의 항목을 언급할 것이다. 최고의 영업사원은 자신을 구매자의 입장에 놓고 고객의 눈으로 세상을 볼 수 있다. 그들은 단지 호감을 얻기를 원하는 것이 아니라 고객들에게 부가가치를 제공하기를 원한다.

신입사원을 모집할 때, 기업은 해당산업에서 성공적인 영업사원에게 요구되는 특성들(traits)을 파악하기 위해 영업업무 자체와 가장 성공을 거둔 영업사원들의 공통특징을 분석해야 한다. 그리고 난 후 이를 토대로 올바른 영업사원을 모집해야 한다. 인적자원 부서는 기존 영업사원의 추천을 통해 명단을 얻거나, 취업중개회사에 의뢰하거나, 사원모집 광고와 웹사이트 탐색을 통해, 또는 대학 취업센터를 통해 지원자를 찾는다. 또 다른 모집원천은 다른 기업의 우수한 영업사원들을 스카우트하는 것이다. 이미 검증된 영업사원은 많은 훈련을 시킬 필요가 없고, 당장 효율적으로 일할 수 있다.

회사는 모집활동을 통해 많은 지원자를 모으고 이들 중에서 가장 우수한 사람을 선발해야 한다. 선발과정은 비공식적 인터뷰에서부터 상당한 시간이 소요되는 공식적인 테스트와 인터뷰를 거치는 경우에 이르기까지 다양하다. 많은 기업들이 영업사원 지원자들에게 공식적인 테스트를 실시한다. 일반적으로 테스트는 영업적성, 분석적 및 조직적 기술, 성격, 그리고 기타 특징들을 측정한다. 그러나 시험성적은 개인적 특징, 추천인, 과거 근무경력, 면접자의 평가 등을 포함한 다양한 지원자정보들 중 하나에 불과하다.

(3) 영업사원의 훈련

새로운 영업사원에 대한 교육과 훈련은 몇 주, 몇 달, 또는 1년이 넘게 걸릴 수 있다. 신입사원 교육이 끝난 후, 대부분의 회사들은 그 사원이 근무하는 동안 세미나, 영업회의, 인터넷 e-learning을 통해 지속적인 훈련프로그램을 제공한다. 일반적으로 영업사원 훈련은 사원교육 예산 중에서 가장 큰 비중을 차지한다. 영업사원 훈련에 많은 비용이 들 수 있지만, 상당한 보상을 낳게 할 수 있다. 푸르덴셜생명은 영업사원인 보험설계사들의 커리어 관리를 위해 다양한 교육훈련프로그램을 제공한다. 그 한 예가 사내모임인 포커스 세션(focus session)이다. 포커스 세션은 영업실적이 뛰어난 설계사가 강사로 나와 동료 설계사들을 상대로 비장의 세일즈 노하우(sales know-how)를 전수하는 프로그램이다. 포커스 세션 도입으로 영업 노하우 전수속도(速度)가 빨라진 푸르덴셜생명은 연봉 1억 원 이상 고소득 설계사가 상당히 늘었다.

기업이 영업사원 훈련프로그램을 도입하는 목적은 다음과 같다. 첫째, 영업사원은 고객, 그리고 이들과 관계를 구축하는 방법에 대해 알 필요가 있다. 그래서 훈련프로그램은 영업사원들에게 고객 및 욕구의 유형, 구매동기, 구매습관 등을 가르쳐 주어야 한다. 또한 그들에게 효과적으로 판매하는 방법과 판매과정에서 알아야 할 기본원칙 등도 교육시켜야 한다. 영업사원은 우리 회사, 자사제품, 경쟁사에 대해 알 필요가 있다. 따라서 효과적인 훈련프로그램은 영업사원들에게 회사의 목표, 조직구조, 제품, 그리고 주요 경쟁사의 전략 등에 대해 교육을 시킨다.

마케팅 Highlight

60개 이상의 자기계발 훈련프로그램을 사원들에게 제공해 이직률을 절반으로 낮추는 데 성공한 영국 해러즈백화점

유럽 최대규모를 자랑하는 영국 해러즈백화점은 유럽 왕실과 세계 최고위층을 고객으로 둔 최고급 백화점이다. 2019년 신세계백화점의 고급 패션 브랜드 '분더샵 컬렉션'은 글로벌시장에서 고급브랜드로 발돋움하기 위해 해러즈백화점에 입점했다. 그러나 백화점에 수많은 고객들이 드나드는 동안 매장 뒤편에서는 수많은 직원들이 떠날 채비를 하고 있었다. 2006년 해러즈백화점의 이직률은 51.4%에 달했다. 1년간 백화점에서 근무했던 2명 중 1명이 직장을 떠난 것이다. 떠나는 직원이 늘어나다 보니 새로운 직원을 고용하는 비용도 자연스레 증가했다. 세계의 유명 VIP를 상대하던 유망한 직원들이 백화점을 떠나다 보니 점점 해러즈의 명성에도 금이 가기 시작했다. 전통적으로 해러즈백화점처럼 유통업체에서 근무하는 직원들은 낮은 기술력과 긴 근무시간, 낮은 급료와 부족한 승진기회에 시달리는 것처럼 인식되기 마련이다. 직원들이 이러한 외부의 편견 속에서 자긍심을 갖고 일하기란 쉽지 않았다. 해러즈는 훌륭한 직원들을 놓치지 않기 위한 특단의 대책이 필요했다.

해러즈는 우선 자신들의 직원 교육프로그램을 면밀히 살펴보기 시작했다. 백화점 측은 자신들의 교육프로그램은 훈련(training)과 개발(development)로 분리해서 인식해야 된다는 점을 깨달았다. 해러즈만의 영업기술 노하우를 가르쳐주는 해러즈 영업 아카데미(Harrods the Sales Academy)는 훈련에 가까웠다. 직원들은 훈련 속에서 왜 자신이 해러즈에서 오래 근무해야 하는지 생각하기 힘들었다. 직원 개개인에게 동기와 도전의식을 부여해 줄 만한 자기계발 프로그램이 절대적으로 부족했던 것이다.

해러즈는 직원들에게 동기를 부여해 줄 개발 프로그램을 함께 강화해 나가기로 했다. 새롭게 입사한 신입사원들을 대상으로 자신의 백화점과 유통업에 대한 편견을 깨뜨려 줄 프로그램도 만들었다. 바로 해러즈 웰컴(Harrods Welcome) 프로그램이다. 해러즈는 신입사원들을 위한 이 3일 단기간 코스를 통해

1853년 설립 당시부터 내려온 회사의 전통과 핵심가치를 전수하며 자긍심을 심어주기 위해 노력했다. 또한 신입사원들을 교육할 때 매장(shop)이란 단어 대신 극장(your theatre)이란 단어를 사용했다. 신입사원들을 각 층마다 존재하는 자신들의 극장으로 내려보내 영업기술을 가르치고 고객응대에 자신감을 가질 수 있도록 북돋았다. 해러즈는 차세대 관리자 프로그램(Next Generation Managers)부터 바잉 아카데미까지 총 60개에 달하는 자기계발 프로그램을 마련했다. 또한 매장 판매직원부터 임원들까지 백화점에서 근무하는 모든 직원들에게 해당 프로그램들을 개방했다.

해러즈는 백화점의 주수익을 담당하는 패션부문에 대한 이해도를 강화하기 위해 해러즈 패션프로그램을 신설했다. 회사 측은 런던 칼리지 오브 패션(LCF · London College of Fashion)과 파트너십을 맺고 직원들이 의류 디자인부터 유통과정까지 패션의 모든 과정을 이해할 수 있도록 했다. 또한 세계 4대 패션쇼로 꼽히는 런던패션위크 연수를 통해 패션을 이해하는 것을 넘어서 열정과 흥미를 갖도록 만들었다. 그리고 영국 앵글리아 러스킨 대학교와 제휴를 맺고 영국 최초로 백화점 영업과 관련한 학위를 딸 수 있는 프로그램을 신설했다. 또한 성장 잠재력이 있는 매니저 10명을 뽑아 옥스퍼드대 서머스쿨에 보냈다. 고등학교 졸업자, 대학 재학생, 대학 졸업생과 휴학생들을 대상으로 맞춤형 인턴십, 학위 취득 프로그램을 만들어 향후 해러즈에서 일할 예비인력을 확보하는 데도 노력을 기울였다. 개인 또는 그룹별 멘토링 시스템도 운영했다. 멘토는 멘티들이 자신이 흥미를 갖고 있는 분야를 조사하기 위해 잠시 매장을 비우겠다고 하면 흔쾌히 그러도록 지원했다.

높은 이직률에 대응하기 위해 직원채용도 탄력적으로 운영했다. 해러즈 인력 채용 홈페이지(harrodscareers.com)에 접속하면 누구나 어느 직종에 몇 명의 인력이 필요한지 확인할 수 있다. 가령, 특정 일 현재 영국 매장에 25명의 영업인력을 포함해 9명의 상품기획자, 8명의 주방장, 3명의 디자이너, 5명의 프로젝트 매니저 등 총 83명의 일자리가 공석이라고 올려 놓는다. 현재 근무하고 있는 직원들을 유지하기 위한 노력도 병행했다. 물건이 팔릴 때마다 1%의 수수료를, 회사 유니폼 비용의 절반을 회사에서 지급했다. 또한 최대 33%의 직원 할인과 백화점 인근 나이츠브리지(Knightsbridge) 쇼핑센터를 이용할 때 할인 혜택을 제공했다. 조건부 연금에 매년 여행을 위한 비용까지 대출해 줬다.

해러즈는 이러한 각고의 노력 끝에 이직률을 2006년 51.4%에서 2011년 11월 25%로 절반 이상 낮추는 데 성공했다. 해러즈 직원들은 자기계발 기회뿐 아니라 자신들이 럭셔리 유통 부문에서 세계 최고권위를 가진 전문가라는 자신감을 갖게 됐다. 해러즈는 직원들에게 다양한 자기계발 기회를 제공함으로써 유통업에 대한 편견에 맞섬과 동시에 충성심 높은 직원들을 확보하게 된 것이다.

자료원: 동아일보, 2019.09.17; 매일경제, 2012.12.29.

최근 들어 많은 기업들이 훈련비용을 절약하고 보다 효율적으로 훈련을 진행하기 위해 기존의 훈련 프로그램에 추가하여 웹 기반의 e-learning 프로그램을 제공하고 있다. 온라인 교육은 단순한 텍스트 기반 제품교육, 판매기술을 쌓기 위한 인터넷 기반 영업 연습에서부터 고객방문 현장에서 일어나는 일들을 재생시킨 정교한 영업 시뮬레이션에 이르기까지 다양하다. 현장교육 대비 온라인 훈련은 여행 및 기타 훈련경비를 절감시킬 수 있고 영업사원의 영업활동 시간을 덜 빼앗을 수 있다. 또한 온라인 훈련은 영업사원의 요구에 따라 훈련을 제공할 수 있으므로, 영업사원들은 원하는 시간과 장소에서 필요한 만큼만 훈련을 받을 수 있다. 대부분의 e-learning은 웹기반이지만, 이제 많은 기업들이 스마트폰 등 거의 모든 디지털 기기를 통해 장소에 상관없이 영업사원이 요구하는 시점에 훈련을 제공한다. 2012년 리베이트 금지법의 도입으로 리베이트 제공이 여의치 않게 됨에 따라 국내 제약사들은 온라인 실시간 제품설명, 영업사원 교육 강화, 소규모 학술모임 개최 등 다양한 영업방식을 도입하고 있다. 한국릴리가 도입한 온라인 디테일링(e-Detailing) 프로그램은 의사와 영업사원 간의 대면접촉이 필요 없어 리베이트 제공을 원천적으로 차단할 수 있는 장점이 있다. 이 프로그램은 의사가 편한 시간에 회사의 제품 담당자와 온라인상에서 만나 자세한 설명을 들을 수 있도록 한다. 한국릴리의 온라인 디테일링 직원은 제품효능을 나타내는 임상시험 그래프 등의 영상자료를 의사와 함께 보면서 채팅을 하듯이 설명한다. 이 같은 새로운 영업방식에 대해 의사들도 긍정적인 반응을 보인다.

(4) 영업사원에 대한 보상

좋은 영업사원을 유치하기 위해 회사는 매력적인 보상계획(compensation plan)을 갖고 있어야 한다. 보상은 고정급여, 변동급여, 경비, 그리고 복리후생비 등의 요소로 구성된다. 일반적으로 봉급(salary)이라고 불리는 고정급여는 영업사원에게 안정적인 수입을 제공한다. 변동급여는 판매성과에 근거하여 지급하는 수수료(commissions)나 보너스로서 영업사원의 더 많은 노력과 성공에 대해 보상하는 것이다.

관리자는 각각의 영업업무에 대해 보상 구성요소들을 어떻게 조합하는 것이 합당한지를 결정해야 한다. 고정급여와 변동급여를 다르게 조합함으로써 회사는 4가지 형태의 보상계획을 세울 수 있는데, 순수한 봉급방식(straight salary), 순수한 수수료방식(straight commission), 봉급과 보너스 결합방식(salary plus bonus), 봉급과 수수료 결합방식(salary plus commission)이 그것이다. 영업사원 보상에 대한 한 연구 보고서에 따르면, 많은 기업들이 기본봉급과 인센티브의 조합을 사용하고 있다. 그러나 최근 들어 판매량에 따라 수수료를 챙겨주는 세일즈업계의 관행이 효과적인지에 대한 논쟁이 있다. 미국의 반도체 회사 마이크로칩 테크놀로지는 업계의 관행대로 60% 기본급여에 40% 판매수수료를 영업사원들에게 지급했다. 그러나 자신의 이익을 위해 꼼수를 부리는 사례들이 생겼고, 협력해야 할 직원들이 서로 경쟁해 회사 전체에는 안 좋은 영향을 준다는 사실을 알게 됐다. 그래서 이 제도를 전격 폐지하고 기본급여를 90%로 늘리고, 회사 영업이익에 비례해 10% 성과급을 다 같이 주는 방식으로 바꾸었다. 그 결과, 매출이 증가하고 이직률이 감소했다고 한다.

영업사원 보상계획은 영업사원에게 동기를 부여하고, 그들의 활동을 기업이 원하는 방향으로 유도할 수 있다. 보상은 영업사원으로 하여금 전반적인 영업목표와 마케팅 목표에 부응하는 활동을 하도록 유도해야 한다. 예를 들어, 만약 회사의 전략이 신규사업을 인수하고 빠르게 성장하고 시장점유율을 증대시키는 것이라면, 보상계획은 수수료 부분을 늘리고 신규거래처 확보에 대해 보너스를 제공함으로써 영업사원의 높은 판매성과와 신규거래처 개발을 장려할 수 있다. 반면, 목표가 기존거래처의 수익성을 극대화하는 것이라면, 보상계획은 기본급의 비중을 늘리고, 기존거래처의 매출과 고객만족에 따라 추가적인 인센티브를 영업사원에게 제공하는 형태를 띨 수 있다.

실제로 점점 더 많은 회사들이 높은 수수료를 제공하는 보상방식을 포기하고 있다. 이러한 보상계획은 영업사원으로 하여금 단기적인 이익을 추구하게 만들기 때문이다. 계약을 성사시키기 위해 거래처를 너무 밀어붙이면 고객관계가 손상될 수 있음을 우려하기 때문에 기업들은 고객과의 관계를 구축하고 고객의 장기적인 가치를 높여주는 영업사원에게 더 많이 보상해 주는 보상계획을 개발하고 있다. 최근 경제적 불황에 직면해 일부 기업들은 판매실적에 대한 보상액을 줄임으로써 비용을 절감하려고 한다. 그러나 영업사원 보상을 삭감하는 것은 가능한 한 움직이지 말라는 것을 뜻한다. 만약 기업이 영업사원에 대한 보상비용을 줄여야 한다면, 획일적 비용삭감보다 나은 전략은 우수한 영업사원의 보상금액은 유지하고 실적이 나쁜 영업사원의 보상금을 낮추거나 그 사원을 정리하는 것이다.

(5) 영업사원에 대한 감독/지원과 동기부여

신규 영업사원들은 판매구역 할당, 보상 및 훈련뿐 아니라 감독(supervision)과 동기부여도 필요하다. 감독의 목적은 영업사원들이 올바른 방식으로 올바른 일을 함으로써 자신의 임무를 현명하게 수행할 수 있도록(work smart) 도와주는 것이다. 그리고 동기부여의 목적은 영업사원들이 영업목표를 달성하기 위해 열심히 일하도록(word hard) 격려하는 것이다. 만일 영업사원이 현명하게 일하고 열심히 일하면, 그들은 자신뿐만 아니라 회사의 이익을 위해 자신의 역량을 최대로 발휘하게 될 것이다.

① 영업사원에 대한 감독

영업사원들을 어느 정도 세심하게 감독해야 하는지는 회사에 따라 다르다. 많은 회사들은 영업사원들이 표적고객을 파악하고 방문목적을 세울 수 있도록 도와준다. 또한 어떤 회사들은 신규고객을 개발하기 위해 얼마나 많은 시간을 사용하고 어떤 영업활동들에 시간상 우선순위를 두어야 하는지를 정해준다. 이를 위한 지원도구 중 하나는 영업사원으로 하여금 어떤 고객과 가망고객을 방문하고 어떤 활동을 수행해야 할지를 보여주는 주간, 월간 또는 연간 **방문계획표**(callplan)를 작성하게 하는 것이다. 다른 도구는 시간과 임무수행에 관한 분석(time-and-duty analysis)이다. 영업활동에 소요되는 시간 이외에 영업사원은 출장, 고객과의 면담을 위한 대기, 중간휴식, 행정적 잡무를 위해서도 시간을 소비한다.

기업들은 항상 영업사원들이 판매 이외의 활동에 투입하는 시간을 절약하기 위한 방안을 모색한다. 기업은 영업사원의 시간을 절약시켜 주기 위해 서류 작성/보관 등의 행정업무를 단순화시키고, 보다 나은 방문일정(routing)계획을 개발하고, 더 많은 양질의 고객정보를 제공하고, 출장 대신 전화, 이메일 또는 온라인 동영상 콘퍼런스를 이용하는 것 등의 다양한 방안을 도입하고 있다. 국민은행은 현장중심형 업무체계를 구축하기로 하면서 영업점 직원들이 영업에만 집중할 수 있도록 불필요한 업무를 대대적으로 줄였다. 이에 따라 2015년 들어 영업점 업무의 60% 이상을 축소했다. 예를 들어 현실과 동떨어진 오래된 업무 규정과 지침, 각종 제도를 과감하게 없앴다. 각종 장표, 전산처리업무도 최대한 후선으로 배치해 영업점에서는 소비자에게만 집중할 수 있는 영업환경도 조성했다. 또 각종 매뉴얼은 영업점 직원들 중심이 아니라 사용자 중심으로 재정비했다.

많은 기업들이 **영업 자동화시스템**(sales force automation system)을 도입하고 있는데, 이 시스템은 영업사원이 언제 어디에서건 보다 효과적으로 일을 수행할 수 있도록 컴퓨터와 디지털 기기를 이용하여 영업업무를 처리하는 것이다. 회사들은 영업사원들에게 최신장비(예: 랩탑, 태블릿, 스마트폰, 동영상 콘퍼런스를 위한 웹 카메라, 무선 웹 연결장치, 관계관리용 소프트웨어 등)를 제공하고 있다. 이러한 첨단장비로 무장된 영업사원들은 보다 효과적이고 효율적으로 기존고객 및 가망고객에 관한 정보를 파악하고, 매출에 대한 분석과 예측을 하며, 영업방문을 계획하고, 설명회를 준비하고, 판매 및 비용 보고서를 작성하고, 거래처관계를 관리할 수 있게 되었다. 그 결과로 영업사원들은 보다 나은 시간관리, 향상된 고객서비스, 더 낮아진 영업비용, 그리고 더 높은 영업성과 등을 실현할 수 있게 되었다.

② 인터넷 기반 영업지원

아마도 가장 빨리 성장하는 영업기술 도구는 인터넷일 것이다. 인터넷은 영업활동을 수행하고, 고객들과 상호작용하고, 이들에게 서비스를 제공하는 데 있어 엄청난 잠재력을 갖고 있다. 어떤 전문가들은 인터넷 활용이 일대일 대면 영업방식을 사라지게 만들 것이라고 예측하기도 하는데, 궁극적으로 웹사이트, 온라인 소셜 네트워킹, 모바일 앱, 기타 고객과의 직접적인 접촉을 가능하게 하는 디지털 기기 등이 영업사원을 대체할 것으로 믿기 때문이다. 현재 영업조직은 영업사원 훈련, 영업회의 개최, 거래고객에 대한 서비스관리, 나아가 고객과의 실시간 영업상담 등을 위해 인터넷 기반 영업관리 방식들을 활용함으로써 영업관리의 효과성을 강화시키고 시간과 비용을 절감하고 있다.

인터넷기반 기술들은 영업사원들에게 상당한 편익을 제공할 수 있다. 이들은 영업사원의 귀한 시간을 낭비하지 않게 만들고, 여행비용을 절감시켜 주고, 거래처에 대한 영업활동과 서비스제공을 위한 새로운 도구를 제공한다.

2000년대 들어 고객구매 패턴은 변화를 보였다. 오늘날의 디지털 시대에서 고객들은 영업사원 못지 않게 기업의 제품에 대해 잘 알 수 있게 되었다. 이는 브로셔와 제품가격만이 영업사원으로부터 얻을 수 있었던 과거에 비해 고객들이 판매과정을 더 많이 통제할 수 있게 한다. 디지털 기반 새로운 영업기술들은 이러한 구매과정 변화를 인식하고 이를 활용함으로써 인터넷 시대에 맞춰 고객과 접속할 새로운 방안을 창출할 수 있도록 한다. 가령, 영업조직은 이제 온라인 데이터베이스와 LinkedIn 등의 네트워킹 사이트로부터 유망고객 리스트를 만들 수 있다. 그들은 유망고객들이 웹사이트를 방문할 때 영업팀과의 채팅을 통해 대화를 이끌어 낸다. 그들은 제품 및 서비스에 대해 고객과 실시간 대화를 나누기 위해 GoToMeeting 같은 웹 회의용 도구를 사용한다. 또한 온라인 고객 커뮤니티에서부터 webinars, Twitter, Facebook, YouTube에 이르기까지 소셜네트워크 미디어를 적극적으로 활용한다. 금속절삭과 공작기계분야의 선도적 제조업체인 Makino는 다양한 소셜미디어의 활용을 통해 고객에게 정보를 제공하고 고객관계를 강화하려는 영업사원의 노력을 보완한다. 가령, 이 회사는 Twitter, Facebook, YouTube 등을 활용해 고객과 유망고객에게 최신의 Makino 혁신제품과 이벤트에 관한 정보를 제공하고 자사의 기계제품이 작동하는 과정을 생동감 있게 보여준다.

디지털 기술은 고객관계를 구축하고, 영업을 보다 더 효율적, 원가대비 효과적, 그리고 보다 더 생산적으로 만들 수 있게 하는 즉시성 정보를 제공한다. 디지털 기술은 최고의 영업사원이 항상 했던 일을 더 잘, 더 빠르게, 더 저렴하게 수행할 수 있게 한다.

그러나 디지털 기술은 단점도 갖고 있다. 이들은 저렴하지 않다. 그리고 이러한 시스템은 기술수준이 낮은 영업사원이나 고객에게 위협적일 수 있다. 나아가 웹을 통해 제시하거나 가르칠 수 없는 어떤 것, 즉 개인적인 상호작용을 제공할 수 없다. 이런 이유로 인해 일부 하이테크 전문가들은 훈련, 영업회의, 고객에 대한 사전 판매제안 등을 보완하는 데 웹기술을 사용하되, 판매가 종결될 시점이 가까울 경우에는 과거에 했던 대면 미팅을 활용하는 것이 바람직하다고 영업담당 임원들에게 권고한다.

③ 영업사원에 대한 동기부여

영업관리자는 영업사원의 활동을 지도해야 할 뿐 아니라 이들에게 동기도 부여해야 한다. 영업은 그들에게 많은 갈등을 불러일으킬 수도 있다. 영업사원은 때때로 혼자 일해야 하고, 집을 떠나 출장을 다녀야 한다. 그들은 매우 적극적인 경쟁사 영업사원들과 경쟁해야 하고 까다로운 고객을 만나야 한다. 따라서 관리자는 영업사원들이 최선을 다해 일하도록 만들기 위해 그들을 격려해야 한다.

관리자는 조직분위기 조성, 판매할당량, 긍정적 인센티브 등을 이용하여 영업사원의 사기 및 성과를 높일 수 있다. 조직분위기는 영업사원이 우수한 성과실현의 기회, 가치 및 보상에 대해 갖는 느낌을 의미한다. 어떤 회사들은 영업사원들을 별로 중요하지 않게 취급하는데, 이는 영업성과를 떨어뜨릴 것이다. 어떤 회사들은 영업사원을 매우 중요한 공헌자로 간주하고 소득과 승진에 있어 무한의 기회를 제공한다. 예상할 수 있듯이 이런 회사들은 영업사원들의 우수한 성과와 낮은 이직률을 향유한다.

많은 회사들이 **판매할당량**(sales quota: 영업사원이 판매해야 할 양과 각 제품별로 할당되어야 할 판매량)을 책정함으로써 영업사원에게 동기부여를 제공한다. 수수료는 영업사원이 판매할당량을 얼마나 잘 완수하느냐와 관계가 있다. 회사들은 또한 영업사원을 더 노력하게 만들기 위해 다양한 비금전적인 인센티브를 사용한다. 영업미팅은 영업사원에게 사회적 교류시간, 일상적인 일로부터의 휴식, 회사 사람들을 만나 이야기를 나눌 기회, 기분을 전환하고 회사에 대한 소속감을 확인할 수 있든 기회 등을 제공한다. 기업들은 또한 영업사원이 통상적으로 기대되는 것보다 더 노력하도록 하기 위해 판매경진대회(sales contests)를 후원하기도 한다. 다른 인센티브에는 상장, 상품 또는 현금 보상, 포상휴가, 이익공유제도 등이 있다.

(6) 영업사원 및 영업사원 성과에 대한 평가

우리는 지금까지 영업사원이 어떤 일을 해야 하고 이들을 어떻게 동기부여시킬 수 있는지를 설명했다. 영업관리 과정은 좋은 피드백을 필요로 한다. 좋은 피드백이란 영업사원의 성과를 평가하기 위해 그들에 대한 정보를 정규적으로 수집하는 것을 의미한다.

관리자는 여러 가지 방법으로 영업사원에 대한 정보를 수집한다. 가장 중요한 정보원천은 판매실적 보고서(sales reports)로서, 이에는 주간 및 월간 활동계획과 할당지역에 대한 장기적 마케팅 계획이 포함된다. 또한 영업사원은 방문 보고서(call reports)에서 자신이 완료한 영업활동을 작성하고, 부분적으로 또는 전액을 환불받기 위한 비용 보고서(expense reports)를 제출한다. 회사는 또한 영업사원에게 할당된 지역의 판매와 이익성과를 점검할 수 있다. 그리고 개인적 관찰, 고객 설문조사, 다른 영업사원들과의 대화를 통해 추가적인 정보를 수집한다.

다양한 영업사원 보고서들과 기타 정보를 이용해 영업관리자는 영업사원을 평가한다. 그는 업무를 계획하고 계획된 업무를 수행하는 영업사원의 능력을 평가한다. 공식적인 영업성과 평가는 영업관리자로 하여금 영업사원의 성과를 판단하기 위한 명확한 기준을 개발하고 이에 대해 그들과 의사소통을 하도록 만든다. 이러한 평가는 또한 영업사원들에게 건설적인 피드백을 제공하고, 이들이 업무를 잘 수행할 수 있도록 동기부여를 제공한다.

보다 넓은 의미에서 관리자는 총체적인 영업성과를 평가해야 한다. 영업사원이 고객관계, 판매, 그리고 이익목표를 달성하고 있는가? 이들은 마케팅부서 및 기업 내 다른 부서들과 잘 협동하여 일하고 있는가? 이들은 결과에 적합하게 비용을 쓰고 있는가? 다른 마케팅활동들과 마찬가지로 기업은 영업사원에 대한 투자수익률을 측정하기 원한다.

3.4 인적판매 과정

지금까지 영업활동을 계획하고 관리하는 과정에 대해 살펴보았다. 다음에서는 인적판매 과정에 대해 설명하기로 한다. 판매과정(selling process)은 영업사원들이 수행해야 할 몇 가지 단계로 구성된다. 각 단계는 신규고객을 유치하고 그들로부터 주문을 획득하려는 목표를 실현하는 데 역점을 두고 있다. 그러나 대다수 영업사원들은 기존거래처를 유지하고 장기적인 고객관계를 구축하는 데 많은 시간을 사용한다.

(1) 판매과정의 단계

그림 14-3에서 볼 수 있듯이 **판매과정(selling process)**은 가망고객의 발견 및 평가(prospecting and qualifying), 사전접촉(preapproach), 접촉(approach), 설명과 시연(presentation and demonstration), 이의처리(handling objection), 계약(closing), 후속조치(follow-up) 등의 7단계로 구성된다.

그림 14-3 판매과정의 주요단계

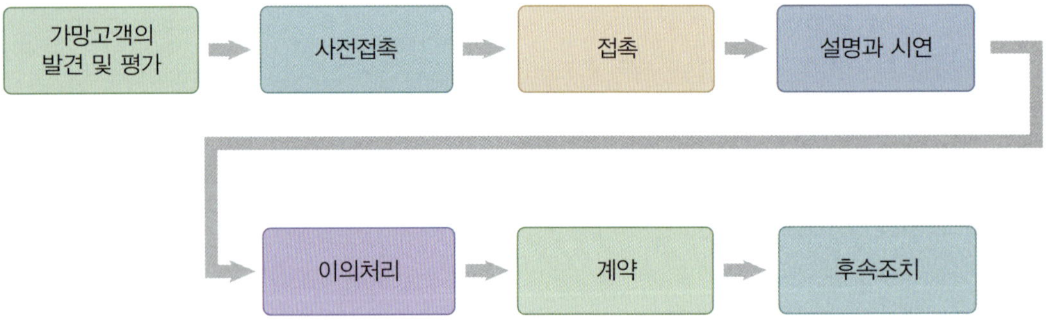

① 가망고객의 발견 및 평가(Prospecting and Qualifying)

판매과정의 첫 번째 단계는 가망고객을 발견하는 것으로, 고객이 될 가능성이 있는 사람을 찾아내는 것이다. 가능성이 있는 고객을 접촉하는 것은 판매성공의 결정적 요인이 된다. 영업사원은 고객이 될 잠재력을 가진 모든 사람들을 찾아다니기보다는 우리 기업의 가치제안에 대해 긍정적 반응을 보일 가능성이 높은 사람, 즉 우리 기업이 잘 섬길 수 있고 이익을 얻을 수 있는 사람들과 접촉하기를 원한다. 만약 영업사원이 우리 회사의 가치제안에 대해 반응하지 않고 접촉하는 데 많은 비용이 들고 만족시키기 어려운 사람들을 고객으로 만들려고 한다면, 시간과 비용을 낭비하는 결과를 초래할 것이다.

영업사원은 종종 약간의 매출밖에 얻지 못하더라도 많은 가망고객들을 접촉해야 한다. 회사가 영업사원을 지원하기 위해 잠재고객을 대상으로 한 사전적 마케팅 노력(leads)을 제공한다고 할지라도, 영업사원은 스스로 가망고객들을 찾을 수 있는 기술을 갖추어야 한다. 가망고객을 찾는 데 가장 좋은 정보원은 추천이다. 영업사원들은 기존고객들에게 다른 사람들을 추천해 달라고 요청하거나 공급업체, 딜러, 경쟁관계가 아닌 다른 영업사원, 웹, 그리고 소셜네트워크 등과 같은 정보원을 개발할 수 있다. 그들은 또한 전화번호부나 인터넷에서 가망고객을 찾아 전화나 이메일을 통해 첫 접촉을 시작할 수 있다. 혹은 영업사원은 사전통보 없이 사무실을 방문할 수도 있다(즉석(무단)방문(cold calling)으로 불리는 영업관행).

영업사원은 또한 가망고객들 중에서 고객이 될 가능성이 높은 고객과 가능성이 없는 고객을 구별하는 방법을 알아야 한다. 가망고객들의 적격 여부는 재정적 능력, 사업규모, 특별한 욕구, 입지, 성장가능성에 근거해 평가될 수 있다.

② 사전접촉(Preapproach)

영업사원은 가망고객을 방문하기 전에 조직적 특성(무엇을 원하고 누가 구매에 관여하는가 등)과 그 조직 내의 구매담당자(그들의 특징과 구매스타일 등)에 대해 가능한 한 많은 정보를 습득해야 하는데, 이 단계를 사전접촉이라고 한다. 매출실현은 철저한 준비에서 시작되며, 성공적인 매출은 가망고객의 사무실에 발을 들여놓기 훨씬 전에 시작된다. 사전접촉은 철저한 조사와 준비로부터 시작된다. 영업사원은 가망고객이 될 만한 회사에 대해 학습하기 위해 그 회사의 대표산업, 온라인 정보원천, 지인, 기타 정보원들을 참고할 수 있다. 그런 다음 영업사원은 수집된 조사결과를 활용해 고객전략을 세워야 한다.

영업사원은 방문목표(call objectives)를 설정해야 하는데, 이에는 자격요건을 갖춘 가망고객을 찾는 것, 고객정보를 수집하는 것, 혹은 곧바로 매출을 성사시키는 것 등이 있을 수 있다. 사전접촉 단계에서 영업사원이 수행해야 할 또 다른 과업은 유망고객에 대한 최선의 접근방식을 결정하는 것인데, 이에는 직접방문, 전화접촉, 편지, 혹은 이메일 등이 있을 수 있다. 많은 가망고객들이 하루 혹은 주중 특정 시간대에 매우 바쁠 수 있기 때문에 가장 좋은 방문시간대도 신중히 고려되어야 한다. 마지막으로 영업사원은 거래처에 대한 전반적인 판매전략에 대해 생각해야 한다.

③ 접촉(Approach)

접촉단계에서 영업사원은 어떻게 구매자와 만나고, 인사를 나누고, 그리고 처음부터 좋은 관계를 형성할 수 있을지를 알아야 한다. 접촉단계는 영업사원의 방문, 대화의 도입부 등을 포함한다. 대화의 도입부(opening lines)는 처음부터 고객의 호감을 살 수 있도록 긍정적인 내용이어야 한다. 서두에 이어 영업사원은 고객의 욕구를 더 잘 이해하기 위하여 몇 가지 핵심질문을 하거나 구매자의 주의와 호기심을 끌기 위해 진열품이나 샘플을 보여준다. 판매과정의 모든 단계에서 고객에 대한 경청은 매우 중요하다.

④ 설명(발표)과 시연(Presentation and Demonstration)

판매과정의 설명단계에서 영업사원들은 구매자에게 가치 있는 이야기를 해주어야 하는데, 이는 자사의 제공물이 고객의 문제를 어떻게 해결해 주는지를 보여주는 것이다. **고객솔루션에 기반한 접근방식**은 과거에 흔히 사용했던 강압적 판매방식(hard sell)이나 아첨식 고객접근에 비해 관계마케팅에 초점을 맞추는 최근의 추세에 더 잘 맞는다. 영업사원은 판매활동에 역점을 두지 말고 고객을 돕는 데서 시작해야 한다. 영업사원의 목표는 고객에게 가장 혜택이 되는 것을 판매하는 것이어야 한다. 오늘날 구매자들은 웃음이 아니라 해결책을, 그리고 말로 떠들어대는 것보다는 결과를 원한다. 나아가 그들은 단순히 제품만을 원하는 것이 아니라 자사제품이 그들의 비즈니스에 어떤 부가가치를 제공하는지 알고 싶어한다. 구매자들은 자신들의 관심사에 귀 기울이고, 그들의 욕구를 이해하고, 올바른 제품과 서비스로 대응하는 영업사원을 원한다.

그러나 영업사원이 고객솔루션을 설명하기 위해서는 그 이전에 고객에게 제안할 솔루션을 개발해야 한다. 솔루션기반 고객 접근방식은 훌륭한 경청과 문제해결 기술을 필요로 한다. 구매자들이 가장 싫어하는 영업사원 특성에는 '강압적인, 시간을 맞추지 못하는, 기만적인, 준비가 되어 있지 않은, 비체계적인, 혹은 지나치게 수다스러운' 등이 포함된다. 그들이 가장 좋아하는 영업사원 특성에는 '훌륭한 경청, 공감적인, 정직한, 기댈 만한, 철저한, 최종마무리를 잘 하는' 등이 포함된다. 최고의 영업사원은 판매하는 방법에 대해 잘 알지만, 그보다 더 중요한 것은 경청하고 강한 고객관계를 구축하는 방법을 안다는 것이다. LG화학은 기업고객들과의 긴밀한 협업을 통해 솔루션(고품질 원료와 공정 노하우 등)을 개발/제공함으로써 글로벌 화학기업이 되었다. LG화학에서 폴리염화비닐(PVC)을 구매해 건축자재를 생산하는 한 중소업체는 건축경기 침체로 매출이 목표에 한참 못 미치는 어려움을 겪으면서 제품개발과 관련해 LG화학의 지원을 요청했다. LG화학은 이 고객이 당면한 문제를 해결해 주기 위해 솔루션 프로젝트를 가동했다. 영업부서뿐 아니라 생산, 연구·개발(R&D), 공무 담당자들까지 모여 머리를 맞댔다. 5개월 만에 외부 자연환경에서 1만 시간 이상 견디는 고내후성(햇볕 등에 견디는 성질) 데코시트 등 프리미엄 제품을 개발했다. 거래회사가 생산·판매할 미래 전략제품을 제안한 것이다. 이 덕분에 이 회사는 고급제품 시장인 유럽에도 진출했고, 이로 인해 LG화학의 PVC 판매량도 증가했다.

LG화학은 고객기업들과의 긴밀한 협업을 통해 솔루션을 개발/제공함으로써 글로벌 화학기업이 되었다.

마지막으로 영업사원은

설명(발표) 방법에 대한 계획을 세워야 한다. 효과적인 발표가 이루어지기 위해서는 훌륭한 대인 커뮤니케이션 기술이 필요하다. 그러나 디지털 시대에 들어서 영업사원들은 다양한 디지털 기기를 활용한 영업발표회를 할 수 있어야 한다. 정보 과부하 상태에 놓인 오늘날의 고객들은 보다 풍부한 영업발표회를 요구한다. 나아가 영업사원은 고객에게 발표하는 동안 셀폰, 텍스트메시지, 기타 모바일 디지털 기기 등 여러 가지 주의 분산요소에 의해 방해를 받는다. 영업사원은 보다 더 고객의 관심을 끌고 설득력이 있는 방식으로 메시지를 전달해야 한다. 따라서 오늘날의 영업사원은 단지 한 사람이나 소수의 사람을 대상으로 멀티미디어 기반의 완벽한 발표가 가능할 수 있도록 첨단 프레젠테이션 기술을 사용하고 있다. 손으로 차트를 넘기던 과거의 발표방식은 정교한 발표용 소프트웨어, 온라인 발표기술, 인터렉티브 전자칠판, 휴대용 컴퓨터, 디지털 프로젝터(projectors)로 대체되고 있다.

⑤ 이의처리(Handling Objection)

고객들은 영업설명회가 진행되는 동안 또는 주문을 할 때 거의 항상 반대의견(이의)을 제기한다. 고객의 문제제기는 논리적이거나 혹은 감정적일 수도 있다. 때론 고객이 반대의견을 말하지 않을 경우도 있다. 반대의견(이의)을 처리함에 있어 영업사원은 긍정적인 접근방식을 사용해야 한다. 그는 드러나지 않는 반대의견을 찾아내야 하고, 고객이 반대의견을 명확히 밝히도록 요청하고, 반대의견을 더 많은 정보를 제공할 수 있는 기회로 삼고, 그 반대의견을 구매해야 하는 이유로 반전시켜야 한다. 모든 영업사원은 구매자의 이의를 처리하는 기술에 대한 훈련이 필요하다.

⑥ 계약(Closing)

가망고객의 이의를 잘 처리한 다음, 영업사원은 판매를 종결시키려고 한다. 그러나 판매계약을 깔끔하게 마무리하지 못하는 영업사원도 있다. 그들은 자신감이 결여되거나 주문을 요청하는 것에 대해 미안함을 느끼거나 혹은 판매를 종결시킬 최적의 시점을 포착하지 못할 수 있다. 영업사원들은 구매자로부터 판매종결의 시그널(구매자의 신체동작, 코멘트, 질문 등)을 인지하는 방법을 알아야 한다. 예를 들어 판매제안을 마무리짓기 위해 구매자가 앞으로 다가앉으면서 고개를 끄덕이거나 혹은 가격 및 신용조건에 대해 질문할 수 있다.

영업사원은 몇 가지 판매종결기법들 중 하나를 사용할 수 있다. 그들은 주문을 요청하거나, 합의사항들을 점검하거나, 주문서 작성을 도와주겠다고 제안하거나, 구매자가 어떤 모델을 원하는지 물어보거나, 혹은 지금 주문이 이루어지지 않으면 구매자는 기회를 잃어버릴 수 있다고 알려줄 수 있다. 영업사원은 구매자에게 계약을 해야 할 특별한 이유(예: 낮은 가격, 추가비용 없이 여분의 제공 등)를 제안할 수도 있다.

⑦ 후속조치(Follow-up)

판매과정의 마지막 단계는 후속조치로서, 이는 고객만족을 확실하게 하고 지속적인 거래관계를 원한다면 꼭 필요한 단계이다. 계약이 이루어지면 곧바로 영업사원은 배달시기, 구매조건, 기타 사항 등과 같은 세세한 것들을 모두 완벽하게 마무리지어야 한다. 첫 번째 주문이 접수된 다음 영업사원은 적절한 설치, 교육, 서비스 등이 이루어졌는지를 확인하기 위한 후속방문을 계획해야 한다. 영업사원은 후속방문을 통해 어떤 문제를 발견하고 자신이 구매자에게 신경을 쓰고 있음을 확실하게 인식시켜 주고, 판매 후에 구매자가 갖게 될 염려를 줄일 수 있다.

3.5 인적판매와 고객관계관리

앞에서 설명한 판매과정의 단계들은 거래지향적이다(transaction oriented). 즉 각 단계의 목적은 영업사원이 고객과의 판매계약을 잘 마무리지을 수 있도록 도와주는 것이다. 그러나 대부분의 경우 기업은 판매만을 추구하는 것은 아니다. 기업은 타깃으로 설정된 주요고객들을 확보하고 계속 유지하기를 원한다. 기업은 오랜 기간 동안 서로에게 이득이 되는 관계가 유지되도록 고객을 잘 모시기를 원한다. 영업사원은 이러한 고객관계를 구축하는 데 중요한 역할을 수행한다. 따라서 판매과정은 수익성이 있는 고객관계를 구축하고 유지하는 관점에서 이해되어야 한다.

성공적인 영업조직이 되기 위해서는 단지 좋은 제품을 만들고 영업사원이 많은 계약을 성사시킬 수 있도록 지도하는 것 그 이상의 노력이 요구된다. 기업들은 **가치중심 영업활동**(value selling)을 수행해야 하는데, 이는 고객에게 탁월한 가치를 증명/전달하고, 그 대가로 고객과 기업 모두가 공평하다고 생각하는 수익률을 얻는 것이다. 불행하게도 어려운 경제하에서 판매를 성사시키는 데만 급급한 영업사원들은 종종 가치를 판매하기보다는 가격할인이라는 보다 쉬운 방식을 선택한다. 영업관리자의 도전적 과제는 영업사원들로 하여금 가격할인에 의존하게 만드는 것에서부터 고객을 위해 가치를 판매한다는 자세를 갖는 것으로 전환시키는 것이다.

참고 문헌

1. 안광호, 이유재, 유창조, 광고관리 제4판, 학현사, 2020.
2. 안광호, 김동훈, 유창조, 촉진관리 제4판, 학현사, 2020.
3. Philip Kotler and Gary Armstrong, Principles of Marketing, 16th ed., Pearson, 2016.
4. Philip Kotler, 안광호, Gary Armstrong, 마케팅 입문, Pearson, 2013.
5. Robert C. Blattberg and Scott A. Neslin, Sales Promotion: Concepts, Methods and Strategies, Prentice-Hall, 1990.
6. Don E. Shultz, William A. Robinson and Lisa A. Petrison, Sales Promotion Essentials, 3rd ed., NTC Business Books, 1998.

생각해 볼 문제

1. 판매촉진의 목표와 효과에 대하여 설명하시오.
2. 소비자 판매촉진에 활용되는 도구들을 제시하고, LG전자의 OLED TV 마케팅관리자라고 가정하고 판촉캠페인에서 여러 판촉도구들을 어떻게 활용할지에 대해 토의해 보시오.
3. PR활동의 대상이 되는 이해관계자 집단에 대하여 설명하시오.
4. PR의 주요한 수단에는 어떠한 것들이 있는가?
5. 특정 소비재 혹은 산업재 기업을 선택한 다음 여러분이 그 회사의 영업사원이라고 가정하고 인적판매과정의 각 단계별로 어떤 영업활동을 준비해야 할지를 생각해 보시오.

국문 색인

영문 색인

안광호 교수는 인하대학교 경영학과에서 32년 6개월간의 교수생활을 끝내고 명예교수로서 집필작업에 계속 정진하고 있다. 그는 한국외국어대학교 무역학과를 졸업하고 서울대 대학원 경영학과에서 석사과정을 수료한 다음 미국 NYU(New York University)에서 마케팅을 전공하여 경영학 석사와 박사학위(Ph. D.)를 취득했다. 그의 관심분야는 소비자행동, 브랜드 관리, 마케팅 커뮤니케이션, 마케팅 전략 등이며, 이러한 관심분야에서 활발한 연구 및 저술 활동을 지속하고 있다. 그는 Journal of International Retailing, Management Decision, International Journal of Contemporary Hospitality Management, The International Journal of Human Resource Management, 『마케팅 연구』, 『한국마케팅 저널』, 『소비자학 연구』, 『경영학 연구』, 『마케팅 관리연구』, 『광고학 연구』 등 국내외 유명 학술지에 100편 이상의 논문을 발표했다. 그리고 『고객지향적 마케팅』, 『소비자 행동』, 『마케팅 조사원론』, 『유통관리』, 『유통원론』, 『광고관리』, 『촉진관리』, 『전략적 브랜드 관리』, 『마케팅 전략』, 『사회과학 조사방법론』, 『패션마케팅』, 『서비스마케팅』 등의 마케팅관련 저서와 『브랜드 파워』, 『브랜드의 힘을 읽는다』, 『SHOW』, 『정서 마케팅』, 『정서지배 소비자 행동』, 『행동경제학 관점에서 본 소비자 의사결정』, 『행동적 의사결정론』, 『감정을 팔아라』, 『정서:n 소비자행동』 등의 단행본을 출판하였다. 2013년에는 경영학분야의 세계적 석학인 Kotler 교수와의 공동 저술작업을 통해 글로벌 베스트셀러 대학교재인 『마케팅 입문(Marketing: An Introduction)』 한국어 판을 출간했다.

한국마케팅학회 학회장, 한국광고학회 학회장, 한국소비자학회 학술지 『소비자학 연구』의 편집위원장과 한국광고학회 학술지 『광고학 연구』의 편집위원장을 역임하였으며, 한국마케팅학회, 한국소비자학회, 한국경영학회, 한국소비문화학회, 한국마케팅관리학회, 한국광고학회의 부회장 및 상임이사를 역임하였다. 2001년 한국소비자학회 최우수 논문상을, 2009년 한국경제신문 학술자상을 수상했다. 그리고 2012년 한국조사연구학회 한국갤럽학술논문상을, 2013년 한국광고학회 제일기획 학술상과 동아일보 '2013 한국의 최고경영인상'에서 한국의 최고경영학자상을 수상했다. 인하대학교에서 2003년 우수연구업적 교수상을 수상하기도 하였다.

평소 영화·공연 관람과 와인을 즐기며, 오감과 정서를 건드리는 기타연주와 굴곡진 삶이 담긴 목소리를 선사하는 가수 에릭 클랩튼과 담백하면서 언제나 아름다운 추억을 떠올리게 하는 작곡가 고 이영훈님의 음악을 즐겨 듣는다. 시간이 나면 낯선 이국땅에서 배낭여행을 즐기며 잠시 일상에서 벗어난 시간을 갖곤 한다.

마케팅 - 관리적 접근

안광호 지음

1판 1쇄 발행 2017년 7월 10일
2판 1쇄 발행 2021년 7월 15일
2판 3쇄 발행 2024년 1월 20일

발행인 회장 박 철 용
대표 박 세 원

발행처 학 현 사
우. 10881 경기도 파주시 직지길 522 파주출판도시
전 화 031) 955-8700(대표)
팩 스 031) 955-8705
메 일 hhspub@chol.com
http://www.hakhyunsa.com

출판등록 1992년 6월 20일
등록번호 제 406-2004-000033호
ISBN 978-89-5853-559-1
정가 36,000원